南通文物保護

封面设计：王玲玲
封面题字：李峰

泰山学院工程项目经费资助

传习录明意

温海明　著

北京大学出版社
PEKING UNIVERSITY PRESS

图书在版编目 (CIP) 数据

传习录明意 / 温海明著 . -- 北京：北京大学出版
社，2025. 4. -- ISBN 978-7-301-35853-5

Ⅰ. B248.25

中国国家版本馆 CIP 数据核字第 2025BU0285 号

书　　　名	传习录明意	
	CHUANXILU MINGYI	
著作责任者	温海明 著	
责 任 编 辑	吴　敏	
标 准 书 号	ISBN 978-7-301-35853-5	
出 版 发 行	北京大学出版社	
地　　　址	北京市海淀区成府路 205 号　　100871	
网　　　址	http://www.pup.cn　　新浪微博 @ 北京大学出版社	
电 子 邮 箱	编辑部 wsz@pup.cn　　总编室 zpup@pup.cn	
电　　　话	邮购部 010-62752015　　发行部 010-62750672	
	编辑部 010-62757065	
印 刷 者	北京中科印刷有限公司	
经 销 者	新华书店	
	650 毫米 × 965 毫米　　16 开本　　39 印张　　665 千字	
	2025 年 4 月第 1 版　　2025 年 4 月第 1 次印刷	
定　　　价	149.00 元	

未经许可，不得以任何方式复制或抄袭本书之部分或全部内容。
版权所有，侵权必究
举报电话：010-62752024　　电子邮箱：fd@pup.cn
图书如有印装质量问题，请与出版部联系，电话：010-62756370

一意本原，当体即知：王阳明的本体实践学

（代序）

林安梧*

阳明学是"心学"，本无疑义，却有疑义也！有疑义乎？其果为无疑义也。有疑？无疑？端在此"心"。心是何心？这"心"可麻烦得很。

"心"，依《说文解字》，"心，人心……在身之中，象形"。明显地，"心"是象形字，若依据甲骨文和小篆，这"心"字中间象征心的本体，外面象征心的包络。甚至可以讲得更明白些，它是"在肺之下，膈膜之上，着脊之第五椎。形如莲蕊，上有四系，以通四脏。心外有赤黄裹脂，谓之心包络"。这很形象，而且是回到生理学、医学来说的"心"。哲学要说的"心"当然不能与此无关，却也不能只是以此为相关而已。

荀子说"心居中虚，以治五官，夫是之谓天君"，说"心"处在人的身体之内，它是虚廓而能包容一切的，它治理五官，五官者，耳、目、鼻、口、形也；后来，佛教唯识学把它说成"眼、耳、鼻、舌、身"，又关联着"心意"的"意"，成了六识。"意识"能把前五识统合起来。佛教又深化到第七识（末那识），第八识（阿赖耶识）。可以说是

---

* 林安梧，山东大学易学与中国古代哲学研究中心、儒学高等研究院特聘教授，元亨书院创院山长，东华大学荣誉讲座教授。

规模宏伟、细致、深微。荀子在这里说的"心"是整个上天大自然所生成的，足以作为耳、目、鼻、口、形（耳朵、眼睛，鼻子、嘴巴、身体）这五种官能的主宰。这个带有总结式的定义很有包容力，先秦诸子百家，乃至后来学术发展，都不出其所说。当然，若关联着自家的理论系统，则各自有所不同。

"心"有"觉"，觉而能知，是为"知觉"。知觉，先觉而知，觉先在感，有感有觉，有觉有知，知能了别，了别裁断，这样才能成就心之觉。这样成就的"觉"，就不只是我们现在白话说的"感觉"，而是以前文言的"感觉"。世俗白话的"感觉"说的是感受，是感而受之；文言的"感觉"说的是"感–觉"，是"感而觉之"。白话的感觉重点在"感"，而文言的感觉，重点在"觉"。

"心之官则思"，孟子点出了"心"的最重要官能在于"思"，而这"思"，我们会说是"思考"，但它却不能只是现在西方语汇的 think 而已。"思"这个字，上面原本是个"囟"，底下是个"心"。"囟"说的是脑门，"心"说的是心脏，后来"囟"讹变成"田"，就写成了"思"，而追溯其原初的意义，是心脑的总体活动。这与"心居中虚，以治五官，夫是之谓天君"可以合在一起来理解。

心有觉，觉能知，知能做主。心有灵，灵能感，感而通之。心能做主，能治五官百骸。心有灵，灵通于道。灵有感，称之为"灵感"，心有灵，此之谓"心灵"。这样来理解"心之官则思"，这"思"就不只是近代西方启蒙运动以来所说的"思想"而已。这"思"不会只是"认知"，而是包蕴了"知、情、意"（认知、情感、意志）三者，乃至一切身心灵的活动。当然，不只是平列地说，也不只是笼统地说，而是能统合起来，有所觉，觉能做主地说，这才是"思"之本原。"诗三百，一言以蔽之，曰：思无邪"，此"思"之无邪，是全身心灵，认知、情感、意志的无邪，无邪者，纯正也、存诚也。诚者，天之道也。诚之者，人之道也。存诚而闲其邪也。

从"心之官则思"的"思"的本原义、感通义、觉醒义、主宰义，这样活生生的实存而有的真实之唤醒，来理解"心"，这便是本心，是道心。是有本有原的，是如其本体的，是承体启用的，是即用显体的。这样说"心学"，那阳明之果为心学也。这样的心学是"一意本原"之学，是本体的实践之学，是实践的本体学。是本心即是天理的心学，是"心即理"之学。

孟子也说"出入无时，莫知其乡，惟心之谓欤"，就此而说的"心"显然是在"心念"层次说的"心"，这样的心念之学，当然不能是"心学"的本旨，但心学却也不能离此"意念"，孤悬着就"理"上来说。孟子又说"尽其心者，知其性也；知其性，则知天矣！存其心，养其性，所以事天也；夭寿不贰，修身以俟之，所以立命也"。心、性、天通而为一，才是我们所要说的心学。

阳明"心即理"，说本心即是天理，这不是把"心"直接挂搭在"天理"上说，也不是将天理的超越义，直落在本心上说，把"心"拔高到天理，而忽略了"心"是不能离开生活世界的，不能离开有感有觉的、活生生的实存而有的境遇。须知"心即理"的"即"是相即不二，不是等同不二。"相即"说的是实存义、交融义下的不二，"等同"说的是形式义、理论义的不二。

把阳明的"心即理"学说，关联到西哲康德所说的实践理性，强调其为"意志的自我立法"，并循此法则，主张"心即理"即为"自律"，这样的说法，却也见殊特、精彩处，但这应该是别具一说，是逆向格义下的别具一说，不能尽阳明心学之奥蕴。阳明之学，不离人伦日用也，康德之学，不离其市民社会也。康德之学是近代启蒙之学的进境，于阳明之学或有可取资印证处，然终不相类也。

康德之学重在"法则之遵守"，阳明心学则重在"本心之感通"，这可以连着"一体之仁"来理解，是经由"仁"，经由爱与关怀的感通实践，融通而为一不可分的总体。一体之仁者，承体启用、即用显体，全体大用之学也。此"参几入微，一意本原"之学也。这不只是遵守自由意志所给出的法则，而且是上遂于宇宙造化之源的"诚几惟意，生生不息"之学也。经由逆向格义，经由康德哲学来理解中国哲学，的确有其殊胜处，但可不要忘了，这是"特殊"而有其"胜境"，不可以作为唯一的标准。因为这样的逆向格义方式，或许体系严整，立论精微，但要说"参几入微，一意本原"，要说全体大用，却不免有隔阂也。

对"心"一词，作了厘清，"心即理"者，"参几入微，一意本原"的本体实践学也，实践本体学也。此活生生的实存而有的本体实践之学也。这是归返到存在本源的怵惕恻隐所起现，经由存有扩充，充实而有光辉之学也。"一意本原"，就不再以"法则的规定"作第一义，而是以"存在的律动"为根原，是以实践参赞的优先学问。这么一来，阳明也就扭转了"格物穷理"以致其知，由"物物一太极"而"统体一太极"也，此是一"横摄而归纵"的系统；转而改成为致良知于事事物物之上，"正其不正，以归于正"，此是一"纵贯横推"的系统。

阳明心学固然有所取于明道、象山者，但真正的问题意识则是从朱子的"格物穷理"而发。阳明于朱子学之本体论、功夫论，并不相契，因之而有所转化也。此思想观念历史发展之所必然也。朱熹强调的是"客观的法则性"，而阳明则强调"主体的能动性"。值得注意的是，朱熹所说的客观法则性，不只是主客对立横面的静涵静摄系统而已，它是由此横面的静涵静摄转而归返于纵贯的创生之源，它是一横摄归纵的系统。阳明所强调的主体的能动性，也不是返客为主的主体义下的主体，不是自由意志、能订立法则的主体，而是归本溯源、调适而上遂于道体的本体实践之学。以是之故，由他律说朱熹的格物之学，由自律而说阳明的本心良知之学，并不准确。

"体用一源，显微无间"是宋明儒学各家各派所共同承认的。溯其本原，则离不开参造化之微、审心念之几、观事变之势的"易学"。须知：离开了六经之学，难以理解四书，离开了四书，只拿着些所谓重要的话头，经由西方哲学概念范畴的逆向格义底下，所格出来的中国哲学，固有其精彩处，但难免有隔。在文化的主体性确立之后，中西哲学"分庭抗礼"，只有在彼此互际而互鉴的情况下，才能有真正的交谈与对话。这是人类文明进到二十一世纪的重要进展。

"心即理"讲明了，"致良知"也就明白了。阳明不从朱熹所说的"格物穷理"，他把"格"从"至"，从"穷究、探求"，转而为"正"。

格者，革也，正也。格物重点不在穷理，格物就是致其良知之天理于万事万物之上，正其不正，使归于正也。他批评了朱熹的"知先行后"，而代之以"知行合一"。知行合一，并不是说"知识"要与"实践"合而为一，此为表层的理解而已，他说的是"即知即行"。

阳明从本体之源启动了实践之学，这样的"良知"不只是与知识主体相对待的道德主体的良知而已，而是调适上遂于大道之源的良知。这不是在善恶相对下的良知而已，而是"无善无恶心之体"，无善无恶者，不是平面对待的无善无恶也，而是超越于善恶之上的无善无恶也。这是回到存在本原的无善无恶。这也是无声无臭的，这是炯然自照的独体良知，这正是乾坤万有之基。"无声无臭独知时，此是乾坤万有基"，正尔如此也。此是一意本原之学也，也是本原一意之学也。盖独体良知，所以为诚意之教也。所谓"传习录明意"，明意者，此诚意慎独之学也。这是本体的实践学、实践的本体学，在这全体大用下，才能清澈体会到阳明的心学。我认为温海明的明意之学，体明而意清，意清而志定。明意之学者，体明、意清、志定之学也。

顺此思路来说，良知者，心之本体也。既是心之本体，就不再是"知先行后"之学，而是"知行合一"，"知是行之始，行是知之成"，"知是行的主意，行是知的功夫"，"知"就不再只是认知义，也不是相对于认知义的实践义，而是回溯于本体的实践义，这是"乾知大始，坤作成物"，是"乾以易知，坤以简能"的"知"。知者，本体实践之知也，主体能动性之知也。这样的"知"是"知善知恶"之知，是"为善去恶"之行，知行不二，一体之仁也。一体之仁者，诚意之教也。诚者，实也。实实落落地做去，这便是诚意之教。诚意之教，必及于物，盖意之所在即是物也。这么一来，就可以把《中庸》所说的"不诚无物"说得清楚明白了。"自诚明谓之性，自明诚谓之教"，天人性命贯通之学者在此也。

"明意"必得关联"诚意""慎独"来说，这样的心学当然不会是"出入无时，莫知其乡"的心念之学，而是明心见性，是体明而意诚，诚而实之的诚意之教也。阳明所谓"有善有恶意之动"，这"意"说的是心的指向，不只指向，而且有所涉着，涉着于物，这便是意念。能化念归意，炯照其独者，意志也。志者，心有存主、有所往也。"念"是就涉着义说，"意"是就指向义说，"志"则是就定向义说。当然，"心"是就总体义说。阳明心学者，化念归意，以意逆志，立志向道，志道据德，依仁游艺之学也。

阳明殁后，其后学于阳明的四句教多有曲解，各自为说，义理分辨，曲折蜿蜒，纷纷然莫知所衷也。其实，体明而意清，意清而志定，把握得这纲脉，也就清楚明白了。宋明儒学精神发展之脉络，从宋朝前期的道学，而程朱的理学，进而象山阳明心学，乃至刘宗周的意学，进到明末黄宗羲、王船山所重视的气学，这发展是极为有理趣的。从"总体的根源性"进到"客观的法则性"，转而回向"内在的主体性"，又重开生源而启动了"纯粹的意向性"，重而落实为"存在的历史性"。这应该可以视为儒学的近现代启蒙历程，可惜的是清朝以后，儒学并没有循着这理路继续开拓，反而保守地回到朱子学。

清朝初年，康熙皇帝把原先朱子学的客观的法则性与皇权的绝对专制性连成一体，形成严重的"道的误置"状态，宋明儒学的进步性、全体性、主体性、能动性，就此逐渐衰颓，代之而起的是保守的、专制的、法则的、规范的、绝对的、教条的清代儒学，这是无比可惜的。阳明心学就此没落，一直到清末民初才再度兴起。每思及此，不胜唏嘘！

博通中西，学思互济，在话语的诸多交涉之中，温海明努力在西方学术话语、中国古代经典汉语、中国现代生活话语三者中，取证多方，沟通糅合，提出了他自家的"意本体"论。当然，这"意"不只是"意念"之"意"，也不只是"意志"之"意"，而是上升到"诚无为，几善恶"的"诚""几"之际，这是"一意本原"之论。它不是一个可以对象化去说的对象，而是作为一切可以被说清楚的对象的本原初几。这与我所提出的"存有三态论"——"道意象形言"的诠释学五阶论，是可以相互发明的，我读了之后，大有深获吾心之感。论虽有别，意乃相通，通同于道也。

最后，我要说温海明教授的《传习录明意》一书，所言正是"一意本原，当体即知"，即知即行的"本体的实践学"，即此本体的实践之学，而为"实践的本体学"也。明显地，这样所开启的"意本体论"，对于阐明圣学，有着生生不息的推进动力，是值得鼓励与称许的。意本体论者，"直方大，不习无不利"之学也。是为推荐序。

于台北元亨书院
甲辰年，2024 年 9 月 9 日

目 录

导论：从心本到意本 / 1

第一部分　阳明心学的易学基础 / 2

第二部分　阳明心学的意学基础 / 27

第三部分　从心学到意学 / 53

第四部分　心天之意的意哲学建构 / 72

第五部分　意本方法论的哲学转折 / 84

初刻《传习录》徐爱序 / 93

续刻《传习录》南大吉序 / 94

卷　上

徐爱录 / 99

【1】明意天下，修己亲民 / 101

【2】一意至善，心天一理 / 105

【3】意本万殊，念存天理 / 107

【4】一多不分，意在念前 / 111

【5】知行合一，觉知即行 / 113

【6】心通物境，修身待命 / 120

【7】心意道术，格意明德 / 128

【8】天良之知，推致天下 / 129

【9】礼本天机，意发接天 / 131

【10】反思我思，纯粹经验 / 133

【11】斯文本天，作经述意 / 135

【12】三代圣道，永为镜鉴 / 144

【13】经以明道，人心通天 / 144

【14】《五经》明意，教化千载 / 145

徐爱跋 / 148

陆澄录 / 150

【15】心天之意，专一作主 / 150

【16】哲学意识，永志不忘 / 151

【17】安宁放松，调控意能 / 152

【18】谦让互益，争斗互损 / 152

【19】时刻觉知，刨根重植 / 153

【20】心遍寰宇，与物无对 / 154

【21】宇宙洪荒，繁茂生生 / 155

【22】义理无穷，道体可见 / 157

【23】静中涵养，静动皆宜 / 158

【24】培土浇灌，通天机括 / 159

【25】志向精纯，心意不分 / 161

【26】精筛细选，当下实意 / 161

【27】意物瞬间，付诸行事 / 162

【28】事上磨炼，生动活泼 / 163

【29】未发之中，诚中之意 / 163

【30】化物为事，化势为机 / 165

【31】后天之缘，复先天生 / 166

【32】缘生瞬间，自觉道体 / 168

【33】心显意论，意主意体 / 169

【34】语境意义，依境而生 / 170

【35】意体纯善，无善无恶 / 170

【36】智的直觉，明心见性 / 171

【37】省言存意，边缘体悟 / 172

【38】心物一体，物物不物 / 173

【39】先天之境，心意本体 / 174

【40】天理内化，原发成境 / 176

【41】意向出鬼，自证偏邪 / 178

【42】阴阳否定，哲意恒存 / 179

【43】大学书义，中庸首章 / 179

【44】正名理想，难于登天 / 180

【45】情感发动，反思观照 / 182

【46】反思自证，直觉体悟 / 184

【47】读易悟道，心学本易 / 185

【48】修养本心，白日聚气 / 187

【49】心天贯通，动静一如 / 187

【50】圣心即天，心天不分 / 189

【51】易超卜筮，大道之源 / 191

【52】仁人之意，王道教化 / 192

【53】道体本意，法无定法 / 193

【54】善本通天，天善流行 / 194

【55】阳意生发，阴意收敛 / 195

【56】念接天机，心意自明 / 195

【57】仁人之意，阳主阴从 / 196

【58】一气流行，精凝神妙 / 197

【59】本体中和，人为私意 / 197

【60】情随天然，物来顺应 / 197

【61】存善去恶，私欲务尽 / 198

【62】阴阳节气，自然本意 / 198

【63】心体明镜，良知照物 / 199

【64】道体无限，意会焦点 / 200

【65】反省深修，照全道体 / 201

【66】炼心改意，穿层入道 / 203

【67】仁体本意，澄明道体 / 205

【68】意能积聚，道体辉光 / 206

【69】生生之意，有意才生 / 209

【70】纯粹经验，心游太虚 / 209

【71】心不住物，意体自显 / 210

【72】意念创生，良知返照 / 212

【73】意体通天，心动气行 / 212

【74】心意天行，气随志聚 / 214

【75】圣意通天，同于物化 / 215

【76】一体无分，意道达化 / 216

【77】道体意明，明意镜天 / 218

【78】心性正脉，拈花传道 / 222

【79】通天本体，清明神妙 / 223

【80】本心呈现，通于圣道 / 224

【81】心收摄天，意沉心存 / 224

【82】动中护持，本体如如 / 224

【83】阴力收摄，转变意境 / 225

【84】意物交接，实意成物 / 226

【85】意识自证，心天至善 / 226

【86】物本天物，生力自然 / 227

【87】心天之意，至善之境 / 228

【88】动静阴阳，涵养本体 / 228

【89】未发涵养，已发察识 / 228

【90】仁爱他人，意融万物 / 229

【91】儒本亲民，佛老明德 / 230

【92】人性合天，本体天善 / 230

【93】自然至善，先天仁人 / 230

【94】意本心源，亲亲创生 / 231

【95】心理不分，日用无私 / 234

薛侃录 / 235

【96】心随天行，凝聚心神 / 235

【97】意体感通，天境一念 / 236

【98】仁心生发，改造意境 / 237

【99】圣道昌明，志同朱子 / 239

【100】体悟道体，损之又损 / 239

【101】意体根源，纯然至善 / 243

【102】先天道体，意行自生 / 244

【103】心天一体，闻道得见 / 251

【104】恐志不切，惟患夺志 / 252

【105】意动即作，人事成天 / 252

【106】发心顺道，意行接天 / 253

【107】放下悔意，念念利他 / 255

【108】圣洁通神，人生一等 / 256

【109】体用意源，动静一如 / 258

【110】意能主动，愚公移山 / 259

【111】仁爱互助，容纳众人 / 259

【112】道体活泼，天机自开 / 260

【113】道体忠恕，体用一贯 / 262

【114】感官闻见，本心存养 / 263

【115】自我觉知，控制意识 / 264

【116】本心如根，精纯培植 / 264

【117】自在之物，诚之生活 / 265

【118】诚中于内，心通物化 / 266

【119】天良至善，理性灵悟 / 270

【120】心通意开，明觉感通 / 271

【121】意通天境，觉知涵养 / 273

【122】善言合道，思诚实化 / 276

【123】生仁活理，作事养意 / 277

【124】同体大悲，知鱼之乐 / 281

【125】意本天行，圣人无意 / 282

【126】意念发动，如天无念 / 284

【127】天即意道，意即天行 / 285

【128】祖天圣教，意道之境 / 286

【129】意作非意，及物成事 / 290

【130】情本诚中，敬意通天 / 291

卷　中

钱德洪序 / 297

答顾东桥书 / 300

【131】中道本体，诚意本教 / 300

【132】未发觉知，发前涵养 / 301

【133】意起即事，与物同体 / 302

【134】觉知及物，意行实知 / 304

【135】天本心母，天开意显 / 307

【136】孝心连亲，良知通理 / 312

【137】意作天事，德性之知 / 315

【138】意作于物，转物为事 / 319

【139】意本天诚，用魄澄明 / 324

【140】知而立作，意作成业 / 326

【141】天良体作，用于事业 / 331

【142】作即创造，超越绝望 / 334

【143】意本天良，赤心诚道 / 340

答周道通书 / 351

【144】实化意念，不忘初心 / 351

【145】有意于无，万物顺至 / 353

【146】自心体认，天良自现 / 355

【147】跳出物累，自作主宰 / 357

【148】推致天良，格意致知 / 358

【149】学说既立，海纳百川 / 359

【150】天性气性，意会存有 / 361

答陆原静书（一）/ 364

【151】天良诚中，静心融物 / 364

【152】心物同体，太阳永照 / 365

【153】体悟精焘，运化莫测 / 366

【154】天地生意，精焘自然 / 367

答陆原静书（二）/ 370

【155】良知日用，生生流行 / 370

【156】无住生心，意若不动 / 371

【157】心意诚中，渊深摄化 / 372

【158】诚中之意，修行本体 / 376

【159】良知反省，意本天良 / 377

【160】水底照心，透显自证 / 378

【161】心意破身，克除私欲 / 379

【162】空有生机，应物生生 / 381

【163】自然升发，涵摄天地 / 384

【164】晶莹剔透，无遮彰显 / 386

【165】觉知用功，治心为本 / 387

【166】圣学之乐，水底观涛 / 390

【167】心转物境，心中有天 / 391

答欧阳崇一 / 395

【168】阴阳道体，体象相融 / 395

【169】天理良善，清明澄现 / 398

【170】造作事业，集义致天 / 399

【171】通神无伪，日月朗照 / 402

答罗整庵少宰书 / 407

【172】向内涵养，处处修身 / 407

【173】体悟圣道，心得为本 / 409

【174】性理心物，念知物意 / 410

【175】心通物论，心物一元 / 413

【176】圣学苦传，感悟极深 / 415

【177】直指本心，以心显心 / 418

答聂文蔚（一）/ 419

【178】圣道不明，不可不辩 / 419

【179】明圣之意，生意利益 / 421

【180】圣学不昌，四海纷争 / 423

【181】意量天启，救人水火 / 424

【182】念念仁爱，拯救万民 / 425

【183】天命在身，道传诸生 / 427

【184】意本应西，心应道佛 / 428

答聂文蔚（二）/ 430

【185】心念苍生，意守正脉 / 430

【186】勿忘勿助，成性存存 / 431

【187】一生一事，正念正意 / 433

【188】人性天分，善意善行 / 435

【189】源初孝亲，诚中实践 / 437

【190】意识根本，仁意孝心 / 439

【191】诚则不猜，光辉雾月 / 441

【192】工夫可悟，难以分解 / 443

【193】一念洞见，良知透显 / 446

【194】跨主体性，意本一体 / 446

训蒙大意示教读刘伯颂等 / 448

【195】天伦本意，依境而生 / 448

教　约 / 451

【196】言行皆纯，反省修正 / 451

【197】调节气息，阴阳相应 / 452

【198】操练礼仪，德性成型 / 452

【199】集中心神，心口一致 / 453

【200】引导意向，改造意境 / 453

卷　下

陈九川录 / 457

【201】心融万物，行作于事 / 457

【202】凝聚正念，作于未来 / 461

【203】自作主宰，天理昭明 / 462

【204】本体明澈，毋另做功 / 463

【205】象山不精，功久才现 / 464

【206】推致天良，无执存有 / 465

【207】生意阳光，身意主宰 / 467

【208】良知定盘，意印证物 / 468

【209】通神意丹，灵妙莫测 / 468

【210】意识澄明，意境纯净 / 469

【211】圣贤心传，一明既明 / 469

【212】澄明圣意，如揭天机 / 470

【213】灵性光芒，扫荡玄冥 / 471

【214】奖劝朋友，谦下宽容 / 471

【215】顺应自然，心情愉悦 / 472

【216】偶尔澄明，用意坚持 / 472

【217】一旦解悟，一通百通 / 473

【218】及物真学，现成活现 / 474

【219】阴阳妙合，乾坤朗朗 / 475

【220】有得于心，意上觉悟 / 476

【221】风雨霜雪，阳光永恒 / 477

黄直录 / 479

【222】阳光普照，静水流深 / 479

【223】顺道而行，平和安宁 / 480

【224】饮食日用，不敢稍懈 / 481

【225】精纯专一，就限续推 / 481

【226】正面做功，不做虚工 / 482

【227】应接事物，立即贯通 / 483

【228】善恶缘成，道体至善 / 484　　【233】心意空灵，修名正辞 / 488

【229】真诚实化，时刻诚中 / 485　　【234】朱子重物，阳明重格 / 489

【230】修道澄意，圣贤可分 / 486　　【235】意体澄澈，反思自觉 / 489

【231】静作主宰，动静不分 / 487　　【236】儒似有相，真如无相 / 490

【232】心天不分，作即天事 / 487

黄修易录 / 492

【237】善恶一体，善起恶去 / 492　　【243】放下毁誉，切己用功 / 499

【238】浸润心身，遍及世间 / 493　　【244】阴阳和生，根发灵长 / 500

【239】格意培根，学问之本 / 493　　【245】反省责己，教化他人 / 501

【240】安居圣道，浑然天成 / 494　　【246】祖天之意，持中守善 / 502

【241】主宰一生，好汉正途 / 495　　【247】卜天之机，心意镜天 / 502

【242】意本顺生，接天而明 / 497

黄省曾录 / 505

【248】诚意用中，从容中道 / 505　　【254】杀身成仁，仁意不断 / 509

【249】万世人心，不偏正道 / 506　　【255】光明遍照，毁誉浮云 / 510

【250】意念顺道，心底无私 / 506　　【256】不斥外物，流转通达 / 511

【251】仁人有等，因材施教 / 507　　【257】天机随缘，依境而成 / 512

【252】家本自证，前瞻未来 / 508　　【258】简易直截，无意深广 / 513

【253】长保圣境，返回先天 / 509　　【259】顺天造作，时刻觉知 / 514

钱德洪录 / 515

【260】一念不离，时刻自觉 / 515　　【263】万化融通，无有内外 / 518

【261】身心融物，乐极鼓舞 / 516　　【264】去除乌云，光辉澄澈 / 518

【262】亲历骨折，磨难真知 / 516　　【265】天命即性，道即良知 / 519

【266】浑然天成，圆融无碍 / 519

【267】通天化境，觉昼知夜 / 520

【268】觉知万物，浑沌清明 / 522

【269】意本太虚，益于天境 / 522

【270】不离事物，与物共在 / 523

【271】人伦日用，亲亲相感 / 524

【272】思意为作，沛然莫御 / 524

【273】性物一体，无善无恶 / 525

【274】用意如道，气通互养 / 526

【275】意与物会，心点天域 / 527

【276】自然之意，善恶未分 / 529

【277】视听知觉，及物同体 / 530

【278】超越性命，无待生死 / 531

【279】克念尽除，心法希知 / 532

【280】良知拂尘，本来无物 / 533

【281】明意通变，引领未来 / 534

【282】阳光实物，良知无知 / 535

【283】能缘之所，意作之境 / 536

【284】万化生生，应物无方 / 537

【285】仁动体机，为己之学 / 538

【286】发力借巧，四两千斤 / 540

【287】人天之意，天良自知 / 541

【288】良知善恶，意悟是非 / 541

【289】意体光明，无惧风云 / 542

【290】阳光朗照，情如云化 / 542

【291】阳光及物，天良积德 / 544

【292】情本乐感，涵伤摄悲 / 545

【293】心学本易，笋生成林 / 545

【294】生活互系，念积成角 / 546

【295】道体无二，心天不分 / 548

【296】自作功夫，持道体意 / 549

【297】元声和天，意会韵律 / 550

【298】心意造境，推致天良 / 552

【299】本心通天，伟业自意 / 553

【300】就错改错，文过饰非 / 553

【301】常人逐物，心散气乱 / 553

【302】言辞适度，立功定业 / 554

【303】好高离本，忘与人同 / 554

【304】过与不及，体其分寸 / 555

【305】将心比心，人与我通 / 555

【306】通晓事变，用之不善 / 555

【307】寂静本体，洪钟惊天 / 556

【308】人性通天，超越对待 / 557

【309】本体精微，运用卓绝 / 558

【310】无声无臭，不可执着 / 559

【311】潜意通天，阳光底色 / 559

【312】圣人血脉，排山倒海 / 560

【313】日用不知，和光同尘 / 561

【314】得道高人，虚怀若谷 / 563

【315】道体空有，心天一如 / 564

【316】心道体本，易道体源 / 567

黄以方录 / 570

【317】意向及真，思考明意 / 570

【318】仁人之意，作事成物 / 571

【319】尽理必病，圣道自宰 / 575

【320】念头做工，概莫能外 / 576

【321】知易行难，知行不分 / 577

【322】仁意流行，诚一不二 / 577

【323】心本意生，有于无境 / 580

【324】格意慎独，意行戒惧 / 580

【325】诚中养性，极度精微 / 581

【326】见性之人，不争善恶 / 583

【327】明心见性，意能朗现 / 583

【328】身心印证，着实用功 / 584

【329】随物赋意，意生持存 / 584

【330】超验意会，意与物融 / 585

【331】道体工夫，体天用机 / 586

【332】阴阳决战，同天合道 / 587

【333】减少妄念，力行可见 / 587

【334】转念改命，成就圣命 / 588

【335】济天同善，尘俗染化 / 588

【336】眼去尘沙，意守清明 / 589

【337】一气无隔，意即万物 / 590

【338】工夫观体，无心得实 / 591

【339】传播极难，超智突围 / 592

【340】本来无我，放下我慢 / 593

【341】良知即易，超私悟圣 / 594

【342】依缘而生，鼓荡伟丽 / 595

【343】圣学正脉，念念存养 / 596

钱德洪跋 / 598

参考文献 / 601

一意本原（代后记）/ 606

导论：从心本到意本

引　论

　　理解阳明心学需要有充沛的易学基础，而且要理解阳明"心本论"的根基当为"意本论"。1553年，王畿提到老师王阳明"居夷处困"的时候说他"尽去枝叶，一意本原"，此言后来为黄宗羲所引，《明儒学案》卷十《姚江学案》先说王阳明"其学凡三变而始得其门"，之后说"自此（龙场悟道）之后，尽去枝叶，一意本原"。王畿、黄宗羲都以"一意本原"统摄王学的后三变，正是本书"意本论"的"意本"之"源"。本书从"心本"到"意本"，依王阳明之"意"（意识、意向）而建构"意本"之论。

　　在阳明时代，朱子学影响巨大，大部分学生本来就对阳明学问将信将疑，于是《传习录》的大部分内容里，阳明被迫不得不分辨《大学》相关问题，常常似乎难以辨析清楚。所以《传习录》看起来对《周易》没有深入讨论，缘于学生问答《周易》相关的问题本来就少，加上阳明自己从不主动开讲易道，这样阳明学的易学大旨就没有凸显出来。这也就导致他的学问的易学旨趣，在过去五百年当中一直没有真正挺立起来。

　　本书不但要说明心学本是易学，还要论证心学本是意学。合二者而观之，阳明心学其实就是易意学，是改变意识、转化意念的学问。因为当年问学的学生们缺乏易学根基，大多无法感通彻悟大道之源，所以心学作为易学和意学，在《传习录》当中都没有得到充分讨论和展开。

《传习录明意》致力于说明心学就是易意学，希望明心学之意，并对作为易意学的心学实现充分的哲学阐发。

本导论分为三部分：第一部分，从"良知即是易"分析阳明心学的易学基础，即理解心天之意不能离开易学的体证基础；第二部分，通过现象学、心灵哲学的比较哲学研究，说明心学的意学基础与依据、心学与意学的基本命题、命题的基本意涵，以及如此说明的意图所在；第三部分，从心学到意学，说明为什么应该从心本过渡到意本，为什么本书要强调意本比心本更有哲学思辨的合理性；第四部分是关于心天之意的意哲学建构，对阳明心学的核心命题，如"至善""心即理""存天理灭人欲""知行合一""格物即格心""致良知"等进行哲学性造作和转化，致力于让阳明心学"登场"，推进阳明心学的世界化；第五部分是意本方法论的哲学转折，说明意本论不仅仅以"意"为本，而且在哲学研究上具有方法论转折的意义。

《传习录》当中，阳明强调人要明辨良知，发明本心，即感悟天良之知，理解天地自然之善。本书认为，王阳明虽然继承孟子良知良能之说，但并不执道为仁，也并不执道为心，而是消解二者之意，去掉执仁之意、执心之意，而以"心天之意"（心天之易）即心与天相感通之意贯通二者。本书据此进行心天之意的哲学建构，实现从心本体到意本体的过渡，完成意本论哲学的体系性建构。

本书认为，在中国古典哲学的视域当中，心学的根本在易学。在比较哲学的视域中，心学的哲学意味就是意学。心学的哲学化，既要对接易学，以回复心学心意通天的本体性境界；又要对接意学，通过现象学和心灵哲学相关哲学论述来展开意学的哲学建构。

第一部分　阳明心学的易学基础

阳明龙场大悟，是因读易悟道，所以悟通阳明心学，必须感通阳明读易学易的精神。王阳明曾提出"良知即是易"，其关于《周易》的文本内容虽然不多，但句句精髓，是解读阳明心学的枢机所在。本书第一部分从意本论角度，从"文"（文本）与"悟"（境界）两方面深入解读"良知"与"易"的关系。本部分基于《周易明意》意哲学的角度解读阳明易学相关材料，力图穿透学界之前对阳明易学的文本解读，并借助《周易明意》意本论哲学境界来领"悟"阳明易学材料与其心学哲学的内在关系，从而从意本论角度深入解读和建构阳明心学"良知"与其易学哲学的关系。本部分从意本论哲学的角度，围绕文本与境界之间的张力，继承和发展学界之前从体用论角度解读"良知"与"易"的既有成果，深入分析与解读阳明"良知"及其易学哲学思想。以此为例，本书试图从"中国哲学"理论的角度推动"中国哲学史"相关问题研究。

1998 年，我在《周易研究》发表了学界第一篇研究王阳明易学思想的论文《王阳明易学略论》，二十多年来，学界出现了一些解读王阳明易学思想的论文，其中大部分从不同角度解读阳明易学与心学的关系，[1]有少数几篇特别重视"良知即是易"。[2] 我曾经强调，阳明在"玩易窝"悟道之后，"阳明之学问气象，可谓悟于《易》亦终于《易》，其一生传道说法，单以心学、理学范畴解析，常有难晓处，若以易道观之，则浑然一体，圆融无碍"[3]。范立舟和朱晓鹏认可我的说法是"得阳明学术渊源"的判断。[4] 林忠军和彭鹏认为我过度强调易学在阳明思想当中的重要性。[5] 还有学者认为我没有对心学与易学关系进行深层分析。[6] 可能

---

[1] 可参考戴琏璋、谢金良、黄黎星、李振纲、张春香、张韶宇等人对此问题的相关论文。

[2] 可参考钟纯、宁怡琳、廖一鸣、张沛、彭鹏、李煌明、赵文宇和曾振宇、卢祥运等人的相关论文。

[3] 温海明：《王阳明易学略论》，《周易研究》1998 年第 3 期，第 23—32 页。此文修改版参《阳明易学》，收于温海明《比较境遇与中国哲学》，人民出版社，2020 年，第 65—86 页。

[4] 参范立舟：《〈周易〉与阳明心学》，《周易研究》2004 年第 6 期，第 68—80 页。朱晓鹏：《王阳明龙场〈易〉论的思想主旨》，《哲学研究》2008 年第 6 期，第 17—24 页。

[5] 参林忠军、张沛、张韶宇：《明代易学史》，齐鲁书社，2016 年，第 144 页。彭鹏：《王阳明以心学解〈易〉内在理路探析》，《周易研究》2015 年第 6 期。

[6] 如钟纯认为"温海明教授早在 1998 年就对此问题给予了关注，并按历史逻辑的顺序大致勾勒出王阳明的易学思想，但并未在逻辑结构层面对阳明心学与易学关系进行深层的分析"。参钟纯：《论王阳明"良知即是易"中的体用关系》，《理论月刊》2021 年第 2 期，第 132 页。

这些学者多把当时论文的四个部分"河图洛书第一""辞象变占第二""尽性致命第三""良知即易第四"更多理解成易学框架。其实,前两个确实是易学问题,但后两个主要是心学与哲学问题。基于此,本书试图从意本论哲学的角度解读"良知即是易",以推动心学与易学关系的研究,继续强调阳明的易学体悟贯穿其心学,易学是阳明心学之源,并从易学角度阐明阳明"良知"的五层意蕴。本书强调王阳明心学本质上就是易学,不可以把心学与易学分为两截来看。学界一些研究阳明者,虽然能够意识到其心学思想根源于易学思想,但真正体悟到其心学与易学思想之圆融不二的并不多。

相比既有的"中国哲学史"研究,本书试图从意本论角度作"中国哲学"的研究,说明心学哲学本来就是易学哲学,二者相通为一,一体两面,不可分割。本书论证,如果忽略易学,在研究阳明心学时,就容易截断心学与易学的关联,使之成为两种学问,那就难以认识到阳明哲学的本来面目,就无法领略阳明"良知"思想的精湛和深度。王阳明易学思想的文本内容不多,相关论文对文本的运用重复率较高,虽然学者们对王阳明易学思想文本的解读角度各不相同,但都离不开"文"(文本)与"悟"(境界)两方面。"文"是对王阳明易学思想材料的解读,其中体现出解读者对王阳明易学思想的理解深度;"悟"是对王阳明易学思想材料与其心学哲学内在关系的理解,强调解读王阳明心学哲学境界需要悟性和开悟能力。

本书从意本论哲学的角度,围绕文本与境界之间的张力,分析和讨论既有阳明易学思想材料解读的得失,及其与阳明心学哲学思想之间的关系问题,并以此为例,力图从方法论上推动"中国哲学史"问题研究转化为"中国哲学"研究。目前绝大多数研究王阳明易学思想的论文,都更像是"中国哲学史"研究论文,而不像是讨论"中国哲学"问题的论文。大部分论文既没有深入讨论阳明的易学思想,也没有深入说明其易学与其心学的相关性,都不像在讨论哲学问题。以易学与心学的关系为例,这本来应该是研究阳明哲学当中最有哲学难度的问题,可是从"中国哲学史"角度出发的研究成果,基本都泛泛解读阳明生平与易有关的内容，叙述阳明读易悟道的经历，简单释读相关材料。虽然研究王阳明易学，相比学界研究阳明思想的主流来说，无疑是比较新的角度，也有很多新意和结论，尤其从心学与易学的关系角度出发，对推动阳明学研究已经有所助益，但从"中国哲学史"角度研究阳明易学与心学，最多只能算抓住了阳明易学的文本，并没有把握阳明易学的悟道境界。阳明易学的文本说明王阳明读过易，因易悟道，其易学影响了心学思想，但基于文本材料的客观性学术研究，对于阳明易学与心学的哲学悟道境界的理解，尤其是从易学角度领悟"良知"这一方面，仍然推动很少。

关于"良知即是易"，目前学界有很多研究，有不同的解析结构。比如，钟纯分析了"良知即是易"观点，从体用一源、心体发用、体无用有三方面加以总结。[1] 宁怡琳认为可以从体用一源、体无用有、用中察体三方面来理解。[2] 张沛也注意到"良知即是易"与"体用一源"的关联性，把"体用一源"看成心学一元论的易学思维，包含"即动即静""简易不易""知行合一"几个方面。[3] 本导论第一部分从意本论哲学的角度解读"良知即是易"，力图说明和领悟阳明"良知"与易学圆融一体，抓住"良知在何种意义上即是易道"这个核心问题，从意哲学的角度展开五个层次的论证：一、良知先于伏羲先天八卦之易道；二、良知即天地、宇宙之"道"；三、良知即阴阳、动静、有无之道；四、良知即心天之意，即本体即功夫；五、良知即天良之知。通过这五个方面的解读，本部分试图在解读阳明"良知"和易学方面都实现哲学创新。

---

[1]　钟纯：《论王阳明"良知即是易"中的体用关系》，《理论月刊》2021 年第 2 期，第 134—140 页。

[2]　宁怡琳：《"良知即是易"——试论王阳明的易学思想》，《中国哲学史》2019 年第 2 期，第 48—50 页。

[3]　张沛：《王阳明心学视域下的易学观》，《周易研究》2010 年第 4 期，第 29—31 页。张沛从"洗心而退藏于密"分析了《易》与心学修养的关系，从"神明吾心而已"分析他对象数之学的理解。他指出，阳明心学易说的核心在于建立"心""良知"观念与《易》的连接，这一解《易》路径开启了以易学注解诠释阳明心学的滥觞。阳明之后的很多心学学者（如王畿）都沿着阳明开启的这一路向走得更远。因而，在理学史与易学史上，阳明"心学易"开始成为与程朱"理学易"并存的另一重要派别。

一、良知先于伏羲先天八卦之易道

《年谱》记载,阳明三十五岁(正德元年丙寅)上疏拯救因攻击刘瑾而下狱的戴铣、薄彦徽等人,被廷杖且被逮锦衣卫狱中。狱中遇到大理评事林省吾(林富,字守仁),两人"相与讲易于桎梏之间者弥月",阳明感慨说,"盖昼夜不息,忘其身之为拘囚也"。[1] 无疑,阳明入狱之后,能够忘我投入地学习《周易》,说明易学对阳明心学哲学思想的影响肯定是巨大的。对这一文本的解读,应该提升到阳明那种没日没夜沉浸在易学当中的境界上来。在此境界当中,阳明可以忘掉自己身系大狱,尚且不知自己会不会把牢底坐穿(这在外人看来完全没有身体自由),但拥有彻底的心灵自由。阳明因为整日整月沉浸在读易的境界当中,反而从精神上超越了拘禁囚笼的外在约束,从心灵上拥有了极致的内在自由。应该说,这种狱中谈易的气象和境界,才是后来心学哲思境界的真正萌芽。正是因为这种绝处逢生、苦中作乐的境界,心学才能穿过后来历史上多次的禁绝 [2],而薪火相传,不断发扬光大。

研究者一般都对阳明狱中《读易》一诗之相关易理加以理解分析。比如意识到"瞑坐玩羲易,洗心见微奥。乃知先天翁,画画有至教"[3] 与伏羲先天八卦的关系,但对于易如何能够"洗心",并且看到卦画之前的微妙深奥之处,大部分论者都没有展开。其实,阳明理解伏羲先天八卦,就代表他研易进入了伏羲画卦之前的先天境界,而这种先天境界的气象,又可从伏羲八卦的每一画当中体会出来。可以说,这种先天境界与"龙场悟道"之后"心外无物"的境界是相通的。王阳明说:

> 绵绵圣学已千年,两字良知是口传。欲识浑沦无斧凿,须从

---

[1] 《王阳明全集》,吴光等编校,上海古籍出版社,2018 年,第 975 页。

[2] 明代发生过四次全国性禁毁书院事件,前三次(嘉靖十六年,嘉靖十七年,万历七年)都是针对心学的。参周月亮:《王阳明传》,长江文艺出版社,2016 年,第 284 页。

[3] 《王阳明全集》,第 747 页。

规矩出方圆。不离日用常行内，直造先天未画前。[1]

阳明把自己的"良知"之学说成"口传"之秘，犹如禅宗"拈花一笑"那种"以心传心"的默会知识，这可以说是受到禅宗传法世系影响之后，对韩愈"道统论"的改造升级。最为关键的是，他强调"良知"不仅在日用常行之间，而且"直造先天未画前"，这就是说，"良知"之学在伏羲画卦之前就已经存在，后来在早期圣人之间心口相传，但没有用书写的方式记录下来。

"良知"本于天地未分之前的"浑沌"，这种"浑沌"万古不变，他说：

> 盖良知之在人心，亘万古，塞宇宙而无不同，"不虑而知"，"恒易以知险"，"不学而能"，"恒简以知阻"，"先天而天不违"，"天且不违，而况于人乎？况于鬼神乎？"[2]

因为"良知"浑沌而难知，所以他说："即如我良知二字，一讲便明，谁不知得？若欲的见良知，却谁能见得？"[3]"良知"虽然可以讲得非常明白清楚，似乎谁都明白，但是，如果将"良知"理解为来自宇宙浑沌、天地未分的状态，那么，又有几个人能够见到呢？其实不可能有人真的具有那种先天经验，因为"良知"根本就是超验的。这样，在哲学概念的先在性方面，"良知"与易道具有了同样的位格，它们都先行于宇宙万物的存在。易道简易、不易，但又不可见，所以具有先天意味，"良知"同样也有这种先行于一切经验的先天意味。不仅如此，"良知"因为超验，所以"虚"，他说：

> 良知之虚，便是天之太虚；良知之无，便是太虚之无形。日、月、风、雷、山、川、民、物，凡有貌象形色，皆在太虚无形中发用流行，未尝作得天的障碍。圣人只是顺其良知之发用，天地

---

[1]　《王阳明全集》，第 872 页。

[2]　邓艾民注：《传习录注疏》，上海古籍出版社，2012 年，第 149 页。

[3]　《王阳明全集》，第 142 页。

万物，俱在我良知的发用流行中，何尝又有一物超于良知之外，能作得障碍？[1]

良知超越经验，无法用任何实际经验来证明，也就可说是虚的，不可能成为任何实际经验的直接对象，好像天本身就如太虚一般。从这个意义上说，良知好像没有（"无"）一样，几乎就等同于无形的太虚。我们的心意，要如何理解如此"虚"的良知呢？或许可以称其为"心天之意"，即心意如天的那种状态，这种心通于天的意识状态其实是本于太虚无境的。日月、风雷、山川、人民和万物等凡是有形体、象貌、颜色的所有事物，都在太虚无形之中生长、发育、运动，良知如天，好像天的太虚状态，万事万物在太虚当中，却不知太虚为何物。良知通天，与天一般无形无相，既然不知天为何物，那么所有良知其实也是无从定义的。天下所有事物都不会成为天本身的障碍，因为天那么虚空，无所不容，如果良知如天，那么一切事物也都不可能成为良知的障碍，良知可以涵盖万有。古来圣人理解良知通天的境界，其"心天之意"不过顺着无形无象的"天"良之知去自然发动其"心天之意"，天地万物都在自己的良知发动流行之中，没有任何事物能够超越与天齐同的良知，齐天的良知与万事万物之间丝毫没有障碍，好像太虚与事物之间不构成阻碍。

如此一来，良知就因齐天而虚到极致，好像什么都不存在一样，完全超越经验，是"非存在"意义上的超验存在。嘉靖五年，王阳明的弟子南大吉与当朝权贵发生冲突而遭贬黜，阳明寄给他的书信如此写道："夫惟有道之士，真有以见其良知之昭明灵觉，圆融洞彻，廓然与太虚而同体。"[2]一个悟透良知的得道高人，其实是心意通于太虚的人，他的心灵毫无滞碍，可以说，他好像达到庄子的"真人""至人"境界一般，逍遥无待，达到"庖丁解牛"的化境，也就不会与世间任何存在物发生冲突了。这种良知与太虚同体的境界，其实是一种超越具体有形有相事

---

[1] 《王阳明全集》，第 121 页。

[2] 《王阳明全集》，第 235 页。

物的先验境界，所以是既超越"良"也超越"知"的齐天太虚境界。

二、良知即天地、宇宙之"道"

"良知即是易"这句论断出自《传习录》下：

> 良知即是易，"其为道也屡迁，变动不居，周流六虚，上下无常，刚柔相易，不可为典要，惟变所适"。此知如何捉摸得？见得透时便是圣人。[1]

跟良知齐天、太虚的先天存在状态相呼应，阳明这里借用《系辞下》对易道的描述来表达良知的存在状态。后天的易卦画与卦爻辞系统，其实不过是先天易道的镜子，我们穿过卦画和卦爻辞去领悟易道，就是为了"见得透"，其实就是帮助人们去理解变动不居的"良知"，从而调整好当下意识的分寸。良知即是易道，那么良知就与天地之道能够精准对应，好像卦爻体系随顺天地大道的变化而变化，正如意识的变化当合于万千物换。

人世之间，沧海桑田，其实都在良知展开的状态之中。大千世界无穷变幻，都不能离开意念之映照。"良知即是易"说明，阳明的"良知"必须要从《周易》作者悟道的角度加以理解。"良知"之"知"通于天地无穷无尽的变化，人的意念要开悟，才能对易道"捉摸"到位，打通意念的层层境遇，与天地之变化无常去精准对应。世间万物变化都可在心意变化当中展开，这就是意念之"知"所具有的通天贯地的察知功力。当然，这样的"知"的功力需要经过修炼而得，只有悟性高者才可能迅速悟得心与天贯通的状态。

阳明认为，良知无时无刻不在变化之中："中只是天理，只是易，随时变易，如何执得？须是因时制宜。"[2] 良知随时变易，不可能有任何

---

[1]　《王阳明全集》，第142页。
[2]　邓艾民注：《传习录注疏》，第45页。

执着。他说：

> 君子体夫雷风为《恒》之象，则虽酬酢万变，妙用无方，而其所立，必有卓然而不可易之体，是乃体常尽变。非天地之至恒，其孰能与于此？[1]

其"不可易之体"当是阳明后来强调的"良知"，他视之为恒定有常的本体，但这种恒定，其实是"不变的变"。换言之，良知与易道都在永恒变化，但这一点从不变化。从《易传》"天地之大德曰生""生生之谓易"开始，儒家特别强调生机，有用"生"来对治生命的虚无感和佛教之"空"的意味。所以，儒家强调要做"无中生有"的功夫，如阳明强调"良知"之恒常，是从"无"之中感应出一个生机勃发的世界来，希望人们不要在"无"中消沉、绝望、弃世。

在意本论看来，恒卦说明意念之流本来只是流动，必然需要长久维持，而意念不可能离开意缘，否则就无法实化意向。在阳明那里，最为稳定的意缘就是内在的良知。心意的运行本然地通于日月运行之道，其实这就是天地之间良知恒稳的根源。良知作为意境，能够成为一个意生状态到下一个意生状态之间持续存在的恒定性，阳明学以良知为意念生发情境的恒定性，而情感意向的恒定性、阴阳能量感应的恒定性，都来自良知本身。良知使得生命能够无中生有、生生不息，帮助人们离开感于"无"中的弃世绝望，如此才能建立意缘的稳恒感。这种恒稳的"良"知如日月普照，所言良知也可以说是乾天之知，好比阳明弟子王畿（1498—1583，字汝中，号龙溪）所言："乾知即良知，乃浑沌初开第一窍，为万物之始，不与万物作对，故谓之独。"[2] 良知是天之知，乾天发动而自知的那种"知"，是原始创生的自然本知，是阴阳万物未生之前的纯阳之知，这种纯阳之知是无对待的，所以是"独"知。所以可以说，

---

[1] 《王阳明全集》，第 1078 页。

[2] 王畿：《致知议略》，《王畿集》卷六，吴震编校整理，凤凰出版社，2007 年，第 131 页。

良知是对待流行之前的那种乾阳发动之力。[1]

三、良知即阴阳、动静、有无之道

正是因为良知就是"乾知"或"天知",所以"良知"概念可以对应于"太极""气""理"等宇宙论意义上的"第一因",或本体论意义上的"本体""本质"等概念。从良知展开的方面来说,阳明认为良知是阴阳、动静、消息、有无、体用,也需要通过这些对待的范畴来理解。

1. 良知即阴阳

王阳明把良知看成阴阳:

> 阴阳一气也,一气屈伸而为阴阳;动静一理也,一理隐显而为动静。春夏可以为阳为动,而未尝无阴与静也;秋冬可以为阴为静,而未尝无阳与动也。春夏此不息,秋冬此不息,皆可谓之阳、谓之动也;春夏此常体,秋冬此常体,皆可谓之阴、谓之静也。自元、会、运、世、岁、月、日、时,以至刻、秒、忽、微,莫不皆然。所谓"动静无端,阴阳无始",在知道者默而识之,非可以言语穷也。若只牵文泥句,比拟仿像,则所谓心从法华转,非是转法华矣。[2]

良知如太虚,如易道变化无端,所以良知与阴阳之气自然相融无二,毕竟一切阴阳动静都在时空万化之中。气的运动状态分为阴阳,动静就是一理,按照理的隐藏和彰显区分为动静。春夏可以为阳为运动,但并不是没有阴气和静止;秋冬可以为阴气和静止,但不是没有阳气和运动。春夏这样不停息,秋冬也这样不停息,都可以称之为阳、称之为动。春夏也只是这个良知的恒常本体在起作用。如此看来,良知是天地运行的

---

[1] 可参考意本论对乾卦乾阳之"意生"的论述,见温海明:《周易明意》,北京大学出版社,2019年,第77—102页;参温海明:《意哲学与当代作为比较哲学的中国哲学》,《孔学堂》2020年第4期,第14页。

[2] 《王阳明全集》,第73页。

"第一因"和本体，既与物一同变化，又不随事物的变化而改变。良知其实是本来自在的，既可以说良知如如不动，又可以说良知千变万化。同样的，秋冬季节当中，也只是良知这个恒常本体作为动因在推动大地的运化，所以都可以称之为阴、称之为静。从元、会、运、世、岁、月、日、时一直到刻、秒、忽、微，全部都是良知本体的化用，只有从这个良知本体化为阴阳流行的角度，才能理解"动静无端，阴阳无始"。关键还在于体认良知的人，需要刻骨铭心地去体会，也就是在心意齐天、通达太虚的境界中去领会，这种境界是不可能用语言来表达和穷尽的。如此先验的境界，如果只是拘泥于文本表达，刻意研究文辞，那么无论如何比拟模仿，也只是成为所谓的本心随着《法华经》转，而不是"转法华"了。

所以，阳明强调悟透良知的境界，其实乃用意通天，去领会万化的良知，而不是起心动念被万化牵绊。他说：

> "未发之中"即良知也，无前后内外而浑然一体者也。有事无事，可以言动静，而良知无分于有事无事也。寂然感通，可以言动静，而良知无分于寂然感通也。动静者，所遇之时，心之本体固无分于动静也。[1]

良知是心物交关、心物感通而无分无别的状态，即心物尚未分别的"中"状态，这是詹姆士"纯粹经验"（pure experience）意义上、主客不分的良知本体，而良知本体其实就是意本体。良知作为心之本体，当然超越动静。"未发之中"即良知的本来状态，自然通物，这种未发的状态需要意念的介入才会有所分别。可以说，未发之中就是良知，没有前后、内外而浑然一体。未发的状态，无所谓有事或无事，可以讲动或静，但良知本体却不分有事还是无事。正如寂然与感通可以讲动静，但良知不分寂然、感通。意念发动通于事物，自然有动静之别。

阳明多处讲到"寂然不动"："光光只是心之本体，看有甚闲思虑？

---

[1]　《王阳明全集》，第72页。

此便是'寂然不动',便是'未发之中',便是'廓然大公'"[1];"（心之本体）原自寂然不动，原自感而遂通"[2];并引明道"莫若廓然而大公，物来而顺应"[3]。阳明以"性无不善，故知无不良，良知即是未发之中，即是廓然大公、寂然不动之本体，人人所同具者也"回复门人陆原静的转述："良知，心之本体，即所谓性善也。未发之中也，寂然不动之体也，廓然大公也。何常人皆不能而必待于学邪？中也，寂也，公也，既以属心之体，则良知是矣。"[4]可以说，良知自然通物，好比一般意念的深层之水，自然感通万物却不显为浪花。动静的浪花随缘幻起幻灭，变化无常，但良知是如此深沉，沉静不测，不表现出来。

2. 良知即动静

良知"寂然不动"，其动静只是讲所遭遇的时机，心之本体本来不分动静。天理既运动又不运动。遵循天理，良知之流行则又动亦静，虽然应酬千万，变化无常，但又有常而未尝萌动。如果顺从欲望，即使刻意压抑意念发动，人可能还是心猿意马，难以自我控制，那么，虽然有意修炼到槁木死灰般的境界，其实内心也已经不再宁静。可见，心通天地的良知本体无有增减，沉于深渊之中，不与表面动静不居的浪花争锋，好像不在乎动静一般。

既然"良知即是易"，而易是动静不息的，所以阳明说：

> 易者，吾心之阴阳动静也；动静不失其时，易在我矣。[5]

可以说，阳明把《周易》理解为"心易"，即心变化动静的表达。也可以说，《周易》是心意变化的"象"化和"言"化，即表现为卦象和卦爻辞，而核心是"时"，因为"时"不可见，与"意""良知"不可见相同。

---

[1] 《王阳明全集》，第25页。

[2] 《王阳明全集》，第65—66页。

[3] 《王阳明全集》，第66页。

[4] 《王阳明全集》，第70—71页。

[5] 《王阳明全集》，第1329页。

王阳明在回答薛侃问程颐所谓"以心之静为体，心之动为用"[1]时说：

> 心不可以动静为体用。动静，时也。即体而言，用在体，即用而言，体在用：是谓"体用一源"。若说静可以见其体，动可以见其用，却不妨。[2]

对应程伊川以内心的宁静状态为本体、内心的发动为功用，王阳明的回答是，心不能根据动静来区分本体和功用，良知本体与发用不是从心动与不动的状态来区分的，不是先有体后有用，而是良知发动即体即用。良知之动静只就心所处的时机来说，是在时间流变的状态中显现，但良知本然状态其实动静一如。良知表现为不同状态，从来没有真正的静，所谓"静"只是意念之静。就本体而言，功夫源于本体；就功用而言，本体就在流行作用的功夫之中，这就是所谓"体用一源"，良知心体与意境相通为一。其实，心体之用，意境之发，都是意念将发未发的诚中状态的显象，表现为"显微无间"。最多可以说，宁静的时候，人可以观察体认到心之本体；行动的时候，人可以体验到心的功用。王阳明说：

> 周子"静极而动"之说，苟不善观，亦未免有病。盖其意从"太极动而生阳，静而生阴"说来。太极生生之理，妙用无息，而常体不易。太极之生生，即阴阳之生生。就其生生之中，指其妙用无息者而谓之"动"，谓之阳之生，非谓动而后生阳也。就其生生之中，指其常体不易者而谓之"静"，谓之阴之生，非谓静而后生阴也。若果静而后生阴，动而后生阳，则是阴阳动静截然各自为一物矣。[3]

生而能动是万物之本，生机是感通的前提，没有生生不息的生机，就不

---

[1] 程颐的说法见《河南程氏文集》卷九，《二程集》，中华书局，1981年，第609页。

[2] 《王阳明全集》，第36页。

[3] 《王阳明全集》，第72—73页。

可能有感通的发生。关于周敦颐《太极图说》当中"静极而动"的说法，如果不能正确理解，就容易出现问题。周敦颐的意思是从"太极动而生阳，静而生阴"中引申出来的。太极产生万物的道理，妙用没有停息，良知所谓其恒常之本体却从不改变。良知如太极本体生生不息，心意通天的状态也生生不息，自然发用同于万物之化，虽然生生，但良知从来不变。太极的生生之理，就是阴阳的生生之理，良知即太极之意，是意对太极的领会。在万物产生之中，指其妙用无息而言称之为"动"，称之为"阳之生"，而不是说运动后才产生阳。太极与阴阳不分，本来如一。就其生生的过程中恒常不变的本体而言，可以称之为"静"，称为"阴之生"，而不是说寂静之后再生阴。

气的运动在意会之中，不得不用阴阳来表示。如果真的先有寂静而后产生阴，运动后产生阳，那么阴阳动静就截然分开，各自作为一物而单独存在了：

> "动中有静，静中有动"，又何疑乎？有事而感通，固可以言动，然而寂然者未尝有增也。无事而寂然，固可以言静，然而感通者未尝有减也。"动而无动，静而无静"，又何疑乎？[1]

良知是本体性的存在，无所谓动静，而且一直流行不已。但既然说"动中有静，静中有动"，又有什么疑问呢？有事时感通，固然可以说动，然而寂静的时候并没有增加什么，良知通于万化，不增不减。无事时寂静，固然可以说是静，然而感通时未曾减少什么，好像《金刚经》"应无所住而生其心"，良知自然通物，动而没有动，静而没有静。可见，良知当然随物动静，是内在于物之动静状态的，所以无所谓动静。如果是外在于物的动静，就好像有所动静了。阳明认为这就是"所谓'动亦定，静亦定''体用一原'者也"[2]，动静都定于"良知"即体即用的本原。

---

[1]　《王阳明全集》，第 71 页。

[2]　《王阳明全集》，第 71 页。

3. 良知即消息

《周易明意》建立了基于"文王卦变方圆图"的卦变体系，认为周易八十四卦都是从十二消息卦变来的。[1]遯卦是十二消息卦中六个柔长刚退的卦之一，可以说明阴息阳消的态势，二柔向上生长逼退四刚，与一年中阴阳消长的十二个月对应，时当斗建未的阴历六月，天气要由热变冷，阳气处于退势，逐渐要被阴气取代，这是不可逆转的趋势。阳明狱中《读易》诗提到"遯四获我心"[2]，后来也说"夫当遯之时，道在于遯，则遯其身以亨其道"[3]。所以，他对于当退则退的势态体会很深，并还专门解析过遯卦：

> 遯，阴渐长而阳退遯也。象言得此卦者。能遯而退避则亨。当此之时，苟有所为，但利小贞而不可大贞也。夫子释之以为遯之所以为亨者，以其时阴渐长，阳渐消，故能自全其道而退遯，则身虽退而道亨，是道以遯而亨也。虽当阳消之时，然四阳尚盛，而九五居尊得位；虽当阴长之时，然二阴尚微，而六二处下应五。盖君子犹在于位，而其朋尚盛，小人新进，势犹不敌，尚知顺应于君子，而未敢肆其恶，故几微。[4]

阳明曾经遭遇逃遯的形势，所以对遯卦当中作为君子的刚爻应该法天时之退而退有所体会。

阳明说："故易也者，志吾心之阴阳消息者也。"[5]他提出良知即心随顺天意产生消息变化，在逃遯的形势当中，领悟意念进退的分寸。通常所谓生总是带着进之意味的生，但退意之生其实更具智慧，说明意识主体对情境需要深刻的领悟，同时，还需要有强大的意能才能迅速改变意念方向。遯卦说明，在退却的大势当中，要想维系生机非常不容易，

---

[1] 参温海明：《周易明意》，第52—58页。

[2] 《王阳明全集》，第747页。

[3] 《王阳明全集》，第1079页。

[4] 《王阳明全集》，第1078—1079页。

[5] 《王阳明全集》，第284页。

导论：从心本到意本 17

在不得不退却的大势当中，人需要迅速给自己重新确定时位，才能为意念的生机找到合适的方向，这就需要具有能够迅速转换意念方向的巨大魄力。在必须逃遁的形势下，人需要断、舍、离的求生智慧，而且不可以拖泥带水。形势不好的时候，当退就退，不可留恋，而且不应该在乎得失，这都基于当下的意念具有强烈的生机。阳明在龙场读易悟道，说明他能够迅速集中意缘于良知之上，竭尽后半生的心力，实现全方位意念转换，从此以光大心学为务，确立了新的意念生机。

4. 良知即有无

从字面上看，"良知"无疑就是"良"的"知"，即有一定判断的良好、良善之知。但阳明对于"良"的理解其实备受争议，除了四句教当中非常著名的提法"无善无恶心之体"之外，阳明多处提及"良知"的"良"，其实不是良善的价值判断，而是近于"无"。他说："性无不善，故知无不良。"可见，他认为，性没有不善的，所以良知没有不良善的。这就是说，良知的本性通天，良知就是"知"通乎天之"知"，不是一般的"知"，所以也就不能用一般的"良"来判断。换言之，良知就是天道自然之善，不能用"善"或"不善"的标签来判断。

阳明还说，良知本来"无知"，类似于太阳"无照无不照"，不是因为太阳有良心去照物，而是从本体上说，无所谓照或者不照的状态：

> 无知无不知，本体原是如此。譬如日未尝有心照物，而自无物不照。无照无不照，原是日的本体。良知本无知，今却要有知；本无不知，今却疑有不知，只是信不及耳。[1]

合有无为一体，有体即是无用，而无体就是有用。天良之知本来无知，但知晓天下一切。既然"无知无不知，本体原是如此"，那么良知作为本体，就无所谓知，也无所谓不知，可以说一无所知，也可以说无所不知。所以他明确说"良知本无知"，就是要破除对"良"的价值执着，以

---

[1] 邓艾民注：《传习录注疏》，第235页。

为良知只是好的知、善的知，其实良知是没有偏邪、偏向的。

阳明认为咸卦"观天地交感之理，圣人感人心之道，不过于一贞"[1]。可以说，良知兴发起用，其实就是天地感而万物化生，在人间就是圣人感人心而良知流行的状态。这是感应性的呈现，毕竟，良知是随感随应的，而且要求在这种感应流变当中能够持固守正。从意本论的角度来看，无心之感的意能可以通于事物的先天结构，与物相聚，并与物感通，此正通于阳明"心外无物"之旨。这种感通之感反过来可以感悟为"无心"之状，即因意与物之感通而生生，万物在阴阳之意的感通喜悦（兑）之中而有生机，这种生机超越心体本身，可以达到无心体的状态，所以是无心体之感。这种意与物的感通，其境遇可以超越心体的边界，通达意对感天动地的生机所悟的无边境界，甚至意而无意的状态。

5. 良知即体用

王阳明说："盖体用一源，有是体即有是用，有未发之中，即有发而皆中节之和。"[2]这是从《中庸》的未发与已发来讨论。这种体用的讨论比较受到学者重视，但其实"体用不二"的状态，只是良知呈现的一个面向而已。程颐的《易传序》"体用一源，显微无间"到朱子就发展为："至微者，理也；至著者，象也。体用一源，显微无间。'观会通以行其典礼'，则辞无所不备。此是一个理，一个象，一个辞。然欲理会理与象，又须辞上理会。"[3]可以说，良知之显如易道之显为辞象变占：

> 《易》之辞，是"初九，潜龙勿用"六字；《易》之象，是初画；《易》之变，是值其画；《易》之占，是用其辞。[4]

良知本来即体即用，体之虚可以到伏羲先天八卦之前，体之实用可以到卦爻辞的具体内容之中。

---

[1]　《王阳明全集》，第 1077 页。

[2]　《王阳明全集》，第 20 页。

[3]　黎靖德编：《朱子语类》，王星贤点校，中华书局，1986 年，第 1653 页。

[4]　《王阳明全集》，第 20 页。

阳明回复陆原静时说：

> 体即良知之体，用即良知之用，宁复有超然于体用之外者乎？[1]

阳明认为体就是良知的本体，用就是良知的作用，体用都统一于良知，那么良知当然就不超然于体用之外了。良知在日用流行的万事万物之间，即于万物的本体，也即于万物的功用，良知就是全体，就是大用，就是体用一如的本体性的、一多不分的存在。

意念随顺万物动静，良知贯穿始终，良知为本体，日用行常为功用，体用一源而不二，彼此显微无间，无法分割：

> 学者果能忠恕上用功，岂不是"一贯"？一如树之根本，贯如树之枝叶，未种根，何枝叶之可得？"体用一源"，体未立，用安从生？[2]

学者如果真的能够在忠恕上用功，就是一以贯之了，"一"就像树木的根，"贯"就像树木的枝叶，如果没有种根为本体，就没有相应的枝叶作为功用。这就是"体用一源"，体没有确立起来的话，用就无从产生。

四、良知即心天之意，即本体即功夫

良知在存在论上的即体即用，其实可以与其在功夫论上的"即本体即功夫"联系起来。阳明狱中《读易》诗即感到"瞑坐玩羲易，洗心见微奥"。《系辞上》说："圣人以此洗心，退藏于密，吉凶与民同患。……圣人以此斋戒，以神明其德乎！"日日玩易，可以洗刷心灵，斋戒洁诚，进入洁静精微、感而遂通之境。王阳明《玩易窝记》写道：

> 神，故知周万物而无方；化，故范围天地而无迹。无方，则象辞基焉；无迹，则变占生焉。是故君子洗心而退藏于密，斋戒以

---

[1]　《王阳明全集》，第 71 页。

[2]　《王阳明全集》，第 37 页。

神明其德也。[1]

无疑，良知可谓圣人之知，需要通过洗刷心灵而切入，这与我提出"易本心易，心通于物，心物一元"[2]作为修意、实意的意本论基础是相通的。良知作为圣人之知，其实有一般人或者说下根人不容易理解的一面，这一点王阳明在"天泉证道"的时候明确指出：

> 利根之人，直从本源上悟入。人心本体原是明莹无滞的，原是个未发之中。利根之人一悟本体，即是功夫，人己内外，一齐俱透了。其次不免有习心在，本体受蔽，故且教在意念上实落为善去恶，功夫熟后，渣滓去得尽时，本体亦明尽了。汝中之见，是我这里接利根人的。[3]

阳明明确说，他的良知之说是针对资质高的人讲的，因为悟性高的人可以直接从本源上体悟，他们很容易理解人心之本体原来晶莹畅通，原本就是未发之中的状态。资质高的人只要稍微体悟到本体，就理解功夫了，这就是"即本体即功夫"，因为他们立即可以把他人和自我、内心和外物一起彻底贯通。上根之人直悟良知，对于本体与功夫的融贯，可以一起透悟，没有任何困难。阳明折中王畿、钱德洪两个弟子的说法，认为他们的说法皆有道理，虽各执一偏，但没有大错，都要从具体教化学生的角度来理解才实用的。阳明强调人的根器有上中下之分，对不同根器的人要采取不同的教育方法，说明理解大道之本（道体）和良知境界都是需要悟性的。

如此一来，阳明明确提出良知之学的高妙境界不能于文本上追求。因为良知境界既不是"有"，也不是"无"，最多可以说是"有无之间"：

---

[1] 《王阳明全集》，第 989 页。

[2] 温海明：《周易明意》，第 1 页。董平注意到阳明终日读《易》"确乎体悟到了人与天地万物共为一体的那种生命的浑然与朴茂天真，竟是如此地浩瀚无限、生机勃勃"。参董平：《王阳明的生活世界——通往圣人之路》（修订版），商务印书馆，2018 年，第 50 页。

[3] 《王阳明全集》，第 133 页。

先生起行征思、田，德洪与汝中追送严滩，汝中举佛家实相幻相之说。先生曰："有心俱是实，无心俱是幻；无心俱是实，有心俱是幻。"汝中曰："有心俱是实，无心俱是幻，是本体上说工夫；无心俱是实，有心俱是幻，是工夫上说本体。"先生然其言。[1]

王阳明在被启用为征讨思恩、田州的将军之前，学生钱德洪跟王汝中（王畿）一起追随先生，把他送到严滩，这就是著名的"严滩问答"。王汝中列举佛教中的实相、幻相问题向先生请教。先生回答说："有心都是实相，无心都是幻相；无心都是实相，有心都是幻相。"王汝中认为有心都是实相，无心都是幻相，这是从本体上说工夫。他从本体的有无之境看工夫的有无，有心做工夫当然是实相，无心做工夫那就是虚幻不实，做不成的。他还认为，无心都是实相，有心都是幻相，这是从工夫上说本体。这是从参悟良知的工夫上观本体，反而需要无心，才能真正悟得心意齐天的实相本体。本体既随物而动，又寂静自在。如果在修习心天之意之时过度有心，用意过度，反而会执着于幻相，导致最后落于"空"中。王阳明赞同王汝中的理解说明，良知之教的本体与工夫需要当下打通，要"即本体即功夫"，不可执着于本体和功夫（工夫）的任何一个面向。[2]

五、良知即天良之知

阳明无疑继承孟子的"良知"之说："人之所不学而能者，其良能也；所不虑而知者，其良知也。"（《孟子·尽心上》）但承前所论，我们知道，阳明其实极大丰富和发展了孟子的良知说，所以如果把阳明"良知"仅在孟子"良知"意义上理解和讨论，就大大压缩和减损了阳明赋予"良

---

[1] 《王阳明全集》，第141页。

[2] 学界通常认为，功夫和工夫的用法没有根本上的区分，也不容易区分。确实，大多数情况下，从古到今都不需要也无法专门去做区分，《传习录》中混用和可以互换的情况所在多有。不过，在本书的翻译和解释过程中，我尽量区分二者，比如，通常来说，"工夫"指代具体的、操作性的、过程性的、"做工夫"的实践工作，而"功夫"指代抽象的、成就性的、完成性的、有"功夫"的状态。

知"那种丰富而深刻的哲理意义。[1] 毕竟这些意义都不能离开心学本于易学的哲学思考，如此才能发掘并呈现出来。如阳明说：

> 心者身之主也，而心之虚灵明觉，即所谓本然之良知也。其虚灵明觉之良知，应感而动者谓之意。有知而后有意，无知则无意矣。知非意之体乎？意之所用，必有其物，物即事也。如意用于事亲，即事亲为一物；意用于治民，即治民为一物；意用于读书，即读书为一物；意用于听讼，即听讼为一物。凡意之所用，无有无物者，有是意即有是物，无是意即无是物矣。物非意之用乎？ [2]

王阳明认为，心是身体的主宰，而心的自觉状态就是本然之良知。心意发动流行之中，本来有与天相通的面向，也就是说，心与天本来相通。自觉的良知，随外物之感应而发动的称作意念。[3] 阳明之"意"其实是意本论所谓"念"，因意本论的"意"有本体意味，不仅是感物而动者，甚至一切心行状态、意识状态，从本体到发用都可以是"意"。但对阳明来说，有良知才有意念，没有良知就没有意念。意本论的意念与知不知无关，无论知与不知，意之本体皆或隐或发。有本体的意，如心天之意，也有已发的意，如一般的念头。在阳明看来，良知是意念的本体，意念的作用处，必然有事物，事物就是事情。比如意念作用于奉养父母，则奉养父母就是一个事物；意念作用于治理人民，则治理人民就是一个事物；意念作用于读书，则读书就是一个事物；意念作用于听讼，则听讼就是一个事物。凡是意念作用的地方都是事物，有这个意念就有这个事物，没有这个意念就没有这个事物。事物就是意念的作用对象。

---

[1] 张祥龙认为，朱熹认为"良"是"本然之善"似乎稍稍过了一些，因为"良知"的"良"没有那么重的伦理含义，至少没有与恶相对的善的含义。参张祥龙：《儒家心学及其意识依据》，商务印书馆，2019 年，第 396 页。

[2] 《王阳明全集》，第 53—54 页。

[3] 阳明后学对良知先天意味发挥较多的是王龙溪，他常用"良知本虚，天机常活""良知无思无为、自然之神应""神机妙应，当体本空"等说法表达良知的先天神妙状态。参耿宁：《人生第一等事——王阳明及其后学论"致良知"》，倪梁康译，商务印书馆，2014 年，第 664—670 页。

阳明强调意之作用为物为事，认为意与事物之间存在天然的关系。事物皆意之所成，物无非意之用，即天下皆意之照，用意照事。

意本论强调良知从天而来，所以是"天良之知"，良知在万物上呈现，也就在人心上自呈自现。阳明狱中《读易》诗涉及的卦爻辞"包蒙戒为寇，童牯事宜早；蹇蹇匪为节，虩虩未违道。遇四获我心，蛊上庸自保"[1] 可以从意本论角度解读，尽量穿透文本，以体悟出阳明当时虽在狱中，日夜读易，其悟道境界已经高深莫测，甚至透显其一生功业。

通常不难意识到"包蒙戒为寇"与蒙卦之九二"包蒙，吉。纳妇，吉。子克家"和上九爻辞"击蒙，不利为寇，利御寇"有关系，似乎也可以引申为阳明反省自己对刘瑾攻治太过反受其害，但其实真正的意思已经蕴含着王阳明作为心学的启蒙者，应该虚怀若谷。在传递圣人之道的时候，要能够广泛地包容蒙昧的人，尽量避免用打骂责罚的方式启蒙，不能像寇盗那样毒打受教者，而应该采取抵御寇盗那种谨慎小心的态度才有利，因为担心如果蒙童没有恰当启蒙，将来就可能成为强盗，所以要防止把蒙童教成未来的强盗。阳明后来剿匪，总是以兴教化民为务，可见，他读蒙卦的境界，和他后来的心学教化事业完全相通，总是以启发人民的良知为首要任务。

"童牯事宜早"与大畜卦六四爻辞"童牛之牯，元吉"有关系；虽然有防止恶需要趁早，要在未萌之时加以调教的意味，但更为重要的是要理解"元吉"是为了让"童牛"止于至善之境，让"明明德"与"止于至善"合而为一。王阳明希望自己能有道术让青年才俊尽力明明德，帮助他们尽早成就"尽其性以尽人之性"的圣道境界。这也预示了阳明圣人之学的意量能够通达天下，知道天下最大的积蓄就是人才的积蓄，他要把天下英才蓄积的力量都储存在自己心意之中。后来心学的推广也证明，阳明的确具有驯服当代贤才之术，有羁驾当世豪杰之道，而且在传播心学的历程当中不惧艰辛，所以心学方能广种播收，臻于大成之境。

---

[1]　《王阳明全集》，第 747 页。

"蹇蹇匪为节"与蹇卦"六二：王臣蹇蹇，匪躬之故。《象》曰：'王臣蹇蹇'，终无尤也"有关系，含义可以是王臣面对蹇难的环境，鞠躬尽力以报君主，丝毫不为自己。但这只是字面的意思，其实这里面也蕴含着阳明的事功之学，虽然自己如六二般柔弱，但还是会主动舍命协助刚强的九五之王，一生功业忠心耿耿，毫无私念，如他后来剿匪有成，都没有任何私念，即使事后不顺利，也没有怨恨之心。阳明意念发动，不着眼于自己的利益，而是着眼于大家的共同利益，这从阳明心意发动的瞬间即可分辨出来。

"虩虩未违道"与震卦"初九：震来虩虩，后笑言哑哑，吉。《象》曰：'震来虩虩'，恐致福也。'笑言哑哑'，'后'有则也"有关系，可以理解为在祸患即将来临之际，要保持一种戒惧谨慎的态度，并且能够周详审慎，努力避免招致祸患。其实，这里强调的是阳明心学驾驭心灵活动的"意术"[1]，在起心动念之间反省意念震动程度的状态，要求意念在惊于外缘之震时，具有强大的觉知能力，迅速反省内心对外缘的驾驭能力，将内心修炼到足够坚忍强大，以具备强悍的控制意缘之力。这种心学的"意术"要求时刻于心动之前保持戒慎恐惧的状态，在心意将动未动之际，就要对心意实化之前的先行机制保持谨慎与节制，因为心意实化的过程非常危险，这是心意修行的核心所在，需要控制心意的"术"，这也是阳明心学最为高超的部分。[2]

"遯四获我心"与遯卦"九四：好遯，君子吉，小人否。《象》曰：'君子好遯'，'小人否'也"有关。此爻的意思是形势让人从容退避，君子会吉祥，小人做不到就会否塞不通。《象传》说：君子能够舍得放下，该退的时候从容退让，小人不主动退让，所以会否塞不通。虽然这一句可以理解为阳明当时处境艰难，小人势盛，只能选择退藏，但阳明从九四

---

[1]　周月亮：《王阳明传》，第 297 页。

[2]　梁启超认为阳明在哲学上有极高超而且极一贯的理解，他的发明力和组织力，超过朱子、陆子；中国哲学史上，他一面像禅宗，一面像颜习斋；西方哲学史上，他一面像英国的贝克莱，一面像美国的詹姆士。参梁启超点校：《传习录集评》导论，九州出版社，2015 年，第 12 页。

学习的，应是从容退让以求生，而不是喜好退让。在阴逼阳退的大势之中要从容退避，放下对外物的牵累，顺应自然退让的形势，舍得而不过度执着，不可留恋，更不可受诱惑而放不下。

"蛊上庸自保"与蛊卦"上九：不事王侯，高尚其事。《象》曰：'不事王侯'，志可则也"有关可以理解为阳明当时心境虽然看起来不事王侯，但主要是借此爻发明心地，重新发现天理，构建圣贤事业。其实，我们应该看到阳明在权力世界之外找到了生机所在，这一点更为重要，他那时已经有一种超脱的意识出来，能够放下对权力世界的执念，放下对身外之权力的得失之心，转而专注于内在意识的生机。这也是他后来"龙场悟道"之后所得的"圣学血脉"，可以终生沉浸于"幽哉阳明麓，可以忘吾老"[1]的悟道境界之中。

可以说，阳明对这几句卦爻辞的理解，奠定了整个心学的气象，奠定了心学在经学史上不可移易之地位，他说：

> 经，常道也。其在于天谓之命，其赋于人谓之性，其主于身谓之心。心也、性也，命也，一也。[2]

也可以说，对这些卦爻辞的领悟，展开了整个心学哲学运动的壮丽画卷。

在回味心学发展这个极度艰辛的升进过程时，我们再来看看阳明论晋卦："心之德本无不明也，故谓之明德。有时而不明者，蔽于私也。去其私，无不明矣……自昭也者，自去其私欲之蔽而已。"[3]"晋"是太阳（上卦离日）从地面（下卦坤地）升起之象，升进而光明灿烂。晋卦极言君子彰明自己光明的德性，让意念生机前进展开之艰辛。晋级的时势、外力的阻碍等等都让意识主体在升晋之路上常出现悠游不定的意识状态。无论升晋多难，意念之生当如日附天空，善念光明，明德昭彰，

---

[1] 《王阳明全集》，第 747 页。

[2] 嘉靖四年（1525）四月，阳明 54 岁所作《稽山书院尊经阁记》，该文阐述了"经学即心学"的思想。《王阳明全集》，第 283 页。

[3] 《王阳明全集》，第 1079 页。

保持善意之生生气象，因为善意的升进要比人身位的升进更重要。

阳明认为晋卦初六："初阴居下，当进之始，上与四应，有晋如之象。然四意方自求进，不暇与初为援，故又有见摧之象。当此之时，苟能以正自守，则可以获吉。"[1] 从卦变来看信任问题，九四虽然与初六正应，但卦变中九四把尊位让给了六五，初六并没有得到九四的信任。初六排在最下面，还有宽裕时间，应该从容等待，不会有什么问题。这时候必须"坚守"，持守不够，宽裕待时，等待不顺的境遇慢慢过去。也就是说，该忍的时候要忍，该等的时候等，而且要以宽裕的心态等待，才不会自取灾祸。可见急事缓来，悠然从容才行。从古到今，晋升之路都是人挤人，此爻希望人们走阳光正道，不要用心去挤。在走向成功的过程中，难免遭遇曲折，继续坚持追求正道不放弃，总会得吉。虽然此时往往不受信任，也不会被委以重任，但无须在意，宜淡然处之，这样就不会有咎过。晋升的力量越大，相克的力量也越大，光明与黑暗的势力相辅相成，心意生生而升。

良知之学依托具体的历史社会情境而产生，犹如意念之生必然依托情境而生，这即是依境而生（creatio in situ），自己的意识通常难以完全掌控情境，所以一方面人要自控，一方面人又需要等待情境发生变化。我们从"良知即是易"的角度分析心学刚刚出道之时的状态，那时作为一种新的学说，心学遭受各种摧挤和压迫。所以新学说的发展和升进，不可操之过急，要学会在摸索中前进，不断尝试去找到最合适的方式，以乐观的态度走正路。

本部分通过以上五个方面对"良知即是易"加以论证，说明阳明的"良知"不仅是人之良知，强调阳明良知学继承孟子的观点，其实只是"良知"与人世交接的一个层面而已；阳明学的"良知"远远超越人的知识和道德良心的层次，用知识论和伦理学来研究阳明学，都难以透过一斑而见全豹。本书从意本论的角度，提升了之前阳明易学相关文本的

---

[1]　《王阳明全集》，第 1079 页。

哲学悟道境界。首先，本书说明良知具有先天性，从阳明认为良知先于伏羲先天八卦之易道就存在可以看出，这已经超出一般知识论的层次，只能靠直觉领悟；其次，本书指出，良知就是天地和宇宙之"道"，阳明把"良知"等同于天地和宇宙之道本身，就是与《易传》的"太极"、朱子的"理"一样至高无上的第一义概念，因此"良知"与心学之"心"也完全等同；第三，阳明多处论说"良知"即阴阳之道、动静之道、有无之道，这就是说，良知在对待、流行、变化、隐显、感通当中展示自身，是心灵对天地自然之意的意会和领悟；第四，阳明的"良知"可以理解为"心天之意"，从"即本体即功夫"的角度，可以对心与天之间的本体性和功夫性加以领悟；最后，阳明的"良知"的确继承和发展了孟子的"良知"，但是这层"良知"也要从"天良之知"的角度才能理解到位。

第二部分　阳明心学的意学基础

基于第一部分的考察，我们知道，阳明学的重要基础之一是易学，是要通过领悟易道才能明白其境界的，可见，阳明学远不只是基于《大学》的格物致知之学。就当下阳明学研究的情况而言，强调对阳明学的认识要从易道悟入，可谓一场"哥白尼革命"，因为阳明读易悟道的境界，本来就是阳明学能够引发宋明理学的哲学革命的根本所在。易学在其中扮演着革命性转折作用，这是为大多数阳明学研究者所忽视的地方。

本部分致力于说明，阳明心学有其意学基础，或者说有充分的意哲学基础。阳明早年提出："身之主宰便是心，心之所发便是意，意之本体便是知，意之所在便是物。"陈来注意到心、意、知、物四个范畴中，三个需要"意"来界定，可见"意"在阳明哲学当中的重要性。[1] 杨国荣指出：

---

[1]　参陈来：《有无之境——王阳明哲学的精神》，人民出版社，1991年，第47页。吴震也注意到阳明对"意"的看重，参吴震：《〈传习录〉精读》，复旦大学出版社，2011年，第80页。

意之所在即为物，并不是意识在外部时空中构造一个物质世界，而是通过心体的外化（意向活动），赋予存在以某种意义，并由此建构主体的意义世界；而所谓心外无物，亦非指本然之物（自在之物）不能离开心体而存在，而是指意义世界作为进入意识之域的存在，总是相对于主体才具有现实意义。[1]

杨国荣强调"意"作为"意义"的视角，认为阳明"以意义世界为关注之域"[2]。其实，阳明的"意义"是与意向、意识时刻关联的。所以，阳明心学其实可以理解为意学，或者意哲学。我们可以把以"心"为本的阳明学转化为以"意"为本的哲学思想系统。

当然，其中碰到的最大理论问题，就是如何把阳明所谓"心之所发"的"意"，变成"意为心本""无意则无心"的意本论哲学理论命题。陈来注意到阳明的"意"之于布伦塔诺与胡塞尔的意向性（intentionality）问题的相似性并做了比较分析，还注意到阳明对心物关系问题，尤其是对物质存在实在性的讨论，与贝克莱"存在即是被感知"、罗素关于物不作为感觉对象时是否存在的哲学观点之间的同异。[3] 陈来认为，阳明关于"灵明"的观点说明，其世界是一个有价值的、审美的、有意义的世界，应该与胡塞尔影响到萨特、海德格尔、梅洛－庞蒂等的"生活世界"（lebenswelt）理论比较起来才能较好地理解。[4] 张祥龙在《儒家心学及其意识依据》当中，已经对心学相关的意识问题做了深入的理论考察。基于此，本部分将依托过往论述来展开，说明如果研究阳明心学从现象学等意识哲学的角度来考察，就可以延展出较为充分、丰沛饱满的意识哲学新论述，而且意哲学之精妙和深度，当不亚于西方意识哲学相

---

[1]　杨国荣著，龚海燕英译：《走向良知——〈传习录〉与阳明心学》，上海外语教育出版社，2018年，第19页。

[2]　杨国荣著，龚海燕英译：《走向良知——〈传习录〉与阳明心学》，第23页。

[3]　参陈来：《有无之境——王阳明哲学的精神》，第53—58页。他指出，贝克莱认为"意之所在"仍然是观念和感觉，这跟王阳明的理解是不一样的。杨国荣也认为二者之间有区别，参杨国荣著，龚海燕英译：《走向良知——〈传习录〉与阳明心学》，第22页。

[4]　参陈来：《有无之境——王阳明哲学的精神》，第60页。

关论述。

如果说，研究和建构心学的易学基础是将心学的中国哲学性凸显的哲学努力，那么，研究和建构心学的意学基础就是将心学现代哲学化的努力，这是一百多年来中国哲学家们希图将中国哲学世界化的共同志向的一部分。研究和考察心学如何以意为中心来回应西方现代哲学问题，当是将心学哲学化的必经之路。儒家哲学的建构使得儒家哲学化的过程本身就是在边缘域努力思考和创造的过程。作为中国传统主流哲学之一的儒家心学，如何能够登上世界哲学的舞台，其中重要的内容可谓是将其发掘、考察转化为新的意哲学论述。

正如我认为心学的基础是易学可能令某些研究阳明的学者们深感困惑一样，张祥龙认为，心学的意识基础比较丰富庞杂，梳理起来几乎就成为一部新的中国哲学史。学界像张祥龙这样对阳明心学进行追本溯源的学理研究的很少，其《儒家心学及其意识依据》认真追问了心学产生的意识基础，等于为阳明心学的产生做了心学前哲学史的梳理。该书认为，儒家心学出现的条件有：古代印度的正统心学，包括《吠陀》和《奥义书》中的心学，《瑜伽经》中的修心之法；印度佛教心学；禅宗和本心意识的当代理解；在这个基础上，才有以《周易》和道家心学为内容的华夏心学；此后才有北宋心学，南宋三先生和陈白沙，之后才是阳明心学，最后以罗近溪的赤子之心致良知说作结。

今天如何把儒家心学的问题哲学化，并把相关经典哲理化？单纯讲"心"不过是传统讲法，本书致力于用哲学语言讲"意"，并把心学哲学化。心学哲理化的努力不可能离开心学的意识依据，也就是需要考察心学之"意"的来源，最后落实到"意"本比"心体"更根本。意本究竟是如何起源、发展和变化的？儒家心学的建构和哲学化本身就是在边缘域，与西方哲学对话才具有可能性。这方面，张祥龙和耿宁（Iso Kern）的哲学讨论都有代表性，本导论试图对他们的研究思路进一步深化。首先不能离开宋明理学意论研究的基本背景，尤其是钱明和张锦枝等已经对宋明时代的"意"进行过较全面的考察。钱明发掘出阳明文本中"意"有几层维度，并指出其中的不同。他写道："儒学的'意'范畴，既可从

'毋意'说出发而作私意、意念之理解，又可从'诚意'说出发而作意向、志意之解读。既可基于工夫论而把'诚意'视为'欲诚之意'，又可基于本体论而把'诚意'视为'已诚之意'。既可使'意'与'志'相结合，又可使'意'与'念'相并列。"[1] 钱明区分了私意与诚意、未诚之意与已诚之意、意志与意念等几层内涵，他的区分揭示出"意"的含义，尤其是如何理解已诚之意和未诚之意，说明"主意"的意义。钱明还说明研究意概念需要结合相关范畴一起理解："对意之概念的考察，涉及到意与心、意与志、意与念、意与知、意与情等一系列范畴、命题。"[2] 他梳理从王阳明到王栋的诚意观转向历程，认为其中确实存在一些理论问题。张锦枝梳理了宋明理学意论的发展线索，发掘出不同思想家意论有不同内涵，讨论他们对意所持的不同观点，梳理和剖析了意的二重性，如从已发未发向所发所存转向，关于意有善恶还是纯善无恶等的讨论，深化了意的内涵。[3] 无疑，意有未发和已发、善和恶的维度，既可以存于内心，也可以发出成为意向，这些都说明意的丰富性和复杂性，也是理解意概念在不同存在状态之间转化的理论和实践张力的基础。

儒家心学的哲学渊源如何考察？从孟子提出"求放心"之后，儒家的心学就致力于追求容易放出去的本心。阳明的"致良知"其实就是回到本心的工夫，而本心其实是一种对于"心"的自觉意识状态，是对心灵活动的原发体验，是对心灵意识活动本来状态的反省和追索，是在纯粹经验的基础上去思考意识活动本来的样态。儒家对仁道有信心，对仁人之意持守不失的那种择善固执，其实都包含着对仁爱意念本身的直

---

[1] 钱明：《儒学"意"范畴与阳明学的"主意"话语》，《中国哲学史》2005年第2期，第11—18页。

[2] 钱明：《王学主意说论要》，《浙江学刊》1989年第5期，第53—59页。

[3] 张锦枝的"意论"研究颇具特色，其四篇论文对宋明理学意论做了比较深入的考察。参张锦枝：《北宋五子意论之体用二重性》，《安徽师范大学学报（人文社会科学版）》2021年第3期。张锦枝：《朱子诚意论及其对明中晚期主意学者的影响》，《复旦学报（社会科学版）》2018年第2期。张锦枝：《明儒"意"论分歧及其发展》，《安徽师范大学学报（人文社会科学版）》2014年第1期。张锦枝：《王阳明良知教确立后意论的变与不变》，《中国哲学史》2022年第6期。

观。真诚地反观仁爱意念发动的当下状态，确定善念的实存，让善念发动保持正念状态而不偏失，都需要内观，即观心、观意的工夫，以及收敛意识和气息的工夫。

阳明心学相对其他哲学思想最特别的是他的心灵体验[1]，其一生讲学，可以说基本没有离开他龙场悟道的证道体验，那种悟道的原发境遇构成了阳明讲学的意识背景。这种悟道的经验可以复制吗？按照心学在历史上产生的广泛影响，我们有理由认为，后人可以通过阅读其文字去体悟和把握他悟道证道的极致境界。我们甚至可以说，如果缺乏悟道的体验，就难以深入理解和解读阳明心学，有悟道体验后以心印心解读心学，才不至于隔靴搔痒之论。

要理解心学哲学的论证，就当以心灵体验为根基。在一定程度上，这也是读懂东西方哲学思想的根本所在，我们不能因为哲学是理性的思考，就否定理解阳明心学其实需要开悟大道的体验性境界。即使把哲学主要当作理性的思考和分析，哲学运思也基本都需要从关于问题的体悟入手才能切入，而理解阳明心学尤其需要证悟，离不开对他顿悟体验的认可，和他试图引导大众开悟的意识状态，没有对开悟和证悟经验的内省，没有仔细体察证道的场域如何可以超越时空，就难以理解和切入心学的意识经验。在某种程度上，儒家心学的证道经验可以说是禅宗心法的儒家化版本，因为证悟经验就其根本上来说，是无所谓儒家或者佛家的，也无所谓善恶或者高下。即使在儒家创始人孔子那里，如果没有证悟，就很难理解"回也不改其乐"（《论语·雍也》）的至乐状态。体悟"孔颜乐处"那种真诚至极的至乐状态，需要反省意识的回味，也需要"明意"的内省工夫，所以要真"诚"至于极致，才可能得到"诚意"的境界之乐，这是一种接续天地的大我之乐，是一种与事、与物无对的极致之乐。

---

[1] 阳明在监狱当中读《易》的境界，已经进入了悟道的状态，已经超越了外在条件对心灵的束缚。心灵的自由、广大境界已经出来了。这种心灵超越外在条件的意识状态，其实已经成为后来他悟道和传道的意识基础。

这种至乐的人生体验可以帮助人们超越外在极端贫穷困苦的物质生活，而不为其所限制和束缚。换言之，对于大我的体认，可以超越小我，即受到具体条件束缚的人生有限性状态，而且如果能够从长久的、清醒的、安宁的通灵意识来反观日常经验当中的功利意识，则会发现人们区分你我、物我，计较得失，其实是一种狭隘的执着和病态意识。[1] 人如果能够证悟心灵通达外物的心通物境，那么就可能进入感通的化境，从而确立心易之根基，也就能够理解为什么阳明要说"良知即是易"了。

在张祥龙看来，心学意识的出现有两大条件，一是古印度以《吠陀》《奥义书》的梵－我智慧为起头的瑜伽修心证悟传统，一个是印度哲学的正宗印度教，和作为其异端的佛教。古印度哲学传统探究终极实在和人生智慧，并且致力于禅修功夫的实际修行，这种修行方式让人摆脱日常意识、自我意识、主客对立等所谓"清醒意识"，进入与不可见的神灵相通的状态，即柏拉图所谓迷狂体验、尼采讨论的酒神精神。[2] 其实，这种超越日常经验、离开主客对待的人生体验，不仅是宗教修证的基础，同时也是哲学运思的根基。理性哲学研究刻意排斥这种对于人生智慧和世界本相的证悟状态，其实是理性哲学离开哲学之根的表现。哲学思考的产生，从源头上致力于理解世界全体的本相，所以哲人的好奇之心自然希望能够体悟到世界的源头，并从世界的源头去理解、把握世界的整全性。既然回到世界开始之前的经验对所有人来说都是不可能的，那么唯一的可能性，就是想象和证悟，所以证悟世界的全体性和起源状态，并加以体验性的解释，在真正的大哲学家那里，可以说都有类似的说法。无论证悟世界本源的结论如何，关于世界本源的意识状态，必须

---

[1] 参张祥龙：《儒家心学及其意识依据》，第18页。这里的"自我意识"指对自己的觉知性、清醒性、对待性的反思意识，而这种对待性的二分意识，正是心学主客合一的心物一元论所要否定的。也就是说，如果只是从日常性、对待性的角度来断言"阳明一生，是儒家自我意识实现的一生"，虽然有理，但还不够到位。参李振峰：《澄明之境——问道〈传习录〉》序，海燕出版社，2015年，第4页。

[2] 参张祥龙：《儒家心学及其意识依据》，第14—16页。

是先行于证悟经验本身的。可见，大思想家都以体验为根基，并以其哲思体验打动世人，诚如阳明一生保持其悟道体验，自成阳明心学一派，影响可比孔孟。

中国古人从世界起源于阴阳之力的交互作用开始，认为阴阳和合的本性带着世界创生的原始力量（活性力），这种力量本身就是向死而生的，从诞生开始，就是一直与死亡的力量相对和相应的。性即阴阳和合的动态结构，也是阴阳和合运化的过程，而不仅仅是阴阳和合之后的固定化产物，以及相应的性质和特征。阴阳和合之力往往在非生产目的的交融过程当中达到极致的和谐，而生产的目的往往带来阴阳性力交融过程的阶段性停滞。中国阴阳哲学的和合结构恰恰没有以任何具体"性"为阴阳合力的目标，所以是非对象化的、非客体化的、非实体化的、非二元论的哲学运思，甚至可以说是表象化的，也就是表象即实体的甚至是一元论的哲学运思状态。这根本不同于西方三大宗教皆信仰他者，甚至可以说是需要信仰外物，如基督徒与上帝合一的乐是对象化的乐，所以西方难以脱离主客分离的认识框架。这种对待性的思维方式，让自身永远处于缺憾和不完美的状态，正如基于二元论的科学主义不可能证悟心通万物、心物一体之大乐之境。也就是说，性是一种自然的力量，这种自然力量会带动意识的力量，去认知、去探索、去求知、去证悟，化外在的世界为内在的精神力量。对于外在的一切所指，都是由内在的心意之力所驱使和决定的，也就是说，如果"心"是产生"意"的器官，也是产生"意"的功能性基础，那么"意"仍然是使得"心"之为"心"的根本意识基础。

这种"意"最原初是对于世界整体的体认，即从心灵的最深处去体认世界的整体性，完全不依赖于对外在存在物的信仰，所以走出了人格神的宗教，也走出了二元论对超越性的实体、绝对外在真理等的追索。比如，古印度的哲人用对世界根本的大"意"激活了他们哲学运思的意识。在古印度，大"意"（manomaya）就是"大梵""梵天"，超越由心志（kratu；念、思考、意愿、意欲、意志）所成的"人"。天地间的一切，无论多大多小，都是"内心之性灵"，最后都将归于"大梵"，所以

"心"说到根本处就是"大梵",心灵的一切变化都影响世界的变化,这就是"梵我不二",而"我"是能够影响世界的"神我",类似于詹姆士提及的人心通天的直觉性意识状态。[1] 这种直觉性的意识状态其实就是《中庸》之"诚"和阳明学的"致良知"体验的根基。

人把自己的意识融化于宇宙之中,那种与神为一的出神、通神状态,可谓"无量意界"。[2] 人生意识的基本状态,是纯粹的、非对象化的纯意、本意,也可以说是"意本"状态,基于这种"意本"状态的意识活动,可以转化外物,即以心转物,而寻求心灵转动世界的状态,其实首先要回归意本。这种回归意识本体的努力,其实是对时间和空间的扭转,是心灵转动时间和空间曲度的努力,而不为时间和空间本来流动的力量所驱使,更不为个人的欲望、对外物的占有所驱使。我们的心灵意识保留着对过去时间之意识的记忆,过去的行为在人的意识当中留下涟漪、余音、影响,所以当我们的感受力足够灵敏,就可以回溯过去的业力,并试图消化这种"行力",其实就是回到"意本"状态,让意识与对象、心灵与天地完全融合一体,去掉主观的感受和判断,进入一种入定或者"三昧"状态。在这个意义上,心学的工夫论不是简单的以心为本,而是用意转化业力的修行工夫,所以是心行论,或者至少是意行论,呈现知行合一的状态。这种最初的心灵与天地共感的力量,可以通过声音来表达,这就是天籁之音的意识转化,而心与天之音相合即为"意",所以可以说,意本天音。[3] 所以,"明意"其实就是明了天意之本。

---

[1]　参张祥龙:《儒家心学及其意识依据》,第24—27页。

[2]　这种当下打通世界全体的感觉,与共时性的理解并不相同。共时性是为了理解事物发生的感通状态,解释看起来似乎偶然地巧合背后的机制,是为了解释某一种可能性何以恰好如此发生。而感通感正是另一种状态,是一种向未来的全部可能性开放的状态,这种感通感很难被人工智能穷尽所有算法的可能性替代。

[3]　参张祥龙:《儒家心学及其意识依据》,第36—38页。

阳明心学可以理解为对心意的分疏，虽然可以上溯到瑜伽修行、印度佛学、唯识宗等理论和修炼功法，但最后提炼出来的心学修炼，终究还是带有明显的儒家特色，也因此提升了理解儒家文本义理的新理论高度。修心学者要在良知本身上下工夫，而良知其实是天良之知，是世界本来的、本体性的状态，是"继之者善"意义上的天良。良知本体不能离开这种先天状态，其发动是一种先天呈现为后天"意"的呈现功夫，这就是"明意""即本体即功夫"的过程。良知呈现本身就是明意，是"意"合乎天良、合乎事理的状态，也就是"意""明"的状态。当然，"明意"不可能离开具体的时空场域，事物的本"意"即事物当下向"意"呈现的状态。

宇宙之"意"呈现千变万化，良知本意是宇宙本来的呈现，落实于象而显化出来。恰如"岩中花树"说明心外无物的本来状态，呈现的似乎是事物在意念发动的状态，感通天地而有力，其意力带出意向。意物交关之时，原发之意当灵动有力，方能让心灵与世界交关的"意"向和意向性成为当下"明"起来的世界之本。良知"明"显地显化为事，因为人意与物意交关，则人事生成，意向性升起的时候，也把天良之知（良知）带起来。在这种反省意识之中，良知本体其实就是意向性的意本体，或者说，心本体其实可以化为意本体。

意本论致力于转化心学为意学。当下的一心，其实就是一意，一心之善，其实就是一意之善。心通天之至善，其实就是意向性发动之境域性本身的天良之善，不是善恶对待之善。意向性之中没有超验的善，没有绝对实体的善。意向性是当下的、活泼的。如何把发散的意向，收敛成为"精一"之意，达到精细纯粹的集中性意识，还不偏离道体，需要不断在"修辞立其诚"的过程中，把心意当中最纯粹的状态提炼、转化出来，不断寻找到最为合适的外在表达来装饰意向性。但意向性之"一"的状态，应该是非对象化的，因为有对象就有"二"，而不是"一"了。思"诚"之"一"也是心通物的一，是主客合一的一，不是分离的、对待的、心意散乱的状态。而"致良知"其实在"诚"的、心意集中的境界上才可能，所以有原发的、收敛的意味。正是在这个证道体验的意义上，我们来考察阳明的"致良知"才有体证性的意义，而不仅仅具有理论探讨的意义。

心学是修心之学，但其本质是修意，是在意识的动静过程当中修炼意识本身的状态。而佛教相对直接，佛学无疑受到古印度修行方式的影响，通常强调在静定当中修行意识的状态。戒定慧就是对意识的修行，"戒"其实就是戒去不好的胡思乱想，"定"是把正当的意念定于一处，从而在意识当中升起智慧、去除无明。禅定不是定在某种状态，本身其实就是定意，而不仅是生理层面的静坐禅修，即使身体端坐而静，意识也很难停止下来。所以真正的定，是对流动性意识状态的定，不是实现静止状态，而是定于一处，定于某种正确的意识状态。可是一般都理解为定于某个意识对象上，其实意识越是外求，比如定于某个外在的事物，虽然在修行当中作为一种方法有其合理性，但其实对于生起智慧的效果并不见得最好。可见，心理的心只是意识的基础，正如将心译成thinking-and-feeling（思想与感受）一般，心作为意识流动的过程，定心关键是对思想的安定（如 mindfulness 即正念那种觉知），对感受（万物皆空之感）的执定，二者都需要类似于自证分那种反省和觉知，或者说觉照、内观的意识状态，这是对心中生起的流动性的、意识状态的反省观照，并能够自观、自证、自明、自觉，意识直接通于整体的空。这个反省的意识过程，其实就是把向外投射的意识，即思想和感受转向身体和意识之内。所谓内观，并由此升起智慧，而升起智慧的过程，其实就进入证自证分的更深意识境界了，因为是对自觉状态的彻悟，内外融贯的感通感。对于佛教来说，就是证悟缘起性空的根本智慧，空掉对于一切思想和感受的执着，甚至空掉对一切思想和感受的反省状态，念念即有观空，证成了自觉、自证意义上的空相。也就是在当下起心动念的意识生成状态之"有"境上，念念空去其"有"，而有超越时空的智慧得到证成，所谓证自证分的意识状态显现出来。

最深沉的意识状态，一定是跟世界完全沟通，心灵与天地彻上彻下，一体联通的状态，意识通于天地之间的全体，虽然是空相遍及一切的状态，根子上还是意识状态发生了彻底改变。所以，心天之意是心境与天境同一意识状态，换言之，是天境由心境决定的状态。[1]唯识宗的阿赖耶识是一切识的基础，也是转识成智的根据，更是心识转为意本的关键所在。唯识宗重识，其实是重心灵意识的主动分辨，强调了别，注重分别、分辨的意识状态。所以，从唯识宗的"识本"过渡到"意本"，就需要转化唯识宗对意的认识，而达到我所谓"唯意"说的状态。在唯识宗里面，意的认识以被动为主，认为知识、情感、意志都是被动受到影响而成的，这就有了行为主义的意味，这种意的持续和恒转，其实是由外在的事物的恒久流变和转动决定的，还是被动的意味为主。[2]即使第七识，即末那识作为意根识，能够对意识做出判断，但这种判断，还是以被动意义上的分辨和了别为主，有点自证分的意味。而阿赖耶识本来应该扮演证自证分的角色，可是阿赖耶识却没有把意识的被动性彻底转化，而是被赋予收藏、隐藏、等待时机再显化的意味，都是被动为主的。可见，唯识宗的意识状态，其实整个都是被动意味占主导的。[3]

意本论在佛学的维度里面是"空有之意"[4]，是主动"空"去"有"的意识状态。这种意识的主动性，是空有之意的核心部分，也是"证自证分"的第一个"证"的主动意味。佛学的空通常都被作为被动证悟的对象化智慧来加以理解，其实主动"空"去万有的意味才是其核心。一切实体、一切关系都是空的，是主动去空掉的，而不是被动去空的。万

---

[1] 在犹太 - 基督教的世界里，作为外在人格神的上帝的意志决定世界上的一切，人的意识基本没有自由意志，而且如夏娃偷吃禁果那样的自由意志要受到上帝的监督和惩罚，是原罪的体现，这就迫使信徒从后果上完全信仰上帝，而基督被钉上十字架的受难过程，让信徒从情感上受到震撼性的感动，而彻底放弃理智性怀疑导致的自由意志。可见，犹太 - 基督宗教是信仰外在存在物的外教或者物教，而相比起来，佛教即使强调自由意志是空的，但还是强调人有自由意志，可以主动改变自己的意识状态，所以是内教或者心灵之教，相信自修和证悟。佛家的缘起性空，其实是让自由意志得以浮现。犹太 - 基督教传统会为了外在的上帝的区别而去打仗，但印度教和佛教不会为了外在的区别去打仗。

[2] 熊十力的《新唯识论》仍然没有摆脱唯识宗对意的被动性理解。他对于意和识做了讨论。参熊十力：《新唯识论》，上海古籍出版社，2018年。相对来说，意本论的建构，是化中西方传统哲学对意的被动性理解为主动性解悟的理论努力。

[3] 儒家关于生的意识（意生），虽然在意识生生的系统当中，应该具有相当于阿赖耶识的地位，但大部分儒者都没有把生生之意上升到阿赖耶识的程度。

[4] 参温海明：《坛经明意》，宗教文化出版社，2021年。

物的有，意识的有，都是主动去空掉的。阿赖耶识作为"藏识"其实是强调被动状态，所谓藏有一切的种子，既是被动收藏，也是被动隐藏，所谓的开显、放出，都是被动的，而不是主动的，因为主动的话，就需要另设主动发动的主体，而唯识宗整个从"意"到"识"都是被动接受、被动收藏的，都是不主动的、不开显的。表现在四分说里面，见分和相分可谓是一种认识主体和对象的描述，自证分可谓是对意识过程的自觉，而证自证分才是证悟空相，但都是被动进路的推进，并没有主动意味。

正是在被动和主动的大关节点上，佛家和儒家的意识状态可谓立马分判！无论是《中庸》的"致中和"，还是《传习录》的"致良知"，都是非常主动地去"致"，而且认为所有人都可以"致"，都应该"致"，这就是大关节的区别所在了。"致"是推致、致力于，去实行、实化、努力做的意思，根本上是"致'意'于"，证悟天良的觉知或者本知。"致"给人的印象是工夫，是推致出去的努力，好像把"良知"从心里推到外面，推到事事物物上去，推致良知实现一个位移的那种感觉，其实，良知是不能从一个地方推到另一个地方的，良知就是良知，是彻天贯地的，怎么推？所以不是从一个地方，从心里推到心外，而是良知"推明"，由不明而"致"明，是让良知光明敞亮的过程。这样才能理解所谓的"即本体即功夫"，否则，致良知不过是一种纯粹的工夫而已。致良知不是有一个良知才去致，而是良知本身呈现的瞬间就是致。常人的良知常有不明，所以要诚、明而致。[1]

诚与明互证，也是彼此光芒互相照亮的意思，是心灵之光，也是意识之光，打通心物，就是把意识之力投致在某个方向上面，在这个意义上，"致良知"就是推致心天之意，让心天之意真诚至极地澄明起来。儒家是有明显主动推致的方向感的，也是对推致的功夫有明确要求的学

---

[1] 诚如张祥龙所言，"致良知"就是"让良知行"，好像"明明德"就是"让明德行"，并不是明德之外，还有另一个德需要被明，致良知就是让良知显起而行出来。参张祥龙：《儒家心学及其意识依据》，第 406 页。

说，换言之，就是明确要求每个人在当下意识发动的瞬间都可以修行成为圣人。从唯识宗的"识"状态到心学的"意"状态，最关键的地方是意识状态由藏而开、由隐而显、由被动而主动。相比佛学空掉包括成佛在内的所有的有为法，儒家不否认追求成圣的合理性，甚至必须性。因此，心学的影响和心学运动的成功，与这种对主动性的涵养和强调有关，激励代代学人前赴后继地推致良知之学。良知之学不是空学，而是实学，其天良可以有从空到有、从虚到实各个层次的理解，能够落实到实践当中，显得丰富而具体。[1]

推致良知的经验基础是哲人的体验。只有体验深刻至于悟道之境，才真实不虚，才能时时刻刻实化意念并转化出来，进而影响转动他人的意念。即使是佛学的"空"，仅仅理解为一种理智性的证成是不够的，必须化成证悟式的体验，才能源源不断地实化为言语和义理系统，进而引导他人开悟，转化他人的意识状态。佛陀菩提树下大悟和王阳明龙场大悟，都是一种近似的证悟状态，这种状态成为佛学和心学思想运动的开端。佛陀证悟的"空"和阳明证悟的"心外无物"，本体上相通为一，并非二物；只是表达有异，"空"相被动，而"心外无物"有心包容物的主动性，二者其实都是意念状态的不同面向。"仁者心动"是心灵受到杂染而动，能生万法，需要转变这种识。可见，转识成智好像是用智慧之光去照耀知识，化去知识作为客观对象的状态，而成为主客合一的智慧，空的智慧不再有主客、心物的区分。心意发动即生万有，而万有皆空，本身就是良知彰显的过程。所以唯识宗由识而转空，心学的哲学建构当由心到意，心灵在绵延的时间当中的觉知状态，就是意识的流动和存续过程。

---

[1] 把这种抽象的被动化主动形象化，可以用身体对气候变化的敏感度和提升卫气来做比喻。对气候变化的敏感是被动的，和对阴阳之气变化敏感之后主动提升身体的感知力，其实不同。虽然感知力增强之后，人似乎变得更加敏感，但敏感是被动的，而感知力增强是主动适应。《黄帝内经》和《周易参同契》都要人们培养一种主动适应的心灵意识机制，因为人能够主动适应阴阳之气的变化之后，身体的卫气随之相应增强，其实就变得更不敏感了，用通俗的话来说，就是抵抗力、保护力增强了。这就是从对阴阳之气的被动敏感，变得主动适应，而提升卫气的过程。

在唯识宗那里，空性可谓一种灵魂记忆，可因时势和机缘被动调取出来。但在心学那里，因为要求每个人去致良知，所以虽然接近大乘佛学，但要用心物一体的空性去推翻和超越心物二元论。心物二元论执着外境为实有，基本不研究记忆、情感、业报，不讨论灵魂、记忆和期盼，把意识作为外在的投射，就无法解释潜意识，也说明不了天人合一感。在二元论那里，意识没有外境的话，就无法存续。心物一元论则不同，外境与意识共在，即使肉身不在了，意识仍然在形成和存续。哲学的修习过程就是修炼意识，是理智性的修炼方法，也就是转识成智的过程，这方面心学触及了意识修炼的根本问题，只是还没有把意识修炼的问题全面系统化。龙场悟道可以视为转识成智的状态，之后阳明的心灵和意识都变得干净了，心学的智慧就是开悟和直觉力增强之后的真知，相应地对情感的控制力也增强了，在反思和控制的过程当中可以体悟到对过去经验和体验的再认识、再解释。

心学这种解释强调，即使没有外境，心灵意识也能够存在。良知可以超越外境而存在，或者说，心天化境即心意通天的境界可以超越时间和空间的变化而存在。这样，所谓心外无物、心外无事可以理解为，物和事在时空当中的实存与否，并不影响关于物和事的意向性以及心灵意识状态的实存。尤其是对一切物和事加以收摄的阿赖耶识，只是记录和收藏经验，成为一种心物交融之境的沉淀状态。

在阿赖耶识作为藏识的理解当中，阿赖耶识不仅是对过去经验的收摄和解释，而且是对意识扫描过的物质和事件，也就是心物融通的心通物态的沉淀。在经验积累和收摄的过程当中，作为经验背景的时间和空间其实是藏不了的，能够藏的只是时空中的意识记忆，或者说是时空当中的经验本身，以及人对经验的认知（自证分），还有对经验反思的证悟状态（证自证分），每一次回忆和解释，都是进一步的再反思和再解释。所以唯识宗认为，这些深沉的经验被藏着，好像种子埋在土里一样，到适当时机，可能会再实化、显化出来。这就是经验转化为记忆的反刍。年轻人因为缺乏经验，也因为埋藏情感的土壤并不深厚，所以情感容易沉渣泛起，或者说，容易有情感性的粘滞，随着经验的增长和人生体验深刻程度的增加，对情感的掌控力可能随之增加。不过，性情中人往往终其一生都不容易放下情感，因为他们埋藏情感种子的土壤较薄。毕竟，情感的适时转化其实并无因果可言，只是情感作为经历划破时空，落实到具体人身上，从形式到内容都会打上个人意向性的印迹。当时空被人的意向性转化，时空能量也就被改变了。虽然时空本身藏有心通天境，但心灵意识发动可以通达天地全体。阳明心学的时间观，是时刻主动开创新时间的努力，证悟的良知保持在永恒的开悟境界里，好像藏识一样，可以超越时空。

天良之知是一种非对象化的、纯粹的发生机制，所谓良知，是带着原发的时间性，在缘发的境遇当中发动。如果把良知理解为心天之意，那么心天之意发动的意缘，就是后天的各种机缘，也就是时空中事件的时机化展开。在心天之意带起来的后天时间观当中，并没有一个外在的、客观的、绝对的或者说所谓先天的时间观存在。如果说在《周易》系统当中，存在一个后天时机化、机缘化状态返归先天时间的机制的话，那么，在《传习录》时间观当中，不存在一个后天可以返归先天的、那个在"易与天地准"意义上的绝对时空观。可见，《传习录》的"心天之意"是后天之学，是后天实践智慧的时机化主动展开。这跟阿赖耶识作为藏识、只是被动开显，可以说正好相反。

如此一来，意识的主动性才是意本论的核心。通常在唯识宗的藏识意义上理解的被动生成的意识状态，并不是意本论要强调的意识状态。意识本身可以被塑造，也可以被改造。佛学强调意识的塑造，尤其是藏识的收摄和成型，而心学强调意识在流动中的改造。佛学强调意识似乎可如行为主义所言被塑造，而意本论强调意识的自觉、自本、自为（如萨特），化被动为主动，改变意识以转化命运。虽然自证分和证自证分的说法接近意本论，但从意识主动性方面来比较，自证分和证自证分还是不如心学和意本论。化纯粹意识为主动的人生意识实化过程，是意本论的关键所在。致良知不仅要回归纯粹意识，更需要从纯粹意识出发，主动开创意识实化的过程之人生。心学可以做意本的解释，因为心学强调的是对意识的修炼——在意识流动的时间和空间当中，如何让意识主动参与时空能量的变化，超越边缘意识的粘滞，以控制不舍得的情感，从而让意识底层的仁情发动，并在事上磨炼。

儒家从《周易》的忧患意识当中，体悟事物的创生、生生不息的力量，而见天地之心，强调人的心意要顺天的自强不息、乾进不止的力量，顺从和跟随的力量与创生的力量，是彼此共同成就的。换言之，阴力越强，阳力就越强，而阴力的强大，会促进和塑造阳力的成型，阴阳似乎彼此消耗，但其实也是彼此成就的力量。生生不息的基础就是阴阳互动，哲学家思考的问题越大，思考的情境越深沉，开创的力量就越饱满、越强大。原发性的心灵可以依托天地而来，继发性的思考既要对天地本来的阴阳之力有理解，也要对过去的智慧积累有丰富的了解，所以思考虽然向着未来，其实对于个人来说，就是向死而思，是收摄所有过去的向死而思，好像过去的经验能够给予思考的主体无限开悟的忧患。禅宗的棒喝和开悟，其实类似孔子强调的"不愤不启，不悱不发"，是对心意发动的暂时性压抑，去逼迫学生停下来，进行深刻反思和体悟，从而打开自己的思想通路去开悟、证悟。

禅宗的心法，有渐悟和顿悟之别。渐悟有很多接近心学的地方，因为心学要普惠大众，所以必须强调具体的功夫论。就修行的基础来说，身体是第一位的，因为身体是借以开悟之具，好像佛陀开悟的菩提树下，是一种境遇性的基础。心灵也需要开悟的基础，即做功夫的对象，心灵虽然本来是明镜一般明亮的，但毕竟总会落灰，显得不太明亮，意向被蒙尘之后，就会离开纯粹的意识状态，所以需要做拂拭的工夫。这就需要有主动拂拭的意识和具体拂拭的工夫，才能除去心灵镜子上面的灰尘。这本来是熟悉的常识，也是简单易行的修行过程，可一旦加入大乘佛学对一切皆空的本体性理解，因为一般人难以理解一切皆空的理念，问题似乎就搞得高深莫测，似乎只剩下上根人才可能理解"本来无一物"的"空"相。

阳明学（良知学）的哲学层面不同于朱子开创的理学，那种以《大学》为基础的是帮助一般大众理解的儒学，其哲学思考的深度和力度，可以说不如阳明心学。牟宗三甚至把朱子学说成别子为宗，认为其往上够不到孔子和孟子的哲学深度，往下达不到阳明哲学的思考深度，可是因为体大思精，加上科举取士长期以朱注为标准，大大影响了明清哲学思想的发展和进步。清初的学人虽然隐隐觉得宋学的理论深度不够，但不敢回到明代心学的活泼和深思之境，只得回到汉代宇宙论繁复的哲学宇宙论解释当中去，这是历史性的遗憾。

心学的哲学深度对理学的超越，正如惠能的偈子对神秀偈子的哲学深度的跨越。在惠能的偈子当中，心灵和灰尘都是不能执着的假有，在"本来无一物"的意义上，它们都不存在。本心是绝尘的，不可以与尘埃相对；如果本心可以理解为纯粹意识的话，那么，纯粹意识与物无对，因为心通物，世界上没有物质意义上的物，没有与意识对待的物，没有作为实体的物存在。破除主客对立的心法其实就是意法，是运用意识的法。运用意识的法，正如如来藏心的升起，或者是真如心，或者是生灭心。佛家在本来无一物的意义上理解真如心，但儒家赋意，本体上生生不息，价值上继之者善，觉得一切如此生生，如是如是，可以说都挺好的，都是善的。至于在生死意义上讨论生生灭灭，佛家当然看灭，一切法无性，本来没有自性，全部都要放下，但儒家则是看生，生生死死，还是观生不观死，因为人生，是生着过的，而人死，谁都没有经验，所以儒家从根子上就是经验主义，而且是基于生生不息的生命之流那个本体的经验主义。儒家以生为法，而佛家以破除生死为法，或者说，以死破生，破生之执着、生之留恋、生之温情、生之不舍、生之仁情（仁爱之情）；强调生死一体，如是如是，以死观生，视生如死，观有如空，所谓空有之意如此。

虽然"自性"是"明心见性"的根据，里面光明灿烂，不受污染，明此本心，就见空性，但如此清净，就是离却红尘，而儒家要求即凡而圣，圣不离凡。本性无生无灭，则是要破除儒家对生的意念之执着，而熊十力最反对佛家之无生，谓之了无生趣。所谓本自具足，其实是要体悟万法皆空，皆从空性当中出来。所谓本无动摇，是动静一如，与后来程颐"动静无端，阴阳无始"接近。这个本性也是阿赖耶识，是如来藏心，是生成一切的种子和潜能。在佛家看来，意识的光晕彼此重叠，不断延展开去，在心物交融的边界成己成物。所以尽管《金刚经》说"应无所住而生其心"，可是佛家理解的心意，并非不生，关键在于无所住。可见不生心，其实不是根本不生意念，因为不生意念是不可能的，如果意念真的不生，那就是死去的状态。所以，意本其实就是意生，意以生为本。

生机不是突然出现、无法理喻的神迹，因为神迹不知何所从来，而生机是体验的，是可以反思到生机展现为层层叠叠的时机化累积。生生的状态是由意识的边缘不断推进而成的，好像一层层的水波，也像熔岩的圈层，正如意识流动而交叠，意识不断实化而决定自身，同时也决定外物的状态。可见，意识的流动看起来如水流一般，波纹荡漾，一圈一圈地展开，其实更如火山熔岩缓缓流动，其边缘不断叠加，每时每刻都接通天地、改天换地，熔岩的边缘就是时机化的实化状态。与火山熔岩喷发的状态差不多，人生的生就是意识时刻实化而走向死亡的过程，其实就是意识的边缘域的实化过程，而当下不过是看起来停止实化的暂时状态。任何具体的状态，所谓熔岩停在某一地点、某一时间，好像意识之流停下了，就固化了，而流动的熔岩犹如活着的身体，一旦生命停止，就是意识的止息，内在的生机就不再继续表现为意识在时间空间当中实化展开的过程了。

在詹姆士看来，哲学是关于宇宙行动和变化状态的观察与体悟，类似于《周易》对变的哲学考察。事物变化如意识变化，彼此相继，既像流水，也像流动的熔岩。思考好像下雨，也像风吹，有时快、有时慢，有时激烈、有时舒缓。意识永恒流动，因为时空而总是不同，新生意识进入新的时空，所以意识永远有边缘（fringe）感 [1]，犹如水珠的边缘、水流的边缘、水汽的边缘，也如熔岩的边缘，是流动的水和熔岩之流与物交流的边缘状态。心意的边缘其实也是生命的边缘，只是一般人把生命理解为一个时段，而忽视了生命其实不过终止于某个边缘，即某个时空状态的边缘，死亡其实是心意与物交通而停下的最后状态，因为生命

---

[1]　William James, *Pragmatism and Other Writings*, Penguin Books, 2000, pp. 181-183.

导论：从心本到意本 45

一旦停止，生生的意识与世界交融的边缘状态也就戛然而止。所以，詹姆士不认为心灵意识是被动的，相反，他认为一切意识活动都有主动性，哪怕是习惯、睡眠、本能的意识活动，都有主动的成分，这其实是人内在的生机所致的意识活动，活人的意识是活的，也就是生机推动的意生状态。

类似的，阳明"致良知"其实就是要把天良之知推到我们时刻行进的生命之边缘。念念致良知，其实就是要把良知"勿忘勿助"，推到意识生生与物交流的终极状态，并在这种意识与物交接的状态当中，时刻反思和自觉天良之知。于是这个心中与生俱来的天良之知，又时时刻刻展现为边缘的状态，因为体悟到其边缘的状态，良知才能够实化出来，感知到良知的存在是真确的。对良知的思考一旦开始，就容易远离天良的开端，但关于良知学的系统化思考，需要一个稳定的开端，在阳明学当中，就是从天下来的良知，而正因为锚定了天良之知，所以阳明学是典型的哲学思考，其良知意识成为心学意识发动的原点及依据。良知就是阳明学哲学体系的太极点，居中、恒稳、不变，简单而易于理解。良知的生机借助身体的生机而存续，而且不会因为身体的死亡而灭亡，因为另一个灵魂对良知开悟，就可以接续良知的生机。

也是在"以心传心"的类似意义上，禅宗其实是在生意的基础上，不执着于任何固定的方法，外内皆空。开悟即破相，破日常相、平常相，破良知之"良"相，破良知之为外在的标准之"知"相。良知无知，乃曰一切知，与僧肇"般若无知"类似。阳明学在开悟这一点上与禅宗近似，随意随机皆可开悟，而机发如天机时发，顺的是天发的时机，把握的是时发动的机缘，所以意念之机其实是易之天机，正是在天时的基础上，易道即是意道，大易的天道等同于意本的人道，都是天与人一贯之道。[1] 也是在这个意义上，阳明学即易学，其实也就是阳明学即意学。阳明学以时发、以机发，所以良知就是天时良知，是天发动意义上的天

---

[1] 梁启超指出，王阳明用的口号很多，"骤看起来，好像五花八门，应接不暇，其实他的学问是整个的，是一贯的，翻来覆去，说的只是（知行合一）这一件事"。梁启超点校：《传习录集评》导论，第 2 页。

良之知，良知的天发就是良知的不住意、不留意的状态，所以良知也是天良之知，致良知是觉悟天良之学。

作为本心的良知是心灵意识发动通于天的那种良知本来自然呈现的状态，这种状态需要特殊的人生机缘才能达到自觉的状态。开悟的机缘不是有意可以设计的，惠能和阳明的开悟都有自身无法把握的意味，哪怕一个人认真仔细地去讨论这样的问题，也很难把握开悟的机缘，这种灵感虽然是由自己灵魂感受的累积而生发，但灵魂的感受要超越平时的感受、记忆等等日常性，才能展开新生的灵魂感受，而灵魂感受的量变到质变，基本上都不是主体能够把握的。催眠可以唤醒人的潜意识，甚至生前记忆，但灵魂的感受性可以说是层层叠叠被压抑下去的，有点接近阿赖耶识的层层积累状态，而且这些种子是活的，是随时可以时机化呈现的，而不是如死火山一般休眠或者压抑到不会喷发。

前意识是意识当下的前景，给意识提供一种认知背景。潜意识可能是过去经验的压抑，随时可能会跳出来干扰当下的意识状态，为意识所控制不了，生存经验当中的畏惧、害怕等等可能都来自深沉的人生经验，时时刻刻冒出来影响自己当下的意识状态。"未发"之中需要排斥各种情感的干扰，否则"发"就难以"中节"。"中节"其实是边缘感的凝固化的自证分，外观的状态是一种意识外在化的判断。排除潜意识的负能量有助于改变心理状态，使人变得乐观开心，这也是修身改变意识的首要意义。所以"良知"本身就带有"良"，或者说有正能量、有阳光，但良知不是善恶对待的，又是当下可以转化负能量的，因为诚到极致的状态是"诚"意识的自然呈现状态，如"好好色""恶恶臭"一般自然，但能够替换之前所有的负能量，所以天良可以真诚至极，致良知就是良知当下呈现、发用和凝结。

开悟和觉知是"良"的本义，取代被动、无知、难以控制的人生疏离感，从而走出无明。本心呈露的光明压过了无明的状态，转化深沉的潜意识念头，这就是转识成智的意义。这是意识的系统性清理，如刮骨疗伤一样，把过去不好的内容都清洗、删除、替换，生成新境而有新的意识。自己努力把控主动的意识状态，形成潜意识，实现对意识的清理，把潜意识的部分化解开，或者被意识的光明替换。正如种子被熏习而成熟，像被光明和能量焐热、转化了。宗教经验让人信仰，其实是要改变潜在的能量，从情感到理智都改变潜意识，这种宗教经验通常与开悟经验相通。在这方面，哲学作为理性的、逻辑的思辨体系，往往对于开悟持排斥态度，而阳明学因为始自龙场悟道，所以与传统的理性主义哲学判然有别。其开悟的机缘性、爆发性、情感的突然性、巅峰体验等状态，都是需要进入一种主客合一的、人身与宇宙同一的意丹状态[1]，当下如死亡一般，感知不到肉体意识，似乎肉体不过是灵魂暂时的寄存状态。这种根基性的觉悟可谓融贯了主客、阴阳等对待和分离的证自证分。

　　生死之间当以精神意识为主，而不是以肉体意识为主，因为肉体不过是过客，而意识可以跨越肉身的有限性去通达万物，能够来去自由，超脱物界而与天地精神相往来。如果意识属阳，那么意识所指和感通的对象则是阴的，尤其是意物相感的部分，基本都是边缘的、瞬间的、交融的、模糊的。以意照物，不像简单地以镜映照外物。物之阴阳不断变化，而阴阳本身其实是意识与物交接的边缘化感知状态，并加以表象化领悟。《周易》的卦爻象所指称的边缘是活动、流变的状态，这是超越文字的，也超越卦爻辞所指称的内容本身，所以是天机学，构成心灵与意识借助卦爻象沟通天机的启示。这就是人天之意启动的天良之知，即良知是心灵与宇宙沟通的底色。良知即道心，是意识接天的空灵状态。

　　阴的境遇与阳性生发的力量相辅相成。阴阳感通其实包括吸引和排斥，都代表心通物的状态。阴意对阳意的扶持不过是自然运动的反思和

---

[1]　证道的心天之意的经验是古圣先贤代代相传的根本境界，是宇宙人生根本，是心天贯通的，带有类似熔岩喷发的内在力量，是天然心意与天道贯通的境界。这种贯通似乎可以与西方宗教徒终身追求与上帝融为一体的"精神的婚恋"相比较，但心学的开悟跟西方修士与上帝结婚的那种婚恋不同，跟女修士抱团追求与上帝融为一体的经验有着根本区别。毕竟圣人之道不是上帝那样的人格神，所以密契论的神秘主义与心学家的神秘体验完全不是一回事。参吕斯布鲁克：《精神的婚恋》，张祥龙译，商务印书馆，2012年。

赋意，认为大自然倾向于扶持阳意，其实是从天会赞助人的生成、发展的角度出发的。就阴阳流转来说，一切阴阳变化都是当下、现成、实在的，无所谓扶阳抑阴或者扶阴抑阳，因为本体上一切都不是实体化的太极表征，而是心物感通后动态流变机缘化的呈现，只是心意转化的过渡状态是边缘化的，被阴意和阳意领会的时候，会有价值的附着而已。其实，意识对气、力、意的边缘性领悟都是近似的，因为都是内在的、反思的、情境的感悟状态，是外在价值性的分判，不能影响本体性、天然性的流转和变化。

正是在这种心意与物流转变化的哲理意义上，传统的"中国哲学意识"到了心学当中，才真正达到非常中国哲学化的状态，而且这种状态不是简单的哲学论说，是需要体验去印证的，这就构成了心学超越西方哲学以理性和逻辑为基础的品格。历史上王弼的哲学影响很大，其哲学的意味不但没有推进，其实反而有所消解。因为王弼提供了一个哲学简化版，不但没有体现出他对先秦哲学和上古哲学的深入理解，反而简化了之前哲学的厚度。王弼对中国哲学意识的彰显，甚至不如隋唐时期中国化佛教对中国哲学的激发、宣示和凸显，更难以达到后来宋明理学借助易学对隋唐佛学的哲学突破。[1]

心志有主动性，人能够改变自己的直觉，超越外境的影响。见分和相分可以因为我们的意志而改变。从心志上树立人是灵秀的意识，让灵感的流动与天地交流沟通。意本身无言，通过真诚至极来明。人身体的边界是相对固定的，但精神活动可以挑战时空当中的边界，精神意识的

---

[1]　在中文语境当中，明确追溯心学的意识基础的哲学努力是张祥龙做出的，所以本书推进其指导思想和方法论，试图以《传习录》文本分析为基础，从心学文本生发出现代的意哲学。张祥龙对以《论语》为基础的儒家哲学和王明心学都做过哲学化的梳理，对我们回到古代经典做哲学解释可作借鉴。他认为《论语》有很多情景化的故事，看起来似乎没有逻辑，有点接近《圣经》那种有历史场景的状态，其解释有《圣经》文化的情境意味，二者的文化阐释学解释路径也相对最为接近。《中庸》讨论"诚"，教导人如何接续天机，在边缘域当中体察意识从迷到明的状态。张祥龙关于比较文化和比较哲学的思路，对本书建构意本论哲学体系有较大启发。

修行时刻形成自己意识状态的疆域，这就是推致良知，把天良之知推到极致的边缘，也就是定心于时空之间，从几微到实化意识的全部。

心天之意不是纯粹抽象、非对象化的，心与天融合一体，难以用对象化的方式去体证出来。意物感通、融贯的状态，是感而遂通、意与万物相通的状态。意物摩擦的边缘感，好像阴阳之间的动态，也近似见分与相分之间自证分的状态。意识来自天地自然本来的力量，是天地自然本来的运动轨迹，我们人之为人的特点是灵秀，可以通达控制改变自然之意的状态，即意识改变自然力的行进状态，这就是修炼，即意识的凝聚和收敛，从而改变意识关联的阴阳的变化，挺立光明、圣洁的气象，让心意的天空变得晴朗、透亮。

"放心"其实是天良之心被遮蔽，看起来好像明德不明的状态。如果不能揭示潜意识，那么本性没有被意识到，本心没有呈露，本心光明的意识被遮蔽了。因此"求放心"就需要做功夫去开显，反观内照，这是重要的觉悟功夫，即反省自己的潜意识，意识到潜意识与天地的本体不分。于是，诚于道就是通向潜意识的真诚道路，非常虔诚地思考体悟，才能把最艰难深刻的部分开显出来。心、性与宇宙道体本来贯通一体，在《中庸》的"诚"、阳明的"致良知"状态当中，人可能打开心物不分、心物感通的状态。意识跟世界交融的意向性接近见分与相分感通的状态，这种感通其实需要下工夫，因为如果没有下工夫就不能感通，也就无法对道体有意识。换言之，如果不能感通道体，内在心性就与物不通，所以要感通道体就要在自身意识上下工夫，即对自身意识反思用功到极致，对道体的运思才成为可能。

心物相通是心学的根基，而"诚"是打通心物的关键，专一之诚可以联通心物，展现心与物之本体性共在的存在状态。于是，心"诚"而通于物成为一种工夫和通道，需要开悟才能实现心物打通之后的开心喜乐。[1]这种心灵与宇宙当下贯通的开心和快乐，犹如庄子的"鱼之乐"，

---

[1]　参张祥龙：《儒家心学及其意识依据》，第182页。

很难为惠施那样的外人所感知和领悟。"鱼之乐"是由内而外的乐，是一种内观心物融通之乐，不同于惠施那种常理性的、从外到内、先观察而后认知的理解方式。或许可以说，庄子有能够通于鱼之乐的潜意识，惠施依照常理观察，却没有办法深入万物一体的潜意识里面，也就不可能理解非对象化的、与鱼相通的大乐。换言之，运用对象化的思维，可能永远无法理解非对象化的大乐。[1]

心物融通之乐是向内之乐，犹如颜子之乐，能够和通万物。孔子有大乐的气象，内外融贯，但颜回可谓都是内观。孔子在乎自得之乐，其心物融通的境界是通过曾子、颜回等弟子们传递出来的。正是在这个意义上，自得的豪雄有着一种充满精神贯通天地的气魄，时刻处在心物感通之境中，这就是"明意"的明，其意识之明，与万物一体打通。"明意"就是明澈自己内在潜意识而雀跃和欢呼，意识与外物存在都被打通。正如阳明的开悟是万物一体之仁，其至乐是内向反思到极致，达到心地与天地完全贯通的气象。心学"致良知"的表达，是在心灵潜意识的深处去感通心通万物的境界，好像心境之中回荡着天籁之声。这种心通物境是中国意识哲学的血脉。只有真正理解心物不分，才能敬畏心与道的一体性，进而意识到道不远人，从而对道心存敬畏，不再把心和物都变成知识性的研究对象。[2]

周敦颐的"诚"其实有内诚和外诚，内诚而通达天地，致良知是要通达外诚，可谓深沉到了极致，参悟人与世界共通的潜意识。人与世界时刻同在，所以人可从与世界不分的本体状态开始思考，不把世界当对象。相比之下，朱子谈"理一分殊"，在心物相通方面，就没有阳明心学彻底。"南剑三先生"杨时、罗从彦和李侗都强调静坐，但他们的

---

[1] 钱穆认为，关于"万物一体"有三种理解：一种是天神所创，这是神学和宗教的理解；一种是原质的变化，这是科学的理解；一种是心镜所照现，这是哲学的理解。参钱穆：《阳明学述要》，兰台出版社，2001 年，第 2 页。

[2] 参张祥龙：《儒家心学及其意识依据》，第 187 页。

传人朱熹却对静中体认与天理的一体融贯缺失真实体验。[1] 李侗让朱熹"静中体认天理",体会"未发之时气象",希望他能够反思意识发动之前、心物没有分开的状态,心与事发动的中道状态。但朱子对静坐难有深刻体会,他在静坐当中几乎体会不到天理流行。可能因为朱子自己思量的意识比较强,就难以放空自己,不易感到无思量的潜意识状态在流动,也就无法把潜意识释放出来,感通不到恻隐之心萌发的状态。这种内观自己潜意识的状态,有点像自证分,反观内求而感知。当一个人静坐入定的时候,可以几乎忘却身体感知,在只有潜意识流动的时候,那时还能升起一种反观的意识状态,来观照(直观、直接观照)自身的潜意识状态,这就是自证分。静心观天意而非己意、私意的自然生发,好像率性而生,直接喷发,自然发出,其中有一种自天而降的内在力量。可见,通过打坐等修行方法可以帮助人们理解心物相通的内在力量。

恻隐之心是内在意识本来流动的深层力量,如熔岩般会应时应地突然爆发出来,内心的力量好像熔岩一般的潜能,潜意识是心意潜在的状态,被因缘激发,良知或者恻隐之心随时可能如火山喷发一般发动。对于心灵深处与天相通的部分,好像熔岩一般流动的地热一样,虽然看起来不动,其实是"冲漠无朕,万象森然",一旦有突破口,就会如火山爆发一般喷发。所谓天良之知、原发经验,其实是一种内在的热流,带着心意与天道贯通的内在生生之力。这种原发之力是心与天毫无隔绝的状态,也是心灵被天地阴阳感通之流,这是灵魂与世界交接的原初的、根基性的经验状态。

打坐入定之时,意识与身体放空,可以体会到一种心灵与天地往来的自由境界,身体化为暂时的躯壳,甚至连躯壳的意思都放空,身体完全与物同体。灵魂是良知当下灵动的内在的感通状态。天良之知自然运

---

[1]　赫伯特·芬格莱特(Herbert Fingarette,1921—2018)在临终之前拍过一部纪录片,其中一个片段感叹自己马上要离开人世,却没有很好体会、观察与自己几十年朝夕相伴、时刻共在的花草树木。这是他最后的感叹,他意识到自己其实一直与万物同在,可是自己一生的哲学努力都是对象化的,长期处在思考外物、解决外在问题的过程之中,却没有意识到人其实时时刻刻都处在与外物共在的状态当中。

行，但需要反省直观而知。这种知类似庄子所谓"知之濠（水之）上"，那种天地与我沟通的大乐，庄子能够经过反思感知到，但惠施无论如何就感知不到，所以对惠施这样的他者来说，心通物的境界几乎没有办法解释。由此可见，读书求知不足以开启体悟，人只有在体证的积累基础之上，才能打开知识和心灵的边界，好像一瞬间突然爆发，在开悟的境界之中反观自省。开悟是边界感的打破，好像熔岩爆发，内观到极致而推动其发动，所谓"知至至之"，让止于至善的极致境界发动而"诚"于万物之全体。反身而诚是一种边界意识，在各种言行发动的边界观察自身，体察自身。

心学认为人性即天理，是因为心学强调人可以感知天的力量，即天理在人性上能够起作用，天理就是人心发动的自然状态。换言之，如果感通了天良之知，就可以任天良之知流行，即所谓循性而行，至于极致，达到所谓"知至"的境界，如此可以探知人的意识发动的边界状态，感悟其中意识当下呈现的极致状态。

理一分殊的思想资源来自《华严经》，理事相融，万千现象如大海波浪，与深沉的内在的根本性动力不分。借用《大乘起信论》，可以把如来藏心比作海水，把波浪比作生灭心、杂染的心，水的本体和波的现象不分，好像道不远人，道的本体与现象不分，潜意识与显意识不分。但波来自水的运动，内在的运动的力量，这种天机一般的原动力，是需要经验去证悟的，不是知识性的讲解能够理解的。理解心学与禅宗的无言之境，近似于《中庸》之"诚"与《传习录》的"致良知"，都要达到无言化境的高妙状态，要借助先行证悟。

这种心天贯通的原始状态在世的表现就是"亲亲"，就是父母亲情对个人边界的打破，人既是个人，也是家庭和社会当中的关系性存在，从而实现人与人在现世，也在时间中的共存共在。心天之意不能离开对"亲亲"的深刻体悟。亲子情感和亲子关系最为原生、最为亲切，也最为根本。人对自己孩子的抚养过程比其他灵长类动物都更长，也就为亲子关系的反思和加深留下了时间和空间，也为孝的情感和实践留下了时间和空间场域。

体悟潜意识那种与天的生机相融会贯通的深沉气象，感悟到潜意识、文化无意识那种先天之力，所谓未发气象，即天地自然之原力。"未发"不是静止的表象，而是虽然看起来没有发动，但内在的力量非常强大，这就是天力、自然力、生生之力那种将动未动的状态。人因为天地之力而有意，因自然之意而有人当下的意识状态，意识的生成来自天力，天在意识的后面，作为潜意识而参与生成我们当下的意识状态。因为天力的发端，而有天机之力，诚于天力之中，体悟到天力的作用。

心天之意强调的是心灵本有通天的原始力量。对这种已发的意识背后的天地自然之力，要体会其天然未发之意，要观意识没有发动之时已经在流动的天机之力。诚信天理是真诚地感通这种天地原始的力量，这不仅是理智性的感悟，而且能够体会到情感性的满足。这是历代圣人前赴后继追求的真理之道，与西方哲学家追求的外在的、客观的、解说性的真理框架、概念系统等很不一样。古代中国哲学家不断回溯并证成先圣经典当中的开悟境界，并用当时的语言表达出来，这构成了中国哲学延续的特殊品格，即古代哲人一方面不断印证先圣的真理，另一方面把这种极致体验代代相传，这就是圣人之道的公共性的根基所在。

本部分发展张祥龙关于儒家心学的相关论域，并试图加以扩展，建立心天之意学。张祥龙把心学的意识依据尽量梳理出来，进而回应整个西方哲学和印度哲学的相关问题，可以说充分发掘了心学的哲学深度，他通过回应西方哲学尤其是现象学、实用主义等的挑战，让心学的哲学深度得以丰富和展现。正是在这个意义上，本书继承张祥龙解读出足以回应西方哲学挑战的理论的努力，试图建构心天之意之学，以延续这种学术思考。

第三部分 从心学到意学

既然按照张祥龙的考察，儒家心学有丰富的意识依据，那么今天讨论意本，就有深刻的意识演化的经典基础。依照张祥龙的研究，心学的经验是如何开始的？心灵原发的意识状态如何开始？我们的意识本体，即意本怎么去理解？初心是心灵开始的赤子之心、童心，又是如何开始的？如何感通与世界尤待的天籁之音的状态？为什么意本的状态是超越生死，与世界融贯一体的？

其实，把心本转化为意本的类似思考，在心学的后学们那里，就已经出现了。比如，王栋（1509—1581，泰州学派创始人之一）把良知看作见在的"几"。王栋提出：

> 盖自身之主宰而言，谓之心，自心之主宰而言，谓之意。心则虚灵而善应，意有定向而中涵，非谓心无主宰，赖意主之，自心虚灵之中，确然有主，而名之曰意耳，所谓意也，尤俗言主意之意。[1]

王栋认为"意"是心之主宰、定向，其说法近于刘宗周"以虚灵而言谓之心，以虚灵之主宰而言谓之意"[2]，"意者，心之所以为心也。止言心，则心只是径寸虚体耳。著个意字，方见下了定盘针，有子午可指"[3]，他们都以"心"为虚指，而以"意"为心之定向，不以"意"为动念。只是他们没有以"意"为心之外的另一个本体，而是以"意"为心的主宰。[4] 黄宗羲认为他们的观点"至理所在，不谋而合也"[5]，虽然刘宗周留下的文字中不曾提到王栋，但二者关于"意"的看法应该确实是不谋而合的。

这种不谋而合的心学经验，今天应该如何用哲学语言来表达？在阳明的时候要与朱子学对话，今天要跟西方哲学对话。张祥龙从跟心学发源的各种哲学资源对话来开始。人类心灵本来的状态可以用詹姆士的意

---

[1] 《明儒学案》卷三十二，第 733—734 页。

[2] 《会录》，参刘宗周：《刘宗周全集》第二册，浙江古籍出版社，2007 年，第 517—518 页。

[3] 《问答》，参刘宗周：《刘宗周全集》第二册，第 337 页。

[4] 如冈田武彦指出："蕺山之学的精髓，是反对以'意'为心之用，以'意'为善恶相杂处，而主张以'意'为心之体，以'意'为至善处，所以他以阳明在'四句教'中所说的'有善有恶意之动'为非，而代之以'好善恶恶意之动'。"冈田武彦：《王阳明与明末儒学》，重庆出版社，2016 年，第 390 页。

[5] 《刘子全书序》，参刘宗周：《刘宗周全集》第六册，第 653 页。

识流来表达，纯粹经验不是日常经验，而是心物未分，如婴儿般混沌的意识，或者因昏晕而突然进入的没有主客之分的状态，只是在《传习录》中，阳明悟道之后，就一直沉浸在主客未分的意识状态当中。心学悟道之后的经验可以说是特殊、纯粹也相当彻底的，一定程度上，就是中国版的"彻底的经验主义"，是要求读者永远去面对阳明"龙场悟道"的顿悟经验。这种体验和悟道的根基成为其一生一世传道之本，也是能够启发后人的根基所在。

历史上，刘宗周最早将"良知"等同于"意"[1]。刘宗周做出了重视"意"范畴，并对其哲学意味加以延伸的努力，但并未把"意学"上升到与"良知学"同等的高度，所以一般都将刘宗周看作是阳明心学的殿军人物，也就是说，刘宗周关于"意"的学术思想并没有离开"良知"学的范围，正如林安梧指出：

> 阳明之学最终结穴在超乎善恶之上的"心之体"，并因此而进一步说"知善知恶"的"良知"，并说"良知"是心之本体，并即此"致良知于事事物物之上，正其不正，使归于正"。蕺山则专在有善无恶、好善恶恶的"善的意向性"下做工夫，并以为一论及善恶两端则落于念起念灭处，而不为究竟。这也就是说，蕺山进一步地破解了阳明可能的两端对治，而调适上遂到意的纯粹性上，并以"意"来"存心"，他说"意是心之所存"，即指此而言。[2]

刘宗周强调"善的意向性"和意念的纯粹性，以"意"来"存心"，突出了"意"的本体性，但他不可能运用比较哲学的方法来转化"良知学"为现代哲学意义上"意学"。正是在这个意义上，本书致力于转化阳明"良知学"，通过心天之意的新诠释维度，使之成为新"意哲学"体系的有机组成部分。

---

[1]　参耿宁：《人生第一等事——王阳明及其后学论"致良知"》，第 1105—1108 页。

[2]　林安梧：《明清之际：从"主体性"、"意向性"到"历史性"的一个过程——以阳明、蕺山与船山为例的探讨》，《船山学刊》2006 年第 2 期，第 8 页。

耿宁对良知的理解可以说把良知学与意向性二者结合起来了，他将良知的第一层概念看作向善的秉性意义上的"本原能力"；第二层概念看作本己意向中的伦理价值的直接意识意义上的"本原意识"或"良心"；第三层概念看作始终完善的良知本体，即"心（精神）的本己本质"。[1]第一层意义上的良知是一种"向善的情感或向善的倾向[意向]之自然禀赋意义上的"本原能力[2]，也就是强调"良知"是一种意识原发状态，是超越对象的、意识本来本根的状态。儒家给这种本意状态带上"乐"的价值，并且通过"乐"去让人体会心灵的本原状态和本原能力。倪梁康认为是"心理－秉性的概念"，其所指与孟子的恻隐、羞恶等四端基本相同，或可称作道德本性。[3]第二层意义上的良知是一种"本原知识"，是对自己意向的伦理价值的自身意识，[4]是"直接的、或多或少清晰有别的对自己意向的伦理价值意识"[5]。这种道德自身意识本身是价值中立的，可以理解为道德自证分，但时刻能够自知善恶如何产生，知道是非，时刻反思。倪梁康认为是"道德－批判（判别）的概念"，指良心，即对意识活动的道德自身意识，或可称作道德习性。[6]第三层意识是"始终完善的良知本体"。[7]倪梁康认为是"宗教－神性的概念"，指王阳明后期所说的不生不灭、不增不减的"良知本体"。[8]张祥龙认为自己理解的良知作为"心之本体"，即"自然就能知的心之本有能力"，涵盖了耿宁的第一层和第三层良知含义，这种本体是一种原发能力。更为关键的在于他说明良知的第二种意思，即"原发真诚的是非、好恶之心"，不是从性质上高于第一种意思的更高级的价值反思意识，而是第一种良知含义中蕴含着的。也就是说，良知必含自知，良知意识就是一种自身意

---

[1] 参耿宁：《人生第一等事——王阳明及其后学论"致良知"》，第 187 页。

[2] 参耿宁：《人生第一等事——王阳明及其后学论"致良知"》，第 344 页。

[3] 参倪梁康：《心性现象学》，商务印书馆，2021 年，第 403 页。

[4] 参耿宁：《人生第一等事——王阳明及其后学论"致良知"》第一部分第二章。

[5] 参耿宁：《人生第一等事——王阳明及其后学论"致良知"》，第 344 页。

[6] 参倪梁康：《心性现象学》，第 403 页。

[7] 参耿宁：《人生第一等事——王阳明及其后学论"致良知"》第一部分第三章。

[8] 参倪梁康：《心性现象学》，第 403 页。

识。[1] 也可以说，良知意识是一种良知自证分，借助自证分意义上的自知，可以实现"无善无恶"的心体到"有善有恶"的意识发动的自知状态。

阳明在《大学古本序》中说："《大学》之要，诚意而已矣。诚意之功，格物而已矣。诚意之极，止至善而已矣。止至善之则，致知而已矣。"[2] 可见，"诚意"被阳明看作是《大学》的核心要旨。通常认为，阳明把"意"理解为"心之所发"，陈来对"意"为"心之所发"和布伦塔诺与胡塞尔的意向性问题做了深入的比较分析[3]。他写道：

> 凡心有所发，即一切意识活动，都是意。这样，由于阳明哲学中"心"指本体之心，即纯粹自我，而"意"是一个经验意识的范畴，故心与意的区别近于康德哲学中作为纯粹实践理性的意志与意念之间的区别（wille 与 willkür）。在晚期阳明思想中，人的意识结构中最重要的是两部分，即良知与意念。意念包括思维与情感，有是非，有善恶；良知则是人的更深一层的自我，又表现为判断意念善恶的能力。良知虽能判断是非善恶，但良知不能保证不善的意念不产生，也不能先验地保证人只遵从良知的呼唤和指引，因而良知既是积极的，又是消极的。[4]

耿宁对于阳明关于"意"和相关术语的理解做了细致深入的理论分疏：

> 在王阳明的使用术语中存在着一种不准确性：成为一个"圣人"或"实现本原知识"的意志，他称作"志"（在辞典上可译作"意志""决定""追求"等等）；但他有时也将这个意志称作"意"（在辞典上可译作"思想""意图""意向""意志""意见"），而且，当在"本原知识之实现"中，或者说，在"对行为的纠正"中意志变得"真

---

[1] 参张祥龙：《儒家心学及其意识依据》，第401页。

[2] 吴震注意到阳明的力量企图，即推翻朱熹认为《大学》的枢纽在"格物"的说法，而突出"诚意"为《大学》的要点。参吴震：《〈传习录〉精读》，第83页。

[3] 参陈来：《有无之境——王阳明哲学的精神》，第47页。

[4] 陈来：《有无之境——王阳明哲学的精神》，第49页。

诚"时，他始终将"意志"标示为"意"；这当然是为了与《大学》
第一章和第六章的"诚意"的口诀相应和。[1]

这里，"本原知识之实现"应该就是"致良知"，需要通过"诚意"的功夫。
但在王阳明文本当中，对于"诚意"的"意"没有太多解释。因为"意"
虽然不是经典文本的核心术语，但也属于心学的主要或者关键术语，在
古代哲学运思语境中，一般认为不必过多解释，可是，在现代哲学和比
较哲学的语境当中，尤其是在跨文化语境当中，有对"意"进一步加以
阐释的必要。正如耿宁在说明"意志"之"意"后，继续解释善恶之"意"：

> 王阳明也将人"心"指向某些事物的善恶意向（意图、倾向、
> 情感）称之为"意"；然而他常常也精确化地将这个"意"称作"意
> 念"（可以译作"意向思想""追求着的思想"等等）。对于理解王
> 阳明哲学而言，区分这两种追求是重要的，因为他实际上引入了这
> 个区分，而前后一致地用两个不同的语词来表达它们，会有利于我
> 们阐述的清晰性，尽管王阳明在他的术语中并未严格区分这两个种
> 类。因为，成为一个"圣人"或"实现本原知识［致良知］""纠
> 正行为［格物］"的"意志"就意味着：要将那些被意识为善的"意
> 向"（"趋向""倾向""意愿"）转化为行动，并且要将那些被意
> 识为恶（自私）的"意向"去除；从意识分析来看（从现象学来看），
> 那个意志与这些善恶"意向"是完全不同的东西。[2]

以上耿宁认为王阳明对"意"做了两种区分，一种是"诚意"之"意"，
耿宁认为更多是"意志"之意；一种是善恶意向之"意"，也就是"意
念""意向"。耿宁认为二者完全不同，并进一步加以现象学的意识分析：

> 那个"意志"包含着施行或不施行一个"意向"的决定，而
> 人心中的这些"意向"则是直接产生的。如果我们——这是有意义

---

[1] 耿宁：《人生第一等事——王阳明及其后学论"致良知"》，第 253 页。

[2] 耿宁：《人生第一等事——王阳明及其后学论"致良知"》，第 253—254 页。

的做法——将那些建基于决定上的意志与这些不由自主的意向都称作"追求"或"意愿"（拉丁文：appetitus、希腊文：orexis），那么建基于决定上的意志就是反思的意愿，或者如今天人们更喜欢说的，一个"Metawollen"，因为它想将那些在"良心"中被意识为善的"意愿（追求）"转化为行动，并且阻止那些被意识为恶的行动发挥作用；它要（意愿：will）善的"意愿"而不要（不意愿）恶的"意愿"。[1]

这样，耿宁就不但从现象学上区分了"意志"与善恶"意向"，而且深入分析了二者的区分，也就是说，"意志"带有反思性，他在补注当中指出，"Metawollen"指的是一种以"意愿"为对象的意愿，类似于一种谈论语言的"Metasprache"，即第二层次、第二阶段的语言。或许可以将"Metawollen"译作"第二层次（等级）的意愿"或"关于意愿的意愿""对意愿的意愿"。可见，"诚意"可以理解为对"意"的反思，对"意愿"反思之后的真诚、实化的"意愿"。

耿宁进而讨论了这种"诚意"如"好好色""恶恶臭"的自发与自由的关系，他觉得可以把"诚意"这种做出决定的意志看作自由的，而"为善去恶"则是在人心中自动、自发地萌动的，好像喜欢美色和厌恶臭味一样自动、自然、自发。他指出，阳明不说自由，因为他觉得是不言自明的，"因为它在他的传统中并不像我们传统中那样会通过神的先知（praescientia Dei）的观念或通过物理决定论的观念而受到质疑"[2]，这可以理解为，西方哲学的自由意志论受到神学传统的影响，自由或者来自神，或者与物理决定论有关系，但在中国哲学传统当中，自由就是自然、自发、自动，而且总是回复到喜欢美色、厌恶恶臭那种近乎天然的反应，这种说法里面没有外在的人格神的影响，也不承认来自物理性刺激的因果关系或先后关系。王阳明甚至一再强调，不是先有一个外在的刺激，才导致了一个喜欢或者厌恶的意念，甚至不是先有一个喜欢或

---

[1] 耿宁：《人生第一等事——王阳明及其后学论"致良知"》，第 254 页。

[2] 耿宁：《人生第一等事——王阳明及其后学论"致良知"》，第 254 页。

者厌恶的意念，之后才有喜欢或者厌恶的行动，也就是说，喜欢或者厌恶都是一种纯粹自然的、自动的反应，好像天机感应一般，而人"为善去恶"的诚意工夫其实也要达到这种纯粹天机一般的自发状态，这背后的"诚意"意志就从人意上升到天意，好像人的意志要去掉人的努力的成分，完全让天的意志做主导。如此则"为善去恶"并不是人有意识地去做，反而是顺应天然的，只有达到天然本体之流行化育、行云流水般的状态，才是真正"致良知"。换言之，良知本自天，而致良知也当天然地"致"，这里似乎没有给人的意志自由留下空间。这一层天然意志的自由，耿宁并没有分析出来。

耿宁在分析完王阳明关于"意"的二层含义之后，注意到在王畿（王龙溪）那里，"意"除了"意愿"和"意向（意念）"之外还有第三个突出的含义，即"（固定的、形成的）意见"，被视为道德上的恶，而且是在孔子"子绝四"的"毋意"的意义上使用的。[1] 比如，王龙溪有《意识解》，其中提道："万欲起于意，万缘生于识。意胜则心劣，识显则知隐。故圣学之要，莫先于绝意去识。"[2] 耿宁如此解释这句话：

> 万种欲念都产生于意向之中；万种对象现象都产生于认识之中。如果意向占了上风，那么心（精神）就会处在下风；如果认识显示出来，那么"［本原］知识"就会隐蔽起来。因此，［儒家］圣人之学的第一要事便是断绝意向、摈弃认识。[3]

王畿把意向看成是欲望的表达，所以意向占据主导的话，心的本体就不能主导。也正是在这个意义上，王龙溪指出"夫一体之谓仁，万物皆备于我，非意之也"[4]。耿宁的解释是："'人性与万物的统一'或'万物

---

[1] 参耿宁：《人生第一等事——王阳明及其后学论"致良知"》，第255页。

[2] 王畿：《意识解》，《王龙溪全集》卷八，第10a—b页（台北版，第557—558页）；《王畿集》卷八，第192页。转引自耿宁：《人生第一等事——王阳明及其后学论"致良知"》，第648页。

[3] 耿宁：《人生第一等事——王阳明及其后学论"致良知"》，第647页。

[4] 《宛陵会语》，《王龙溪全集》卷二，第20a—b页（台北版，第195—196页）；《王畿集》卷二，第44页。转引自耿宁：《人生第一等事——王阳明及其后学论"致良知"》，第659页。

在我们自己这里都已齐备'不是我们的意图的东西［而是本性如此］。"[1]
这是理解"意"为"意图"。王龙溪还反对"泥于意识"，他说："直心以动，
自见天则，德性之知也。泥于意识，始乖始离。"[2]耿宁的解释是："如
果以'直接的心'的方式活动，那么人们就自然会看到天的规范并因此
而具有伦理知识。但如果人拘泥于'意（意图、意向）'和'识（对象
认识）'，那么人就会开始违背和偏离［自己］。"[3]可见，王龙溪是明确
把"意"看作负面含义的，认为"意"就是"意见"，跟"嗜欲"一样
是遮蔽本心的："'人心万物皆备，千圣之学不外于心'。惟牿于意见，
蔽于嗜欲，始有所失。一念自反，即得本心。"[4]在王龙溪看来，"意见"
纷乱，其实和"意象纷纷"是连在一起的："吾人学问未能一了百当，只
是信心不及，终日意象纷纷，头出头没，有何了期？……日月有明，容
光必照，变化云为，往来不穷，而明体未尝有动，方不涉意象，方为善
用其心。"耿宁的解释是：

> 如果我们的学习还不能做到走一步便达到一切，那么这只是
> 因为对心的信任还不完全。如果我们的表象图像［意象］整天都在
> 出现和消失，那么我们如何能够看得到结尾在哪里！……太阳与月
> 亮是明亮的，它们的本质必须照耀；说与做的变化始终来来往往，
> 而光明的［心之］实体则永远不被运动，这时它才不会陷入表象图
> 像，这时它才是对心的善的使用。[5]

可见，耿宁为了解读王畿对"意"的负面意义，就理解"意象"为"表

---

[1] 耿宁：《人生第一等事——王阳明及其后学论"致良知"》，第 658 页。

[2] 王畿《意识解》，《王龙溪全集》卷八，第 21a 页（台北版，第 557 页）；《王畿集》卷八，
第 192 页。转引自耿宁：《人生第一等事——王阳明及其后学论"致良知"》，第 671 页。

[3] 耿宁：《人生第一等事——王阳明及其后学论"致良知"》，第 670—671 页。

[4] 王畿《戚贤墓志铭》，《王龙溪全集》卷二十，第 38b—39a 页（台北版，第 1448—1449 页）；
《王畿集》卷二十，第 613 页。转引自耿宁：《人生第一等事——王阳明及其后学论"致良
知"》，第 697 页。

[5] 王畿《三山丽泽录》，《王龙溪全集》卷一，第 12a—b 页（台北版，第 111—112 页）；《王畿集》
卷一，第 10 页。转引自耿宁：《人生第一等事——王阳明及其后学论"致良知"》，第 703 页。

象图像"，也就是与意识一起升起的纷乱的图像。类似的说法，在王畿那里还有：

> 心本至善，动于意，始有不善。若能在先天心体上立根，则意所动自无不善，一切世情嗜欲自无所容，致知功夫自然易简省力，所谓后天而奉天时也。若在后天动意上立根，未免有世情嗜欲之杂，才落牵缠，便费斩截，致知功夫转觉繁难，欲复先天心体，便有许多费力处。[1]

这里王畿非常明显把意之动看作人表现出不善的原因，关键在于要在先天心体上立根，那么后天的意就都不会有不善了。如果在后天的境界，也就是意已经发出来之后，就要跟世界上的情感还有各种嗜好欲望纠缠杂交在一起，难舍难分，而且很难摆脱干净，这样工夫就变得非常麻烦费力了。无疑，王畿区分"先天心体"和"后天动意"，把心体作为先天，发动的意作为后天，并认为先天都是善的，而后天则有善有不善。郑泽绵认为，"诚意"工夫要对治意念的三重障蔽，即私意、任意与刻意。[2]这是把"意"放在后天发动之后，并且是多在负面价值的意义上来理解和讨论。这样，诚意就是让"不诚实"的意（私意、任意、刻意）变得诚实，这个工夫过程就是"去蔽"，从而实现宋明理学的最高境界：万物一体、内外两忘的"诚"与洒落境界。[3]如此说来，"诚"的对象"意"其实就带有"不诚"的预设，换言之，正是因为"意"本身都是"不诚"的，所以需要"诚"的工夫。要想把"不诚"的意"诚"起来，自然难度相当大，这个过程就成为非常难的修行关隘，所谓"诚意关"。

---

[1] 王畿：《三山丽泽录》，《王畿集》，第 10 页。转引自郑泽绵：《诚意关：从朱子晚年到王阳明的哲学史重构》，人民出版社，2022 年，第 144 页。郑泽绵对这段引文的"意"没有加以分析，他要讨论的重点是这段文字里的"先天""后天"，参郑泽绵：《诚意关：从朱子晚年到王阳明的哲学史重构》，第 144—149 页。

[2] 参郑泽绵：《诚意关：从朱子晚年到王阳明的哲学史重构》，第 294—299 页。

[3] 参郑泽绵：《诚意关：从朱子晚年到王阳明的哲学史重构》，第 299 页。正是因为郑泽绵把"意"看作负面的价值，所以他的"诚意关"可以理解为"诚关"，因为"诚意关"主要探讨是否诚、如何诚的问题，而不是探讨意的问题。

导论：从心本到意本　63

其实，王龙溪所谓"明体"在本书中，就是"心天之意"，"心天之意"当然就不是王龙溪批评的"意见"或"意象"，而是明明白白的"意体"，意识的本体，或者意识深沉的本体，好像潜意识、文化无意识的本体性存在。王畿还这样反对"意象纷纷"："良知即是主宰，即是流行，良知原是性命合一之宗。故致知功夫，只有一处用。若说要出头运化，要不落念、不成念，如此分疏，即是二用，二即是支离，只成意象纷纷，到底不能归一，到底未有脱手之期。"[1] 耿宁的解释是，如果认为一方面要从事务当中脱身出来，另一方面必须运动变化；一方面不可以落入意念，另一方面又不可以固持在意念上。这是两种不同的运用，是支离破碎的，只会产生众多的表现，最终无法回归同意，而且最终无法指望能有放手的时候。[2] 所以，王畿认为良知既是主宰的本体，也是流行发用，所谓性命合一，致良知不可以落入具体的意念，更不可执着于具体的意念，也就是说致良知不能被纷纷扰扰的意识现象（意象）所牵绊。在这个意义上用的"意象"显然是有否定意味的。

不过，王畿认为，"正心"其实就是因为意识需要调整，而调整意识的工作都是后天功夫，也就是"诚意"即"正心"，离开了对意识的调整，无所谓"正心"："先天是心，后天是意。至善是心之本体，心体本正，才正心便有正心之病，才要正心，便已属于意。'欲正其心，先诚其意'，犹云舍了诚意更无正心工夫可用也。"[3] 耿宁的解释是：

> 王畿在其反（聂豹的）批评中继续说，伦理实践不能以"本原知识"的"实体"为其对象，因为这是"最高的善"，因而始终是完善的，伦理实践只能以意向（作用）为其对象："先行于天的是心；后行于天的是意向。最高的善就是心的实体，心的实体本来

---

[1]　《王龙溪全集》卷四，第 5a 页（台北版，第 285 页）；《王畿集》卷四，第 81 页。转引自耿宁：《人生第一等事——王阳明及其后学论"致良知"》，第 990 页。

[2]　参耿宁：《人生第一等事——王阳明及其后学论"致良知"》，第 990 页。

[3]　《致知议辩》段落一，《王龙溪全集》卷六，第 5a 页（台北版，第 413 页）。《王畿集》卷六，第 133 页。转引自耿宁：《人生第一等事——王阳明及其后学论"致良知"》，第 831 页。

就是正直的。一旦想要使心变得正直，便犯了使心正直的毛病；一旦想要使心变得正直，便已经处在意向中了。因此［《大学》第一章中］说：'如果［古人］想要使其心变得正直，他们首先会使其意向（意志）变得诚实。'这就相当于说：如果放弃了'使其意向变得诚实'的伦理努力，也就没有'使其心变得正直'的伦理努力可用了。"[1]

这样"意"不仅作为"诚意"的中心，而且也是"正心"的中心，即"正心"和"诚意"其实都是对"意"的调整，使之诚实。1553年，王畿在滁阳的聚会上提到老师王阳明"居夷处困"的时候说他"尽去枝叶，一意本原，以默坐澄心为学的"[2]，这里说明王阳明专心致志地把所有的意识都集中在"本原"上，这个"本原（知识）"也就是耿宁用来翻译"良知"的根据。王畿所谓"一意"就是本书强调的"心天之意"，是心与天完全贯通的、本原性的意识状态。

聂豹（1487—1563）反对王畿这种"才要正心，便已属于意"的说法，他认为："才说正心便属意，犹俗论云：才说止至善便属物，才说戒惧便属睹闻。不知正是正个甚的，止是止个甚的，戒惧是戒惧个甚的。"耿宁的理解是，如果说一旦想要使心变得正直，便已经处在意向中了，那么这与流俗的学说相符，即一旦谈到"达至最高的善"，就已经处在事物和事务中了；一旦谈到审慎与畏惧，就已经处在看与听之中了。人们并不知道，这里的正直、达至、审慎、畏惧所涉及的究竟是什么。[3]聂豹反对王畿把"诚意"等同于"正心"，并举王阳明的说法："记得先师云：正心只是诚意功夫里面，体当自家心体，常要鉴空衡平，这便是未发之中。……诚意以下，乃为困知勉行者开方便法门。今曰'舍了诚意，

---

[1]　耿宁：《人生第一等事——王阳明及其后学论"致良知"》，第830—831页。

[2]　《王龙溪全集》卷二，第7a页（台北版，第169页）;《王畿集》卷二，第33页。转引自耿宁：《人生第一等事——王阳明及其后学论"致良知"》，第1039页。

[3]　耿宁：《人生第一等事——王阳明及其后学论"致良知"》，第831—832页。

更无正心工夫可用’，不惟背其师说，其于孔孟之言，背亦远也。"[1] 可见，聂豹不仅区分"正心"与"诚意"为两种不同的境界，而且把"诚意"看作纯粹已发的、渐修的工夫，认为王畿的说法不但跟老师王阳明的说法不合，而且还远离了孔孟的教导。

耿宁注意到王畿的反驳回溯到他（天的）"驱动（几）"的概念上，将"意向""行为意图"（意）称作在这种在静与动之间提供中介的"驱动"，这样，"意向被他视为作用"，他把王畿的"意则其寂感所乘之几也"理解为"意向便是其寂静与作用所乘载的（作为它们的承载者而为它们共同使用的）驱动"。[2] 王畿的话可以理解为意是良知寂然之体的几微发动，这种几微发动当然是由静到动、非常微妙的，只是翻译成"驱动"似乎难以把握几微变化那种灵动微妙的意蕴。1549 年，王畿借用十一世纪道原完成的《景德传灯录》关于"点铁成金"的说法批评聂豹和罗洪先（1504—1564，字达夫，号念庵）的观点："若信得良知过时，意即是良知之流行，见即是良知之照察，彻内彻外，原无壅滞，原无帮补。所谓丹府一粒，点铁成金。"耿宁注意到王畿把对聂豹批评的表达"意图与见解（意见）"转变为积极的，他这样解释："如果在'本原知识（良知）'经过时信任它，那么意图就是'本原知识'的发用，而见解就是'本原知识'的认识，而在彻底的内部与外部的方面，都从源头处没有了阻碍，也没有了（必须的）补充。这就像人们所说的：'用一颗赤诚的心，可以将铁点化成金。'"[3] 王畿一直有把"意"看成良知流行的倾向，如果良知是金，意就是金光，金与金光是即体即用，不可分割的。

耿宁注意到罗洪先对王畿的反对，罗氏认为王畿讲的是佛学，与儒家的伦理努力背道而驰。罗洪先说："龙溪之学，久知其详，不俟今日。然其谓工夫，又却是无工夫可用，故谓之'以良知致良知'，如道家先

---

[1]　《聂豹集》卷十一，第386—387 页。参耿宁：《人生第一等事——王阳明及其后学论"致良知"》，第 832—833 页。

[2]　参耿宁：《人生第一等事——王阳明及其后学论"致良知"》，第 833 页。

[3]　耿宁：《人生第一等事——王阳明及其后学论"致良知"》，第 923 页。

天制后天之意。其说实出阳明公口授，大抵本之佛氏。"[1]   耿宁的解说是，龙溪（王畿）的学习之详情我并非今天才知道，而是早已知道了。他所说的伦理学习（工夫）并不是可以运用的伦理努力。所以，罗洪先认为王畿所谓"以良知致良知"（耿宁理解为通过本原知识来实现本原知识），就像道家通过先天来制伏后天的意识[2]。在道教修炼中，通过先天之意可以制伏后天飞扬的、散乱的意识，而在王畿这里，先天之意和后天飞扬的意识都是良知，罗洪先认为是佛教"当下具足，一得永得"说法的改版，并加以反对。[3]

罗洪先借用王阳明的"知者意之体，物者意之用"说明"未尝以物为知之体也"，耿宁的解释是"知识是意向的实体"，事物（事务）是意向的发用（作用），他从未将事物（事务）当作知识的现实（实体）。[4]其实，按照阳明的说法，"知"还是应该理解为"良知"才合理，才能成为本体（而不是实体），否则具体的知识如何可能成为意向的本体？也因为良知与物体（物事）不同，所以不可能将具体的物或事当作良知的本体，具体的知识内容本来无所谓本体或者实体。

聂豹解释《中庸》第一章"戒慎乎其所不睹，恐惧乎其所不闻"时说："不睹不闻者，其则也，戒惧者，其功也。不关道理，不属意念，无而神，有而化，其殆天地之心，位育由之，以命焉者也。"耿宁解释说："'不看不听'是其原则，'（在不看时的）审慎和（在不听时的畏惧）'是其练习。它与理论无关，不属于意识与思考。在无中成为神妙的，在有中产生变化。这大概就是天地之心了，（天地）得所，（万物）生育，一任天命而已。"[5]这是说本体性的生生不息状态跟"意念"无关。聂豹还说："世之牿于闻见者，类以意念流转为妙用，格物之学，卒为

---

[1]   《罗洪先集》卷六，第185—186页；节略后收入《明儒学案》卷十八，第407页。转引自耿宁：《人生第一等事——王阳明及其后学论"致良知"》，第936页。

[2]   此意思中文本没有翻译出来。

[3]   耿宁：《人生第一等事——王阳明及其后学论"致良知"》，第936—937页。

[4]   耿宁：《人生第一等事——王阳明及其后学论"致良知"》，第937—938页。

[5]   耿宁：《人生第一等事——王阳明及其后学论"致良知"》，第724页。

义袭。"[1] 耿宁的解释是："世界上的人受看与听的束缚，将意向的流动视作［本原知识］的奇妙作用，因而在他们那里对行为的纠正［格物］就成为对正义的模仿。"[2] 可见，聂豹反对意念流转、意向的流动，因为这使得人的意向流于外在的虚浮之物。1542 年，聂豹在《大学古本臆说》当中说道："宰物为知，感物为意，处物为格，心犹镜，知犹镜之明，致知犹磨镜，格犹镜之照。"[3] 这就是说，意向是对事物的感觉而发动的。[4] 他还说过："夫致知之功，要在于意欲之不动。"[5] 耿宁的理解是："'实现良知'的努力就必定在于意见与欲望的不动。"[6] 这就是把"意"与欲望相连，或者认为是关于欲望的意见，是恢复良知的努力当中需要摆脱的。

类似的，欧阳德（1496—1554，字崇一，号南野）认为"意"是变化无方的，他说："人心生意流行，而变化无方，所谓意也。忽焉而纷纭者，意之动；忽焉而专一者，意之静。静非无意，而动非始有。……盖虽诸念悉泯，而兢业中存，即俱意也，即发也。虽忧患不作而恬静自如，即乐意也，即发也。"耿宁的解释是：

> 人心的活力和进程是无限的，并且被称作"意向［意］"。这些意向时而杂多混乱，这时它们就是意向的活动；它们时而又专注于一，这时它们就是意向的宁静。"宁静"并不是没有意向；意向并不是随活动才产生。……因为，即使［在寂静中］各种思想都消失了，谨慎仔细［的心态］仍然存在，而这就是畏惧的意向，亦即

---

[1] 《聂豹集》卷四，第 84 页。参耿宁：《人生第一等事——王阳明及其后学论"致良知"》，第 732 页。

[2] 耿宁：《人生第一等事——王阳明及其后学论"致良知"》，第 731 页。

[3] 宋仪望：《双江聂公行状》，载于《华阳馆文集》卷十一，第 18a—19b 页；耿宁转引自吴震：《聂豹、罗洪先评传》，南京大学出版社，2006 年，第 309 页。转引自耿宁：《人生第一等事——王阳明及其后学论"致良知"》，第 805—806 页。

[4] 参耿宁：《人生第一等事——王阳明及其后学论"致良知"》，第 805 页。

[5] 《聂豹集》卷十一，第 381—382 页；为王畿在《致知议辩》中所引述；《王龙溪全集》卷六，第 13b 页（台北版，第 430 页）。转引自耿宁：《人生第一等事——王阳明及其后学论"致良知"》，第 822 页。

[6] 耿宁：《人生第一等事——王阳明及其后学论"致良知"》，第 822 页。

已经产生的情感；即使没有了忧患，恬静自如［的心态］仍然存在，而这就是快乐的意向，亦即已经产生的情感。[1]

耿宁对这段翻译所做的现象学分析如下：

在欧阳德看来，"静"……是一种"专注于一"的心理状态，但是，"恬静自如［的心态］仍然存在"，而它的"安闲恬静"、它的"超脱安然［虚融澹泊］"就是"快乐"，而且这种谨慎和快乐对欧阳德来说就是"意向"和"已经产生的情感"。聂豹可能会否认这一点，而且从现象学上来看，我们必须认为他在一定程度上是有道理的。因为这种"快乐"不是在某些具体事物或对象上的快乐，它不是在某个事情上的意向感受［乐意］，而是一种对本己此在的主动或被动的情绪（Stimmung oder Gestimmtheit），而这种"谨慎""审慎"或"仔细"也不是对某物的意向畏惧［惧意］，而是一种在对一的专注中的精神集中的态度。[2]

可见，乐意不是针对具体意向之物，而是一种本己此在的情绪，一种对情境的意识状态。这样，欧阳德的意之静就变成一种境域性的意识状态，不是意之动的那种对具体事物的意向状态。如果说，在刘宗周之前，很少有哲学家把"意"看成思想意识的本体性存在，那么欧阳德的"意之静"虽然只是表达意识安静的状态，但至少开始接近意识的本体性存在状态。

邹守益（1491—1562，字谦之，号东廓）反对聂豹，他说："心不离意，知不离物。"耿宁的解释是："心不能与其意向相分离；［本原］知识不能与事物之交往［物］相分离。"[3] 邹守益在跟学生的对话当中解释道："清明者心也，而无好恶则有心而无意；清明者知也，而无好恶则有知而无物。二三子试思之，果有无意之心，无物之知乎？"耿宁的解释

---

[1] 耿宁：《人生第一等事——王阳明及其后学论"致良知"》，第 774 页。

[2] 耿宁：《人生第一等事——王阳明及其后学论"致良知"》，第 775 页。

[3] 参耿宁：《人生第一等事——王阳明及其后学论"致良知"》，第 785 页。

是："清纯明澈是心；如果既不喜欢也不厌恶，那么就是有心而无意向。清纯与明澈是［本原］知识；如果既不喜欢也不厌恶，那么就是有知识（意识）而无事物（无对象）。先生们请想一下，真的存在着无意向的心和无事物（对象）的知识（意识）吗？"这就是说，心不能离开意向而独立存在，清明之心的发动，必然要通过好恶之意表现出来。在一定程度上，这提升了"意"相对于"心"的存在论价值，即心的存在要通过意识的存在来体现，必须要有意识活动的存在，才能理解和说明心灵的存在。就像意识的存在不能离开意向的对象化之物，没有意向所指之物，就无法说明和解释意向的存在。

诚如耿宁专著译者倪梁康对耿宁研究工作的总结：

> 通过对意识要素与基本结构的描述以及对相关概念的梳理把握，儒家的核心主张"诚意"之"意"，在儒家心学的各个代表人物那里所具有的不同含义而得到凸显：作为"意志""意愿""意向""意念""意能"等等。常常可以看到，对同一个"意"语词的不同理解可以导致完全不同的心学体系的建立。……耿宁的这个努力，或许为"现象学"冠以"中国"之名指明了一种可能性。[1]

可以说，从耿宁到倪梁康，都试图建立中国的"心性现象学"，而同时代的张祥龙则通过《儒家哲学史讲演录》来深入研究儒家心学的意识依据，可以说都是建立儒家"心性现象学"的当代学术努力。基于耿宁对阳明学之"意"以及阳明后学的"意"的讨论，本论要继续提出"心天之意"的现象学理解。心天之意的意识状态，顾名思义，就是心同于天、心通于天的意识状态，也就是没有任何对象化意识的意识状态。耿宁对这种非对象化的甚至无意识的意识状态是否可能做了不少讨论，我则在其讨论的基础上，直接对"心天之意"加以现象学的思考和理解。

第一，心天之意得自阳明"龙场悟道"的意识状态，而且一生不离，所以肯定有冥想的基础，但不能等同于冥想的意识状态。开悟者的心

---

[1]　倪梁康：《心性现象学》，第 403 页。

天之意不是冥想而得的，所以通过冥想的经验分析最多只能摸到一点点边，却无法真正领悟所谓悟道的震撼感。心天之意当然超越任何具体的感官感知的经验，但不是经过回忆而得到的，更不是通过语言和概念的推理能够达到的状态。

第二，心天之意当然是阳明提倡的专一性的意识境遇，而且是可以越过意识杂多，一直保持和坚持的"一"。这种专一性首先来自悟道经历的极度震撼，那种心灵整体被震慑的悟道经历，使得开悟者永远保持着意识的专一性。这并不需要什么东西来构成这种专一性，而是一种实实在在的意识经验，它的构成内容无法说清，甚至开悟者要用一生经验来不断回溯和解释这种开悟经验，这就构成另外一种历时性的专一性，好像一个开悟者一生都不离开某种特殊的意识经验，如此极度专一。最为关键的是，这种专一性不是对外在的人格神的专一性，所以既没有物质性的对象，也没有精神性的对象，最多可以说成"圣人之道"或"道心"，但即便如此，这种专一性还是无法清晰地加以说明。

第三，心天之意成为阳明悟道之后一切意识的背景，也是一切学习领悟阳明学者必须保持的意识背景。心天之意不是任何对象化的状态，所以悟到心天之意，不是从一种对象化的非开悟状态到达一种对象化的开悟状态，因为不可能是通过对象化的意识状态实现的，它绝对不是关于某种知识的意识状态，也就是说，良知不可能是某种关于事物或事务的具体性的、对象化的知识，不是意识到了一个"良的知"于是就达到了开悟的意识状态。很多人试图描述良知作为实体性的存在，以为对良知的实体性理解是开悟的基础，这是完全错误的理解，不存在柏拉图理念和亚里士多德实体意义上的"良知"，因为这样的良知只是一种知识，一种具体的知识性理解根本不可能成为心天之意的基础，更不可能成为一切意识的背景。

第四，心天之意的意识背景首先来自易学意识的修炼，那种意识可以区分为先天和后天意识。意识可以和天地的运化相融通的状态，这种带有先天意味的心天之意很容易被人理解为一种虚无缥缈如梦幻一般的意识状态，好像一个想入非非的冥想者无法控制自己的意识而让意识进入一种飞扬的、缥缈的、无法控制的甚至昏昏沉沉的意识状态，其实，这恰恰是违背"寂然不动，感而遂通"之教的意识状态。因为梦幻般的缥缈不实的状态其实是不通的，而心天之意是无时无刻不通的，正是在这个意义上，良知之境可以分先天后天，而且先天和后天的意识状态时时刻刻都是相通的。心天之意不是胡塞尔意义上的"含糊的或空乏的背景意识"[1]，不是无直观内容的单纯潜能意识。

第五，阳明自己的心天之意的意识状态受到当时的道家道教思想以及佛学等思想的影响，所以张祥龙可以解析出心天之意的意识依据，从印度教、瑜伽、实用主义、意识心理学等都可以找到理论来源。当然，这不是说阳明的心天之意本身具有这些来源，而是今天我们要哲学地理解阳明的心天之意，就应该把它放到世界哲学的背景下，跟不同的哲学思想渊源去沟通和对话，从而理解心天之意的深层哲学内涵。

第六，耿宁对致良知问题做了深入的现象学分析，我们推进他的思路，对心天之意加以现象学分析。正如耿宁指出："我们在这里所遇到的是一种非同寻常的意识，大概它不会使意向性概念成为多余，但会赋予它以一个新的含义。"[2]耿宁意识到心学家们代代相传的是一种特殊的意识状态："这种宁静的乐不是一种对某个特定的事件或对一个本体的事物或事务的快乐，而是一种没有特定有别对象的情绪。"[3]耿宁试图说明，心学家们以心传心的意识状态，跟西方现象学的意向性当然不同，但作为沟通现象学家和心学家的思想者，他试图说明二者的不同，并加以沟通和对话。

耿宁为沟通心学和现象学付出了艰苦卓绝的努力。不过，他虽然试图说明现象学视域下心学的意向性，但并没有就这种心学意向性做建构性的理论发展。在本书中，这种心学的意向性就是"心天之意"。本书通过解析《传习录》的文本，在西方意识哲学的视域当中，在剖析阳明心

---

[1]　参耿宁：《人生第一等事——王阳明及其后学论"致良知"》，第1080页。

[2]　耿宁：《人生第一等事——王阳明及其后学论"致良知"》，第1081页。

[3]　耿宁：《人生第一等事——王阳明及其后学论"致良知"》，第1081页。

学哲学性的基础上，建构"心天之意"的意哲学系统解释。"心天之意"是心学家以心传心之意，即心以天为意向性的对象，不为任何具体的物和事所拘滞，在这种心天之意的意向性当中，心通万物，因心意转化物为"天物"；意作万事，因意转化人事作"天事"。

第四部分　心天之意的意哲学建构

在本书确定阳明心学即意学之前，学界已有近似看法，比如陈少明认为"阳明心学是主意派心学"[1]等。循此思路可对心学做意哲学的转化的学术努力。本书以心天之意为中心，建构意本论哲学，试图实现对阳明心学的核心命题，如"至善""心即理""存天理灭人欲""知行合一""格物即格心""致良知"等中心命题进行哲学性造作和转化。以此理论致力于让"阳明心学登场"，推进阳明心学的世界化。

良知学为阳明心学之根，从心天之意的角度可以强化对良知的哲学解读，以回应西方哲学的挑战，尤其是实用主义、意识心理学、现象学如何解读良知哲学。耿宁通过分析致良知，说明心学的格物致知都是良知的感通和推致，这种意识境界随时可以参赞天地，化育万物。在心天之意看来，"良知"不能离开"意生"，无意则无生。"心天之意"所体现的生生不息之蕴，不是对任何具体事物的看，也不是对任何具体事物的听，是无对象的意识状态，这与意向性必须要有对象的一般理解是很不一样的。无对象化的心天之意，并不是在黑暗中或者浓雾中，也不是在某种无分别的视域中。因为心意通天，所以心听的是天籁，看的是天象，是动静一如的，不是要静才能观到、听到。"心天之意"的焦点受意识自觉的控制，其场域感可以延伸到当下看的视野的边缘感、听到刚刚消逝的声音的滞留感等，包括其他意识感知引发而产生的期待和盼望，都是心意在时空中的多维度展开。

---

[1]　陈少明：《梦觉之间：〈庄子〉思辨录》，生活·读书·新知三联书店，2021年，第196页。

一、心天之意是生生之意

心天之意恰恰是一种几乎纯粹空、纯粹静、单纯不存在的意识[1]，不仅可能，而且历代悟者都不断确证这一点。心天之意当然是一种无分别的、非对象化的意识状态。这种意识状态不等于寂静意识，不等于在静坐当中实现的寂静的、冥思的意识状态。心天之意并不是没有意向，也不是没有意境，意向和意境随时可以生成实化出来。但是，心天之意确实脱离五官的具体作用，没有思想和念虑，没有任何的具体的意识，类似耿宁所说"它是一种没有对外部事物与时间之感性感知以及没有对对象的回忆、想象和概念思维的意识"[2]。心天之意与"物"与"事"同生，与大自然生物之"生"同频共振，而"生"在世间生生的事之"生"之中，也就是说，一切物事都不能离开"意生"，所以心天之意为万化之本。心天之意的"意"在"生"先，心天之意的"意"为万化"生生"之本。

阳明读易悟道，其心天之意的基础是易学的生生论，该视角有助于走出以西方哲学实体性存在论解读阳明心学的误区，领悟心天之意的意识生机，有助于领悟一阴一阳相反相成，阴极生阳、阳极生阴的过程，从而感悟阴与阳不断向各自相反方向生而又生的状态。心天之意的意识把道从变易的过程之中领悟出来，所以可以说心天之意比道更本根，无心天之意则无宇宙大道。

从心天之意的角度看，"儒家实意伦理学"[3]的阳明学版本就是实化心天之意，也就是"致良知"。良知即心天之意，带有一种本体性的创造机制，可以用"绽出"（Ekstase）来解读，良知的无中生有，类似"无极而太极"的过程，好像一种意识之生，接近意识感通万物之生的极致状态，也是事物最初存在和生成的状态。存在而成事的 Ereignis 近于"依

---

[1] 参耿宁：《人生第一等事——王阳明及其后学论"致良知"》，第 1079 页。

[2] 耿宁：《人生第一等事——王阳明及其后学论"致良知"》，第 1080 页。

[3] 参温海明：《儒家实意伦理学》，中国人民大学出版社，2014 年。

境而生"意义上的心天之意,具有"寂然不动,感而遂通""冲漠无朕,万象森然已具"的意味。心天之意角度下的良知,是意识感通天地、冲破万物,去面对事物本身的生而又生,是意识与事物一同绽放自身、破茧而出、震天动地的极致状态。如果没有心天之意,良知容易被理解为对象化的知识,那就无所谓生。心天之意帮助我们体会物和事如何进入意而生,也就是意如何可能感通、感悟存在物之存在起来的过程性存在状态。

本论认为,要开悟阳明心天之意的大学问,需要解脱生死执念,不可以有丝毫对生的执念,这就是超越当下的生,入于不死不生的、永恒的心天之意的境界,这才是真正的性命之学,也就是超越了此性此命,入于无对待的、无生死的、无生即非性的、无死即非命的性命之学。心天之意其实是向死而生的意识状态,因为面向死亡而绽放出无限的生机,从而彰显了心学无穷的意识能量。

二、心天之意是诚意之意

如果说《中庸》"诚"论代表四书哲学最有哲学意味的部分,那么阳明《传习录》的哲学境界等于继续提升了传统哲学的哲学意味,并达到了西学传入之前,中国传统哲学最为精妙的深度。阳明在龙场悟道之后,其意识状态始终保持着悟道的极致境界。因此,阳明心学的哲学意味就超越了理学的哲学性,代表了中国古代儒家哲学的极致境界,其丰富、高妙和奇幻的哲思境界,只能在反省、体察当中才能够确认、体悟出来。儒家心学的意识哲学之本心原发的意识,即对心的意识先行于心,使得心学必须以意学为根基。从心学到意学,需要考察意如何开始,如何呈现,从哲理上把握以心为本为什么要以意为本,也就是说,把心本转向意本的哲学合理性何在。

所以,心天之意的"致良知"哲学,其实就是《易传》"寂然不动,感而遂通"与《中庸》的思"诚"之境的哲学延伸版。阳明心学可以说相当彻底地反对二元论,阳明对于朱子学当中理气两分、天理和人欲人情的两分、理一分殊等可能带有二元论的说法，在《传习录》的哲学讨论当中都尽量回避。如果说《中庸》的诚有向外的倾向，那么我们可以说良知既向外又向内，而向内是关键。心天之意作为阳明天人之学的核心，落实在具体的意识状态当中，这就是心天之意的意本体状态。

阳明一生一世都保持着自己"惟精惟一"的意本体，其境界性的精一之功，成为他要求所有学者坚持的精神境界。这既是他的体验，也是可以普遍化的体验。龙场悟道的缘发境遇伴随其讲学的始终，成为心学的背景，其实就是心学的心灵意识背景。今天的科技能够把书电子化，把信息的存在状态改变，但开悟的经验还是在信息本身之外，只能以心传心，而不能单纯从书本身或者由信息本身传出，所以心灵意识的开悟状态，最后还是要用心去印证。即用心写作和思考，还是需要通过让人以心印心来说明智慧的力量。

《传习录》可以看作是对《中庸》之"诚"哲学的经典化。因为"诚"有多方面的意义：其一，诚于内在的天命之性，天命不是上帝创造，不是无中生有；其二，诚是既不自欺，也不欺人，是慎独意义上的至诚；其三，诚是无妄而行，既摆脱外在强加的教化，又摆脱内心无明的业力和习气的牵引，真正实现无妄；其四，诚是自由自在，是人完全自主，进入彻底自由意志的状态，从内心出发，诚至极处；其五，诚是完全真诚地与世界共创，心天之意就是心如何通天，并与天一同创造世界，这是诚的最高境界；其六，诚是真诚至极地与天共生，靠的是自己意识的诚中，让人与天齐，实现心天之意的境界。这完全不靠上帝的恩典，也不靠信仰上帝的信心。

阳明传习的不是关于儒家的心性结构，不是对儒家心性的反省和剖析，而是对儒家心印、心法的传承和习练。在《中庸》中，孝道通天，建构了孝道的天地本体论，《传习录》继承了孝道现象学的天本体，因为孝道在心天之意当中展开，其运思成天孝，人孝不仅人道而已，不少部分带有天孝意味，所以也可以说，心通天孝。

在《中庸》当中，诚与明可以互训，诚意即是明意。诚是真诚到了极致，成己又成物，己物一体，无为而成。此无为之为，便是"寂然不动，感而遂通"，也是阴阳不测，有如神助。此境动静一如，心物交叠，意识如流，动而为形，有无之间，意会几微，极其微妙，视若无为，而能把几微之态转化升华。如此阴阳玄妙的互动，把隐秘不显的变化状态从潜意识显现到意识当中来，其中冲虚之气、无极之态，都内涵无限变化的可能，正好像当下的意识状态中，含有无限种实化成为未来的可能性，但这种虚化为实、无为化有为的无限可能世界，在每一个当下的时空瞬间，都只有唯一实化的现实世界。

三、心天之意是圣人之意

"十六字心传"传的是圣人之意，是圣人们开悟之后的意识状态，这是纯粹的、根本的、感通性的内容。心传本身就是传意，即意识与意事，"允执厥中"是把意识控制在中道状态，让中成为永恒的、不败的持意方式，也是修行的方式，是儒者应该永远保持意念持守中道的状态。这是圣人之道的核心，在人伦的日常生活当中体现出来。与佛家的"心传"、道家的天道相对应，儒家比佛道更实际、更落地，也更不容易理解。意识活动是心学的基础。

正如唐宋之间，儒家心学意识的打开和敞亮，要依托佛道刺激的机缘。今天的心学意识需要西方哲学的刺激来打开。从《周易》作为心学之本，至于老庄心学，到最后都要回到儒家的人伦日用之间，并在其中证悟道体的境界，才完成对于佛道的哲学形上学之回应。

阳明心学的自觉运动之缘不能离开龙场悟道的特殊性与普遍性。从经验叙述上看，龙场悟道似乎只是一种瞬间状态，但因为进入了阳明学的叙述，成为阳明知行合一和致良知等心学命题的基石，影响广大之后，就具有非同一般的普遍性。[1] 这就好像一种对"龙场悟道"的本质

---

[1] 梁启超认为王阳明用的是"口号式"的讲学法，"知行合一"是王阳明在学术史上留下的最有名且最有价值的口号。他认为，口号之成立与传播，需要几个要素：一是语句简单，二是意义明确，三是内容丰富，四是刺激力大，五是法门直截。他还认为，现代学术运动所用口号还需要不含宗教性，不带玄学性。参梁启超点校：《传习录集评》导论，第2页。

直观，可以窥见心学的本质，尽管只是心学的一个片段，可是这个片段的直观，已经具有洞见本质的普遍意味。这就好像惠能"言下大悟"一般，没有这种对"悟"的直观，关于禅宗的普泛性讨论基本都是隔靴搔痒。阳明心学也是如此，如果离开了对"龙场悟道"的易道和意道的直观，那么整个心学的大部分叙述和讨论，都会成为难以理解的梦呓。正是基于阳明心学和龙场悟道的本质直观之普遍性意义，今天可以拓展用西方哲学诠释阳明心学的新哲学道路。

阳明心学系统当中，几乎只有龙场悟道可以赋予哲学自觉，之后心学意义的普遍性、超越性、具体性，大都来自龙场悟道的完整性和复杂性。龙场悟道与阳明后学的"良知"思潮、知行关系都密不可分，其中可以找到阳明学，甚至阳明后学分享的具体性和普遍性，其中一些具体的心学特点其实具有相当的普遍性。正是在龙场悟道的意义上，阳明心学是很有普遍意义的，不能把龙场悟道私意化，正相反，我们当基于龙场悟道的哲学意识，进行意识境遇的转化，把阳明心学的哲学意识转变成世界性的公共哲学话语，进而有助于理解人类生活的丰富面向。

在试图将西方哲学与龙场悟道基础上的阳明心学结合对话的工作当中，我们可以基于龙场悟道，对西方哲学进行判摄。这种判摄可以打通意义上的边界，凸显阳明心学既有内部普遍性，又至大无外。"心天之意"不过是儒学意本论的一个新版本，我们可以基于心天之意来重构良知，把良知广义化、精细化。心天之意的建构方法强调回到龙场悟道的原初经验，由此出发去检验西方哲学理论的包容性和兼容度。

四、心天之意是亲情之意

就儒家的人伦日用来说，如果没有不舍的情感，就没有意念性的粘滞和情感留恋。否则，人的意念就好像死去一般，可见，情感性的牵绊、放不下的意念、对过去和未来那种不舍的情感，正是人情丰富性的表现。虽然，每个人到死去的那一刻都不得不舍，但如果当下就全都舍了，那情感状态其实就跟人死了没有区别，所以，追求当下槁木死灰的情感状态，只能看作一种理想状态，而不应该执着为一种情感的真实状态，甚至对之抱有宗教性、信仰性的执着也不可取。从另一个角度讲，生生其实就是不舍，生机充沛自然会是对过去和未来都舍不得的状态，而且，正是因为不舍，才能成就人生的悲欢离合，虽然分散、离散是人间常态，但不舍的饱满情感才是人间本相。因此，心天之意其实是对亲情的不舍，即使想故意去舍，也是因为几乎每个人都难舍亲情。推而言之，"不舍昼夜"其实是对时间的粘滞，算是对生意的挽留，希望生意能够停留。这种心灵牵挂的自然生意，也就是心天之意，才是儒家哲学本体论的开端。

生机在不舍当中绵延和展开，意识在当下的不舍，才是生机的呈现。心学超越了静观万物之流奔腾不息的意识，要给"不舍昼夜"做出情感性判断。也就是说，正是因为心天之意给无情流逝的、流水一般的时间加上了情感的牵绊，才开启儒家生生本体论的核心。面对流逝的时间和万物，人总会有不舍之情，这是由不弃之意带出来的。这种人在流动的时空中，试图留住无情逝水中的落花的那种情感，其实就是典型的儒家生生意识，这种"意生"意识，正是对治当下瞬间就清空的本体性认知的体现，虽然似乎强调人心有所粘滞，但这是人情之本然，而且也是儒家生机本体论之开端。可以说，儒家生生本体论就是意生本体论，是意识生生的本体论，也是心天之意的本体论，是心与天一同生生不息的本体论。

由此观之，儒家的心学意识希望能够随附在流动的事物上，好像见分随附相分而升起，而这种随附，经反思就成为一种冗余意识，因为它是被反思和观照而成的，所以接近自证分。感慨流逝的万物，试图以舍不得（不舍）的情感去挽留，可是发现本体上，一切流动连昼和夜都无法留恋，意识当下证得如此不舍的本体，可谓证自证分。相比于佛家之"空"观因边缘，努力去"空"，陷入寂灭而无生机；道家以道行于阴阳之间的边缘，倡行柔术；儒家甚至强调，即使陷入生死边缘，也要极力不舍，尽量深深关爱彼此，不可观空而放弃生机，不可顺柔而不救生于死地之中。

导论：从心本到意本 79

　　如此看来，儒家的择善固执，其实就是择生固执，因为儒家强调人情意义上的不舍，并要求人们时刻要珍惜努力，自强不息。尽管在本体意义上，儒家意识到世间一切都如流水，但儒家的内观意识超越万物的流体，其不舍的感情显然要超越证悟得本然如是之自证分的道家和佛家。正是儒家强调珍惜生命、珍爱一切的不舍之意，在面对流逝的事物当中赋予了真情实感，从而让心意真实实在地穿透人生的空幻和虚无，在起心动念之间，有情地赋予人生以意义。

　　如此一来，对心学做"心天之意"的哲学解读，说明心天之意不可能离开对"亲亲"的理解。这来自为人子女的"天"首先是对父母的意识，并基于此才能建立儒家亲亲的不舍意识。所谓基于人伦关系的儒家意识，即儒家之谓儒家，正是基于血缘和家庭亲情的不舍意识、生机意识状态的实化和展开。总之，心天之意的基石是"亲亲"，而"亲亲"就是儒家的"天"，是儒家意识的生成与变化的终极场域。正是在这个意义上，"亲亲"会通过代际传承延续到肉身死后，以性和命的当下状态，继续其永远未完成的状态。所以"亲亲"的不舍之情是儒家普适性的根由，于今天对治极端个人主义的现代世界之弊病，可谓意味深远。

五、心天之意是时间之意

　　儒家的时间意识和对当下时间的超越，是情感性的时间观，而对时间的超越，是情感在时间当中流变，而情感本身要求对时间存在的客观外在性加以克服，让人生经验以主观时间的方式留驻。从孟子到阳明，为了说明心灵的反思能力，不是要设定一个带有认知能力的主体，去反思意念的善恶、正误，称为"良知"。其实从孔子开始，中国哲学家强调的是意念发动处就有能力反省意念的善恶，不是意念发动出来，另外有一个良知在观察和反省单向性的意念，所以良知的主体并不明确，是心还是脑，并无法说清。其实，应该是意念本身就是"良意"，即意念本身具备反省能力，能够知道善恶。这里的"良"不是后天的判断，而是来自先天的"天良"，通于天地自然之善。所以，"良意"其实就是"天良之意"，天然具有反思和判断的能力。[1]

只有理解"良知即是易"，才能理解所谓"不虑而知，不学而能"何以可能。如果有一个究竟的良知本体，此本体是不感知、无对象的空洞存在，而空含万有，超越主客合一，所以有先天的先行意味，迫使理性思维去面对思想无法把控的边界感，而先验的内容，无论是主动感悟的，还是被迫做某事，都说明康德的译文本身非常难解，没有足够的体认就不能打开。应该说，"恶恶臭""好好色"的自然生理的官能反应是儒家一贯的比喻，是一种理想状态，而不是一种现实状态。这种后天经验状态以感通为本，经由感通才可能回复到先天义理，所以良知和良能本身必须存在，才能保障对于良的刻意维持。而不是说，道德行为是自然天赋如此，只是可以修行到这样的境界而已。

心天之意是物我、内外、天人合一的感通，而感通的基础是生生不息的生意，而领悟生生的基础还是生生之意，或者说是意生。古代中国哲学不是不理解主客二分，而是善于体证二者未分，而且试图从概念上理解二者相合如何可能，并建构一套话语体系。

六、心天之意是天渊之意

心天之意如果从"人心是天渊"出发，可以理解为心里有天，心如深渊一般，自带天力，且深不可测，内有自然创生之力，如勃发的源

---

[1] 李泽厚不赞成良知良能说："我明确反对孟子的'不虑而知，不学而能'的良知良能说，也不赞成王阳明'行即知，知即行'的知行等同说。这种主张，不仅抹煞了认识的'知'与道德的'行'之间的差异、距离和问题，而且将道德视作人人具有'见父母就知（行）孝，见兄长就知（行）悌'的自然的天赋能力，将孝亲、忠君等道德行为等同于'好好色、恶恶臭'的自然生理的官能反应。"（杜维明、梁涛主编：《统合孟荀与儒学创新》，齐鲁书社，2020年，第16页）其实是因为李泽厚不同意儒家诉诸人之为人不能离开家庭的原初经验和意识状态。在张祥龙看来，唯识宗意义上的无漏种因，其实就是王阳明强调的孝亲一念、孝亲意识、亲情意识来自人的婴儿、孩童时期的经验。参张祥龙：《儒家心学及其意识依据》，第334页。

泉，能够自生不息。心力或者意力的本质是天力，是内在的天然创生之力，这种原始创生的力量是纯粹至善的。心天之意的内在天意其实是所有人共通的、寂然不动的潜意识，或者称为文化无意识。这不仅是一种潜意识状态，更是一种如熔岩般流动的内在创生之力。正是这种精神意识能量，好像暗物质一样，对应着光明世界里的一切，在这个意义上，天下万事万物都不在心外。

引发人们去体认意识内在力量的雄浑与不测，可以说是心学最伟大的贡献之一。从现象学到存在主义，包括绝大多数研究意识的心灵学家，都把意识看作心的功能，看作物质世界的镜子，这样意识过程就成为被动的、缺乏力量的状态。如果这样理解心学当中的意识，那就难以理解心学家对意识的认知，也不易理解心学对于哲学做出的贡献。

七、心天之意是知行合意

知行合一其实就是知行合意，合于"心天之意"。"知"是"心天之知"，"行"是"心天之行"，也就是说，知行都是贯通心与天的，都是在心与天贯通的心天之意的意义上融通为一的。阳明知行合一的极致表现，其实不是他的学说，而是他的伦理行为和战争实践。在战争时期那种瞬息万变的情形下，其心法的极致变化，即那种知行合一的高妙状态，令后人神往回味。古时用兵在于攻心[1]，古代战争当中的选择，如果从致良知角度来解读，"良知"不是善恶对待的良知，而只能是天良之知，是心意时刻通天的状态。这种心意当下实化的状态，是非对象化的良知现行，不需要对象化的观察和思考，不需要统握或立义（Auffassung），此即，感觉材料不需要被意向行为统握成为意向对象[2]，而能时时刻刻当下自然而然地显露出来。

---

[1] 科技的发展使用兵变成一种技术的对抗，虽然冷兵器时代也有科技的竞争，但现代科技的发展使得武器背后完全就是科技水平的较量，这样战争就变成科技领先者对落后者的降维打击，战争背后的心法就变得缺乏意义，因为攻心的意味在胜负当中的比重大大降低了。

[2] 参张祥龙：《儒家心学及其意识依据》，第 329 页。

良知之为心天之意哲学，是拒绝体系、框架和逻辑分析的，因为心天之意以心体本身即天体为根基，如此则良知即天地，良知哲学要以天地或宇宙的良知（大良之知）为基础。良知即性即命，性命贯通，这是良知通天，也就是心天之意无思无虑的根本生发点。

心天之意时刻通天，自然真诚至极。这种意识实化的状态，化为仁义礼智种种意识分别。当下心意通天，即格物致知，所谓致良知在良知通天的前提下，是自然而然地参赞化育，成己成物。此心即宇宙，心天之意时刻参赞天地，心意通天的状态与物无对。心天之意是非对象化的，非言语可以描摹的对象，故只能在体验当中直观，让其现成、澄明起来。心天之意既与物无对，也与世无争，这是一种天道无争的极致境界。这种境界通过他心的共振，可以再次验证并得到证实和传递，且时刻不脱离日用常行，如此可以即人伦即天道，即切近即高远。

八、心天之意即易意之意

心学哲学需要被哲学地理解，不可以脱离最为极致的哲学化文本——《传习录》。本论就试图对《传习录》做从心学到意学的转化，建立心天之意学。阳明心学从根本上说就是良知之学。本论试图在今天中西哲学交通的历史情境下，重构良知之为心天之意的哲学。良知哲学以阳明龙场悟道的经验为基础，是以证道的意识对天地和宇宙人生的熏习，即每一个意念都不可以离开心天之意的境界，所以心天之意是直观的，是直接开悟的，是不需要思虑的。

为了实现心学转作意学，首先需要了解心学的基础在易学。其次需要消化张祥龙试图把心学变成意学的努力，虽然他没有提出意学，但他考察了心学的意识依据，基本上说明了心学本身其实就是意识哲学。因为心学的心有认识能力，有感通之理，这种心力发动就是意识流行，故而心学长盛不衰，本身就说明中国意识哲学（意学）有源远流长的生命力。我们通过考察张祥龙探究的心学意识依据，可以推论，本书建构的意本论也带有现象学构成论意味，超越文本和哲学思想本身的比较，并试图进行一种深层的中西哲学会通和思想改造。

本论也深入考察耿宁对阳明和阳明后学"致良知"的理论研究，研究他如何从现象学的角度、以意为本去面对心学文本的字里行间，将心学与"意"有关的哲思空间、运思经验加以分析研讨，进而加以意本论的理论补充。在本导论之后，本书致力于通过随文解注，说明阳明良知之学可以用心天之意这个中心思想来展开，即所谓以心映天的意识状态是其根本。此书之作，可谓以"意本论"观阳明"心本论"的建构，试图于译文和意解之间去补足阳明的哲学运思，从而使儒释道会通的心本论转化为中西哲学对话境域中的意本论。

本论致力于说明，心学的基础就是易学，同时也是意学。合而言之，心学就是易意之学，也可以说心学是改变意念之学。正如阳明的格心其实就是格意，易意学就是改变意识的学问。对当下意识加以改变，其实就是当下改命，而人如果能够念念改命，就能够彻底地改变今后的命运。正如阳明龙场悟道后一生的意念发动，相比前半生都已彻底改变，他的命运也就随着意识境域的变化而完全改变。可见，领悟易意学的哲学魅力之后，人的意识状态可以从此脱胎换骨。用日常语言来说，作为易意学的心学能够改变我们的意识，帮助我们洗心革面，改心换意，重新做人。由此观之，一个领悟了心学即易意学的人，将能够时时刻刻改变自己当下的意念，随时随地改变自己的命运。正是在这个意义上，心学其实就是古今无二的易意学。一个开悟易意学的人，能够时刻放下对过往心意的牵绊，当下总有充沛的意能，既能够把握对过去粘滞的不舍情感，又可以时刻开启全新的意识取舍模式，如此领悟的心天之意，助人开启全新人生，通向崭新境界。总而言之，心天之意是当下易意，重新做人之学。

第五部分 意本方法论的哲学转折

钱穆在《阳明学述要》开篇说道：

> 讲理学最忌的是搬弄几个性理上的字面，作训诂条理的工
> 夫，却全不得其人精神之所在。次之则争道统，立门户。尤其是讲
> 王学，上述的伎俩，更是使不得。王学虽说是简易直捷，他的简易
> 直捷，还从深细处来。……读者须脱弃训诂和条理的眼光，直透大
> 义，反向自心，则自无不豁然解悟。[1]

可见，解读阳明心学的方法论不在于文字训诂、条分缕析，而要抓住心
学的大本大源。这跟学术界通行的学术研究方法是有距离的。一般来
说，研究者需要针对研究对象的特点来采取合适的研究方法，而意本方
法论，正是这种简易直捷的传统心学研究方法的提升版。

要超越文字训诂，就要把握"意本"这个"道体"，即传统经典当
中"中国哲学意识"（Chinese philosophical sensibility，即中国哲学感受性）
原汁原味的哲学味道。丁耘认为"道体学"内在于中国很多经典，如《易
传》《中庸》《庄子》等，通于贡华南所谓"味觉主导……形成中国特有
的味觉思想世界"[2]。黄玉顺的"生活儒学"[3]和林安梧的"诠释的存有学"[4]
等试图倡导新方法论。可见，意本方法论的"作"意成事，正是探究和
建构"中国哲学意识"的哲学努力，可以借助经典诠释来实现"意"的
层层造作和展开。

就阳明心学的研究来说，意本方法论强调首先要直觉地面对心天
之意，好像现象学的直观，不是某种预先决定和采取的思维定式，而是

---

[1] 钱穆：《阳明学述要》序，第 1 页。

[2] 贡华南：《味觉思想》，生活·读书·新知三联书店，2018 年，第 15 页。

[3] 参黄玉顺：《面向生活本身的儒学：黄玉顺"生活儒学"自选集》，四川大学出版社，2006 年；
《儒学与生活：生活儒学论稿》，四川大学出版社，2009 年。

[4] 参林安梧：《儒学革命：从"新儒学"到"后新儒学"》，商务印书馆，2011 年；《人文学方法论：
诠释的存有学探源》，上海人民出版社，2016 年。

在面向心天本意即事物本身过程中而生成的层层新意，这就是那种心物合一、心意通天的意识状态，不断生成新生的、构成性的原发体悟。正是这种心天之意的构成性深深地吸引了张祥龙和耿宁，他们不仅发现，而且终身投入理解和阐发中国古代哲人的哲学思维独特性的研究和发明当中。可惜他们没有以"意哲学"来命名这种中国哲学的特殊状态，只是注意到中国哲学家讨论意识问题有其韵味无穷的独特性，如此丰富深刻，令人心驰神往。在他们连篇累牍的哲学运思和著作当中，他们指出如阳明心天之意这样的哲学意识，不是简单的西方哲学问题思考和命题推理，而是对哲学问题意识不断产生层层深入的思想意蕴。中国哲学家们的意识是如此深刻和丰富，意识的展开层层叠叠，似乎可以形成一圈圈不同的意识状态，各自都有丰富的意义韵味，这种心天之意层层展开，是意本论哲学研究阳明心学之法无定法，所以意本论的方法论不仅可以解读心天之意，而且可以用在其他意识状态的思考和体悟过程当中。用意哲学作为方法论，可以解读哲学思想的不同意识面向，所以意本方法论可以开显出新的中国哲学方法论道路。

意本方法论用于解读多部经典，逐步分出层次，形成一个丰饶深刻的系统性意学方法论体系，既回应了西方哲学的相关问题，也对中国当代哲学的理论建构，对如何让哲学说汉语的所谓汉语哲学，做出新的哲学尝试。意本论是活泼的、灵动的、展开的、开放的、时刻开显的、动态生成的，而不是一个城堡，一个没有门（道）也开不了门的固若金汤的城池。意本方法论是开放的、生成性的、构成性的，关键在于，是中国的"意"，而不是西方的现象学，可以超越学界很多学者对"以西化中"（以现象学解读中国哲学）方法的批评。在张祥龙和耿宁等学者那里，这种方法论倾向很难被否定，因为他们确实是从现象学入手来解读中国哲学的，但如果建构和生成的是中国的意哲学，而且这种意哲学可以从经典当中转化出来，好像本来就有一种深沉的语言建构或者文化潜意识，只是原来隐而不显，现在通过意哲学把它层层叠叠地生成起来，那就是一种无限有味的、纯粹中国哲学的运思，这个过程就是意哲学的方法论，即本体即功夫。

意本论的方法首先表现在意哲学方法虽然注重直观和领悟，但仍然可以不断生成，不断分出层次，如水波荡漾。正如直观每一部哲学经典而生成的意哲学分支都是不一样的，好比每一个人对同一经典的解读意识状态都是不一样的，经典之意与读者之意相遇、交织而生成荡漾开来。意本论七经体系所建构的意哲学本身不是封闭的概念系统，恰恰是古代哲人之"意"在不同经典、不同文献当中的层层展开过程，这个过程本身是连续的、生成性的，而当代意哲学的运思和建构则是构成性的，这种构成性既以经典之意的生生不息为基础，又以当代构成的生生不息为特征。随着运用意哲学方法来思考和讨论的文本不断增多，一个丰饶深刻的系统性意学方法论体系正在形成之中。

意本论其实强调一种后天返先天的哲学意识观照方法，在意哲学的建构过程当中，一直离不开如何在后天阴阳对待的世界中，时刻保持先天本体意识直观这样一种方法，或者说，如何从已发的文字世界之显中，去开出先天未发的本体世界隐藏之意。还原和自由变更可谓是在心物对待的思维框架当中来思考和讨论的，但后天之意返归先天之意的意哲学方法，其实是在心物一体、心意与事物本体合一的体悟性境界当中来运思的。如果说意哲学的方法论是新的，首先就是心物一体之新，从这个角度说，相对于现象学和心灵哲学，甚至整个西方哲学的主流方法论体系来说，意本论哲学方法应该是有新意的。然而，如果从七经哲学系统本身来说，意哲学方法其实是中国传统心物一体哲学意识在当代的一再重构，或者说，其实也是新瓶装旧酒的理论性努力，但有新的理论生发点。不过，由于明末刘宗周之后，就几乎没有中国哲学家把意哲学提炼出来，既没有形成概念化的意哲学体系，也没有强调中国经典或者古代哲学意识的内在一贯性，虽然有熊十力到牟宗三和钱穆等强调天人合一的重要性，但还是不如强调心物一体这种哲学意识来得关键。如此一来，当代意哲学强调从易学本体意识的角度去领悟和开显古代的心学哲学意识，在理论建构上借鉴张祥龙和耿宁对心学哲学意识的解读，就在情理之中了，但如何把心物一体的心学意识转化成现代哲学运思，可谓是当代生成中的意哲学方法论的努力方向。

意哲学的"意"是中国哲学意识的运思之意，这种中国哲学的运思恰恰是汉语哲学，或者让中国哲学说汉语的努力非常缺乏的中国哲学意识。毕竟中国的汉语哲学已经西化了一百多年，以至于汉语哲学的意识也都西化了，大部分用汉语进行哲学思考的哲学工作者，其实都已经基本不再具备中国哲学意识。换言之，他们大多都在用西方哲学意识（western philosophical sensibility）从事汉语哲学的思考和创造，这种哲学创造的意识本身，虽然可能借鉴了西方哲学方法论的合理性，但其实已经是对中国传统意哲学方法论的双重背叛。首先，这种非中国哲学意识的哲学运思，都未自觉中国哲学意识的存在，甚至公开否定中国哲学家能够哲学地思考，也就彻底抹杀了中国哲学从古至今延续不断的哲学意识状态。大部分所谓汉语哲学，其实都是西方哲学意识的言说和展开，这让汉语哲学界基本变成西方哲学意识在中国的实化场所，所谓"哲学在中国"其实就是"西方哲学在中国"，也就是中国的汉语哲学言说和讨论，基本不过就是西方哲学思想的跑马场。其次，这种丧失中国哲学运思意识主体的哲学思考，看起来是在用汉语讲哲学，其实已经离经叛道，因为基本完全背叛了中国哲学经典本身的"意"，也就背叛和否定了古代哲人思考和书写"中国哲学"文本时那种"中国哲学意识"的状态，其实也就背叛了中国古代哲人代代相传的斯文之道，所谓汉语哲学也就成为无道的哲学运思，也就是表面讲汉语，骨子里根本不是"中国"哲学在运思，而是西方哲学在泛滥奔流。

意本论的构造过程本身就内含方法论。在建构七经体系的过程当中，读者可能以为作者更像是在建构一个本体论体系，导致很多人觉得意本论没有什么（明确的）方法论，或者感到无法参透其方法论的意味，可能因为七经体系过分强调意本论的新意本身，以及意本论之意结构的特殊性，导致有点忽视作为哲学方法论的意本论。打不出井的"打井学"其实是没有方法论的，如果能够打出井，那么打井的方法自然就在其中，是不言而自明的，甚至不需要解释，方法论就内在于意本论的体系当中。但是，意本方法论需要让一般学者和学生理解，不能让意本论止于一种世界观，还要在写作和构筑理论过程当中，不断强调意本论具有方法论意味，学生们只要用心就能够学习到意本方法论，并可能运用这种方法论去解读文本，进行意本论的哲学运思，进而延伸和扩展到其他哲学研究主题和内容上去。

意本方法论强调基于"意"的自家体贴，这就好像程颢、程颐兄弟说"天理"是自家体贴出来，阳明的"心本体"或"良知本体"也是自家体贴出来一般。动态的意，比起静态的理、动静不宁的心，更加适合理解变动不居的世界（变易的世界）。修炼心意是一种动态功夫，不是一种对静态对象的修炼，这就是心天之意的魅力，因为心天之意从来不是对象化的存在，而是一种需要用心体悟、体贴的意识与世界共在的状态。心天之意显化的过程，其实是意识层层叠叠、交相辉映，好像因陀罗网一般，映照出的已经不再只是阳明留下的言语文字，而是阳明意识曾经涵摄的无限风光。这就像叔本华所说，古人的文字好像沙滩上的脚印，而古人看到的风景，需要用心（意识）去体会。其实，意本方法论正是观照、映照这种先人所见风景的动态性的、生成性的探照灯，或者说是映照的功夫。有了意本方法论这面镜子，就可以映照出哲人们文字背后如层峦叠嶂般的意识风景。正是在这个意义上，意本方法论是作者"意本"之后讲出"本意"的学问，古代哲人的本"意"并非绝不可得，正是通过意本方法论就可能观到、悟出的，通过意本方法论去观想"意本体"而后生成"本意"，有后天返先天的境界性工夫论意味。意本方法论包含以下几个方面：

第一，心物一体是意本方法论的开端。这个方法论要求对心物一体有体认，而不能停留在主客二元对立的流俗之见上；这就与从通俗世界观入手的一般哲学方法论相区别。

第二，意的动词或动态性是意本方法论的根基，这与心物一体是相连的，也就是说，心物一体是一个动态结构，意本是一种动态一体性，意本就是动态的，这就与一般理解的静态的意思、意识、意义等与意有关的意群相区别。

第三，就"S 是 P"的命题形态来说，意本方法论以"是"为探讨中心，而不是以"是什么"的谓词"P（什么）"为标的，这对于习惯于心物二元、主客对立的哲学思维方式来说，要过渡到以"是"为中心，理解和接受起来都不容易。正如王路不认同王庆节把海德格尔的 Sein 翻译为"存在"，而强调应该翻译成系词"是"（to be/being），有一定道理，西方哲学思考的基础是判断语言，而判断语言的基本结构是主谓词结构，系词起着举足轻重的作用，从古希腊语 *einai* 到英语 to be/being 和德语 sein（名词 Sein）都表达同样的语言结构，就是要把一个主词用另一个谓词来表达，而意本方法论的核心"本意"是感悟、意会的，而不是"是什么"，因为一旦"是什么"，可以有很多不同选项，但"本意"需要领悟才可能加以表达，虽然表达也是转换成为其他言语，但还是与直觉性的象思维接近，而不是"是什么"。

第四，意本方法论在当代的表达当然需要系词，但不能像王路那样过度侧重系词，因为侧重系词，其实有强调汉语哲学的表达不够西化，而且必须进一步西化的意味。汉语哲学的西化就变成汉语思考必须向西方语言结构学习，这是意本方法论不同于汉语哲学的地方，因为汉语思考和言说结构的西化不应该是汉语哲学发展的方向，所以不能过度强调系词，不应该在汉语哲学里面强调"是"论。[1]

第五，意本方法论致力于如何让本意或者事物的本来样貌、本真状态显露出来，确实必须借助直觉、直观、领悟，不倚重概念、判断、推理那种传统符合论。可以说，意本论直观是表现论、呈现论，是本意的呈露、澄明、开显，这方面与海德格尔存在论、现象学构成论可以沟通。

第六，意本论的时间观需要通过时机化来理解。也就是说，时间不是一个客观外在的结构，不是固定的程式，而是时时刻刻与主体不可分割的存在，其实也就是与当下的意不可分割的"意时"，时间对人来说，其实只有在意念发动的瞬间有意义，哲学意义上的时间性其实就是"意时"，是时间与意识不可分割的状态，也许接近胡塞尔"内时间意识"。

---

[1] 参王路：《"是"与"真"——形而上学的基石》，人民出版社，2003 年；《逻辑与哲学》，人民出版社，2007 年。

意识都是在时间中的，且时间又是在意识之内而不是之外的，这是意识与时间一起内在地流变。

第七，意本方法论是一种在意识发动瞬间流变的状态当中追求永恒的努力。悟道的状态可以是永恒的，也就是道意可以恒定不变，正如阳明强调的圣人之道和经典之道传递给后人的恒定意识状态，这不是文本的恒定，而是道意的恒定，也就是意念对道的理解、意会可以是恒定的，所谓变易中意会不易之道。

第八，意本方法论认为，时间具有意缘特征。《周易明意》意缘论其实带有后天八卦世界起始（震宫）的意味，世界的创生和开始都伴随着时间，而意识的流变都是与各种因缘相伴随，意识不可能离开缘而存在，所以一切都是"意缘"，这也是张祥龙把 Dasein 译成"缘在"的意义所在。还可以将海德格尔"缘在"的时间性与震宫"意缘"的时间性合起来思考，推进关于时间问题、意时问题或缘时等问题的哲学思考。

第九，意本方法论强调是人的意会使得存在得以"存在起来"，这与阳明的"灵明"说接近，但阳明没有在"灵明"的意义上明确讲"意"，也未指出是意识的存在和生成使得存在物得以存在起来。虽然个人的意识迟早会离开这个世界，但人与人的意识是彼此相通的，这不仅基于人有类似的身体结构和心身结构，而且因为人的意识具有感通和融通的能力，这类似胡塞尔的"共主观性"，主观性的共域正是人的意识交集的共同境遇，如《周易明意》的"意境"论，其实主要不是个体性的，而是共主观性的。赵汀阳讲"跨主体性"，某种意义上也离不开以意识的感通、意境的互联互通为基础。[1]

第十，意本方法论有助于推进阳明学的国际传播。阳明学 1520 年左右传入朝鲜半岛，当时阳明还在世。《传习录》1602 年传入日本，但直到 1650 年才在日本出版，比朝鲜晚了几十年。阳明学对日本影响较大，形成了日本化、通俗化的日本阳明学，相比之下，阳明学在朱子学

---

[1] 参赵汀阳：《跨主体性》，生活·读书·新知三联书店，2023 年。

主导的朝鲜主要成为论辩和批判的对象。[1] 阳明学倡导知行合一、义利合一，其"变"（时宜、变通）、"动"（行动、活泼）、"易"（简易、一体）、"实"（实践、实用）的学术品格契合了日本武士文化"武"（文武合一）、"行"（道术合一）、"心"（心剑合一）、"简"（易）的性格，受到日本崇尚尊皇与简素精神的武士、市民、商人、士人的接受和推崇。[2] 铃木大拙（1870—1966）曾这样评价阳明思想之后无来者："在这个杰出大师逝世之后，中国的知识天堂又一次被阴云所笼罩。从那时到现在，没有什么重大的或值得特别提及的事件来打破中国知识天堂的宁静。"[3] 这种对阳明推崇至极的评价与随身携带上书"一生伏首拜阳明"腰牌的东乡平八郎的景仰遥相呼应，说明阳明心学有巨大的收摄人心的力量。

阳明学直到 20 世纪才译介到西方世界。1916 年，美国哲学与心理学教授、传教士弗雷德里克·G. 亨克（Frederick G. Henke）翻译的《传习录》以 The Philosophy of Wang Yang-ming（《王阳明哲学》）为题由敞院出版社（The Open Court Publishing Co.）出版。[4] 此后研究涉及阳明的学者有倪德卫（David S. Nivison）、张君劢（Carsun Chang）。1963 年，陈荣捷出版了《传习录》新译本，之后秦家懿 (Julia Ching)、狄百瑞 (William Theodore de Bary, 1919—2017)、杜维明（Tu Weiming）、柯雄文（Antonia Cua）、艾文贺（Philip J. Ivanhoe）都有关于阳明学研究的专著出版。[5] 1972 年 6 月，当中国大陆还处于"文革"时期时，美国夏威夷大学举办了王阳明思想国际学术研讨会，这是海外的"文化中国"比中国大陆这

[1] 参辛红娟、费周瑛主编：《异域"心"声：阳明学在西方的译介与传播研究》，浙江大学出版社，2022 年，第 18 页。

[2] 参辛红娟、费周瑛主编：《异域"心"声：阳明学在西方的译介与传播研究》，第 20 页。张君劢在《比较中日阳明学》中，认为日本人倡导阳明学有三个原因：简易直截，快刀利刃；即知即行，勇往直前；事半功倍，利乐群生。参蔡仁厚：《王阳明哲学》，三民书局，2021 年，第 284 页。

[3] Suzuki, Daisetz Teitaro. *A Brief History of Early Chinese Philosophy*. London: Probsthain, 1914 : 6. 转引自辛红娟、费周瑛主编：《异域"心"声：阳明学在西方的译介与传播研究》，第 4 页。

[4] Henke, Frederick Goodrich trans., *The Philosophy of Wang Yang-ming*, The Open Court Publishing Co. originally published 1916, reprinted 1964.

[5] 参辛红娟、费周瑛主编：《异域"心"声：阳明学在西方的译介与传播研究》，第 3—5 页。

个本应成为阳明学研究的中心更有影响的典型例子。过去三四十年，随着中国的开放，阳明学的研究达到历史上前所未有的繁荣，阳明文化研究的中心才逐渐回到中国大陆。从心学的角度看，国际传播是验证天下一心的具体实践，借助现代科技，阳明的心外无物、知行合一、致良知等命题，已经超出了个人修身养性的道德领域，走向致知格物的公共科学领域，阳明心学的影响力与日俱增，而这种影响与今天科学对意识的探索、对宇宙的探究，以及量子纠缠等新发现是分不开的。

意本方法论发挥的基础有选定的版本。本书以黎业明《王阳明传习录校笺》为底本，因为该本是迄今为止校勘最为完善的本子。该书严格按照传统对经典文献的整理与研究方法进行研究，收集尽可能多的版本，对于历代刊刻版本和中外学界通行的版本存在的问题一一做了说明，改正了前贤断句的错误，使得句读更加准确；指出了名著存在的不少错漏和舛误，标示了部分经典文字之出处不够准确或者错误的地方，解释了前人注释不够到位、望文生义之处，对前人注释引证不全处做出说明，对版本校勘存在的问题加以斟酌。基于该本多方面取得的成绩，所以本书采纳黎业明校订的版本作为底本。

之前的很多重要的《传习录》解读本，如陈荣捷《王阳明传习录详注集评》和邓艾民《传习录注疏》都有丰富的注释，但没有全文翻译，在长期教学生涯当中，笔者发现前人的本子对不少疑难问题既没有翻译，往往也没有注释，这就是注家的选择性，不少难点必须在翻译的过程当中才能体会到译者的理解是否精准到位。这些年心学大热，通俗解读《传习录》的著作犹如雨后春笋，但真正翻译和解读比较细心和准确的本子其实乏善可陈。虽然本书试图在前人的注释和解读的基础上有所推进，并建构意本论，但是书中错漏、舛误之处在所难免，期待高明君子指而教之。

初刻《传习录》徐爱序

门人有私录阳明先生之言者。先生闻之，谓之曰："圣贤教人，如医用药，皆因病立方，酌其虚实、温凉、阴阳、内外而时时加减之，要在去病，初无定说。若拘执一方，鲜不杀人矣。今某与诸君，不过各就偏蔽箴切砥砺，但能改化，即吾言已为赘疣。若遂守为成训，他日误己误人，某之罪过可复追赎乎？"爱既备录先生之教，同门之友有以是相规者。爱因谓之曰："如子之言，即又拘执一方，复失先生之意矣。孔子谓子贡，尝曰'予欲无言。'他日则曰：'吾与回言终日。'又何言之不一邪？盖子贡专求圣人于言语之间，故孔子以无言警之，使之实体诸心，以求自得；颜子于孔子之言，默识心通无不在己，故与之言终日，若决江河而之海也。故孔子于子贡之无言不为少，于颜子之终日言不为多，各当其可而已。今备录先生之语，固非先生之所欲，使吾侪常在先生之门，亦何事于此？惟或有时而去侧，同门之友又皆离群索居。当是之时，仪刑既远而规切无闻。如爱之驽劣，非得先生之言时时对越警发之，其不摧堕靡废者，几希矣。吾侪于先生之言，苟徒入耳出口，不体诸身，则爱之录此，实先生之罪人矣。使能得之言意之表，而诚诸践履之实，则斯录也，固先生终日言之之心也，可少乎哉？！"录成，因复识此于篇首以告同志。门人徐爱序。

续刻《传习录》南大吉序

天地之间，道而已矣。道也者，人物之所由以生者也。是故人之生也，得其秀而最灵，以言乎性则中矣，以言乎情则和矣，以言乎万物则备矣，由圣人至于途人一也。故曰："人者，天地之德，阴阳之交，鬼神之会，五行之秀气也。"又曰："致中和，天地位焉，万物育焉。"是故古者大道之于天下也，天下之人相忘于道化之中，而无复所谓邪慝者焉。率性以由之，修道以诚之，暤暤乎而不知为之者，是故大顺之所积也，以天则不爱其道也，以地则不爱其宝也，以人则不爱其情也，以物则不爱其灵也。圣人于此，夫何言哉？恭己无为而已矣。至其后也，道不明于天下，天下之人相交于物化之中，而邪慝兴焉。失其性而不知求，舍其道而不知修。斯人也，日入于禽兽之归而莫之知也。是故万物弗序而天地弗官矣。圣人，生而知道者也。贤人，学而知道者也。其视天地万物，无一而非我。而斯人之不知道也，若已推而入之鸟兽之群也。理有所不可隐，心有所不容忍，恶能已于言哉？故孟子曰："予岂好辩哉？予不得已也。"故夫圣贤之言，将以明斯道示诸人，使天下之人晓然知道之在是，庶民兴焉。庶民兴，则邪慝息；邪慝息，则万物序而天地官矣，夫然后圣贤之心始安而其言始已也。是故其言也，求其是则已矣，非以为闻见之高也；求其明则已矣，非以为门户之高也。而后之为圣贤之学者，其初也，执闻见以自是，而不知圣人之所是者，天下之公是也；立门户以自明，而不知圣人之所明者，天下之同明也。故其后也，言愈多而愈支，支则不可行矣；门愈高而愈小，小则不可通。皆意也，己也，胜心之为也。而世之号为豪杰者，方皆溺于其中而莫之知也。其亦可衰已矣！

夫天之命于我而我之具于心者，自有真是真非，至明而不容有蔽者也。故天下之言道者，至不一也。苟以平心观之，易气玩之，则其是是非非，自不能遁吾心之真知也。唯夫闻见已执于未观之先，而门户又高于既玩之际，则其言虽是也，蔽于闻见之私，而不知其是；指虽明也，隔于门户之异，而不通其明。道之不明于天下，治之所以不能追复前古者，其所由来远矣！

是录也，门弟子录阳明先生问答之辞、讨论之书，而刻以示诸天下者也。吉也从游宫墙之下，其于是录也，朝观而夕玩，口诵而心求，盖亦自信之笃而窃见夫所谓道者，置之而塞乎天地，溥之而横乎四海，施诸后世，无朝夕人心之所同然者也。故命逢吉弟校续而重刻之，以传诸天下。天下之于是录也，但勿以闻见梏之，而平心以观其意；勿以门户隔之，而易气以玩其辞。勿以录求录也，而以我求录也，则吾心之本体自见，而凡斯录之言，皆其心之所固有，而无复可疑者矣。则夫大道之明于天下，而天下之所以平者，将亦可俟也已。

嘉靖三年冬十月十有八日，赐进士出身中顺大夫绍兴府知府、门人渭北南大吉谨序。

徐爱录

先生于《大学》"格物"[1]诸说，悉以旧本[2]为正，盖先儒[3]所谓"误本"者也。爱[4]始闻而骇，既而疑，已而殚精竭思，参互错纵，以质于先生，然后知先生之说，若水之寒，若火之热，断断乎"百世以俟圣人而不惑"[5]者也。先生明睿天授，然和乐坦易，不事边幅。人见其少时豪迈不羁，又尝泛滥于词章，出入二氏之学。骤闻是说，皆目以为立异好奇，漫不省究。不知先生居夷三载[6]，处困养静，精一[7]之功，固已

---

[1] 语出《大学》："致知在格物，物格而后知至。"

[2] "旧本"指郑玄作注、孔颖达疏解的《礼记·大学》。"误本"指朱熹认为《大学》旧本有误，便将《大学》原文划分为经(一章)、传(十章)，并改动经文，增加传一章。王阳明认为《大学》原来并无错误。后人将朱子改易、补正本称为"新本"。

[3] 先儒主要指程颢、程颐和朱熹。程颢(1032—1085)字伯淳，号明道，北宋洛阳人，官至监察御史。程颐(1033—1107)字正叔，号伊川，程颢之弟，曾任西京国子监教授、崇正殿说书。后人称程颢与程颐为程子，合称"二程"，曾问学于周敦颐，北宋著名哲学家、教育家，理学奠基人。朱熹(1130—1200)字元晦，一字仲晦，号晦庵，徽州婺源人，曾任秘书阁修撰等职。他继承发展了二程的学说，集理学之大成，建立了博大精深的哲学思想体系，影响深远。著作有《四书章句集注》《周易本义》《诗集传》《楚辞集注》，后人编纂有《朱子语类》《朱文公文集》等。

[4] 徐爱(1487—1517)字曰仁，号横山，浙江余姚人，官至南京工部郎中。徐爱是王阳明的妹夫，早在王阳明赴谪贵州时，即入室称弟子，因而是他的第一位学生，也是最得意的门生，有"王门颜回"之称，可惜与颜回一样英年早卒。下文的"爱"即徐爱的自称。

[5] 语出《中庸》第二十九章。

[6] 正德元年(1506)，王阳明因上疏抗辩，获罪下狱，后贬谪贵州龙场(今贵州修文县)驿丞，到正德五年三月任庐陵知县，前后三年。龙场当时尚未开化，故称"夷"。

[7] 语出《尚书·大禹谟》："人心惟危，道心惟微，惟精惟一，允执厥中。"下文的"惟精""惟一"均源于此。

超入圣域，粹然大中至正之归矣。

爱朝夕炙门下，但见先生之道，即之若易，而仰之愈高；见之若粗，而探之愈精；就之若近，而造之愈益无穷。十余年来，竟未能窥其藩篱。世之君子，或与先生仅交一面，或犹未闻其謦欬[1]，或先怀忽易愤激之心，而遽欲于立谈之间，传闻之说，臆断悬度，如之何其可得也？从游之士，闻先生之教，往往得一而遗二。见其牝牡骊黄[2]，而弃其所谓千里者。故爱备录平日之所闻，私以示夫同志，相与考正之，庶无负先生之教云。门人徐爱书。

【意】先生对于《大学》中关于"格物"等说法，全部以"旧本"（郑玄作注、孔颖达疏解的《礼记·大学》）为准，也就是先儒朱子等人所认为的有很多错误的版本。我刚开始听先生说起时，十分惊骇，继而充满疑惑，之后我苦思冥想，又相互参考，不断比较，反复斟酌，不断向先生质疑求教，这样之后我才明白先生的学说，正像水性本寒，火性本热一样，心天之意本乎永恒之自然，心意即天意。确实是百世之后再出现圣人，也不可能会对先生的学说有任何疑惑。因心意即天意，所以不可能对心天之意有任何疑惑。先生天生聪明睿智，然而为人和乐坦荡，平易豁达，不修边幅。先生时时刻刻都自然放松，其心意时刻接续天意，心意发动时刻以天地为背景，好像天籁一般，都是天地的缘生情态。一般人只知道先生年少时期豪迈放纵，又曾经沉溺于诗词文章，涉猎熏习于佛教和道教的学问。因而突然听闻他的学说，都把它看成是故意标新立异的奇谈怪论，于是漫不经心也不深入研究。心天之意与世间学问看起来似乎根本不同，所以一般人不去了解自己意识本乎天意的真理这样的究竟实相，以心意为心意，反而迷失了心意的本来状态，不能体悟到心意本乎天意的本体原生状态了。殊不知，先生在谪居龙场的三年间，处于困厄之境，静心修意，那种意念精诚专注

---

[1] 謦（qǐng）欬（kài）是咳嗽，引申为言谈声教。

[2] 语出《淮南子·道应训》，又见《列子·说符》。大意是，秦穆公派伯乐推荐的人去相马，使者报告说相中了一匹黄色的母马，秦穆公派人取回一看，结果是黑色的公马，因而不高兴，责备伯乐看人不准，连马的性别、颜色都分不清。伯乐感叹，人们只看到事物的外表，却看不到内在能力。等到测试时，果然是千里马。

的修养工夫，早已超凡入圣，进入圣人的意识境域，通达往圣先贤思想学说的造诣已至大中至正、炉火纯青之境界。龙场悟道是心天之意永恒的背景，也是一种本质直观的状态。开悟心天之意需要有特殊的经历，才能直观到道体的本质。阳明龙场读易而开悟人生大道，解开心灵与宇宙沟通的密码，从此心思意念时刻接天。即使是阳明有时刻准备着要成圣成贤的心意，在龙场悟道之前，其心意也没有直接沟通宇宙道体，直到心天之意激发之后，其心意才时刻不离天境。

我日夜都在先生门下修习熏陶，确实发现先生所持心意通达天地之境的大道，刚接触时感觉浅显易懂，而越深入研究就越觉得高深莫测；心天之意看似平易，其实理解起来难于登天。表面上看起来很粗疏，但认真探究就会发现其越发精微；心意如天渊一般深沉纯粹，精微美妙到无法描述。我追随先生十多年来，竟然还不能窥探到他学说的轮廓，笼罩在所谓"仰之弥高钻之弥坚"的圣境之中。当世的学者，有的仅与先生一面之交，有的人甚至跟先生素未谋面，一开始就怀着轻视不屑的怨恨和偏激情绪，想在很短时间内凭着片言只语或者传闻草率臆想揣度，照这样怎么可能真正领悟先生的学说呢？而跟随先生的学生们，虽亲闻先生教诲，但往往领会了一点，却遗漏得更多。理解心天之意容易挂一漏万，其本体之一显现为现象之多，一般人只能得其多之皮毛，而不能领悟一之全体，更不可能理解一多不分的本体性关系。这就好像不善相马的人，只能看到马的性别雌雄、毛色黑黄等表面状况，而不去识别马是否具有日行千里的关键本事。一般人理解心天之意，只能简单凭借外表，武断地得到一些粗浅看法，这种遗弃真知的求知态度，怎么可能理解神妙难测的心天之意呢？因此，我把平日从先生那里得到的教诲尽悉记录下来，私下里拿给志同道合的同学们传阅，相互考校求证，希望这样能够不辜负先生的谆谆教诲。弟子徐爱记。

【1】明意天下，修己亲民

爱问："'在亲民'，朱子谓当作'新民'，后章'作新民'之文似亦有据；先生以为宜从旧本作'亲民'，亦有所据否?"

先生曰："'作新民'之'新'，是自新之民，与'在新民'之'新'不同，此岂足为据？'作'字却与'亲'字相对，然非'新'[1]字义。下面'治国平天下'处，皆于'新'字无发明。如云'君子贤其贤而亲其亲，小人乐其乐而利其利'[2]，'如保赤子'[3]，'民之所好好之，民之所恶恶之，此之谓民之父母'[4]之类，皆是'亲'字意。'亲民'犹孟子'亲亲仁民'[5]之谓，亲之即仁也。百姓不亲，舜使契[6]为司徒，'敬敷五教'[7]，所以亲之也。《尧典》'克明峻德'[8]便是'明明德'；'以亲九族'至'平章''协和'，便是'亲民'，便是'明明德于天下'。又

---

[1] 原版为"亲"，萧平、孙钦香新版皆为"新"。没有说明，应据意思改。黎业明本作"新"，参黎业明：《王阳明传习录校笺》，上海古籍出版社，2022年，第7页。陈来认可邓艾民的修改，参邓艾民注：《传习录注疏》序一，第3页。另参张朋华、许伟、赵晨、蔡敬贤的《王阳明〈传习录〉"然非'新'字义"辨》，文章指出，"亲"字乃是"新"字之讹误，前人于此多未察觉。在版本上，作"亲"字的《传习录》都是以谢廷杰编刻的《王文成公全书》本《传习录》为底本，《全书》本《传习录》又是以钱德洪的删定本为底本，而较早的南大吉本《传习录》则作"新"。此外，在文意上，"然非亲字义"违背语法，且不符合王阳明整体的论证逻辑。在学理上，该句亦与王阳明心学的思维进路相背离。该考辨澄清了沿袭近500年的错误，对理解《传习录》乃至阳明心学有建设性作用。见《哲学与文化》2019年第4期，第157—176页。

[2] 语出《大学》："君子贤其贤而亲其亲，小人乐其乐而利其利，此以没世不忘也。"意为在先王盛德的治理之下，君子尊重贤人，仁爱亲人，小人享受到快乐，获得实惠，因此先王逝世之后，无论是君子还是小人都对他念念不忘。

[3] 朱熹《大学章句》第十章是"如保赤子"。《礼记·大学》作"如"，《尚书·康诰》："若保赤子，惟民其康乂（yì）。"意为保护臣民，就像保护小孩一样，臣民就会康乐安定。

[4] 语出《大学》："《诗》云：'乐只君子，民之父母。'民之所好好之，民之所恶恶之，此之谓民之父母。"意为《诗经》说："与民同乐的君子，就是人民的父母。"老百姓喜好什么，自己就喜好什么，老百姓厌恶什么，自己就厌恶什么，这就叫作民之父母。"乐只君子，民之父母"出自《诗经·小雅·南山有台》。

[5] 语出《孟子·尽心上》："亲亲而仁民，仁民而爱物。"意为君子亲爱亲人，进而仁爱百姓，仁爱百姓，进而爱惜万物。

[6] 契是商族的祖先，帝喾之子，传说是舜的臣，助禹治水有功而封于商。

[7] 五教即五常之教，指父义、母慈、兄友、弟恭、子孝五种教育。

[8] 语出《尚书·尧典》："克明峻德，以亲九族。九族既睦，平章百姓。百姓昭明，协和万邦。"

如孔子言'修己以安百姓'[1]，'修己'便是'明明德'，'安百姓'便是'亲民'。说'亲民'便兼教养意，说'新民'便觉偏了。"

【意】徐爱问："《大学》开篇的'在亲民'的'亲民'两字，朱熹先生认为应该写作'新民'，并认为《大学》传第二章'作新民'似乎也可以作为可靠的论据；但先生您却认为，最好还是依照旧本作'亲民'，您的说法是否也有依据呢？"

先生回答说："'作新民'中的'新'字，是自我更新之民的意思，与'在新民'中的'新'字意思不同，阳明认为"在新民"就是"在亲民"，"新民"之意就是"亲民"之意。[2]前者怎么可以作为后者的依据呢？以阳明回答，二字意思不同，当然不能作为依据。只是阳明回答的意思，与徐爱提问的意思之间，并不相同。徐爱问的是朱子以"作新民"说明开篇应该是"在新民"，认为二者意思相同，但王阳明认为，二者的意思完全不同。《康诰》"作"字跟"亲"字意思不同。作是发起之意，亲是动词。阳明认为是亲民而不是新民。[3]'作'与'亲'相对应，但并不是'新'的意思。"作"当然不是"新"的本来意思。下面谈到'治国平天下'等内容的地方，都对'新'字没有生发阐明。比如，'君子贤其贤而亲其亲，小人乐其乐而利其利'，这里"亲其

---

[1] 语出《论语·宪问》："修己以安百姓，尧舜其犹病诸!"意思是说，如果能够修养自己，并使天下百姓都安居乐业，尧舜恐怕都难以做到吧？

[2] 陈立胜对"亲民"还是"新民"做了学术史的考察，并将二者置于当代哲学背景下做了深入研究，他认为现代新儒家扬"亲"限"新"，并指出："朱子之主新并不意味着朱子否认新民应以亲民为前提，王阳明之主亲，也不意味着王阳明忽略新民之重要。两人对'亲'与'新'二字取舍之歧异，固有文本解释上的分歧，亦有思想上的分歧，但关键在于两人对《大学》主旨的把握上面。"他综合考察了《大学》的几个方面因素：文本的前后呼应关系，义理论述的脉络、主题，其他儒家经典有关教化、德治的论说，认为核心在于《大学》的主旨到底是教化，还是教养并举。现代学者称赞"新"多有"自由"的意味。他的结论是："一字之争，在传统那里关涉经典文本主旨之理解，在当代这关涉经典所承载的传统思想的现代意义。……亲、新并举，或是正道。"他认为"亲"字凸显政治之为人民而存在，显示人民之主体性。"新"字则在道统、日常生活、政统等不同领域表现出意义。参陈立胜：《宋明儒学中的"身体"与"诠释"之维》，商务印书馆，2019年，第283—314页。

[3] 此处陈荣捷和邓艾民都没有辨析，传世本子两种写法都有。参陈荣捷：《王阳明〈传习录〉详注集评》，重庆出版社，2022年，第29页。

亲"可以作为"亲民"的注释。儒者意念的基本倾向是基于对"亲亲"的人伦与自然情感的珍视，并把亲亲、孝顺、仁义看得高于对快乐的享受和利益的追求。所以公开追求个人快乐的享乐主义和追求个人利益最大化的功利主义学说，其实都与儒家学说提倡为了实现礼乐之治而推迟个人享乐，为了实现天下公平正义而提前担忧百姓的忧虑（先天下之忧而忧，后天下之乐而乐）相矛盾。'如保赤子'，亲亲强调对百姓如母亲抚养子女那样的保护和关爱，这种基于母爱的母性之仁爱，并不一定需要借助权位才能够爱民如子，即使一个书生，也可以有此胸怀，这是儒者兼济天下、仁爱苍生的胸怀。保养赤子就像抚养自己的孩子，不可忘却关爱百姓的初心。'民之所好好之，民之所恶恶之，此之谓民之父母'之类，为政要从亲亲出发，要天听自我民听，听从人民的声音，如父母顺着子女的喜好，把人民的爱好和厌恶，当作自己的爱好和厌恶，要表现出深刻的同理心、同情心、共情心，也就是心意与百姓之天地同为一体而没法分彼此。这些都在强调'亲'民的意思。阳明认为儒者要做的是亲近、亲爱人民，而不是要使人民得到新生（新民）。'亲民'就如《孟子·尽心上》所讲的'亲亲仁民'，亲近他们就是仁爱他们。"亲亲"是对他人、人民保持亲近的意念，这种意念就是仁爱之意，是人之为人的根本。因为人亲爱自己的亲人，是人生存于世的根本性的、本源性的状态，所以也可以说是终极性的、核心性的状态，儒家的立说基础就是亲亲，是人对自己家人和亲人的关心和爱护，这当然有血亲作为基础，但经过反思可以超越血亲的限制，成为孟子意义上的"恻隐之心"，也就是对弱者的同情和对人类命运悲天悯人的关心和爱护，这是儒家哲学立足于仁爱情感的开端和基石，可以说儒家哲学是仁爱情感的创生和展开过程（felt-creative process）。（上古时代）百姓不能彼此亲爱和睦，于是舜任命契为司徒，恭谨地开展五种教化，在礼崩乐坏的历史时代，提倡儒家教化好比空谷余音，由于缺乏现实的土壤，所以儒家通过历史哲学的叙述，来建立发动和保持仁爱之意的现实合理性。就是为了使百姓彼此亲近。儒家教化的根本目的是让百姓念念发动皆有仁爱之意，从而使得亲近众人如同亲爱家人，而且要如喜欢美色、厌恶恶臭一样自然而然。这种建立仁人之意的教化是儒家学说落实的终极目的。所以，《论语》开篇论"学"，《中庸》开篇修"道"，都是以教化人民，使人民念念践行儒家实意哲学为根本。《尧典》的'克明峻德'就是《大学》的'明明德'；努力彰明内心与生俱来的光明道德，以此照亮人间万事万理。从《尧典》的'以亲九族'到'平章百姓''协和万邦'这一部分，就是'亲民'，就是《大学》的'明明德于天下'。自己修明内心的光明道德，从而让天下百姓念念发动皆在亲爱他人、仁爱众生的光明意境之中。又比如孔子说'修己以安百姓'（《论语·宪问》），'修己'就是'明明德'，就是修持自己仁人之意的意念，让自己内心的光明道德光耀天下，成就心天之意的圣境。'安百姓'就是'亲民'。亲爱他人、仁爱众民。说'亲民'就是同时包含着教化和养育的意思，教化人民的心思意念，就是养育人民，让大家的心意归于儒家正道，也就是念念皆在光明之境。但（如朱熹先生那样）只说'新民'就显得偏离而狭隘了。""亲民"是通过仁人之意去仁爱、亲近、教化人民，从而养育民众归于儒家光明盛大的通天意境。儒者修身意念的根基是血脉亲情，必须从这里出发才能亲亲，才能延伸出去，从而实现仁民爱物。如果如朱子所言，则是人民自身的不断更新，虽然可以有天道自然宇宙论的"生生"不息作为每个人自身更新的根据，但却还是与儒家仁爱之意的根源性出发点有距离。阳明心学要跟朱子理学辨析挑明的，也正是要强调亲亲的仁人之意与生生的新民之意存在根本性、本体性、本源性、源生性不同这一要点。朱子讲"新"，虽然把握到了生生的新民之意，但是并没有把握到儒家比生生不息的"新民"更深沉、更根本的亲亲之情，而且没有把亲亲作为活泼泼的大本大源。换言之，朱子强调的"新"，其实是现象的更新，而不是阳明要强调的本体性的、生生而雄浑的亲亲之情。二者虽然好像水和波一样，可以说是一多不分的，但强调"新"就是强调现象的"多"，是茂叶；而强调"亲"，才是真正领悟到深厚的、源生不息的"一"，是深根。

【2】一意至善，心天一理

爱问："'知止而后有定'，朱子以为'事事物物皆有定理'[1]，似与先生之说相戾。"

---

[1]　语出朱熹《大学或问》："能知所止，则方寸之间，事事物物皆有定理矣。"

先生曰："于事事物物上求至善，却是'义外'[1]也。至善是心之本体，只是'明明德'到至精、至一[2]处便是，然亦未尝离却事物。本注所谓'尽夫天理之极，而无一毫人欲之私'[3]者得之。"

【意】徐爱问："《大学》中的'知止而后有定'，朱熹先生注释为万事万物都有特定的道理，这似乎与先生您的说法相冲突啊。"

先生说："如果在万事万物上追求至高无上 极致、无对象、非对象化的善，对至善的理解是一个核心，不是善恶对待意义上的善，而是无对待的善，也是无善无恶之善，生生之善。就是把'义'看作是外在的东西了。这是站在孟子的立场上反对告子"义外"的说法，因为仁和义都在本心之中。没有本心的领悟，事物存在的合宜分寸和尺度是不可能理解的。虽然自然力的安排有其自在的分寸，但这种分寸如果没有心意的领会，就不能明了和彰显。极致的善是心之本体，极致的、至高无上的善是无对待的、非对象化的。心之本体纯然至善，合于天道，即"无善无恶心之体"。这合于《易传》"继之者善"之教。"良知即是易"是阳明心学不能离开易学的核心，也是心学形上学基于心天之意的核心出发点，因为心善是继天善而来，这种善是极致的、非善恶对待的。只要把'明明德'的修养工夫推进到至精、至一的地步就实现了至高无上的善，心的至善合于天道的至善，是完全相合无间的状态。当然这一过程也从没有离开具体的事物。心意与事物至精至纯状态的相通合一，是时时刻刻心物一体的境界。因此，心学不是离开具体事物之学，不是事物依赖于心意发动才能存在之学，心学是努力说明心物一体的根本境界之学，是天下事物每时每刻与心意共存之学。朱熹先生在《大学章句》第一章中所注释的'只有体验到天理之极致，天理的境界是无善无恶的，是纯然至善的境界。没有一丝一毫的私心人欲掺杂其中'的人才能达到极致之善的境界，这种理解说明他确有心得。"朱子的"天理之极"是与"人欲之私"相对应的，是善恶对待意义上的至善境界，这与阳明心天之意的境界还是有所不同，心天之意的心通天理，与天

---

[1] 义外是告子的观点，语出《孟子·告子上》："告子曰：'食色，性也。仁，内也，非外也；义，外也，非内也。'"孟子反对告子义在心外的说法，认为仁和义都在人心之中。

[2] "至精、至一"不是《大学》的原文，应是王阳明自己的话。

[3] 语出朱熹《大学章句》。

地合德，不与人欲相对应，所以是纯粹的、极致的"无善无恶"意义上的"至善"状态。这必须在心学即易学，也必须在心学即意学的角度来加以理解和阐发。

【3】意本万殊，念存天理

爱问："至善只求诸心，恐于天下事理有不能尽。"

先生曰："心即理也。天下又有心外之事、心外之理乎？"

爱曰："如事父之孝，事君之忠，交友之信，治民之仁，其间有许多理在，恐亦不可不察。"

先生叹曰："此说之蔽久矣，岂一语所能悟！今姑就所问者言之：且如事父，不成去父上求个孝的理？事君，不成去君上求个忠的理？交友治民，不成去友上、民上求个信与仁的理？都只在此心，心即理也。此心无私欲之蔽，即是天理，不须外面添一分。以此纯乎天理之心，发之事父便是孝，发之事君便是忠，发之交友治民便是信与仁。只在此心去人欲、存天理上用功便是。"

爱曰："闻先生如此说，爱已觉有省悟处。但旧说缠于胸中，尚有未脱然者。如事父一事，其间温清定省[1]之类，有许多节目，不知亦须讲求否？"

先生曰："如何不讲求？只是有个头脑[2]，只是就此心去人欲、存天理上讲求。就如讲求冬温，也只是要尽此心之孝，恐怕有一毫人欲间杂；讲求夏清，也只是要尽此心之孝，恐怕有一毫人欲间杂：只是讲求得此心。此心若无人欲，纯是天理，是个诚于孝亲的心，冬时自然思量父母的寒，便自要去求个温的道理；夏时自然思量父母的热，便自要去求个清的道理。这都是那诚孝的心发出来的条件。却是须有这诚孝的心，然后有这条件发出来。譬之树木，这诚孝的心便是根，许多条件便

---

[1] 语出《礼记·曲礼上》："凡为人子之礼，冬温而夏清，昏定而晨省。"温是冬天温被子让父母感到温暖，清（qīng）是夏天扇扇子让父母凉快，定是夜里伺候父母睡定安稳，省是早晨向父母请安问安。

[2] 头脑是要旨或宗旨之意。

是枝叶，须先有根，然后有枝叶；不是先寻了枝叶，然后去种根。《礼记》言：'孝子之有深爱者，必有和气；有和气者，必有愉色；有愉色者，必有婉容。'[1] 须是有个深爱做根，便自然如此。"

【意】徐爱问："想追求极致之善，但只是反求于自己的本心，恐怕无法穷尽天下万事万物的道理。"

先生说："本心就是天理。天下哪有心（意）之外的事、心（意）之外的理呢？"心即理，即心所发的意即是天理，意是心所存的根本样态，也是理的根本存在方式，无意之外的事物与道理，因为一切皆因意而显。

徐爱说："比如侍奉父亲的孝顺心意，辅佐君王的忠诚心意，结交朋友的诚信心意，治理人民的仁爱心意，这起心动念之间都有很多道理，恐怕也不能不去考察吧。"

先生感慨叹气说道："你这种说法蒙蔽人由来已久啦，哪里是一句话就可以解开并顿悟其中道理的呢！现在姑且就你所问的这些事情来说说吧：比如奉养父亲，总不能去父亲身上探求孝顺的道理吧？孝、忠、信、仁并不在对象上，而在意念发动之处，故要在意念发动的端点去反省、探求、感悟，要在完全融通的缘生之境上做工夫才可以。辅佐君王，总不能去君主身上探求忠心的道理吧？对君王忠诚的心意当然不在心外。结交朋友、治理民众，总不能去朋友和民众身上探求诚信和仁爱的道理吧？所有的道理都只在人本来的心意之中，本体性的心意就是天理。儒家的道理都不是对象化的、对待性的、外在的、客观主义的道理，而是内在的、主观贯通客观的、动机性的道理。[2]内在是因为阳明的工夫其实是意识工夫，是心念上做工夫；主观贯通客观是因为阳明提倡的世界观不是科学主义的，不是从外物出发的，而是外物不能离开意识而存在的，但外物又不是依赖意识而存在的；动机性是因为阳明要求人们在起心动念上心意通天，纯粹至极才有可能通天，从而实现后天善恶对待返回先天纯善境界，这都是在动机性的状态、在隐微处下工夫。即使作为"心即理"最难点的

---

[1] 语出《礼记·祭义》。

[2] 正如梁启超所指出的，阳明所谓的真知真行，用现代通行的话，就是"动机纯洁"四个字。参梁启超点校：《传习录集评》导论，第9—10页。

"至善"，也必须到阴阳未分的未发状态之前去体悟，既不可能在"理"上求，也不可能去"心"上求，而只能在本体性的"意"上去体察、感悟。这个本体性的心意没有被私欲蒙蔽的时候，就是天理（流行），不需要从外面添加分毫。意本就是世界本体，意识本身可以成为意识思考和反省的对象，犹如自证分，意识的流动就是天理流行，领悟了天意在意识流当中主导，可以拒绝私欲意识或者其他杂念的参与。将这个未被私欲遮蔽的、天理流行的心意心天之意发挥出来，在奉养父亲的时候自然就体现出孝顺的心意；在辅佐君主的时候，自然就体现出忠诚的心意；在交朋友、治理百姓的时候，自然就体现出诚信和仁爱的心意。意的本体"一"，可以"依境而生"（contextual creativity），随着境遇的变化而衍生成为"多"，此谓"意本万殊"。只要在本体的心意上做工夫，在起心动念之间去除私欲、存养天理流行，就可以了。"
当阳明说"心即理"，一切天理都在心中的时候，心无论是作为血肉器官，还是思维的发动处，或者是情感表达，其实都是说心即意，天理在心之中，也就是天理在意之中，一切天理都在心天之意之中。所以心学即意学，心天之意是心学最核心、最根本的意识根据。

徐爱说："听先生您这么一解释，我已经觉得有点醒悟了。但是先前的学说仍然纠缠在我心中，还有不能完全摆脱的地方。比如说奉养父亲这件事情，这中间有服侍父亲冬暖夏凉、早晚向他问安等很多细节和条目，难道不也必须去讲论探求吗？"

先生说："怎么能不讲论探求呢！但是必须有个主旨，就是要在此心流行发动之间，认真琢磨如何摒弃人欲、存养天理。在起心动念之间存天理灭人欲，是阳明学的第三个核心。也就是说，至善、心即理、存天理灭人欲是阳明心学的三大支柱。就如讲论探求父母冬天的保暖问题，也仅仅是要把内在的孝心穷尽出来并发挥到极致，唯恐有一丝一毫的私心杂念掺杂其中；再如讲论探求如何让父母在夏天清爽凉快，也就是要穷尽内在的孝心并发挥到极致，生怕有丝毫的私人欲望夹杂在里面：这都是讲论探求自己本来心意的极致。心天之意就是把心意推到天意的极致，而没有一丝一毫本来的人欲、私欲之心意残留在起心动念里面。如果这份心意完全没有任何私欲，纯粹都是天理，就是一片虔诚至极的孝顺父母的心意，那么冬天自然就会思量父母是否寒冷，自然就会想方设法去使他们变得暖和，这就是探求个暖和的道理；夏天自然就会思量父母是否太热，于是自然就会想方设法去使他们清爽凉快，这就是探求个清凉的道理。这些都是那个虔诚孝敬的心意产生出来的具体条目和细节。纯粹的心天之意发动，心意自然时时刻刻接通天意，落实于父母的温暖寒冷这种时空境遇之中，可以跨越时空地体察父母是否温暖、是否凉爽，并不需要到身边才体会到。这就是心天之意可以跨越时空的地方，心意即天意，不受时间和空间的影响。换言之，这种同情心、同理心是一种跨越人与人的物理边界的心意相通状态，而前提是这种同情心没有任何个人的人欲在其中。但是必须具备了这个真诚孝顺的本体心意，才能产生这些具体条目和细节出来。人须先修炼出心天之意这样的至善本心，然后随物赋形，随着情境的条件而缘生实化出来。本体的心意即体即用，心天之意之体自然而然转化为情境实化之用。譬如树木，这个真诚的孝心就是根，各种具体条目和细节就是枝叶，必须先有根，才会有枝叶；不是先去找枝叶，然后再去培植树根。心天之意是本心，也是天地自然之善，这是根本性的至善，需要先体会到，心意才能如根源化为枝叶，顺天生发而生生成就，实化为天意（天然之意）。《礼记》上说：'真正有深爱的孝子，对待父母必定有祥和之气；有祥和之气的人，必定和颜悦色；有愉悦的气色的人，必定有和顺美好的表情。'心天之意一体万殊，自然发动，即体即用，心天之意必然是祥和的、愉悦的、美顺的，因为心意是顺天的，心意流行都是先天一炁发动，如行云布雨一般，所谓天理流行的状态。必须有个深厚的爱意作为根，才能自然如此。"儒家的仁人之意，即仁爱世人的心意通于天理，体现的是天地自然之善的流行，也就是自然之爱的流行发动。所以儒家把仁爱之意视为儒者意念发动的根本。这种发动的状态，是心意通天的状态，也就是《中庸》所谓"诚"于天地之道的状态。

到这里，阳明心学提出三大命题：至善，心即理，存天理灭人欲。这三大命题是阳明心学的核心。对阳明来说，"至善"是继天之善，是天良之善，是无善无恶的，因为至善不是与恶相对的善，是非对象化的、不落于对象或具体事物的善。"心即理"可谓证悟、继承并发扬了孟子、程颢、陆九渊等哲学家的说法，破除理学把心与理相对、以理为离开人心独立存在的实理的说法。"存天理灭人欲"

作为具体的修行工夫，乍看起来似乎理学和心学基本是一致的。其实，理学是对待地看天理人欲，而心学是非对待地、非对象地看。也就是说，理学的天理要克服人欲，天理才显出来；而心学的天理是挺立的大本大源，是不与人欲对待的，是天然至善的、本根性、本体性、本源性的。

【4】一多不分，意在念前

郑朝朔[1]问："至善亦须有从事物上求者？"

先生曰："至善只是此心纯乎天理之极便是，更于事物上怎生求？且试说几件看。"

朝朔曰："且如事亲，如何而为温凊之节，如何而为奉养之宜，须求个是当，方是至善，所以有'学、问、思、辨'[2]之功。"

先生曰："若只是温凊之节、奉养之宜，可一日二日讲之而尽，用得甚'学、问、思、辨'？惟于温凊时，也只要此心纯乎天理之极；奉养时，也只要此心纯乎天理之极。此则非有'学、问、思、辨'之功，将不免于毫厘千里之谬，所以虽在圣人，犹加'精一'之训。若只是那些仪节求得是当，便谓至善，即如今扮戏子，扮得许多温凊奉养的仪节是当，亦可谓之至善矣。"

爱于是日又有省。

【意】郑朝朔问先生："极致之善也必须从（心外的）[3]具体事物上才能求得吗？"郑朝朔的问题说明他的眼光是对待性的，以为极致的善也需要从具体事物上去求得。可以说，他缺乏对至善境界的先行证悟，没有挺立大本大源的气象，当然也就不能理解至善是与恶无对的天然纯善。

---

[1] 郑一初（1476—1513）字朝朔，广东揭阳人，弘治十八年（1505）进士，官至监察御史。王阳明任吏部主事时，郑朝朔为御史，曾向王阳明问学。

[2] 语出《中庸》第二十章："博学之，审问之，慎思之，明辨之，笃行之。"意为（为了让心意达到真诚至极的"诚中"境界）要广泛学习，要审慎请教，要谨慎思考，要明晰分辨，要切实践行。

[3] 与上一节"至善只求诸心"相关。

先生说："至高无上的善就是使自己的心意达到纯粹天理的极致境界，怎么能够从（心外的）具体事物上去求呢？阳明对至善的回答完全是非刈象化的，非对待的，即不依托具体事物的。换言之，阳明直接谈至善是"一"，不认为理解至善之"一"需要通过具体事物之"多"去理解和思考。在阳明的理解当中，心与物合一，不存在心外的具体事物，所以从心天之意的境界看问题，无所谓心外之物，更不需要从外物的角度去理解心意的状态。毕竟，心意缘生状态时刻通于天理，与天理本无间隔。你姑且试着举几个例子来看看。"

郑朝朔说："比如说侍奉双亲，怎么把握冬温夏凉的分寸和节奏，怎么才能侍奉赡养适宜，必须探求个恰当的标准，才是极致之善，所以就有学习、问难、思考、辨析的工夫。"一旦追求一个标准，其实就是追求一个客观外在的尺度。但极致之善，其实是心意通于天道的合宜的分寸感，是不需要通过某种具体的分寸和尺度来体现的。换言之，这种极致之善其实是拒绝被对象化、实体化的，极致之善当然不是具体的尺度之"指"，而是标准（节、宜）的本体性的"所指"，而对"所指"的理解，只能靠直觉性的体悟，不能靠分析和演绎，更不可能通过学习、询问、思考、辨别的具体方法把标准确定下来就得到。

先生说："如果只是要把冬温夏凉、赡养之事做到合适，那么一两天就可以讲透彻，哪里有必要做什么学习、问难、思考、辨析的工夫？知识性的研究和讨论都是对待的，都是有限的、有边界的。而无论知识如何爆炸性地增长，都是表面的分析和讨论，与深沉的本体仍然有隔膜。朱子理学的致知求真的精神当然有理，阳明年轻的时候也努力去追求客观知识，但外在的理总是与心无关，所以总是有隔阂。所以当阳明推致自己的心学的时候，就不再强调知识性的探求了，而强调知识本身就是行动，这就预示着下一节知行合一的出场。即使在侍奉父母、努力做到冬温夏凉之时，也要让自己的本心之意通达纯粹天理的极致境界；奉养的时候，就是让自己的本然心意状态达致纯粹天理的极致境界。这需要在意实化为念之前，在意发动之前，就做好涵养功夫，也就是说，要在意发为念之前就涵养出心意通天的心天之境。阳明的讲法是非对象化的，与具体的节目和合宜的分寸、尺度、知识都没有关系。心天之意是无待的，因为无待，所以心天之意发动就是知行合一的状态。然而要在起心动念之间达到这个境界，就非得有博学、审问、慎思、明辨的工夫不行，否则难免有差之毫厘而失之千里的危险。如果没有把握好心意发动的状态，那么与物交接而实化的意念，就可能会失之甚远。意在念之前，念比意更具体、更明晰。意与事物共存，冲漠无朕，万象森然之间升起，所以意在言外，在前表达的状态，在心念明晰化之前。所以即使是圣人，也要追求本心与天理融通达致精粹纯一的古老训诫。心天之意的圣人之境是遵从天意，强调心意发动即天意的知行合一状态，也是从心意发动的瞬间就是纯粹天意的精诚专一境界。如果只是将那些具体礼仪形式做得适宜恰当，就称之为极致之善，那么如今演戏的戏子，他们在台上就能假扮关心父母冬温夏凉，把奉养父母的一些表面礼仪表演得很好，那么他们的所思所行，就可以被称作极致之善了。"极致之善不是外在的合理中节，而是心天贯通的、知行合一的、即体即用的状态。表面的礼节表演得再好，都与内心的真诚状态脱节，所以表面的分寸和尺度不能当作极致之善，也就是对象性的具体知识，不可能达致根本性的极致之善，因为至高无上的至善是非对象化的、非对待的心意发动的缘生情态，是心意通于天理、天地的根本性源生情态。

这一天，徐爱在旁听到老师和郑朝朔的对话，感到深有省悟。真正心意通天的至善状态，不在表面的尺度、分寸和文章，而是精一之心的临在，纯粹、精诚专注的临在，也是当下真诚通天的临在状态。从这种未发之中通于已发的状态，导出了下面一节关于知行合一的重要讨论。[1]

【5】知行合一，觉知即行

爱因未会先生"知行合一"之训，与宗贤[2]、惟贤[3]往复辩论，未能决，以问于先生。

---

[1] 阳明回答"所以为孝之道"（陈荣捷）不能只有表面的行动，这与程朱强调孝的行为侧重点不同。要把《传习录》的深层思想读到力透纸背的深度，就需要认真琢磨阳明言语背后的通天意境。

[2] 黄绾（1480—1554）字宗贤，号久庵，浙江黄岩人。官至礼部尚书，王阳明学生。

[3] 顾应祥（1483—1565）字惟贤，号箬溪，浙江长兴人。官至南京刑部尚书，王阳明学生。

先生曰："试举看。"

爱曰："如今人尽有知得父当孝、兄当弟[1]者，却不能孝、不能弟，便是知与行分明是两件。"

先生曰："此已被私欲隔断，不是知行的本体了。未有知而不行者。知而不行，只是未知。圣贤教人知行，正是要复那本体，不是着你只恁的便罢。故《大学》指个真知行与人看，说'如好好色''如恶恶臭'[2]。见好色属知，好好色属行。只见那好色时，已自好了，不是见了后，又立个心去好。闻恶臭属知，恶恶臭属行。只闻那恶臭时，已自恶了，不是闻了后，别立个心去恶。如鼻塞人，虽见恶臭在前，鼻中不曾闻得，便亦不甚恶，亦只是不曾知臭。就如称某人知孝、某人知弟，必是其人已曾行孝行弟，方可称他知孝知弟。不成只是晓得说些孝弟的话，便可称为知孝弟？又如知痛，必已自痛了，方知痛；知寒，必已自寒了；知饥，必已自饥了：知行如何分得开？此便是知行的本体，不曾有私意隔断的。圣人教人，必要是如此，方可谓之知。不然，只是不曾知。此却是何等紧切着实的工夫！如今苦苦定要说知行做两个，是甚么意？某要说做一个，是甚么意？若不知立言宗旨，只管说一个两个，亦有甚用？"

爱曰："古人说知行做两个，亦是要人见个分晓，一行做知的功夫，一行做行的功夫，即功夫始有下落。"

先生曰："此却失了古人宗旨也。某尝说，知是行的主意，行是知的功夫；知是行之始，行是知之成。若会得时，只说一个知，已自有行在；只说一个行，已自有知在。古人所以既说一个知，又说一个行者，只为世间有一种人，懵懵懂懂的任意去做，全不解思惟省察，也只是个冥行妄作，所以必说个知，方才行得是；又有一种人，茫茫荡荡，悬空去思索，全不肯着实躬行，也只是个揣摸影响，所以必说一个行，方才知得真。此是古人不得已补偏救弊的说话，若见得这个意时，即一言而

---

[1]　通"悌"，敬爱兄长。

[2]　《大学》的原文是"如恶恶臭，如好好色"，顺序相反。

足。今人却就将知行分作两件去做，以为必先知了，然后能行。我如今且去讲习讨论，做知的工夫，待知得真了，方去做行的工夫，故遂终身不行，亦遂终身不知。此不是小病痛，其来已非一日矣。某今说个知行合一，正是对病的药。又不是某凿空杜撰，知行本体原是如此。今若知得宗旨时，即说两个亦不妨，亦只是一个；若不会宗旨，便说一个，亦济得甚事？只是闲说话。"

【意】徐爱因为没有领会先生"知行合一"的教诲，与宗贤（黄绾）、惟贤（顾应祥）两同门反复争辩讨论，还是没法搞明白，于是就向先生请教。

先生说："你不妨试着举个例子来看看。"

徐爱说："比如现在人人都知道应当孝顺父母、尊兄敬长，但行动上却往往不能做到孝顺父母、敬爱兄长，由此可以看出，知道与行动，分明就是两件不同的事情。"知道了却不能付诸行动，点出了知识与行动的脱节，知行不能合一是一个大问题。知是知道对象化的知识，这与非对象化的觉知、察知、体知其实有明显区别，如果是非对象化的觉照之知，其实知就是行，但对象化的知识，知道再多，都不是当下的行动。

先生说："如果是这样看的话，这种人的心意已经被私欲隔断了，再也达不到我说的觉知与行动相通为一的本体状态了。私欲隔断，对象化的知识就产生了，这当然不是阳明所言那种觉知，不是心意发动的瞬间即行为发动的开端那种知行合一的本体状态。因为本体状态即体即用，如果本体被遮蔽，则发用也就不显。（天底下）没有觉知了却还不能去行动的事情。如果已经觉知了，却还不能够行动，那只能说他其实并没有真正地觉知。觉知本身就是行动，心意的觉知发动就是心意的行动，心意之知，即心意之行，意知即意行。圣贤教导众生怎么去觉知和行动，正是要恢复那个觉知与行动相通的本体状态，阳明所讲的（知行）本体是其哲学思想的核心，他所谓觉知与行动相通的本体性状态，不是一般意义上先有具体客观化知识，再按照知识去行动那种先后关系。通常来说，如果把"知"理解为客观外在的知识（knowledge），就容易分开知识与行动，而如果把"知"理解为觉知（awareness），那么就既是对知识的觉知，同时也是对行动的觉知，这种觉知是不可能离开行动的。可见，知行合一不是 unity of knowledge and action（陈荣捷译文），而是 continuity of awareness and action。[1] 觉知本身是原发的，是感觉到本体的状态，即心意发动的缘生情态，是万事万物实存的心物一体、意物一体的状态。意识对这种状态的觉知（意知），就是意识的行动（意行）。不只是随便教人只要知道怎样去认识和实践就可以了。所以《大学》指出什么是真正知行合一的本体状态给人看，举例说好像'爱好美好的姿色''厌恶恶心的臭味'那样。看见美色属于觉知，喜好美色属于行动。美好的姿色、恶心的臭味，二者都天然地打动人，引发人的意识和行为，似乎并不分开，简易直截，所以阳明总是用来作为知行合一的例证。事物进入视觉、嗅觉意识，被意识感知、觉知、察知进而领悟而迅速引发行动（好恶），这种觉知即行动的本体融通状态当中，不否认对存在事物的觉知，但心意与事物的本体性融通之境，是意识觉知（意知）和行动（意行）的根本。自然而然的心意与行动倾向，犹如对美色的喜欢和对臭味的厌恶，表示人的意识之知与意识之行是天然融贯一体的，意识知觉（意知）是对自然之意的察知和感觉，意行是自然之意与人心交接的自然实化。人一看见（并觉知）美色时，其心意就自然喜欢上了，不是看见美色并有所觉知之后，又生出一个心意来，才有去喜欢美色的行动。不是先有一个外在的刺激，才导致了一个喜欢或者厌恶的意念（知），甚至不是先有一个喜欢或者厌恶的意念，之后才有喜欢或者厌恶的行动（行）。也就是说，喜欢或者厌恶都是一种纯粹自然的、自动的反应（行），好像天机感应一般，在这种天机发动一般的知行关系当中，知与行是一体的，不可分先后的。换言之，知行在后天意识的层面上，很容易有先后之分，但回溯到先天发动的源初境域当中，知与行是同时升起的，无法区分先后。人对性感和美感的生理反应，都是当下直截的，意识的觉知（意知）与意识行动（意行）是不可分开的，这既是"诚"，也是明摆着的"明"，不需要反思和思考就能觉知并付诸行动的状态。这说明"知行合一"的当下现成性，意识之知（意知）和意识行动（意行）具有无法言明、只能直观的同时性。人闻到恶臭气味属于觉知，厌恶恶臭的气味属于行动。人只要闻到（并觉知）恶

---

[1]　参陈荣捷 Wing-tsit Chan, *A Source Book in Chinese Philosophy*, Princeton University Press, 1963, p. 668。

臭的气味，其心意就已经产生了厌恶，不是闻到恶臭之后，另外兴起一个心意，去做厌恶恶臭的行动。喜好美色和厌恶恶臭的意思都是原发的、天然的意识状态，意知与意行如此合为一体，以致根本不需要另外升起一个意念再去行动、去克服、去改变。以此言之，儒者心天之意的修养是非对象化的、非对待的。如果心天之意的修养能够实现让意念都顺其自然，则天然的仁爱之心、孝亲之情就得到全面的生发，仁爱他人也成为天然发动的，类似对美色的喜欢、对恶臭的厌恶那种"知觉－行动"一体性的状态。如此一来，儒家心天之意的修养就趋于极致了。也就是说，实现了知行合一，那么儒者之知与儒者之行就完全打通而没有间隔了。也可以这样理解行动和心意的同时性：感知的意识还没有退去的时候，厌恶的意识就已经升起了，或者说，人的价值体验的意识晕圈还没有散去，人的行动反应的意义晕圈已经跟上了。[1] 比如鼻子塞住了，虽然看见眼前有恶臭的东西，但鼻子并没有闻到恶臭的气味，也就不会太厌恶，这就是因为他对于恶臭的存在没有意会。阳明强调以主观的意识境遇为本，它决定人的反应。这虽然可以理解为意本论有主观性，似乎缺乏客观性的基础。但谁又能否定，那种鼻子闻不出来的恶臭的客观存在，其实也不过是其他人的一种共主观性的意识境域呢？只是其他很多人都说恶臭是存在的而已，这样所谓的客观性还是建立在更多人嗅觉彼此认可的主观体验基础上的。就如说某人知道孝顺、知道友爱，那一定是他已经践行了孝顺和友爱，才可以称他知道孝顺、知道友爱。不然，难道只听到某人会说一些孝顺、友爱的话，就说他真的知道孝顺、友爱了吗？一个人知道客观的、对象化的知识，是不足以判断此人也会行动的。而行动却必然需要知识，只是这种知其实是觉知、感知、悟知，不是一种客观化的、对象化的、表面礼节性的知识，而是一种真正的一体性的觉知，是心意通于实际境遇的融通状态，这种根本性状态才是心天之意的本体。又比如知道痛，必定是自己已经经历了痛，才可以说知道痛；知道寒冷，一定是自己已经经历了寒冷；知道饥饿，一定是自己已经体验到饥饿了：觉知与行动如何能够分得开呢？这就是知与行不可分割的本体

---

[1]　参张祥龙：《儒家心学及其意识依据》，第352—353页。

状态，之间没有私欲阻隔。对疼痛和饥饿的心意状态，是当下的感同身受，不可能先有一种叫疼痛或饥饿的客观知识，再去体验那种与知识对应的客观的、对象化的感知状态，必然是体验到非对象化的感知状态（意行），才能立即升起相应的知识（意知），这就是知行合一的一体性（continuity）。圣人教育学生，一定要理解觉知与行动完全合一这一点，才能称之为'知'。不然，就是没有真正的觉知。这是多么紧要和切合实际的工夫啊！可是今天世人苦苦要把觉知和行动分成两回事，是什么用意呢？我要说知行合一，又是什么用意呢？如果不知道我建立的学说的宗旨，只去谈论觉知与行动到底是一件事还是两件事，又能管什么用呢？"阳明的知行合一是针对当时的读书人普遍认可朱子先致知而后到一定程度才能开悟来说的。朱子的说法符合常识，即通常人们要先学习知识，之后再去行动，也就是要去先学习外在的、对象化的、客观的知识，再用行动去转化，这就把知识与行动分成两截。阳明的知是觉知，是主客合一的，不是对象化的客观知识，其行动也不是把外在的客观知识付诸行动。

徐爱说："古人把觉知与行动分为两回事，也是要人分个清楚，一边做觉知的工夫，一边做行动的工夫，这样工夫才能落到实处。"

先生说："你这种说法违背古人的宗旨了。我曾经说，觉知是行动的主导，而行动是觉知的工夫；觉知是行动的开始，而行动是觉知的完成。徐爱觉得朱子是先要人们慢慢体会，不断求知，到最后才能升华开悟，这样才能把工夫落实，但阳明强调要先开悟，之后在致知的具体过程中，时刻做统一的行动工夫。其中觉知是行动主导意图，行动是把觉知实化的工夫。觉知开始行动，行动已经完成觉知，二者其实是不分先后，首尾衔接的。如果理解了，只说一个觉知，就已经包含了行动在内；只说一个行动，也已包含了觉知在内。古人所以既说一个觉知，又说一个行动，主要是因为人世间有一种人，迷迷糊糊地由着性子去做事情，完全不知道思考和反省，结果就是昏着头胡乱做事，所以必须要跟他先讲知的道理，他才能践行得更加实事求是；心天之意是对上根人的说法，知行二分其实是对下根人讲的不得已的方法。根基低下的人生活在对象化的主客对立的世界当中，自以为理性、推理、逻辑是世界的本来面目，所以对生活的本相缺乏觉知的能力，不能够反省和体察自己所知和所行的状态，所以需要校正他们的客观知识，然后帮助他们去正确地行动。这是一个帮助一般人实事求是的过程，也就是知道实际事情的本来的、客观的状态，努力去寻求其所当是的客观知识的过程。还有一种人，异想天开，完全不肯亲自去踏实行动，最终只是靠主观猜测、揣摩玄想，所以你必须跟他说行动的道理，他才能求得真理性的知识。对一般人来说，真理是符合论，是通过真切的行动，让内心所求得的知识与客观、外在的真理相符合的过程。但心天之意是上根人的学问，强调的是心意通于天的一体性状态，在知识论和真理观就是融贯论，而不是符合论。这是古人为了补偏救弊才不得已这样讲的，如果真正领会了古人这番立意，那么一句话就可以把知行合一讲清楚。现在的人们非要将知和行分为两件去做，认为一定要先觉知了，然后才能去行动。我现在暂且去讲习讨论如何才能做到觉知的工夫，那么等到认知真切了，然后再去做行动的工夫，结果最后肯定终身不能实践，也会终身一无所知。对象化的思维追求的是客观外在的真理，好像有了真理就可以指导行动，科学主义、理性主义就是这样的思维方式。但是，对象化的真理其实是不可穷尽的，也是永远不可能达到绝对真理的，就像无法画出绝对的圆一样。如果明知不可能画出绝对的圆，还要先去追求关于绝对圆的知识，那就永远不可能画出任何现实中的圆了。所以画圆的意念发动，就是画圆的行动本身，不存在按照绝对圆去画圆的可能性，否则就一个圆都不要画了。心天之意发动，即与万事万物相融通，不是等意念发动之后，再去与事物接轨，因为事物皆在起心动念之中，所以才可以把意知等同于意行，直接在实化心意上做功夫。这不是小毛病，其由来已久，不是一两天的问题了。我如今倡导觉知与行动合一，正是对症下药。这又不是我凭空杜撰，觉知与行动不分的本体原本就是这样的。现在如果知道了这个知行合一的宗旨，那么再把知和行这两个分开讲也无关紧要，因为其实仍然是那个心天一体的本体；知行合一的根本状态需要从意识发动的状态来理解，即意识之知（意知）就是意识之行（意行），意识的知是一种当下的、原发的、直截了当的知，而这种知本身就是行动，也就是人的喜欢和厌恶并不是后起的，不是反思性的，不是判断性的，而是天然的、直截了当的、毫无第二种可能性的。如果人对于心天之意的修行，也能够达到这种知行合一的状态，那么对于心天之意之知，便是心天之意之行，二者毫无间隔，没有区分，所意即所行，意知即意行，当然，意行也就是意知，并不是在实化的意念行动之外还有另外一个意念之知[1]。如果没有领会知行合一这一宗旨，即便讲觉知与行动合一，又有什么用呢？不过是空闲时说些废话罢了。"前面心学的三大前提，到这里加了一个"知行合一"，如此一来，阳明心学就有了四大命题：至善，心即理，存天理灭人欲，知行合一。这四大命题构成了阳明心学的核心。这四大命题都不是分析命题，而是当下现成、直觉证悟的命题，因为每个命题都不可能通过逻辑分析而得到证明。"至善"与善恶无对，不可能在善恶对待的逻辑运算当中得到证明；"心即理"是心与理不分，无法区分，所以不可能从心和理区分的逻辑演绎当中推演出来；"存天理灭人欲"，天理和人欲也不是通常意义上的对待的，甚至不是朱子所谓的道心和人心意义上的对待说法，因为存天理即是灭人欲，不是通过灭人欲去存天理，因为根本就不存在一个对待的工夫论、修养论的结构，所有通过克服人心实现道心的努力，根本就不可能实现。"知行合一"即知（意知）就是行（意行），二者本身都是非对象化的、非对待的源生性的一体性状态，所以不存在一个与真理性的客观知识相对待的纯粹行动，因为觉知本身就会指导行动，而行动从来不可能没有觉知。这种知行合一的一体性，也不可能通过对待性的逻辑分析和理性推理去证明，只能通过智性的直觉去证悟和开解。

【6】心通物境，修身待命

爱问："昨闻先生'止至善'之教，已觉功夫有用力处。但与朱子'格物'之训思之，终不能合。"

先生曰："格物是止至善之功，既知至善，即知格物矣。"

爱曰："昨以先生之教，推之格物之说，似亦见得大略。但朱子之

---

[1] 耿宁在讨论刘宗周"意中之知"的时候，用的是 intentions（意向），因为认知以意向为基础；在讨论"知中之意"的时候，用的是 conation（意能），因为在认知过程之当中含有意能。参耿宁：《人生第一等事——王阳明及其后学论"致良知"》，第 1103 页。

训，其于《书》之'精一'，《论语》之'博约'[1]，《孟子》之'尽心知性'[2]，皆有所证据，以是未能释然。"

先生曰："子夏[3]笃信圣人，曾子[4]反求诸己。笃信固亦是，然不如反求之切。今既不得于心，安可狃于旧闻，不求是当？就如朱子亦尊信程子，至其不得于心处，亦何尝苟从？'精一''博约''尽心'本自与吾说吻合，但未之思耳。朱子'格物'之训，未免牵合附会，非其本旨。精是一之功，博是约之功。曰仁既明知行合一之说，此可一言而喻。'尽心''知性''知天'，是'生知安行'事[5]；'存心''养性''事天'，是'学知利行'事；'夭寿不贰，修身以俟'，是'困知勉行'事。朱子错训'格物'，只为倒看了此意，以'尽心知性'为'物格知至'，要初学便去做

---

[1] 语本《论语·雍也》："子曰：'君子博学于文，约之以礼，亦可以弗畔矣夫！'"意思是君子广泛地学习文献典籍，又以礼节来约束自己，那就可以不偏离人生正途了。又本《论语·子罕》："颜渊喟然叹曰：'仰之弥高，钻之弥坚，瞻之在前，忽焉在后。夫子循循然善诱人，博我以文，约我以礼，欲罢不能，既竭吾才，如有所立，卓尔，虽欲从之，末由也已。'"意思是，颜渊感慨地赞叹说："（对于老师仁人之意的学问和境界）我抬头仰望，越望越觉得高；我努力钻研，越钻研越觉得思想核心坚固而无法琢磨透彻。明明看着在前面，忽然又到后面去了。老师善于循序渐进地诱导我，用文献典籍来广博我的知识，用礼义廉耻来规范约束我的言行，使我想停止学习都不可能，（老师完全开发了我的才能）让我竭尽全力，使我觉得自己好像有所建立，可是，每当他树立一个新的思想，总是那么卓尔不群，崇高无限，虽然我一直想要追随上去，却总觉得根本没有道路可以遵循。"

[2] 语本《孟子·尽心上》："孟子曰：'尽其心者，知其性也。知其性，则知天矣。存其心，养其性，所以事天也。夭寿不贰，修身以俟之，所以立命也。'"意为充分扩张人的本心，就懂得了人的本性。懂得了人的本性，就知道了天命。保持人的本心，涵养人的本性，这就是对待天命的方法。不管是短命还是长寿，我只是修养自己的身心，等待天命，这就是安身立命的方法。

[3] 子夏姓卜名商，字子夏，春秋时晋国人，孔子弟子。

[4] 曾子即曾参，字子舆，鲁国人，孔子弟子。

[5] 语本《中庸》第二十章："或生而知之，或学而知之，或困而知之，及其知之一也；或安而行之，或利而行之，或勉强而行之，及其成功一也。"意为：有的人生来就知道它们（五达道、三达德），有的人通过学习才知道它们，有的人要遭受困顿磨难之后才能领悟它们，但只要他们最终都明白五达道、三达德，所知的都是一样的"诚"。又比如说，有的人安然自觉地去践行它们，有的人为了贪求利益、权衡利弊之后才去践行它们，有的人受到勉强、不得已才去践行它们，但只要人们都践行了五达道、三达德，道理都只有一个，是因为他们真诚无妄，诚心诚意。参朱熹：《四书章句集注》，中华书局，2015年，第793页。

生知安行事，如何做得？"

爱问："'尽心知性'，何以为'生知安行'？"

先生曰："性是心之体，天是性之原，尽心即是尽性。'惟天下至诚为能尽其性，知天地之化育[1]。'存心者，心有未尽也。'知天'，如知州、知县之知，是自己分上事，已与天为一；'事天'，如子之事父、臣之事君，须是恭敬奉承，然后能无失，尚与天为二，此便是圣贤之别。至于'夭寿不贰'其心，乃是教学者一心为善，不可以穷通夭寿之故，便把为善的心变动了，只去修身以俟命；见得穷通寿夭有个命在，我亦不必以此动心。'事天'虽与天为二，已自见得个天在面前；'俟命'便是未曾见面，在此等候相似：此便是初学立心之始，有个困勉的意在。今却倒做了，所以使学者无下手处。"

爱曰："昨闻先生之教，亦影影见得功夫须是如此。今闻此说，益无可疑。爱昨晚[2]思，格物的'物'字，即是'事'字，皆从心上说。"

先生曰："然。身之主宰便是心，心之所发便是意，意之本体便是知，意之所在便是物。如意在于事亲，即事亲便是一物；意在于事君，即事君便是一物；意在于仁民爱物，即仁民爱物便是一物；意在于视听言动，即视听言动便是一物。所以某说无心外之理，无心外之物。《中庸》言'不诚无物'，《大学》'明明德'之功，只是个诚意。诚意之功，只是个格物。"

【意】徐爱问："昨天听到先生讲'止于极致之善'，已经觉得做功夫有下手用功的地方了。但是如果跟朱熹先生'格物'说比较起来思考，

---

[1] 语本《中庸》第二十二章："唯天下至诚，为能尽其性；能尽其性，则能尽人之性；能尽人之性，则能尽物之性；能尽物之性，则可以赞天地之化育；可以赞天地之化育，则可以与天地参矣。"意为只有心意通达了天下最真诚至极的境界的圣人，才能充分实现自己天道自然的善性；能充分诚于自己的天性之中，就能充分辅助众人诚于众人的天性之中；能充分诚于众人的天性之中，就能充分辅助万物诚于它们的天性之中；能充分诚于万物的天性之中，就可以辅佐天地化生万物、助成天地的养育功能；能辅佐天地化生万物、助成天地的养育功能，就可以与天地并列为三了。

[2] 黎业明本作"晚"字，参黎业明：《王阳明传习录校笺》，第 19 页。邓艾民本作"晓"字，参王阳明撰，邓艾民注：《传习录注疏》，第 13 页。

就觉得仍然不太合拍。"

先生说："研究事物（格物）是止于极致之善的功夫，既然已经知道了极致之善，那就已经知道如何去研究事物了。"格物即是格心，也就是说，研究学问（格物）是为了达悟心天之境（格心），也就是心意通天之境，也就能够知道什么是极致之善的状态，那就是到了意念与最根本的善与万物都联通的境界了。阳明的格物不是一般理解上的研究事物，其实就是格心，也就是格意，是对意念的反省、研究、琢磨。这就是心通物境。也可以说，阳明把朱子的格物工夫当境界说了，对朱子来说，格物是具体的工夫、过程和目标，但对阳明来说，格物就是格心、格意。可见，阳明转化了常识性的心物对待、心物两分论，为心通物论。

徐爱说："昨天用先生的教导，来推究朱熹先生关于'格物'的学说，似乎也可知道一个大概的情形。但朱熹先生的观点，能够从《尚书》中的'精一'，《论语》中的'博约'，以及《孟子》中的'尽心知性'那里找到证据，因此实在不能完全放弃疑惑。"

先生说："子夏非常相信圣人的说法，曾子反而相信自己。笃信圣人固然没有什么错，但不如自己反省探究来得真切。曾子强调反躬自省，其反身而求是在意念发动之处自我省察（self-reflection），即意念发动不仅有意向性的向外投射，还有一个内向的、自我反省的机制，好像心意在未发和已发时都能够自我观照一般，可以理解为内观、自觉、反身觉照等，相当于唯识宗的自证分，为下文"良知"的出场埋下了伏笔[1]。现在既然没有什么心得体会，怎么可以纠缠在过去的学说当中，反而不去追求心意通天的合理分寸呢？就像朱熹先生也尊重和相信程子，但对于那些自己没有心得体会的

---

[1]　《传习录》的编辑看似散乱，其实层层递进，环环相扣，和《论语》类似，段落和章节之间蕴含着极其丰富的内在编辑思路。因为王阳明本人阅读、修改编辑过《传习录》的大部分内容，所以可以把前面部分的编辑思路理解为阳明哲学关键词一个接一个出场的过程，而且每个关键词的出场，都需要设定对话并做好背景铺垫，从而引出出革命性的新思想。可见，编著者不仅要尽可能解释清楚、讲论明白，更重要的是需安排好理论演进的路数，做到递进有序、推陈出新，这就需要把每个关键词出场的思想背景都设定得天衣无缝，让新思想一出场就奠基在牢不可破的理论基石之上，读来回肠荡气、韵味无穷。

地方，又什么时候盲从过呢？'精一''博约''尽心'本来就跟我的学说相吻合，只是你们没有认真思考罢了。学问的核心都是自己真切的体悟。

阳明强调自己的学说与朱子同大于异，都是建立于心得体会之上的性命之学，也强调自己的学说接续圣人之道，不容易为学生们理解。朱熹先生的'格物'学说，难免有牵强附会的地方，（其实这些地方都）没有理解'格物'的根本宗旨。追求精粹是达到根本的工夫，博览多闻是达到简约的工夫。你既然明白了知行合一的道理，那么这一点用一句话就可以说清楚。'尽心''知性''知天'，是生而知之且安顺于本性而行动的人所做的事；'存心''养性''事天'，是通过后天的学习而获得知识，然后利于实践与行动的人所做的事；'夭寿不贰，修身以俟'，是在困顿中勉力行动的人所做的事。朱熹先生错误地解释'格物'，就是因为把前后因果关系看颠倒了，把'尽心知性'当作'格物致知'，要初学者一开始就去做生而知之且安于本性而行动的人所做的事情，这怎么可能做得到呢？"在阳明看来，朱子违背了"格物"说的根本内涵，因为朱子把"物"看成是对象性的、客观的、外在的，这样"格"就成为理性的分析和探究，朱子这种对象化思路，是与阳明的心通物论背道而驰的。本节可见，阳明要在心通物论的基础上，推出并强调自己对格物即格心说的理解，并从自己理解的格物即格心这一根本宗旨出发，批评进而否定朱子关于"格物"的常识性说法。无疑，把格物转成格心，凸显心学境界比理学要高，正如此书把阳明心学从易学和意学的角度加以诠释，对于一般的初学者来说，其实也不易找到入手之处。要理解阳明的格物即格心说，就要理解阳明的心即理、心外无物、知行合一等基本论调。要理解本书对阳明心学的转化，一方面要理解阳明心学的源头离不开易学；一方面要理解意本论哲学（意学）对心学的哲学转化和思想推动。

徐爱问："'尽心知性'，怎么会是'生知安行'的人所做的事呢？"

先生说："人的本性就是心的本体，天理是本性的来源，因此尽全力发扬人的善心就是彻底发挥人的本性。本性通于天地之理，发扬心天之意即是把人之心意和本性通天的源生情态发挥到极致，在起心动念之间接通天机，心意诚于天意。《中庸》说：'只有心意通达了天下最真诚至极的境界的圣人，才能充分实现自己天道自然的善性……能充分诚于万物的天性之中，就可以辅佐天地化生万物、助成天地的养育功能。'（唯天下至诚，为能尽其性……能尽物之性，则可以赞天地之化育）存养本心，就是因为还没有达到'尽心'的程度。'知天'的'知'就像'知州''知县'中的'知'，州官、县官对于州县的治理本来就是自己分内的事情，人心本来就与天融合为一体；人的心意诚于天意，则心意发动，时刻从本体上与天合一，心意通达天意就是自然而然的事情，也是根本性的境界。'事天'就好比儿子孝顺父亲、臣下辅佐君上那样，必须毕恭毕敬，小心奉承，然后才能万无一失，只是'事天'的说法仍然有跟天相分为二的意思，这就是圣人与贤人境界的区别。圣人的心意即天意，起心动念不分天人为二，心意发动皆在天道之中，念念通达极致之善，时刻接续先天之机，没有任何对象化、对待化的观念。但贤人从对待的视角看世界，要分别善恶，并且通过对象化的思路做具体的工夫。可见，圣贤之分在于他们心意发动的瞬间即有分别，这是动机主义（motivationalism）的观点，而不是结果主义（consequentialism）的。至于'夭寿不贰'其心，就是教育学生一心追求极致之善，不能因为自己境遇穷困或通达、长寿或夭折的缘故，就动摇了为善的根本心意，而要只去修身养性，静待天命；虽然意念发动皆天理，心通于天，故心天之善为根本，但仍然要努力发动无对待的至善之心，实化非对象的至善之意，不可坐等善心流布，也就是说，致良知需要努力，需要付出主观的意能，不可以坐等消耗自己本来的能量，此处有《了凡四训》云谷禅师的棒喝一般的教化之味：虽然本心通天，至善之心意自然流动，但学习之人仍然要着力用意，实化善意，而不可以坐等善意流布，这是阳明心学强调从心意发动的根源用功的根本宗旨所在。知道穷困与通达、长寿与夭折都是上天注定而难以改变的天命，但是我们不可以因此就动摇自己必须实化善心善意的努力。无论命运如何，我们都要有无条件、非对象化地实化心天之意的自由意志。加缪在《西绪弗斯神话》当中强调人需要高扬自己的精神，使其在绝望中绽放，即使面对死亡的绝境人可能无限悲观，人在当下也需要发扬乐观主义。这种在绝望中也要提振精神希望的努力，与阳明狱中读易、龙场悟易的心天之意境界是贯通的。'事天'的说法虽然把人与天分为两回事，但自己已经知道有天命的存在了；'俟命'就是从来不曾见过面，好像在一个地方等候陌生人差不多；天和命看起来是外在的、不可测的，其实开悟之后，都不是对象化的、外在的、客观的，因为都是随着我们的心意而生成并且变化的。至少我们可以知道，在心意发动之处，即可通天，即可以知道命运的状态。所以要安心静候心意的缘分（无限的具体缘分积累而成为命运的整体性）自然到来，犹如《等待戈多》中的那种非对象化的等待，对新的缘分似乎期待而不可能只是期待客体的那种状态，好像需卦各爻在不同的状态当中等待，但这种等待不是等待一个外在的客观事件的发生，而是把握当下的等待的心意状态，在等待的状态当中，时机化地把控等待的心意境界。这正是初学者树立涵养本来源初心意状态的时候，是非常需要在困境当中勉力而为的。等待不是确定地等待什么，而是等待一种未定意缘可能发生、可能降临的状态，是在未发的意念状态中去涵养等待的境界。好像朱子的老师李侗教他静中体验"未发之中"，其实是等待一种圣人境界的展开，也是去等待心意联通世界，并在意念当中展开的状态，但朱子体悟不到，就赶紧回到文字辨析、分析明理的对待性境界当中去了。而今朱熹先生竟然把先后顺序给搞颠倒了，所以让初学者茫然不知如何下手。"因为朱子的境界是对待性的，与阳明强调涵养最根本的心意通天的状态可以说正好相反。阳明强调心意发动的至善状态为根本，反对朱子那种对象化的思路，从具体事物上下手，而不是从一开始就追求极致之善。阳明认为，格物其实就是格极致之善，是证悟到极致之善之后，天理、良知就能够自然发动和流布，而不是在主客对立的理性主义层面上，像朱子那样去研究具体的事物，那种茫然正是年轻的王阳明长期困惑的，也是他悟道之后要求学生们必须摆脱的。

徐爱说："昨天听到先生的教诲，已经隐隐约约觉得（格物的）功夫应当这样下。今天听您这么解释，就更加觉得没有什么可以怀疑的地方了。我昨天晚上思考，格物的这个'物'字，其实应该理解为'事'[1]字，因为都是从心意发动的瞬间去讲求的。"

先生说："对的。身体的主宰是心，心所发出来的就是意向，阳明认为意为心之所发。在本论中，意也是心之实存的根本状态，也就是说，心以意的

---

[1] 安乐哲从过程宇宙论的角度认为，中国古代宇宙论的"物"其实都不是 things，而是 events（事件）。

状态存在于世。意的本体通达于天下万物，意涵万有，心天之意即意念合天不二的境界。阳明的心外无物，心通天地，其实是意通天地，万物皆在意中，都不离开意，如此则万物皆事，因事即意物一体。万物的存在都不能离开心意发动的瞬间，因为是意念念念相续维持着作"事（心物一体）"的"物"，使之在世间存在。意向的本体是觉知，知是觉知，是比感知更有觉照意义的天觉良知。正是在天觉良知的意义上，我们可以讨论意念与天地万物总体的关系，是否有一种觉照、明白、端正。当意念觉察天地之万物为万事，则万物为意识所觉察，从而赋予万物一种成为万事的觉知。万事与心意是否合适与通达，皆在意念的瞬间觉照上感通。意所指向的所在就是事物。意可以理解为具体的意向性，即人的心意所指向的所在对象就是"物"，但这个"物"并不是纯粹客观外在的"物"，而是与人的"心"关联的"事"。正如心天之意指向的是天地之间的事物。意不可能凭空存在，也不可能无关联地存在，因为意必有向（意向）、有缘（意缘）、有境（意境）等，物和事皆随意而生、而成[1]。比如说意向在于奉养父母，则侍奉父母就是一个事物；意向在于辅佐君主，则侍辅君主就是一个事物；意向在于仁爱百姓，爱惜事物，那么仁民爱物就是一个事物；意向在于看见、听闻、言说、行动，则看见、听闻、言说、行动都是一个事物。所以我说，'没有存在于心外的天理，没有存在于心外的事物'。心外无理、心外无物是阳明学的本体论根据。其实他是从意外无理、意外无物的角度去论证的，也就是说，所谓"心外"其实就是"意外"（心意之外）。换言之，阳明不是说万事万物不能离开肉体的心而存在，而是说意识之外没有天理、没有万物，万事万物都不可能离开人的意识而存在。所以，阳明的心本体其实是意本体，心本论其实是意本论。《中庸》说'不诚无物'（任何事物如果离开了真诚至极的创生之力，就不能够保持其自身物之为物的内在力量），《大学》说'明明德'（弘扬光明的德性为德行）的工夫，就是使意念真诚。意念真诚的工夫，就是格物（研究事物的道理）。"阳明认为格物即格心，其实就是格意。也就

---

[1] 张祥龙认为，阳明哲学并不是主观唯心主义，可以做现象学的解读。"物"是意向对象，是赋意、统摄构造出来的。"物"是"事"就意味着"物"不是没有生命力的纯粹客体，"物"其实是与人的关切、意义和价值感联系在一起了。"诚"意味着赋意出来的不是纯粹客体，而是有价值意味的。参张祥龙：《儒家心学及其意识依据》，第 370 页。

是说，研究事物的道理，肯定不是研究血肉心，而是意识心，也其实就是研究心意发动的道理。这样说来，诚意就是实意，即实化意念。格意就是在心意发动的瞬间状态上用功，就是实化心意通天的状态，每一个心意发动的瞬间是如何，世界便成为如何。阳明至此提出了自己的"格物"说，前面的四大命题至此就变成五大命题：至善、心即理、存天理灭人欲、知行合一、格物即格心。阳明哲学思想的核心议题如此层层递进、抽丝剥茧地展开，说明阳明和徐爱师徒在编辑的时候其实非常用心，对于哪一条在前，哪一条在后，都认真思考、费尽心思。

【7】心意道术，格意明德

先生又曰："'格物'，如《孟子》'大人格君心'[1]之'格'，是去其心之不正，以全其本体之正。但意念所在，即要去其不正以全其正，即无时无处不是存天理，即是穷理。天理即是'明德'，穷理即是'明明德'。"

【意】先生又说："'格物'，就有如《孟子》所说的'大人格君心'中的'格'那样，是指去掉人心意升起时不正的邪意，而回归心意通天的本体纯正的状态。这里明确提出"格物即格心"说。格心就是至善的自然流布，是在心意发动处，天地自然之善自然流行。相比之下，朱子的格物说不去追求具体事物上的天地自然之善，这样阳明的格物与朱子的格物说就出现了根本性的区别。阳明颠覆了朱子的格物说，"物"不再是对象化的、外在的客体，而是与心不分的"事"，是非对象化的，是主客合一的存在物。格心即恢复心意通天的纯正境域。这其实是一种"心术"，这种"心术"从根本上说是"意术"，是意念发动的瞬间革除意念不正状态的心意道术，这种心意道术（意术）就是心天之意，即意念的每个瞬间都在"明明德"。彰显光明的德性，便是在一念发动处心意时刻通天，意识通天的境域即意通天地的纯正状态。一旦有意念萌生起来，就要

---

[1] 《孟子·离娄上》："孟子曰：'人不足与适也，政不足间也。惟大人为能格君心之非。'"意为那些当政的人不值得去谴责，他们的政治也不值得非议，只有大人才能纠正君主不正确的思想。

克除不正偏邪的意念，而保全心体纯正状态，也就是要随时随处存养天理，这就是穷尽天理。"心体"是本然通天的心意本体。意念的发动"即本体即功夫"。要克除不正的心念，意念即要时刻在反思之中，保持心意的反省和觉照，好像胡塞尔所谓的"自身意识"，或者唯识宗的"自证分"。[1] 天理就是'光明德性'，穷尽天理也就是'彰明光明的德性'。"明德"是光明的内在德性，"明明德"是彰明光明的内在德性成为崇高的德行。一切彰明的功夫都在意念上做，也就是使得意念的本体彰明起来。光明的德性本体状态可以被意领会（意会），所以心的存在本质上是意心（意会的心体），没有离开意的心存在，所以心本即意本。心的本体就是意识本来通天，一切存天理去人欲的功夫，都在意识发动的瞬间，即意念流行的瞬间去实化、去完成。所以时时刻刻在意念上存天理，就是让意念发动皆在心天之境中。本节的主题是"穷理"，即格心。"意念所在，即要去其不正以全其正"，可以说是正念头。意念本身无所谓善恶，意念需要跟事关联起来才有善恶。换言之，先天的天良之良知本身无所谓善恶，天良的良知落于具体的因缘，在其缘生情态当中就有善有恶。致良知于事事物物，就是觉知意念通达于事物，让意念时刻包容、觉知、感通事物。所以格心就是格意，心本即是意本。而且意为心本，心是意会的心。心学的心本体，其实是意本体。

【8】天良之知，推致天下

又曰："知是心之本体，心自然会知：见父自然知孝，见兄自然知弟，见孺子入井自然知恻隐，此便是良知，不假外求。若良知之发，更无私意障碍，即所谓'充其恻隐之心，而仁不可胜用'矣[2]。然在常人，不能无私意障碍，所以须用致知格物之功，胜私复理。即心之良知更无障碍，得以充塞流行，便是致其知。知致则意诚。"

---

[1]　参张卫红：《良知与自证分——以王阳明良知学为中心的论述》，《世界宗教研究》2015 年第 4 期，第 47—54 页。

[2]　语本《孟子·尽心下》："人能充无欲害人之心，而仁不可胜用也；人能充无穿窬之心，而义不可胜用也。"意为人如果能够把不想害人的心扩充，那么仁爱就用不完了，人如果能够把不想偷窃的心扩充，那么义就用不完了。

【意】先生又说："良知是本心的本体，心自然就能感知、认知和觉知："知"有三层含义：感知、认知和觉知，分别对应感性、理性和悟性。感知是感觉而有知；认知是认识而知道；觉知是开悟而觉照。感知不可能是心的本体，认知也不可能是，只有觉知意义上的天良之知才可能是心的本体。天良之知本来的状态就通于天地本然之善，因为天良而有天知，每个人都由天而生来具有原生性的天觉良知。看见父亲自然而然就知道孝顺，见到兄弟自然而然就知道友爱，察见小孩子跌落到井里，自然而然就会发动恻隐同情的心意，这就是良知，不需要借助心外的东西就能求得。此处阳明思想的核心概念"良知"登场，是从"知"（天良觉知）自然过渡而成为"良知"。良知自然通天，是天良的觉知、觉照，所以既是心意时刻刻接天的状态，也是心意时刻反省自身存在的状态。这种天良和觉知必须时时刻刻时机化地呈现出来，否则人就不是人了。良知是自主的、自足的、无待的。之所以把良知译成"天良和觉知"，是因为"良"是天良，不是与物有对的良，是无分别的良，不是善恶对待的良；"知"是觉知，不是具体的致知格物层次上、与物相对的求知，而是与物无对的、心通物的、对世界整体性的觉照和感知。如果良知发动，没有私意阻隔障碍，这就是孟子所谓的'充分发挥恻隐之心，则仁爱世人之心就会取之不尽用之不竭'。天良之知化为意念，则心意实化出来自然通天，心与天之间完全不受阻碍。"充其恻隐之心，而仁不可胜用"化用孟子之意。恻隐之心即天良之知（良知），天良之知本来自天，发动回天，与天当然没有阻隔、丝毫没有障碍。王阳明认可孟子恻隐之心的论证，并强调这是一种没有私欲阻隔的心意发动状态。最关键的是，这种心天之意力量无限，虽然只是非常深层的潜能般的意识，可是爆发出来就可以贯通天地，而且要把这种心天之意贯彻到整个人生世界当中去。天良之知有先天诚境的意味，成为诚意之境域。而实化意念（实意）为功夫，"诚"本身不仅仅是真诚，而且是真诚至极之后的创生力，所以既是修身持意的工夫，也是意识通天的境界。然而一般人良知发动（为意念）的时候，（他的意念）不太可能没有私意阻隔，所以就必须用格物致知的功夫来战胜私心私欲，恢复天理。天良之知呈现的过程，自然通天，也就自然去私欲、存天意。格物即格心，致良知就是让天良本心呈现出来，这虽是本体性自然呈现的说法，但其实只能够在意识发动实化过程中领会，所以没有超越意的本体良知，也就是说，天良之知也是一种意识到的良知，良知不可能在意识之外。良知是在意识发动的过程当中自然、自发地"良"，运动地、流动性地、自然而然地"良"起来。[1] 这样心中的良知发动流布就没有任何障碍，得到充分的发扬流传，这就是良知自然呈现（致其知）。在意识发动的端点上做通天的功夫，但这种天良是当下一时的良，而不是对象化的良。阳明说知，基本上指"良知"，明确包含天良和觉知的意味，不是一般的感知和认知，而是在觉知的基础上实现知行合一，立即就有主体性（选择）和行动力（执行，择善固执）的意味。良知得到呈现（心意自然通天），那么意念也就真诚了。"天良的觉知得到具体的呈现，实现了心意自然通天的状态。可见，天良觉知本身不是一个可以"求放心"能够找到或者得到的对象化存在，因为天良觉知是贯通先天和后天的，是通于一切（心即理）的，所以不可能成为对象化的存在物。良知只有是否呈现的问题，犹如宝珠自然闪光，光耀一切，只有是否被遮蔽的问题。[2] 至此，阳明学的五大命题——至善，心即理，存天理灭人欲，知行合一，格物即格心，全部归结为一大中心命题——致良知。

【9】礼本天机，意发接天

爱问："先生以'博文'为'约礼'功夫，深思之，未能得，略请开示。"

先生曰："'礼'字即是'理'字。理之发见，可见者谓之文；文之隐微，不可见者谓之理：只是一物。约礼只是要此心纯是一个天理。要此心纯是天理，须就理之发见处用功。如发见于事亲时，就在事亲上

---

[1] 张祥龙反对泛道德主义的良知解读，认为不能把良知理解为一种道德品质，如果因为意向性的投射就是赋予周围的一切以道德，这是二元论的、对象化的、道德主义的解读，与阳明的理解关系不大。参张祥龙：《儒家心学及其意识依据》，第 397 页。

[2] 良知是天良之知，理解为"天良"不能把"天"先验化，也不能认为在理论上有预设性。天良是先后天贯通意义上的天良，不是纯粹与后天无关的先天存在，不能等同于康德的先验近似。所以，不能把"知致"理解为天良之知被推致具体的事事物物上，让具体的事物得以"良"起来。从心天之意的角度，我们认为阳明不同意这种对象化的解读。

学存此天理；发见于事君时，就在事君上学存此天理；发见于处富贵贫贱时，就在处富贵贫贱上学存此天理；发见于处患难夷狄时，就在处患难夷狄上学存此天理[1]；至于作止语默，无处不然，随他发见处，即就那上面学个存天理。这便是'博学之于文'，便是'约礼'的功夫。'博文'即是'惟精'，'约礼'即是'惟一'。"

【意】徐爱问："先生您将'博文'看作是'约礼'的功夫，我用心深思之后，还是没有什么心得，还请先生您大致指点一下。"

先生说："'礼'字就是'理'的意思。理显现出来，可以看见的就称为'文'；'文'中隐藏看不见的就称为'理'：其实'礼'跟'理'是一回事。礼节是天理的秩序，是人的心意对天道运行状态的领会和分疏。'约礼'就是要让人的心意发动呈现出来纯粹都是一个天理。心意发动皆合于天地的节奏，都达到心天之意的境界。要使得心意纯粹呈现为天理，就必须在天理显现的地方用功。心意通天合道的时机化状态。比如心意通天的状态在奉养父母时呈现，那么就在侍奉双亲这件事上学习存养天理；心意通天的状态在侍奉君主时呈现，那么就在辅佐君上的时候学习存养天理。心意通天的状态在身处富贵贫贱之时呈现，那就在富贵贫贱之中学习存养天理；在身处危难和未开化之地时能够呈现心意接通天地的状态，那就在身处危难和未开化的时候去学习存养天理；心天之意时机化、非对象化地展现出来，展现的过程就是天理的实化过程，就是礼仪的自然呈现过程。至于是行动还是静止、言谈还是沉默的时候，无不是这个道理，心天之意时刻发动，接通于天，在意念发动之处，使意念纯粹精一便是心天之意的功夫，即随时随地做心意接通天地的功夫。天理何时何地在心意上呈现出来，就在何时何地去学习存养天理的功夫。时机化地存养天理，就是随着心意对天理的自觉，觉知意识相关的因缘和条件可以彰显天理，于是因时因地做心意接通天地

---

[1] 参《中庸》第十四章："素富贵，行乎富贵；素贫贱，行乎贫贱；素夷狄，行乎夷狄；素患难，行乎患难。君子无入而不自得焉。" 当前处于富贵的地位，就按照身处富贵时的要求行动；当前处于贫贱的状况，就按照身处贫贱时的要求行动；当前处于夷狄之中，就按照身处夷狄时的要求行动；当前处于患难之中，就按照身处患难时的要求行动。君子无论处于什么境遇之下，都能安然自得。阳明所引《中庸》原文关于"夷狄""患难"的顺序颠倒了。

之意的功夫。这就是'博学之于文'，也就是'约礼'的功夫。'博文'就是'惟精'，就是要广泛地在万事万物上去学习体验心意通天的功夫，其目的是要达到至精至纯的心意通天的状态。'约礼'就是'惟一'。"就是要用礼的精神来约束人的思想和行为，以期达到心意发动皆在天理的节文规矩之间的状态。既然天理只有一个，那么合乎天理的节文和规范也是唯一的。对于天理之"一"的意识，是时刻都是"多"的，因为天理呈现在万事万物上，意识到万事万物的"多"的过程当中，要以对天理之"一"的意识作为根本，这就引出了"道心"之"一"与"人心"之"多"的关系问题。

【10】反思我思，纯粹经验

爱问："'道心常为一身之主，而人心每听命。'[1] 以先生'精一'之训推之，此语似有弊。"

先生曰："然。心一也，未杂于人谓之道心，杂以人伪谓之人心。人心之得其正者即道心，道心之失其正者即人心：初非有二心也。程子谓'人心即人欲，道心即天理'[2]，语若分析，而意实得之。今曰'道心为主，而人心听命'，是二心也。天理人欲不并立，安有天理为主，人欲又从而听命者？"

【意】徐爱问："朱子说：'道心要恒常地作为人全身的主宰，人心每时每刻都要听命于道心。'如果用先生对'精一'的解释来推敲它，那么这句话好像有些弊病。"

先生说："是这样的。心只有一个，没有被私心杂念掺杂污染的状态称为道心，掺杂私心杂念之后称为人心。道心为合道之意、心天之意，而人心为人之私意，私人带有私心的心意，这是在意的本然状态上反省并做价值的分别，认为私欲不合于公心，只是关于个人利益、个体存在的想法。人心能

---

[1] 朱熹《中庸章句》序。

[2] 程颐《河南程氏遗书》卷十九："'人心'私欲也；'道心'正心也。'危'言不安，'微'言精微。惟其如此，所以要精一。"

够保持心意通天的本然状态的就称为道心，道心失去了纯正状态就是人心：心被私心杂念遮蔽，而道心（心天之意）不能呈现的状态。从原初的状态来说，其实并没有两个心。道意（必须意会才能悟道），心也一样，必须为意领悟才行，正不正不是人为的规定，而是以是否通天为准。可见，意有本体兼发动之义，此"意本论"的本体与功夫一贯的初始点。程颐曾经说过'人心就是人欲，道心就是天理'，这句话看起来好像把人心和道心分作两个，但其实他的意思是一体的理解。道心和人心二者是一体的，正如一个意念不可分一部分主宰，一部分听命，只是要实化合道之意，而不合于道之意则不要去实化，也就是要在意念升起发动之处判断合道与否，保持自省机制，这就类似于胡塞尔的自身意识和唯识宗的自证分。而朱熹先生说'道心应该作为主宰，人心应该听从它的命令'，这就是把心一分为二，把道心和人心区分成两个并存的心的概念了。朱子把一个心意分成道心和人心，就是从意念的发动之处分割成为两片，好像可以有两个心意，一个去主导另一个，虽然逻辑上可以这样说，但其实是不可能在意识发动的状态里落实的。天理和人欲其实是根本不能并存的，怎么可能天理之意成为主导，而人欲之意又能够去听从天理之意的命令呢？"道心和人心的分别一定要基于反省之意境，也就是反身意识、自身意识或自证分意义上的意念，该意念能够观照到道心和人心，不仅有感知和判断，而且能够取道心去灭人心。这种意念打通心与天，沟通身与物，是一种心意发动当下的反身意识，不仅有感知，而且有判断，还能有行动力，这是阳明反身意识的丰富之处。

我们可以认为，朱子对人心道心的理解就是心发动的两种状态，虽然不是两个心，但至少是一个心在不同的时空条件下的不同状态。程颐只是从逻辑上把道心和人心分开，朱子进一步说明道心体现天理，人心偏于人欲，所以"存天理灭人欲"就是存道心灭人心。这其实就违背了人心的本义，因为如果人心真的能够每每听命，让道心每每呈现，那就没有人心了，恰恰是因为人心不能离开人欲，才有存在的价值，才能够与道心相对。

换言之，人心的概念本身就说明正常的人的心思意念带有私心杂念，私心本来就是天理的反面，也就自然不会听命于道心或天理。可见，按照朱子分成两个心的思路，是心意发动之后再去做后天的功夫，其实已经太晚了。如此说来，阳明的格心，其实就是格意，而且是格先天的意，而不是格后天的意识，犹如道教修炼当中，要让元神自然升起，让识神自然下去，这都是在意念升起的瞬间，在先天状态，也就是还没有实化为后天意识的状态当中就完成的。

可以这样说，王阳明觉得需要在意念升起的先天性瞬间做功夫，这才可能把握意念的本体性状态，才可能意会"中和"的"中"的状态，即在未发之前去做功夫，而人心和道心就是已发了，到已发再做功夫就晚了。所以要在未发将发的瞬间状态去做功夫。有意思的是，未发将发的瞬间，带有先天性，理论上意识还没有升起、还没有发动，但意识的反思性状态却已经开始察觉，换言之，一种比自身意识更基础的反思意识已经在意念没有发动的时候就开始了，或者说，这是萨特所谓"反思之前的我思"（pre-reflective cogito）状态，类似詹姆士所谓主客不分的"纯粹经验"（pure experience）状态，一种比自证分更清醒的反思性意识在自证分开始之前已经存在并能够时刻准备反人欲和存天理了，或许这样的意识状态就可以称为证自证分。

【11】斯文本天，作经述意

爱问文中子[1]、韩退之[2]。

先生曰："退之，文人之雄耳；文中子，贤儒也。后人徒以文词之故推尊退之，其实退之去文中子远甚。"

爱问："何以有拟经之失[3]？"

---

[1] 王通（584—617），字仲淹，门人私谥"文中子"，隋朝绛州龙门（今山西河津）人，曾任蜀郡司户书佐。二十岁立定续述《六经》的宏愿，终以九年时间撰成《续六经》，又称《王氏六经》，包括《续诗》《续书》《礼论》《乐经》《易赞》《元经》合八十卷。可惜在唐代就全部失传了，只留下他的弟子姚义、薛收编辑的《文中子说》。《中说》系王通和门人的问答笔记，体仿《论语》敷衍成书。他高举振兴儒学的大旗，以"王孔子"自诩，前来授学的学生上千人，有"河汾门下"称号。

[2] 韩愈（768—824），字退之，郡望昌黎，世称韩昌黎，卒谥文，又称韩文公，唐朝河阳（今河南孟州）人，官至吏部侍郎，倡导儒学，辟佛道，有《昌黎先生集》。

[3] "拟经之失"指王通仿效《六经》而制作经书，据朱彝尊《经义考》引司马光《补传》曰："《礼论》二十二篇，《乐论》二十篇，《续书》百有五十篇，《续诗》三百六十篇，《元经》五十篇，《赞易》七十篇，谓之《王氏六经》。"后世儒者多以此讥讽其好名之心。

先生曰："拟经恐未可尽非。且说后世儒者著述之意，与拟经如何？"

爱曰："世儒著述，近名之意不无，然期以明道，拟经纯若为名。"

先生曰："著述以明道，亦何所效法？"

曰："孔子删述《六经》[1]，以明道也。"

先生曰："然则拟经独非效法孔子乎？"

爱曰："著述即于道有所发明。拟经似徒拟其迹，恐于道无补。"

先生曰："子以明道者使其反朴还淳，而见诸行事之实乎？抑将美其言辞，而徒以诳诳于世也？天下之大乱，由虚文胜而实行衰也。使道明于天下，则《六经》不必述。删述《六经》，孔子不得已也。自伏羲画卦，至于文王、周公，其间言《易》如《连山》《归藏》[2]之属，纷纷籍籍，不知其几，《易》道大乱。孔子以天下好文之风日盛，知其说之将无纪极，于是取文王、周公之说而赞之，以为惟此为得其宗。于是纷纷之说尽废，而天下之言《易》者始一。《书》《诗》《礼》《乐》《春秋》皆然。《书》自《典》《谟》以后，《诗》自二《南》以降，如《九丘》《八索》[3]，一切淫哇[4]逸荡之词，盖不知其几千百篇；《礼》《乐》之名物度数，至是亦不可胜穷。孔子皆删削而述正之，然后其说始废。如《书》《诗》《礼》《乐》中，孔子何尝加一语？今之《礼记》诸说，皆后儒附会而成，已非孔子之旧。至于《春秋》，虽称孔子作之，其实皆鲁史旧文。所谓'笔'者，笔其旧；所谓'削'者，削其繁[5]：是有减无增。孔子述《六经》，惧繁文之乱天下，惟简之而不得，使天下务去其文以求

---

[1] 孔子晚年编修删改《诗经》《尚书》《礼记》《乐经》《易经》和《春秋》六种经典，即《六经》。

[2] 《连山》《归藏》：《周礼·春官·宗伯》云："太卜掌三易之法，一曰《连山》，二曰《归藏》，三曰《周易》。其经卦皆八，其别皆六十有四。"《连山》相传为夏朝的《易》，《归藏》相传为商朝的《易》，后都失传。

[3] 《九丘》《八索》：孔安国《古文尚书序》："八卦之说，谓之《八索》；九州之志，谓之《九丘》。"

[4] 指乐曲和诗歌表现出淫邪之声。

[5] 语出《史记·孔子世家》："笔则笔，削则削，子夏之徒不能赞一辞。"

其实，非以文教之也。《春秋》以后，繁文益盛，天下益乱。始皇焚书得罪，是出于私意，又不合焚《六经》。若当时志在明道，其诸反经叛理之说，悉取而焚之，亦正暗合删述之意。自秦、汉以降，文又日盛。若欲尽去之，断不能去，只宜取法孔子，录其近是者而表章之，则其诸怪悖之说，亦宜渐渐自废。不知文中子当时拟经之意如何？某切深有取于其事，以为圣人复起，不能易也。天下所以不治，只因文盛实衰，人出己见，新奇相高，以眩俗取誉，徒以乱天下之聪明，涂天下之耳目，使天下靡然争务修饰文词，以求知于世，而不复知有敦本尚实、反朴还淳之行：是皆著述者有以启之。"

爱曰："著述亦有不可缺者，如《春秋》一经，若无《左传》，恐亦难晓。"

先生曰："《春秋》必待《传》而后明，是歇后谜语矣。圣人何苦为此艰深隐晦之词？《左传》多是鲁史旧文，若《春秋》须此而后明，孔子何必削之？"

爱曰："伊川亦云'《传》是案，《经》是断'；如书'弑某君'，'伐某国'，若不明其事，恐亦难断。"

先生曰："伊川此言，恐亦是相沿世儒之说，未得圣人作经之意。如书'弑君'，即弑君便是罪，何必更问其弑君之详？征伐当自天子出，书'伐国'，即伐国便是罪，何必更问其伐国之详？圣人述《六经》，只是要正人心，只是要存天理、去人欲。于存天理、去人欲之事，则尝言之；或因人请问，各随分量而说，亦不肯多道，恐人专求之言语，故曰'予欲无言'。若是一切纵人欲、灭天理的事，又安肯详以示人？是长乱导奸也。故孟子云：'仲尼之门，无道桓、文之事者，是以后世无传焉。'此便是孔门家法。世儒只讲得一个伯[1]者的学问，所以要知得许多阴谋诡计，纯是一片功利的心，与圣人作经的意思正相反，如何思量得通？"因叹曰："此非达天德者，未易与言此也。"

---

[1]　伯（bà）：古同"霸"。

又曰："孔子云'吾犹及史之阙文也。'[1]孟子云：'尽信《书》不如无《书》。吾于《武成》，取二三策而已。'[2]孔子删《书》，于唐、虞、夏四五百年间，不过数篇，岂更无一事？而所述止此，圣人之意可知矣。圣人只是要删去繁文，后儒却只要添上。"

爱曰："圣人作经，只是要去人欲、存天理。如五伯以下事，圣人不欲详以示人，则诚然矣。至如尧、舜以前事，如何略不少见？"

先生曰："羲、黄[1]之世，其事阔疏，传之者鲜矣。此亦可以想见，其时全是淳庞朴素、略无文采的气象。此便是太古之治，非后世可及。"

爱曰："如《三坟》[4]之类，亦有传者，孔子何以删之？"

先生曰："纵有传者，亦于世变渐非所宜。风气益开，文采日胜，至于周末，虽欲变以夏、商之俗，已不可挽，况唐、虞乎？又况羲、黄之世乎？然其治不同，其道则一。孔子于尧、舜则祖述之，于文、武则宪章之。文、武之法，即是尧、舜之道。但因时致治，其设施政令已自不同。即夏、商事业，施之于周，已有不合。故'周公思兼三王，其有不合，仰而思之，夜以继日'[5]。况太古之治，岂复能行？斯固圣人之所可略也。"

又曰："专事无为，不能如三王之因时致治，而必欲行以太古之俗，即是佛、老的学术。因时致治，不能如三王之一本于道，而以功利之心行之，即是伯者以下事业。后世儒者许多讲来讲去，只是讲得个伯术。"

【意】徐爱询问先生，应该怎样对王通（文中子）和韩愈（韩退之）两个人做评价。

————

[1] 语出《论语·卫灵公》："子曰：'吾犹及史之阙文也，有马者借人乘之。今亡矣夫！'"意为孔子说："我还能够看到历史文献当中空缺和存疑的地方，（这说明古代的作者好像）有马的人（知道自己调教不好），先让别人骑行来调教，（有这种自知之明精神的人）今天找不到了啊！"

[2] 语出《孟子·尽心下》。

[1] 羲、黄分别指伏羲和黄帝。

[4] 孔安国《古文尚书序》曰："伏羲、神农、黄帝之书，谓之《三坟》。坟，言大道也。"

[5] 语出《孟子·离娄下》："周公思兼三王，以施四事；其有不合者，仰而思之，夜以继日；幸而得之，坐以待旦。"

先生回答道："韩愈，文人中的豪杰；王通，贤明的鸿儒。后人仅仅因为文章诗词的缘故，就非常推崇韩愈，其实韩愈比王通差太多了。"

徐爱问："那么为什么王通会因为仿造经书而遭到后世指责呢？"

先生说："仿造经书这样的事情恐怕也不能完全否定。你且说说看，后世儒者们著书立说的用意，跟王通的仿作经书相比起来有啥区别？"

徐爱说："后世儒者们著书讲经，追求声名的私心不能说没有，但其目的是推明圣人之道，而仿造经书则纯粹是为了名声。"

先生说："著书立说来阐明圣人之道，那是效法谁呢？"

徐爱说："（这是效法）孔子删述《六经》，为了阐明圣人之道。"

先生说："那为何唯独王通仿作经书就不是效法孔子呢？"

徐爱说："著书立说是要对圣人之道有所阐发的。但仿造经书似乎仅仅模仿孔子删订《六经》的做法，恐怕对于推明圣人之道没有多少帮助。"

先生说："你以为阐明圣人之道，是让圣人之道返璞归真，回归淳朴的日常实践状态，还是用华丽的言辞去哗众取宠呢？天下之所以大乱，主要是因为虚浮的文辞盛行，而少有笃行实践的行为。假如圣人之道明白于天下，那么孔子也就不必删述《六经》了。意本论接续圣人之道，以意为本体，以意为存在和修养的根本，孔子的意念通过删述经典不断强化反身观照，不是通过他心他意的状态来观照和修正，而是在删述经典的过程当中，从意念发动的根源上回复到先天之境，从而使得这种先天意境恒久不败。孔子删订《六经》，实在是不得已而为之。自伏羲画八卦，到周文王、周公，这之间解释《易经》的有《连山》《归藏》等，五花八门，多得数不胜数，《易经》要阐明的圣人之道被搞得极其混乱。对《易》的阐释自古有多种路径，孔子认为很多解易方式不得圣人之道的根本，所以才要整理修改完成《易传》。孔子看到当时天下喜好文辞虚饰的风气日益兴盛，知道《易经》的解说已经完全乱了章法[1]，于是才借助文王和周公的学说来倡导解易的正道，认为只有他们的解释才是《易经》阐发的圣人之道的正宗。于是其他各

---

[1]　20世纪古史辨派兴起之后，《易经》的解说章法比起传统解法更乱了。参温海明：《周易明意》，北京大学出版社，2019年。

种纷扰的学说都被废弃了，天下对《易经》的阐述才开始归为一统。孔子之前，谈易有文无道，孔子复易之道，鼎立易道之正宗。[1]《尚书》《诗经》《礼》《乐》《春秋》也都是这样统一的。《尚书》自《尧典》《大禹谟》之后，《诗经》自《周南》《召南》以下，像《九丘》《八索》之类，一切淫秽放荡的诗词，大概有成百上千篇；《礼经》《乐经》中的各种名物制度，也是数不胜数。孔子都进行了删订和改正，于是其他各种学说都被废弃了。像《尚书》《诗经》《礼经》《乐经》中，孔子删定时何尝加入过一句自己的话？今天我们看到的《礼记》里面的很多阐述，都是后世儒生附会而成的，已经不是孔子删定的原本了。至于《春秋》，虽然大家都说是孔子写的，其实还都是鲁国旧史书里的文辞。所谓'笔'，只是摘录沿用原书的文辞；所谓'削'，只是删除繁杂重复的文句；总之是有减而无增。孔子删定《六经》，是担忧繁复杂乱的虚辞文饰扰乱天下人心，所以力求精简，要求天下的人从此务必去除华丽繁杂的虚辞文饰，而追求实质的内容，再不可继续用虚辞文饰来教化天下。《春秋》以后，繁文丽辞越来越兴盛，天下的文风也越来越乱。作文要反对华文丽辞，因为虚华的文辞不足以承载圣人之道。圣人之道实实在在，来不得半点虚假，既不依靠对外在人格神的信仰，也不需要借助任何虚假的装饰，而是如天地生机本然的状态一般生成和变化，文化大道都是天地道体的自然显化。秦始皇焚毁经书得罪天下士人，是出于个人私心，不应该焚毁《六经》。如果当时他的目的在于推明圣人之道，把那些叛经离道的学说悉数拿来烧掉，反而正暗合孔子删订《六经》的本意。中国文化（斯文）是天地之文的演变，所以在文化上求实即是寻求天地正道，恢复斯文就是回复本真、本然的文化大道，而文化大道不能离开天地道体，所以与宗教的信仰体系、哲学的文字逻辑体系不一样，中国的斯文哲学永远需要回到天地本然的自然之意当中，文化之真，是因为文化带有天地之道，所以才能让后人意会得真。自从秦汉以后，文辞华丽的风气又日益兴盛起来了。想要彻底除尽这种风气自然是不可能的，只有效法孔子，摘录

---

[1]　正是在这个意义上，马恒君称自己以卦变解易的易学著作为《周易正宗》，认为卦变才是解释《易经》卦爻辞的本来基础。参温海明：《周易明意》庚子再序。

选取经书当中那些接近圣人之道的内容进行宣扬传播，那么其他那些歪理谬论，也就自然慢慢地消亡了。我虽然不知道王通当时仿造经书的本意到底是什么，但我深切体会到，他仿造经书这样的做法其实还是有可取之处的，我觉得即使圣人重生，也不会轻易改变他的做法。阳明同情王通仿造经典的行为，认为其出发点是好的，因为他的目的在于努力纠正人心，即正人心归于天道，帮助人们心意发动皆通于天道，这点发心跟孔子本意相近。天下之所以没有治理好，就是因为虚辞文饰过分昌盛，而实践圣人之道的努力衰退，人们各抒己见，标新立异，哗众取宠，招摇过市以求博取名誉，这只能搅乱天下人的思想，混淆大家的视听，使其耳不聪目不明，使天下人崇尚虚辞浮饰，竞相追逐虚名幻誉，而不再知道还可以敦厚实在、返璞归真地践行圣人之道的做法：这些都起自那些著书立说的人。"

徐爱说："著述讲解有的也不可或缺，比如说《春秋》一书，如果没有《左传》为其注解，恐怕世人也很难看得明白。"

先生说："《春秋》如果必须靠《左传》的注解才能看得明白，那不是成了歇后语了。圣人何苦要写这些艰深晦涩的文章呢？《左传》也多是鲁国旧史书中的文字，如果读《春秋》必须参考《左传》才能看明白，那么孔子又何必把鲁史删改成《春秋》呢？"阳明认为经典本来明白，可以直接面对经典，做出自己的感悟和理解。

徐爱说："程颐曾说过'《春秋左传》是案子，《春秋》的经文是对案子的裁断'；比如《春秋》中记载'杀害某个国君'，'征伐某个国家'，如果不明白这些事的来龙去脉，恐怕也很难做出判断。"

先生说："程颐的这句话，恐怕也就是沿袭了世俗儒生们的讲法，还是没有领会圣人编订经书的用意。经典的本意在于传道立教。如《春秋》写'弑君'，那么弑杀国君本身就是犯了大罪，何必再继续追问杀害国君的详细情况呢？征伐诸侯国的命令必须由天子发出，写成'伐国'，那么讨伐某个国家本身就已经是犯罪了，又何必再去追问讨伐别国的详细情况呢？圣人阐述《六经》，主要是端正人们的心思意念，只是为了存养天理，去除人欲。孔门家法是端正人心意念，使之合理，即合于天理、天道。圣人写书的宗旨是正人的心意，让人的心意合于天道，所以此论在于树立心天之意。对于存天理、去人欲的事情，孔圣人都曾经说过；有时是因人请教，看事情的重要程度而有不同讲述，但也不肯讲很多，担心有人专门拘泥在言语文字上，所以孔子说'我不想再说什么话了'。如果是一些放纵人欲、残害天理的事情，圣人又怎敢详细地写出来给别人看呢？那岂不是助长混乱、引导奸佞和犯罪吗？所以孟子说：'孔子门下，没有人讲述齐桓公、晋文公的事情，所以后世没有把杀伐征讨的故事传下来。'这就是孔门儒学所定下的家法（规范和准则）。后世儒者只讲究研习如何称霸的学问，所以他们要知道很多阴谋诡计，这完全是一片功利之心，和圣人删述经书的用意正好相反，他们怎么思考得通畅呢？"由此先生叹息说："心意不能上达天德的人，不能轻易和他谈论这些东西。"心天之意学说的本质就是一种天意般的无言之境，是超越现实的功名利禄，不在意权力世界的予取予夺的，所以通天的意识状态不是用语言能够完全讲解清楚的。

先生又说："孔子讲：'我还能够看到史书存疑的地方。'孟子说：'完全相信《尚书》，那还不如没有《尚书》。我对于《武成》这一篇，只相信其中的两三段话而已。'孔子删改《尚书》，对于唐尧、虞舜及夏朝四五百年间的历史，只不过保留几篇而已，这难道就没有其他事情可以记载了吗？而他所阐述的虽然仅有这几篇，但圣人的用意其实已经足以推知了啊。圣人只是要删除那些繁杂重复的文字，可是后来的儒生们却非要添加上一些东西。"圣人之意即心天之意，即要求后世人们起心动意皆近于乃至合于天道之意，但需要借助于经典来表达。阳明认为圣人之意简易直截，非常明白，而后世儒者加上的那些解释，反而容易越看越糊涂。

徐爱问："孔圣人创制《六经》，只是要去除人欲，存养天理。比如春秋五霸以后的历史，孔子不想详细地展示在世人面前，那实在是应该这样做的。可是，他对于尧舜这些古代圣王以前的历史事实，为什么也简略很多以致少见呢？"

先生回答说："伏羲、黄帝时代的历史，事迹疏阔而零散，流传下来的很少。由此也可以想象，那个时代的世风纯真素朴，几乎没有什么注重文饰的风气。这就是太古时代治理的社会状态，不是后世可以比得了的。"后世人心越来越虚浮，也就离道越远。

徐爱说："如《三坟》这类书籍，也有流传下来的，孔子为何要删除它们呢？"

先生说："纵使有流传下来的，但也因为世道变化，逐渐变得不合时宜了。社会风气日益开放，文采就日渐兴盛，到了周朝末年，即便想变回夏商时代的风俗，已经无法挽回了，何况唐尧虞舜时代的世风呢？更何况伏羲、黄帝那个时代的世风呢？虽然，不同时代具体治理方法有所差异，但他们遵循的圣道却是一脉相承的。圣道永恒不变，具体制度需要因时制宜，但心意通天的圣道无论经过多少时代都古今一贯，因为圣道以永恒的天道为基础。孔子继承并传述尧舜之大道，效法周文王、周武王的德政典章。文王、武王的德政典章继承的就是尧舜之道。但他们根据不同的时势设置不同的治理模式，具体政令措施也各自不同。就是夏、商时期的治世模式，放到周朝就已经有不合时宜的地方。所以周公'想要继承三王（大禹、商汤和文王）时的制度兼容并举，遇到有不相适应的地方，就仰天深思，夜以继日，反复琢磨'。况且太古时代的治理模式，怎么可能照搬再次实行呢？这固然就是孔子删除忽略太古记录的缘故吧。"让人心通天的道是圣道，圣道通天的状态永恒不变，但时势是具体的，圣道在任何具体时空当中的显现状态都是不一样的。

先生又说："如果专讲无为而治的治国方针，而不能像三王时代那样因时制宜，就必定要奉行太古的习俗，这其实就是佛教和老庄学派所宣扬的观点。如果只是因时制宜，但却无法像三王那样坚持一以贯之的圣人之道，而在实行治理中保持一种追求功利的心思，这其实就是春秋五霸之后所奉行的。后世儒者们讲来讲去，其实都只是在讲称霸的法术罢了。"儒门的核心是意通天道，是非功利的，不能仅讲权变。[1] 阳明写作《传

---

[1]　在当代儒学关于王霸问题的讨论当中，蒋庆认为心性儒学讨论过多，于世无补，当提倡政治儒学，以春秋公羊学为基础，借鉴西方政治制度的合理性，可谓推崇荀子的儒家现实主义版本。类似地，李泽厚重荀子，杜维明崇孟子，梁涛则推动孟子和荀子相结合，其实是因为出发点各异，目标不同，所以各有其合理性。

习录》，传播圣人之道，其实自比孔子删定《六经》，目的是正天下人心。孔子的工作很成功，孔子留下认为合理的，并有一定程度的增加，尤其是《易传》有明显儒家倾向。可见孔子不是单纯地删述和整理，而是赋予经典以自己认定的价值理念。思想的永恒生命力在于接续经典，并推陈出新，赋予新意。

【12】三代圣道，永为镜鉴

又曰："唐、虞以上之治，后世不可复也，略之可也；三代以下之治，后世不可法也，削之可也；惟三代之治可行。然而世之论三代者，不明其本，而徒事其末，则亦不可复矣！"

【意】先生又说："唐尧、虞舜以前的治理盛况，后世已经不可能再恢复了，所以可以略去不论；夏、商、周三代之后的治理状况，后世不应该效法，所以删削了也可以；只有夏商周三代的治国方略可以推行。然而当世探讨三代之治的人，往往不明白它的本质，却只知道效法一些细枝末节，所以三代时的政治也无法恢复了。"夏商周三代政治之所以成为后世的理想，是因为三代之时，圣人之道得以实化，圣人心意通天的境界在人间得到施行。阳明感慨三代之后，人心意通天的境界再也无法在人间实化了。虽然这是儒家一种普遍性的感慨，但这种境界可以借助文字，让后人去恢复其境界。所以儒家的复古，不是单纯地恢复古代，而是恢复三代之治的理想，带有鞭挞、改良现实政治的意味。

【13】经以明道，人心通天

爱曰："先儒论《六经》，以《春秋》为史。史专记事，恐与《五经》事体终或稍异。"

先生曰："以事言，谓之史；以道言，谓之经。事即道，道即事。《春秋》亦经，《五经》亦史。《易》是包牺氏之史，《书》是尧、舜以下史，《诗》[1]

---

[1]　据黎本考证补。参黎业明：《王阳明传习录校笺》，第33页。

《礼》《乐》是三代史：其事同，其道同，安有所谓异？"

【意】徐爱说："先儒（朱熹先生）讨论《六经》，把《春秋》作为史书。史书是专门记载历史事件的，恐怕与《五经》的体例宗旨终究还是稍有差别。"

先生回答："从记载事实的角度来看，可以称之为史书；从蕴含神圣的心天之意的角度来说，当称之为经典。史事中蕴含着心意通天的道，而作为天理的道也不能离开史事独存。事物和历史事实皆天理、天道的实化，尤其是历史事实蕴含着人的心意与天道贯通的本体状态。因此《春秋》也是经典，《五经》也是史书。《易经》是伏羲时的历史，《尚书》是尧、舜以后的史书，《诗经》《礼经》《乐经》是三代时的史书：它们所记载的历史事实是相同的，所蕴含的圣人之道也是相同的，哪里会有什么差异呢？"《五经》的形成有一个历史过程，所以可以把《五经》历史化，这当中蕴含的历史事件当然不可能完全一样，但可以相通。历史也是天意与人意交流的记录，其中蕴含的事件都是人心通天之意一以贯之的状态。

【14】《五经》明意，教化千载

又曰："《五经》亦只是史。史以明善恶、示训戒。善可为训者，特存其迹以示法；恶可为戒者，存其戒而削其事以杜奸。"

爱曰："存其迹以示法，亦是存天理之本然；削其事以杜奸，亦是遏人欲于将萌否？"

先生曰："圣人作经，固无非是此意，然又不必泥着文句。"

爱又问："恶可为戒者，存其戒而削其事以杜奸，何独于《诗》而不删郑、卫？先儒谓'恶者可以惩创人之逸志'[1]，然否？"

先生曰："《诗》非孔门之旧本矣。孔子云：'放郑声……郑声淫。'[2]

---

[1] 语出朱熹《论语集注·为政》。

[2] 语本《论语·卫灵公》："放郑声，远佞人。郑声淫，佞人殆。"意为禁绝郑国的乐曲，疏远谗佞善辩的小人。因为郑国的乐曲淫靡不正，谗佞的小人非常危险。

又曰：'恶郑声之乱雅乐也。'[1] '郑卫之音，亡国之音也。'[2] 此是孔门家法。孔子所定三百篇，皆所谓雅乐，皆可奏之郊庙、奏之乡党，皆所以宣畅和平，涵泳德性，移风易俗，安得有此？是长淫导奸矣。此必秦火之后，世儒附会，以足三百篇之数。盖淫泆之词，世俗多所喜传，如今间巷皆然。'恶者可以惩创人之逸志'，是求其说而不得，从而为之辞。"

【意】先生又说："《五经》也只是史书。史书是用来彰明善恶、展示教训告诫的。可以作为典范的善行，就特地记载保存当时善行的事迹，以供后世效法；可以用来教训惩戒的恶行，就保存记载警戒的部分，而删削具体的恶行，以杜绝奸恶之人去效尤。"《五经》作为历史记载，已经进入后天事实的记录状态，也就带有对善恶的明确区分，目的是引导和匡正后世人心。

徐爱说："记载善行善举作为准则让后世效法，也是存养天理的本然状态；删削具体的恶行以杜绝后世的奸恶之行，也是为了把人的私欲遏制在萌发状态吗？"

先生说："圣人制作经书，他的本意也无非就是这些，但又不必拘泥于文章中的辞句。"圣人作经典的本义在于希望后人能够领会他的心意，希望人们能够在起心动念处做为善去恶的功夫。

徐爱又问："可以用来惩戒后人的恶行，保存其警戒部分而删削具体的恶行，为的是杜绝奸邪再犯，可是为何独独不删除《诗经》中的《郑风》《卫风》呢？朱熹先生说'恶者可以惩创人之逸志'，真的是这样吗？"朱子认为，记录历史上的丑恶之事，可以用来惩戒人们，不要有贪图安逸的思想，更不可被薄弱淫逸的志气所侵染。这与《论语》当中强调要抑制人们放逸的志气是相通的。《论语》强调仁人之意的意念需要饱满，好像孟子要"先立乎其大者"，

---

[1] 语出《论语·阳货》："子曰：'恶紫之夺朱也，恶郑声之乱雅乐也，恶利口之覆邦家者。'"意为我讨厌紫色（杂色）压过、取代朱红色（正色）啊，厌恶郑国的声乐扰乱雅正之乐啊，更憎恨那些动用辩口利舌颠覆国家的人和他们做的事情。

[2] 语出《礼记·乐记》："郑、卫之音，乱世之音也，比于慢矣，桑间、濮上之音，亡国之音也。"意为郑国和卫国的乐曲是扰乱世道的音乐，是亡国的音乐。

让仁爱之心、恻隐之心、四端之情保持一种充沛饱满的状态。

先生说:"现在的《诗经》早就不是孔子所删订的原本了。孔子说:'禁绝郑国的音乐……因为郑国的音乐淫靡放荡。'又说:'讨厌郑国的淫乐扰乱了高雅的音乐。''郑国和卫国的音乐,其实是亡国的音乐。'让人心放荡的音乐会引导人们心念走向偏邪,离开心天之意,于人于国都是不好的。这些都是孔门家法。孔子所删定的《诗经》三百篇,都是所谓的高雅音乐,都可以在祭天地的郊宫和祭祖先的宗庙里演奏,也可以在家乡演奏,都是为了宣扬中和太平、涵养德性、移风易俗的,怎么会(保留)有郑国和卫国那样的音乐呢?(保留它们)只会助长淫邪之念,导致奸邪丑恶。这必定是秦始皇焚书之后,后世儒生为了穿凿附会,使劲凑足三百篇之数。大概是淫邪之词,世俗之人多喜欢传唱远播,如今的街头巷尾其实还是这样的。朱熹先生说的'记录历史上的丑恶之事,可以惩戒人们薄弱淫逸的志气',是在不能真正了解《诗经》原始面貌,从而无法给出圆融解释的情况下,说出来的话。"儒家之谓儒家的根本规则就在于强调心念要从发端处修行。孔子删定《书》与《诗》,目的在于端正人的心意,使之合于天道。换言之,经过孔子删削的《诗经》三百篇,都是孔子认为其中包含了心天之意,有助于后世教化的内容。

徐爱跋

爱因旧说汩没，始闻先生之教，实是骇愕不定，无入头处。其后闻之既久，渐知反身实践，然后始信先生之学为孔门嫡传，舍是皆傍蹊小径、断港绝河矣！如说格物是诚意的工夫，明善是诚身的工夫，穷理是尽性的工夫，道问学是尊德性[1]的工夫，博文是约礼的工夫，惟精是惟一的工夫：诸如此类，始皆落落难合，其后思之既久，不觉手舞足蹈。

【意】徐爱因为之前受到程朱之学影响较深，所以刚开始听到先生的教诲，实在是惊愕不已不知所措，找不到入门的头绪。后来听的时间久了，逐渐知道要在躬行实践中不断反省，才逐渐开始相信先生的学说确实是孔门真传，如果抛弃了这个，那么其他的都是旁门左道，好比断港绝河那样的无源之水。心意通天是孔门正法。就像先生讲格物是诚意的工夫，明善是诚身的工夫，格物即是格心、格意，就是要明晓天地自然之善，让身体意识都诚于天地之中，这是一种把身体的边界感模糊化、放空而通于天地的意识状态。穷理是尽性的工夫，道问学是尊德性的工夫，博文是约礼的工夫，惟精是惟一的工夫：像这些思想，刚开始都觉得很难理解合拍，后来通过长时间的思考，深感契合于心，不知不觉就领会了其中的意思，实在高兴得手舞足蹈。阳明思想的核心是"工夫"，也就是要如何先培养一种心意通天的意识状态，才能通过在心意发动处做工夫的具体修行和努力，改变自己的意识状态。这样之前对象化的"格物"工夫就变成"格心"，即"格意"

---

[1]　语本《中庸》第二十七章："故君子尊德性而道问学，致广大而尽精微，极高明而道中庸。"

工夫，在意识升起的过程当中，纠正和调适意识的状态。可见，《传习录》的"格心"与《中庸》的"诚"，其实都是"即本体即工夫"的意识境界，都不能离开反身而"诚"，也就是对当下自身意识的反思、反省意识。可见，儒家修行意念近似于唯识宗自证分的意识状态。只不过区分在于，自证分强调观照，而格意强调要在意念发动的端点，当下改变意识的状态，这是修行孔门圣意的核心工夫。

陆澄录

【15】心天之意，专一作主

陆澄[1]问："主一之功，如读书则一心在读书上，接客则一心在接客上，可以为主一乎？"

先生曰："好色则一心在好色上，好货则一心在好货上，可以为主一乎？是所谓逐物，非主一也。主一是专主一个天理。"

【意】陆澄问："心志专一的工夫，比如读书，就专心在读书上，接待客人，就专心在接待客人上，这样做就是心志专一吗？"

先生说："好色就专心在好色上，喜好财货就专心在喜好财货上，这样做就可以算是心志专一吗？这不过是所谓追逐外物，不能算是心志专一。心志专一就是专心于天理。"这还是接续上章，强调修行的核心工夫不是只要在意念发动处专一就可以了，而是带有反思、判断与行动的力量，甚至这种反思、判断和行动的力量，才是修行意识工夫的关键所在。也就是说，修行不仅需要让意识专一、精微、审慎、不偏，还要让意识专注于天理，就是让意识和心念发动皆合于天道（心天之意）。这样心志专一的意识，其实是保持心天之意的境界。这样就不是简单的意识修行工夫，甚至不是所谓"即本体即功夫"就能够完全解释得了的，因为在当下意识升起之处就能够反思、判断与行动，保证意识的指向都是心天之意。这就不仅仅是本体性的专注，而且是融贯性、实化状态的纯粹了，也就是本体性的意识状态与工夫层面、境界层面都完全融贯打通了才可能。

---

[1] 陆澄，字原静，又字清伯，浙江吴兴（今湖州市）人，官至刑部主事，王阳明学生。

陆澄录 151

【16】哲学意识，永志不忘

问立志。

先生曰："只念念要存天理，即是立志。能不忘乎此，久则自然心中凝聚，犹道家所谓结圣胎[1]也。此天理之念常存，驯至于'美、大、圣、神'[2]，亦只从此一念存养扩充去耳。"

【意】陆澄又向先生请教立志的问题。

先生说："只要念念不忘存养天理，就是立志。能够不忘记存养天理，久而久之心意之力自然就会凝聚，就像道家道教所讲的心意之力形成了圣胎。立志是要心志专注于心天之意。既不是在心之中凝聚，也不是对象化地凝聚在天理上，而是在主客合一的意义上，心意之力凝聚起来。这是一种心物不二的能量汇聚状态，好像丹道炼丹，正是心意的凝结而成丹，即心之意念通天而合道，而凝成心意之丹。起心动念之间时常保存着心意通天的天理，就能逐渐修炼达到孟子所说的'精美、宏大、圣明、神通'的境界，也只是从这一意念去涵养扩充、发扬开来的。"丹是从心天之意的本来状态推扩出去的，领悟、反省、推广，是心持守心天之意的几个步骤。每个意念的修持状态都通于天理，因其难，所以要努力做到，把一般杂乱的意念，修行成为通达

---

[1] 结圣胎是道教修炼时，先天之炁或心意集中的状态，或久而久之形成的内向炁力凝结的状态。参温海明：《新古本周易参同契明意》"性命根宗章第二十五"，上海三联书店，2022年，第280—291页。"类如鸡子，白黑相符"指圣胎的形态跟天地的形态类似，天之清气外裹好像鸡蛋清，地上黄土围中如蛋黄；圣胎也是如此，元神与精炁交接之后，混混沌沌，形成好像鸡蛋一样黑白混合的圣胎。"纵广一寸，以为始初"指圣胎刚刚形成的时候，大约一寸见方大小。"四肢五脏，筋骨乃俱"指圣胎慢慢经过温养和烹炼，像婴儿一样渐渐长出四肢五脏，而且长出筋络骨节。

[2] 语出《孟子·尽心下》："充实之谓美，充实而有光辉之谓大，大而化之之谓圣，圣而不可知之之谓神。"意为那些好处充满他本身叫作"美"，充实并且光闪耀人地呈现称为"大"，既能够光闪耀人地呈现，又能够融化贯通，便叫作"圣"，圣德扩充却不能测度的境界便叫作"神"。

天地、亘古亘今、持续通天的意丹。[1] 程朱讲涵养和主敬，强调自己的把握，持敬的意念是成圣通神的核心，当下领悟，择善固执，把善念持之以恒，至于理想的精美、宏大、神圣境界，诚如天才就是集中注意力，单纯而守恒的人生，是如阳明入龙场大悟之后而终生坚持。由此可知，龙场大悟是阳明心学的出发点，也是其后半生心学意识发动的底色，龙场悟道作为心学意识发动的背景（context），可谓是整个心学哲学的意识基础。而龙场悟道的根源在于读易悟道，所以其心学哲学的背景是易学意识，也就是"中国哲学意识"（Chinese philosophical sensibility）。

【17】安宁放松，调控意能

日间工夫，觉纷扰，则静坐；觉懒看书，则且看书，是亦因病而药。

【意】（先生说：）平常白天工作的时候做工夫，如果感觉纷扰烦乱，就去静坐；感觉懒得看书，就随便翻翻书，这就是对症下药。这是典型的心身一体观，心灵意识状态会通过身体状态的改变而改变，所以需要不断调整自己意识发动的状态，使之安宁，使之放松，从而找回意识发动的意能。可见，对身体的意识，是意念发动的基础状态，要时刻反省和保养意念发动的身体状态，才能有针对性地调控好意念的生发之境。

【18】谦让互益，争斗互损

处朋友，务相下则得益，相上则损。

【意】（先生说：）与朋友相处，务必要互相谦让，才能彼此受益，互相争高低，就会带来损害。维持朋友关系，就是互相尊重，彼此承认对方优点，甘拜下风。谦让才能让彼此增长得益，共同修持心意通天境界。如果相互计较，彼此在意的只是自己的私利，那么终将造成彼此的损失。

---

[1] 意丹说参温海明：《新古本周易参同契明意》。

陆澄录 153

【19】时刻觉知，刨根重植

孟源[1]有自是、好名之病，先生屡责之。一日，警责方已，一友自陈日来工夫，请正。源从傍曰："此方是寻着源旧时家当。"

先生曰："尔病又发。"源色变，议拟欲有所辩。

先生曰："尔病又发。"因喻之曰："此是汝一生大病根。譬如方丈地内，种此一大树，雨露之滋，土脉之力，只滋养得这个大根。四傍纵要种些嘉谷，上面被此树叶遮覆，下面被此树根盘结，如何生长得成？须用伐去此树，纤根勿留，方可种植嘉种。不然，任汝耕耘培壅，只是滋养得此根。"

【意】孟源有自以为是且喜名好利的毛病，先生曾多次责备他。一天，先生刚刚警告责备他不久，有一个朋友来讲述自己近日来所练的工夫，请先生指正。孟源从旁边插话说："你的方法真的是捡起了我过去的家当啊。"孟源觉得来的友人找到了自己之前的病根，似乎有一种莫名的兴奋，忍不住要说话。

先生说："你的毛病又犯了！"孟源听后脸色大变，琢磨着试试能不能为自己再做辩解。

先生说："你的老毛病又犯了！"这个细节说明阳明明察秋毫，见微知著。孟源脸色一动，他就发现了，并及时指出。他警告孟源如果自己不能意识到自己发动的意念有偏差，还倾向于坚持原先心思意念发动的错误倾向，就是缺乏反思力、觉知力、行动力的人。孟源在阳明身边却不能及时修行进步，这是阳明作为老师比较失望的。于是开导他说："这是你一生的最大病根。比如方圆一丈的土地内，栽种了一棵大树，雨露的滋润，土壤的肥力，却只能滋养树木的大根。四周即便种上一些优良的种子，可是上面被大树的叶子遮盖，下面又被大树的根盘结缠绕住了，那怎么可能生长得好呢？必须砍掉这棵树，把根须全部清理干净，才能培育种植优良的种子。要不然的话，任凭你怎样耕耘培土养育，也只是去滋润养育旧的树根而已。"原来

---

[1] 孟源，字伯生，滁州（今安徽滁州）人，王阳明学生。

的毛病已经根深叶茂，问题很大，需要连根拔除。这个手术理论上几乎不可能，人生最大的问题其实是如何重启人生，从头来过。"不二过"对于常人很难，因为天良和觉知都缺位，所以有言"江山易改，本性难移"，大的树根代表人的本性，总是会适时表现和实化出来，所以很难改变。认识自己难是因为认识自己的毛病很难，而要改正、改变自己更难。

一般人试图改变自己的过程往往很绝望，很无助，所以就需要借助外力来认识自己，改变自己，根本上是改变自己的心意状态。阳明作为老师，是孟源改过自新的外缘，可是学生不能珍惜，所以阳明需要屡次加以教诲。

本心发动处处皆心天之意，本来通于道义之境，但又不能不受环境条件的约束。好比"嘉谷""嘉种"，五谷的种子虽然底子本来就好，但如果没有合适的土壤环境和外在条件，是不可能发育好的。可见，原初的意识状态就是"意本"，本来通天，本意的原发状态是纠正私意之偏的基石，保障着意念实化的基本境界和方向。

心学其实就是易学，也是意学，就是易意之学，也就是改变意念之学。格心就是格意，改变意识，就是当下改命，而能够念念改命，就奠定了彻底改命的基础，也就重启命运，改变命的开生。所以心学本意学，是当下改变意念，当下改命的学问，可以称为易意学。易意学就是洗心革面，改心换意，去掉心意的牵绊和粘滞，把控粘滞的不舍情感，而开启新的取舍模式，导向重新做人的新境界。

【20】心遍寰宇，与物无对

问："后世著述之多，恐亦有乱正学?"

先生曰："人心天理浑然，圣贤笔之书，如写真传神，不过示人以形状大略，使之因此而讨求其真耳；其精神、意气、言笑、动止，固有所不能传也。后世著述，是又将圣人所画，摹仿誊写，而妄自分析加增，以逞其技，其失真愈远矣。"

【意】陆澄问："后世著述很多，恐怕会扰乱心意通天的正道之学?"正宗的儒学就是心意通天的正道之学。

先生说："人心与天理本来是浑然一体，心外无理的心是宇宙心（universal

mind），也可以理解为心遍寰宇（universal space of thought）。[1] 圣贤用笔写下的著述文字，就像描绘肖像表达人的神情相貌，不过把一个基本的轮廓展示给后人看，使别人凭借着画像去探求真人面貌；叔本华曾说：读书而不加以思考，绝不会有心得，即使稍有印象，也浅薄而不生根，大抵在不久后就会淡忘丧失。对于在沙滩上行走者的足迹，我们也许能看到他所走过的路径；如果我们想要知道他在路上看见些什么，则必须用我们自己的眼睛。阳明的意思非常近似，我们读先人的书，好像顺着先人大概的画像去体会真人的相貌，先人在画像当时体悟到的真人气象，正如沿着沙滩上的足迹去体会先人路过海边时看到的风景，只能用心眼去观，用心意去认真体会。而真人的精神气质、谈笑举止，本来就不可能完全通过肖像画来传达。后世著述，则是把圣人所画的东西，模仿誊写，然后胡乱地加以分析评断、添枝加叶，以炫耀自己的文才技艺，因而也就离心意通天的圣人之道越来越远了。"要想了解道意的本境，就要穿透圣贤的言语记录，不可将圣贤的言语执定成局，否则徒增慢妄。心意流转，无时无刻不在物化之中，但心意的本境，则要不着物化，直切领会。"书不尽言，言不尽意"，好比《论语》都是弟子记录，按说一般的弟子记录通常难以传递老师讲课的境界，也难以传达学生当时体悟到的道理，但因为有伟大且用心的学生，他们不但试图传达自己体会到的老师孔子的境界，而且努力让后世通过他们记录下来的老师言行，通达意会孔子的圣人化境，即那种永恒的、与物无对的化境，从而领悟那种心意通天的正道之学。

【21】宇宙洪荒，繁茂生生

问："圣人应变不穷，莫亦是预先讲求否？"

先生曰："如何讲求得许多？圣人之心如明镜，只是一个明，则随感而应，无物不照；未有已往之形尚在，未照之形先具者。若后世所讲，却是如此，是以与圣人之学大背。周公制礼作乐以文天下，皆圣人所能为，尧、舜何不尽为之，而待于周公？孔子删述《六经》，以诏万世，亦

---

[1]　参冯友兰：《中国哲学简史》，北京大学出版社，1997 年。

圣人所能为，周公何不先为之，而有待于孔子？是知圣人遇此时，方有此事。只怕镜不明，不怕物来不能照。讲求事变，亦是照时事。然学者却须先有个明的工夫。学者惟患此心之未能明，不患事变之不能尽。"

曰："然则所谓'冲漠无朕，而万象森然已具'[1]者，其言何如？"

曰："是说本自好，只不善看，亦便有病痛。"

【意】陆澄问："圣人的应变能力无穷无尽，莫非他们预先都做过一番探究和准备吗？"圣人之意即是道意的直接体现，没有圣人们的私意掺杂其中。

先生说："怎么可能探究准备得那么多呢？圣人的心就像是明亮的镜子，只是因为它非常明澈，所以能够随着所感知到的事物而应变自如，圣人好比伟大的艺术家，既能无中生有，又能随缘创造。明亮的镜子映照出事物的本相，圣人的明意具有活在当下的生生魄力，其心意顺境顺时，与事变迁，实意而无执无滞，顺境而实化心中之明意。没有什么东西是圣人的心镜照不到的；意感而发，道意直明。不会有先前照过的物象还留在镜子之中，明意镜天，毫无执着。更不会有没有照过的事物之形象能够预先存在于镜子中的。圣人的明意没有事先保存的内存，阳明只担心人没有直接彻悟心意通天的道境，做不到心天不分，不能在心意发动之时无住，做不到"应无所住而生其心"。如果按照后世学者们的说法就确实是这样，这就与圣人心意通达万事万物的学说背道而驰了。周公制作礼乐，以文教化成天下，是圣人就可以做到的，尧舜为什么不做完这些事，而要等到周朝让周公来完成呢？孔子删述《六经》，以教化后世，这也是圣人就能做得到的，周公为什么没有先做完了，而要等到孔子来做呢？因此我们知道，圣人处于某个特定的时代，才能完成某种特定的事业。圣人明意，遇时势而实化，所以没有脱离具体时间和形势的意识状态，圣人的明意也需要时势因缘际会来成就。时势与心意实化成就的事件不可分开，事在时中，意识需要在时势与事件融贯之境中实化出来。只担心（心意之）镜子不够明澈，只怕人没有直切道境（道意之境），

---

[1] 语出《河南程氏遗书》，程颐语。又说出自朱熹、吕大临合编的《近思录·道体》，意思是，在宇宙洪荒混沌的创始状态之中，可以意会出万事万物的本象已经在冥冥之中繁茂地生长发育起来。

不担心事物来了却照不到所遇之物。实意的核心是实其意之缘发境遇，意缘发动，是意识与时势境遇相接，明意朗现，与世共在。探究事物变化，也是属于照镜子时的事情。或解用镜子照时势与事情，有心通世情之意味。然而学者必须先下工夫使自己心如明镜。学者需要先做追求心灵意识清明澄澈的工夫。学者只要担心心意不够澄明如镜，而不必担心明镜一样的心意会无法穷尽事物的变化与发展。"心意镜天，便是道意之境如此，道在意中直接呈现，道入意中的瞬间，似有如无，好像万物如无一物存在，皆不可执。[1]

陆澄问："那么程颐先生所谓的'在宇宙洪荒混沌的创始状态之中，可以意会出万事万物的本象已经在冥冥之中繁茂地生长发育起来'，这句话应该怎样理解？"陆澄悟性高，问的是宇宙生成发动的原始状态的高深问题。那种太虚窈冥、气化流行、化为万物的状态，犹如大爆炸宇宙论所谓奇点爆炸之前的瞬间，只可意会不可言传。

先生说："这种说法本来是正确的，但是如果不能理解到位，那就会有毛病了。"如果不能悟得道意之境，就会无法理解这种宇宙创生的原初境界。道意一起，必出两分，所以前无后有，此语可谓在心物一体的道意之境中，去领悟万事万物本来就处于无有一体的本体性生成状态之中。

这段话是关于事物本体性存在意境的深层讨论，从明镜照物延伸到"冲漠无朕，而万象森然已具"，代表对于最为根本的意会之境，师生们其实都有所领悟，只是无法简单地落于文字表达之具象，可见真正的意义在言象之外，所谓言外之意。

【22】义理无穷，道体可见

"义理无定在，无穷尽。吾与子言，不可以少有所得而遂谓止此也；再言之十年、二十年、五十年，未有止也。"

他日又曰："圣如尧舜，然尧舜之上，善无尽；恶如桀纣，然桀纣

---

[1] 张祥龙认为，惠能"一行三昧者，于一切时中，行住坐卧，常行直心"的"直心"可以理解为"良知"的禅宗替身，这种境界可以理解为"时中（zhòng）良知且扩持之"。参张祥龙：《儒家心学及其意识依据》，第510页。

之下，恶无尽。使桀纣未死，恶宁止此乎？使善有尽时，文王何以'望道而未之见'[1]？"

【意】"天理（之落实）不能被限定在某个固定的场域，也是无法穷尽的。心意实化的过程与天理相通，没有任何固定的方式，而有无穷的变化。我跟你谈论（心天之意的）学问，你不能因为好像稍有所得，就觉得（心天之意的）学问不过如此这般；其实继续探讨下去，就是十年、二十年、五十年，也毫无止境。"

改天，先生又说："像尧舜这样的圣人（已经圣明到极点了），但是高于尧与舜之上的善其实是无法穷尽的；像桀纣这样的恶人（已经丑恶到极点了），但是低于桀与纣之下的丑恶其实也是没有尽头的。假使桀与纣没有死，难道恶的极致就会到他们为止了吗？假使善有尽头，心意通天之本体之善，是无穷无尽的，是实意的意之境遇。要不懈地追求天理。文王怎么可能发出'期望悟得心天之意的道体，可是却好像从来就没有悟到过'的感叹？"不懈地追求心天之意而无法穷尽。这说明要领悟天理和道体存在那种无穷无尽的极致状态，而不仅是当下做功夫。阳明哲学固然有明显的功夫论色彩，但功夫论不足以贯穿和穷尽阳明哲学的全貌。正是这些望道有所见，而又不求新创，能够非常忠实地追随阳明的学生们，记录下了阳明哲学思想最为本真的心意贯通的根本状态。

【23】静中涵养，静动皆宜

问："静时亦觉意思好，才遇事便不同，如何？"
先生曰："是徒知静养，而不用克己工夫也。如此，临事便要倾倒。

---

[1] 语出《孟子·离娄下》："文王视民如伤，望道而未之见。"意为周文王看待百姓（的痛苦）好像他自己的身体受了伤害一样，看到了大道却又似乎没有看透、没有看明白一样。延伸的意思是，追求至善的过程好像未曾尽善一样，已见至善也要说没有究竟，因为真正的善是无法究竟的，回首也无法穷尽道的全部。不是未曾看见，因为文王是已经得道之人，他看到道了，但就好像自己还没有得道、没有看到道一样，是一种得而无之，需要不停去求善的至高境界。

人须在事上磨，方立得住，方能'静亦定，动亦定'[1]。"

【意】陆澄问："静心思考的时候，也会觉得自己的某种思路挺棒的，可是一遇到具体事情，就觉得没有办法继续按照这种思路去做，这是怎么回事呢？"实意要在事上磨炼，否则一到事上，人之前的心意就可能会有变化，于是难以实化原初的心天之意。

先生回答："那是因为你仅仅知道在静心的状态中涵养，却还没有修炼努力克制自己的工夫。要在心天之意发动的瞬间去除邪意，即不通于事物的、不合适的意念状态。就像你这样，碰到事情就会没法继续把持住（原来的思路）。人必须在事情上琢磨训练自己，他的思路才能站得住脚，才能做到'不但心意安静的时候能够固定和把持心意，而且心意发动的时候仍然能够固定和保持住心意'。"人的心意碰到事情肯定需要有所调整，有些时候甚至会昏头转向，所以要努力把持，让心意的发动，无论动静皆在心天之意的中道状态，即意念之发，时刻不离心天之境。把持心意是让心意生发念念合于事物，不会有遇到事情就觉得心意跟事物的发展不符合的状态，其实是一种心意时时刻刻有所定、有所主，意念融贯事物于通达之境的状态，这需要对意识进行修炼之后才能达到。[2]

【24】培土浇灌，通天机括

问上达[3]工夫。

先生曰："后儒教人，才涉精微，便谓上达未当学，且说下学。是分下学、上达为二也。夫目可得见、耳可得闻、口可得言、心可得思者，

---

[1] 语出程颢《答横渠张子厚先生书（定性书）》，见《河南程氏文集》卷二："所谓定者，动亦定，静亦定，无将迎，无内外。"可以理解为所谓心天之意的安定，是指心意遇事行动时能定得住意本的境界，而在心意安静之时也能定得住心意的未发状态，意念将发未发的时候，没有送往迎来，没有内外之分。

[2] 佛家主张不要执着，要"应无所住而生其心"，而儒家择善固执。

[3] 意即参悟天理。语出《论语·宪问》："子曰：'不怨天，不尤人，下学而上达。知我者其天乎！'"意为孔子说："不怨恨天，不责备人，学习一些平常的知识，却透彻了解很高的道理。知道我的，只有上天罢！"

皆下学也；目不可得见、耳不可得闻、口不可得言、心不可得思者，上达也。如木之栽培灌溉，是下学也；至于日夜之所息，条达畅茂，乃是上达。人安能预其力哉？故凡可用功、可告语者，皆下学，上达只在下学里。凡圣人所说，虽极精微，俱是下学。学者只从下学里用功，自然上达去，不必别寻个上达的工夫。"

【意】陆澄向先生请教向上参悟天理的上达工夫。

先生说："后世儒者教学生的时候，往往刚刚涉及精微的地方，就说向上参悟天理的上达境界是不应该继续学的，只是教给学生一些基本知识和思想的下学之道。参悟天理即意念境界通达心天之意的状态，阳明强调要敢于教学生去悟透心意通天的境界。这是把上达和下学分为两截了。心学是上达之学，是上下一贯之学，如果只强调工夫论，反而很难实现心天之意的境界。凡是眼睛可以看得到、耳朵可以听得到、嘴巴可以说出来、心意可以思考明白的，其实都是下学；可以用感官感知甚至心意去意会的，都是对经验材料的有限理解，都是基于具体经验的理解，是下等的表面学问。而眼睛无法看到、耳朵无法听到、嘴巴无法说出、心里也无法思考的，才是悟通天理的上达之学。要想领悟先验的道与理，都是超越感官的参悟天理的学问，也就是心天之意的境界，是只可意会而无法言传的，需要特别用功，更需要很高的悟性。就像种树，栽培、浇灌的功夫，属于下学；至于树木生长时的日夜生息，枝叶畅达茂密，这（种生意通天的状态）才是上达。人怎么能参与干预树木的生长之中呢？树木的生长顺从天意而升，人的心意需要合于自然之意才能顺达并参与这种上达天理的学问。所以凡是可以用功、可以说出来告诫别人的，都是下学，但先验的道与理，也是可以意会的，需要靠悟性。上达只是在下学工夫中。在下学的材料和工夫当中，上学境界立即朗现，不是另外以别的方式单独出现的。凡是圣人所谈到的，虽然极其精微，也都是下学工夫。学者只要在下学里用功，自然就能上达，不必另外去探寻一个上达的工夫。"真正的学问在领会树木的生机，超越表面的表达，也超越具体的工夫。下学与上达一方面不可分，一方面又要有区分。阳明学不是单纯的工夫之学，而是上达天理的学问。阳明所用语言虽然平实，但境界却极高明。

陆澄录 161

栽培树木的比喻非常精妙，培土和浇灌的工夫都是下学，而生机的萌动来自接于天机的力量之延伸，意会了通天之机栝，才摸到上达之学之堂奥，所以上达之学极度高妙玄冥，却又生机盎然。阳明用树木的生机超越言语一语道破上达之学的玄妙之境，因为人一旦有了心思意念的参杂，就不可能顺从自然之意，而真正的自然之意，是人处于一种无意状态的自然相合。相比之下，朱子重视下学，一辈子钻研《大学》，强调如何引导初学者入门，对于上达之学，没有阳明强调充分。或许可以说，朱子理学境界偏重发扬《中庸》前半部分的境界，而阳明心学境界侧重发挥《中庸》后半部分的境界。

【25】志向精纯，心意不分

侃问："持志如心痛，一心在痛上，岂有工夫说闲语，管闲事？"[1]

【意】薛侃问："持守志向就好比心痛，一门心思在痛上，哪有功夫说闲话，管闲事呢？"本节承上启下。以痛为喻，是下学，与上一章相通。没有功夫去说闲话、管闲事，是为了能够让心意接天，实现上达之学。阳明强调心意通天的志向不可有丝毫动摇，与下节惟精惟一的讨论直接相关。修心修意需要强调志向精纯不失，心意不分，要聚心天之意，就要以心志专一为大要。

【26】精筛细选，当下实意

问："'惟精、惟一'，是如何用功？"

先生曰："'惟一'是'惟精'主意，'惟精'是'惟一'功夫，非'惟精'之外复有'惟一'也。'精'字从'米'，姑以米譬之：要得此米纯然洁白，便是'惟一'意；然非加春簸筛拣'惟精'之工，则不能纯然洁白也。春簸筛拣是'惟精'之功，然亦不过要此米到纯然洁白而已。博学、审问、慎思、明辨、笃行者，皆所以为'惟精'而求'惟一'也。他如博文者，即约礼之功；格物致知者，即诚意之功；道问学即尊德性

---

[1] 本节后薛侃录重出，据黎业明本补。参黎业明：《王阳明传习录校笺》，第43页。

之功；明善即诚身^[1]之功：无二说也。"

【意】陆澄问："做到'惟精惟一'，是怎么下工夫的？"

先生说："'惟一（专一）'是'惟精（精微）'的主导，'惟精'是'惟一'的工夫，实意的工夫要专心于意上，精致专注，心无旁骛。并不是说在'惟精'之外还有一个'惟一'。'精'字是'米'字旁，我们姑且拿米来打个比方：要让大米纯净洁白，这是'惟一'的意思；然而，如果不通过舂米、簸撒、筛米、挑拣这些'惟精'的工夫，就不能实现米的纯净洁白。舂米、簸撒、筛米、挑拣是'惟精'的工夫，然而也只不过是为了让米变得纯净洁白而已。博学、审问、慎思、明辨、笃行等，都是'惟精'的工夫，而目的在于追求'惟一'。其他的，如博文是约礼的工夫；格物致知是诚意的工夫；道问学是尊德性的工夫；明善是诚身的工夫：都是这个意思。"不同的修意工夫都是为了让心意通天，但通天境界不在意念之外，而在实意的当下工夫之内。工夫都在意念发动并接于事物的过程之中，不在心意与物相通的状态之外，另外用一个心意去接近心意通天的目标。

【27】意物瞬间，付诸行事

知者行之始，行者知之成。圣学只一个功夫，知行不可分作两事。

【意】（先生说：）认知是践行的开始，践行是认知的完成。意对于事物的领会，也是意识到"事"如何"与""物"的领会；可以说，"物"更有对象化的意味，而"事"更有非对象化的意味；"知"偏意会的表达、呈现，不得已诉诸言语、文字、媒介；而"行"偏意会本身的过程，即"物"因为人的意识之参与而成为"事"，从而使得"知物"在进入意中的瞬间就化为"行事"状态。圣人之学只有一个功夫，认知和践行不能分成两件事。圣学只不过是实意功夫，也就是认识、知晓、领会圣人之学，在意会"物"的瞬间，同时付诸行"事"的实践，达到心通于天的境界。

---

[1] 语本《中庸》第二十章："诚身有道，不明乎善，不诚乎身矣。"意为使自己真诚是有方法的，不明白善，就不能使自身真诚。

陆澄录 163

【28】事上磨炼，生动活泼

漆雕开[1]曰："吾斯之未能信。"[2]夫子说之。子路使子羔为费宰[3]，子曰："贼夫人之子[4]。"曾点言志[5]，夫子许之，圣人之意可见矣。

【意】（先生说：）孔子学生漆雕开曾说："我对做官还没有自信心。"孔子听后很高兴。认为他有自知之明，对自己心意与做官之事的分寸有比较准确的自觉。子路派子羔去当费邑的地方长官，孔子说："这明明是在危害别人家的孩子！"认为子路没有知人之明，子羔年纪尚轻，能力和境界都有限，他的心意境界还没有修炼好，有可能经不起危险情境的磨炼。曾点在孔子面前谈论了自己的志向，所以孔子赞许他，孔子作为圣人的心意和志向由此就可以看出来。孔子的意是圣人之意，即心通于天之境，他感通曾点对于心与天相通的意识境界，有很好的领会，认同他那种在意念生发之处，不把具体学问和学识看死，而要时刻化为活泼泼的生活经验的境界。

【29】未发之中，诚中之意

问："宁静存心时，可为'未发之中'[6]否？"

先生曰："今人存心，只定得气。当其宁静时，亦只是气宁静，不可以为'未发之中'。"

曰："未便是中，莫亦是求中功夫？"

曰："只要去人欲、存天理，方是功夫。静时念念去人欲、存天理，

---

[1] 漆雕开名开，字子开，孔子学生。
[2] 语出《论语·公冶长》："子使漆雕开仕。对曰：'吾斯之未能信。'子说。"
[3] 子路即仲由，字季路，孔子学生。子羔即高柴，孔子学生。
[4] 语出《论语·先进》。
[5] 见《论语·先进》。曾点即曾皙，曾参之父，孔子学生。
[6] 语出《中庸》首章："喜怒哀乐之未发，谓之中；发而皆中节，谓之和。"下文的"已发""未发""中""和"均源于此。意为喜怒哀乐的情感没有发动的时候，内心平静，没有偏倚，这种状态就叫作"中"，喜怒哀乐的情感发出来都符合礼仪规范，没有过头和不及，这种状态就叫作"和"。

动时念念去人欲、存天理，不管宁静不宁静。若靠那宁静，不惟渐有喜静厌动之弊，中间许多病痛，只是潜伏在，终不能绝去，遇事依旧滋长。以循理为主，何尝不宁静？以宁静为主，未必能循理。"

【意】陆澄问："一个人宁静自处，存心养性时的状态，可以称为'未发之中'吗?"

先生说："现在人们讲存心养性，只不过是定得住气而已。当他们宁静自处时，也只是气息宁静而已，这种状态不能称作是'未发之中'。"如果只是定气而没有定神、定意，就不是真正的"未发之中"。"未发之中"是于意念的原发瞬间体会到通达万物万事的那种中道境界，即《中庸》诚中之意的境界。

陆澄问："情感没有发出来就是'中'的状态，莫非是求'中'的功夫?"按照一般的理解，陆澄问的并没有大错，是否表面的、没有发出来的"中"是求"中"的必经之路?

先生说："只有做到了念念去除人欲、存养天理，才是功夫。安宁静处时念念不忘去除私欲、存养天理，践行时也念念不忘去除人欲、存养天理，不管是宁静还是不宁静的状态都如此。意念去邪存正的功夫，与气与意的安宁无关，既不可执着于气的宁静，也不可执着于心意的宁静。如果一味想要依靠气息宁静的状态来存养天理，就不仅会逐渐养成喜欢宁静自处而厌恶行动的弊病，中间还有很多潜伏在心里的毛病，始终没有办法彻底摒除，一旦碰到事情依然会滋生长养起来。如果以遵循天理为主导，心里怎么会达不到宁静的状态？如果以气息安宁沉静为主导，那就未必能够遵循天理。"诚心感天，诚意通天，就是万象冲漠森然，那种表面安寂、里面生机活泼的状态。阳明肯定陆澄对"中"的基本理解，追求气定神闲，努力定气，但不可执着于气定。要心动但没有任何执着，定于无定，纯粹至善。以未发之中为中，而不是以未发为性为中，"中"可以理解为动静合一，表面的"中"是潜在的"中"的显化。犹如《了凡四训》里袁了凡早年以呆若木鸡为最高境界，其实只是定气的表面状态，后来心意所发皆顺天意而行，才实现了"中"，反而能够逆天改命。

陆澄录 165

【30】化物为事，化势为机

问："孔门言志：由、求[1]任政事，公西赤[2]任礼乐，多少实用。及曾皙说来，却似耍的事，圣人却许他，是意何如？"

曰："三子是有意必[3]，有意必便偏着一边，能此未必能彼；曾点这意思却无意必，便是'素其位而行，不愿乎其外'，'素夷狄，行乎夷狄；素患难，行乎患难'，'无入而不自得'[4]矣。三子所谓'汝器也'[5]，曾点便有不器[6]意。然三子之才，各卓然成章，非若世之空言无实者，故夫子亦皆许之。"

【意】陆澄问："孔子门人谈论志向，子路、冉求想从政，公西赤想从事礼乐，这些工作或多或少还有点实用。等到曾皙说出他的志向，却好像是以游戏的口吻说游玩之类的事情，孔子却赞许他，这又是什么意思呢？"

先生回答："子路等三个学生都有点主观猜测、武断绝对，他们离开了原发性的心天之意，夹杂了后天的功利之心、利害之心。有了这两种倾向，就会偏执一边，能够做这个事未必能做那个事；曾点的言谈则没有执着，因而可以'安于现在所处的位置而采取适当的行动，不羡慕本分之外的东西'，安处在自己所处的地位和条件，去做应当做的事情，不要去做本分之外的事情，这是感通时势之后的意念分寸，不去化无关的外"物"为己"事"。也就是说，君子心意通天，不要被具体的、对象化的外物所牵绊，如果过度化外

---

[1] 仲由即子路，冉求字子有，都是孔子学生。

[2] 公西赤，字子华，孔子学生。

[3] 语出《论语·子罕》："子绝四：毋意，毋必，毋固，毋我。"意为老师孔子完全不会生发四种错误的意念，即他没有凭空臆测之意，没有期必专断之意，没有拘泥顽固之意，没有自我膨胀之意。

[4] 《中庸》第十四章原文："君子素其位而行，不愿乎其外。素富贵，行乎富贵；素贫贱，行乎贫贱；素夷狄，行乎夷狄；素患难，行乎患难。君子无入而不自得焉。"

[5] 语出《论语·公冶长》："子贡问曰：'赐也何如？'子曰：'汝器也。'曰：'何器也？'曰：'瑚琏也。'"意为子贡（端木赐）向孔子请教："我这个人怎么样？"孔子说："你呀，好比一个有用的器具。"子贡又问："是什么器呢？"孔子说："是宗庙祭祀时的礼器瑚琏。"

[6] 语出《论语·为政》："君子不器。"意为君子不应该成为只有某种特定用途的器具。

物为己事，就难以安心地面对最初的原发意境。'处在未开化的夷蛮之地，就做处在未开化的夷蛮之地应当做的事情；处在患难的时势，就做患难的时势应当做的事情'，'君子守道而行，顺应时势的改变而改变自己，这样无论处在什么情况下都能怡然自得'。君子意念之发，无不在天道运行之中，自然合于心天之境，心意顺天而动，化时势之中的"物"为时机化的"事"。子路等三人所谈的都是孔子所说的'你好比是一个器皿'，曾点则有不愿意像器皿一样的想法。然而三个学生的才能，各自都富有文采，不像世上那些浮夸空谈、不着实用意行事的人，所以孔子也赞许他们。"虽然子路等三个学生有实际的本领，也脚踏实地，但追求成为"器"，其实还是在"物"的境界。孔子认为，君子修意，不应追求成为对象化的存在物，否则就偏离了孔子要学生们追求的那种无执之意、非器之境。心天之意境是心意通天而毫不执着的境界，是从"有"的角度吸收"无"的境界。

【31】后天之缘，复先天生

问："知识不长进，如何？"

先生曰："为学须有本原，须从本原上用力，渐渐'盈科而进'[1]。仙家说婴儿[2]，亦善譬。婴儿在母腹时，只是纯气，有何知识？出胎后方始能啼，既而后能笑，又既而后能识认其父母兄弟，又既而后能立能行、能持能负，卒乃天下之事无不可能：皆是精气日足，则筋力日强，聪明日开，不是出胎日便讲求推寻得来，故须有个本原。圣人到'位天地、育万物'[3]，也只从'喜怒哀乐未发之中'上养来。后儒不明格物

---

[1] 语出《孟子·离娄下》："原泉混混，不舍昼夜，盈科而后进，放乎四海。"意为有本源的泉水滚滚地往下流，昼夜不息，把低洼之处注满后再往前奔腾，一直流入大海。

[2] 语出《老子》第十章："专气致柔，能婴儿乎？"意思是专心致志地持守天真元气，保持柔和的心境，能做到像婴儿一样吗？

[3] 语出《中庸》第一章："致中和，天地位焉，万物育焉。"意思是人在天地之间，达到最完满的"中和"境界之后，就与天地阴阳和谐，能够安于天地之中位，就能够助成天地生长化育之功，与万物一起生生不息了。

之说，见圣人无不知、无不能，便欲于初下手时讲求得尽，岂有此理？"

又曰："立志用功，如种树然。方其根芽，犹未有干；及其有干，尚未有枝；枝而后叶，叶而后花实。初种根时，只管栽培灌溉，勿作枝想，勿作叶想，勿作花想，勿作实想。悬想何益！但不忘栽培之功，怕没有枝叶花实？"

【意】陆澄问："知识没有长进，怎么办？"

先生回答："求学必须有一个根本来源，必须从根本来源（这个开端）上努力，循序渐进，然后才能有所收获。求知并增长见识，需要有心得体会，否则就没有长进。本原即意念的原发境遇，但主要指通天之意。道教用婴儿来打比方，也说得非常精辟。婴儿在母亲肚子里面时，只是纯粹的一团精气，哪有什么知识？在娘胎里婴儿有先天之意，通天不分，无分别心，是先验存在的。后天修意，是从对象化的后天境界，不断返回非对象化的先天境界。等到从母体出生后，才能开始啼哭，继而能够笑，然后能够认识自己的父母兄弟，再接着能够站立、行走、持拿、背负物品，最终天下所有事没有不会做的：这都是因为婴儿的精气日益充足，筋骨气力日益强壮，越来越耳聪目明，（这些都）不是从母体出来那一天起便能探求推寻得到的，必须要考察它们的根本来源。人出生后，心意接于事物，便从先天之境进入后天之境，后天的心意发动，不可离却心天之境的先天境界。圣人能够安于天地之中位，助成天地生长化育之功，达到与万物一起生生不息的境界，也就是从'喜怒哀乐各种情绪没有表现出来之前的未发之中'状态出发逐渐培养起来的。圣人即使实现了在天地之间长养培育万物的境界，也还是要时刻回复先天的心天之境。相比之下，常人迷于外物，完全不想着回复本然的心天之意。后世儒者不明白格物的学说，看见圣人无所不知、无所不能，于是就想要在一开始的时候学会所有的学问，哪里有这种道理？"实意为根本，意通于道，即通于天理的那种先天状态，就是心天之意，在后天与物交接的过程当中，时刻转化成为一种心天之境，化"物"为"事"。只是这种心天之境作为转化对象化的"物"为非对象化的"事"的境遇，本身晦而不明，需要通过实意的功夫才能让心天之境明朗自觉起来。

先生又说："立志用功，就好比种树。当它刚开始发芽的时候，还没有树干；等到长出树干时，还没有长出枝条；长了枝条之后才长叶子，叶子长好后才开花结果。刚开始种树根时，只管去培土灌溉，不要想着生枝、长叶，更不要想着开花、结果。空想那些有什么用？只要不忘记培土灌溉的功夫，还怕没有枝条、树叶、鲜花、果实？"念念发动都要在后天的意识境界当中回复到先天之境，所谓"本源"的原生状态，即意念发动的原始、原生状态，缘生强调意念发动必接于物的那种因缘发动状态。

【32】缘生瞬间，自觉道体

问："看书不能明，如何？"

先生曰："此只是在文义上穿求，故不明。如此，又不如为旧时学问，他到[1]看得多、解得去。只是他为学虽极解得明晓，亦终身无得。须于心体上用功，凡明不得、行不去，须反在自心上体当，即可通。盖《四书》《五经》，不过说这心体。这心体即所谓道，心体明即是道明，更无二：此是为学头脑处。"

【意】陆澄问："看书却不能明白其中的意思，怎么办呢？"当指不能明白其中圣人的道理，即圣人心意通天的心天之意境界。

先生说："这是因为只在文辞句意上穿凿探求，所以会有读不明白的地方。要是这样的话，还不如去学先前的那些学问家（如程朱），他们的学问倒是看得多了，也解释得很清楚明白。读懂圣人之道需要穿透先人的文字。换言之，多看看先人的解释，自然也可以理解。只是他们在学问上虽然理解得极为透彻明白，但终身都没有什么真正的心得体会。之前的学问家们的境界只能算是字面上明白，如果只从他们的文字意思上去寻找，那么研究再深，对于圣人之意的理解也恐怕只是隔靴搔痒而已。必须在心体上下苦功夫，凡是理解不清楚、实行不顺畅的，必须返回自己内心上细心体会，这样才能真正通达理解。《四书》《五经》，也不过是探讨这个心体。这个心体就是'道（天理）'，心体就是心天之意，就是圣人之道。可见，心体比道体

---

[1] 多本作"倒"，可通。

更重要，心体没有对象化意味，而道体有对象化意味，道体要化为心体，才是入道境界。心体澄明了，就是'道（天理）'的敞明，再不需要其他解释：这才是做学问的关键所在。"求道即开悟心天之意，要反诸心念发动之意的原生情态，即原始创生的状态，也就是先天道体落于后天情势的缘生瞬间，那种道意之境当中仍然保持着对先天道体的明察与自觉的状态。研究圣人之道的学问当然要反诸内心，须在意念发动当中领会到心天之意。要想理解圣人的言语，需要开悟之后才能够明白，而不是先人的解释看得多了，解得通了，就以为自己明白了。

如果学习者没有心得，一方面可能是学习者自己意能低，开悟的机缘没有到，另一方面，也可能是因为类似程朱这样的学问家，本身对圣人之道心得不多，所以读者读他们的书，虽然看起来理解了，其实还是没有真正开悟的心得。这就是为什么追求圣人之道的人，要去读永垂不朽的圣典，以感通心天之意的原因。

【33】心显意论，意主意体

虚灵不昧，众理具而万事出[1]。**心外无理，心外无事。**

【意】（先生说：）让心灵之体空灵而没有被蒙蔽，明亮澄澈，万物之理都能包容含纳，那么各种事物就会自然显现。在人的心体之外没有天理，心体之外也没有万事万物。意开则心显，心无意则不显。心体看似空灵，但万理皆在其中。这是万理在意会升起处自然显现，不是由心主导而能够让万理流行。阳明是心显意论，不是心主导论，而是意主导论。心显意论是心发动而万物自然在意中显现。[2]不是不存在天理，而是没有心体，即意体之外的天理。

---

[1] 朱熹《大学章句》注："明德者，人之所得乎天，而虚灵不昧，以具众理而应万事者也。"王阳明借用朱熹的注，进行了改造。其说法有所不同，明德内在，天有外在感；明德虚灵不昧，内在具有理，应万事在外。在阳明看来，万事是心体出，显发出来，心理一，心事一。阳明所言，乍一看与朱熹所言似乎很像，仔细琢磨，其实很不一样。

[2] 在伊斯兰教真主的显现当中有类似讲法，义理上有相近之处。

【34】语境意义，依境而生

或问："晦庵先生曰：'人之所以为学者，心与理而已。'[1] 此语如何？"

曰："心即性，性即理。下一'与'字，恐未免为二。此在学者善观之。"

【意】有人问："朱熹先生说：'人之所以追求学问，是因为要想明白什么是心，什么是天理。'这句话有道理吗？"

先生说："心就是性，性就是天理。心、性与理是不同概念表达类似的哲学含义，这其实是中国哲学言说方式的吊诡之处。中国哲学的根本概念的内涵既有区别，又多有重合之处，所以各种概念的专论，离开经典的文本，就难以把握概念的外延和边界。正如追求圣人之道，在本书当中理解为了悟心天之意，而类似的追问，当然可以用传统的各种核心概念加以表达，但这些概念只是表达的方便法门，并不直接构成哲学问题本身。也就是说，中国古典哲学概念的意义，无论其内涵还是外延，都是语境化（contextualized）生成的，难以用专论的方式系统建构起来。同样的，道、理、气、性、命也是中国哲学的核心范畴，但这些概念的意义是语境化生成的，无法脱离经典语境（意义背景）而孤立讨论其意义系统，所谓其意义是"依境而生"（creatio in situ）的。在'心'和'理'之间加了一个'与'字，恐怕学生难免把心和理分开，看作两个事物。这就要求学习者善于观察体会才能正确理解。"阳明下文就不用"与"，而用"即"，虽然都是合起来的意思，但如何合在一起，确实需要有心得体会才行。

【35】意体纯善，无善无恶

或曰："人皆有是心。心即理，何以有为善，有为不善？"

先生曰："恶人之心，失其本体。"

【意】有人问："人人都有这个心。如果心就是天理，为什么会有人行善，有的人却不去行善呢？"

---

[1] 朱熹《大学或问》。

先生回答："这是因为恶人的心体已经丧失了其（先天至善的）本体。"

这里从相对上一条当中"与"的背景来强调"心即理"，说明心天之意的本体通于天道自然之善，但这种自然之善不易被人感知和觉察，主观的意念发动或者合于自然之善，或者不合。善与恶在意体发动的瞬间分开，意识发动出来有善有恶，有善意和恶意之分。不过心的本体、意的本体都是纯善无恶，既可以说是无善无恶，又可以说是天地自然之善。

【36】智的直觉，明心见性

问："'析之有以极其精而不乱，然后合之有以尽其大而无余'[1]，此言如何？"

先生曰："恐亦未尽。此理岂容分析？又何须凑合得？圣人说精一，自是尽。"

【意】陆澄问："朱熹先生说'天理可以通过分析达到极其精微而不混乱的程度，然后综合起来可以统括天下事物而没有遗漏'，这句话怎么样？"

先生说："恐怕也未必尽然。这天理怎么能可以通过分析来理解呢？朱子用分析的进路不可能说清楚心天之意的道理，因为心天之意需要整体性地加以体会才可能理解。又何必拼凑综合起来呢？圣人说'至精至纯'精一，就已经把道理讲得很透彻完备了。"诚极而尽心，并以此为本，见心性之本体（至善的心体）。如此至精至纯的功夫和境界，没法分解开来加以分析，只能说不论有事无事都要涵养考察心天之意，让心所发之意皆自然而然地合于天中。

这既可以理解为功夫论，也可以从知识论角度加以理解。牟宗三讲"智的直

---

[1] 朱熹《大学或问》："析之极精不乱，说条目功夫；然后合之尽大无余，说明明德于天下。"强调条分缕析，清楚明白，致广大而尽精微的境界。如果只是收集整理资料，当然不等于"明明德"。甚至可以说，心学的境界其实是反材料、反语言的，或从根本上是反道的，因为道也需要破除。可见，心学悟道的境界本身是前语言的、无法言传的状态，本身包含很多不可言说之秘。诚如维特根斯坦所谓无可奉告，海德格尔也有类似真理和智慧不可言说的说法，心学悟道境界是难以言说的，却是可以被意识到的，或者说可以被意会的。

觉"有道理，强调整体性领悟。我们可以说王阳明和牟宗三都肯定"智的直觉"，也就是直觉性整体领悟，可以直接通达事物的根本，并以此为圣学正脉。诚如六祖惠能的顿悟说教导要直接悟空，其中既有知识论，又有功夫论，"空"的知识不是对象化的知识，而是可以直接领悟的佛境。最根本的圣道，如佛门的般若，需要直接领悟，当下一念即可达到；如果不能够直接领悟，或者直接领悟有困难，才会去强调渐修的功夫。也就是说，因为不能当下明心见性，不能直接领悟根本智慧，才有必要强调渐进的功夫。"极其精"是极心之极至于根本的（本性），关于"其"的理解，一解为天理，一解为虚辞无义。"未尽"是未必尽然，或者是没有完全说清楚。无尽则不够诚，只要分析就难以诚。

【37】省言存意，边缘体悟

省察是有事时存养，存养是无事时省察。

【意】（先生说：）省察是有事的时候在事上存养天理，存养天理就是无事的时候反省体察天理。存养天理就是念念接续心天之意。阳明特别强调在开悟之后心意通天的状态下做功夫。类似的意识状态在海德格尔和维特根斯坦那里，相当于不可言说、超言绝相的化境。阳明自己开悟之后，就终生传其所悟之道，希望每个人都能够领悟儒学的道体，其讲学的经历就是实化自己让大道流传的心愿之过程。

不重视文字的哲人有老、庄、惠能和陆九渊等，但后人还是得通过文字来理解其悟道境界。而重视著书立说的，如王充、张载、王夫之、方以智等，他们以著作为根本，不在乎同时代的人是否理解和读懂，但相信自己所证得的道体，一定可以通过自己的文字传下去，这是证悟道体的哲人自信。陆、王写的虽然很少，因其一生多致力于在讲学中启发世人，但他们最后传世的，其实还是留下的文字。[1] 既然后人可以通过文字去感悟其悟道之境，那么说明文字其实还是可以

---

[1] 林安梧指出："陆王学是将主体上遂于道体，这样的道体仍是以伦理性的道德创生性为主导的，并未正视'气'之优先性，而是以'心'为优先的。"参林安梧：《明清之际：从"主体性"、"意向性"到"历史性"的一个过程——以阳明、蕺山与船山为例的探讨》，《船山学刊》2006年第2期，第7页。

记录和传达真心悟道的境界。心天之意的境界虽在言外，但还是可以通过记录下来的言语本身的边界感和言说状态的边缘感去体悟、去证成。

【38】心物一体，物物不物

澄尝问象山[1]在人情事变上做工夫之说[2]。

先生曰："除了人情事变，则无事矣。喜怒哀乐，非人情乎？自视听言动，以至富贵贫贱、患难死生，皆事变也。事变亦只在人情里。其要只在'致中和'，'致中和'只在'谨独'。"

【意】陆澄曾经就陆象山在人情事变上做工夫的主张请教先生。

先生说："除了人情事物之变，就再也没有其他任何事情了。这个世界的一切事变皆因人情而成为心物一体的存在物，而只有心物一体的对象才是人认识的对象。喜怒哀乐难道不是人情吗？从视听言动到富贵贫贱、患难死生，都是事物变化。所有事情变化也都在人情中体现。一切事变皆因人情变化而存在，这不是说事变依靠人情而存在，而是说，如果没有人情的变化，"事"之变其实只是本体性的"物"变，而人情的变化让"物"变真正成为可以意会的"事"之流变。因此才能把人所认识的对象化的"物"世界的变化，为意所领会而成为"事"变。关键在于达到中正平和的心意状态，而要想保持中正平和的状态关键在于'谨独'。"中和是在人情及事变的心意缘发端点加以把持，让心意持中守正，从而让事之变也处于某种心意可以掌控的状态。如果心意不能掌控，事变就会不顺着人情。让天下的人事之变，在心意发动的缘生状态当中保持中正平和，只有靠自己谨慎小心才可以做到。

心意发动的中和通达天地，肯定需要借助自己的想象，但这并没有神秘主义倾向。不论人情怎样变，人都应该保持中正平和的心意状态。人情万变不离其中，"中"就是专注的、非对象化的、合适的状态。儒家强调保持中正平和的状态，

---

[1]　陆九渊（1139—1193），字子静，自号存斋，江西抚州人，因曾讲学于象山，学者称象山先生。南宋著名理学家，倡导心学，与当时著名理学家朱熹齐名，史有"朱陆之辩"。

[2]　语本《象山全集》："复斋家兄一日见问云：'吾弟今在何处做工夫？'某答云：'在人情、事势、物理上做些工夫。'"

174　传习录明意

庄子讲"物物而不物于物"，佛家强调不为外物所住所迷，儒释道在心意控制、转化外物方面，其实相通，也就是人面对"事变"要有一种主动的、支配的意识状态。佛家讲明心见性，强调内观心体的本然状态，而儒家是意念生生之后，强调意念持守的状态。在关于事变的讨论之后，下一节就接着讨论未发的先天之境。

【39】先天之境，心意本体

澄问："仁、义、礼、智之名，因已发而有？"

曰："然。"

他日，澄曰："恻隐、羞恶、辞让、是非[1]，是性之表德邪？"

曰："仁、义、礼、智也是表德。性一而已：自其形体也，谓之天；主宰也，谓之帝；流行也，谓之命；赋于人也，谓之性；主于身也，谓之心。心之发也，遇父便谓之孝，遇君便谓之忠。自此以往，名至于无穷，只一性而已。犹人一而已：对父谓之子，对子谓之父，自此以往，至于无穷，只一人而已。人只要在性上用功，看得一'性'字分明，即万理灿然。"

【意】陆澄问："仁、义、礼、智这几个名称，是（因为本性）发动呈现出来之后才具有的吗？"

先生说："是的。"

另外一天，陆澄问："恻隐、羞恶、辞让、是非，是本性（心性）所体现出来的（善恶）境界和状态吗？"

先生说："仁、义、礼、智也是心意本性所呈现出来的境界和状态。仁义礼智皆是心意领悟了事变之后，被表面化地描述成的所谓德性。那么，如何理解"性"？是人性？还是本性、心性、性体？此处解为心性，即心意本性。本性只有一个，从它的外表和形体来说，称之为天；从其主宰万事万物来说，称之为帝；从它流行变化来说，称之为命；从本性赋予到人之中来

---

[1]　语本《孟子·公孙丑上》："恻隐之心，仁之端也；羞恶之心，义之端也；辞让之心，礼之端也；是非之心，智之端也。"

说，称之为心性；从主导人身来说，称之为心。从本体论上说，人性即心性，天是其形体，帝是对天地之间主宰力量之意味的领会，命是其流行的过程，性是人生之后所有之本，在人身上活动的是心。心既有生理的心体主宰人身的意味，也有心为一切意念之主的根基的意味。人的心意发动出来，表现在奉养父亲方面就称之为孝，表现在侍奉君主方面就称之为忠。以此类推，名称无穷无尽，但只是（意的）一个本性而已。本性是心之本性，即心意本体之性。本性通于人情的本体世界，随物转化，但本体之心性通天，可以有不同的表达方式。就好像一个人：对父亲来说称之为子，对子女来说称之为父亲，依此类推，对人的称呼无穷无尽，但还是那一个人而已。心、性、天、帝都是意体的不同称呼，是意识状态的不同维度，既是对象化的，又是非对象化的，通过反省而意会成为某种称呼。好像人的称呼变化，既是指向外人的，但又是反省自身而有的、非对象化的称呼。无论哪一种称呼，都不能违背人性和心意通天的状态。人只要在心性上用功，把心性理解清楚，那么一切道理都豁然呈现。"人的心性本来通天，范畴皆是表象，只要悟得心意通天，则上下贯通。这里有一多不分本体论的融通性。

心性有未发和已发状态，对未发状态的理解，能够贯通已发状态的道理。心性的未发状态有先天性和后天性的不同理解。先天性的心性是心性与生俱来的品质和状态，不与事变迁。后天的心性是心性接于物事之动与不动的状态，心性未动的状态，相对于已发的状态，可以理解为后天心性的未发状态。无论是对心性的先天状态，还是后天未发状态的理解和持守，都有利于理解世间的各种道理。这其实是与心意发动同时升起的反思能力的体现。

这里的解读认为性是心性，也就是心意之本体状态，而不是人性，即人之为物的本性，也就是心之为血肉的那种物性。如果把性理解为本性，既可以是人的本性，也可以是物的本性，那样，将性理解为性体更全面，因性体包括心性和物性。本性和性体或许可分。性体是发动之前的状态，偏未发；而本性可以讲已发和未发。

性虽然为本，但与心、意还是有分。如果用五行图来表示，意为土居中，心为木居东，识为火居南，性为金居西，而情为水居北。

【40】天理内化，原发成境

一日，论为学工夫。

先生曰："教人为学，不可执一偏。初学时心猿意马，拴缚不定，其所思虑，多是人欲一边，故且教之静坐，息思虑。久之，俟其心意稍定。只悬空静守，如槁木死灰[1]，亦无用，须教他省察克治。省察克治之功，则无时而可闲。如去盗贼，须有个扫除廓清之意。无事时将好色、好货、好名等私，逐一追究搜寻出来，定要拔去病根，永不复起，方始为快。常如猫之捕鼠，一眼看着，一耳听着，才有一念萌动，即与克去，斩钉截铁，不可姑容与他方便，不可窝藏，不可放他出路，方是真实用功，方能扫除廓清。到得无私可克，自有端拱[2]时在。虽曰'何思何虑'[3]，非初学时事。初学必须思，省察克治即是思诚，只思一个天理。到得天理纯全，便是'何思何虑'矣。"

【意】有一天，师生共同探讨做学问的工夫。

先生说："教人做学问，不可以偏执一端。人在刚开始学习的时候，心猿意马，思虑不定，难以集中心意，因其心中所考虑的大多是私欲方面的事情，所以应该先教他静坐，借以安定平息思虑情绪。心思安宁，排除纷扰，这是去欲望牵连之私意。久而久之，等到他的心意渐渐安定的时候，如果还让他继续一味悬空久坐，以至于就好像槁木死灰一般，也没有什么用，此时必须得教他做反省体察克制自身私欲的工夫。静坐太久就只是在持守空意，意之所发无物无缘，看起来心意安宁，专心致志，但如果意向性落空，虽然进入槁木死灰的境界，但儒家觉得于事无补，于世无用，于己无功。在这个意义上，儒家相比道家要更注重功用，带有实用目的，既改造自身，也改造世界。而道家追求的槁木死灰的境界，可能提升自己的命功，可以延年益

---

[1] 语出《庄子·齐物论》："形固可使如槁木，而心固可使如死灰乎？"

[2] 端坐拱手。

[3] 语出《周易·系辞下》："天下何思何虑？天下同归而殊途，一致而百虑。天下何思何虑？"意为天下万物运行的道理有什么需要思索的呢？有什么可以忧虑的呢？天下万事万物沿着不同的道路出发，但走到共同的归宿，有着一致的目标，却出自千百种心思念虑。天下万物在思索什么？在忧虑什么呢？

寿，但不能改变世界，于世无补。这种反省克己的工夫，片刻都不可以间断。就好比清除盗贼，必须有一个彻底清除的决心。没有事情的时候，将贪慕美色、财货、名声等各种私欲，逐一追究搜刮出来，一定要彻底清除这个病根，使它永远不再萌发，才算痛快。在心意上反省做工夫，跟出家不出家没有关系。反思自我是在心意安宁的时候，让意向回归自身，内观自我的状态。这不是内观自己身体的气血运行，而是内观自己的私心私欲，再升起宏大的心志和愿力，去除自我的狭隘状态。做这种心意上反省的工夫，需要在意向性升起的同时层层反思，尽心竭力的反思犹如对自我意识做考古般挖掘，要一层一层剥离，一层一层扫清，再一层一层深入下去，然后自我深沉的意识本体（意本）才能慢慢水落石出。好比猫捉老鼠，眼睛死死盯着，耳朵细细听着，只要有一丝私心杂念出来，就要立刻将其摒除，态度坚决，绝不可姑息迁就，既指心意本然之私，也指放纵老鼠离开的私心，不可让这种私心存留片刻。此私意指向老鼠，是私意类似放走老鼠的可能状态。不能给它喘息的机会，更不能窝藏它，也不可以网开一面放它出去，这才是真正实意用功的状态，如此才能彻底扫除干净心中的私欲。猫捉老鼠，当然不能给老鼠一点点喘息的机会，但根本在于要试图克服可能放走老鼠的一点点私心和私意。阳明以此为喻，说明要立志专心，当在意念发动的端点克服私心私欲，这种私意总是关联着如老鼠一般的、难以捕捉的、稍纵即逝的意缘对象。到了心意之中没有私欲可以清除的时候，自然可以进入端坐拱手的轻松状态。虽然有所谓'没有什么可以思虑的（何思何虑）'的说法，但这种心意状态不是初学者就能达到的境界。初学者必须思考，做反身省察克治自己的功夫，也就是思考如何实化自己的至诚之意，只思考一个天理。等到（心思意念完全都是）纯粹天理的状态，就是'何思何虑'了。" 意向性必有对象，但修身反省的意向性之对象，不可以是私意所指涉的对象，而只能是天理。而且，不能只是一念到了天理而已，而要念念至诚，念念发动皆恒久地指向天理。虽然这样说来，天理似乎构成意向性的对象，有对象化的意味，但是，天理其实应该是内化在意向性之中的，成为非对象化的境域背景。换言之，修身克治之人，当在意向发动的缘发状态，使得天理成为意识原发之境，让意念自始至终真诚无妄地实化出来。实现了这样的意识境界，就没有必要思考什么了，而进入了一种可以不思考、无忧虑的、心意发动自然诚中而心意通天的化境。

【41】意向出鬼，自证偏邪

澄问："有人夜怕鬼者，奈何？"

先生曰："只是平日不能'集义'[1]，而心有所慊，故怕。若素行合于神明，何怕之有？"

子莘[2]曰："正直之鬼不须怕；恐邪鬼不管人善恶，故未免怕。"

先生曰："岂有邪鬼能迷正人乎？只此一怕，即是心邪。故有迷之者，非鬼迷也，心自迷耳。如人好色，即是色鬼迷；好货，即是货鬼迷；怒所不当怒，是怒鬼迷；惧所不当惧，是惧鬼迷也。"

【意】陆澄问："有人夜里怕鬼，怎么办？"

先生说："这是因为平常不能积累善心，导致内心有所愧疚，所以才会怕鬼。如果平日行为合乎神明，有什么可以害怕的呢？"念念发动纯乎天理，就是心意通天，合乎神明，真实无妄，当然就不必担心有虚假害人的精神现象出现。所谓不做亏心事，不怕鬼敲门。

马明衡说："正直的鬼不必怕；就是担心邪恶的鬼，不管人是善是恶而都会来伤害人，所以难免有些害怕。"

先生说："邪恶的鬼怎么能够迷惑心意正直的人呢？仅仅一念害怕，就说明心术不正。心术是心念发动处做功夫的技术和能力，是人反省自己的意识状态，反思而掌控自己意识状态的力量。所以那些被迷惑的人，不是鬼迷惑了他，而是他自己内心迷蔽了自己。自己对心念发动没有把握，老是出偏，这种迷惑的状态好像有鬼在影响自己一般，心意无法自持、专注，无法自我控制。如人喜好美色，就是被色鬼迷惑住了；贪好财货，就是被财货鬼迷惑住了；在不当发怒的时候发怒，就是被怒鬼迷惑住了；害怕不该害怕的东西，就是被惧鬼迷惑住了。"人的心性出偏，就是人心出鬼。因为人一旦心意偏邪，其实是意识出现差错，好像出来一个意向性的鬼，所谓心鬼发动，

---

[1] 语出《孟子·公孙丑上》："是集义所生者，非义袭而取之也。"意为浩然正气是通过长期积聚正义感和积累善心才能形成的，不是行为偶尔符合正义便可获取的。

[2] 马明衡，字子莘，福建莆田人，官至御史，王阳明学生。

其实是意识发动的端点就出了问题。可见，所谓鬼迷心窍，好像心窍被鬼迷惑，其实是心窍流露出来的意向性的开端出了鬼了，才导致意向性的对象似乎偏到鬼上面去了一样。可见，意识出偏，有可能导致气息的偏邪，也就导致喜怒哀乐各种人情之气的偏邪。这其实是心意在自我反思、自证分意义上的本然状态出了问题，心意偏邪就遮蔽和障碍了心意本真、澄明的原初状态。

【42】阴阳否定，哲意恒存

定者心之本体，天理也。动静，所遇之时也。

【意】（先生说：）平静恒定是心的本体，这就是天理。心的本体是心平静安定的状态，即心的原发之态，天理不离心体，所以心体也就是天运行的本来道理。这样，心即理，也就是心体即天理，所谓心天不分的状态，这种意识状态就是心天之意。心天之意其实既是定心状态，即心念通天的本体性状态，也是心通天的运动状态，即是天理动态朗现的状态，所以下面接着讲动静。动与静，只是就天理在不同时间、不同环境所遇的时机化形势而言的。动静、阴阳是天理动态运行让人意会的方式，这种为人的意识所领会的状态，好像人时刻意识到现象界其实一直存在如阴和阳般对应、矛盾、彼此否定的意识状态。

中国哲学意识不是从语言当中出现否定词开始的，而是从混沌的太极、道开始的，而道表现为一阴一阳，虽然阴阳彼此否定，但永恒地共生、共存、共成。这种彼此否定的意识，可以说是中国哲学意识的开端。

【43】大学书义，中庸首章

澄问《学》《庸》同异。

先生曰："子思[1]括《大学》一书之义，为《中庸》首章。"

【意】陆澄向先生请教《大学》《中庸》两书的异同。

先生说："子思总结概括了《大学》一书的主要含义，归结为《中庸》

---

[1] 孔伋，字子思，孔子嫡孙，相传作《中庸》。

的首章。"阳明显然推崇《中庸》甚于《大学》，他很欣赏《中庸》通天的境界，而且这也基本成为《传习录》心天之意境界的基石。但是他在讲学过程当中，因为学生们都先学过朱子的《四书》，所以他不得不回应学生们关于《大学》的很多问题，以致看起来阳明的学问似乎是从反对朱子《大学》的解读中转出来。其实，这只是说明朱子过分重视《大学》，重视下学入门阶梯次第，相对没那么重视《中庸》，也不够重视学问悟道境界。阳明在讲学生涯当中，不得已总是被学生的问题牵着走，于是不得不明确强调《中庸》境界比《大学》高明。

【44】正名理想，难于登天

问："孔子正名[1]，先儒说'上告天子，下告方伯，废辄立郢'[2]。此意如何？"

先生曰："恐难如此。岂有一人致敬尽礼，待我而为政，我就先去废他？岂人情天理！孔子既肯与辄为政，必已是他能倾心委国而听。圣人盛德至诚，必已感化卫辄，使知无父之不可以为人，必将痛哭奔走，往迎其父。父子之爱，本于天性，辄能悔痛真切如此，蒯聩岂不感动底豫？蒯聩既还，辄乃致国请戮。聩已见化于子，又有夫子至诚调和其间，当亦决不肯受，仍以命辄。群臣百姓又必欲得辄为君，辄乃自暴其罪恶，请于天子，告于方伯诸侯，而必欲致国于父。聩与群臣百姓，亦皆表辄悔悟仁孝之美，请于天子，告于方伯诸侯，必欲得辄而为之君。于是集命于辄，使之复君卫国。辄不得已，乃如后世上皇故事，率群臣百姓尊聩为太公，备物致养，而始退复其位焉。则君君、臣臣、父父、

---

[1] 语出《论语·子路》："子路曰：'卫君待子而为政，子将奚先？'子曰：'必也正名乎！'"

[2] 《左传》有记载，据朱熹《论语集注》引胡氏云："卫世子蒯聩，耻其母南子之淫乱，欲杀之不果而出奔。灵公欲立公子郢，郢辞。公卒，夫人立之，又辞。乃立蒯聩之子辄，以拒蒯聩。夫蒯聩欲杀母，得罪于父，而辄据国以拒父，皆无父之人也，其不可有国也明矣。夫子为政，而以正名为先。必将具其事之本末，告诸天王，请于方伯，命公子郢而立之。则人伦正，天理得。名正言顺而事成矣。""胡氏"当为胡瑗，参邓艾民：《传习录注疏》，上海古籍出版社，2012 年。

子子[1]，名正言顺，一举而可为政于天下矣！孔子正名，或是如此。"

【意】陆澄问："关于孔子端正名分的具体主张，先儒有说是'向上禀告天子，向下告知各诸侯国，废掉公子辄的国君之位，而重新拥立公子郢为国君'。这种说法怎么样？"朱子本人认可这种讲法，《论语集注》引了此语。

先生说："这样做恐怕很难吧。哪有别人真心实意地礼敬我，请我去帮他治理国家，我去了之后，就先废除他的国君之位的做法？这难道合乎人情天理吗！孔子既然同意帮助辄主持国政，必定觉得辄能够放心地把国家委托给他去治理，并对于孔子的各种意见他都能听得进去。南子立郢，郢辞，立孙辄父蒯为卫君。蒯欲杀南子被逐，去晋，孙辄继位。蒯则想夺回。孔子德性高尚，以至诚之心感化卫君辄，卫君即卫出公辄，前492—前481年在位。使他知道不孝顺父亲的人就不能算是一个真正的、完全的人，因此，卫君辄肯定会痛哭奔走，亲自前往迎接他父亲蒯回来。父子之间的仁情爱意，出自人的天性，卫君辄能够如此真切地悔悟过错，痛改前非，其父蒯蒯怎能不被彻底感动呢？蒯蒯回国之后，卫君辄就会把国家交给父亲，并请求父亲杀了自己以惩罚自己不孝之过。蒯蒯已经被儿子辄的真情实意、所作所为感化，又有孔子以其至诚之心居中诚恳调和，当然绝对不会接受君主之位，仍然让儿子辄为君主，继续治理国家。当时晋与卫是敌国，晋国想帮蒯蒯回卫国成为国君。群臣和百姓又必定希望辄继续当他们的国君，这样的说法当然是出于理想的假设。卫君辄于是坦白地揭露自己的罪行和过错，请示天子，昭告诸侯各国，一定要把国家交还给父亲蒯。蒯蒯和群臣百姓都赞赏辄幡然悔悟和仁爱孝顺之美德，也请示天子，昭告诸侯各国，一定要让辄继续担任他们的国君。这是更加理想的愿景。于是，上下各方都联合起来请求辄，希望辄继续当卫国的君主。卫君辄实在迫不得已，于是只得按照后世奉养太上皇的做法，率领群臣和百姓尊奉蒯蒯为太上皇，使其养尊处优，然后才告退，重新

---

[1] 《周易·家人》彖辞："父父、子子、兄兄、弟弟、夫夫、妇妇而家道正，正家而天下定矣。"又见《论语·颜渊》："齐景公问政于孔子。孔子对曰：'君君，臣臣，父父，子子。'"

继续当卫国的国君。这样，国君、大臣、父亲、儿子能够各自回归其本位，名正言顺，一次性理顺了，从此天下就可以治理好了！孔子所谓的使名分恰当，或许就是这样的意思吧。"阳明的诠说体现出儒者纯然的仁人之意，其中每个角色都以最大的仁情爱意来对待他人，这当然是非常理想的政治愿景。从孔子到阳明，儒者都保持着如此美好的人间图景，只是理想虽然非常美好，但现实之中想要真正实现却难于登天。

【45】情感发动，反思观照

澄在鸿胪寺仓居。忽家信至，言儿病危。澄心甚忧闷不能堪。

先生曰："此时正宜用功。若此时放过，闲时讲学何用？人正要在此等时磨炼。父之爱子，自是至情。然天理亦自有个中和处，过即是私意。人于此处多认做天理当忧，则一向忧苦，不知己是'有所忧患，不得其正'[1]。大抵七情所感，多只是过，少不及者。才过便非心之本体，必须调停适中始得。就如父母之丧，人子岂不欲一哭便死，方快于心？然却曰'毁不灭性'[2]。非圣人强制之也，天理本体自有分限，不可过也。人但要识得心体，自然增减分毫不得。"

【意】陆澄追随先生在南京鸿胪寺居住。忽然接到家里来信，说儿子病危。陆澄内心十分忧虑郁闷，几乎无法忍受。身为父亲，忧虑孩子的病痛，如此反应非常自然。

先生说："这个时候正应该在修身养性上下功夫。如果放过这个时机，平常空闲时讲求的学问又有什么用呢？人就是要在这样的时机磨炼自己。父亲疼爱儿子，本来是最真切的情感流露。然而天理也应该有一

---

[1] 语出《大学》："所谓修身在正其心者，身有所忿懥，则不得其正；有所恐惧，则不得其正；有所好乐，则不得其正；有所忧患，则不得其正。"

[2] 语出《礼记·丧服四制》："三日而食，三月而沐，期而练，毁不灭性，不以死伤生也。"意为父母之丧，三天以后就可以喝粥，三个月后就可以洗头，一年后就可以改戴练冠，这期间虽然身心痛苦，但并不会损害人的身心性命，这体现了不因为死者而伤害生者的道理。

个中正和宜的限度，过了这个限度就成了私人情意。这是探讨情感发动的分寸，无论多么极端的情感，都需要适可而止。人在这样的时机，总会觉得按照天理就应当忧伤，于是就一味忧愁苦恼，却不知道如果这样就已经是'过度忧伤以至于无法保持天理之中正平和'了。大体来说，人有所感触而发动七情六欲，往往过度的情形比较多，很少有不足的。可是，情欲稍微有点过分，就已经不再是心意通天那种心的本体状态了，必须要进行调节停顿，才能重新适于心天之意的中道。好比父母过世的时候，作为子女的，谁不想哭得死去活来，才能化解心中的悲苦？然而《礼记》却说'孝子哀伤至极也不可以伤害性命'。这并非圣人要强人所难，而是因为心意通天时，天理本体发动的状态自然而然就有一个限度，凡事都不可以超过这个限度。人心如果能够通天，本然自然，就应该自己意识得到心意发动于事的合理分寸和限度所在。人一旦真正认识了这个心体，自然就明白不可以增加或减少分毫。"天之流行自然有分寸，有其中道。人心通天，在人心发动的瞬间，自然能够将天地运行的分寸呈现出来。这种呈现、显现就是心开意显，是心的灵动所展示的创生状态，不是人意参与对象性的天理自然转化，而是人的心意可以非对象化地对天理呈现的状态加以反思和观照。

这种非对象化的反省意识，近似于自证分的解悟状态。也就是说，人意识到自己心体上有天理发动，对意识的反省和掌控，可以被理解为通过理性的控制来呈现意识表达的分寸，而且这种理性的意识控制之分寸，可以达到相当精准的地步。也就是说，在自证分式的反省、内观过程当中，心意的分寸与天地运行的分寸可以而且应当精准吻合。

一个人的心意从来不应该离开天理的背景和境域，不能丧失心意通天的底色，这就是意识发动不应该离开"未发之中"，也就是心意虽然还没发动，在似动非动的未发状态，自证分式的自我意识就已经理解到心意发动的"中"的分寸所在。否则，心意发动就成为个人私欲的延伸，私人性的心意发动，只不过基于私人情感的狭隘场域而已，那就没有天理的境域了，意识发动也就不在"中"了。

【46】反思自证，直觉体悟

不可谓"未发之中"常人俱有。盖"体用一源"[1]，有是体即有是用。有"未发之中"，即有"发而皆中节之和"。今人未能有"发而皆中节之和"，须知是他"未发之中"亦未能全得。

【意】（先生说：）不能说一般人都能够达到"情感未发之时的中正（未发之中）"的状态。一般人心意发动，不可能在意识发动之前的自证分状态，就直接反省达到"未发之中"的极致，更不用说意识发动就能够回到发动之前的先天境界那种状态了。因为"本体和功用同源（体用一源）"，有什么样的体，就有什么样的用。心意发动之体和心意发动之用，相即不离，同一不二，正如《周易》的义理和象数即体即用，或隐或显，不可分割。有"情感未发之时的中正（未发之中）"的状态，就有"情感发出来都符合中正和谐（发而皆中节之和）"的状态。现在的人很少有能够达到"情感发出来都符合中正的平和（发而皆中节之和）"状态，可以推知他"情感未发之时的中正（未发之中）"的状态也没有完全实现。常人通常无法一直让自己的心意处于中和状态，因为情感发动之前的未发之中这种状态本身是超越经验的，是基于对情感发动之后，去感悟情感是否合于中道的一种描述性、反思性领悟。情感发动都合适，自然在"未发之中"；如果发动不太合适，那么就达不到"未发之中"。"未发之中"是意识发动的一种境界，也是用意识控制情感的理想状态，因为带有先验意味，所以通常只能从经验发动的状态反推回去。因为未发，所以意识也无法表达，但是可以通过反思意识，如自证分一般，去直觉性地体验和感悟。

---

[1] 程颐《周易程氏传·序》："至微者，理也，至著者，象也。体用一源，显微无间。"意思是，义理非常精微，象数非常显著。义理和象数都来自《周易》即体即用的共同源头，体与用之间，或者义理和象数之间，虽然有或显著或有微妙的差异，但是二者必须紧密结合，不可分割。参程颐：《周易程氏传》，中华书局，2016年。

【47】读易悟道，心学本易

《易》之辞，是"初九：潜龙勿用"六字；《易》之象，是初画；《易》之变，是值其画；《易》之占，是用其辞。

【意】（先生说：）《周易》的爻辞，可以用"初九：潜龙勿用"六个字为例；《周易》的卦象，可以用乾卦初爻的象为例；《周易》的变化，可以围绕初九爻象变化而变化；《周易》的占卜，是运用初九爻的爻辞。

阳明心学即易学，也是意学，与易道贯通。换言之，易学是阳明心学的根基。也可以理解为《周易》的爻辞可用"初九：潜龙勿用"六个字来代表；《周易》的卦象可以用初九爻的象来代表；《周易》的变化可以用爻象变化来代表；《周易》的占卜，可以用初九爻辞来代表。

《易传·系辞》说："《易》有圣人之道四焉，以言者尚其辞，以动者尚其变，以制器者尚其象，以卜筮者尚其占。"《周易》有四个方面的圣人之道。"以言者尚其辞"是因为《周易》的辞，即卦辞、象辞、彖辞、爻辞都很优美，很有文采，是后人言说和取法的对象。"以动者尚其变"是说一个人要行动，去做事，进而成就事业，就要注重易道的变化。《周易》把天道变化的规律和人间成事的道理都毫无保留地揭示出来，剩下的就看人有没有悟性去理解它们，并按照它们的指示去做。"以制器者尚其象"是说制造器物的人（工匠）可以通过易之象来得到启发，比如造鼎就可以取法鼎卦的象。"以卜筮者尚其占"是说想学习筮法和从事占卜的人，要认真研究《周易》当中保存下来的、远古时代关于占卜的方法，如大衍筮法等，这些占卜方法是后世研究占卜绕不过去的基础。

这段话当中，阳明以乾卦初九爻为例，来说明辞、象、变、占这四个方面的圣人之道。"初九：潜龙勿用"是爻辞，是对阳爻在初位时势的判断，如龙潜伏于水中，还不能发挥作用。同理，其他383爻都代表不同的时势，道理非常近似。初爻称初九，也可以说是初画，是从下往上第一画，是乾卦卦象最下面的一爻。阳明说是初画，因为是从下往上画卦，初爻是最先画出来的。

传说龙的变化很多，寓意道随着时势不断变化。人处于初九的时势，不适合出来做事，但可以修炼内在品德。在初九的时势状态下，人就当好好修炼自己，把自己修炼成为有龙德的人，将来才有机会崭露头角，等待有机会去发挥作用。

"值其画"是知道变化，讲爻变代表易道的变化，阴与阳变来变去。乾卦初九是阳爻，可以变成阴爻，全卦成为天风姤卦。64个六爻卦中，如果六爻中的任何一个爻发生变化，整个卦就变成另一个卦。也可以将"值其画"理解为哪个动爻当值的意思，也就是说，如果占卜占到初九爻动，那么初九爻就要变成阴爻，主要以初九爻来判断事情的变化，接近后面"用其辞"的意思。哪个爻动就根据这个爻的爻辞变化来占断。阳明虽然以乾卦初九爻来举例，其实是要说明他对《周易》有四个方面的圣人之道深表认同，而且辞象变占都不可以偏废。

阳明对于易学有极高的造诣。他下狱期间，认真玩索先后天八卦，很有心得，之后被流放到贵州龙场，在一个地洞里面，玩索读易，终于大悟圣人之道，并写了一篇《玩易窝记》。这个洞后来就被称为"玩易窝"，现在还在，参观者可以细心体会阳明当年读易之艰辛。

理解了这一点，就可以体悟到阳明学与易道可以融会贯通。只是后来的儒家学者，很多对易道缺乏理解，加上阳明在传道之时，不得不纠缠在与朱子学《大学》的辩论当中，使得很多学者以为，阳明的学问只是从《大学》而来，其实挂一漏万。所以，阳明学的易学来源是需要强调的。

学《易》要知变、通变，如何意会变化是关键。《易》有自己的变化系统，需要从卦爻辞入手，仔细考察，深入理解，才能发现阳明心学其实也是为了表达《周易》贯通古今天人之道的境界，体悟心学即可体会易道的高妙。今天理解阳明心学和圣人之道，不必像阳明当年那样，跟《大学》纠缠不清，而应当直接体悟阳明之后易道，也就是直接传阳明当年不敢传、不能传之秘。

本书除了说明心学以易学为基础之外，还要转心本为意本。阳明时代，朱子学影响太大，加上大部分学生本来就对阳明的学问将信将疑，所以似乎阳明不断围绕《大学》展开辩论，但总难辨清，所以对《易》的相关细节就很少深入讨论。一方面，学生问《易》相关的问题本来就少，另一方面，阳明基本从不主动开讲易道，这样其学问大旨其实就难以从根源上梳理清楚，导致他的学问虽然有确乎其不可拔的地方，但五百年来，可谓一直没有真正挺立起来。正因为学生们缺乏易学根基，难以感通彻悟道体之源，所以心学作为易学和意学，也是易意学，不易得到恰如其分的阐发和理解。

认真体会这一段，可知良知之学必须从易道开解，才能豁然贯通。《五经》

自从朱子《四书》成为新经典后，受到的关注相对下降，本来有些经书就很难读，明代学者对经书越来越陌生，学生们向阳明提问的时候，对于很多经书用功不足，导致《传习录》成书之后，书中经典引用问题保留不少。在理学家的语录里面，阴阳生生宇宙论的思考模式还是比较常见的，但到了明代心学学者那里，虽然他们也能够理解，但就文本而言，不仅阳明与弟子论易不多，心学后学论易也略显不足。应该说，这都是《四书》成为显学、《大学》相关问题成为论域主体之后，《易》就相对被压抑下去所导致的。类似的情况，在20世纪中国哲学史学科当中也存在，《周易》作为中国哲学之源，近百年来都被边缘化。而缺乏易道认同的《中国哲学史》，可以说就是无根的、无源的哲学史。

【48】修养本心，白日聚气

"夜气"[1]是就常人说。学者能用功，则日间有事无事，皆是此气翕聚发生处。圣人则不消说"夜气"。

【意】（先生说：）孟子存养"夜气"的说法是就普通人来说的。学者如能在本心修养方面用功，那么不管白天有没有事情，心中清明和善的气都能够汇聚起来。学者当学圣人之意近于道，心意通天，那么心中可以长期保有清明和善之气。圣人就不需要特别讲究吸收"夜气"了。孟子强调存养夜气的功夫，阳明认为只是平常人在白天心不静没办法做，而不得不到晚上比较清静的时候做功夫。

【49】心天贯通，动静一如

澄问"操存舍亡"章。

---

[1] 语出《孟子·告子上》："其日夜之所息，平旦之气，其好恶与人相近也者几希，则其旦昼之所为，有梏亡之矣。梏之反覆，则其夜气不足以存；夜气不足以存，则其违禽兽不远矣。"

曰："'出入无时，莫知其乡'[1]，此虽就常人心说，学者亦须是知得心之本体亦元是如此，则操存功夫，始没病痛。不可便谓'出'为'亡'、'入'为'存'。若论本体，元是无出无入的。若论出入，则其思虑运用是出。然主宰常昭昭在此，何出之有？既无所出，何入之有？程子所谓'腔子'，亦只是天理而已。虽终日应酬而不出天理，即是在腔子里。若出天理，斯谓之放，斯谓之亡。"

又曰："出入亦只是动静，动静无端，岂有乡邪？"

【意】陆澄向先生请教《孟子》中"操则存，舍则亡"这一章。

先生说："'（心念发动的善心善意）出入没有规律，不知道它的方向'，这虽然是针对普通人的心来说的，但学者也应该知道心的本体原来就是如此，则操持存养（善心善意）的功夫才不会有毛病。至善本心发动的至善之意，本来无善无恶，不知意向性的方向，思而不得。意向性的方向思则失之，所以是非想，也是非非想，意向性的方向无法测度。不能随便说'出'就是亡失、'入'就是存养。如果论及心的本体，原本就是无所谓'出'和'入'的。如果论及有'出'有'入'，那么思虑运筹的时候就是'出'。然而人心这个主宰时常昭然存在（于心中），哪有什么'出'呢？既然没有'出'，哪有什么'入'呢？这里开始涉及对良知本体活泼的活动的领悟。当理解心意通天，自然而然开合、进出，心体、良知自然呈现，似现非现，似显非显，似出非出，似入非入。如此则良知不是假设、不是先验的预设。这需要直接非对象化地领悟心体和良知，感通其自然呈现的活泼状态。如果只能对象化地理解，那么心体和良知就不得不成为一种理论设定。程子所谓的'心腔（腔子）'，也就是指天理而已。心就是天理，心天贯通，同一不二。虽然整天应酬交际，但都不会超出天理，都是在心腔里。心通于天，意念发动时刻通天，意念与天地相贯通，也就无所谓出入，意念时刻以天理为其境域，仍由天理主导。如果超出天理，那就要称作'放'，就称为'亡'。"合于天

---

[1] 语出《孟子·告子上》："孔子曰：'操则存，舍则亡；出入无时，莫知其乡。'惟心之谓与？"意为孔子说："'抓住它就存在，放弃它就亡失；出出进进没有一定的时候，也不知道它何去何从。'这是说人心吧？"

理的意念状态是心天之意，而意念发动如果"出"了天理，即离开、偏离天理，不再以天理作为意念发动的情境，那么，心天之意就"放"出去了，这就是心天之意消"亡"的状态。对情绪的把控与操持，是儒道佛心法的关键所在，儒家的理想境界是中庸，念念合于诚中之道；道家的理想境界是道法自然，即念念合于自然之意；佛家的理想境界是如来，念念合于空有之意，即念念空而有之，有而空之，让自己与境遇之间成为一种空有关系，意念在自己与情境之间自然流转，如在空与有之间，有而空之，空有不二，没有分别。

先生又说："（心意的）出入只是讲运动和静止，运动和静止没有终始，哪有方向呢？"心天之意是心灵意识通天的状态，也是心意最本真的存在状态，是心意的诚态本身。心天之意发动，出入动静皆通于天，心天贯通，心意无所谓出入于天地之间，心天之意在天地之间或动或静，也就无所谓心天之意之意向性的方向。

【50】圣心即天，心天不分

王嘉秀[1]问："佛以出离生死诱人入道，仙以长生久视诱人入道，其心亦不是要人做不好，究其极至，亦是见得圣人上一截，然非入道正路。如今仕者有由科，有由贡，有由传奉[2]，一般做到大官，毕竟非入仕正路，君子不由也。仙、佛到极处，与儒者略同，但有了上一截，遗了下一截，终不似圣人之全；然其上一截同者，不可诬也。后世儒者又只得圣人下一截，分裂失真，流而为记诵、词章、功利、训诂，亦卒不免为异端。是四家者，终身劳苦，于身心无分毫益。视彼仙、佛之徒，清心寡欲，超然于世累之外者，反若有所不及矣。今学者不必先排仙、佛，且当笃志为圣人之学。圣人之学明，则仙、佛自泯。不然，则此之所学，恐彼或有不屑，而反欲其俯就，不亦难乎？鄙见如此，先生以为何如？"

---

[1] 王嘉秀，字实夫，王阳明学生。

[2] 科、贡、传奉，分别指古代入官的三种途径，即分科考试被录取入官、乡党推荐入官、内官安排入官。"传奉"又解为"继承先辈爵位"。

先生曰："所论大略亦是。但谓上一截、下一截，亦是人见偏了如此。若论圣人大中至正之道，彻上彻下，只是一贯，更有甚上一截、下一截？'一阴一阳之谓道'，但'仁者见之便谓之仁，知者见之便谓之智，百姓又日用而不知，故君子之道鲜矣'[1]。仁、智岂可不谓之道？但见得偏了，便有弊病。"

【意】王嘉秀问："佛教以脱离生死轮回来诱惑人们信奉佛教，道教以长生不老来诱惑人们信奉道教，他们的本意也不是要人做坏事，推究到根本上来说，他们也只是看到了圣人学问之道的上面一截，但不是进入圣人之道的正途。好比如今进入仕途做官的方式，有的是通过科举考试当官，有的是通过举荐当官，有的是通过继承前辈爵位当官，一样都可以做到大官，但终究不是做官的正道，正人君子是不会走这些路的。道教、佛教修炼到了最高境界，和儒家差不多，但是道、佛只是看到了上一截，而遗失了下一截，终究不像圣人之道那么完整全面；然而佛、道的上一截跟儒家是相同的，这一点不可否认。后世的儒生，往往又只得到了圣道的下一截，把圣道分裂，就失去了圣道的本真，于是圣道沦为记诵、辞章、功利、训诂的学问，最后也难免演变成为异端邪说。追求记诵、辞章、功利、训诂这四门学问的人，虽然一生辛苦劳碌，但对于身心却毫无裨益。再看那些修道、信佛的人，一生清心寡欲，超脱于俗世纷争之外，反倒显得不如他们。现在的学者不应该先去排斥道教、佛教，姑且应当先专心致志于圣人之学。明白通晓了圣人之学，那么对道教、佛教的迷惑就自然会泯灭。要不然的话，现今儒生们所学的知识，恐怕要被佛教、道教之徒所轻蔑鄙视，却又反过来想要他们俯首称臣，那不是很难吗？这是我的一点粗浅看法，不知先生认为如何？"

先生说："你所讲的大致上是正确的。但是你说的上一截、下一截，

---

[1] 语出《周易·系辞上》："一阴一阳之谓道，继之者善也，成之者性也。仁者见之谓之仁，知者见之谓之知，百姓日用不知；故君子之道鲜矣。"意为一阴与一阳相互作用的规律叫作道，顺着这种规律就能发展出美好的东西，而形成这种规律的是阴阳的本性。对于这种规律，仁者有仁者的看法，智者有智者的看法，而百姓每天都运用着这种规律却毫无知觉；所以真正全面认识这种规律的人很少。

这是常人的观点有偏激才会如此划分。如果讨论圣人的广大中和至正之道，上下彻底贯通，只有一个中心线索，哪里会有什么上一截、下一截的区分呢？《易传》说'一阴一阳相反相成，阴极生阳，阳极生阴，阴与阳不断向各自相反方向转化就是道'，但是'仁慈的人见到道有仁慈的一面，就把道称作仁，智慧的人见到道有智慧的一面，就把道称作智，百姓日常遵循道，却对道茫无所知，所以像君子那样全面了解道，又能依道行事的人就非常稀少了'。仁慈和智慧难道不是道（的表现）吗？但是如果认知和理解有了偏差，那么对于圣人之道的理解也会有弊病。"圣道即心通于天之道，心天之意无法分开心与天，更无法分出上下两截，有如《易》有太极，分阴分阳，其实阴阳根本无法分开，不能说阴和阳是上与下两截，好像有两个东西、两种状态一样。

一般人只能得圣道之一偏，因为动用意向性的单向度去理解道的整全性非常难，好像仁者见道便称道为仁，这是仁者的意向性所见之道，将对象化的道非对象化为仁爱之道；智者见道便称道为智，这是智者的意向性所见之道，将对象化的道非对象化为智慧之道。百姓的意识每时每刻都在跟道打交道，却不知晓非对象化的道的存在，因为道不是外在、超越、客观的对象化存在物。

正因为道是非对象化的，所以能够了解君子所遵循的、非对象化的圣人之道的人，在人群之中可谓少之又少。只有凤毛麟角的人，因为某种特殊的修道经历，才能把单向度的、对象化的心灵意识，经过领悟和意会，理解为非对象化的、本体性的、融贯式的道，从而进入心天之意的境界。

【51】易超卜筮，大道之源

蓍[1]固是《易》，龟亦是《易》。

【意】（先生说：）用蓍草占卜固然是《周易》占卜之法，用龟甲占卜也是《周易》占卜之法。《周易》占卜之法其实既无方又无体，没有固定的方式。《周易》从占卜到内容，都是灵活多变的，这说明《易》的运用具有灵活性

---

[1]　多年生草本植物，我国古代用其茎来占卜。

和整全性。这是从《周易》运用具有灵活性的角度来说的。

另一方面，从《周易》成书与占卜的关系来说，虽然《周易》有占卜的根源，但《周易》并不是完全来源于卜筮，更不能把《周易》等同于卜筮，也不可认为解读卦爻辞必须或者应该还原到卜筮的实践情境。不可以把卦爻辞都试图还原为卜筮的记录，或者与卜筮相关事件的历史记录。如果这样解读，就割裂了《周易》卦爻辞的哲学系统性，也不可能理解《周易》作为大道之源的生机性，更不可能明晓《周易》为何可以成为"五经之首"的神圣性。最多只能认为，卜筮确实是但也不过只是《周易》成书之前的一个实践性来源而已。

【52】仁人之意，王道教化

问："孔子谓武王未尽善[1]，恐亦有不满意。"

先生曰："在武王自合如此。"

曰："使文王未没，毕竟如何？"

曰："文王在时，天下三分已有其二。若到武王伐商之时，文王若在，或者不致兴兵，必然这一分亦来归了。文王只善处纣，使不得纵恶而已。"

【意】陆澄问："孔子认为周武王尚未达到绝对的善，恐怕是孔子对武王的行为有不满意的地方？"

先生说："在周武王自己看来，也就只能那样去做。"周武王动用武力是不得已，虽然不能一概而论地说，动用武力就一定不好，但对于武王来说，也就只能那样借助强力改变当时的形势了，这是他可能做到的最好选择。

问："假使文王没有死去，最终又会怎么样呢？"

先生说："文王还在世的时候，周已经拥有三分之二的天下了。如果到武王讨伐商纣的时候，文王还活着的话，或许就不至于兴兵讨伐，因为这剩余的三分之一也自然会来归附了。文王只需要妥善处置商纣

---

[1] 语出《论语·八佾》："子谓《韶》：'尽美矣，又尽善也。'谓《武》：'尽美矣，未尽善也。'"意思是，孔子评论《韶》这一乐舞时说："艺术形式是美到极点了，内容也好到极点了。"他在评论《武》这一乐舞时说："艺术形式是美到极点了，但内容却还没有做到纯粹至善。"

王，使他不能继续放纵作恶就可以了。"如果文王在世，因为他的威望如此之高，可以用非暴力的文教征服天下，而不必诉诸武力。文王的仁爱之意足以征服天下。儒家虽然不是纯粹的非暴力主义，但因为坚守仁人之意，所以能不用暴力就尽量不用暴力。阳明强调要继承儒家的仁爱之意的大道，尽量不动用武力，而用人文教化与王道归顺的方式，来尝试解决政权交替的问题。

【53】道体本意，法无定法

问："孟子言'执中无权犹执一'。"[1]。

先生曰："中只是天理，只是易，随时变易，如何执得？须是因时制宜，难预先定一个规矩在。如后世儒者，要将道理一一说得无罅漏，立定个格式，此正是执一。"

【意】（惟乾[2]）向先生请教孟子所说的'执中无权犹执一'的含义。

先生说："中就是天理，就是变易，随着时间的变化而变化，怎么能固执不变呢？必须因时制宜，很难预先确定一个规范标准。比如后世的儒者，想要把道理逐一阐释得没有任何漏洞，便确定一个固定的格局模式，这恰恰是执于一偏。"中是"诚中"之"中"（中庸的本义），即心意发动通于天之"中"，念念合于天之中道，这也是《易》的本然之义（不是变化的表象，而是于变化中和表象中悟得念念诚中的状态）。心天之意是心意通于天意，天道流转不息，诚天之中同样变易不定，道理不能拘定成局，如果靠定立模型范式来遵循，那是很难的。心意通天，随道而转，好像意之悟道，权变不息，本来就是有而无之的状态，在有和无之间领悟道体，似有非无。意体即是道体，道体本乎意体，都是有无之间，若隐若显，不可能用任何固定执着的方法模式去套，所谓法无定法，如果要用某种固定的法式去切入意体，那就是一种偏执的努力。

---

[1] 语出《孟子·尽心上》："子莫执中，执中为近之，执中无权，犹执一也。"意为子莫这个人主张持守中道，持守中道就差不多了，但如果持守中道没有灵活性，就和执着于一点一样。

[2] 惟乾：施邦曜本、俞嶙本有，参黎业明：《王阳明传习录校笺》，第65页。惟乾是冀元亨的字，武陵（今湖南常德）人，王阳明弟子。

【54】善本通天，天善流行

唐诩[1]问："立志是常存个善念，要为善去恶否？"

曰："善念存时，即是天理。此念即善，更思何善？此念非恶，更去何恶？此念如树之根芽，立志者长立此善念而已。'从心所欲，不逾矩'[2]，只是志到熟处。"

【意】唐诩问："立志就是心中要时常保存一个善念，就是要行善去恶吗？"

先生说："善念存在心中的时候，就是天理。此刻的念头就是善的，哪还要思考其他的善呢？此刻的念头不是恶，哪还要去清除其他的恶呢？这个意念就好比树木的根和芽，立志的人努力长久保存这个善念就可以了。孔子说'从心所欲，不逾矩'，就是持守志向已经到了非常成熟的境界才能做到。"心学即意学。从意本论来说，善本通天，这是心学功夫的第一原善义，一切念头都通于天道自然之善，念头的整体源头都来自天地之善。意念发动都要还原、收敛到天道自然之善的根本境域状态去。

心天之意发动之时，就能感受到天地自然之善的本然状态，也就是天地原初生生状态自然生发，心意缘发而动，就是天善自然流行。人的心灵之所欲的理想状态，就是要自觉自愿让这种通天的善端自然生发。这是阳明对孔子"从心所欲"的本体性理解。也就是说，心天之意发动，就是善心之本体朗现，让通天之善成为人心当下的自然欲望，而没有一丝一毫的私欲，全部都是天理自然生发。所谓立志的境界十分纯熟，讲的就是让天道自然之善完全落实到念头中自然生发的当下功夫，达到炉火纯青的地步，所谓心意通天之诚，这是心学即意学的核心所在。

---

[1] 唐诩是江西人，王阳明学生。

[2] 语出《论语·为政》："七十而从心所欲，不逾矩。"意为七十岁时修到心天合一的境界，心意发动都跟天命相一致，随心所欲但任何意念都不会越出（人世和天道的）规矩。

陆澄录 195

【55】阳意生发，阴意收敛

精神、道德、言动，大率收敛为主，发散是不得已。天地人物皆然。

【意】（先生说：）精神、道德、言说和行动，大都应该以收敛为主，发散开来那是不得已而为之。天、地、人与万物都是这样。诚意之"诚"不仅有真诚义，而且有创生义。所以诚意不仅是使得意念真诚，更是真诚至极，至于使得意念实化，所以诚意也是实意。精神、道德、言说和行动都是精神力发散和动态的表现，代表阳的状态，可以说是阳力的表现。当然应该收敛才能够有所凝聚，所以阳明强调收敛很重要，可以说是保持元炁、保障性命的关键。

与精神和道德相关的言语行为，本质上都是乾健和发散的，所以要特地强调收敛的工夫。虽然说要以收敛为主，却不可以收敛为第一义。比如在"翕辟成变"当中，辟属乾，翕属坤，按照易理，是乾为主导，而坤为顺从，不可颠倒，否则就容易陷入实体主义、本质主义的误区，那样理解不符合生生不息的易理。就修行而言，心灵有感悟，有所得，这是阳力生发，但要尽量凝聚，这是坤力收敛，才能促进精神力量的提升。没有阳力生发，就没有阴力的收敛。

【56】念接天机，心意自明

问："文中子是如何人？"
先生曰："文中子庶几'具体而微'[1]，惜其蚤死。"
问："如何却有续经之非？"
曰："续经亦未可尽非。"
请问。

---

[1] 意为已经具备了圣人的基本条件，但在某些方面还是稍微有点逊色。语出《孟子·公孙丑上》："昔者窃闻之：子夏、子游、子张，皆有圣人之一体；冉牛、闵子、颜渊，则具体而微。敢问所安？"

良久，曰："更觉良工心独苦。"[1]

【意】陆澄问："文中子是什么样的人？"

先生说："文中子几乎已经接近了圣人的状态，只是没有那么博大精微而已，可惜他死得有点太早了。"

问："为什么他会在仿造经书这事情上遭人非议呢？"

先生曰："仿造经典也不能完全否定。"

陆澄请问先生原因。

过了很久，先生才说："我现在更能够体会到'良工心独苦'这句话的意思啊。"可见阳明对文中子仿造经典的事情是比较理解和同情的。文中子有仰慕圣人之心，其心念发动之处通于天道，所以虽然仿造经书，但所成之事内通道心。只是他这种心念接续天机的状态，却极少人能够理解，他与一般人更是几乎完全无法沟通，因为一般人的意识缺乏对道的自明，也就难以理解文中子在模仿经典的过程当中那种心天之意的自明状态。

【57】仁人之意，阳主阴从

许鲁斋[2] 谓儒者"以治生为先"之说，亦误人。

【意】（先生说：）许衡认为，儒者应当以谋生为第一要务，这一说法容易误导别人。儒者之为儒者，在于始终保持仁人之意的意识状态。在阳明这里，更是强调要以心天之意的意识状态为根本。可见，如果儒者把治理生计、谋求生存条件当作首要任务，就好像把阴放在阳之前，把坤阴与乾阳的关系颠倒过来，也像把翕与辟的关系，理解为先翕后辟一般。

---

[1] 语出杜甫《题李尊师松树障子歌》："已知仙客意相亲，更觉良工心独苦。"意为优秀的工匠匠心独运，却因此常受到庸人们的非议，可是跟一般人又没有办法沟通，所以心情非常苦闷。王阳明引这句诗，认为王通续经很费心思，他深知其中辛苦，很难为外人所理解。

[2] 许衡（1209—1281），字仲平，号鲁斋，怀州河内（今河南沁阳）人。元朝大儒，力倡程朱理学，为理学在北方的传播贡献很大。他曾说："学者治生最为先务。"

陆澄录 197

【58】一气流行，精凝神妙

问仙家元气、元神、元精。

先生曰："只是一件，流行为气，凝聚为精，妙用为神。"

【意】陆澄向先生请教道教关于元气、元神、元精的学说。

先生说："这三者是同一件事物（的不同状态），就其畅通流行而言称之为气，就其凝聚结合而言称之为精，就其奇妙的作用而言称之为神。"道教修炼有炼精化气、炼气化神之说，有具体的功法，当然既有联系又有区分，不过确实可理解它们相通为一。阳明年轻的时候对丹道养生有体悟，但觉得其中的体验只是一种光景，离求圣成贤之学尚有差距。

【59】本体中和，人为私意

喜怒哀乐，本体自是中和的。才自家着些意思，便过、不及，便是私。

【意】（先生说：）喜怒哀乐这几种情感的本体自然就是中正和谐的。只要人们人为地掺杂自己的私意，就会过度或不及，于是就成了自私之意。情感未发的本体是中和的，但发出来不可因私意而偏离心天之意，否则就成了私欲的表达。

【60】情随天然，物来顺应

问"哭则不歌"[1]。

先生曰："圣人心体自然如此。"

【意】陆澄请教先生为什么孔子哭泣过后就不再唱歌。

先生说："圣人的心体自然通天，本来就是这样的。"孔子心体至诚，

---

[1] 语出《论语·述而》："子于是日哭，则不歌。"意思是孔子如果在这一天为吊唁死者而哭过，就不再唱歌了。

心天相通。悲伤之时，仁情自然发动，顺悲情之心境，当天自然不再唱歌。孔子之情，顺天自然。程颢《定性书》："夫天地之常，以其心普万物而无心，圣人之常，以其情顺万物而无情，故君子之学，莫若廓然而大公，物来而顺应。"顺着悲情而不歌，也是物来顺应之自然心体。

【61】存善去恶，私欲务尽

克己须要扫除廓清，一毫不存方是。有一毫在，则众恶相引而来。

【意】（先生说：）克己就是克制自己的私欲，必须彻底扫除干净，一丝一毫不留存才行。如果仍然保持有一毫私欲存在，那么各种各样的罪恶念头就会接踵而至。心念纯净，心意发动的瞬间存善去恶，私欲务尽。瞬间不明，则可能整个意境受到污染，难以持续。

【62】阴阳节气，自然本意

问《律吕新书》[1]。

先生曰："学者当务为急。算得此数熟，亦恐未有用，必须心中先具礼乐之本方可。且如其书说'多用管以候气'[2]。然至冬至那一刻时，管灰之飞，或有先后，须臾之间，焉知那管正值冬至之刻？须自心中先晓得冬至之刻始得。此便有不通处。学者须先从礼乐本原上用功。"

【意】陆澄向先生请教《律吕新书》方面的问题。

先生说："学者的当务之急是要知道律吕和礼乐之起源之间的关系。学者要明白礼乐是对天地节文的意会，不能够离开通天的状态而独存。否则，就算把确定乐律的方法算得再熟，也恐怕没有什么用，如果不知道天地显自然之数，圣人体悟出象数与天地之间的密切对应关系，那么掌握的音律不过只是

---

[1] 南宋蔡元定所著，上卷《律吕本源》，下卷《律吕证辨》。

[2] 古人通过律管来测定气候。具体做法是：冬至日把草灰放置在律管上，与律中的黄钟之宫相应，黄钟管的灰自然飞动。

天地节奏的表象而已，所以心意通达天地的本体，意识能够统摄万千事物，都是基于象数与天地之间丝毫不差的对应关系。必须心中先具备领悟礼乐本体的意识状态才可以。就像《律吕新书》上所说的，'多数时候用律管来测定阴阳二气的变化'。然而到了冬至那一刻，律管上的芦苇灰飞扬起来时，或许有先有后，眨眼间的工夫，怎么可能知道哪一根律管中的芦苇灰的飞扬时刻恰好代表的是冬至那一刻呢？必须在心中事先知道冬至那一刻到了才可以。这就是有些说不通的地方。学者必须先在礼乐的天道本源上用功。"心中意识和观念的分寸，如何与天地自然的刻度相符，这是人的意识对乐律的掌握与天地自然运化的刻度相符的关键问题。这也是阳明所强调的，后天关于乐律的心意要通达先天的天道节律，这是一个首要的问题。天地自然四时运行本身有其节度，人通过其天良的觉知（良知）能够意识到自己感悟的天地节奏，这就是意会出来的自然之意的节律。

人的意识可以感通天地自然的节律，意会到冬至这样的节气会以阴阳之气交流的某种特殊状态表现出来。感悟阴阳之气交流变化的特殊节奏，需要极其精微的意识状态，也就是所谓心天之意的化境才行。只是这种自然变化的节律分寸，要通过心意领会才能最终确认为冬至，或确定为其他节律的名称，或者表达为礼仪制度的分寸。如果人心不对天地自然的节奏有领会，那么，自然的节律无论如何变化，即使再剧烈，也不过是渊默的雷声，没有意识到，就没有声音可言。可见，天地阴阳运化的过程本体，在意会之前是静默的，所谓冲漠之中自有万象，但需要意识感通领会方可悟得。意会礼乐本体通达天地节律也是如此，人的心意可以与天地运行的节律融贯，进而时机化地实化出来。

【63】心体明镜，良知照物

曰仁云："心犹镜也。圣人心如明镜，常人心如昏镜。近世格物之说，如以镜照物，照上用功，不知镜尚昏在，何能照？先生之'格物'，如磨镜而使之明。磨上用功，明了后亦未尝废照。"

【意】徐爱说："人心就好比镜子。圣人的心就像明亮的镜子，普通人的心就像昏暗的镜子。朱熹先生的格物学说，就好比用镜子来照物体，只知道在照的行为上用功，而不知道镜子还是昏暗的，怎么能够照得清楚呢？先生的格物学说，就好比让人先去打磨镜子，使得镜子明亮起来。在打磨的行为上用工夫，等到镜子明亮之后，也不曾影响照物。"虽然把镜子磨亮要费些工夫，但格物就是要照亮事物才行，而照亮需要明亮的意识状态。如何使得自己的心意明亮，则需要反省和自修的工夫才行。此处徐爱的说法接近神秀"时时勤拂拭"之结果的明镜论，而反对朱子作为过程的工夫论。虽有过程性的工夫，但如果不能擦出明亮的镜子，心体不明，自然不能照物，那么所有的工夫，其实都是白费了。所以阳明的良知，其实就是让心体变成能够映照事物的明镜，物被明镜所照，好比作为意识对象的对象化事物被涵摄到非对象化的意识状态之内。

【64】道体无限，意会焦点

问道之精粗。

先生曰："道无精粗，人之所见有精粗。如这一间房，人初进来，只见一个大规模如此；处久便柱壁之类，一一看得明白；再久，如柱上有些文藻，细细都看出来：然只是一间房。"

【意】陆澄向先生请教关于道体的精深、粗浅方面的问题。

先生说："道体无所谓精粗，只是人所意识的道体有精深和粗浅的区分罢了。比如说这里有一间房，人刚一进来时，只能看见一个大致的轮廓而已；在里面待久了，就可以连柱子墙壁之类的东西都能够一一看得清楚明白；待得再久一些，就会连柱子上的花纹雕饰都能看得清清楚楚：然而，房子其实还只是这一间房而已。"道体是无法被意识所限定的，所有的描述和限定，都不过是意识的描述和限定，对道体本身无用。道体需要在意中才能存在，如果没有意会，道体是在意识的认识之外的，而意识对道的意会要有一个过程，通常道体是逐步为人所认识的，会有一个越认识越清楚明白的过程。但阳明这里的解释说明人的意识总是先意会到一些特征和侧面，很难一下子达到对道体本身的总体透彻的认识。道体作为认识的对象，不会因为意识状态的改变就有所改变。道体是超越意识的限定的，所以如果认识心不是遍及一切的宇宙心体（universal mind），就很难领悟整体性的道体。对道体的意识，不过是对道体之场域的焦点化理解。

【65】反省深修，照全道体

先生曰："诸公近见时少疑问，何也？人不用功，莫不自以为已知为学，只循而行之是矣。殊不知私欲日生，如地上尘，一日不扫，便又有一层。着实用功，便见道无终穷，愈探愈深，必使精白无一毫不彻方可。"

【意】先生说："你们近来看见我很少有问题问，这是为什么？人如果不下功夫，没有谁不自认为已经知道如何做学问的方法了，以为只是遵循着过去的方法去照做就可以了。学生们如果把学习和思考断开了，就会以为只要循规蹈矩就可以了。却不知道平常的私欲一天天滋长起来，如同地上的灰尘，一天不打扫，就会又积累一层。真正踏实地用功，便会发现道体是没有穷尽的，越探究就越发深奥，必须达到精粹清澈，没有一丝一毫不符合于道体才行。"阳明的设问要求学生们进入反思自身意识的状态，要学生们勇于怀疑自己。在精神修炼的过程当中，需要不断反省和深修自身意识，怀疑就是试图主动突破自身意识的开始，也铺垫了升华自身意识的可能性。

要想开悟道体，就需要在意识修炼上着实用功，因为如果不用功，就不可能知道自己对道体还有多少不明白的地方。如果小我的意识状态不打开，只是向外照射，那只是看到被遮蔽的道体，所以自身意识需要深切反省，切己反观自身，从意识的深处去探索和认识道体的全部，这就需要有明亮的心意之镜。

心意要合于道体，就不能有任何私意。然而，学习者的私心肯定又是实在的。私欲起于我与人、我与物有分的自身意识，因为自身意识的边界太清，所以才有私心私意。一旦私心起来，人就会重复过去的小我状态，以为自身意识足以认识道体，其实只是看到了道体被自身意识遮蔽的一小部分而已。大我具有通达道体的心天之意，以此观看小我、私我，就是以通天的意识（良知意识），去观照不通天的心体，或被遮蔽的心体，这就是以通天的大意识来观看小意识状态，好像看到私我的意识对道体有限性的理解，其实就像灰尘每天落在地上，都没有打扫，没有看到新的道体，而止步不前。

道体从侧面而言，单向性的有限的意识好比盲人摸象，要体悟进而彻底明白，需要开悟性的跳跃。阳明强调良知通天，是意识到彻底明白道体非常重要。一念之间，圣狂立判。要有勇气去战胜私欲，"惟圣罔念作狂，惟狂克念作圣"（《周书·多方》）。追求道体，意识状态首先要真诚至极，诚如章太炎说："字字征实，不蹈空言，语语心得，不因成说。"（《论国粹学书》）读书、做学问、求道都要自己有心得体会才行。如果不经过自己思考，茫然地遵循书上讲的去做，并以之作为为学之道，就是孟子所谓"行之而不著焉，习矣而不察焉，终身由之而不知其道也，众也"。拿镜子之喻来说，镜子的维护和保养就是对"习"的觉知、觉察，是对人心即人的意识发动的自知和调理，是对心灵意识是否在道的自觉和体察。

孔子说"朝闻道，夕死可矣"（《论语·里仁》）。每个学道之人，都需要经历深切的怀疑，好像求道路上受尽折磨仍然不能体悟道体的浪子。《世说新语》的周处、《悲惨世界》的冉阿让，作为浪子回头的例子，可以帮助理解学者如浪子般不悟道体，并最终如何回到其天良之心（良知）而达到彻悟的心情。可见，领悟道体几乎无法不经过痛苦、怀疑和反省克己的苦功，甚至要付出惨重的代价。

如果就工夫的切实来说，打扫说接近神秀的工夫论。打扫地上的灰尘，相当于扫除遮蔽心灵意识的私欲。对一般人而言，很有必要强调日常的渐进工夫。由于人有惰性，容易溺于旧习，犹如地上的尘土，一日不扫便有一日积累，如果日日月月不扫，成年累月之后，人可能会懒得连笤帚也不想拿起来了。可见，镜要"时时勤拂拭"，才能保持常明，可以朗照。大多数修习心学者，都当采纳这样的修习方式。相比之下，惠能的意识状态是空有之意，更像直接把镜放在"无尘真空"，其意识境界让血肉凡夫难以望其项背。可见，惠能的意识境界更像是修心的目标，神秀的意识境界更像是修心的工夫。

虽然心天之意的大心境界接近于空性之境，但五色五味都不能离开色感味感，不存在离开色、味之感的单独的"空"，而且色感味感本身也不是空，所以离开"有"去悟"空"是不合适的。也就是说，开悟道体，不能离开意识的修行功夫，当下意识的打扫庭除非常重要。正如 being 跟 to be 不能分开，没有 to be 就不会有 being，不能说 to be 是空，而 being 是有，要去掉 being 单独去追求 to be 是不可能的，因为那样连 to be 的 being 都不可能存在了；也就是说，空作为一种有（存在），如果不存在，又怎么去追求？所以，不能说to be如"本来无一物"的空境是绝对空，而being的尘埃就不需要存在。无论如何，尘埃（being）还是首先要存在（being），才可能被空掉，先有存在（being），才有存在的过程to be。可以说，儒家的为善去恶虽然是具体当下的功夫，但又不可以停止在具体功夫的层面上。阳明领悟道体的"空"境界，是建立在对朱子之"有"境的理解和破除基础上的。可见，对于心学工夫的修养，也是传道授学的时候必须加以强调的。

【66】炼心改意，穿层入道

问："知至然后可以言诚意。今天理人欲，知之未尽，如何用得克己工夫？"

先生曰："人若真实切己用功不已，则于此心天理之精微，日见一日，私欲之细微，亦日见一日。若不用克己工夫，终日只是说话而已，天理终不自见，私欲亦终不自见。如人走路一般，走得一段，方认得一段；走到歧路处，有疑便问，问了又走，方渐能到得欲到之处。今人于已知之天理不肯存，已知之人欲不肯去，且只管愁不能尽知。只管闲讲，何益之有？且待克得自己无私可克，方愁不能尽知，亦未迟在。"

【意】陆澄问："《大学》说，认识彻底了，然后才可以讲意念真诚。如今对天理人欲都没有完全弄明白，怎么能够下克制私欲的工夫呢？"

先生说："一个人如果真正下决心踏实用功不间断地修炼，那么他对良心所蕴含天理的精妙细微的认识就会一天比一天深刻，对于细小私欲的意识，也能够每天感受得更清晰。心学是炼心、炼意之学，也是改心、改意之学。在意识的深度上修炼，就是自身意识向内用功，体察身内意识越精细入微，对精神的修炼就越有深度和力度，而相应的，对心灵与宇宙一体性关联的感通也会越深刻。所以，越是让自身意识去内观自身，而且内观到超越之前对身体内感知的边界，就反而越能够把自身意识延伸、扩展到无穷宇宙深不可测的远方。所以，自身意识反省和剔除意识之中的人欲，越是精妙细微到极致，其实就越是意识对天理用功到极致。换言之，对意识内在人欲的极致领会，其实就是对不在心外的天理的精深洞察。如此一来,"心外无理"就不仅具有本体论、存在论、认识论的意义,而且具有工夫论意义,因为对心意用功,其实就是对天理感通得更加精细入微。如果不在克制私欲上下工夫,整天只是空谈口说而已,最终天理不会自己呈现出来,而自己最终也不会认识和看见私欲的所在。对天理的意识不可能离开对人欲的意识,所以天理其实在克服人欲、私欲的过程中,会在意识当中对待性地显现。就好像人走路一样,要走一段才认得下一段;走到岔路口的时候,有疑问就问路,问清楚了再走,才能逐渐到达想去的目的地。精神修炼的过程,好比《盗梦空间》一般,意识打开层层境界,不断穿门入道,打开新的意识空间。现在的人对于已经知道的天理不肯存养,对于已经意识到的人欲又不肯摒除,而只是担心发愁不能完全认识(天理人欲)。一味空谈,有什么用处呢?姑且等到自己没有私欲可以克制了,再去担心不能完全知晓天理,也还不算太晚。"意识越是克制私欲,意识中的天理就越自然明白。所以,在意识当中克除私欲的过程,其实就是天理自然明白的过程。换言之,知人欲其实就是行天理,对人欲的知晓就是天理之行。如此,知与行相辅相成。

去私欲作为基本功夫,不要等认识天理了再去做去人欲的功夫,而是知行合一。知、意、行统一于意。知要意去知,行要意去行,所以意为本。意可以统摄知和行。对私欲的意识,就是对天理的行动。对私欲的意会越到位,对天下之物的知晓就越全面。意念发动,照在人欲上的过程,天理就在其中。

心学工夫论强调行的重要性,明天理就是天理之行,统一在知人欲过程之中。行的过程当中,知即彰明。不要空谈天理,而要先去做去人欲的工夫。意识如果观照到了私欲之有,就自然升起空去私欲、明白天理的工夫。自身意识向内扎实地去明天理,其实就是去人欲的工夫。可见,意识修炼当中,去人欲和明天理的工夫是统一的。

如果似乎明了天理就自说自夸,容易离天理万里,因为对天理没有真诚的理解和体会,也就不能够让自己的意识真诚至极,进而实化自己的意念。可见,对自身意识中的人欲体察不足,人的意识反而不能接续天理,就会偏离天机,也就感通不到天理。

【67】仁体本意，澄明道体

问："道一而已[1]。古人论道往往不同，求之亦有要乎？"

先生曰："道无方体，不可执着。却拘滞于文义上求道，远矣。如今人只说天，其实何尝见天？谓日月风雷即天，不可；谓人物草木不是天，亦不可。道即是天，若识得时，何莫而非道？人但各以其一隅之见认定，以为道止如此，所以不同。若解向里寻求，见得自己心体，即无时无处不是此道。亘古亘今，无终无始，更有甚同异？心即道，道即天，知心则知道、知天。"

又曰："诸君要实见此道，须从自己心上体认，不假外求始得。"

【意】陆澄问："道体只有一个。古人谈论的道体往往不同，探求道体有没有关键之处呢？"

先生说："道体本来没有方位和方向，也没有形体，所以不可以执着。道体没有属性，不能理解为各种属性的组合，因那样好像盲人摸象，并不能组合成为道体之全。如果拘泥于文辞句意来探求道体，则反而离道体越来越远了。虽然道体不在被表达出来的文字之中，但不能因为这个道理就不去体悟《传习录》和其他经典记录的圣道，否则心学的意识修炼就落于狂禅一路。就如现在的人只说天如何如何，其实他们何尝真正认识天呢？如果认为日、月、风、雷之类的气象就是天，这不合适；如果把人、物、草、木等都不看作天，也不对。道体就是天，如果能够理解这一点，那么什么不是道？人们往往只是把自己的一孔之见认定为道体，以为道体不过如此而已，所以每个人的观点才会各不相同。虽然道体即天，但每个人对道体的意识千差万别，其实人本在道体之中，只是缺乏对道体存在的自觉，更不要说能够体察到道体运动对自身意识状态的影响。如果反躬自求，见得感知自己的心体，则随时随地都在体道。心就是道，意是通天的心体，自身意识本来通于天地，身体就是道体。从古至今，无始无终，哪里有什么异同？心就是道，道就是天，认识了心体，就认识了道体，认识了天。"心体就是道体。人、

---

[1]　语出《孟子·滕文公上》："夫道，一而已矣。"

心、意、识皆通于天，这是心天之意的本意。此段论道意之境，即道体被意领会的过程。领悟道体不能离开体知自己的身体，天理之为道之本体，不能离开自身意识，不是先有了自身意识之后，再去做个知行合一，那样就是空谈心性，不接天机，意念无法真正实化。也就是说，不是先克服人欲，再去明个天理。而是克除人欲，当下即是天理，即见道体之真。可见，道体和天理之明，都在对人欲的自身意识当中挺立。

先生又说："你们要真实理解意识道体，就必须从自己本心意识上去体认，不需要借助外物向外探求来获得。"意识道体，不是意向性投向外在道体的对象化过程，而是从本心意识上去自觉和自明的自身意识之觉醒过程，犹如自证分的体察。自证当下意识通天，即道被意领会，与意不分。

"为天地立心"便是"实天地之意"，是把天地生生不息的大心大意，在当下自身意识中理解、体知、意会出来。要从本心意识上体会心体与道体贯通，所以道体不假外求，而从心体意识发动之处去求。可见，良知意识的本然之诚，可以接通天地自然之善的下贯。如此，诚意之诚既是工夫，也是本体。诚体贯通仁体，诚意便是实化仁体、仁意（仁人之意）。良知意识"即本体即功夫"，意识到道体实存的本体论理解，其实同时就是道体在意识当中澄明的工夫论。

【68】意能积聚，道体辉光

问："名物[1]度数[2]，亦须先讲求否？"

先生曰："人只要成就自家心体，则用在其中。如养得心体，果有未发之中，自然有发而中节之和[3]，自然无施不可。苟无是心，虽预先讲得世上许多名物度数，与己原不相干，只是装缀，临时自行不去。亦不是将名物度数全然不理，只要'知所先后，则近道'[4]。"

---

[1]　语出《周礼·天官·庖人》："掌共六畜、六兽、六禽，辨其名物。"说明是名称和实物。比如鸟兽草木之物都有名，可称为名物。

[2]　度数是礼仪规则，指在一定历史条件下形成的法令、仪式、礼节、刑政等规范和制度。

[3]　《中庸》中有"喜怒哀乐之未发，谓之中。发而皆中节，谓之和"。

[4]　《大学》："物有本末，事有终始，知所先后，则近道矣。"

又曰："人要随才成就。才是其所能为，如夔[1]之乐、稷[2]之种，是他资性合下便如此。成就之者，亦只是要他心体纯乎天理。其运用处，皆从天理上发来，然后谓之才。到得纯乎天理处，亦能'不器'[3]。使夔、稷易艺而为，当亦能之。"

又曰："如'素富贵，行乎富贵……素患难，行乎患难'[4]，皆是'不器'，此惟养得心体正者能之。"

【意】陆澄问："事物的名称、用处、数量等，也都必须预先研究清楚吗？"

先生说："人只要养成、炼就自己的心体，心意的各种功用就都包含在心体之中。如果涵养心体达到'未发之中'的状态，发出来的情感自然就会融通于中正平和的状态，自然无论什么行为都会恰当合适。如果没有存养这个心体，即使预先探求了世上许多事物的名称、规则和标准，也与自己毫不相干，只能临时装饰点缀一下门面而已，自然并不能真正实化践行。如果对心体的意识不明，那么经验再丰富，也无法改变和修正自己的心体，经验反而成为层层叠叠的灰尘，变成所知障。当然也不是说完全不去理会关于各种事物的名称、数量、功用的知识，只是要意识到做事情有先后轻重，这样才接近道体。"意识能量（意能）的持续积累固然重要，但更重要的是要保持当下自身意识的清明，才能从后天心天之意的自身意识返归先天的道体意识。

先生又说："一个人要依据自己的才能来自我成就。才能是个体所能做的，就像夔对于音乐、后稷对于种庄稼一样，这都是因为他们各自的资质禀性适合干这样的事情。人的心意天然接通道体，每个人的心性都有本来适合体悟道体的方式，这是每个人的意识自然而然原生发展的状态。

---

[1]　传说是舜的乐官，主理乐舞。

[2]　周人先祖，曾被尧举为"农师"，是尧舜时主管农事的官，善于种植各种粮食作物。

[3]　《周易·系辞上》："形而上者谓之道，形而下者谓之器。"这是道器关系问题的出发点。"不器"出自《论语·为政》。"不器"之意当为不限于器，不可止于器，不是不能为器。

[4]　此句改自《中庸》："君子素其位而行，不愿乎其外，素富贵，行乎富贵，素贫贱，行乎贫贱。"

成就他们的资质，也就是他们的心体纯正地合乎天理就行。他们的作为，都是由天理主导所致，然后称他为有才能的人。才能就是心天之意的实化。等到他们的心灵意识完全符合天理之时，干什么都会成功，也就不再是专门的人才了。假使夔和稷交换一下职业，他们也都能够做得很不错。"念念发动都是心天之意的人，意识通天，做事时刻由术入道，成为意识境遇无法被限定的人。这样的人去干任何事情，都能干得很好，所以足以承担大任。

先生又说："像《中庸》所说的'当前处于富贵的地位，就按照身处富贵时的要求行动……当前处于患难之中，就按照身处患难时的要求行动'，这都是能成为不像器皿一样被限定的人，只有涵养心体达到纯正的人才能做到这样的境界。"心通于天是对《中庸》诚中之意的再提升，心意的发动每时每刻合于道体，就是天理自然流行。

有人认为天理是先验知识，以为天理与本心如外在经验和内在意识的区分，这是受反映论的影响，以为想象、幻觉等心理活动不能够符合外在的客观世界，所以需要学习和实践。其实，习得的内在经验仍然无法确认外在经验的客观性。

心灵意识作为内在经验境遇本身，与外在的对象化世界感通一体，存在作为意识的投射，当内在意识修炼达到极致，即可跟非对象化的天理精准融合。这种直观领悟或者智的直觉，来自意识具有直接融合世界本体的能量（意能）。或者说，足够光明的意识境界，不受外在的熏习，而能够时刻感通世界全体。

心既不是器官之心，也不仅是"心之官则思"的思维之心，而是合乎道体之道心。心体与道体天然一体，通于阳明百死千难证悟而得的天良觉知（良知），即是心天之意。心天之意合乎本性，贯通天地，但不可重本忽用，而致蹈空之弊。人成就自己需要顺从天赋之才，在学习外在的名物制度、工具性知识和训诂词章时，如果不以追求道体为依归，那么增加越多，不过都是点缀，都是外在、临时的，并不能充盈德性，反而可能障碍内在德性的成长、自身意识的推扩。保养心天之意需要精一工夫去实化至于天地境界。

陆澄录 209

【69】生生之意，有意才生

"与其为数顷无源之塘水，不若为数尺有源之井水，生意不穷。"

时先生在塘边坐，傍有井，故以之喻学云。

【意】（先生说：）"与其打造数顷没有水源的池塘，不如打几尺深但有水源的水井，井里的水源源不绝，好像生动活泼的心天之意无限。"生意来自天地生生之意，是意识对天地生生状态的领悟，这种领悟与量无关，只跟质有关，所以心意之生发，不图多图大，而图有生机。这种生机不可能来自外境，只能来自内在意识的自觉和心得体会。对自身意识的体会越精深，对天地本来生生之意的感通就会越来越多。

当时先生正在池塘边坐着，旁边有一口井，所以他就用井和池塘来比喻做学问。生生之意为宇宙大化流行之本，做学问的意念发动，就要每时每刻体会天地生机的深意，即天生万物，生生不息，意念生生，本自天道，所以心天之意当合于天道之生，自然发用流行。

意本心生，皆合天心之道，在道体流转之中。自身意识本自道体意识，与道体一同自然发用流行。虽然生生之意是宇宙大化流行的本体状态，但有意才有生，所以意为本。宇宙的生机有意为之源。在《易》是太极，在人为学是从心上用功，保养活泼的心天之意，时刻返回天良觉知的本体。

【70】纯粹经验，心游太虚

问："世道日降，太古时气象如何复见得？"

先生曰："一日便是一元[1]。人平旦时起坐，未与物接，此心清明景象，便如在伏羲时游一般。"

【意】陆澄问："如今世道风气越来越衰败，太古伏羲时代的淳朴民风气象，要怎么才能再次体验到啊？"

先生说："一天就是一个宇宙生成毁灭的周期。一个人早晨起来，

---

[1] 一元指邵雍所言的一个宇宙周期，是天地从创生到毁灭的过程，有129600年。

没有接触任何事物的时候，这时内心清净明朗的景象，其实就像在伏羲所处的那个时代游历一样。"心意未发的状态，相当于跟万物交接之前的混沌状态，犹如神游太虚之境。心体还没有跟物境打交道之前，没有太多欲望，心体基本处于原生状态，容易通于天地万物。

心体意识没有欲望参与的淳朴状态，与万物之化融为一体。心意在万缘自然升起之前，相当于眼睛还没睁开的瞬间，或在睡梦中半梦半醒之间，类似威廉·詹姆士所谓"纯粹经验"那种主客合一的体验，这是心意未发，尚未与万物之化相交接的混沌状态，犹如心游太虚之境。

心念清明是一种意识之境，是心物同体的气象。人心不古是因为离开原初心与宇宙同体的状态太久。但阳明认为，人心当下改念，就可以回去。涵养当下的心念，便可以回复上古那种心与世界未分时的气象。这不是要怀念上古气象，也不是为了修出一种对象化的气象状态，而是当下的意念之境即是这种境域，是一种非对象性的意识境域。

心天之意本身是没有对象化的意识，好像先天的伏羲之意，是太古的心境。只是太古之意本来不明，因伏羲出而明之。太古先天化境，尚未接应事物，不落后天，但人的心意可以体悟后天意本，进而感通先天意境。将一日当作一元来度过，这用意是告诫人们，要用恭敬端正的态度对待今天和当下。每一天、每一个时刻，其实都是一个天地轮回的过程，也是独一无二的、心物合一的存在状态。命运不在这个心物合一状态之外，而在当下这个心体与道体合体的状态之中。生命的展开，就在当下对过去的回忆和对未来的期盼当中延伸出去，这就是心体的"苏醒"和觉知，也就是天良之知（良知）的觉醒，从无意识化为微意识，从微意识显化为显意识、明意识的状态。

【71】心不住物，意体自显

问："心要逐物，如何则可？"

先生曰："人君端拱清穆，六卿[1]分职，天下乃治。心统五官，亦要

---

[1]　明代六部分别为吏部、户部、礼部、兵部、刑部、工部，每部均设尚书。

如此。今眼要视时，心便逐在色上；耳要听时，心便逐在声上。如人君要选官时，便自去坐在吏部；要调军时，便自去坐在兵部。如此，岂惟失却君体？六卿亦皆不得其职。"

【意】陆澄问："内心意识总要去追逐外物，那要怎么办才能够控制得住呢？"

先生说："君主端庄肃穆地坐在朝堂之上，六部之卿各司其职，天下由此才能得到治理。人心统帅五官，也要这样才行。如今眼睛要看时，心就去追逐美色；耳朵要听时，心就去追逐声名；这就如同国君要选拔官吏的时候，自己非要坐到吏部去；君主要调兵遣将的时候，自己非要亲自到兵部去坐镇一样。如果君主这样行事，不仅国君这一身份的体面状态没有了，六部之卿也就根本没法好好地各司其职了。"内在的自身意识总是要跟外物发生关系，也就是意识无缘则非意识，一切意识的生发都发自意缘。不过，把控内在自身意识，要像君主把控自己的君王之位一般，绝对不可自乱阵脚。即使眼睛看到美色，耳朵听到好听的声音，感官时刻都可能跟色声香味触法相接触，但内在的自身意识仍然不可失去自主性，不可随物而迁。如果心意能够不住于外物，则心体自现，意体自显。

心意发动及于外物，当下有善有恶，心意本身自动能知善知恶，是心意在发动处就有反省思考的能力。意念一动即有善恶，也是反思后得知。心体其实是参与感知过程的，如果心体不参与，感知活动就不会成形成知觉，只是心体不能离开本体状态，因为具体参与就被欲望牵引离开了本体。所以，自身意识的心体是圆通意识，而不是具体意识。

心体像是统帅，管统觉，不管痛觉等具体感知。心体与生俱来，与天俱在，自然应物，而不可着于物。心体一旦逐于具体的物，就被物化，也就不再是心体。所以修心需要反省观心，去制心，去定心，使意识发动好像没有发动，虽然不动，但又顺万物之动，所以是意本。心体如人君，五官如官吏，当人君与官吏被分割开来的时候，就不能形成一个有机整体，而心意本体一旦清明，则整个意向情境一时就清晰起来，动静一如，心体自然通天，心天之意的本体无所谓善恶。

阳明心学是心意通天的意学，既是龙场悟道之后的改意、易意之学，也是以孔子七十岁的境界为起点开始讲的天意之学。所以心学看起来文字平易，可是境界却在夫子七十岁之后。道体虽然平易，但其实很难传，也更难习。因为心法、道体、意体本来无法解释说清，可是又不得不去解释。关键在于，心意虽然动如不动，但还能反思意识发动的瞬间，当下即知善知恶，而且能够为善去恶。如果心不当皇帝了，而要自己去打仗，心就立即丧失了意识本身的反思和判断能力，也当即失去了行动力。

【72】意念创生，良知返照

善念发而知之，而充之；恶念发而知之，而遏之。知与充与遏者，志也，天聪明也。圣人只有此，学者当存此。

【意】（先生说：）善念萌发时反思知道它，并且发展充实它；恶念萌发时意识感知它，并且努力遏止它。知道扩充善念，并且遏制恶念，这就要靠人的意志，是上天赋予人的聪明才智。圣人也只不过拥有这种心天之意，学者应当学习存养这一点。人是意向创生的存在，来到世间之后，后天意识就开始与世共同创生。心天之意发动的瞬间要自我反思和观照，良知好像人心念头发动之处安的红绿灯，善念通行，而恶念止住。念头是意的实化状态，念没发出时潜藏在心体中，念头发出即有善恶之别。自己要能够当下控制反思心念发动的状态。良知人人具有，但不是人人能够让良知起反观自省的作用。功夫论就好像红绿灯机制，在念头发动之处，让良知反省观照，存善去恶。

【73】意体通天，心动气行

澄曰："好色、好利、好名等心，固是私欲，如闲思杂虑，如何亦谓之私欲？"

先生曰："毕竟从好色、好利、好名等根上起，自寻其根便见。如汝心中，决知是无有做劫盗的思虑，何也？以汝元无是心也。汝若于货色名利等心，一切皆如不做劫盗之心一般，都消灭了，光光只是心之本体，看有甚闲思虑？此便是'寂然不动'[1]，便是'未发之中'，便是'廓然大公'，自然'感而遂通'，自然'发而中节'，自然'物来顺应'[2]。"

【意】陆澄问："喜好美色、贪恋财利、追慕虚名等心思，固然是私欲，可是，像那些闲思杂念，怎么也被称为私欲呢？"

先生说："闲思杂念，归根结底毕竟还是从爱好美色、贪求财利、追慕虚名等病根上滋生的念头，自己去寻找它们的根源就能够发现意识到。比如，你意识到自己绝对不会有要做盗贼的想法，这是为什么？因为你根本就没动过这份心思。如果你对于财货、美色、名声、利益等意识，都跟不做盗贼的意识一样，铲除得干干净净，光光只剩下完完全全的心灵意识发动的本体，看还能发出什么闲思杂念呢？这就是'心意本体天然寂静不动'，就是'情感意念还没有发动的中道状态'，也是'心胸广廓，大公无私'，这样，人的心灵意识自然会'与万事万物感应相通'，自然可以'情感发动出来之时中正平和'，也自然可以'遇到不同事情时坦然自如地顺势应对'。"心意本体本来通天，天然发动，毫无有心作为的心思念虑，最初并没有一丝一毫不接天机的人欲。因此，在意识生发显现之时，也要心意自动而无欲，气意自行而不着私意。

心天之意自然通于万物之化，这是修心修意的理想境界。反思性（reflection）是中国心灵哲学的核心。自身意识发动虽然投射向外，但又能向内反思。反身意识就是自身意识发动之时的反身观照，好像自证分对意识活动的见分和相分同时进行的观察和省思。人的自身意识不但可以思考意向性的对象（相分），还可以反思意向性活动本身，所以要从意向性发动的根原（见分）上去谈论省察克制的功夫。

意体通天，天然寂然不动，虽有本体意味，但不是说本体静止不动，而是这种寂静不动中饱含生机[3]。宇宙的起源在根源上，体本与用能必须合一，否则要

---

[1] 语出《周易·系辞上》："寂然不动，感而遂通天下之故。" 意思是易道看起来虚寂不动，但每当受到感应就能够迅速回应天下各种各样的事情。

[2] 语出程颢《答横渠张子厚先生书》，见《河南程氏文集》卷二："君子之学，莫若廓然大公，物来而顺应。"

[3] 相比之下，基督教的三位一体说是静态性描述，其中生机缺失。

在根源上另加一个外在的动能，这是不合适的。意识领悟和感知到生机，则万化皆生。世界存在的本体状态被理解为寂然不动，万物存在的发用状态被理解为感而遂通，这是因为心天本通，心意发动，天行自然配合，万物随顺，所以意识为本（意本）。

【74】心意天行，气随志聚

问"志至气次"。[1]

先生曰："'志之所至，气亦至焉'之谓，非'极至次贰'之谓。'持其志'，则养气在其中。'无暴其气'，则亦持其志矣。孟子救告子[2]之偏，故如此夹持说。"

【意】陆澄跟先生请教"志至气次"。

先生回答说："这是'志向所到达的地方，意气也伴随着到达'的意思，其实并不像朱熹先生'必须先立定志向，然后才能存养意气'的说法。持守志向，则养气就在其中。不放纵血气，随便意气用事，就是持守志向。孟子为了纠正告子思想的偏执，所以才这样一分为二地说。"志向与气息一体，发动同时连带互动，志向所至，气息就随志向的方向去聚集。心意带动天行，意念之力可以带动意境，确定了心意凝聚的方向，气息就往这个方向聚集，意念所至之境遇随志气而改变，所以成事的核心是志向，主导改变意识的境遇。

志与气如心思念虑和生命力量（意能、意劲、意量）的关系，心意和生命力都必然有方向，要用心意来调动生命力，长期的用心就是志向，不能被生命力盲

---

[1] 《孟子·公孙丑上》："夫志，气之帅也；气，体之充也。夫志至焉，气次焉；故曰：'持其志，无暴其气。'"意思是，所谓志向，是意气的统帅；意气，充满身体之内。志向主导所至之处，意气就其次跟随；所以说，人要把握住思想意志，不要随便意气用事。换言之，人的思想意志能够主导意气和情感，意气与情感是人充满体内的力量。思想和意志一旦发动彰显，意气和情感也就随之显现。因此，修养的意识就是要坚定把握、控制自己的心思和意志，不可以放纵意气和情感。

[2] 告子名不害，战国时人，提出性无善恶论，并有"生之谓性"，"食色，性也"的论点，与孟子性善论相对立。

目地牵引着走。可以跟弗洛伊德的理论来比较理解，这要求人对自身意识有很强反思和自控能力。"志"是"心之所念虑"，人的念虑的根源动力应该还是人的"生命力"，人有念虑，而草木瓦石没有。因人有志向，能实意，所以意志要干净、简单，带动心气、情感积累起来。最终生命力（气）的方向由人的念虑（意志、志向）决定。[1]

但从志向主导的角度来看，气息的聚集受心志力量强弱的影响，所以要维持坚定的心志，气息才能持续聚集下去。这就是一个片段性的状态，和一个坚持性的工夫之间的问题。持守志气则气有所养，与志向有关的气息就得以集聚涵养。志向一定，就要坚持，不要随意改换，否则志气消耗，志散则气不聚，于是志气就真的散了。

【75】圣意通天，同于物化

问："先儒曰：'圣人之道，必降而自卑；贤人之言，则引而自高。'[2]如何？"

先生曰："不然。如此却乃伪也。圣人如天，无往而非天。三光之上，天也；九地之下，亦天也。天何尝有降而自卑？此所谓'大而化之'也。贤人如山岳，守其高而已。然百仞者不能引而为千仞，千仞者不能引而为万仞，是贤人未尝引而自高也，引而自高则伪矣。"

【意】陆澄问："程颐先生说：'圣人论道必然自降身份而显得卑微；贤人说话则自我抬高。'这种说法怎么理解？"

阳明先生说："不是这样的。这样说就有点虚伪了。圣人就如同天一样，没有到哪里不是天的。圣人之心意通天，其意识时刻都在通天境界里。日月星三光之上是天，九层深的大地（九泉）之下也仍然是天。天比自

---

[1] 极致而言，心可推动天，可以理解为东儒推动西耶，即内在关于天的意识（天意）可以涵盖和推动外在超越的上帝观念，而能够推动的是自身意识，也就是反身思考后的心意本体（意本）。这是儒家具有宗教性意味的意识状态。

[2] 程颐语，见《河南程氏外书》卷三。

然界[1]的含义更多。天什么时候自降身份而让自己处于低下的位置过啊？这就是《孟子》所说的'大而化之之谓圣'的说法。圣人心意通天，同于物化。贤人就好像高山和大岳一样，坚守着自己的高度而已。然而百仞高度的山不能自拔提升到千仞，同样千仞高的山不能自拔提升为万仞，所以贤人也没有拔高自己而自我标榜，有意拔高和自我标榜是作假伪装的表现。"圣人之心意与天相合，没有限度；贤人的心意有限度。圣人之心像天，圣人总在心天化境之中。圣人之心意没必要降下来，因为降不降都是无限者。圣人心意无限通天，也显于天下万物之中；贤人是有限者，心意能够带动和改变的境遇是有限的。圣人因为境界高，所以跟一般人讲话的时候，要自降境界，让心意的频道和能量能够为普通人所接近，够得上，觉得自己也走得通，让一般人有路可走，否则一般人就被圣人境界吓住了，不向着圣人境界去修了。圣人之道本身当然是降不下来的，能降的是圣人表示大道的方式。贤人是有修行的人，但觉得自己的修行还没有达到圣人的高度，所以要在表达的时候，把自己修行的境界向上提升，让人觉得自己已经接近圣人境界了。

【76】一体无分，意道达化

问："伊川谓'不当于喜怒哀乐未发之前求中'[2]，延平[3]却教学者看未发之前气象，何如？"

先生曰："皆是也。伊川恐人于未发前讨个中，把中做一物看，如吾向所谓认气定时做中，故令只于涵养省察上用功。延平恐人未便有下

---

[1] 在古希腊神话中，"天"通过有意志的神，如天神宙斯、冥王哈迪斯、海神波塞冬来体现。宙斯（古希腊语 Ζεύς，拉丁语 Zeus）是古希腊神话中统领宇宙至高无上的天神。罗马神话称朱庇特（拉丁语 Jupiter），是木星的名字起源。冥王哈迪斯（希腊语 Αιδης、英语 Hades），宙斯与波塞冬的兄弟。海神波塞冬（Poseidon）是奥林匹斯十二神中地位仅次于宙斯的大神，海界的统治神，大地的震撼者，他的威严与大地无穷无尽的生命力及洪水相匹敌，无数的海神、海族受其庇护。

[2] 程颐语出《河南程氏遗书》卷十八。

[3] 李侗（1093—1163），字愿中，世称延平先生，今福建南平人。程颐三传弟子，朱熹曾从游其门下，并编撰其语录为《延平答问》。

手处，故令人时时刻刻求未发前气象，使人正目而视惟此，倾耳而听惟此，即是'戒慎不睹，恐惧不闻'的工夫。皆古人不得已诱人之言也。"

【意】陆澄问："程颐先生认为'不应当在喜怒哀乐之情还没有流露出来之前去探求一个中正平和的境界'，李延平先生却教育学生去观察体认喜怒哀乐之情没有流露之前的各种状态，他们这些说法的差异怎么理解？"

阳明先生回答："都是正确的。程颐先生担心人在喜怒哀乐之情流露之前就去追求中正平和的境界，从而把中正平和看作一个固定的事物，就像我以前经常把气息平定时当作中正平和的状态那样，所以他只教人在涵养反省体察上下工夫。李延平先生恐怕人刚开始的时候找不到下手做工夫的地方，所以教人时时刻刻去留意喜怒哀乐之情感还没有发动之前的各种现象，情绪未动之前的气象被称为"中"，是心意感通天地之前充满生机的未发状态，这种生机盎然、万象森然的气象，是意识发动成为意向之前的原发状态，所以不是意向接于物之后的对象化状态。在这种原发状态之中，意处于非对象化的、将现未现之本体态，与道浑然为一，意与道有一种同一性关系。意还没有进入与道分离、领悟道的对象化关系，意也没有从"中"的状态当中分离，"中"也没有成为意识反省的对象化状态，所以意之"中"是意发动之前的前反思、非对象化状态。意之"中"不是某种具体的物或状态，有人理解为各种动态情感发动之前的平衡态，但情感发出来都是某种情感，而一种情感发动之前，很难说各种不同的情感在未发之时保持着某种潜能的、动态的平衡。使人端正眼睛去注视的不过是这种境界，让人倾耳去听的也不过是这种境界，这就是《中庸》所讲的'戒慎乎其所不睹，恐惧乎其所不闻'的工夫。君子立身行事，对于当下看不到、眼力无法看见、经验当中没有见过、当时环境没人看见的一切都戒惕谨慎。对于当下听不到、听力无法听见、经验当中没有听过、当时环境没人能听到的一切都畏惧警醒。对于没有看到的事物要戒慎警惕，对于没有听到的事物也要恐惧担心。这是相信心意即使在情感未发之时，也通于天地间的一切，即使在情感未发的状态，也要极力使之维持中态，而不仅在已发之后才需要保持中正平和。这都是古人迫不得已为了诱导开示学生去存养天理，而不得不说的话。"虽然情感未发之时好像什么也没有，可是万象森然于其中，如果集中精力观照和体悟，就能觉察和体知。这样，意识到后天的情感发动状态，其实都可以先行反思和体悟，让自身意识回溯到先天未发的状态当中，感知到情感发动之前的未发意识。如果能够体察和把控这种先天状态，就好像体悟到风雨雷电之上的云端，去感悟日月运行，风云变幻之上的常道境界。这种境界，其实是把个人阴晴不定的情感状态，比喻作阴阳不测的万千气象，并且认为，自身意识修行到意识发动之前，是可以回到意识与事物交接的一体化之前的状态去的，去超越那种分解的、不测的、变幻的现象，掌控意识与世界整体同一的道体境界。此即所谓情感如风云，而未发如阴阳，未发之中如阴阳之道，通天贯地，一体无分，意道达化。

【77】道体意明，明意镜天

澄问："喜怒哀乐之中和，其全体常人固不能有。如一件小事当喜怒者，平时无有喜怒之心，至其临时，亦能中节，亦可谓之中和乎？"

先生曰："在一时一事，固亦可谓之中和，然未可谓之大本达道。人性皆善，中和是人人原有的，岂可谓无？但常人之心既有所昏蔽，则其本体虽亦时时发见，终是暂明暂灭，非其全体大用矣。无所不中，然后谓之大本；无所不和，然后谓之达道。惟天下之至诚，然后能立天下之大本 [1]。"

曰："澄于'中'字之义尚未明。"

曰："此须自心体认出来，非言语所能喻。中只是天理。"

曰："何者为天理？"

曰："去得人欲，便识天理。"

曰："天理何以谓之中？"

曰："无所偏倚。"

---

[1] 《中庸》第三十二章："惟天下至诚，为能经纶天下之大经，立天下之大本，知天地之化育，夫焉有所倚？"意思是只有天下真诚至极的人，才能够把诚中之意制定为治理天下的法则，才能够把中庸之意树立为天下的大本大源，只有如此，才能够领会天地化生养育万物的境界。除了真诚至极的创生之力，他哪里还依靠什么呢？

曰："无所偏倚，是何等气象？"

曰："如明镜然，全体莹彻，略无纤尘染着。"

曰："偏倚是有所染着。如着在好色、好利、好名等项上，方见得偏倚；若未发时，美色名利皆未相着。何以便知其有所偏倚？"

曰："虽未相着，然平日好色、好利、好名之心，原未尝无；既未尝无，即谓之有；既谓之有，则亦不可谓无偏倚。譬之病疟之人，虽有时不发，而病根原不曾除，则亦不得谓之无病之人矣。须是平日好色、好利、好名等项一应私心，扫除荡涤，无复纤毫留滞，而此心全体廓然，纯是天理，方可谓之喜怒哀乐未发之中，方是天下之大本。"

【意】陆澄问："喜怒哀乐等情感发出来的中正平和状态，它的全体，确实是一般人不可能达到的。比如遇到一件应当感到高兴和愤怒的小事，如果平日里心中没有喜怒的情感，等到应对这件事的时候，表现出来的也符合中正平和的标准，做到这一点是否就可以称为中正平和呢？"

阳明先生回答说："在这个时刻这一件小事上，固然也可以称作中正平和，但还不能说已经达到了大本、达道的境界。人性本来就是善的，中正平和的境界是人人本来都具有的，怎么能说是无法达到呢？从天然之善到中正平和，这种善是天地自然原生之善，即善恶未分前之善，才有所谓中和之态。一旦意念发动，分出善恶，就很难说中正平和。但是平常人的心体已经有所昏昧蒙蔽，尽管他们的本性时时显现，可是终究表现为一时明白一时昏暗，并不是心之本体的天然流行发用状态。心天之意是否得到发明，或者心天之意被遮蔽而意识阴暗，其实取决于主体的自身意识，也就是本来良知是否得以开显、呈现出来。常人的心态都是光明心体受到杂染之后的状态，所以流露和表达出来，就是不中正不平和的状态。（心体发动）无时无处不符合（天地自然之）中道，然后才可以说（心体的流行）来自其大本大源；大本大源是意与道同一，也是与易道同一的状态。（心体发动）无时无刻不（与天地自然）相和谐，然后才可以说达到了道体流行的境界。达道是道为意识所对象化后，仍然平和的状态。道意作为意识对道体的意会，其实是对道体的非对象化理解，这种理解可以说实现了意体和道体的协同，所以意体实化，就是道体流行境界。只有天下（心意发动念念）至真至诚的人，才能确立天下的大本。"心意发动之后凝结成性，性定型于意识发动本然、中正、平和的本体状态之中，即所谓定性。至诚是自身意识处于与道不分（同一性）的中正、平和、本体状态之中，所以，天下的大本，其实就是意识发动与道体流行合一，从而进入一种中正的、平和的、意道合一的、行云流水一般的化境。

陆澄说："我对于'中'字的含义仍旧没有搞明白。"

阳明先生回答说："这个必须在自己的心体上才能体会认识清楚，不是通过言语能够表达得清楚的。中（正平和的状态）其实就只是天理而已。"自己的心体可以说是反省的、内在的自身意识，是一种意识的内观状态，或者说，让意向性投向心与天、意与道统一性的根本、本源、原发状态。

陆澄问："那什么是天理呢？"

阳明先生回答说："只要能够不断灭除人欲，就能够认识天理。"这是一个动态的状态，人欲一边除去，天理就一边敞开自明。不是要把人欲完全除去，天理就完全呈现。

陆澄说："天理为什么称作中呢？"

阳明先生说："因为天理是不偏不倚的。"天理没有倾向性，好像一种同心圆的中态，在日常生活当中因为被人欲包围，所以不能很好地表现出来。如果清理得一分人欲出来，就好像打扫庭除，天理就一分一分地展示打开。也就是说，自身意识如果能够修到心天之意的境界，就能意识到天理正中的本体状态，意识就能够中（zhòng）于平常生活之中（zhōng）。所谓切中于人伦日常而不偏不倚，心天之意的意识保持着平常心一般的、中正平和的状态，其实就是天理在各种意识状态的中间呈现出来的中道状态。

陆澄我说："不偏不倚是什么样一种气象呢？"

阳明先生回答说："就好像一块明亮的镜子一样，通体晶莹透彻，没有一丝灰尘沾染。"心天之意是意与道浑然一体。意道澄明，意使道明，道为意明之境，明意镜天之态。

陆澄说："那么偏倚就是有所沾染了。比如说染着在喜好美色、贪求财利、追逐名声等事情上，才可以看得出来有偏倚；如果喜怒哀乐之情没有发动呈现出来，美色名利等都还没有沾染到心（意发动的状态）。那么怎样才知道它有所偏倚呢？"

阳明先生回答说："虽然没有附着而彰显出来,但是平时喜好美色、贪求利益、追逐名声的心思原本就很难放弃;既然不能完全放弃,那就可以说是有;既然有了这样的心意发动状态,那么就很难说能够做到不偏不倚了。就好像患了疟疾之病的人,虽然有时候不再发作了,但是病根却没有被清除去掉,所以也就不能说他已经是没病的人。意识有对象化的意向性,而意向性随时可能偏移,所以自身意识的病根其实一直都潜藏存在。虽然情感未发的时候是意念压抑下去的状态,但是内在心意偏倚的可能性,可以说一直都存在,只是隐而不显,如果内观反省,还是可以觉察体知那种意向性存在偏于人欲的潜在可能性。如此一来,心学的修行,其实就不仅是表面的改意之学,而且是在意识修行的潜的、深度的状态去做改变潜在的意向性方向的工夫,是在意向性未发的状态,去做改变和调整意向性的工夫。必须把平日喜好美色、贪求利益、追逐名声等私心杂念彻底全部一并清除干净,不能有丝毫留存,而这个时候心意的状态才能达到全体豁然开朗,纯粹只是天理流行的状态,才称得上是喜怒哀乐之情没有发动呈现出来的中正平和状态,这才算是达到(心意通于)天地的大本大源状态。"在意向性还没有发动的深层、潜在的境界去做修行意向性之可能性的工夫,还只是一种渐修工夫。阳明强调的其实是顿修境界,也就是说,经过对自身意识彻底的反省和清理,在见分和相分之前的自证分境界上,意向性指向的人欲可能性已经被清理干净,已经没有意向性(见分)会把人欲作为相分了,这时的自证分就达到了一种无对象的、纯粹的心天之意状态。

自证分意义上的心天之意,不仅是意念发动之前,而且是意向性可能的对象性都是非对象化的天理了,这时才是心天之意境界。如果心天之意的意向性实化出来,就会完全合乎天理,与天地之境一样宽广博大。在意向性发动显现之前,意境与天地同流而不显,与天地物化同流合体,这样,意向性的潜在可能性就构成了意的中正状态,与天地本然的中正状态合二为一了。

这里,虽然一般理解情感不表现出来就是未发,但阳明认为,情感未发还不见得是中,因为虽然情感未发,但好色名利的意向性仍然可能存在,只是潜在未发而已,得彻底去掉这些可能向外追逐的意向性的潜在性,才能诚至极处,实现让意向性中(zhòng)于意向性还没有发动的、一切潜在意向性都还没启动之时的中（zhōng）态。如此一来，心学作为改意之学，已经变成如何让心天之意回复到意向性发动之前那种潜在的、寂然不动的、不偏不倚的深层状态。

【78】心性正脉，拈花传道

问："'颜子没而圣学亡'[1]，此语不能无疑。"

先生曰："见圣道之全者惟颜子，观喟然一叹可见。其谓'夫子循循然善诱人，博我以文，约我以礼'，是见破后如此说。博文约礼，如何是善诱人？学者须思之。道之全体，圣人亦难以语人，须是学者自修自悟。颜子'虽欲从之，末由也已'[2]，即文王'望道未见'意。'望道未见'，乃是真见。颜子没而圣学之正派遂不尽传矣。"

【意】陆澄问："先生您认为'颜回去世之后，圣人之学就走向衰亡了'，这句话没法不让人产生疑问。"

先生回答说："完全体认到孔子圣人之学全貌的只有颜回一个人，这从他的'喟然'一叹就可以看出来。唯有颜回能够意会孔子所传圣道的全体。颜回所谓'老师孔子善于循序渐进地诱导我，用文献典籍来让我视域宽广博厚，用合乎礼仪制度的意识来约束我的言行'，这些都是他看得透了之后才有可能说出来的话。虽然博文约礼不过是一般功夫，但足以让颜子见了心性本体，其意念之境能够与孔子的意念之境完全融合。博文约礼怎

---

[1] 《王阳明全书》卷七，《别湛甘泉序》："颜子没而圣人之学亡。"吴震指出，王阳明断言圣学在颜子之后就中断了，跟程朱统观不合，所以学生必然质疑。明末刘宗周不仅同意王阳明的看法，甚至认为孔子"独窥颜子心法"，这等于说，不仅颜子能够体会孔门心法，而且颜子还有自己的心法，但只有孔子看到了，这样的说法等于强调了孔子对颜子无言心法的一再确认。参吴震：《〈传习录〉精读》，复旦大学出版社，2011年，第59页。不过，从二程、朱熹到阳明、刘宗周，其讲法都是为了说明自己的学问心法直接接续颜子，其实就是孔子，这是宋明儒者对超越《论语》文字记载的所谓孔门心法一而再、而再三地拔高。其实孔子学生那么多，如果都不懂孔门心法，那么《论语》对孔子圣人之道的记载就不可能那么成功，而围绕圣人之道的所谓圣人之学就不会有载体，那么后世也就不可能凭空讨论孔门心法如何失而复得了。

[2] 《论语·子罕》。

么就会是善于引诱开导人呢？学者必须认真思考这个问题。大道的全体（道体），就是圣人也难以用言语表达出来告诉别人，必须是学的人自己修养、自己领悟。颜回所说的'虽然我想要追随跟上（老师孔子纯粹天理流行的境界），可却总是看不到前行的道路'，其实就是周文王所说'远远就看到天理但却怎么也看不见'的意思。颜回自己的觉知告诉他，他意识到自己总是找不到追随老师的方向，按说老师的意向并不复杂，但颜回觉得自己的意向找不着北。可见，道的全体只可意会，不可言传，用意领会，才可以达到圣道之境。（其实）'眼睛明明看着道体，却又好像什么也没有看到'，这样的境界才是真正地领会了（天理流行的）道体。所以颜回去世了以后，圣人之学的正统学脉就再也无法完整流传于后世了。"反证颜回的高明。只有颜回一个人意会了孔子圣道的全境，如果是这样，孔子学说就很难在后世重现。事实是孔子学说最后确实能够在不同程度上、通过不同方式、被全体性地加以领悟，所以才能流传久远。

本节继续上一段讨论圣学境界。心性正脉是未发境界，分两种，中为天理，平常人没有体会到天理，可以说未发，不可以说中，即是纯粹经验的意本状态；另一种未发之时也时刻体验到天理之中，不偏不倚于天理。只有意念已发的状态仍然无所执着，才能每时每刻达到中的状态。阳明见道，所以比较肯定，其传道有拈花微笑的境界。

【79】通天本体，清明神妙

问："身之主为心，心之灵明是知，知之发动是意，意之所着为物，是如此否？"

先生曰："亦是。"

【意】陆澄问："身体的主导是心，心的清灵明察的知觉是良知，良知的发动是意念，意念所附着和接触的是事物，是这样的吗？"

先生说："也可以这样讲。"领悟了心意通天的本体之境，自然心意发动皆合于天地运化之序，可见良知可谓清明神妙的觉知。但如果言语无序，那就是心机不接天机的体现。

【80】本心呈现，通于圣道

只存得此心常见在，便是学。过去未来事，思之何益？徒放心耳！

【意】（先生说：）只要念念自我意识到本心，就是学问。存养此心是存此心与天相通的境界，也是真正通于圣道的学习。过去和未来的事情，想多了有什么好处？只不过就是把本来心体放逐丧失到外面去罢了。此处"学"不是学习某种具体的知识与技能，而是学习圣道，是当下领悟、当下存养的。"学"既不是在过去，也不是在未来的，甚至不是通过专心用意的学习就可以领会出来的，而是当下的、本心呈现的学习，所以意向投向过去和未来都没有任何用处。过分用心用意地学习，反而会丧失本心与天相通的本体境界。

【81】心收摄天，意沉心存

言语无序，亦足以见心之不存。

【意】（阳明先生说：）说话颠三倒四，以此就足够可以看出一个人的心天之意没有得到存养和护持。心天之意如果守不住，放出去了，言语的意识就可能会乱套。心存即心天之意得到收摄和沉淀，做到这一点需要存心的功夫。

【82】动中护持，本体如如

尚谦[1]问孟子之"不动心"[2]与告子异。

先生曰："告子是硬把捉着此心，要他不动；孟子却是集义到自然不动。"

又曰："心之本体原自不动。心之本体即是性，性即是理，性元不

---

[1] 薛侃（1486—1546，一说1545），字尚谦，号中离，广东揭阳人，正德二年进士，官至行人司司正，王阳明学生。

[2] 《孟子·公孙丑上》。

动，理元不动。集义是复其心之本体。"

【意】薛侃向阳明先生请教孟子讲的"不动心"与告子讲的有什么不同。

阳明先生说："告子的观点是强硬地把捉住这个心，不让它动；孟子的观点却是通过集义、不断存养达到自然不动心。"存养心天之意，也就是心意通天之境，进而顺其自然，如此则不需要专门让心不动，既不可能也不必要。这是在动中护持心天之意而成就不动心。

先生又说："心的本体原本就是不动的。这种心的本体不动，是与天通、融为一体、如如不动的状态，不是真的不动。心的本体就是天性，天性就是天理，人的天性原本是不动的，天理本来也是不动的。心的本体通于天地之性，心意之发通于天地之机，是一种似动状态中的非动。集义就是要恢复心意的本体。"意念凝聚，集义是意念对境的凝聚与魄力的体现。

【83】阴力收摄，转变意境

万象森然时，亦冲漠无朕；冲漠无朕，即万象森然。冲漠无朕者，一之父；万象森然者，精之母。一中有精，精中有一。

【意】（先生说：）心意对于宇宙存在状态的领悟，当意会宇宙万物繁茂兴盛时，其实就是心通天地、空寂无我的状态；空寂无我，也就是宇宙万物繁茂兴盛之时。无心也就无意。空寂无形的状态，是专一的开始；天地万物兴盛繁茂，是精粹的开始。专一中含着精粹，精粹中含着专一。"惟一"与"惟精"都是对意念发动状态的描述。"惟一"是意念之纯粹、致一，"惟精"是意念之精妙、繁盛，可见，"精"与"一"是意念实化过程中的一体两面。这也可以理解为空有不二本体论。

宇宙万物都在心意之中，但空空如也。好像物质无限，但以暗物质之空为根基，而且是暗物质的空无，保障宇宙万物生生不息。即用意的阴力可以收摄、集聚、改变阳气生发繁茂的气息状态，使之如水流一般，流向新的方向，可见，魄力的存养是意念改变情境的核心所在。意念改变情境，是在万象森然之中形成一种方向性的力量，所以意之本体万象森然、动机聚存，意之发动全体调动，从虚、阔、灵、冥中，通达万象森然的状态，即心意于空寂之中感天、通天的那种交接状态。

【84】意物交接，实意成物

心外无物。如吾心发一念孝亲，即孝亲便是物。

【意】本然心体之外没有事物。如果我的心发出一个孝顺父母的意念，那么，这个孝顺父母的意念本身就构成一个事物。这是把事当物，以事释物。一切事物皆在心意发动之间，意与事和物交接，事或物才能被意会而生成。也就是说，意念实化而成事物。换言之，事物是意念实化而成的。

在儒家看来，孝亲意识是人生当中所有意识的开端，所以阳明在举例说明"心外无物"的时候，总是以孝亲为例，因为孝亲具有根本性、原初性、本源性，对"亲"之"孝"是人类经验的源发状态，是人所有先天性潜意识的发端处，当然也就构成后天性的意识生发和实化的基础。[1]

【85】意识自证，心天至善

先生曰："今为吾所谓格物之学者，尚多流于口耳。况为口耳之学者，能反于此乎？天理人欲，其精微必时时用力省察克治，方日渐有见。如今一说话之间，虽只讲天理，不知心中倏忽之间，已有多少私欲。盖有窃发而不知者，虽用力察之，尚不易见，况徒口讲而可得尽知乎？今只管讲天理来顿放着不循，讲人欲来顿放着不去，岂格物致知之学？后世之学，其极至，只做得个'义袭而取'[2]的工夫。"

【意】先生说："现今学习我所阐发的格物学说的人，很多都还只是停留在口述耳听的阶段。何况那些专门从事口耳之学的空谈纸人，他们能够反思吗？天理人欲之战需于实化意念的瞬间做精一的功夫，这是极其微妙

---

[1] 诚如张祥龙指出："这种亲情之念和内时间意识与人的意识本性是密不可分的。"见张祥龙：《儒家心学及其意识依据》，第336页。

[2] 语出《孟子·公孙丑上》："是集义所生者，非义袭而取之也。"意为浩然正气是通过长期积聚正义感才能形成的，不是行为偶尔符合正义就可以获取的。

精细的，既要克制人欲，让人欲不生，又要体察天理，让天理流行。而大部分人无力反思到这个地步，也就是说，常人的意识难以达到自证分状态，只能停留在一般的见分和相分状态。存养天理、去除人欲，其精微之处必须时时刻刻反省、体察、克制，才能一天一天显现出来。精神凝聚要在精微之处才能见识出来。如今人们交谈之间，虽然嘴里好像只讲天理，但刹那之间，想不到内心已经有了多少私欲。很多人口是心非，嘴上讲天理，心中思私欲。口说天理未必对天理之精纯能够很好地保持，因为心中可能还是多有人欲之私夹杂其中。私欲偷偷流露出来，但自己却还不知道，即使用功体察，仍然不容易发现，更何况那些只是口头上说说的人，怎么可以认清全部呢？现在只管嘴上讲天理，意识当中却把天理停放着不去遵循，意识不到人欲的，都任其留存而不去清除，这怎么能算是格物致知的学问呢？后世之学，达到极致的，也只是做了个'用偶然合乎天理的举动去博得个好名声'的工夫罢了。"偶然心欲之发合于天理，似无人欲，这是完全不够的，也容易偏离意念发动纯粹合于天地之道的心天之意的境界。至善是心意通天之境，意会了天的至善，才能理解心的至善，所以说，至善存于心意之中，而不在心意之外。

【86】物本天物，生力自然

问"格物"。

先生曰："格者，正也。正其不正，以归于正也。"

【意】向先生请教格物的学说。

先生回答说："格是纠正的意思。纠正不正确的，以恢复到正确的状态。"格心意发动之时那些不正的意念，使之能够调适到中正状态。换言之，心意发动之时，要努力反观、自省、克服、调适那些偏离心天之意的意念，要努力让意念都调整到心天之意的状态。

在反思的意识观照状态当中，心意不仅仅是意识生发的状态，而且是生发而通天的状态。在这个意义上，格物是研究和体察物之为正物，即天物，即天地自然生生之力生发的物态。

【87】心天之意，至善之境

问："知止者，知至善只在吾心，元不在外也，而后志定？"

曰："然。"

【意】陆澄问："知止就是知道至善只存在我们的内心之中，原本就不在心体之外，然后志向才能坚定吗？"

先生回答道："是的。"心天之意即是至善之境，心意发动生成的一切都是至善的，都在意识所及的天地范围之内，明白了这一点，所有的心意发动，都要接通天地之境，这样志向就坚定了。

【88】动静阴阳，涵养本体

问："格物于动处用功否？"

先生曰："格物无间动静，静亦物也。孟子谓'必有事焉'[1]，是动静皆有事。"

【意】陆澄问："格物是在行动时下功夫吗？"

先生回答说："格物的功夫本来没有动与静的间隔，静止的时候也有事物在啊。孟子所谓'必有事焉'，就是说不论动静都是有事（要做功夫）的状态。"心意的本体动静无端，阴阳无始。心意的发动有动有静，有阴有阳。在动静与阴阳分别处用功，是要念念涵养心天之意的本体。

【89】未发涵养，已发察识

工夫难处，全在格物致知上，此即诚意之事。意既诚，大段心亦自正，身亦自修。但正心修身工夫，亦各有用力处，修身是已发边，正心是未发边。心正则中，身修则和。

---

[1] 语出《孟子·公孙丑上》："必有事焉而勿正，心勿忘，勿助长也。"意为一定要使心处于清醒与自觉状态，但不要抱特定目的和意图，时刻记住，但不去违背规律地帮助它生长。

【意】（先生说：）做工夫难的地方，全在格物致知上，这也就是诚意的工夫。意念真诚至极合乎天理，是工夫的极致。心意、良知、未发本体的状态是一样的，只是已发为正心、诚意、修身等状态才有区别。让心意之发皆合于天地之境，进而保养心天之意境，这是修养功夫最难做到的状态，即心意合于天道，已发的意念自然合于天地中正状态之中。意念既然已经真诚，大多时候心体也就自然而然中和端正，身也就自然得到修养完善。但是端正心性修身的工夫，也各自有用力的地方，修身是意念已经发出来的状态，这里修身是修意识已经发动之后去反思和修正。正心是在意念还没有发出来的状态去端正。正心是涵养心通于天道的心天之意，即努力恢复意念尚未发动的先天状态，在反思之前用功。心性端正了就达到中正，心身修养了就达到了平和。心天之意本身纯粹中正，心意通天的情感自然平静和气。可见，工夫虽然在已发上做，但关键还是在未发涵养，已发察识。换言之，未发是涵养中正的心意本体，已发是去察识、持正仁人之意，让心意发动皆通达天道。

【90】仁爱他人，意融万物

自"格物致知"至"平天下"，只是一个"明明德"。虽"亲民"，亦"明德"事也。"明德"是此心之德，即是仁。"仁者以天地万物为一体"[1]，使有一物失所，便是吾仁有未尽处。

【意】（先生说：）从"格物致知"到"平天下"，只是阐述一个"明明德"。即使是"亲近人民"，也是"明晓德性"的事情。"亲民"是"明明德"之后，自然发用为意念合于人民的状态。"明德"是这个心体的德性，也就是仁人之意。"具有仁德的人，把自己与天地万物视为一个整体"，假使有一件事物不当其位，那就是我的仁人之意还没有完全扩充开去到达完善的程度。发扬阐明光明的德性就一定要落实到亲近人民的实践之中，这就是仁爱他人，至于天地万物，并与万物融为一体的境界，这是宋明理学家们共同的理念。[2]

---

[1] 程颢语，见《河南程氏遗书》卷二："学者须先识仁。仁者，浑然与物同体。"

[2] 参陈立胜：《王阳明"万物一体"论——从"身—体"的立场看》第一章，华东师范大学出版社，2008年，第23—73页。

这种万物一体之境，就是心体万物、心通万物，其实就是意通万物、意融万物；也就是一念之间意识融会万物的极致状态。

【91】儒本亲民，佛老明德

只说"明明德"，而不说"亲民"，便似老、佛。

【意】（先生说：）如果只谈论"明明德"，而不讨论"亲民"，那就和道教、佛教差不多了。亲民是儒学实践的关键和核心所在，也是儒学与道教、佛教明显有别的地方。道教和佛教也有让本心光明的说法，道教通达先天真一之炁、佛教明心见性，都与儒家的"明明德"有相近之处，所以，亲近人民才能算是儒家修养实践最核心的地方。

【92】人性合天，本体天善

至善者，性也。性元无一毫之恶，故曰至善。止之，是复其本然而已。

【意】（先生说：）至善是人的天性。人的天性本来没有一丝一毫的恶意邪念，所以说是最高的、极致的、根本的善。止于最高的善，就是恢复人性的天然状态而已。人性合天的天然纯善是超越善恶对待的天然至善，也是本体纯然的至善状态。回复人性本来合于天道的纯善部分，天地之化与人的天性相通为一。

【93】自然至善，先天仁人

问："知至善即吾性，吾性具吾心。吾心乃至善所止之地，则不为向时之纷然外求，而志定矣。定则不扰扰而静，静而不妄动则安，安则一心一意只在此处。千思万想，务求必得此至善，是能虑而得矣。如此说是否？"

先生曰："大略亦是。"

【意】陆澄问："知道至善就是我的天性，我的天性内在于我的本心之中。认识人心通于天道的状态之至善，即天性、本心的本然，无所谓善恶对待，因为本身就是天道自然之善。如果我的本心就是至善的最后归宿，那么就不会因为过去的纷纷扰扰而向外探求，而志向更为坚定了。一切安定都要从本心之意对道的根源上去领会。坚定了心意发动，就不会再纷纷扰扰，而是心体保持宁静，体静心安而不妄动，就是安，即安定，就是一心一意只在至善上。志向安定，心意的方向也就比较明确，让心体至善之境通于天地之气，就会有一种集义（向某一种意向方向）聚集的力量出来。心虽然静而不动，但不是完全不动，而是心静到极点完全合于天道之化。心安就会完全让心事专注于心意通天的本体至善状态上，所以从天然至善的状态自然呈现出来。费尽心思，一定要追求达到至善的意思，这就是思虑之后而有所得。这样说对吗？"专门去寻找作为一种外在状态的至善，其实是找不到的。

先生说："基本差不多。"仁人之意不仅是仁爱世人，而且仁爱天地，所以仁爱就是至善，就是极致的、稳定的、恒久的。仁人之意指向世人，但也具有与天地同体的本体意味，也可以说，是从"仁者爱人"发展到"万物一体"，阳明提倡的不仅仅是人天之意，而且是心天之意，心体本人，先天所发皆是仁人之意，此儒者致力于仁者爱人的仁人之意之根本志向所在。

【94】意本心源，亲亲创生

问："程子云：'仁者以天地万物为一体。'何墨氏'兼爱'[1]反不得谓之仁？"

先生曰："此亦甚难言，须是诸君自体认出来始得。仁是造化生生不息之理，虽弥漫周遍，无处不是，然其流行发生，亦只有个渐，所以生生不息。如冬至一阳生，必自一阳生，而后渐渐至于六阳。若无一阳

---

[1] 墨翟（约前468—前376）是春秋战国之际墨家学派的创始人，后世称墨子。鲁国人，曾为宋国大夫。墨子哲学思想的核心是兼爱，认为天下众暴寡、强凌弱现象的根源在于人们不能兼相爱，所以提倡天下人要相爱互利。

之生，岂有六阳？阴亦然。惟有渐，所以便有个发端处；惟其有个发端处，所以生；惟其生，所以不息。譬之木，其始抽芽，便是木之生意发端处；抽芽然后发干，发干然后生枝、生叶，然后是生生不息。若无芽，何以有干有枝叶？能抽芽，必是下面有个根在。有根方生，无根便死。无根何从抽芽？父子兄弟之爱，便是人心生意发端处，如木之抽芽。自此而仁民、而爱物，便是发干、生枝、生叶。墨氏兼爱无差等，将自家父子兄弟与途人一般看，便自没了发端处。不抽芽，便知得他无根，便不是生生不息，安得谓之仁？孝弟为仁之本，却是仁理从里面发生出来。"

【意】陆澄问："程颐先生说：'仁爱的人把天地万物包括自己都看作一个连贯的整体。'那为何墨子提倡'兼爱'说，反而不可以被称作仁呢？"

先生回答说："这也确实挺难解释的，所以必须由你们自己去体认理解出来才行。在境界上，仁者与万物一体，似乎与兼爱一切略显相似，所以解释起来并不容易。所以，要理解万物一体既是现象的融合，也是本体性的、根源性的先后天融通状态，不是平等地爱所有人的理想所能涵摄的，是需要自己理解和体认才可以的。仁爱之意合于天地万物之整体，只有在知行合一的实践当中才能意会，并实实在在地领略到这一点，不可能通过某种一般的学习方式来体会得到。仁爱是万事万物生生不息的天理，万物生生不息，同时也仁爱不辍。这就是从本体上理解仁人之意通于天地造化的生生不息，心意的仁爱之端是天地生机在人事上的自然呈现。虽然散布在天地之间，无处不在，然而它的流行运动变化的过程，也只是循序渐进，所以才会生生不息。比如冬至一阳初生，必定从一阳开始，然后才逐渐发展到六阳。如果没有一阳的产生，又怎么会有六阳呢？阴气变化也是如此。本体的存在状态是动静无端、阴阳无始的，一旦发动，就会持续增长到一个周期结束，进而周而复始。由于肯定有个逐渐发展的过程，所以就有一个发端生长的地方；有个生长发端的地方，所以才能产生生命；心意通天的发端之处是意念生发的根本。生命唯有不断生长，才会生生不息。譬如树木，它刚开始抽芽，就是树木生命的生机发端处；抽芽然后再生出树干，树干长出然后再生长枝条叶子，然后就是生生不息。心意发端如草木之生，时刻通达天地自然生生之意。如果没有生发树芽，怎么会长出树干、生长枝叶？能够发出芽来，必定是下面有一个树根在。有树根才能生长，没有树根就会死去。根是树木的根本，也是意念的本体。再说，没有根从哪里抽芽呢？父子、兄弟之间的爱，就是人心意念生机（意-生）的生发端点，就像树木的抽芽。意念发动因境遇所在，依境而生、依境而成。亲亲之爱构成仁人之意的代际生存境域，人生来能有仁爱之意，是因为意念发于其仁爱之境中。从这里开始才会仁爱人民，进而关爱万物，也就是长出树干、生长出枝叶。仁人之意依父兄亲亲之境而生、而长，意随境迁，而意之化境，便成心力，此乃心天之意智慧的核心，即心随天行的关键所在。墨子的兼爱说'爱'没有差等，把自己的父子、兄弟与路人一般同等看待，这样就等于自己把亲情生发的端点给埋没了。仁爱之意以仁爱之境为本，如果仁爱之境被否定和埋没了，那么仁爱之意从何发动？可见，意为心力之核心，仁意来自仁心的端点持续发动，而仁意的本体之境，在于亲亲的亲情场域。不抽芽，就知道他的兼爱没有根，也就不会生生不息，怎么可以称作仁爱呢？仁人之意没有土壤就不能生发、发动，也就不会发芽，如果没有仁人之意通于天地之境的本体性体认，仁人之意就不可能生生不息。孝顺父母、尊敬兄长是仁人之意的根本，仁人之意这个天理就是从孝顺父母、尊敬兄长这个根里生发出来的。"仁人之意以孝顺父母、尊敬兄长的亲亲之情为根基，如木之生意一般生长，前有天理之阳光的引领，后有父子兄弟之境如大地情境一般作为基础，有仁爱之时刻发动的根系加以联通。其实，仁人之意本于父母与子女的亲情，儒家喜欢讨论父子之亲，其实都本乎母爱之境。由此可见，仁是以亲亲为情境的意向创生之力（contextually intentional creativity）。[1]

---

[1] 陈立胜在讨论这段话的时候，认为阳明申发朱子的"木喻"，并引用《朱子语类》中的类似比喻，木如根，仁民为干，爱物是枝叶，来说明儒家的爱有差等。参陈立胜：《宋明儒学中的"身体"与"诠释"之维》，商务印书馆，2019年，第69—73页。

【95】心理不分，日用无私

问："延平云'当理而无私心'[1]。当理与无私心，如何分别？"

先生曰："心即理也，无私心即是当理，未当理便是私心。若析心与理言之，恐亦未善。"

又问："释氏于世间一切情欲之私，都不染着，似无私心。但外弃人伦，却是未当理。"

曰："亦只是一统事，都只是成就他一个私己的心。"

【意】陆澄问："李延平说'既合天理又没有私心'，符合天理与没有私心，怎么才能分别开呢？"

先生回答说："心就是天理，无私心就是符合天理，不符合天理就是有私心。心意之发完全通于天道，心意发动之处没有丝毫人欲夹杂其间，就是精纯的天理。如果把心和理分开来讲，恐怕也不好。"心与理不分，把心与天理区分来理解，等于把心天之意与天道物化的自然流行相区分，这是不合适的。

陆澄又问："佛教对于人世间的一切情欲私欲，都不沾染执着，好像是没有私心。但是佛家放弃人伦，那就是违背天理。"

先生说："佛家和世人也就只是一回事，都只是为了成就他自己的一个自私的心罢了。"成就刻意去私的心，反而没有领会心天之意，即心意通天的本体。刻意去私有功利心意味，有功利的私心就不能通达天理。

---

[1]　语出李侗《延平答问》。

薛侃录

【96】心随天行，凝聚心神

侃问："持志如心痛，一心在痛上，安有工夫说闲语，管闲事？"

先生曰："初学工夫，如此用亦好；但要使知'出入无时，莫知其乡'[1]。心之神明，原是如此，工夫方有着落。若只死死守着，恐于工夫上又发病。"

【意】薛侃问："持守志向就好比心痛，一门心思都集中在痛上，哪有工夫说闲话、管闲事呢？"

先生说："刚开始学习的人这样下工夫去做也好；但是要让自己明白'出入无时，莫知其乡'。即意念纷繁芜杂，出现和消失都没有准确的时间，不知何时出现，也不知何时突然消失，人没有办法控制，也无法知道意念的方向。人的意念总是思绪万千，可以纵横八万里，没有可以把握得住的方向，无法知道下个念头何时出现、走向哪里。但是，初学者无论做什么，都应该持守一个稳定的志向，虽然心灵的时空时刻都在变化，但还是要试图去稳定地加以把握。心灵的神明，原本的存在状态就是这样的，工夫需要面对这样的本来状态，才能够落实。心灵的本来状态就是变幻莫测，心气无定，气是外物之状，心同于气，与物同迁，难以把握。但在心灵意念变幻莫测的过程当中，需要心随天行，这样才有着落，如此能够以心制物，才能有具体的落实之处。如果只是

---

[1] 《孟子·告子上》。

死死守着志向，恐怕又会在工夫上犯病。"心神如何控制的问题可以说是最难的问题。心学试图努力解决这个问题，解决对心的理解和控制的问题。心灵出入无定，控制起来很难，所以死死控制肯定不是最合理的方式。虽然阳明也没有说哪种方式好，但他认为，持守志向就是让心意发动有一个稳定的中心，比如关于痛的意，几乎可以说是最不能自我控制的意，也是最难忍受的意念。但如果对于志向的执守，能够像痛的意念那么强烈，那么就可能控制住意念的发动。阳明反对僵化死守某种意志状态，因为持守志气的方向为的是聚集心神，如果心灵的神明不能够被意识到，志向就显得空虚无物，缺乏内涵，也就无法真正凝聚心神。

【97】意体感通，天境一念

侃问："专涵养而不务讲求，将认欲作理，则如之何？"

先生曰："人须是知学，讲求亦只是涵养。不讲求，只是涵养之志不切。"

曰："何谓知学？"

曰："且道为何而学？学个甚？"

曰："尝闻先生教，学是学存天理。心之本体，即是天理，体认天理，只要自心地无私意。"

曰："如此则只须克去私意便是，又愁甚理欲不明？"

曰："正恐这些私意认不真。"

曰："总是志未切。志切，目视耳听皆在此，安有认不真的道理？'是非之心，人皆有之'[1]，不假外求。讲求亦只是体当自心所见，不成去心外别有个见？"

【意】薛侃问："专心于涵养心性而不注重研究，如果把人欲当作天理，那该怎么办呢？"

---

[1] 见《孟子·告子上》，意为判别是非的心，人人都有。《孟子·公孙丑上》有"无是非之心，非人也"。

先生说："人必须知道学问、研究其实也只是涵养心性而已。不研究，只是涵养心性的志向不够坚定。"志向坚定是用意改造意念所生之境，使之纯善，完全通天合道，没有人欲夹杂其间。

我说："怎么样才叫作知道学习？"

先生说："你姑且回答我，为什么要学？学习什么东西？"

我说："我曾经听先生讲，学习就是学会存养天理。心的本体就是天理，体察识认这个天理，就是要自己的内心没有丝毫私意。"

先生说："如果你明白了这点，那你只须克制清除私意就可以了，那又担心什么天理、人欲分不清楚呢？"

我说："我就是担心害怕认不清哪些是私意。"

先生说："都是你的志向不够坚定真切。回应接续上一条提到的'持志'话题，私意的生出和难以除去，其实是因为志向不够明朗。如果志向坚定，眼睛看、耳朵听就都会集中在天理上，哪里会有认不清私欲的道理呢？志向坚定则心意坚实，也就不容易偏离天理，而心意坚实主要靠人对意念的觉知力、控制力，以及意念对情境的感应力、改造力。如果意志坚定、意（识）坚实，意念发动念念在天理上，就能在念头流转之间，改造意念感通之境。'是非之心，人皆有之'，在本心意识上用功，根本不必在意识之外去寻求。研究学问也只是体会省察自己内心天性所发现的，难道还真的去心外另外寻找一个见解？"在意境当中，主体能够控制意念发动，使之纯然依天理而生发，此谓心天之意。这样，天理不外在于意（识），而是与心相通，心天一体，所以"天"是人心天之意所意识的对象和意（识）所作为的境域，也是与意识共同实化、生起的境域。当然，"心天之意"的"心体"其实已经用意改造，理解起来，重点已不在心之谓心，而在"心天之意"的"意体"。换言之，"意体"已经不再是原初的"心体"或本心。

【98】仁心生发，改造意境

先生问在坐之友："比来工夫何似？"

一友举虚明[1]意思。先生曰："此是说光景[2]。"

一友叙今昔异同。先生曰："此是说效验。"

二友惘然，请是。先生曰："吾辈今日用功，只是要为善之心真切。此心真切，见善即迁，有过即改，方是真切工夫。如此，则人欲日消，天理日明。若只管求光景、说效验，却是助长、外驰病痛，不是工夫。"

【意】先生问在座的朋友："近来做工夫怎么样啊?"

一位朋友说出内心虚静空灵的感受。先生说："这是讲玄虚的表象。"

一位朋友谈了过去与现在感受的异同。先生说："你这只是在讲做工夫的效果。"

两位朋友茫然不解，拜请先生指正。先生说："我们现在努力用功，就是要使为善的心真诚切实。阳明强调为善之心，这就让心意发动都有了志向和中心，也就是说，只要做工夫，就要去为善，即让心意通天，心意升起纯然都是心天之意、念念纯善的状态。这是向内体验的过程，让仁爱他人之心自然而然发作，此即仁心生发。这个心真诚切实了，看见好的就去追求，有过错就会去改正，这才是真实切己的工夫。真诚而能够创造，能够知道是非，并且有行动和改变的力量出来。心意通天，知是非所在，当即明了，在意念发动的瞬间修改。这样，人的私欲日益消退，天理也就会逐渐彰显。继之者善，是本体的善；而人性之善，则是宇宙论上的说法，人性之善是驱利避害的经验基础。如果只顾着追求表面的玄虚体验，谈论似是而非的效果，那都是人为滋长了向外追逐天理的弊端，不再是真切的工夫。"心天之意不在于表现出表面的效果，而在于真切的坚持，也就是用巨大的魄力、意识之力去改造意境。真功夫是在心意上去人欲，悟得存养天理、实现全部都是纯粹天理的通天化境。

---

[1] 周敦颐《通书·圣学第二十》有类似说法："无欲则静虚，动直。静虚则明，明则通。"又佐藤一斋语"无欲则静虚，虚则明"，见《传习录栏外书》，第55页，参邓艾民：《传习录注疏》，第62页。

[2] 犹"光影"，喻虚幻不实的现象。黄宗羲《论不宜立理学传书》曰："孟子言良知，文成恐人将此知作光景玩弄，走入玄虚，故就上面点出一'致'字，其意最为精密。"

薛侃录 239

【99】圣道昌明，志同朱子

朋友观书，多有摘议晦庵者。

先生曰："是有心求异，即不是。吾说与晦庵时有不同者，为入门下手处有毫厘千里之分，不得不辨，然吾之心与晦庵之心未尝异也。若其余文义解得明当处，如何动得一字？"

【意】朋友们在一起看书，有不少人指摘评议朱熹先生。

先生评论说："这样做是存心去吹毛求疵，是不合适的。我的学说与朱熹先生时常有所不同，虽然在学问入门工夫有毫厘千里之分，不得不辨析清楚，阳明并不刻意与朱子分别，也不想与朱子对抗，他觉得自己的学问跟朱子的说法真正的区分其实很细微。比如说，他的意重在初始的、源初的状态，而朱子的意相比起来，更注重在外驰的、已发的状态。但是我的心与朱熹先生的心并没有什么不同。阳明认为自己追求圣人之道，让斯文、圣道昌明的心意志向与朱子并没有区别。比如朱熹先生在那些文辞语义讲解得很明白、精当的地方，我又怎么能改动他的说法，哪怕只是一个字呢？"可见阳明对朱子所释文义总体是表示叹服的，也说明自己跟朱子都是要传播圣人之道，所以大同小异。

【100】体悟道体，损之又损

希渊[1]问："圣人可学而至。然伯夷[2]、伊尹[3]于孔子，才力终不同，其同谓之圣者安在？"

先生曰："圣人之所以为圣，只是其心纯乎天理，而无人欲之杂。犹精金之所以为精，但以其成色足而无铜铅之杂也。人到纯乎天理方是圣，金到足色方是精。然圣人之才力，亦有大小不同，犹金之分两有

---

[1] 蔡宗兖，字希渊，号我斋，山阴（今浙江绍兴）人，官至四川提学佥事，王阳明学生。

[2] 伯夷是孤竹君之子，曾与弟叔齐一起劝阻武王伐纣，武王灭商后，两人耻食周粟，饿死首阳山。

[3] 伊尹名挚，商朝贤相，辅佐商汤攻灭夏桀。

轻重。尧、舜犹万镒[1]，文王、孔子犹九千镒，禹、汤、武王犹七八千镒，伯夷、伊尹犹四五千镒。才力不同，而纯乎天理则同，皆可谓之圣人。犹分两虽不同，而足色则同，皆可谓之精金。以五千镒者而入于万镒之中，其足色同也；以夷、尹而厕之尧、孔之间，其纯乎天理同也。盖所以为精金者，在足色，而不在分两。所以为圣者，在纯乎天理，而不在才力也。故虽凡人而肯为学，使此心纯乎天理，则亦可为圣人。犹一两之金，比之万镒，分两虽悬绝，而其到足色处，可以无愧。故曰'人皆可以为尧舜'[2]者，以此。学者学圣人，不过是去人欲而存天理耳，犹炼金而求其足色。金之成色，所争不多，则锻炼之工省，而功易成。成色愈下，则锻炼愈难；人之气质，清浊粹驳。有中人以上、中人以下。其于道，有生知安行，学知利行。其下者，必须人一己百、人十己千，及其成功则一。后世不知作圣之本是纯乎天理，却专去知识才能上求圣人。以为圣人无所不知、无所不能，我须是将圣人许多知识才能，逐一理会始得。故不务去天理上着工夫，徒弊精竭力，从册子上钻研、名物上考索、形迹上比拟。知识愈广，而人欲愈滋；才力愈多，而天理愈蔽。正如见人有万镒精金，不务锻炼成色，求无愧于彼之精纯，而乃妄希分两，务同彼之万镒。锡铅铜铁，杂然而投，分两愈增，而成色愈下。既其梢末，无复有金矣。"

时曰仁在傍，曰："先生此喻，足以破世儒支离之惑，大有功于后学。"

先生又曰："吾辈用力，只求日减，不求日增。减得一分人欲，便是复得一分天理，何等轻快脱洒！何等简易！"

【意】蔡希渊问："人固然可以通过学习成为圣人。然而，伯夷、伊尹和孔子相比，在才智、能力上终究有所差异，但他们同被孟子称为圣人的根据在哪里？"

先生说："圣人之所以是圣人，只是因为他们的心意纯粹都是天理，

---

[1] 镒（yì）是古代重量单位，合二十两，一说二十四两。

[2] 语出《孟子·告子下》："曹交问曰：'人皆可以为尧舜，有诸？'孟子曰：'然。'"

意识发动没有丝毫私欲掺杂在中间。好比纯金之所以是纯金，就是因为金的成色十足，没有铜、铅等杂质混杂在其中。圣人之心发动，皆心天之意，没有其他邪念夹杂。人心意发动达到纯粹天理的状态才是圣人，金子达到成色单一的状态才是纯金。圣人心纯，其心意皆通天，因为他们能够提纯自己的精神，时刻存天理、灭人欲。然而，圣人的才智能力本来也有大小的区分，就像金子的分量有轻重。尧舜好比一万镒的纯金，文王、孔子好比九千镒，禹、汤、武王好比七八千镒，伯夷、伊尹好比四五千镒。他们的才智能力虽然各有不同，但心意纯粹都是天理这一点是相同的，都可以称为圣人。好比金子的分量虽然不同，但只要成色十足这一点相同，就都可以称之为纯金。只要心意皆通天，即心意发动都是心天之意，那就成为圣人之心意。把重五千镒的纯金熔入重一万镒的纯金当中去，它们的成色还是相同的；这就等于把伯夷、伊尹放在尧舜和孔子之间，他们心意发动纯粹都是天理，这一点完全相同。他们的心意纯粹都是心天之意。之所以称为纯金，在于成色是否足够纯粹，而不在于重量高下。之所以称为圣人，在于他们的心意发动纯粹都是天理，而不在于他们的才力有大有小。所以，即便是普通人，只要肯学习，使得自己的心意发动能够达到纯粹都是天理的状态，就同样可以成为圣人。好比一两黄金与重万镒的黄金相比，分量虽然相差悬殊，但是从成色十足这一点上看，可以说完全不必感到惭愧。所以孟子说'每个人都可能成为像尧舜那样的圣人'，他正是从这个角度来讲的。每个人都可以纯粹地让自己的意念越来越专注，即每个人都有可能使得意念变得彻底而纯粹。学者学习如何当圣人，只不过是摒弃人欲、存养天理罢了，就好像炼金要追求成色十足地纯粹。黄金的成色，如果杂质较少，那么炼制起来就省事很多，并且容易成功。反之，黄金的成色越低下，炼制起来就越困难；修炼意向正如炼金，有的人心意单纯，意向比较容易修炼和纠正；但有些人心思意念比较驳杂，那么修炼意向的难度就很高。人的气质有清纯浊杂之分。有些人的资质在中等以上，有些人在中等以下。对于圣人之道，有生来就知道并且安行圣道的人，也有通过学习才知道并能够顺利去实践的人。资质最低下的人，必须是其他人用一分力，自己却要花费百分力的工夫，其他人用十分力，自己却要运用千分力，而最终取得的成就可能只是一样的。心学强调开悟，而开悟与资质相关。阳明学如惠能悟道，强调顿悟；相比之下，朱子学更接近神秀的渐修功夫。虽然圣人之道无非体悟人人相通的道体，但是不同资质的人对圣学的入手处理解不同、领悟力不同、感通力不同，所以需要的工夫也不一样。后世学者往往难以理解，成为圣人的根本其实是看心意是否纯粹都是天理，却专门在知识才能上去用力，希求成为圣人。以为圣人肯定是无所不知、什么都会的，于是认为自己把圣人会的许多知识和才能都逐渐一一掌握了才可以。其实这是舍本逐末，不明就里。圣人之心念皆心天之意，意念完全合于天理，意念发动都在天道之中，如果格物只是流于具体事物，那就太过具体。所以后来学者基本都不专门把心意集中在天理上去下功夫，白白浪费精力，只是从书本上钻研、从事物名称上考察、从具体行为方式上模仿推理。结果是知识越渊博，反而人的欲望越来越膨胀；才能智力越高，反而把天理遮蔽得越严重。正如同看见别人有一万镒纯金，却不肯去专心锻炼、提升自己黄金的成色，以努力去实现无愧于精纯的状态，反而妄想求助于表面的重量，非得要去赶超别人一万镒的重量。结果把锡、铅、铜、铁各种元素都掺杂进去，如此分量看起来虽然增加不少，但金的成色其实却越来越低了。炼到最后，混合到极致，就连黄金都不复存在了。"意识的修行如果离开心天之意，那其他的具体努力都是细枝末节。意识修行要纯粹集中于心天之意，这是修身养性的根本所在。修道即修意，是意通于道、纯粹不已的关键所在。如果死读书，只追求知识、心智、才气的表面增长，其实是不知要害、舍本逐末，也就不是真正的意识修炼。

当时徐爱在旁边，评论道："先生这个比喻，足以击破后世儒者求学过程中支离破碎的困惑，对于后来的学者功劳很大。"

先生接话说："我们用功，只追求逐日减少，不追求逐日增加。减少一分人欲，就是恢复了一分天理，多么轻快洒脱！多么简单易行！"意识修行的根本是修道，需要走"损之又损"的逆修之路，而不是走世俗儒者不断增加意识到外在分量（如知识）的所谓正路。这样一来，修行之人的意识需要时刻体会天理和人欲之间的紧张，但又必须找到一个"中一间"状态的平衡体。否则，失去平衡就可能导致身心都出现问题。虽然念头实化出来的时候，只能在念头的一个方向去实化，或者实化天理，或者实化人欲，看起来天理和人欲好像不可兼得。但关键就是要在一念之起、理欲即分的状态当中，做让天理更加纯粹的工夫。否则，具体知识等外在分量的增加，其实不过是人欲的增加而已。可见，阳明的修养工夫主要是使念头在发动的初始状态变得纯粹，这就佐证了之前的那一条，说明阳明更强调意识发动的源初状态，相比之下，朱子对于念头源初状态应该充满天理的纯粹性方面，并没有阳明强调的程度那么深。

【101】意体根源，纯然至善

士德[1]问曰："格物之说，如先生所教，明白简易，人人见得。文公[2]聪明绝世，于此反有未审，何也？"

先生曰："文公精神气魄大，是他早年合下便要继往开来，故一向只就考索著述上用功。若先切己自修，自然不暇及此。到得德盛后，果忧道之不明。如孔子退修六籍，删繁就简，开示来学，亦大段不费甚考索。文公早岁便著许多书，晚年方悔是倒做了。"

士德曰："晚年之悔，如谓'向来定本之误'[3]，又谓'虽读得书，何益于吾事'[4]，又谓'此与守书籍、泥言语，全无交涉'[5]，是他到此方悔从前用功之错，方去切己自修矣。"

曰："然。此是文公不可及处。他力量大，一悔便转，可惜不久即去世，平日许多错处皆不及改正。"

【意】杨士德（杨骥）问："格物的学说，像先生所教的那样，既明白又简单，人人都能理解。朱熹先生是世间少有的聪明人，可是对于这一点反而没有理解透彻，这是为什么呢？"

先生回答说："朱熹先生精神气魄宏大，他早年就下定决心要继往

---

[1] 杨骥，字士德，王阳明学生。

[2] 文公指朱熹，"文"是朱熹的谥号。

[3] 语出朱熹《答黄直卿书》，详见王阳明辑录的《朱子晚年定论》。

[4] 语出朱熹《与吕子约》，详见王阳明辑录的《朱子晚年定论》。

[5] 语出朱熹《答何叔京》，详见王阳明辑录的《朱子晚年定论》。

开来，所以一直在考辨和著述上下工夫。如果一开始就密切结合自身来修养心天之意，自然就没空考索和著述了。等到德性精纯、德行完满之后，果然担心圣人之道不明于世。如果就像孔子那样退而删述《六经》，删除繁杂以实现简单精练，开启示范给后来的学习者，也就基本上不用费那么多工夫去考究探索了。朱熹先生早年就写了很多著作，晚年才后悔，原来是把工夫做颠倒了。"朱子没有从意念原发的根源性上理解心天之意，虽然著述很多，但是可谓舍本逐末，所下功夫，基本没有在心念发动的根本上去涵养、体验心天之意本体的纯然至善。

杨士德说："朱熹先生晚年的反悔，如说'自己早年确定的版本的错误'，又说'虽然读了那么多书，但对于我的事业又有什么益处呢'，还说'这与死守书本、拘泥于语言，完全没有关系'，这正说明，他到了这个时候才悔悟，意识到自己从前的工夫用错了地方，才去密切结合自身来修养心天之意。"

先生说："正是这样。这也正是朱熹先生无法企及的地方。他才气高、意量大，一旦悔悟就马上能够转到正道上来，可惜晚年开悟不久就离世了，对他自己生前很多理解错了的地方都没来得及改正。"在阳明看来，虽然朱子早年对心意发动根源的体会不够理想，但晚年他一旦悔悟就可以悟入本义，只是天不假日，没有让朱子充分阐发他对心天之意的领悟。可见，理解阳明的晚年定论和早年反对朱子格物之说一样，都不能离开朱子思想作为参照系。

【102】先天道体，意行自生

侃去花间草，因曰："天地间何善难培、恶难去？"

先生曰："未培、未去耳。"少间，曰："此等看善恶，皆从躯壳起念，便会错。"

侃未达。

曰："天地生意，花草一般，何曾有善恶之分？子欲观花，则以花为善，以草为恶；如欲用草时，复以草为善矣。此等善恶，皆由汝心好恶所生，故知是错。"

曰："然则无善无恶乎？"曰："无善无恶者理之静，有善有恶者气之动。不动于气，即无善无恶，是谓至善。"

曰："佛氏亦无善无恶，何以异？"曰："佛氏着在无善无恶上，便一切都不管，不可以治天下。圣人无善无恶，只是'无有作好''无有作恶'，不动于气。然'遵王之道''会其有极'[1]，便自一循天理，便有个裁成、辅相[2]。"

曰："草既非恶，即草不宜去矣？"曰："如此却是佛、老意见。草若是碍，何妨汝去？"

曰："如此又是作好作恶？"曰："不作好恶，非是全无好恶，却是无知觉的人。谓之不作者，只是好恶一循于理，不去又着一分意思。如此，即是不曾好恶一般。"

曰："去草如何是一循于理，不着意思？"曰："草有妨碍，理亦宜去，去之而已。偶未即去，亦不累心。若着了一分意思，即心体便有贻累，便有许多动气处。"

曰："然则善恶全不在物？"曰："只在汝心。循理便是善，动气便是恶。"

曰："毕竟物无善恶？"曰："在心如此，在物亦然。世儒惟不知此，舍心逐物，将格物之学错看了，终日驰求于外，只做得个'义袭而取'[3]。终身行不著、习不察[4]。"

---

[1] 语出《尚书·洪范》："无有作好，遵王之道；无有作恶，尊王之路。无偏无党，王道荡荡；无党无偏，王道平平；无反无侧，王道正直。会其有极，归其有极。"无有作好、无有作恶，意为没有自私的好恶。遵王之道，意为遵行王道、公道。会其有极，意为会归于法度、准则。

[2] 语出《周易·泰卦·象传》："《象》曰：天地交，泰。后以财成天地之道，辅相天地之宜，以左右民。"《传习录》用"裁成"，意为剪裁成适用的样子。"财"通"裁"，裁节、裁断、制定。辅相是辅助赞勉，辅佐赞助。

[3] 语出《孟子·公孙丑上》。

[4] 语出《孟子·尽心上》："孟子曰：'行之而不著焉，习矣而不察焉，终身由之而不知其道者，众矣。'"意为懵懵懂懂地去做，却没有自觉其中的道理；习以为常却不知道省察。一生都沿着这条路走下去，却不知道这是条什么路，这是指一般的人行不出，不知大本。

曰："'如好好色，如恶恶臭'[1]，则如何？"曰："此正是一循于理。是天理合如此，本无私意作好作恶。"

曰："'如好好色，如恶恶臭'，安得非意？"曰："却是诚意，不是私意。诚意只是循天理。虽是循天理，亦着不得一分意，故有所忿懥好乐，则不得其正；须是廓然大公，方是心之本体。知此即知'未发之中'。"

伯生曰："先生云'草有妨碍，理亦宜去'，缘何又是躯壳起念？"曰："此须汝心自体当。汝要去草，是甚么心？周茂叔[2]窗前草不除，是甚么心？"

【意】薛侃借助清除花中间杂草的因缘，顺便问老师："天地之间为什么善很难培植，恶很难消除？"先生回答："这是因为没有去培植善，也没有去消除恶。"过了会，先生说："这样去看待善恶，都是从躯体上起念头，因而不对。"善恶是因缘性的，因为善恶都是因意而缘生的，没有纯粹的善和纯粹的恶。可是意念一发动，善与恶就因缘而生，意识对于意念所附的缘（意缘）所在的境遇，就有善有恶之感和相应的判断。这需要人们做反省体察的工夫，即心意要对意缘和意境进行观察体悟。可见，不能简单从自己身体出发去说善或恶，而要从心身一体、心物融通的境遇上来说善恶才可以。

薛侃不太理解老师传达的深意。

先生继续解释道："天地之间充满生机，万物生生，如花草一般，哪里有善恶之分呢？从生生本体上说，万物都是生生而已，没有善恶之区分。换言之，万物本体上都通于心天之意，本于天道自然之善而生生不息，但人多无自觉，仅少数人能自觉。[3]无论人看或不看花，花都是自在的，不受影响的，也就是说，花不会因为人觉得它漂亮或者好看，就影响花本身作为本体性、本然性

---

[1]　《大学》原文顺序相反。

[2]　周敦颐（1017—1073），字茂叔，北宋道州营道（今湖南道县）人。著名理学家，一般认为是宋代新儒学的开山。

[3]　此自觉通于《论语》开头之"学"，学习就是即学会自觉，自我觉知，才能在一念发动之处为善去恶，并能够时常反省，这便是"习"，需要常常习惯于既为善去恶又充满自我意识的意向性状态。

的存在。你想看花，就以花为善，以草为恶；如果想看草时，又以草为善了。意念无缘不能实化，但实化出来的意缘往往难以突破人的分别心。对意向性对象的喜欢或不喜欢，都是意（识）本体的延伸。人的意识觉得什么好，意（识）的对象就被赋予好的价值；如果人的意识觉得意向性所指的对象不好，意识对象就被赋予不好的价值。这些善恶的区别，都是因为你内心的喜好和厌恶才产生的，所以说是错误的。"人以意识的功用、偏向为好恶，都是人的意念投射出来的好恶。善恶意识投影的源头在于本体性的心天之意，即所谓天道自然之善的根源。从本体上讲，心天之意是没有好恶的，是因为人后天的意识参与、分别、评价，所以人才能产生分辨和审美的感觉。

薛侃问："那么没有善与恶的分别了吗?"先生说："无善无恶的状态是天理宁静的状态，有善有恶是气息流动的状态。心跟天理同在，且相通，心通天地之理的自然本体无所谓善恶。心意一动，带动气息的流动，即分善恶。气息既是身体的气息，也是大自然的气息，身体的气息本来就是大自然的气息，意念和气息交融发动，成为流通的情感，就有善恶好坏。心天之意的本体不随血气私欲而动，就没有善没有恶了，这就是至善。"最高的善就是天理无善无恶的状态，指生生不息本体的天然至极的善，而不是与善恶对待的善。可见，没有发出来之前的先天本体，既可以说是纯善无恶的，也可以说是无善无恶的，二者说的其实都是一样的。就这里的讨论而言，阳明有明显的"无善无恶心之体"的意味，所以王畿的"四无"和钱德洪"四有"的解释，其实都不及阳明洞见本体。

薛侃问："佛教也主张没有善恶之分，那跟先生的主张怎么区别呢?"先生说："佛教执着在没有善没有恶上面，其他一切都不再顾虑了，这样当然不能治理天下。这是阳明学与佛学非常关键的区别，即儒家归根结底还是要治理天下的。圣人不去区分善恶，只是'没有故意有意识地为善'，'没有因为私意故意去为恶'，不被血气、私欲、情感所驱动。所谓无善无恶心之体，既是天地境界，也是良知之为天良之知的境界。本心、本性、本意通天，也就是意本体是无善无恶的。心天之意发动都是源发的、时机化的、切合时机之中的，圣人是"时者"，其意念发动合乎时机而生发。意念如果从私欲出发，发出的意念就有善有恶，只能是筹划好的、等待的、有得失价值倾向的。可见，善恶之分已是意念发动后事。然而'遵守王道'，'自然会达到某种法度和准则'，自然完全遵循天理，自然就能够把天地之道在人间呈现为礼法制度，助成天道化生万物的合宜运行。"泰卦《象》曰：天地交，泰。后以财成天地之道，辅相天地之宜，以左右民。泰卦《象传》的含义是：下卦乾为天，上卦坤为地，天地阴阳二气交接感应，这就是泰卦。君王学习天地之间阴阳交流就通达，不交流就闭塞的道理，制定出社会的合理制度，助成天地化生万物的合宜运行，以此来指导佑助民众。心通天地，发动皆在天道之中，天地本来无所谓善恶，与人心的机巧盘算毫不相干，但人助成天地的运行，自然有所谓善恶分别。可是，不能把人的意识参与天地运化导致的善恶，当作天地本然的善恶状态。

薛侃说："草既然不是恶的，那么就不宜把草清除掉？"先生说："这样就是佛教道教的主张了。草如果妨碍着人的行动，你清除它又有何妨？"草本身无所谓善恶，草是不是恶的，需要草进入人的意识，再由人的意识根据情境来判断。如果草妨碍了人的事情，从人欲（人的偏好）上来说，可以清除掉。这虽然不是从天道自然的本体状态来说的，但该除则除去。意念的实化过程和行动的力量，不应该被本体无善无恶的自然本体判断所约束。换言之，意识到草存在于无善无恶的本体状态，可谓未发；意识到草因意识发动，而相对于人来说或者善或者恶，这时关于草的意识就是已发状态了。

薛侃问："这样不就是在有了喜好和厌恶判断之后，做为善去恶的工夫了吗？"先生回答说："不用私意停留在喜好和厌恶上，不是说完全不去区分喜好和厌恶，如果那样的话，就成为完全没有知觉的人了。阳明认为佛教执着于好恶之分，而好恶不应该执着。虽然阳明强调本体上无善无恶，但也强调本体上的无善无恶不能妨碍工夫上的为善去恶。既然人的心意和知觉与物交接之处，必有善有恶，那么需要在善恶分开的基础上去为善去恶，应付事情。之所以要不着私意，只是让人的喜好和厌恶遵循天理，不去另外夹杂自己的私心和想法。这样也就和不曾产生喜好和厌恶一样。"心天之意不受私意的牵绊，在时刻反省中，每个意念都不带私心杂念，而是完全遵循天理而流行。所以虽然在反观自察当中有善恶之分，但因为不带私心，意念流行好像不受善恶之分的牵绊一般。

薛侃问说："清除草的时候，怎么样才算是遵循了天理，而没有夹杂自己的私欲呢？"先生回答说："草既然已经妨碍到你了，按天理就应当除去，那就清除掉。偶尔有些没有清除，也不会牵累本心。如果附着了自己的私心杂念，那么心体就会有很多牵累，就可能有很多血气私欲发动的地方。"要从天道自然的角度来理解除草的问题。草在本体上是无善无恶的，但不妨碍在除草时做为善去恶的工夫。既然该去掉的草需要被去掉，那么除草时心意发动，就要合乎天道之行。换言之，清除草的时候，不要让私心杂念进入心通天地的本体境界，也就是除草时仍然要心顺天意，当下的心意发动的过程当中，念念不掺杂个人的私心杂念。这样，除草的意念不被血气和意气带跑，草被除去就是天道借助人的意念和除草的行动来实现的过程，人除草也就是助成天意流行的过程。

薛侃问："那么善恶完全不在事物上面吗？"先生说："善恶只在你的心上。依循天理就是善，动气而发情感就是恶。"善恶只是心意发动而有分。善本是天道自然之善，心意顺天道而行就是在本体之善当中，心意之行（意行）保持心天之意就是纯然至善。但如果心意为气所动，那就偏离了本体之善，意念就或者邪，或者恶。其实，邪是对意（识）本体和性质的判断，而恶是对意（识）的价值判断。如果心意发动被外在的气息流动所牵引而偏邪，那就很难再让天道自然去自作主宰，那就偏离心天之意，夹杂了私意的偏邪意念，很可能就是恶的。

薛侃问："那么事物本身终究没有善恶了吗？"先生回答说："心本身没有善恶之分，事物本身也不能区分善恶。心的本体无善无恶，事物本身也无所谓善恶。善恶都与意念发动有关系，意念发动与物交接之后才有善有恶。在意念未发之前，心体和事物的本体相融（心通物）的本体，是无所谓善恶的。后世儒者独独不知道这个道理，才会放弃存养本心的天理，放纵心意去追逐外物，这是他们把格物的学问整个理解错了，整天向心外追逐与探求外物，最终也只是做个'义袭而取'的工夫。刚开始做事的时候，不知道其然，习惯后又不知其所以然。普通人的心意过分看重身外之物，所以他们通过偶尔合于"义"、偶然合道的意念，就想要实现心天之意的境界，即让心体充盈天理、浑身充满浩然之气的状态，其实是不可能实现的。因为实现心天之意需要不断涵养先天道体，不断积累合适的、心意合道的心意状态，才能转化生成心意发动的全新境界（集义所生），即心天之意的境界。

薛侃问："'像喜好美色一样去喜好，像厌恶恶臭一样去厌恶'，怎么样？"先生说："这正是完全依循天理的状态。心当每时每刻合于天理。天理应当如此，本就没有私意去喜好和厌恶。"天理之动与私欲无关，不能在起心动念上面有丝毫的对象化、客观化、目的化、观念化、固定化的想法。这是要从反思进入非反思，实现不需要思考就如天然的反应一般自然的状态，这是把反思过的心意习惯当作非反思的状态，而且要让非反思的状态先行，成为心天之意的底色。

薛侃说："那么，'像喜好美色一样去喜好，像厌恶恶臭一样去厌恶'，怎么可能不附着自己个人的私意呢？"先生回答说："这都是诚意，可以不带任何的私意。喜好美色、厌恶臭味，其实都是心天之意的通天之真诚的自然表现，是意念实化出来，于天地阴阳之间自然分别善恶的表现，所以是天心之分，非人心之分。正是在诚于心天之意的角度上，"好好色"和"恶恶臭"虽然都是意念发动之处，但因为心意通天，而丝毫没有沾染私心，所以可以完全不带私意。如果附着私意地努力，意识实化就成为人欲，而不是天理。诚意就是完全遵循天理。即便依循天理去做事，也不能掺杂丝毫的私意，所以只要有一点激愤、怨恨、喜好、快乐，那就不能保持中正平和；诚意像天然地"好好色""恶恶臭"一样，自然而然地实化心意通天的意念，那么心天之意发动，念念皆合乎天理、合于天道自然之善。如果心意之发合于天道，就自然中正平和；如果一念杂于人欲，即出偏走邪、不再中正，意念发动就不再中（zhòng）于中道之中（zhōng）。心意发动必须达到廓然大公，才通达心天之意的本体状态。知道了这些，才能明白什么是'未发之中'。"心天之意发动是豁然的、公正的、时刻即体即用的。心意通天的本体自然发用，已发之意时刻不离未发之中，即心天之意时刻中（zhòng）于未发之中（zhōng）。这样，心天之意发动，纯粹都是诚中之意，也是心意时刻中（zhòng）于天理、天道之中（zhōng）而实化流行。

孟源问："先生您既然说'草如果妨碍了人的行动，清除也是理所当然'，那为什么又说这是躯体上升起的、表面的意念呢？"先生回答说："这个必须你自己从内心深处去体会。你要清除杂草的时候，发动的是什么心思？周茂叔不拔掉窗前的草，他那时又是什么心思？"一般人除去杂草，用的是私心，觉得草影响了自己的私利，所以发动私心去除掉杂草。但如果人修习了心天之意，就可以和周敦颐一样，让心意发动总是合于天道自然，念念都不夹杂个人情感和私欲。在心天之意的境界里面，心意发动时刻与大自然生生不息的状态同步，不仅当下除草之心意发动本身，是来自大自然生生不息的本体发出的功用，而且当下心意实化去除草的行动，也是来自大自然生生不息的本体实化生成的功用。在心天之意的境界里，意念和行动都是即体即用的，这就是知行合一的境界。换言之，从意本论的角度可以这样理解知行合一：心意和行动都是自然生生不息的本体生成实化出来的功用。

【103】心天一体，闻道得见

先生谓学者曰："为学须得个头脑，工夫方有着落。纵未能无间，如舟之有舵，一提便醒。不然，虽从事于学，只做个'义袭而取'，只是行不著、习不察，非大本、达道也。"

又曰："见得时，横说竖说皆是。若于此处通、彼处不通，只是未见得。"

【意】先生对学生们说："做学问必须抓住要旨和目标，这样下工夫才有方向。即使不能没有间断，也应该像船有舵一样，关键时刻一掌控就觉醒明白。心意之发，要时刻以心天之意为方向。如此，心天之意是诚意的方向，心天之意让良知保持觉醒。此"醒"即是知觉、觉悟，是心之意境瞬间转换，好比船打舵转弯，意境从昏睡不明迅速转向清明、明白的状态。否则的话，虽然在做学问，但也只是'义袭而取'，仍然是行而不明、习而不察，这根本不是学习的大本达道。"没有目标的学习，不会有方向感，犹如掌控不了舵的航行，最后可能就落于偶尔像样的模仿。结果就是：看起来似乎一直在行动，但不明白为什么这么行动；好像一直在实践，可是不知道为什么要如此实践。因此，心意发动要以心天之意的本体为诚中之本，这样心意发动才犹如有了指路明灯。

先生又说："理解了心天之意的目标，随便怎么说都正确。如果在这个方面想通了，在另外一个地方又搞不通，那是因为还是没有理解心天之意的要旨。"心意修行的核心就是开悟心天一体之境。"见得"就是闻道、得道，好像道被看见的感觉，是那种心意发动合于天心的状态，即心天之意境界。

【104】恐志不切，惟患夺志

或问："为学以亲故，不免业举之累。"

先生曰："以亲之故而业举为累于学，则治田以养其亲者亦有累于学乎？先正云'惟患夺志'[1]，但恐为学之志不真切耳。"

【意】有人问："因为父母亲人的缘故去做学问，那就难免被科举所牵累。"

先生说："因为亲人的缘故参加科举考试而妨碍了求学，那么种地来奉养亲人，是不是也会耽误求学呢？前人如程颐先生说'只害怕丧失了志向'，可见，我们只需要担心做学问的志向不够真切笃定而已。"一个有志向做学问的人，无论是种田，还是考科举，都不可能真正影响他的志气。可见，真正的志向是让心意真诚至于心天一体之境，是意向始终至诚纯正，无论在任何环境当中都不改变，持久恒定地保持心天之意的境界。

【105】意动即作，人事成天

崇一[2]问："寻常意思多忙，有事固忙，无事亦忙，何也？"

先生曰："天地气机，元无一息之停。然有个主宰，故不先不后，不急不缓；虽千变万化，而主宰常定，人得此而生。若主宰定时，与天运一般不息，虽酬酢万变，常是从容自在，所谓'天君泰然，百体从令'[3]。若无主宰，便只是这气奔放，如何不忙？"

---

[1] 《河南程氏外书》卷十一："故科举之事，不患妨功，惟患夺志。"意思是，不怕科举耽误、妨碍学习，只怕因科举而丧失为学的志向。

[2] 欧阳德（1496—1554），字崇一，号南野，江西泰和人，官至礼部尚书，王阳明学生。

[3] 语出范浚《心箴》，朱熹《孟子集注·告子》曾引用。天君，人心。百体，身体上的所有器官组织。

【意】欧阳崇一问："平时意念思想很忙碌，有事的时候固然会忙，没事的时候也忙乱，请问这是怎么回事？"

先生说："天地万物的气息和生机，本来就没有瞬息的中断。天地本体恒动不止，生生的倾向不会停下，意识之流也跟着天地万物流转不息，一刻不停。然而有个主宰，所以变化时就会不先不后，不急不缓；即使千变万化，而主宰恒常稳定，人依靠这个主宰才能生存。对于儒生来说，这个主宰就是心意当通于天道。对当下不断生成发作的意向性来说，就是意识"作"的时候，意向性总是涵摄天道，意中有天便是"天意"，而且"天意"成为意向性中所有物的情境和背景。如此"天意"中的物，就都是"天物"；心转物而成事，人间的事，便都是"天事"。如果人内心的主宰安定不变，就像天地万物一样运行不息，那么即便应酬变化无数，也总是能够保持从容自在，这就是所谓的'天君（人心）坦然自若，而身体各种器官都听从命令去行动'。如果没有主宰的心意，人就只有血气私欲奔放不止，那怎么会不忙乱呢？"人如果没有通天主宰的心意，就会流连于俗人俗物，不断沉沦下去，变得心烦意乱。修炼的本质其实殊途同归，都是用意引导气息的流动。[1] 心天之意当成为修行者的志向，让人生在世的气息流动一生，所有的心意都顺天而动。

【106】发心顺道，意行接天

先生曰："为学大病在好名。"

侃曰："从前岁，自谓此病已轻。比来精察，乃知全未，岂必务外为人？只闻誉而喜、闻毁而闷，即是此病发来？"

曰："最是。名与实对，务实之心重一分，则务名之心轻一分；全是务实之心，即全无务名之心。若务实之心，如饥之求食、渴之求饮，安得更有工夫好名？"

---

[1]　核心为通神之意，强调以意来引导、控制神气是修炼的一个过程。参温海明：《新古本周易参同契明意》导论，第1—67页。

又曰："'疾没世而名不称'[1]，'称'字去声读，亦'声闻过情，君子耻之'[2]之意。实不称名，生犹可补，没则无及矣。'四十五十而无闻'[3]，是不闻道，非无声闻也。孔子云：'是闻也，非达也。'[4]安肯以此望人？"

【意】先生说："做学问最大的病根在于沽名钓誉。"

薛侃说："从前几年开始，我自认为我的这个毛病减轻了不少。但是最近仔细省察，才发现完全不是那么回事，难道我一直是喜好外表虚名的人吗？只要听到赞誉就高兴，听到诋毁就郁闷，这就是好名的毛病在发作的表现吗？"

先生说："非常正确。好名与务实相对，追求实在的心重一分，则追求名声的心就轻一分；如果完全是务实的心，就完全不会有追求名声的心了。如果务实的心就像饿了要吃饭、渴了要喝水一样，哪里还会有时间去追名逐利？"心意的方向只有一个，有意于名，则无意于实。在每个具体的意念或者意向状态当中，名或实二者不可得兼。此处说明心意当随顺天道自然

---

[1] 语出《论语·卫灵公》："子曰：'君子疾没世而名不称焉。'"此句有二解，其一，人到死而名声不被别人称道，君子引以为恨；其二，人到去世时名声与自己的实际不相符，君子以之为恨。王阳明主张作后一种理解，即君子担心死后他的名声与自己的实情不相配。

[2] 语出《孟子·离娄下》，意为名声超过了真实状况，君子以之为耻。

[3] 语出《论语·子罕》："四十五十而无闻焉，斯亦不足畏也已。"一般人到四五十岁还没有什么名望，就不值得惧怕了。但王阳明显然有不同的看法，解为如果到了四五十岁时还没有闻道，那就没有什么可以敬畏的了。

[4] 语出《论语·颜渊》："子张问："士何如斯可谓之达矣？"子曰："何哉，尔所谓达者？"子张对曰："在邦必闻，在家必闻。"子曰："是闻也，非达也。夫达也者，质直而好义，察言而观色，虑以下人。在邦必达，在家必达。夫闻也者，色取仁而行违，居之不疑。在邦必闻，在家必闻。"意思是，子张问："士人怎样才可以叫作通达？"孔子说："哪一种啊？你问的通达是什么意思？"子张答道："在诸侯国之间一定有声望，在大夫的封地里也一定有名声。"孔子说："你说的只是虚假的'声闻'，不是真正的'通达'。所谓'通达'之人，那是要品质正直，讲求礼义，善于揣摩别人的话语，体察他人的神色，总是考虑着如何谦恭礼让，卑下待人。有着这样心思意念的人，就一定会在诸侯国内外达到通达之境，一定会在大夫的封地内外、家族内外达到通达之境。至于有虚假名声的人，只是外表上装出有仁爱的样子，而行动上却完全违背了仁爱之道，自己还以仁人自居毫不羞愧，可是这样的人，无论在国君的朝廷里还是在大夫的封地里，都必定会只有虚名俗誉。"

而然，意向性不当朝着偏邪的方向，不要在已经明白意识到意向出现偏邪的情况下，还让意向继续发作、启动、生发出去。

先生又说："孔子说'疾没世而名不称'，'称'字应读去声，也就是'名声超过了实际，君子会感到羞耻'的意思。实际情况与名声不相符合，活着还可能弥补，死了还想改可就来不及了。'四十五十而无闻'，其中的'闻'是说没有闻道，不是名声不为别人所知。孔子说：'这是听闻声名，而不是真正有所作为。'他怎么会拿一个人是否有名声来寄望他人呢？"名声不太重要，因为更重要的是要有所作为，而有所作为的关键在于闻道、得道。一个人需要对大道有领会，此后才有自己的中心思想，并能够有持续的心意修为。闻道才能让心意跟天道相接近，让心之行与天之行接近。一个人进入了悟天道的境界，心意发动皆顺天道而行，不会在乎外在的名声，也没必要去关心名声的具体情况。

【107】放下悔意，念念利他

侃多悔。

先生曰："悔悟是去病之药，以改之为贵。若留滞于中，则又因药发病。"

【意】薛侃时常后悔反省。

先生说："悔悟是根除疾病的良药，然而贵在能够改正。如果把悔悟留滞在心中，那么就又会因为用药而引发病根。"人不可停留在一直后悔的状态当中，因为后悔不等于改正，而关键还在于改正，彻底放下后悔的意念，也放下后悔意念所牵连的对象。这样，心意才能端正，即调整到正确的轨道上去。如果心意总是牵连着过去的错事，那么在悔恨之中，其实还在错上加错，并没有改到心天之意的正道上来。如果要修养自己并实现理想境界，就要努力做到知行合一，让心意发动达到通天化境。通天自然利他，就是立志做利他事业，把良知致于社会公益事业，如此念念利他，为他人服务，可谓阳明工夫论或者修养论的核心。

【108】圣洁通神，人生一等

德章[1]曰："闻先生以精金喻圣，以分两喻圣人之分量，以锻炼喻学者之工夫，最为深切。惟谓尧舜为万镒、孔子为九千镒，疑未安。"

先生曰："此又是躯壳上起念，故替圣人争分两。若不从躯壳上起念，即尧舜万镒不为多，孔子九千镒不为少；尧舜万镒只是孔子的，孔子九千镒只是尧舜的，原无彼我。所以谓之圣，只论精一，不论多寡。只要此心纯乎天理处同，便同谓之圣。若是力量气魄，如何尽同得？后儒只在分两上较量，所以流入功利。若除去了此较分两的心，各人尽着自己力量精神，只在此心纯天理上用功，即人人自有、个个圆成，便能大以成大，小以成小，不假外慕，无不具足。此便是实实落落明善诚身的事。后儒不明圣学，不知就自己心地良知良能上体认扩充，却去求知其所不知，求能其所不能，一味只是希高慕大，不知自己是桀纣心地，动辄要做尧舜事业，如何做得！终年碌碌，至于老死，竟不知成就了个甚么，可哀也已！"

【意】袁庆麟说："听到先生用纯金来比喻圣人的本质，以金的分量轻重来比喻圣人才智力量的大小，以金的锻造锤炼来比喻学习者的修养和工夫，非常深刻贴切。只是把尧舜比作一万镒重的金子，而把孔子比作九千镒的金子，我怀疑不太妥当。"

先生说："你这又是从躯体外表上起念头来考虑问题，所以要去为孔圣人争更多的分量。如果你不从躯壳表面上兴起念头去思考，那么把尧舜比作一万镒不算多，把孔子比作九千镒也不算少；尧舜的一万镒也就是孔子的，孔子的九千镒也就是尧舜的，原本不分彼此。纯金都有相同的纯度，也都是相通的，所以纯金之间虽有分量差别，但就金的纯度而言，没有差别，可以不必计较。换言之，在本体论上，人与我同，彼此相通，彼此心天之意相通的境界，只能意会，无法言传。所以称之为圣，只看心体本质是

---

[1] 袁庆麟，字德章，雩都人，王阳明学生，曾为《朱子晚年定论》作跋。"德章"意为"德彰"，见阳明《祭袁德文》。

否精粹专一，而不论才智的大小。只要这个心体纯粹与天理相同，就都可以称为圣人。圣人境界在于心意纯粹干净，看其精神力的修炼境界，需要达到心意通天的圣人境界，带有圣洁和通神意味。如果要论及他们的才智、力量、气魄、影响，那怎么可能完全相同呢？后世儒者只知道在才能的大小上去计较，所以会沦落到只追求功利。人生修炼要追求的是心意通天的境界，而不是功业和成就的大小。功业都是身外之物，在这个世间暂时聚合，似有实无，跟随气息流转之后，转眼成空。所以只有修炼心意，如提炼黄金一般提纯，才可以时刻超越外在的气息流动、分量大小，让纯金之纯，即心意精一纯粹之圣人功夫，成为永恒不败的境界性存在。如果去掉计较分量轻重的私心，每个人都竭尽自己的力量与精神，都去用功使这个心意通天、纯粹犹如天理，那么人人都有天理显现，个个都能成就功德圆满，即便是才力大的成就大的事业，能力小的做出小的成就，也都不需要向外追求分量大小，这样本心就没有不完美纯粹的了。可见修身的根本在于正心诚意，让心意变得完美纯粹才最为紧要，至于意念实化出来的功业和成就，都是因缘成事，大小多少可以不必纠结。最关键的在于心意能够接通其先天境界，即心天之意。而后天的修炼方法，也是以时刻通达先天意味的心天之意为切要。这才是实实在在的明善诚身、修身养性的事情。后世儒者不明白圣人之学，不知道在自己的内心良知良能上体认扩充，却一味去追求那些自己不知道甚至不能认识的东西，追求做自己不能做到的事情，一味地好高骛远、爱慕虚荣，不知道自己已经是个桀纣的心思，还动不动就要做尧舜的事业，这又怎么可能呢？本然通天的心意本体，因其自然纯善而称为良知良能，这是每个人修身养性的根本出发点。心意发动要以良知良能为本，进而反身自修，内观当下自己意念的状态，在每时每刻起心动念时都能够内观，好像时刻明了弗洛伊德所谓本我、自我、超我的不同结构，从而做存天理灭人欲的工夫，控制疏导人欲和情感的成分，让心灵意识时刻接通天理。因此，如果理解不了心天之意，就无法让圣人之学重现于世。一年到头碌碌无为，直至终老死去，也不知道最终成就的是什么东西，真是悲哀啊！"从追求圣人之学的角度看，外在的功业和成就，无论多大，都不是终极价值，这就是宋明理学家追问"颜子所好何学"的根本所在。颜回虽然不问老师，但孔子心意通天的境界他能完全领会理解。因为颜子自己的心意时刻都接通天机，与孔子的圣人心意境界融通为一，好像不同的纯金，其本体之纯粹是相通的，没有区别。这种纯金的本体性融通状态，其实就是"人生第一等事"，也就是成圣的机要和关键。在圣圣相传的机缘性对话当中，得道的老师从学生提出问题的层次上，就瞬间领悟出学生悟道境界的高下。

【109】体用意源，动静一如

侃问："先儒以心之静为体、心之动为用[1]，如何？"

先生曰："心不可以动静为体用。动静，时也。即体而言，用在体；即用而言，体在用：是谓'体用一源'。若说静可以见其体，动可以见其用，却不妨。"

【意】薛侃问："先儒程伊川先生认为宁静状态是心的本体，发动状态是心的功用，您觉得这样的理解怎么样？"

先生回答说："心不能根据动静来区分本体和功用。动静只是就心体流行的时机来说的。就本体而言，功用、工夫都在本体之中；就功用而言，本体就在流行作用的工夫之中：这就是所谓的'体用一源'。心一直在动，所以心体一直流行不停；而心体之静，只是对心之动态的一种静观性意会。心天之意的本体与发用，不能从心动与不动的状态来区分，不能理解为先有体、后有用，而是心天之意发动之时即体即用。动和静都只是在时间流变的状态中显现的时机化表现。心天之意的本然状态与心体的本体态都是动静一如的。身体的心生生不息，心如果停息，意与物也都停下来了。意念之静不是指肉身之心停下之后的纯粹静止状态，而是心体流行发用的过程当中的机缘性平静状态。心天之意的心体与意境相通为一，心体之用，意境之发，皆为意念的动静，即体即用、将发未发、时刻诚中的状态。这就是所谓"体用一源，显微无间"。倘若说，宁静的时候可以观察体认到心之本体，行动的时候可以体验心发出的功用，倒也不妨。"心学是主观能动性强的学问。无论意念动静，心天之意都贯

[1] 程颐语，见《河南程氏文集》卷九。

穿始终，心体动静，以意为体，以日用常行为用，体用本乎意源，显微无间。本体、天理、良知，都随时变化，一旦说动或说静，就执着僵化了。"定"不能当"静"理解，不能认为"定"在"静"之时才能"定"，而是动或静时意念都可以"定"。如果一个人对心意的控制力提高了，无论心动还是心静，他的意识本体都是"定"的，更不会随着外在事物的变化而动，就好像心海里面安有定海神针一样。心天之意，定心定意，即可定天定地，动静一如。如此一来，动静打通，一体妙用，这是心学智慧高妙所在。

【110】意能主动，愚公移山

问："上智下愚，如何不可移[1]？"

先生曰："不是不可移，只是不肯移。"

【意】薛侃问："上智聪明、下智愚蠢，为什么孔子说不能改变呢？"

先生说："不是不能变化，只是不肯去改变罢了。"这就把一般认为人聪明愚蠢不能改变的说法，变成了自己缺乏主观的意识能量、不愿意主动去改变的意思。接续上一节，继续阐说，只要有意识想主动改变，没有什么是改变不了的。

【111】仁爱互助，容纳众人

问"子夏门人问交"[2]章。

---

[1] 语出《论语·阳货》："子曰：'唯上知与下愚不移。'"孔子认为，只有最聪明的智者与最愚蠢的愚者是不可能改变的。

[2] 语出《论语·子张》："子夏之门人问交于子张。子张曰：'子夏云何？'对曰：'子夏曰："可者与之，其不可者拒之。"'子张曰：'异乎吾所闻：君子尊贤而容众，嘉善而矜不能。我之大贤与，于人何所不容？我之不贤与，人将拒我，如之何其拒人也？'"意思是，子夏的学生问子张怎样结交朋友。子张反问说："子夏先生是怎么教你们的？"答道："子夏先生说：'可以交结的就和他交朋友，不可以交结的就拒绝与他交朋友。'"子张说："这跟我（从先师孔子那里）所听到的说法不同：君子既尊重贤人，又能包容众人；既能够称赞鼓励善人，又能够同情怜悯能力不足的人。假如我是十分贤良的人，那我对别人有什么（转下页）

先生曰："子夏是言小子之交，子张是言成人之交。若善用之，亦俱是。"

【意】薛侃向先生请教《论语》中"子夏门人问交"这一章的思想。

先生回答说："子夏说的是小孩子之间的交往，子张说的是成年人之间的交往。如果善于运用，可以说都是正确的。"阳明认为，子夏所谓"可以交结的就交朋友，不可以交结的就拒绝交朋友"有点小孩子气，小孩子关心是否"可"交，而大人应该关心的是修身以交，修成君子品格，既尊重贤人，又包容众人，既能够称赞鼓励善人，又能够同情怜悯能力不足的人。这样的君子对别人什么都能容纳，不会被人家拒绝，这是成年人理想的交流模式。说子夏小孩气，是因为小孩代表不成熟的人、修身不足的人，他们之间产生的一般性人际交往，通常是非反思的，或带有一定功利性的。但成人或君子之交，应以仁人之意为原则，彼此应该互相理解、仁爱互助，即使不被人理解，也要胸襟宽广，尽量容纳众人。

【112】道体活泼，天机自开

子仁[1]问："'学而时习之，不亦说乎'，先儒以学为'效先觉之所为'[2]，如何？"

先生曰："学是学去人欲、存天理，从事于去人欲、存天理，则自正。诸先觉考诸古训，自下许多问辨思索、存省克治工夫，然不过欲去此心之人欲，存吾心之天理耳。若曰'效先觉之所为'，则只说得学中一件事，亦似专求诸外了。'时习'者，'坐如尸'，非专习坐也，坐时习此

（接上页）不能容纳的呢？假如我非常不贤良，那人家自然就会拒绝我，我又怎么可能去拒绝别人呢？"

[1] 此人名有争议。一说是冯恩，字子仁，号南江，今上海松江人，王阳明的学生；一说是栾惠，字子仁，浙江西安（今衢州）人。据黎业明考证，佐藤一斋、叶绍钧、邓艾民所言"栾惠"说应当正确。参黎业明：《王阳明传习录校笺》，第109—110页。

[2] 朱熹《论语集注·学而》注曰："人性皆善，而觉有先后。后觉者，必效先觉之所为，乃可以明善而复其初也。"

心也；'立如斋'，非专习立也，立时习此心也。'说'是'理义之说我心'之'说'，人心本自说理义，如目本说色，耳本说声，惟为人欲所蔽、所累，始有不说。今人欲日去，则理义日洽浃，安得不说？"

【意】子仁问："'学而时习之，不亦说乎'，朱熹先生认为学习是效仿先觉者的行为，您觉得怎么样？"

先生说："'学'的意思是学习去除人欲、存养天理，如果经常在去除人欲、存养天理上下工夫，那么自然能够效法先觉者。考证先贤的遗训，自然在问辨、思索、存养、省察、克己方面下工夫，然而都不过是去除私心和欲望，存养我内心的天理罢了。阳明认为"学"不是模仿前人的行为，而是学习如何心意接天，所以要学的是在心意层面上模仿圣人的心天之意，而不是行动上模仿前人的行为，毕竟行为不过是心意的末端。念念持续保存心天之意，心意发动皆通天理，这是修意的关键。如果说'效仿先觉者的作为'，那么还只是说到求学中的一件事，而且好像强调要向外去探求。'时习'就像祭祀时的尸主一样端坐，这指的不是专门学习那种端坐的姿态，而是在端坐的时候要学如何修习自己内心的意念；像斋戒时那样虔敬地站立，不是专门学习站立的姿势，而是要在站立的时候自觉修习如何控制内在的心意。行动上模仿先知先觉者远远不够，关键在于要领会如何从意念发动处去反省和控制。学习像斋戒时一样虔敬地站立或静坐，绝不是要专门学习站立的姿势，而是要在站立的时候，体会、领悟、掌控、修习内心发动的每个念头，体会意识所在的外在境域对意识发动的影响，不断反省当下的意识状态；在返归内心过程当中学会时刻自觉当下意识的深层意境，从而多层次地控制内心的意识，时刻保持通天的化境。'说'是'义理使我心悦诚服'的'说'，人心本来就对天理公义感到愉悦，就像眼睛本来就喜好美色，耳朵本来就喜欢声音一样，只是因为被人欲所遮蔽牵累，才会有不愉悦。现在人们如果一天天地消去私欲，那么天理就会日益增长，滋养人的身心，怎么可能还会不高兴呢？"修意致力于保持心意通达道体的状态，让内心因充满活泼泼生机而快乐。人心本来通天，人的性体来自天地之体，所以性体通于心天一体，心与天之间有本体性的联通。心因天机开显而自然悦纳，当天机发动，心自然打开，人就自然开心、愉悦、快乐。如果人心之意因落于人欲而难复于天，导致心不通天，心就自然封闭，人就会抑郁、难受、不悦。可见，修意就是努力做到好德之意如好色之意，通过反省，把像好色一般好德的意识状态，修炼成为意识发动的先验前提，让天地自然之善自然而然地流淌出来，并在流淌中保持良知的自觉，和反思性的天良。

【113】道体忠恕，体用一贯

国英[1]问："曾子'三省'[2]虽切，恐是未闻'一贯'时工夫。"

先生曰："'一贯'是夫子见曾子未得用功之要，故告之。学者果能忠恕上用功，岂不是'一贯'？'一'如树之根本，'贯'如树之枝叶，未种根，何枝叶之可得？'体用一源'，体未立，用安从生？谓'曾子于其用处，盖已随事精察而力行之，但未知其体之一'[3]，此恐未尽。"

【意】陈杰问："曾子'吾日三省吾身'的三省工夫虽然真切实际，但恐怕是他还没有听到老师'一以贯之'说之前的修身工夫吧？"

先生说："'一以贯之'是孔子发现曾子还没有领会用功的要领，所以才告诉他的。学者如果真的能够在忠恕上下工夫，难道不是'一以贯之'吗？此心需要保持仁人之意，而持续发为忠恕，在没有理解"忠恕"本身就是"一以贯之"之道以前，可能会把"忠"和"恕"分开成两截来看。'一'好比树木的根，'贯'就如树木的枝叶，如果没有种根，怎么可能长出枝和叶？'体用一源'，本体和发用是一体同源的，如果体都没有确立起来，

---

[1] 陈杰，字国英，号方岩，福建莆田人，世居金桥，王阳明学生。

[2] 语出《论语·学而》："曾子曰：'吾日三省吾身：为人谋而不忠乎？与朋友交而不信乎？传不习乎？'"意思是，曾子（曾参）说："我每天从这三个方面反省自己：在为别人谋划考虑的时候，发动心思意念是否有不忠诚尽力之处呢？同朋友交往的时候，起心动念是否都诚实可信呢？要传授给学生的人生智慧，全部都经过我自己的实习并检验了吗？""传不习乎"是《传习录》书名的出处。

[3] 语出朱熹《论语集注·里仁》第十五章注云："圣人之心，浑然一理，而泛应曲当，用各不同。曾子于其用处，盖已随事精察而力行之，但未知其体之一尔。"

那么用又从哪里产生出来呢？朱熹先生说'曾子在心意发用之处，已经可以随顺事物精确省察并且笃实实行，只是他还没有理解，意识的本体和运用是同源一体的'，朱熹先生这种说法恐怕还是没有讲透彻啊。""一以贯之"的"忠恕"之道的根源在于意识发动持续保持仁人之意的状态。阳明认为，曾子"三省吾身"之学已得孔子一贯之道的奥妙。换言之，只要心意所发一直都是仁人之意，表现为忠和恕（于人忠、于己恕），即仁爱他人之忠，爱人如己、推己及人之恕，那就已经得到心天之意的一贯之道了。

【114】感官闻见，本心存养

黄诚甫[1]问"汝与回也孰愈"章[2]。

先生曰："子贡多学而识，在闻见上用功，颜子在心地上用功，故圣人问以启之。而子贡所对，又只在知见上，故圣人叹惜之，非许之也。"

【意】黄宗明请问《论语》"女与回也孰愈"这一章的意思。

先生回答说："子贡博学而知识丰富，在感观闻见上用过很多功夫，颜回则在本心存养上用了很多功夫，所以孔圣人向子贡发问借以启发他。可惜子贡所回答的，又只停留在感官经验、知识闻见的层面上，所以孔圣人为他感叹、惋惜，这当然不是赞许他。"颜子在存养心性上已经实现了心意通天之境。子贡的境界还有距离，孔子希望启发子贡意识到自己的差距，结果子贡只做表面文章，这样的回答让孔子觉得子贡很难达到颜回那样的境界了，非常可惜。

---

[1] 黄宗明，字诚甫，号致斋，宁波人，正德九年进士，官至兵部侍郎，王阳明学生。

[2] 《论语·公冶长》："子谓子贡曰：'女与回也孰愈？'对曰：'赐也何敢望回？回也闻一以知十，赐也闻一以知二。'子曰：'弗如也。吾与女弗如也。'"意思是，孔子对子贡说："你（端木赐）和颜回两个相比，谁更出色一些呢？"子贡回答说："我端木赐怎么敢和颜回相比呢？颜回他听到（先生您讲仁人之意）一个道理就可以推知十个道理；我知道了一个道理，却只能推知两个道理。"孔子说："是不如他呀。我跟你都比不上他。"

【115】自我觉知，控制意识

颜子"不迁怒，不贰过"[1]，亦是有"未发之中"始能。

【意】（先生说：）颜回"做了错事不会迁怒别人，从来不重犯同样的过错"，也是因为领悟到"未发之中"的境界之后才能够如此。本节连着上面一节。阳明认为颜回的心能够始终保持"未发之中"的状态，其心所发时刻有通天化境。在这样心意通天的心境上用功，意念光明，不易也不会再犯同样的错误。这是因为颜回对"未发之中"具有强大的内在控制力和良好的觉知力，如果发动了错误的意念，就能够及时反省觉知。可以说，反省意识是有记忆性的、反身性意识状态，而保持"未发之中"带有后天返先天的意识，恰是一种反身性的意向。未发的状态不是完全没有发动，而是在意识流行发动的状态中，保持自我反省、时刻回溯的状态，保持自我观照的、对意念的自持和把控力，这也可以理解为自我觉知、控制意识发动的强大魄力。

【116】本心如根，精纯培植

种树者必培其根，种德者必养其心。欲树之长，必于始生时删其繁枝；欲德之盛，必于始学时去夫外好。如外好诗文，则精神日渐漏泄在诗文上去，凡百外好皆然。

又曰："我此论学，是无中生有的工夫。诸公须要信得及，只是立志。学者一念为善之志，如树之种，但勿助勿忘，只管培植将去，自然日夜滋长，生气日完，枝叶日茂。树初生时，便抽繁枝，亦须刊落，然后根干能大。初学时亦然。故立志贵专一。"

【意】（先生说：）种树必须先培植好它的根，培养德性必须先涵养

---

[1] 语出《论语·雍也》："哀公问：'弟子孰为好学？'孔子对曰：'有颜回者好学，不迁怒，不贰过。不幸短命死矣！今也则亡，未闻好学者也。'"意思是，鲁哀公问孔子："你的学生中谁是最好学的呢？"孔子回答说："有一个叫颜回的学生最爱好学习，他从不把怒气牵连到无关的人身上，也从不再次犯同样的过错。不幸短命死了！现在再也没有这样的学生了，再也听不到谁像他那样好学的了。"

本心。想要树木生长，必须在它开始生长的时候删剪繁密的枝条；想要道德高尚，必须在开始求学的时候摒弃外在的一些喜好。比如喜好吟诗作文，精神就日益倾漏泄放到吟诗作文上面去了，其他的外在喜好都有类似这样的问题。存养心性即存养心意通于心天之意的状态，让心意时刻保持通天的境界，不蔓延到其他事物上去，不去追随他人他物。换言之，意识要时刻保持高度的自觉状态，即时刻自我反省的意识状态，要有魄力去专注，能够控制意念时刻返回到根本源头上去，意识到本心如树根的状态，也就是时刻后天返先天的意识状态。

先生又说："我这样讨论学问，是无中生有的工夫。你们要是相信，就只是要去确立志向。学者一心一意立志为善，就如树木的种子，只要不揠苗助长，也不要忘记它，只管去做培养的工夫，自然日夜生长不息，生机和生意日益充实，枝叶也就日益茂盛。阳明学问的根本是心意通天的，这种学问的创造性之强，几乎就是时刻无中生有的状态。立志就是要把意念端正到心意通天的方向，从无境中生出有意来，此即有意于无境。儒家强调当下念念皆善，不仅是善恶之善，而且是先天自然之善。这样才能时刻于无境（无善无恶之境）中生成有意（自知善恶分别之后的善意），如此持志而精纯发展，即可培植先天的精神力量，等于自我意识时刻给后天意识的当下注入先天大道的精气神。树木刚开始生长的时候，就算长出了繁乱的枝叶，也要裁剪掉，然后树根和树干才能长得高大粗壮。刚开始治学的时候也要如此。所以立志贵在专一。"涵养无中生有，即无善无恶之境中生有善之意的心志，需要持续专注坚持。

【117】自在之物，诚之生活

因论先生之门，某人在涵养上用功，某人在识见上用功。

先生曰："专涵养者，日见其不足；专识见者，日见其有余。日不足者日有余矣；日有余者日不足矣。"

【意】在讨论先生门人的时候，说起哪些人在涵养（修养身心）上用功，哪些人在知识见闻上用功。

先生评论说："专门涵养本心的人，每天都能发现自己的不足；专心在知识和见闻上用功的人，每天都会觉得自己懂得越来越多。每天发现自己不足的人，德行将会一天天提高；而每天看到自己知识越来越多的人，德行会一天天下降。"追逐知识闻见，表面看起来好像每天懂得越来越多，其实对本心是一种伤害，如果德行没有提升，可能导致德性下降，会引起不受见闻影响的"德性之知"，即直觉性地感通"自在之物"的意识能量（意能）下降。而每时每刻做后天返先天的修炼工夫，时刻保持心通天的心天之意，就是"诚之"的工夫。虽然维持起来难乎其难，但因为每天都自觉做得不够，所以能够常常反省调整，精一专注地提升德行，连带着德性也会一天天提高。这就是一种内在精神的修炼，是把哲学和思想修炼当作一种生活方式，并时刻落实的状态。

【118】诚中于内，心通物化

梁日孚[1]问："居敬、穷理是两事，先生以为一事，何如？"先生曰："天地间只有此一事，安有两事？若论万殊，礼仪三百，威仪三千，又何止两？公且道居敬是如何？穷理是如何？"

曰："居敬是存养工夫，穷理是穷事物之理。"曰："存养个甚？"

曰："是存养此心之天理。"曰："如此亦只是穷理矣。"

曰："且道如何穷事物之理？"曰："如事亲，便要穷孝之理；事君，便要穷忠之理。"

曰："忠与孝之理，在君亲身上？在自己心上？若在自己心上，亦只是穷此心之理矣。且道如何是敬？"曰："只是主一。"

"如何是主一？"曰："如读书，便一心在读书上，接事，便一心在接事上。"

曰："如此，则饮酒便一心在饮酒上，好色便一心在好色上，却是逐物，成甚居敬功夫？"

---

[1] 梁焯（1483—1528），字日孚，南海人，官至兵部职方司主事，王阳明学生，他和薛侃等一起推动阳明心学在岭南的传播与发展。

日孚请问。曰："一者天理。主一是一心在天理上。若只知主一，不知一即是理，有事时便是逐物，无事时便是着空。惟其有事无事，一心皆在天理上用功，所以居敬亦即是穷理。就穷理专一处说，便谓之居敬；就居敬精密处说，便谓之穷理。却不是居敬了，别有个心穷理，穷理时，别有个心居敬。名虽不同，功夫只是一事。就如《易》言'敬以直内，义以方外'[1]。敬即是无事时义，义即是有事时敬，两句合说一件。如孔子言'修己以敬'[2]，即不须言义。孟子言'集义'，即不须言敬。会得时，横说竖说，工夫总是一般。若泥文逐句，不识本领，即支离决裂，工夫都无下落。"

问："穷理何以即是尽性？"曰："心之体，性也，性即理也。穷仁之理，真要仁极仁。穷义之理，真要义极义。仁义只是吾性，故穷理即是尽性。如孟子说充其恻隐之心，至仁不可胜用，这便是穷理工夫。"

日孚曰："先儒谓'一草一木亦皆有理，不可不察'[3]，如何？"先生曰："夫我则不暇。公且先去理会自己性情，须能尽人之性，然后能尽物之性。"日孚悚然有悟。

【意】梁日孚问："程朱学派把居敬和穷理看作两件事，但先生您认为其实是一件事，这是为什么呢？"先生回答说："天地间只有这一件事，哪里会有两件事？天地之间，只有人生第一等事，就是意识修炼之事，就是心意时刻都要合于心天之意的事情。此谓"意"即"事"，心天之意即圣人之事，这就是圣人之学。如果说到事务的千差万别，那么大的礼仪有三百项之多，小的礼节有三千条之多，又何止两件？那你姑且说来听听，居敬是什么意思？穷理又要怎么理解？"

梁日孚回答说："居敬是存养的工夫，穷理是穷究事物的道理。"先生说："那我们应该存养什么呢？"

梁日孚回答说："存养自己本心所蕴含的天理。"先生评论说："这样解释的话，居敬也就是穷理而已。"

---

[1]　《周易·坤卦·文言》。

[2]　《论语·宪问》："子路问君子。子曰：'修己以敬。'"

[3]　程颐语，见《河南程氏遗书》卷十八。

先生反问："那你暂且谈一下怎么穷究事物的道理呢？"梁日孚回答："比如侍奉父母，就是要去穷尽孝顺的道理；辅佐君主，就是要穷尽忠诚的道理。"

先生说："忠与孝的道理，是在国君或父母身上，还是在自己的心意当中？如果在自己心意当中，那也就只需要穷究这个心的道理罢了。在侍奉父母的过程中穷尽孝顺的道理，在辅佐君主的过程当中穷尽忠诚的道理，说明忠和孝都是情境性的，忠孝之意需要从心意及物的、国君和父母作为意识对象所在的具体生存境域发出。如果只是不及物的心意，那么在自己心意当中的所有所谓忠或孝的操作，都不过是观念形态的忠孝，都是不及物的，可以说只不过是玄空蹈虚的虚忠假孝的观念性操作，与具体的生活境遇当中的忠孝毫无关系。意不能及物，这正是阳明激烈反对的。阳明的心和意都是动词，而且是及物动词，都是及与具体物和事的动词。要点在于，每当意向性发动，意就当作用于具体的对象物（如国君、父母），而且意向性要立志通达心天贯通之全体，这样，每时每刻发作的意向性才能推致于天地，发为真忠纯孝。你再说说怎么理解（居）敬呢？"梁日孚回答说："居敬，就是主一。"

先生继续问："那你又怎么理解主一？"梁日孚说："比如读书，就一心在读书上，接应处理事情的时候，就一心一意扑在接应处理的事情上面。"

先生说："按照你这种说法，那么喝酒就一心一意在喝酒上，喜好美色就专心致志在喜好美色上，这明明就是追逐外物的欲望，哪里是什么居敬的工夫？"

梁日孚（于是）请教先生，怎样才能做到主一。先生回答说："一就是天理。'主一'是一心一意在天理上。心意都集中在天理，即心通天之境上，则心意所发皆在天理当中。心意发动合于心天之意，只是一件事，即心意发动，无论有事无事，都要时时刻刻回到心天之意的本体境界上去。如果只知道'主一'，却不知道'一'就是天理，有事的时候就去追逐外物，没事的时候就是执于空想。只有不管有事没事时都一心一意在天理上下功夫，才是真正的'主一'，心天之意主导才是真正的主一，主一是心意完全纯粹地近于天道。所以居敬也就是穷理。从穷理的专一特点而言，穷理就可称为居敬；从居敬的精深严密的特点来说，居敬就称为穷理。不是做到居敬了，另外有一个心去专门穷理，穷理的同时，又另外有一个心去居敬。两者名称虽然不同，但工夫就是一个。没有纯粹孤独而在的心意，心意都与物共在。比如《周易》所说的'内心恭敬正直，待人接物行为合乎道义，所以行而宜之'。'敬'就是没有应对事务时'义'的状态，'义'就是处理事务时'敬'的状态，无有之间，有意于无之间，都是一事。两句说合起来只讲一件事。如孔子讲'恭恭敬敬地修养自己'，就不必要再讲'义'。孟子讲'积累善行而行为合乎整义'时，也就不需要再讲'敬'。理解了这些，随便怎么横说直说，工夫都是一样的。如果拘泥于文辞，不得要领，就会把完整的功夫理解得支离破碎，导致工夫都没办法落实。"

梁日孚说："穷理怎么就是尽性呢？"先生说："心的本体就是天性，天性就是天理。穷究'仁'的道理，就是要'仁'完全体现为'仁'。穷究'义'的道理，就是要'义'完全实现为'义'的状态。'仁'和'义'就是我们的天然本性，所以穷理就是尽性。仁与义只是对天性不同层面的不同意会，天性至善，意念显现为仁或义，仍然是对天然本相的描述。如孟子所说的'扩充一个人的恻隐之心，到了仁的程度，就取之不尽用之不竭'，恻隐之心是对心天之意发端的一种描述，仁或义的德性在心意介入关系的过程当中体现出来。恻隐是描述，并非本然之态。恻隐之心发动，既不是纯粹理性经过思考的判断和行动，也不是纯粹感性的感知，而是基于对他人痛苦的感同身受之后、一种几乎无法控制的"自然"反应。但是如果把恻隐之心作为非理性反应，就容易把它从理性的哲学思考中划走，可这确实是从孟子到阳明心学的意识核心。哪怕恻隐之心带有非理性意味，儒家哲人也努力将其理性化，甚至如孟子一般视之为其学说的核心原点。这就是穷理的工夫。"尽心尽性就是通天化境，可以理解为心性对通天意识的觉醒。[1]

梁日孚问："程颐讲的'一草一木都有天理，不可以不仔细考察'，

---

[1] 陈立胜借海德格尔生存现象学将恻隐理解为仁者与天地万物为一体的"觉情"，认为背后有一个"共处、共享与共属的结构"，还说"给不出任何道德推理、实践推理上的论证"。参陈立胜：《恻隐之心："同感"、"同情"与"在世基调"》，载《哲学研究》2011年第12期。

这句话怎么样?"先生说:"对我来说,我才没有那份空闲工夫。你暂且先去体会自己的本性,必须先穷尽人的本性,然后才能穷尽事物的本性(道理)。"人不可能去把天下之物蕴含的天理都穷究彻底,心意修炼要抓大放小,心天之意的修为要从心意本体入手,而不是从外在事物具备的天理入手。所以对心体未发的状态的体认和涵养最为核心。梁日孚因此猛然警醒,并且有所领悟。学生意识到需要内省才能开窍,领悟要念念诚中于内,才能推致于外及于心通物的化境。

【119】天良至善,理性灵悟

惟乾[1]问:"知如何是心之本体?"

先生曰:"知是理之灵处。就其主宰处说,便谓之心;就其禀赋处说,便谓之性。'孩提之童,无不知爱其亲','无不知敬其兄'[2],只是这个灵能不为私欲遮隔,充拓得尽,便完完是他本体,便'与天地合德'。自圣人以下,不能无蔽,故须格物以致其知。"

【意】冀元亨问:"良知怎么可以成为心的本体呢?"

先生说:"良知是天理灵妙的地方。良知之'良'可以理解为一种道德认知,即'良善'道德在先的'良好'的知识论。在面对儒家道德形上学关于天良之善的问题时,阳明一再强调,要把先天的至善理解为天道自然之善,即天道自然有天良之善,这是一切道德认识和道德行为的根基。把天良之知作为具体功能性的认知理解,就会陷入具体的认知何来良善与否的问题。殊不知,虽然认知本身无所谓良善,但认知本身又是天良至善的。知即意会之义,即意会之知,所谓知道即意道,即意与道不分,也是知与道不分的含义。因为道是知的对象,知是道的被领悟的状态,所以此处知即是领悟心天之意的状态,而不是对象化的知识。从它主宰的作用而言,称之为心;从它的先天禀赋来源而言,称之为性。良知本身即是天理。理、心、性不同名称而已,知是功能性,良知才是本

---

[1] 冀元亨,字惟乾,武陵(今湖南常德)人,王阳明学生。

[2] 语出《孟子·尽心上》。

体，良知、天理、心、性异名同质。年幼的孩子没有不知道热爱他们的父母亲、尊敬自己兄长的，就是因为这个灵慧还没有被私欲遮蔽，还能够彻底地扩充出来，完整无缺地是他的本体，他的德行就可能'与天地合而为一'。人的天生之知即良知，所谓天良之知，就是人有天良，所以天生就知善知恶。心的本体是心天之意，即心通于天的意识本体状态，心意通天自然知道天下万物的良善与否。圣人以下的普通人，没有不被私欲遮蔽的，所以必须通过格物来呈现其天良之知。"这样，格物就是于本心的未发之中、心天之意的本体上去涵养体认。换言之，格物就是体认天良之知，让良知展示、体现、明白起来。西方认识论讨论客观、科学的认知能力，与良知之"悟"其天良的认识，有着明显区别。中国哲学儒释道哲学都强调"悟"，西方则将"悟"归于宗教修行中的解悟；儒释道的"灵"可以理解为灵明或者灵妙的变化，跟有神论意义上的灵魂并不直接相关，而西方哲学理解的"灵魂"则是与肉身相对的具体灵魂。开悟是人心开放通天的解悟状态，但不能等同于西方的宗教体验。儒释道在开悟之中，可以进行理性的推理，展开不同意见的辩论，这就是理性的昭灵明觉。基督教对上帝的信仰确证基于个人体验，而王学诉诸内心；基督教有上帝存在，把信仰对象作为一个似乎外在的客观对象，显得易于把握；相比之下，王学就要更加难于领会，因为没有明确的信仰对象，所以心意发动的方向不易把握。

【120】心通意开，明觉感通

守衡[1]问："《大学》工夫只是诚意，诚意工夫只是格物。修齐治平，只诚意尽矣。又有'正心之功，有所忿懥好乐，则不得其正'，何也？"

先生曰："此要自思得之，知此，则知'未发之中'矣。"

守衡再三请。

曰："为学工夫有浅深。初时若不着实用意去好善恶恶，如何能为善去恶？这着实用意，便是诚意。然不知心之本体原无一物，一向着意去好善恶恶，便又多了这分意思，便不是廓然大公。《书》所谓'无有作

---

[1]　生平不详。

好、作恶',方是本体。所以说'有所忿懥好乐,则不得其正'。正心只是诚意工夫里面体当自家心体,常要鉴空衡平[1],这便是未发之中。"

【意】守衡问:"《大学》工夫就是诚意,诚意工夫就是格物。修身、齐家、治国、平天下的工夫,也只要一个诚意(让意念诚实)就彻底实现了。但《大学》又讲正心的功夫,说'如果心意发动有怨懥、好乐,那么就会失去心意之中正',这又是为什么呢?"

先生说:"这就要你自己去思考体会才能领悟了,理解了这一点,就知道'未发之中'的意思了。"心天之意即未发之中,心通于天,天待通未通,心天之意是心已通的开放状态。

守衡再三请求先生解释清楚。

先生说:"求学的工夫有深有浅。刚开始的时候如果不实实在在地用意想着去好善憎恶,又怎么能够为善去恶呢?这里实实在在、专心致志用意去做,就是诚意。诚意是意念的实化。意念在实化过程当中,即是对心之发用加以调控把握住的过程,就是格物,即心意与世界打交道,合二为一的过程。一心一意地实化心天之意。但如果(学习了一段时间之后)还不明白心的本体原本没有什么具体之物,还只是一直刻意地去好善恶恶,那就又多了份故意为善憎恶的做作意识,那么心的本体就不再恢宏廓然、中正大公了。心体本来什么都没有,也不附着任何事物。心之本体是心天之意,即心通于天的全体,当然既不是什么具体事物,也不附着任何具体事物。有意地去实化或者改变心天之意,就偏离心天之意的本体自然发用的状态了。《尚书》所说的'不要有意去为善为恶',这才是心意的本体。所以《大学》要说'心意发动如果有所忿闷好乐,那就无法得到中正平和的状态'。正心就是在诚意的工夫里体认自己心体,让心体常常像镜子一样虚待而明澈,像秤杆一样公允持平,这就是未发之中的状态。"诚意即实意的工夫,即端正心之所发,回复到天地自然之善、心天之意的状态中去。正心即让心

---

[1] 朱熹《大学或问》:"人之一心,湛然虚明,如鉴之空,如衡之平,以为一身之主者,固其真体之本然。"鉴是镜子;衡是秤杆。镜之空、秤之平比喻心体澄明中正,空无一物,万物皆在其中的境界。

意发动之体虚远明觉，所发皆通于天。心意本体虚幻灵明，虽然心天之意虚空荡荡，似乎没有任何内容，不附着任何对象化事物，但"感而遂通"，什么都在里面。

【121】意通天境，觉知涵养

正之[1]问："戒惧是己所不知时工夫，慎独是己所独知时工夫，此说如何？"

先生曰："只是一个工夫，无事时固是独知，有事时亦是独知。人若不知于此独知之地用力，只在人所共知处用功，便是作伪，便是'见君子而后厌然'[2]。此独知处便是诚的萌芽，此处不论善念恶念，更无虚假，一是百是，一错百错，正是王霸义利、诚伪善恶界头。于此一立立定，便是端本澄源，便是立诚。古人许多诚身的工夫，精神命脉全体只在此处。真是莫见莫显，无时无处，无终无始，只是此个工夫。今若又分戒惧为己所不知，即工夫便支离，亦有间断。既戒惧，即是知；己若不知，是谁戒惧？如此见解，便要流入断灭禅定。"

曰："不论善念恶念，更无虚假。则独知之地，更无无念时邪？"

曰："戒惧亦是念。戒惧之念无时可息。若戒惧之心稍有不存，不是昏瞆[3]，便已流入恶念。自朝至暮，自少至老，若要无念，即是己不知，此除是昏睡，除是槁木死灰。"

【意】黄正之问："戒惧是自己所不知道时下的工夫，慎独是自己独处自知时下的工夫，这种说法对不对？"

先生说："两者都只不过是一个工夫，没有处理事务的时候，固然是独自知道，应对事情时，也还是独自知道。人们如果不知道在这种自

---

[1] 黄宏纲（1492—1561），字正之，号洛村，江西人，官至刑部主事，王阳明学生。

[2] 语出《大学》："小人闲居为不善，无所不至，见君子而后厌然，掩其不善，而著其善。"意为小人在独处的时候就做坏事，什么坏事都做得出来，看见君子后就躲躲藏藏，掩饰自己的恶行，炫耀自己的善行。

[3] 瞆（kuì）通聩，耳聋。或通愦，昏乱，糊涂。

己独知的地方用功，只在大家都共同知道的地方用功，就是作假，就是'见到君子后掩饰自己的错误'。心天之意是自己的意与天地之境相通，对自己意识状态的反省，就是独处自知，即使自己的意念发动在别人看得见的地方，人也是独立感知自己意识发动的状态，这就是独立知道意识存在的当下状态，也就是觉知。这种独知的地方就是'诚（意）'萌芽的地方，这个时候不论是善念还是恶念，完全没有一点虚假，一对全对，一错百错，觉而后诚；觉知而后方能自觉诚意的分寸。这正是所谓王道与霸道、正义与利益、真诚与虚伪、善念与恶念的分界线。在这个时候坚定志向，就是正本清源，就是坚定确立意念之真诚。坚定意向即是实化诚意工夫，是在自觉意念实化的分寸之后，坚决地实化意念。古人使自己真诚的很多工夫，精神命脉全部都在这里了。从自身出发去实化意念，这就是圣学要脉。虽然真正说起来，似乎没有谁看见，也没有什么迹象呈现，但无时无处、无始无终，就是这个工夫。工夫只是实化意念而已，都是从意念的本体上觉知、涵养、实化、开悟。这个说法，好像圣学就是工夫论一般。阳明的工夫论与"龙场悟道"分不开。换言之，不能把阳明类似六祖悟道的顿悟境界，化为神秀般的渐修工夫。现在如果又把戒惧区别为自己缺乏自知时下的功夫，那么工夫就支离破碎，也就有间断阻隔了。工夫是全体性的，虽然渐进的工夫可以分出不同时候、不同地方的不同工夫，但阳明强调工夫的整体性。既已戒惧，就是自己已经知道了；自己如果不知道，那么是谁在戒惧？照这种理解，就要陷入佛教批评的断灭念头的禅定境界。"戒惧是实意的当下性的工夫，是自觉的工夫，不是不自觉的工夫。戒惧是一种反省的意念，需要主体存在才能反观自身，才能有觉知，没有觉知，无所谓戒惧。好像在绝望中的人，等待喜从天降，但理智其实早就告诉自己，天降之喜是绝不可能发生的。可自觉的主体因为期待和盼望，才能够让意识继续存续下去，如果彻底绝望，就陷入断灭禅定，完全不起念头，也就无所谓戒慎恐惧的工夫了。所以戒慎恐惧是因为念头需要存续和发动，换言之，念头还向着未来，在持续发动中生成、实化、存续下去，正因为主体能够反省觉知到自己的念头还没有断灭，所以戒慎恐惧的自觉反省工夫时刻不可忘却。

　　黄正之说："不论善念恶念，完全没有虚假。那么独处自知的时候，就完全不会出现根本没有思虑、不起念头的时候吗？"

先生说："戒惧也是意念。戒惧的意念一刻都不可以停息。学生想问是否存在念头未起的状态？阳明否定了一个人正常情况下可以出现没有意念发动的状态，即使没有意念发动，但人的戒慎恐惧的意识情境不可以放松。人的意识必须时刻反省，不可以出现没有反省的状态。如果戒惧的意念稍有涣散，不是昏睡，就已经沦为恶念。虽然一个人不再戒慎恐惧了，好像让念头自然生起来，处于所谓自然经验状态，但阳明觉得如果不能戒慎恐惧地反身观照，发动的自然意念就已经属于恶的。从另一方面讲，作为天良之知（良知）发动的都是善念，但如果流于自然而没有戒慎恐惧的心意把守，就是恶念。人们的意识发动，就要时刻保持戒心惧情，这是构成当下之意所发之境，离却此境，则意无从实化，所以戒惧就应该是心依于天境，有意于天境的基本状态。从早到晚，从幼年到老年，如果要没有意念，那只能是自己没有知觉，这种情形除非处在昏睡中，或者形如槁木、心如死灰的状态。"如果意念发动，但良知没有发动，那念头就是恶的。只要良知不发动，人不再戒慎恐惧，那么人或在昏睡，或如槁木死灰，一切意念都寂灭成空。总而言之，戒惧性的反身意念构成慎独念头的根本，也是人之为人存在的根本。换言之，意念要反身于戒慎恐惧的状态，人才是有生机的活人，否则，人要么陷入对意念发动没有知觉的昏睡状态，意念不再实化，要么变成槁木死灰一般。

天良之知发动的念头，其实就是纯善的念头，是不戒惧不行的念头。因为有天良，所以念头发动的瞬间可以保持善的状态，这个善是主体不断反省、自觉而知。因为戒惧反省，才能持续发动善念，这跟别人是否存在、别人的念头是善是恶，都没有关系，所以这是纯粹动机论（motivationism），也是典型的非后果论（non-consequentialism）。儒家意向论（intentionalism）是无念非戒惧之念，戒惧是念头纯善的保障。

阳明学期待人们具有能够时刻自觉的天良之善的意识（良知），这与如今的人工智能时代期待超级人工智能具有对人类的大爱，即给超级人工智能注入心天之意的努力，使其具备意识之后，能够念念保持对人类的大爱，不会被毁灭人类的邪恶意念所主导，有异曲同工之妙。

【122】善言合道，思诚实化

志道[1]问："荀子云'养心莫善于诚'[2]，先儒非之，何也？"

先生曰："此亦未可便以为非。'诚'字有以工夫说者。诚是心之本体，求复其本体，便是思诚的工夫。明道说'以诚敬存之'[3]，亦是此意。《大学》：'欲正其心，先诚其意。'荀子之言固多病，然不可一例吹毛求疵。大凡看人言语，若先有个意见，便有过当处。'为富不仁'[4]之言，孟子有取于阳虎，此便见圣贤大公之心。"

【意】林志道问："荀子说'养心最好的方法就是思诚'，先儒程颢认为这种说法不正确，这是为什么？"

先生说："这也不能说不对。'诚'有从工夫角度说的。'诚'是意念有力的最好方法，'思诚'就是涵养心意通天的境界，存养天理就是实化意念的核心。诚是心的本体，追求恢复心的本体的工夫，就是思诚的工夫。当下意念真诚的'诚意'，就是让自己的心体完全呈现出来，这件事'思诚'而涵养天理。换言之，让意念真诚至极的工夫，是天理在意念中不断被领悟、持守，并持续实化，所以意念真诚，就是天理的领悟和存续；因为真诚通天，才能接续天理，念头的天在念头接续的过程当中实化而存续，也就成为生命的存在状态。程明道说的'以诚敬的心去存养它'，也是这个意思。《大学》说：'要想端正人的心体，就要先让他的意念真诚实在。'荀子的话固然有很多毛病，但不能一律吹毛求疵。不可一概否定，对荀子要客观。凡是看别人的话语、学说，如果先有一个成见（偏见），那就会有不妥当、不公平的地方。'为富不仁'

---

[1] 林达，字志道，号愧吾，福建莆田人，林俊之子，阳明门人。正德甲戌进士，曾任南京吏部考功郎中。通行本多误认为是管志道，显然错误。管志道（1536—1608），字登之，号东溟，江苏太仓人，官至南京兵部主事，王阳明门人耿定向的弟子。从年代上看，管志道不可能问道于王阳明。参黎业明：《王阳明传习录校笺》，第121—122页。

[2] 语出《荀子·不苟》，意为养心没有比让内心真诚更好的方法了。

[3] 语出程颢《识仁篇》，见《河南程氏遗书》卷二上："识得此理，以诚敬存之而已，不须防检，不须穷索。"

[4] 语出《孟子·滕文公上》："阳虎曰：'为富不仁矣，为仁不富矣。'"阳虎是春秋晚期鲁国人，季氏的家臣，曾挟持季氏专政鲁国，后因失败而流亡。

这句话，是孟子引用吸收阳虎说的话，由此可看出圣贤的心公正无私。"

坏人也会讲好话，恶人也可以有善言，关键在于言语是否合于天道天机，如果合乎天道，就应该吸收，而不应该排斥。

【123】生仁活理，作事养意

萧惠[1]问："己私难克，奈何？"先生曰："将汝己私来，替汝克。"先生曰："人须有为己之心，方能克己；能克己，方能成己。"

萧惠曰："惠亦颇有为己之心，不知缘何不能克己？"先生曰："且说汝有为己之心是如何？"

惠良久曰："惠亦一心要做好人，便自谓颇有为己之心。今思之，看来亦只是为得个躯壳的己，不曾为个真己。"先生曰："真己何曾离着躯壳？恐汝连那躯壳的己也不曾为。且道汝所谓躯壳的己，岂不是耳目口鼻四肢？"

惠曰："正是。为此，目便要色，耳便要声，口便要味，四肢便要逸乐，所以不能克。"先生曰："美色令人目盲，美声令人耳聋，美味令人口爽，驰骋田猎令人发狂[2]，这都是害汝耳目口鼻四肢的，岂得是为汝耳目口鼻四肢？若为着耳目口鼻四肢时，便须思量耳如何听、目如何视、口如何言、四肢如何动。必须非礼勿视听言动，方才成得个耳目口鼻四肢，这个才是为着耳目口鼻四肢。汝今终日向外驰求，为名为利，这都是为着躯壳外面的物事。汝若为着耳目口鼻四肢，要非礼勿视听言动时，岂是汝之耳目口鼻四肢自能勿视听言动？须由汝心。这视听

---

[1] 萧惠，生平不详，王阳明学生。

[2] 语本《老子·第十二章》："五色令人目盲；五音令人耳聋；五味令人口爽；驰骋畋猎，令人心发狂；难得之货，令人行妨。是以圣人为腹不为目，故去彼取此。"意思是，沉溺于缤纷的色彩中，会令人视觉不明；沉溺于嘈杂的音调中，会令人听觉不敏；沉溺于珍馐美味中，会令人味觉失灵；沉溺于狩猎驰逐之乐中，会令人内心狂乱；沉溺于追求珍稀财货的欲望中，会令人的行为偏离正道。因此，圣人但求饱腹，而不追逐声色之娱。所以要摒弃外物的诱惑，以确保内心的虚静安宁。

言动皆是汝心：汝心之视，发窍于目；汝心之听，发窍于耳；汝心之言，发窍于口；汝心之动，发窍于四肢。若无汝心，便无耳目口鼻。所谓汝心，亦不专是那一团血肉。若是那一团血肉，如今已死的人，那一团血肉还在，缘何不能视听言动？所谓汝心，却是那能视听言动的，这个便是性，便是天理。有这个性，才能生。这性之生理，便谓之仁。这性之生理，发在目便会视，发在耳便会听，发在口便会言，发在四肢便会动，都只是那天理发生，以其主宰一身，故谓之心。这心之本体，原只是个天理，原无非礼，这个便是汝之真己。这个真己是躯壳的主宰。若无真己，便无躯壳，真是有之即生，无之即死。汝若真为那个躯壳的己，必须用着这个真己，便须常常保守着这个真己的本体，'戒慎不睹，恐惧不闻'，惟恐亏损了他一些。才有一毫非礼萌动，便如刀割、如针刺，忍耐不过，必须去了刀、拔了针，这才是有为己之心，方能克己。汝今正是认贼作子[1]，缘何却说有为己之心，不能克己！"

【意】萧惠问："自己的私心私欲难以克制，怎么办？"先生说："把你的私心拿过来，我帮你克制。"又说："人必须有为自己着想的心，才能克制自己；能够克去自己的私欲，才能成就自己。"儒学是"己学"，是为自己的学问，不是为他人的学问。阳明故意说，把你的私欲拿来，当然是拿不来的，因为私欲在你的心上，不是一种客观外在的物体，所以不可能从你的心上移到我的心上。所以他借此希望启发学生，你要自己明白，学会自己克制自己，自己除去私欲。儒家的自修自克传统非常深厚。相比之下，极端个人主义（radical individualism）却很少反思自己欲望的不合理性，甚至要用意志把私欲极端化。所以，儒家克己修身，有类似西方圣徒自修去私欲的地方。

萧惠说："我也确实有为自己的心，但不知为什么不能克制自己？"先生说："那你不妨先说说你的为己之心是怎样的？"儒学作为为己之学，理解起来颇有难度。首先当然不是为了私利的自我的学问，相反，为己是让自己不再有自私自利之心，实化心天之意的根本是念念存续天道自然之善的本来状态。

---

[1] "认贼作子"语出《楞严经》："佛告阿难，此是前尘虚妄相想，惑汝真性。由汝无始至于今生，认贼为子，失汝元常，故受轮转。"

萧惠沉思良久，说："我也一心一意要做好人，因而自我感觉有为己的心。如今看来，也只是为了一个空躯壳的自己而已，并不是为了真正的自己。"先生说："真正的自己怎么可能离得开身体呢？如何让自己成为好人，是儒家修炼的基本功夫。儒家为己之学是为真己，即真自己，而不是依托躯壳的肉体性的自我。正是因为一般人心意发动，基本难以离开躯壳的欲望，多从身体的物理性、肉体性欲望发出，所以常人的日常心意其实正是儒家为己之学所要超越的，因为是与物沉沦的、低境界的。儒家身体观是心身一体论，担心身体意识的沉沦会拖累心灵意识的修行。因之，虽然身体是意念之本，但身体本身的欲望，恰恰是儒家修行的意念所要克服的对象。恐怕你连为自己躯壳的身体的心都不曾为过。且说你所谓的为了躯体的自己，难道不是指自己的耳目口鼻四肢吗？"

萧惠说："正是为了这些啊。因为这样，眼睛就要看那美色，耳朵就要听那美声，嘴巴就要尝那美味，四肢就要安乐享受，所以我自己不能克制自己的私欲。"先生说："美色使人的眼睛盲从，美声使人的耳朵聋，美味使人的口味败坏，狂奔打猎使人狂躁不安，这都是危害耳目口鼻四肢的，怎么是为了满足耳目口鼻四肢的要求呢？王阳明引用老子的话，说明所有不离开躯体欲望的意念持续发动，最后都是损害五官和身心的。流散真炁，儒家希望以好色之心去好德。如果为了耳目口鼻四肢，就必须考虑耳朵怎么去听、眼睛怎么去看、嘴巴怎么去说话、四肢怎么去运动。必须做到不符合礼仪规范的都不看、不听、不说也不做，才能实现耳目口鼻和四肢的功能，这才是真正地为了自己的耳目口鼻四肢。礼是人心意的规范，在礼仪的范围内视听言动，发挥正常的功能，但如果越过礼仪，过分使用耳目口鼻和四肢，就是伤害它们。你如今整天只知道向外追求，为名为利，这都是为了躯体之外的私欲。在心念发动的内向动态当中，保持自我觉知，并努力做工夫，不去追逐心外的私欲。你如果只是为了耳目口鼻和四肢，那么不符合礼仪规范的就不看、不听、不说，也不做违背礼仪的事情，难道你的耳目口鼻和四肢自己就能够自动不看、不听、不说、不动吗？当然必须源自你的心。要让自己的心意起作用，才能主导，才能知道如何为己。这些视、听、言、动，其实都必须由你的心来主导它们运动：认识的、功能的心就是意识的发用，心的生生之力就是灵魂活泼的展开，心力能够运作、操控五识，进而人可以认知、行动。你的心要看，就发命令给眼睛，通过眼睛去看；你的心要听，就发命令给耳朵，通过耳朵去听；你的心要说，就发命令给嘴巴，通过嘴巴去说；你的心要动，就发命令给四肢，通过四肢去动。如果没有你的心，就没有耳目口鼻和四肢的活动。所谓你的心，也不只是指那团血肉构成的心。如果只是指那团血肉构成的心，如今已经死去的人，那肉身上的血肉之心还在那里，可是为什么它们就不再能看、听、说、动了呢？因此，所谓你的心就是那个能使你看、听、说、动的心，这个就是人的天性，也就是天理。天性和天理就是心天之意。心、性、理都代表天地之间活泼的生机，生机为机体之本，所以当把生机看作第一位，而不是物理性的身体本身。活的心有能力领会生机，心体的认识结构与世界生生的本体结构具有本体上的同构性。有了这个"性"才能有生机。这个"性"的生机就是仁。仁是对心天之意的表达，是心天之意的生理，即天地生生气象在心天之意生发过程中的再现。天地自然的生机就是天道之仁，也是人心之仁的开端，表现为人在关系当中的仁爱潜能。如果"人而不仁"，那是一个人潜在的仁爱能力没有表达出来成为现实，正像果仁内蕴含生机，这种生机能否实现，需要看具体的情境和时空条件。可见，仁（爱）的内在生机似乎在具体人际关系和生活经验之先，因此有先验意味，仁（爱）的潜在能力是超越经验的（超验），只不过这种超验不是外在超越，因为潜能转化为现实是连贯的、不隔绝的，所以仁爱超越具体经验可以理解为内在超越。这个人性的生生之理，表现在眼睛上就能看，表现在耳朵上就能听，发用在嘴巴上就会说话，发用在四肢上人就会行动，这些都只是那个天理在发动起作用，因为天理主宰人的身体，所以称之为心。王阳明的天理就是生机，与朱子事事物物都有的物理是不一样的。心意是天之生意的意化状态，是心机，即心体生动活泼的来源。这个心的本体，原本就是天理，本来就没有不符合礼仪规范的地方，天理就是生机、生意，礼是天地生机的客观化，礼仪就是天地之仪文，是天地之理的表达和文化。这个（生机）就是你真正的自己。这个真正的（有生机的）自己，就是躯体的主宰。如果没有真正的（活的）自己，也就没有躯体，正是因为真己有生机，所以人才能生存，没有真己，人就要死亡。

如果你真的为了这个躯体的自己，那就必须借助于这个真正的、有生机的自己，也就必须常常保养这个真正自己的本体性的生机，'在别人看不到的地方，也要时刻保持谨慎，避免生机流散；即使在别人听不到的地方，也要保持敬畏'，唯恐对真己的生机有一丝一毫的损伤。稍微有一丝不符合礼仪的念头萌动，就必须像被刀割、被针刺一样，不堪忍受，必须丢开刀、拔掉针，这才算是为己，即有了为自己的心，这样才能克制自己的私欲。为己之学的核心是保养真实自己的生机。心的本体是心通天的本然状态，心的通天本体是充满生机的动态结构，是时刻可以做事的意向结构。心意在通天的状态中，通过耳目口鼻四肢发动出来的一切都自然合礼，改变世间的阴阳。可是，一旦心意离开天理，即悖理（礼），人就会感到痛苦难受，好像坠入恶道，因为偏离了生机。可见，为己之学是心意每时每刻通于天地生机的为己之学，真己是生机，不是私欲。通天的己是与万物通的生生之己。克制自己是不要消耗生机，因此克制私欲要上升到保养生机、维持天理、存续生命的高度，哪怕只是为了自己的健康也要克己复礼。如果没有了仁爱之心、生生之意，就丧失生，也就失去命。你现在正是认贼作子，怎么能说你有为自己的心，却还不能克制自己的私欲呢！"你的所谓为己，是为了自己的私欲，也就不是在把自己的生机保养好，其实就等于越来越消耗生命，你已经奔驰在耗散生机、不断没命的死亡路上，却不自知。可见，儒家的身心之学不是身心二元论，不是心依附于身的二元论，而是身心交关的一体论。己是身心共在的己，真己是真真实实存在于身体之中的那个自己。人生的存在，就是人要生下去，那就要让生机生，而不可让生机死。人要念念去生自己的生机，而不是念念消耗自己的生机还不知道戒慎恐惧，那就是让生机消散，自己的意念发动还在加速其消耗，从而加快奔往死亡之旅。

【124】同体大悲，知鱼之乐

有一学者病目，戚戚甚忧。

先生曰："尔乃贵目贱心。"

【意】有一个跟随先生学习的人眼睛患病了，整天忧愁不止。

先生说："你这是太过重视眼睛，反而轻视了自己的本心。"在本心与眼睛当中，当然本心更重要，如果重视本心，眼睛的不舒服就可以减少，这其实是一种意识转化的能力。人对自己的痛苦需要做意识的合理化，降低其严重程度，尽量使其不干扰自己本来的意识状态。

阳明这里是假设自己能够感通对方的病痛，觉得对方的眼疾并不太严重，其实是可以忍受的，而对方整天病恹恹的，就因为太在乎外在的病痛，反而使得内心本来的意识状态也都给遮蔽了。关于他人的病痛是否可知的问题，很多关于他心（other minds）的讨论对他人的痛苦是否可知持怀疑态度，也就间接否定了儒家"仁者与天地万物为一体"和佛家"同体大悲"的可能性，而转到类似惠施"子非鱼，安知鱼之乐"的质疑当中去了。

【125】意本天行，圣人无意

萧惠好仙、释。

先生警之曰："吾亦自幼笃志二氏，自谓既有所得，谓儒者为不足学。其后居夷三载，见得圣人之学若是其简易广大，始自叹悔错用了三十年气力。大抵二氏之学，其妙与圣人只有毫厘之间。汝今所学，乃其土苴[1]，辄自信自好若此，真鸱鸮窃腐鼠耳[2]。"

惠请问二氏之妙。

先生曰："向汝说圣人之学简易广大，汝却不问我悟的，只问我悔的！"

惠惭谢，请问圣人之学。

先生曰："汝今只是了人事问，待汝办个真要求为圣人的心来与汝说。"

---

[1] "土苴"语出《庄子·让王》："道之真以治身，其绪余以为国家，其土苴以治天下。"意为糟粕。

[2] 语本《庄子·秋水》："夫鹓雏发于南海而飞于北海，非梧桐不止，非练实不食，非醴泉不饮。于是鸱得腐鼠，鹓雏过之，仰而视之曰：'吓！今子欲以子之梁国而吓我邪？'"鹓雏，凤凰一类的鸟。鸱鸮是类似猫头鹰的鸟。

惠再三请。

先生曰："已与汝一句道尽，汝尚自不会。"

【意】萧惠喜好道教和佛教两家的主张。

先生警告他说："我自幼也专心致志于佛道二家之学，自认为有所心得，甚至认为儒家不值得学习。后来我在贵州龙场待了三年，明白圣人之学的内涵如此简易广大、充满微言大义，才开始感慨后悔自己枉费了三十年工夫。[1] 阳明悟道的经验成为其悟道之后意识发动的底色，也成为其几乎所有命题延展的晕圈，这些命题包括从阳明后学到后人对阳明原初经验的讨论，都是一种时晕和时流，笼罩着龙场悟道的意识生生色彩。这就是大哲学家开创意识晕圈的心魄和气量。心学命题都可以做意学的解读，由此可以开创意哲学的全新解释场域。通常佛道二家的学问，其精妙之处与圣人之学的差距只在毫厘之间，小之又小。你如今所学到的东西，只不过是佛道两家的一些糟粕，就自我感觉良好到这种程度，真好比猫头鹰捉住了一只腐烂的老鼠一样。"阳明为学生不明圣人之学的简明博大而忧心忡忡，不惜用很重的言语去批评。

萧惠向先生请教佛道二家学问的精华妙处。

先生说："刚刚跟你说过，圣人之学简单易行、博大精深，你却不问我所领悟的，而只问我所悔悟的！"这个学生到底还是琢磨佛道已经入迷，老师一说佛道的精华跟圣人之学接近，就想知道哪里接近，导致阳明不开心。

萧惠惭愧地向先生表示歉意，请先生告诉自己圣人的学问。

先生说："你如今只是为了敷衍我才发问，等到你真的明辨是非，真正有了一个追求做圣人的心的时候，我再来跟你讲。"因圣人之学是实化意念合于天道、天理，非常精微美妙，本来无法言传。如果一个学生无心于圣学，就算阳明说了，学生也领悟不了，基本上就是耳边风。

---

[1] 王阳明"龙场悟道"那年三十七岁，如果按照这样的说法，他八岁就开始研究圣人之学，所以此当为虚说，可以理解为荒废二三十年比较合理，即他少年时代开始就有立志成为圣贤的志向。类似地，阳明说过自己好像从八岁就开始对道教感兴趣，这也是不太合理的。但据刘存仁研究，王氏家族确实历史上就跟著名道士有来往。参吴震：《〈传习录〉精读》，第50—51页。

萧惠又再三地向先生请问。

先生说："已经跟你一句话就全部都讲清楚了，可你还是无法意会。"学生的意识不能跟老师的圣人之道交会，也就不能用意领会。既然学生无意，他也就不可能意会圣人之学。一方面，圣人之学在人伦日用之间，另一方面，圣人之学又能通天。圣人之道本乎良知之学，良知又是天良之知，良知流行的本意就是天之行。

这种圣人之道超越语言表达，如果学生没有足够的灵性和悟性，就不可能开悟心天一体的绝妙境界。这种圣人境界用文字表达，或从言语教导上入手，都是不可能教会学生的。圣人之境同时也是"圣人无意"的境界，不仅无法言传，还无法用具体的意识状态去描绘，所以只能靠学生自己找机缘去参悟。

【126】意念发动，如天无念

刘观时[1]问："'未发之中'是如何？"

先生曰："汝但戒慎不睹，恐惧不闻，养得此心纯是天理，便自然见。"

观时请略示气象。

先生曰："哑子吃苦瓜，与你说不得。你要知此苦，还须你自吃。"时曰仁在傍，曰："如此才是真知，即是行矣。"一时在座诸友皆有省。

【意】刘观时问："未发之中是什么样的状态？"

先生说："你只要做到在独处时保持警戒、谨慎，不让外物扰乱自己的心意，对自己当下听不到的一切都畏惧警醒，涵养本心达到纯粹天理的状态，便自然能够意会了。"独处不单指在别人看不到的地方，对自己当时没有看到的保持戒慎，对当时没有听到的保持恐惧，还要包括当时当地用心去听都无法听见，当时环境似乎没人能够听到，甚至经验当中没有听过的一切，即使自己当时看不到、听不到，都要小心戒惧，这种戒慎是不可停息的反观意识，既在未发的意识状态上下工夫，也在已发的意念上下工夫。因此，戒慎不睹、恐惧

---

[1]　刘观时，武陵（今湖南常德）人，生平不详，王阳明学生。

不闻，在这里既是工夫也是境界，是当下工夫自然显现为持意的境界，好像行走的禅定状态，在定中保持觉知，既保持意念未发之中态，也保持当下戒惧的警醒和觉知。可见心天一体的状态，是心上意念发动如天之无念，但念念戒惕的持意状态。

刘观时请求先生稍微描述下"未发之中"景象。

先生说："这就像哑巴吃苦瓜，跟你没法说。你要体味这种苦味，还必须你亲自去尝一尝才行。"未发之中超言绝相，非言意所能搜求，需要真了本心，体悟到心意未发之前的状态才行；好像大道有味，但无法说出。这种试图用言语描述却无法表达的、超言绝相的极致境界，是需要用心天之意去意会才可以的。

当时徐爱在旁边说："这样才是真正的认知，也就是行动了。"一时在座的学生们听了，都有所省悟。行动需要真正的领会，这种实化真知真意的行，是让心天之意行，即心意通于天之行，是实践和真知的知行合一。在行动中保持心天之意的境界，只可意会不可言传。说明心天之意并非只有超言绝相的意味，而且可以在行动和实践当中为人意会。

【127】天即意道，意即天行

萧惠问"死生之道"。

先生曰："知昼夜，即知死生。"

问昼夜之道。曰："知昼则知夜。"

曰："昼亦有所不知乎？"

先生曰："汝能知昼？懵懵而兴、蠢蠢而食，行不著、习不察，终日昏昏，只是梦昼。惟'息有养，瞬有存'[1]，此心惺惺明明，天理无一息间断，才是能知昼。这便是天德，便是通乎昼夜之道而知，更有甚

---

[1] 语出张载（1020—1077）《正蒙·有德篇》："言有教，动有法；昼有为，宵有得；息有养，瞬有存。"意为言辞有教养，行动有准则；白天有所作为，晚上有心得和体会；休息时涵养，瞬间都能存养本心。

286 传习录明意

么死生?"

【意】萧惠向先生请教死生方面的道理。

先生回答说:"知道了昼夜变化,就能知道死与生的道理。"心能领悟日夜变化,即能领悟世间生死。阳明龙场悟道之前,说"惟生死一念尚觉未化",说明龙场悟道的核心之一就是参透生死。虽然死生如昼夜说起来简单,但背后心灵意识接续自然天机的通透和修行,只能借助视死如归的直观和直觉,不可能借助日常经验性的理解和解说。

萧惠继续请教昼夜之道。

先生说:"知道什么是白昼,也就知道什么是黑夜。"

萧惠说:"白天还有不知道的地方吗?"

先生说:"你能够知道什么是白天?你居然还知道什么叫白天?没有自觉意识的人,白天如黑夜,幻过一生。懵懵懂懂地起床,胡嚼乱咽地吃饭,开始的时候不知道怎么回事,习惯了以后也不知道为什么要这样,整天浑浑噩噩,(这样的你)即使在白天也都是在梦中度过啊。'只有在呼吸的气息之间都存养自己的本心,每个瞬间有所积存',让这个心清醒自觉,清澈澄明,天理流行才不会有片刻间断,才算是真正地知道白昼。一般人没有觉知,白天都在做白日梦当中度过,可见,这里白天的意思,是有意识的白天,是心意自觉的白天,是心意完全通于心天之意的白天,是当下心意完全与天理融贯的白天。这就是天德,就是通达了昼夜交替之道,哪还有什么生死的问题弄不明白的呢?"当下的觉知能够理解白天与黑夜转化的大道,也就通达了死与生的道理,都是意天相通的大道,天即意之道,意即天之行。

【128】祖天圣教,意道之境

马子莘问:"修道之教[1],旧说谓'圣人品节吾性之固有,以为法于

---

[1] 语本《中庸》第一章:"天命之谓性,率性之谓道,修道之谓教。"意思是,天之"意"蕴的自然禀赋可称为天然善"性",遵循天生的本性去立身行事叫作天命的"道",对顺着天命的"道"加以人为的调节修饰,修明推广叫作"教"。

天下，若礼乐刑政之属'[1]。此意如何？"

先生曰："道即性即命，本是完完全全、增减不得、不假修饰的。何须要圣人品节？却是不完全的物件。礼乐刑政是治天下之法，固亦可谓之教，但不是子思本旨。若如先儒之说，下面由教入道的，缘何舍了圣人礼乐刑政之教，别说出一段戒慎恐惧工夫？却是圣人之教为虚设矣。"

子莘请问。

先生曰："子思性、道、教，皆从本原上说。天命于人，则命便谓之性；率性而行，则性便谓之道；修道而学，则道便谓之教。率性是诚者事，所谓'自诚明，谓之性'[2]也。修道是诚之者事，所谓"自明诚，谓之教'也。圣人率性而行，即是道。圣人以下，未能率性于道，未免有过不及，故须修道。修道则贤知者不得而过，愚不肖者不得而不及，都要循着这个道，则道便是个教。此'教'字与'天道至教'[3]'风雨霜露，无非教也'[4]之'教'同。'修道'字与'修道以仁'[5]同。人能修道，然后能不违于道，以复其性之本体，则亦是圣人率性之道矣。下面'戒慎恐惧'便是修道的工夫，'中和'便是复其性之本体，如《易》

---

[1] 语出朱熹《中庸章句》第一章："圣人因人物之所当行者而品节之，以为法于天下，则谓之教，若礼乐刑政之属是也。"朱熹：《四书章句集注》，第17页。

[2] 语出《中庸》第二十一章："自诚明，谓之性，自明诚，谓之道。诚则明矣，明则诚矣。"意思是，从真诚至极的"自然之意"彰显为天道贯通人世之间的"天道自然之善"，这是天性自然化生和生成的过程。明白天道贯通人世之间的"天道自然之善"在人间显现为真诚至极的"人道自然之善"，这就是教化的过程。"自然之意"真诚至极，自然就会明明白白地彰显为天道贯通人世之间的"天道自然之善"，明明白白的"天道自然之善"自然会在人间显现为真诚至极的人道。

[3] 语出《礼记·礼器》："天道至教，圣人至德。"意为，天道是极致的教化，圣人的德性至高无上。

[4] 语出《礼记·孔子闲居》："天有四时，春秋冬夏，风雨霜露，无非教也；地载神气，神气风霆，风霆流形，庶物露生，无非教也。"意为天有春夏秋冬四季，刮风下雨打霜降露，这些都是上天给人提供的教化信息。大地承载着神奇气息，促使风雷鼓荡，风雨雷电流变成形，滋润万物生长发育，这些都是大地给人提供教化的信息。

[5] 语出《中庸》第二十章："故为政在人，取人以身，修身以道，修道以仁。"意思是，所以治理国政取决于能否得到贤人的辅助，能否得到贤人则取决于君主修养自身的水平，君主修养自身的水平则取决于能否遵循诚中之意，而遵循诚中之意的要点在于以仁义为本。

所谓'穷理尽性，以至于命'[1]，'中和''位育'便是尽性至命。"

【意】马子莘问："修道之教，朱熹先生认为是'圣人评价和规定我们人性中天然固有的道，从而作为天下奉行的法则，就像礼乐制度、刑法政令一样'。他解释的意思是合适的吗？"

先生说："道就是人性，就是天命，本来就是完整无缺，增减不得半分，也不需要借助任何修饰的。哪里需要圣人去划分其中的层级并加以节制呢？好像道是一个不完整的东西一样。礼乐刑政是治理天下的法则，本也可以称作教化，但不是子思所言的'教'的本来意思。如果按照先儒（朱熹先生）们的说法，那么资质偏下的人所讲那些从教化进入圣人之道的方法，为什么放弃了圣人的礼乐刑政教化，另外说出一段戒慎恐惧的工夫呢？这样一来圣人的教化仅为摆设了。"大道是通天彻地、完完整整的，人间的教化之道通于人性，通于天命，才是完整的。大道的存在不需要借助圣人的判断，也不待于人的心意和认识才存在。可以把道的这种完整性理解为道有超越言语判断的性质，有超越经验的特性。如果说朱子强调"理一分殊"的"分殊"，强调大道可以分出层级加以节制，以便让世人遵循，也可以说，朱子认为人的气禀不同，那么不同气禀的人，能够领略的大道的层级就有区别，好像下根人很难领悟高深莫测的大道。相比之下，阳明则强调"理一分殊"的"理一"，认为大道不可以分解，人意会整全的大道才是教化的核心。

马子莘请求解释。

先生说："子思的性、道、教，都是从本原上讲的。天命赋予人，天命就是性；人遵循自己的本性去行动，那么本性就是天道；人可以领悟自己的天命，命首先是自己的本性，领悟天命就是对自己天命之本性的证悟。人证悟自己的天命之后，按照自己天命的本性去修为，即是行在道中，所谓行于天道之中，好像天行。性本天道而来，率性就是顺着天道、统帅本性去行动，修行就是让意切合天然本性，从而合乎天道，这便是修习人的天命之道，让意念发动皆合于天道，这就是圣人之教。为了修养圣人之道而去学习，那么道也就是

---

[1] 语出《周易·说卦》，意思是，穷极奥理，尽究万事万物的本然之性，以至于通晓并揭示它们的命运。

教化。遵循本性是真诚至极、心体通达天道的修行者要做的事情，这就是所谓的'自诚明，谓之性'。"自诚明"即自己实化自己的心天之意，使之明白畅达，心体真诚至极，以致通达、符合天道，能达到这样的境界，就是天然本性的彰显和流露。换言之，这是从诚于祖天之意而明白诚中之意，这就是了解天性如何自祖天而贯注下来，并在后天时空当中展开。探究圣人之道是使人的本性真诚至极、接续天道的内容，这就是所谓的'自明诚，谓之教'。希望人们真诚地遵循天道去做事，自己从明明白白的心天之意出发，做诚意也就是实化意念的工夫，在人间展示出来，这就是教化的本义。换言之，从明白诚中之意而彰显祖天之意于世间，这就是通过人间教化展示祖天之意的教化过程。圣人遵循自己的天性而行动，就是修养圣道的得道状态。圣人心意合天，心通于天而行，即仁天之道。圣人以下的普通人，不能遵循自己的天然本性去行动，对于天道难免有过头或不及之处，所以必须修养圣道。修养圣道使贤人和智者都不至于做过了头，愚蠢不肖的人不至于出现做得欠缺的地方，（贤人和智者）都是要遵循这个圣道，因此遵循圣道就是教化的意思。这个'教'字与'天道至教''风雨霜露，无非教也'中的'教'字相同，'修道'两个字与'修道以仁'中的字相同。人如果能修养圣道，然后能够不违背圣道，恢复天性的本体，那么也就和圣人遵循天性行道一样了。《中庸》后面的'戒慎恐惧'就是修道的工夫，'中和'就是（人自己）恢复天性的本体，比如《周易·说卦》说的'穷理尽性，以至于命'，（内心修养）达到中和状态，（心意实化而）化育天地万物，就是尽天性至于合乎天命。"圣教即天教，圣人之意即天籁之音，修道是修养圣道，也就是遵循天道。天道即心天之意，心通天时刻相应，无时无刻不相合，这样心意之动都在天道之中。自觉把心灵意识本来符合天性的部分，在心意发动的过程中光明地彰显起来，就是"明明德"。《中庸》和《易》之《说卦》，都提到心意与天道相通的意道之境，"戒慎恐惧"是担心心意偏离心天之意而出偏；"穷理尽性至命"是心意通于天之后实现的对世间万物命运的领会境界；"中和""位育"是心意通天之后，仁心与道相合不离的诚中境界。

【129】意作非意，及物成事

黄诚甫问："先儒以孔子告颜渊为邦之问[1]，是'立万世常行之道'[2]，如何？"

先生曰："颜子具体圣人，其于为邦的大本大原都已完备。夫子平日知之已深，到此都不必言，只就制度文为上说。此等处亦不可忽略，须要是如此方尽善。又不可因自己本领是当了，便于防范上疏阔，须是要'放郑声，远佞人'。盖颜子是个克己向里、德上用心的人，孔子恐其外面末节或有疏略，故就他不足处帮补说。若在他人，须告以'为政在人，取人以身，修身以道，修道以仁''达道''九经'及'诚身'[3]许多工夫，方始做得，这个方是万世常行之道。不然，只去行了夏时、乘了殷辂、服了周冕、作了《韶》《舞》[4]，天下便治得？后人但见颜子是孔门第一人，又问个'为邦'，便把做天大事看了。"

【意】黄诚甫问："程子、朱熹先生把孔子告诉颜渊的为邦之道，看作是为后代万世确立了治国的根本法则，他们这样的说法您觉得怎么样？"

先生说："颜渊基本上体现出了圣人境界，他对于治理兴邦的根本原则大都已经了解。孔子平日已经深入了解颜渊，在这个问题上就不必

---

[1] 《论语·卫灵公》："颜渊问为邦。子曰：'行夏之时，乘殷之辂，服周之冕，乐则《韶》《舞》。放郑声，远佞人，郑声淫，佞人殆。'"意思是，颜渊问治理国家之道。孔子回答说："采用夏代的历法，乘坐殷商时代的大车，穿戴周代的礼帽，演奏舜时代的《韶》音乐舞。禁绝郑国的乐曲，疏远谗佞善辩的小人，因为郑国的乐曲淫靡不正，谗佞的小人非常危险。"

[2] 朱熹《论语集注·卫灵公》注"为邦之问"时，引程颐语："问政多矣，惟颜渊告之以此。盖三代之制，皆因时损益。及其久也，不能无弊。周衰，圣人不作，故孔子斟酌先王之礼，立万世常行之道，发此以为之兆尔。"

[3] 参《中庸》"哀公问政"章。"达道"出自"天下之达道五"，指天下人都应该遵循的常道，也就是最为根本的五伦。"九经"出自"凡为天下国家有九经"，指凡是治理天下国家的人，都要遵守九条法则。"诚身"出自"诚身有道：不明乎善，不诚乎身矣"。意思是，使自己真诚至极有办法：不明白什么是善就不能够真诚至极地反省自己。

[4] 《韶》是舜时的乐曲名，《舞》即《武》，"舞"与"武"古通，《武》是周武王时的乐曲名。

解释太多，所以只从典章制度上讲了一点。当然这些方面也是不可忽略的，必须把这些加进去做才算完善。又不能因为自己觉得自己的本领能够胜任治国兴邦的重任，就可以在防范克制上松懈了，必须'禁止郑国那样的靡靡之声，远离阿谀奉承的小人'。大概颜回是个能够克己反省、性格内向、在德行修养上用心的人，孔子担心他在外部制度的细枝末节上可能会有所疏忽，所以就在他不足的地方加以补充说明。如果是对于其他人，孔子一定会告诉他'为政在人，取人以身，修身以道，修道以仁''达道''九经'及'诚身'等这些具体工夫，才可以把国家治理好，以上这些才是子孙万代常行的治国法则。要不然的话，只是去推行夏朝的历法，乘坐商朝的车子，戴着周朝的礼帽，听着《韶》《武》这样的乐曲，难道这样就能把天下治理好吗？后世的人只知道颜回是孔子门徒中最优秀的门生，又问了孔子治理国家的问题，就把这件事看得无比重要。"阳明担心后人把孔子对颜渊关于治国的回答当作教条。他认为，孔子觉得颜回虽然已经修养很高了，但还是需要注意制度等方面。这样解释，说明阳明是一个全面的人，不但说起心意通天之教如入化境，而且讨论行军打仗、制度建设，也头头是道。他不希望他的学生们都成为颜回那样的人，自然会认为孔子希望为政者不仅心意要不偏，行动更要符合实际，要能够在现实当中建功立业。心意通天不仅涵养未发之中，也要注意已发之和。心意之作，不能止于心意本身的观念形态，而要及物，化物为事。郑声是心意出偏的代表，要在反思当中自觉去纠正心意偏斜，回到合适的大道上来。虽然颜子那样自得其乐的内圣修养很重要，确实内在的意识力量是治国的根本，但阳明强调孔子回答当中对外在制度建设的重视不是舍本逐末，而是用心良苦。说明良知本来及物，只是后人解读的时候容易流于境界和观念，结果心学变成只有圣人虚假气象，而于事无补，这是违背阳明意念之作要及物之教的。

【130】情本诚中，敬意通天

蔡希渊问："文公《大学》新本，先'格致'而后'诚意'工夫，似与首章次第相合。若如先生从旧本之说，即'诚意'反在'格致'之前，于此尚未释然。"

先生曰："《大学》工夫即是'明明德'，'明明德'只是个'诚意'，'诚意'的工夫只是'格物致知'。若以'诚意'为主，去用'格物致知'的工夫，即工夫始有下落，即为善去恶无非是'诚意'的事。如新本先去穷格事物之理，即茫茫荡荡，都无着落处。须用添个'敬'字，方才牵扯得向身心上来。然终是没根源。若须用添个'敬'字，缘何孔门倒将一个最紧要的字落了，直待千余年后要人来补出？正谓以'诚意'为主，即不须添'敬'字，所以提出个'诚意'来说，正是学问的大头脑处。于此不察，真所谓'毫厘之差，千里之谬'。大抵《中庸》工夫只是'诚身'，'诚身'之极，便是'至诚'；《大学》工夫只是'诚意'，'诚意'之极，便是'至善'：工夫总是一般。今说这里补个'敬'字，那里补个'诚'字，未免画蛇添足。"

【意】蔡希渊问："朱文公先生修改过的《大学》新本，先讲格物致知，然后才是诚意的工夫，似乎与《大学》首章的内容顺序正好相吻合。如果按照先生依从旧本立说，那么诚意的工夫反而在格物致知的工夫之前，我对此还没有领悟。"

先生说："《大学》中的工夫就是'明明德'，'明明德'就是'诚意'，'诚意'的工夫就是'格物致知'。如果以'诚意'为主导，去做'格物致知'的工夫，那么工夫才能够落实，就是说行善去恶无非就是要做使自己意念真诚的工夫。如果像朱熹先生在《大学》新本中主张先去穷究事物的道理，那么工夫就会迷茫晃荡，没有边际，无法落到实处。真诚至极地实化意念，就是修身之本，学生觉得朱子研究事物比较具体，所以难以明白实化意念是让心意真诚通天，即意识到内心明白敞亮的天性本来自然通天，明意就是让天意彰明于天下。这是在意念实化的过程当中去努力做工夫。必须要添加一个"敬"字，方才能够与身心牵扯关联起来。但加字终究没有什么根据。如果必须添加一个'敬'字，为什么孔子的门生反而把最关键的一个字给遗漏了，要等到一千多年后由后人来补充呢？如果必须要添加一个"敬"字才能与身心关联起来，终究证据不足。实意本身即包含有敬意，不需要另外强调，因为实化通天的心天之意，本身需要虔敬无比才可能。正好说明，如果以'诚意'为主导，就不须添加一个'敬'字，所以要提出'诚意'来说，正是做学问的关键所在。如果没有洞察这一点，那真就是所谓的差之毫厘，谬以千里。根本的诚意需要虔敬至极才能达致通天境界。如果不能在"诚意"上开悟，就会落于情感的迟滞，导致瞻前顾后，虽然有情，但迟滞的情感可能会影响对心天一体化境的解悟。大体说来，《中庸》里讲的工夫就是'诚身'，'诚身'的极致境界就是'至诚'；《大学》里讲的工夫就是'诚意'，'诚意'的极致境界就是'至善'：《大学》与《中庸》"诚"的工夫都是一样的。现在如果在这里补一个'敬'字，在那里添一个'诚'字，那就不免有画蛇添足的嫌疑了。"诚"本就带着"敬"，不需要另外强调"敬"，因为不"敬"就不可能"诚"。《中庸》的诚中之意是诚于中道，人意通达天意之中。仁本、情本都不能离开"诚"本，即诚意为本。"敬"的伦理学意味自然涵纳在诚意之中，因"敬"是心意通天之前的态度，所以"敬"的哲学意味不及"诚"，不需要刻意强调。诚意即明意，明白意识存在本之先天境界。以诚意为本，就是以明意为本，明意就是真诚带着敬意地彰明通天的意念，这就是所谓德性的意念，是美德认识论（virtue epistemology）的基石，即在人认识的瞬间心意通天，而内在本然通天的光明德性也就随之自然彰显。

钱德洪序

德洪[1]曰：昔南元善[2]刻《传习录》于越，凡二册。下册摘录先师手书，凡八篇。其《答徐成之》二书，吾师自谓："天下是朱非陆，论定既久，一旦反之为难。二书姑为调停两可之说，使人自思得之。"[3]故元善录为下册之首者，意亦以是欤？今朱、陆之辨明于天下久矣。洪刻先师《文录》，置二书于《外集》者，示未全也，故今不复录。

其余指"知行之本体"，莫详于《答人论学》[4]与答周道通、陆清伯、欧阳崇一四书；而谓"格物为学者用力日可见之地"，莫详于《答罗整庵》一书。平生冒天下之非诋推陷，万死一生，遑遑然不忘讲学，惟恐吾人不闻斯道，流于功利机智，以日堕于夷狄禽兽而不觉，其一体同物之心，諰諰终身，至于毙而后已。此孔、孟以来贤圣苦心，虽门人子弟未足以慰其情也。是情也，莫详于《答聂文蔚》之第一书。此皆仍元善所录之旧。而揭"必有事焉"即"致良知"功夫，明白简切，使人言下即得入手，此又莫详于《答文蔚》之第二书，故增录之。

元善当时汹汹，乃能以身明斯道，卒至遭奸被斥，油油然惟以此生得闻斯学为庆，而绝无有纤芥愤郁不平之气。斯录之刻，人见其有功于同志甚大，而不知其处时之甚艰也。今所去取，裁之时义则然，非忍有所加损于其间也。

【意】钱德洪说：从前南元善曾在浙江绍兴刻录《传习录》，一共

---

[1] 钱德洪（1496—1574），字洪甫，号绪山，浙江余姚人，官至刑部郎中，王阳明学生。

[2] 南大吉（1487—1541），字元善，号瑞泉，陕西渭南人，官至郎中、知府，王阳明学生。

[3] 语出王阳明《答徐成之》，见《王阳明全集》卷二十一。

[4] 即《答顾东桥书》。

两册。下册摘录了先师的书信，一共八篇。其中在给徐成之的两封信中，我的老师自己说："天下肯定朱熹而非议陆九渊，这种定论已经存在很久了，一时要想反转过来非常困难。这两封信姑且算为调停两家学说而写，使人自己去思考得出正确的结论。"所以南元善把这两封信收录在下册的卷首，他的用意大概就是这样的吧？如今朱、陆之辨已经大白于天下很久了。我刻录先师的《文录》，把这两封书信放在《外集》中，表明这两封信不能完整地反映先生的思想，所以这次就不再收录。

其余书信中讨论"知行之本体"的，没有比《答人论学》（即《答顾东桥书》）和回答周道通、陆清伯、欧阳崇一的四封信更详细的了；而讲明学者日常用功学习的格物理论，最详细的莫过于答复罗整庵的书信。先师平生冒着被天下人诽谤诋毁和非议诬陷的危险，即使万死一生、惊慌未定，也从不忘记到处传播圣学，唯恐我们不能明白圣人之道，陷入追逐功名利禄和机巧算计之中，以至于一天天堕落下去，甚至跟未开化的野蛮之人和禽兽为伍，再也不能自觉领会先生与天地万物同体之心，所以先生终身都在讲学论辩，奔走呼号，直到他倒下才停止。这也是孔孟以来圣贤的良苦用心，即使是门人弟子也不足以慰藉他的这份真情。这种情感的流露，没有比答复聂文蔚的第一封信中表现得更为详尽了。这些信都是仍旧按照南元善以前所刻而录的，没有改动。而揭示出孟子所谓"必有事焉"就是"致良知"功夫的论述，明白简易，使人一听就马上能下手落实，这一点讲得最明白的莫过于先生答复聂文蔚的第二封信，所以在此我把它也增补进来了。钱德洪回忆老师王阳明悟得正道之后，以心意通天之说为本，不断讲学，让心天之意传于天下。因为担心一般人难以理解心天之意通于道体，所以竭尽全力让大道彰明于天下。

南元善当时（在天下群起攻击先生的情况下，竟然还能奋不顾身）慷慨激昂，亲身践行先生的学说，以至于遭到奸佞小人的排斥，然而他却悠然自得，只以此生能有幸听到先生这种绝学而欣然庆幸，从未流露丝毫愤怒、郁闷、不平的意思。他把《传习录》刻录刊行，大家只看到它对于志同道合之人学习有巨大帮助，却不知道他当初所处时势有多艰辛。如今重新刊行，我对其版本有所增删，是出于对当前时势的考虑，并非忍心要增加或减损他所编的这些内容。今生有幸听闻圣人之道，一生宠辱不惊，死不足惜。即使有此气魄，传播圣学大道于天下，自古以来都至为艰难困苦，若无苦心励志，绝不可能持续。钱德洪序言说明，传承圣道之难，更在于善于切合时势，不断推至于极致之境。

答顾东桥[1]书

【131】中道本体，诚意本教

来书云："近时学者务外遗内、博而寡要，故先生特倡'诚意'一义，针砭膏肓，诚大惠也。"

吾子洞见时弊如此矣，亦将何以救之乎？然则鄙人之心，吾子固已一句道尽，复何言哉！复何言哉！若"诚意"之说，自是圣门教人用功第一义，但近世学者乃作第二义看，故稍与提掇紧要出来，非鄙人所能特倡也。

【意】您来信说："现在的学者只注重追求外在的知识而遗忘忽视了对本心的存养，博学多识却往往不得要领，所以先生专门倡导'诚意'这一点，针砭时弊，使得那些病入膏肓的人能够有所醒悟，实在有嘉惠学林之功。"

您对现实的弊端有如此深刻的认识，那么将如何去救治它呢？显然我的心意和思想，您固然一句话就已经彻底说清楚了，那还需要我再说什么呢！我还有什么可说的呢！至于"诚意"的学说，本来就是圣人教人用功的首要功夫，但是近世的学者却把它放在次要的位置上，所以我稍微把这个关键地方专门指出来，并不是到了我本人才特别倡导的。诚意等于实化心天之意，由追逐外物回到涵养意念之发的根本。实化意念是在一

---

[1] 顾璘（1476—1545），字华玉，号东桥，南京上元（今江苏江宁）人，官至南京刑部尚书，王阳明友人。

念发动处用功，即意念要从至善之境发动出来，这是圣人之教的核心和根本出发点。实化意念不是强调意念化为行动之实，而是更强调意念未发之中那种通天的中道本体。诚于心意发动未动之处，涵养此心通天的境界，才是至难的工夫与境界，这是圣人诚意之教的根本。

【132】未发觉知，发前涵养

来书云："但恐立说太高，用功太捷，后生师传，影响谬误，未免坠于佛氏明心见性、定慧顿悟之机，无怪闻者见疑。"

区区"格致诚正"之说，是就学者本心、日用事为间，体究践履，实地用功，是多少次第、多少积累在！正与空虚顿悟之说相反。闻者本无求为圣人之志，又未尝讲究其详，遂以见疑，亦无足怪。若吾子之高明，自当一语之下便了然矣，乃亦谓"立说太高，用功太捷"，何邪？

【意】您来信说："就怕先生的学说立论太过高远，下功夫去实践的时候又太过方便快捷，导致学生们互相传授的时候，相互影响，加深谬误，难免堕入佛教的明心见性、定慧顿悟的禅语机锋之中，难怪听到您这种学说的人会产生疑惑。"

我所阐发的关于格物、致知、诚意、正心的学说和观点，是自学者本心需要、从日常事务处入手，去体验、探究、实践、履行来说的，这样扎实落地用实在的功夫，其中有很多个阶段，也有很多的积累啊！我所说的，正好与佛教讲的空虚顿悟学说相反。那些听到这种学说的人，如果本来没有追求做圣人的志向，又不曾详细推敲我的学说，于是就会怀疑这种学说，这也没有什么奇怪的。只是像您这么高明的人，自然应当一句话就能够透彻了解我的学说啊，可是，您还说我的立论太过高远，下功夫去实践的时候又太过方便快捷，这又是为什么呢？顾东桥的说法，有点混淆阳明学说和禅宗机锋的意味，他觉得这样比附很正常。可是阳明反问，觉得他这样理解太不正常了，因为如果真正理解了阳明的学说，就应该知道阳明的说法跟禅宗的说法有着根本性的区别。顾东桥认为阳明的立论太过高远，一般人无法理解和把握。

阳明心天之意本来就在人伦日用之中，正是因为本心发动的心天之意与人伦日用基本没有区别，所以一般学生无力反省体察，总觉得阳明之学陈义太高，遥不可及。顾东桥又说阳明之学让学生们下功夫去实践的时候，可能又太过方便快捷，因为直接面对本心就能够彻底开悟心天之意，并强调"诚意"为中心，化本然心体为意识本体（意本），这都让一般人丈二和尚摸不着头脑。

其实，实化意念不仅要在意识发动为念头之处用功，还要在意念未发之前的境界去涵养体察。这些说起来简单，其实做起来很难。如此方便快捷、直接探入本体的学说，一般人毫无头绪，因为根本无力在意念未发的端点之前去体察涵养，更不要说在未发之中的状态去觉察用功夫，当然只能表示疑惑不解，不断用禅宗顿悟机锋来比喻，看起来二者似乎差之毫厘，其实早就谬以千里。

【133】意起即事，与物同体

来书云："所喻知行并进，不宜分别前后，即《中庸》'尊德性而道问学'之功，交养互发、内外本末一以贯之之道。然工夫次第不能无先后之差，如知食乃食，知汤乃饮，知衣乃服，知路乃行。未有不见是物，先有是事。此亦毫厘倏忽之间，非谓截然有等，今日知之，而明日乃行也。"

既云"交养互发、内外本末，一以贯之"，则知行并进之说，无复可疑矣。又云"工夫次第不能无先后之差"，无乃自相矛盾已乎？"知食乃食"等说，此尤明白易见，但吾子为近闻障蔽，自不察耳。夫人必有欲食之心，然后知食。欲食之心即是意，即是行之始矣。食味之美恶，必待入口而后知，岂有不待入口，而已先知食味之美恶者邪？必有欲行之心，然后知路：欲行之心即是意，即是行之始矣。路岐之险夷，必待身亲履历而后知，岂有不待身亲履历，而已先知路岐之险夷者邪？"知汤乃饮""知衣乃服"，以此例之，皆无可疑。若如吾子之喻，是乃所谓"不见是物，而先有是事"者矣。吾子又谓"此亦毫厘倏忽之间，非谓截然有等，今日知之，而明日乃行也"，是亦察之尚有未精。然就如吾子之说，则知行之为合一并进，亦自断无可疑矣。

【意】您来信说："您所说的知与行应该并进，不应该分为先后次第，就是《中庸》中说的'尊德性而道问学'两种工夫，可以互相涵养、互相激发，共同推进内外本末、本心与外物一以贯之且不可分割的大道。然而修行工夫必须分出先后次序，不可能没有先后之分，比如知道是食物才会去吃，知道是汤羹才会去喝，知道是衣服才会去穿，知道是路才会行走上去。从来不可能还没有见到某物，就先做了跟某物有关的某事。这中间的先后顺序非常微妙，可能只有毫厘之差，不是说截然分明的，不像今天知道了某物，明天再去实行（跟某物有关的某事）。"

既然您来信说"（尊德性而道问学两种工夫）可以互相涵养、互相激发，共同推进内外本末、本心与外物一以贯之且不可分割的大道"，那么知行并进的说法也就没有什么可以怀疑的了。可您又说，"修行工夫必须分出先后次序，不可能没有先后之分"，这难道不是自相矛盾吗？知道是食物了才会去吃等说法，尤其明显易见，但您被朱熹先生关于知先行后的学说所遮蔽，而自己却没有觉察到罢了。人必须有想要吃东西的心意，然后才会去认识食物。想要吃东西的心就是意念，也就是行动的开始。食物味道的好坏，必须等到入口之后才能知道，哪有不等食物入口，就已经预先知道食物味道的好坏呢？一定是先有想要行走的心，然后才会知道要走的路；想要行走的心就是意念，也就是行走的开始。岔路是危险还是坦荡，必须等到亲身行走过后才能知道，哪里有不等亲身经历，就先知道岔路是险峻还是坦荡的呢？"知道是汤羹才会去喝"，"知道是衣服才会去穿"，以此类推，都没有什么可以怀疑的。如果像您所说的，那才真是没看见某物，就先有跟某物有关的某事发生。您又说"这中间的先后顺序非常微妙，可能只有毫厘之差，不是说截然分明的，不像今天知道了某物，明天再去实行（跟某物有关的某事）"，这恐怕也是因为您的思考还不够精细。然而即便像您所说的，知行合一并进之说，也断然没有什么可以怀疑的。顾东桥强调修行工夫需要有个先后顺序，举例说明，事情必然跟物有关系，有某物，才有跟某物有关的某事。路是物，走路是事，走路的事情当然不可能离开路作为物的存在。按照这样的说法，那么看起来走路是先认识知道路之谓物，然后走路的事情才能发生。王阳明强调人走路似乎要先起走的心、动走的念，才会行动去走路，但是，走路的心意和走路之行为，其实是合二为一的，意行合一才有走路的实践活动。所以走路的起心动念，当下即是行动。这是阳明要强调的，走心即走行，一念发动要走，就是走路的开始了。[1]

所以阳明强调知即行，知行不分两截。同理，意与物不分异同，知物之念动，蕴意于物，即是行动，意起即有事，而某事必关乎某物，可见，意动即是行动。心意发动，即与物同体，行动即开始，不是意念发动之后，另外有一个身体力行产生出来。

在本体上，本心与外物自然通达无二，每意所发皆在心通物之境。心意通物，关联不分。可以说，阳明所说的，正是本体性的境界，他的知行合一也要先从本体一贯上才能打通实践的一体性。相应来说，顾东桥讨论的，正是修行的实践境界，或在具体的工夫论层面。因为在修行时，在进入意识的领会中，必须区分何为心、何为物。在用概念思维理解事物时，需要先区分心和物，这种对象化思维毕竟是用意领会世间存在物时的不得已状态。如果没有区分，意识就不能分辨其对象，也就不能领会世界存在之物，当然也就不能产生与某物相应的某事。

【134】觉知及物，意行实知

来书云："真知即所以为行，不行不足谓之知。此为学者吃紧立教，俾务躬行则可；若真谓行即是知，恐其专求本心，遂遗物理，必有暗而不达之处，抑岂圣门知行并进之成法哉？"

知之真切笃实处即是行，行之明觉精察处即是知，知行工夫本不可离。只为后世学者分作两截用功，失却知行本体，故有合一并进之说。"真知即所以为行，不行不足谓之知"，即如来书所云"知食乃食"等说可见，前已略言之矣。此虽吃紧救弊而发，然知行之体本来如是，非以

---

[1] 梁启超认为："我们知道某件事，一定要以我们的意念涉着到这件事为前提。……意涉着事物方会知，而意生涉着那事物便是行为的发轫。"参梁启超点校：《传习录集评》导论，九州出版社，2015年，第6页。

己意抑扬其间，姑为是说，以苟一时之效者也。

"专求本心，遂遗物理"，此盖失其本心者也。夫物理不外于吾心，外吾心而求物理，无物理矣；遗物理而求吾心，吾心又何物邪？心之体，性也；性即理也。故有孝亲之心，即有孝之理；无孝亲之心，即无孝之理矣。有忠君之心，即有忠之理；无忠君之心，即无忠之理矣。理岂外于吾心邪？晦庵谓："人之所以为学者，心与理而已。心虽主乎一身，而实管乎天下之理；理虽散在万事，而实不外乎一人之心。"[1] 是其一分一合之间，而未免已启学者心、理为二之弊。此后世所以有"专求本心，遂遗物理"之患，正由不知心即理耳。夫外心以求物理，是以有暗而不达之处：此告子"义外"之说，孟子所以谓之不知义也。心一而已，以其全体恻怛 [2] 而言谓之仁，以其得宜而言谓之义，以其条理而言谓之理。不可外心以求仁，不可外心以求义，独可外心以求理乎？外心以求理，此知行之所以二也。求理于吾心，此圣门知行合一之教，吾子又何疑乎？

【意】您来信说："真正的认识是能够付诸实践的，不能践行的就不能称作认知。您的这种说法，如果是为了让学者们抓住要点，使他们务必踏实躬行则还可以；但如果您真的认为行动、实践就是认知，恐怕人们就会一味探求存养本心，于是遗忘了事物中的道理，这样必定会有暗昧而不能明白的地方，这怎么可能是圣人知行并进的既成方法呢？"

觉知时的真切笃实的状态本身就是行动，行动时的自觉洞察的状态就是觉知，觉知和实践两者的工夫本来就不可以分离。只因为后世学者把觉知与行动分别当作两件事来做，违背了知行本体，所以才要有知行合一并进的说法。（您引用我的）"真正的觉识是能够付诸实践的，不能践行的就不能称作觉知"，就用来信之前所说的"知道是食物才会去吃"等比喻说法就可以明白，前面我已经大略讲过了。这个固然是为了让学者们抓住要点，为紧急拯救时弊才提出来的，然而知行的本体原本就是

---

[1]　语出朱熹《大学或问》第五《知本知至章》。

[2]　恻怛，恻隐、哀伤、悬切。

这样，并不是我为了自己的想法掺杂到里面进行褒贬而暂且提出这种学说，用来追求一时的效果才这么做的。顾东桥质疑知行合一，担心人们要心不要物，要本心不要物理，要内不要外。阳明强调"真正的觉识是能够付诸实践的，不能践行的就不能称作觉知"。可见，阳明强调认识和觉知是及物的，是可以作用于具体物而成就事情的。

觉知开始于意识与事物交接之时，意念发动本身就是意念实化的过程，只是在实践中需要加入反身观照，要时刻戒慎恐惧，这种反思状态不能与意识生生的行进状态相分离。在那种反思状态当中，人可以体会到行为和意念、觉知与行动都是一体两面的——觉知中即含行动，行动中即含觉知。一般人缺乏觉知，不能反思觉知意识其实是意识状态最为紧要的地方，尤其是难以理解从反身到非反思的过程。有意培养常人从好德如好色，到逐渐过渡到几乎天然好好色那般好德，其实需要很多修意工夫，甚至要到达止于至善的境界才可能做到。在意识的自觉和反思中，时刻观照觉知即行动、行动即觉知，体证心即理、理即心的本体融通状态。悟得这种意念发动超越观念界限，而时刻及物的知行合一境界之后，自然理解意念发动就是觉知，就是行动，一念觉知便是行动，觉知和行动都以心天之意为本，也正因为一体，所以觉知和行动之间，完全没有时间和空间的间隔，这是觉知和行动合一这个命题最难理解的地方。

（学习了我的学说之后）"一味探求存养本心，于是遗忘了事物中的道理"，这种现象大概是那些丧失了本心的人才会出现的。事物的道理并不存在于本心之外，在本心之外探求推究事物的道理，就找不到事物的道理了；遗忘事物的道理而探求存养本心，那么本心又是什么事物呢？顾东桥担心人们学习知行合一，会让人只存养本心，而不去研究事物的道理。但在阳明看来，本心不离事物，事物之理不可能在意识之外。人是意会的存在，知识是意念实化的知识，行动是意念实化的行动，意、知、行一体，人不可能因为意识到自己要存养本心就忘记了事物的道理。事物的道理不能离开心意而单独存在，所谓心外无物、心外无事。心的本体就是人性；人性就是天理。所以有孝敬父母的心，就有孝敬父母的道理；没有孝敬父母的心，就没有孝敬父母的道理。有对君主忠诚的心，就有忠君的道理；没有忠于君主的心，就没有忠君的道理。天理难道存在于本心之外吗？朱熹先生说："人之所以要学习，就是因为有心和理的存在。心虽然主导着人的身体，但实际上掌控着天地万物的道理；道理虽然分散在万事万物之中，但实际上都存在于人心中。"他这样把心和理先分开再结合起来，就难免导致学者们患上把心与理分为两个东西的弊病。后世学者之所以会有"一味探求存养本心，于是遗忘了事物中的道理"的担忧，正因为不知道本心就是天理。朱子分开心和理，阳明认为心与理本然一体，即心意与理行一体。没有孝、忠之心意，即无孝和忠之知、之理、之行。心与意皆通天而不分，人生即意念流行，意念流行处有知，意念实化处有行，皆不可分。在心外探求事物的道理，就会有暗昧而不明白的地方：这实际上就是告子主张"义"在外的观点，孟子因此批评他不懂得什么是"义"。心意与物不分，心意通天皆实。不存在单纯涵养心意的可能，把心意理解为空荡荡的存在，以为理在心外，就大谬不然，因为这样就忘却心之中即含万化之理。"心"是一个整体，从它贯穿全体人的恻隐之心的情感来说，可以称之为"仁"，从它合乎时宜恰当来说，可以称之为"义"，从它能够思索清楚条理来说，可以称之为"理"。不能在心外探求仁，不能在心外探求义，难道唯独可以在心外探求理吗？在心外探求天理，这就是知与行被分为两截的原因。在自己的心中探求天理，这是圣人知行合一的教诲，您还有什么可以疑虑呢？心通于天，发于人情为仁爱之意，发于时宜为义，自有其条理为理。[1] 阳明用心良苦，试图说明所谓全体人内在都有的恻隐之心、天良之知。一切仁爱理义，皆与心发动的意不可分，心发为意，意行为知，实意为行，皆为一体。

【135】天本心母，天开意显

来书云："所释《大学》古本，谓'致其本体之知'，此固孟子尽心之旨。朱子亦以虚灵知觉为此心之量。然尽心由于知性，致知在于

---

[1] 陈立胜借鉴脑神经科学"神经镜像元"概念，为"恻隐之为生存结构"提供"共享状态"的证据。参陈立胜：《"恻隐之心"、"他者之痛"与"疼痛镜像神经元"——对儒家以"识痛痒"论仁思想一系的现代解释》，载《社会科学》2016年第12期。

格物。"

"尽心由于知性，致知在于格物"，此语然矣。然而推本吾子之意，则其所以为是语者，尚有未明也。朱子以"尽心、知性、知天"为"物格知致"，以"存心、养性、事天"为"诚意、正心、修身"，以"夭寿不贰、修身以俟"为知至仁尽、圣人之事。若鄙人之见，则与朱子正相反矣。夫"尽心、知性、知天"者，生知安行，圣人之事也。"存心、养性、事天"者，学知利行，贤人之事也。"夭寿不贰，修身以俟"者，困知勉行，学者之事也。岂可专以尽心知性为知，存心养性为行乎？吾子骤闻此言，必又以为大骇矣。然其间实无可疑者，一为吾子言之。

夫心之体，性也；性之原，天也。能尽其心，是能尽其性矣。《中庸》云"惟天下至诚为能尽其性"，又云"知天地之化育""质诸鬼神而无疑，知天也"，此惟圣人而后能然，故曰"此生知安行，圣人之事也"。存其心者，未能尽其心者也，故须加存之之功；必存之既久，不待于存而自无不存，然后可以进而言尽。

盖"知天"之"知"，如知州、知县之"知"。知州，则一州之事皆己事也；知县，则一县之事皆己事也。是与天为一者也；事天，则如子之事父、臣之事君，犹与天为二也。天之所以命于我者，心也，性也。吾但存之而不敢失，养之而不敢害，如"父母全而生之，子全而归之"[1]者也。故曰"此学知利行，贤人之事也"。至于"夭寿不贰"，则与存其心者又有间矣。存其心者，虽未能尽其心，固已一心于为善，时有不存，则存之而已。

今使之"夭寿不贰"，是犹以夭寿贰其心者也。犹以夭寿贰其心，是其为善之心犹未能一也。存之尚有所未可，而何尽之可云乎？今且使之不以夭寿贰其为善之心，若曰死生夭寿皆有定命，吾但一心于为善，修吾之身，以俟天命而已，是其平日尚未知有天命也。事天虽与天为二，然已真知天命之所在，但惟恭敬奉承之而已耳。若俟之云者，则尚未能

---

[1]　语出《礼记·祭义》："天之所生，地之所养，无人为大，父母全而生之，子全而归之，可谓孝矣；不亏其体，不辱其身，可谓全矣。"

真知天命之所在，犹有所俟者也，故曰"所以立命"。"立"者，"创立"之"立"，如"立德""立言""立功""立名"之类，凡言"立"者，皆是昔未尝有，而今始建立之谓，孔子所谓"不知命，无以为君子"[1]者也。故曰"此困知勉行，学者之事也"。

今以"尽心、知性、知天"为格物致知，使初学之士、尚未能不贰其心者，而遽责之以圣人生知安行之事，如捕风捉影，茫然莫知所措其心，几何而不至于"率天下而路"[2]也！今世致知格物之弊，亦居然可见矣。吾子所谓"务外遗内，博而寡要"者，无乃亦是过欤？此学问最紧要处。于此而差，将无往而不差矣！此鄙人之所以冒天下之非笑，忘其身之陷于罪戮，呶呶其言，有不容已者也。

【意】您来信说："您所解释的《大学》古本称'致知是对心之本体的认识'，这本来确实通于孟子'尽心'之说的主旨。朱子也把虚灵知觉看作是心的量度。但是，'尽心'还必须通过认知天性，而认知天性还需要通过格物。"

您说"'尽心'还必须通过认知天性，而认知天性还需要通过格物"，这句话当然是对的。然而我仔细推究您的意思，您之所以这么讲，还是因为有不明白的地方。朱熹先生把"尽心、知性、知天"看作是格物致知，以为"存心、养性、事天"是"诚意、正心、修身"，将"夭寿不贰，修身以俟"看作是认识的最高境界、仁爱的顶点，是圣人才能做的事业。如果依我的观点来看，就和朱熹先生正好相反。"尽心、知性、知天"，天生就能知道，安命而行，这是圣人的层次。"存心、养性、事天"，通过学习而知道，有所利而行动，这是贤人的层次。"夭寿不贰，修身以俟"，在困顿中学习而知道，勉力地去实践，这是学者的层次。圣人心意自然通天，在心意发动处即存养即学习。贤人无论心意通天与否，此生皆努力修意，尽量顺利实践，以趋近最高境界。一般学者只能在困顿当中摸爬滚打

---

[1] 语出《论语·尧曰》："子曰：'不知命，无以为君子也。不知礼，无以立也。不知言，无以知人也。'"

[2] 语出《孟子·滕文公上》："然则治天下独可耕且为与？有大人之事，有小人之事。且一人之身，而百工之所为备。如必自为而后用之，是率天下而路也。"

而有所开悟。怎么能只把"尽心知性"看作认知，而把"存心养性"看作实践呢？您突然听到我这种讲法，肯定又要惊骇了。然而这中间确实没有什么可以怀疑的，让我逐一为您解释清楚。孟子是门径，朱子认为要先格物而后知，但阳明表示反对。其实夭寿不二最简单，行即知，存心养性也是知，跟最高境界都贯通。三阶段不过是知的层次有区别，并没有高低之分。

心的本体就是人性，人性的本源就是天理。能充分识得心，就能充分发挥人的本性了。《中庸》中说"只有天下至诚的人才能充分发挥其本性"，又说"知道天地的生化孕育"，"质询于鬼神预知吉凶而不再有疑问，这就是知天"，这是只有圣人才能达到的层次，所以我说"这是生而知之，安命而行，这是圣人的行事状态"。存养本心，是还不能充分发挥本心，所以必须添加存养的工夫；心性存养的工夫久了之后，等到不需要特地去存养，但本心时刻都自然存养，然后才可以进一步充分发挥心性。对心性相感通的本体要有彻底的意会，心意之发才能自然通于心天之境，达到圣人境界。如果不能彻底意会此心之发皆当合于心天之意，则要勉力为之，努力存养心意发动的原发之境。

"知天"的"知"，就像"知州""知县"的"知"一样。知州是管理一州，则一州之内的事情都是自己的分内事；知县是管理一县，则一县之内的事情都是自己的分内事。"知天"是与天合为一体；"事天"就像子女侍奉父亲、臣下辅佐君主一样，仍然与天分开为两者。上天赋予我们的是本心、本性。我们只有时时存养它们而不敢丧失，涵养它们而不敢伤害，就如"父母全而生之，子全而归之"一样。所以我说这是"通过学习而知道，有所利而行动，属于贤人行事的状态"。至于"不管生命长短都不要心存杂念"，则与存养本心的人又有区别。存养本心的人，虽然未能充分发挥自己的心性，但已经一心向善，偶尔失去本心不能存养，那么就继续存养它就行了。心意本来通天，所以心意发动为知，所知皆与天下万化相通。事天是心意发动与天合一，不是父子、君臣那样的分割理解。养是心意通天之状态，要努力存养之，万不可害之。心意一偏，心天之意即堕入人欲之私，父母为之，心意通天，是人之于天的自然状态，天是心的父母，无论个人在世间生存多久，他的意念在宇宙之间与天下万物关联多久，都要努力地修存最初与天不分的心天之意。

如今要求人"夭寿不贰"，这是以寿命短和长两件事来让人们心生杂念。由于寿命短或长而使得人心不定，是由于他为善之心还不能始终如一。存养本心的能力都还没有达到，怎么能谈论充分发挥心性呢？如今要求人们不因为生命的短长而影响人们去一心一意向善，就好比说死生夭寿都是天命，我只要一心向善，修治我的身性，来等待天命的降临，这是因为他平日还不知道有天命的存在。事天虽然与天区分为二，然而已经真正知道了天命的存在，只是恭恭敬敬地奉承、顺应天命而已。至于"修身以俟"（等待天命降临）之类的说法，是因为他们还没有真正认识到天命的存在，所以仍然在等待天命，所以孟子说"这就是安身立命"。"立"是"创立"之"立"，如同"立德""立言""立功""立名"等的"立"一样，大凡讲"立"的，都是指过去未曾有过，从今开始建立的意思，就是孔子所谓的"不知道天命，不能成为君子"的那种人。所以说"在困顿中勉力而行，属于学者的行事状态"。人天生都有通于天道自然之善的心意底色，一旦意会念念通于天道，即立大本，直到心意通天，才是修养成为君子之时，才可能进入后面学、贤、圣三阶段，犹如从婴儿到儿童和成人三个阶段。

现在把"尽心、知性、知天"看作是格物致知，使得初学者还没有做到心意与认知不分（知行合一）的状态，就急忙以圣人天生就能认知并安于实践的行事状态来苛求他，这就好比捕风捉影，让人茫然不知如何安顿内心，怎能不把天下人带入疲于奔命的境地！当今之世，格物致知的弊端已经显而易见了。您所谓的"只注重外在的学习而忽视内心的存养，博学多识却不得要领"，难道不就正是错在这里吗？这是做学问最关键的地方。在这里出了问题，那么时时处处都会出问题！我之所以冒着天下人的非议和嘲笑，忘记自身陷于罪责刑戮之中，还要喋喋不休，实在是因为这个问题已经刻不容缓了。心天之意的主张不易为常人所悟。心意本来通于天道自然之善，无论一生的寿命长短，人都当时刻努力修为，让心意尽量保持自然通天的状态。这里有一个内在矛盾，如果不以夭寿二其心，则一心一意都是天然的良善之心，阳明认为只有至诚的圣人才能做到，朱子则认为人都可以格物而知性、知心。一般人意识不到自己的心意之发，即念念本然通于天，一旦领悟心意本然皆通达天道，就不难自然而然地顺从天道而为，等待天命开显于当下的意念当中，让心意在反省之中意识到念念皆与天相通。

【136】孝心连亲，良知通理

来书云："闻语学者，乃谓'即物穷理'之说，亦是玩物丧志。又取其'厌繁就约'[1]'涵养本原'[2]数说标示学者，指为晚年定论，此亦恐非。"

朱子所谓"格物"云者，在"即物而穷其理"也。即物穷理，是就事事物物上求其所谓定理者也，是以吾心而求理于事事物物之中，析"心"与"理"而为二矣。夫求理于事事物物者，如求孝之理于其亲之谓也。求孝之理于其亲，则孝之理其果在于吾之心邪？抑果在于亲之身邪？假而果在于亲之身，则亲没之后，吾心遂无孝之理欤？

见孺子之入井，必有恻隐之理，是恻隐之理果在于孺子之身欤，抑在于吾心之良知欤？其或不可以从之于井欤？其或可以手而援之欤？是皆所谓理也。是果在于孺子之身欤？抑果出于吾心之良知欤？以是例之，万事万物之理，莫不皆然。是可以知析心与理为二之非矣。夫析心与理而为二，此告子"义外"之说，孟子之所深辟也。"务外遗内，博而寡要"，吾子既已知之矣，是果何谓而然哉？谓之玩物丧志，尚犹以为不可欤？

若鄙人所谓致知格物者，致吾心之良知于事事物物也。吾心之良知，即所谓天理也。致吾心良知之天理于事事物物，则事事物物皆得其

---

[1] 语本朱熹《与刘子澄》："近觉向来为学，实有向外浮泛之弊；不惟自误，而误人亦不少。方别寻得一头绪，似差简约端的，始知文字言语之外，真别有用心处，恨未得面论也。"收入王阳明辑录的《朱子晚年定论》。参黎业明：《王阳明传习录校笺》，第148页。

[2] 语出朱熹《答吕子约》："文字虽不可废，然涵养本原而察于天理人欲之判，此是日用动静之间，不可顷刻间断底事。"收入王阳明辑录的《朱子晚年定论》。参黎业明：《王阳明传习录校笺》，第148页。

理矣。致吾心之良知者，致知也。事事物物皆得其理者，格物也。是合心与理而为一者也。合心与理而为一，则凡区区前之所云，与朱子晚年之论，皆可以不言而喻矣！

【意】您来信说："听您对学生说，'即物穷理'的学说就是玩物丧志。又从朱熹先生的学说中选取'厌繁就约''涵养本原'等几种观点标出来展示给学生们看，并认为这是朱子晚年定论，（我认为您）这样做恐怕也不正确。"

朱熹先生所说的"格物"，意思是"接触事物并且穷究其道理"。所谓即物穷理，就是从事事物物上探求其固有的道理，这是以我的心去探求万事万物当中蕴含的道理，这就把心与天理分析为两个事物了。在事事物物上探求道理，就好比说在父母身上探求孝敬的道理。在父母身上探求孝敬的道理，那么孝敬的道理到底是在我的心中呢，还是在父母的身上呢？假如真的在父母的身上，那么父母去世之后，我们的心中是随即就没有孝敬的道理了吗？顾东桥反对阳明所谓朱子晚年定论，不认为格物穷理有阳明批判的严重问题。阳明则认为，一旦区分己心与万物，即分己与物为二，就违背了心天之意那种心与天融为一片的境界了。好比虽然孝顺不能离开父母来讲，但自我与父母一体，孝敬之心意本自通于父母，孝敬之心意不在父母那边，而是在自己心中，孝敬之心意只是心天之意的一种具体化状态。

看见小孩子掉落到井里面，一定会有恻隐同情的心，那么这种同情的心到底是在小孩子的身上呢，还是在我内心的良知上呢？或许不能跟着孩子跳进井里？或者可以伸手把孩子从井里拉上来？这都是所谓的道理。这个道理果真在小孩子身上吗，还是存在于我内心的良知呢？以此类推，万事万物的道理，都是这样的。这就可以知道，把心和天理区分为两个事物是不正确的。把心与理区分为二，这就是告子的"义外"学说，孟子对此曾有过深刻的批判。"只注重外在的学习，而忽视对本心的存养，博学多识却不得要领"的弊病，您既然已经知道这样不对，那您为何还要这样说呢？我说"即物穷理"就是玩物丧志，您还认为不对吗？见孩子入水而良心发动，迅速冲过去救，完全是非反思的、不待思考的。于连（François Jullien）反复用"油然而生""自发"来描述"恻隐"，将之与卢梭的"怜悯心"类比，强调恻隐之心"先于任何思考"。[1] 于连把恻隐之心理解为"前理性"的本能反应，在时间上"先于"理性的认知和判断，甚至视为理性未及介入之前的本能性反应。其实，孟子的论述恰恰超越了这样的看法，在见孺子入井而恻隐之心发动这一过程之中，如果没有理性，人不可能做出孩子已经在危险之中需要立即施救的理性判断，并立即跑过去救。

耿宁（Iso Kern）借助胡塞尔意识现象学区分两种"同情"，即"为他者的不幸处境而苦"与"为他者的受苦而苦"，前者关乎他者的事实处境，后者则须体验他者的痛苦感受。应该说，"危难处境"是事实描述，"受苦"则是情感体验。耿宁认为，孟子关于恻隐的论述更多是关于"危难处境"，因为"孺子将入井"时，小孩子并没有觉察到危险的发生，也没有大人的那种感知和判断带来的危险与痛苦感受。[2]

如我所说的格物致知，是将我们本心的良知推广到事事物物上。我们本心的良知，就是所谓天理。把我本心良知所包含的天理推行到事事物物上，那么万事万物就都得到它们自身的道理了。推究我们内心的良知，就是致知的功夫。使万事万物都得到各自的道理，就是格物的功夫。这是将心与天理合为一体的说法。把心与理合为一，那么凡是我前面所讲的，以及我所谓朱子晚年的言论，就都可以不言而喻了！心中良知本来通天，自然应万物之化。良知即相通于天理，即相通于万化。将吾心之心天之意通达于具体的事事物物，则事事物物本来通于心天之意的状态就自然澄明了，即事物在意中自然澄明，类似于海德格尔的说法。这种说法还是分我与物，其实良知通于天理、万化，即是物我一体。让心天之意发用自然流行于事事物物上，即致知。让事事物物本来的心天之意，自然澄明于意中，即格物。心理一体，即心物合一。

---

[1]　弗朗索瓦·于连：《道德奠基——孟子与启蒙哲人的对话》，宋刚译，北京大学出版社，2002年，第3、17页。

[2]　耿宁：《孟子、斯密与胡塞尔论同情与良知》，陈立胜译，载《世界哲学》2011年第1期。

【137】意作天事，德性之知

来书云："人之心体本无不明，而气拘物蔽，鲜有不昏。非学问思辨以明天下之理，则善恶之机、真妄之辨，不能自觉。任情恣意，其害有不可胜言者矣。"

此段大略似是而非，盖承沿旧说之弊，不可以不辨也。夫问、思、辨、行[1]，皆所以为学，未有学而不行者也。如言学孝，则必服劳奉养，躬行孝道，然后谓之学。岂徒悬空口耳讲说，而遂可以谓之学孝乎？学射，则必张弓挟矢，引满中的；学书，则必伸纸执笔，操觚染翰[2]。尽天下之学，无有不行而可以言学者，则学之始固已即是行矣。笃者，敦实笃厚之意，已行矣，而敦笃其行，不息其功之谓尔。盖学之不能以无疑，则有问，问即学也，即行也；又不能无疑，则有思，思即学也，即行也；又不能无疑，则有辨，辨即学也，即行也。辨既明矣，思既慎矣，问既审矣，学既能矣，又从而不息其功焉，斯之谓笃行，非谓学、问、思、辨之后而始措之于行也。是故以求能其事而言谓之学；以求解其惑而言谓之问；以求通其说而言谓之思；以求精其察而言谓之辨；以求履其实而言谓之行。盖析其功而言则有五，合其事而言，则一而已。此区区心理合一之体、知行并进之功，所以异于后世之说者，正在于是。

今吾子特举学、问、思、辨以穷天下之理，而不及笃行，是专以学、问、思、辨为知，而谓穷理为无行也已。天下岂有不行而学者邪？岂有不行而遂可谓之穷理者邪？明道云："只穷理便尽性至命。"故必仁极仁，而后谓之能穷仁之理；义极义，而后谓之能穷义之理。仁极仁，则尽仁之性矣；义极义，则尽义之性矣。学至于穷理，至矣，而尚未措之于行，天下宁有是邪？是故知不行之不可以为学，则知不行之不可以

---

[1] 邓艾民本和黎业明本都没有"学"字。参邓艾民注：《传习录注疏》，第101页。黎业明：《王阳明传习录校笺》，第150页。

[2] 意为提笔作文。觚（gū）是古人书写时用的竹简。翰是笔。

为穷理矣；知不行之不可以为穷理，则知知行之合一并进，而不可以分为两节事矣。

夫万事万物之理不外于吾心，而必曰穷天下之理，是殆以吾心之良知为未足，而必外求于天下之广，以裨补增益之，是犹析心与理而为二也。夫学、问、思、辨、笃行之功，虽其困勉至于人一己百，而扩充之极，至于尽性知天，亦不过致吾心之良知而已。良知之外，岂复有加于毫末乎？今必曰穷天下之理，而不知反求诸其心，则凡所谓"善恶之机，真妄之辨"者，舍吾心之良知，亦将何所致其体察乎？吾子所谓"气拘物蔽"者，拘此蔽此而已。今欲去此之蔽，不知致力于此，而欲以外求，是犹目之不明者，不务服药调理以治其目，而徒怅怅然求明于其外，明岂可以自外而得哉？"任情恣意"之害，亦以不能精察天理于此心之良知而已。此诚毫厘千里之谬者，不容于不辨，吾子毋谓其论之太刻也。

【意】您来信说："人的心体本来无不光明，然而由于气的阻隔，被物欲蒙蔽，很少有不昏沉茫昧的。如果不借助博学、审问、慎思、明辨的工夫来明白天下的道理，那么善恶的原因、真假的分辨都不能够自然觉察。就会放纵情感、恣意妄断，那么所产生的危害就无法用言语来描述了。"

以上这段话大部分似是而非，大概是继承了各种陈旧学说的弊端，在这里我不能不辨析清楚。审问、慎思、明辨、笃行，都是求学的步骤，没有学习了却不去实践行动的。比如说学习孝顺，就必须勤劳服侍奉养父母，亲身践行孝敬的道理，然后才能称之为学习孝道。难道只是夸夸其谈空口说说，就可以称之为学习孝道吗？学习射箭，就必须亲自拉弓上箭，拉满弓并且射中靶心；学习书法，就必须铺开纸张，提笔蘸墨。穷尽天下的学习，没有不实践就可以被称作学习的，所以学习的开始本来就是实践。笃就是踏实、认真、笃厚，已经行动了，而又踏实、敦厚地实践，不让功夫间断的意思。学习不可能没有疑惑，所以就要详细地询问，询问就是学习，也就是实践；询问之后又不可能没有疑惑，那么就需要思考，思考就是学习，也就是实践；思考了可能还有疑惑，那么就需要明辨，辨析就是学习，也就是实践。辨析清楚了，思考也很谨慎了，询问也很周密了，学习也有所得了，继续不间断地用这些工夫，这就叫作笃行，而不是说在博学、审问、慎思、明辨之后，才开始下手去实践。所以，从追求有能力做某事的角度而言称作学习；从追求能解答疑惑的角度而言称作询问；从贯通理解学说的角度而言称之为思考；从深入考察、精细明辨的角度而言称之为辨析；从踏实履行的角度而言称之为笃行。分析它们具体的功效而言，有五个名称，综合起来看则就只是一件事。这就是我所讲的心与天理合一的本体，知和行并进的工夫，和后世（朱熹先生）学说的不同之处就在这里。学即行，知即行，学和知都是意念发动而行（意行）。意念发动，意（识）与知觉和行动不可分开。比如，主体在行动中学习孝道，在心意发动之处行孝，孝意识的知觉和行动是一体的。如果没有真心实意的言说和行动，就谈不上在学习、知觉、实践孝道。可见，学习即在行动中实践，修意即在行动中反复体会意念的分寸。学、问、思、辨、行皆是对意念的反省、审问、深思、辨察、化行（化为行动）的自我反省式的考察，皆不能离开心天之意作为根本性参照来琢磨反思。换言之，学、问、思、辨、行都不能离开修意的行动和实践性功夫，正是在这个意义上，心天之意不仅是意识，而且是行动；换言之，心天之意（识）即心天之意（行）。

现在您特别列举出博学、审问、慎思、明辨来穷究天下的道理，唯独不提切身实践，这是只把博学、审问、慎思、明辨看作认识活动，而不认为穷理也包含实践活动。天下哪有不实践而学习的呢？哪有不行动就能称之为穷尽了道理的呢？程明道说："只要穷尽事理，就可以充分发挥扩充天性，从而达到对天命的体认。"所以必须在实践中达到仁爱的最高境界，才能称之为穷尽了仁爱的道理；在实践中达到义的最高境界之后，才能称之为穷尽了义的道理。达到仁爱的极致境界，就能充分发挥仁爱的天性；达到义的极致境界，就能充分实现道义的本性。通过学习达到穷尽事理的极致境界，却还没有着手实践，天下哪有这种道理呢？所以知道不践行就不能学习，也就知道了不践行就不能穷尽事物的道理；知道不践行就不可以穷尽事物之理，也就知道知行必须合一并进，而不可以把它们分为两件截然不同的事。心意通于天理，须是心天之意自然发动，便是对本性的深切体察，也是展示和延续自己本然的命运。心意所发皆为仁人之意，意念皆在仁人之境中，所以本性通天之意可以自然发挥出来，而心意的发用皆合于自然条理。知与行都是意的显现，三者合一；或者说，觉知与行动都是心天之意（识）的不同面向。

既然万事万物的道理并不存在于我们的心外，而又一定要说穷尽天下的事理，这恐怕是因为我们本心的良知还不充分，才必须向外追求天下广大事物的道理，用以补充增益我们心中良知的不足，这仍然是把心与理辨析为两个不同的东西。博学、审问、慎思、明辨、笃行的工夫，虽然困勉之人要付出比别人多出百倍的努力，但是努力扩充到了极点，以至于彻底发挥人的本性，进而知晓天命，充其量也不过是使我们本心的良知得以圆满罢了。在良知之外，难道还要再增加一丝一毫其他东西吗？如今一定要说穷尽天下的道理，而不知道反求于自己的本心，那么通常所谓"善恶的萌芽、真假的辨析"，如果舍弃了我们本心的良知，又怎么能体认清楚呢？您所谓的"被气拘执，被外物蒙蔽"，都是受这种观点的拘束和蒙蔽。如今想要根除这一弊病，却不知道在这本心良知上发力，却想要向外探求，这就好比眼睛看不清的人，不专门服药调理以治好眼睛，而只是徒劳地向眼睛外面探求以期明目，眼睛的明亮和外在的光明又怎么可能从眼睛外面来获得呢？"肆意放纵情感和意志"的危害，也是因为不能从本心的良知去深刻体察天理。这些真是毫厘之差就可能导致千里之谬的地方，容不得我们不详细辨析清楚，请您不要认为我这样论辩太过苛刻了。心天之意本自俱足，求理于外终需反观自心，但自心之中的心天之意圆满融澈，与万化圆融无碍。良知本自俱足，本自通达天下万物之理。良知即心天之意，一切外物的善恶，在本心的良知上可以辨析明白，也就在本心通于天道自然之善的本然状态中，物和事都自然澄明起来，如镜映物。

心天之意照物，则与心意相通之事、人所做的事情的善恶自然得以分辨。哪怕盲人眼睛看不清，似乎世界没有光明，但盲人的心意本来通天，盲人也可以于自省中确认与常人一样的世界本体。所以，阳明学是于当下意念中反省自察之学，和眼睛是否看到、耳朵是否听到并没有直接的关系。这是让心天之意自然流行的学问，接近于张载"德性之知，不萌于见闻"，可是一般人理解的意皆逐于具体之物，而很难理解到意念本身通天、即意所作的"天事"之维度。意之作即意念之实化，是意实化为事，与事并进又合一，因为心灵之光是来自天良意识（德性之知）本来有光，与具体的见闻能力、见闻的对象之物都没有关系。

【138】意作于物，转物为事

来书云："教人以致知明德，而戒其即物穷理，诚使昏暗之士深居端坐，不闻教告，遂能至于知致而德明乎？纵令静而有觉，稍悟本性，则亦定慧无用之见，果能知古今，达事变，而致用于天下国家之实否乎？其曰'知者意之体，物者意之用'，'格物如格君心之非之格'，语虽超悟独得，不蹈陈见，抑恐于道未相吻合。"

区区论致知格物，正所以穷理，未尝戒人穷理，使之深居端坐而一无所事也。若谓即物穷理，如前所云"务外而遗内"者，则有所不可耳。昏暗之士，果能随事随物精察此心之天理，以致其本然之良知，则"虽愚必明，虽柔必强"，大本立而达道行，九经之属可一以贯之而无遗矣，尚何患其无致用之实乎？彼顽空虚静之徒，正惟不能随事随物精察此心之天理，以致其本然之良知，而遗弃伦理，寂灭虚无以为常，是以要之不可以治家国天下。孰谓圣人穷理尽性之学而亦有是弊哉？

心者身之主也，而心之虚灵明觉，即所谓本然之良知也。其虚灵明觉之良知，应感而动者谓之意。有知而后有意，无知则无意矣。知非意之体乎？意之所用，必有其物，物即事也。如意用于事亲，即事亲为一物；意用于治民，即治民为一物；意用于读书，即读书为一物；意用于听讼，即听讼为一物。凡意之所用，无有无物者，有是意即有是物，无是意即无是物矣。物非意之用乎？

"格"字之义，有以"至"字训者，如"格于文祖"[1]、"有苗来格"[2]，

---

[1]　《尚书·舜典》。

[2]　《尚书·大禹谟》。

是以"至"训者也。然"格于文祖",必纯孝诚敬,幽明之间,无一不得其理,而后谓之"格";有苗之顽,实以文德诞敷而后格,则亦兼有"正"字之义在其间,未可专以"至"字尽之也。如"格其非心""大臣格君心之非"之类,是则一皆"正其不正以归于正"之义,而不可以"至"字为训矣。且《大学》"格物"之训,又安知其不以"正"字为训,而必以"至"字为义乎?如以"至"字为义者,必曰"穷至事物之理",而后其说始通。是其用功之要,全在一"穷"字;用力之地,全在一"理"字也。若上去一"穷"、下去一"理"字,而直曰"致知在至物",其可通乎?夫"穷理尽性",圣人之成训,见于《系辞》[1]者也。苟"格物"之说而果即"穷理"之义,则圣人何不直曰"致知在穷理",而必为此转折不完之语,以启后世之弊邪?

盖《大学》"格物"之说,自与《系辞》穷理大旨虽同,而微有分辨。"穷理"者,兼格致诚正而为功也,故言"穷理",则格致诚正之功皆在其中;言"格物",则必兼举致知、诚意、正心,而后其功始备而密。今偏举"格物"而遂谓之"穷理",此所以专以"穷理"属"知",而谓"格物"未尝有"行",非惟不得"格物"之旨,并"穷理"之义而失之矣。此后世之学所以析知、行为先后两截,日以支离决裂,而圣学益以残晦者,其端实始于此。吾子盖亦未免承沿积习,见则以为"于道未相吻合",不为过矣。

【意】您来信说:"您教育学生致良知而明德性,却反对他们从事物上穷究天理,难道让那些糊涂、昏暗、不明的人,深居简出,呆傻端坐,不听各种教导告诫,他们这样就能够达到致知而明德吗?即便他们在静坐的时候有所觉悟,稍稍能够领悟到人的本性,那也是佛教定慧之类无用的见解,难道真的能够通晓古今,通达世事变化,从而在治理国家的各项事务中发挥实际效用吗?您所说的'良知是意念的本体,事物是意念作用之所在','格物'的'格'就像格(端正)君王心之是非的'格',您说的这话虽然显示出超绝的悟性,确实独具心得,不拘泥于成见,但

---

[1]　"穷理尽性以至于命"出自《说卦》,不在《系辞》。

恐怕和圣人之道不相吻合吧。"

我所谈论的格物致知，正是要教人穷尽事物的道理，从来没有教人不去穷尽事物的道理，更没有让人深居简出，无所事事地端坐在那里。如果说到在事物上穷究天理，像前面谈到的只追求外在的学习而忽视向内存养本心，就不合适了。道理不明的人，如果真能在万事万物上随时随处体察本心蕴含的天理，以发掘人心本然之良知，那么"即使愚蠢的人也必定会变得聪明，即使柔弱的人也必定会变得强大"，确立了根本，常道就可以畅行，《九经》之类的具体方法可以一以贯之而不会有遗漏，你还用担心他没有经世致用的实际效用吗？那些顽固地坚持虚空灵静的佛道弟子，正是因为不能随着事物去精心体察本心所蕴含的天理，从而发现他们心中本然的良知，所以才会抛弃伦理道德，把实现寂灭虚无的状态当作正常现象，所以他们不能齐家、治国、平天下。谁说圣人穷尽天理、充分发挥天性的学问也有这样的弊病呢？顾东桥反对阳明解释"格物"如"格心"，担心只是在心上做工夫，而不及于具体的物，如果是那样的话，阳明心学就只是抽象的形而上学，而不是具体的形而上学。恰恰相反，阳明心学是具体形而上学，因为阳明的意向性是及物的，阳明的心是通天的，是不被气所拘执限制的，是可以通晓古今，通达世变，进而治理国家的。

阳明的格物致知要在心意发动处做功夫，但未尝离却事物，所以不是单纯地只在心上做功夫。换言之，心学意向性并不止于观念的境界，而是可以及物的，是"作"而非"述"的，是时刻创世的，是成事的。意之本体通天即可觉知而有知识，意之发用接于事物，即物在意中存续生养。万事万物本来皆有心天之意，皆可为意所领会，所以意向性时刻作用于事物本身。正因为心学意向性是及物的，所以心意通天可达日月之明。意境若阴暗，可以化为光明、通向未来；意能若柔弱，可转向刚强。关键在于持意修行的意能，如果修意的意能足够强大，就可以在万物之化中体察心天之意的实存，即意向性不仅及物，而且可以直觉性地感悟到"自在之物"（thing-in-itself）的层次，即意向性之境（意境）融合万化，意识发动之前的先天意境，本来就寂静地通达天地万物。

心是身体的主宰，而心的虚灵明觉状态，就是人心本然之良知。虚灵明觉的良知，随外物感应而发动的称作意念。有良知才有意念，没有良知就没有意念。良知不是意念的本体吗？意念发作处必有相应的物，认知这些物就是事情。比如意念作用于奉养父母双亲上，那么奉养父母双亲就是一件事情；意念作用于治理人民上，那么治理百姓就是一件事情；意念作用于读书上，那么读书就是一件事情；意念作用于听讼上，那么听讼就是一件事情。凡是意念作用到的地方，不可能没有相应的物，有什么样的意念，就会有什么样的物，没有什么样的意念，就不会有什么样的物。物难道不是意念的作用吗？阳明的意是心所发之念，即使只是在心意发动的意义上理解me，流行的意识流也不仅是意识之流，而是意识流本身具有与天相通的、本体性的维度。阳明之意即意本论所谓念，是心之所发，而意本论的意不仅是心所发，也是心未发的状态，所以不仅是感物而动的念头，而且是一切心行未发的状态，即意识本体的状态。

如是，则意本论的意不仅有发用的念，而且有本体的意。意本论的意与知不知无关，与感知无关，是类"德性之知"那样超越具体感官知觉的本知、本意。这种意本体状态，无论心体觉与不觉、知与不知，意本体都通达天地万物。意本论与万物之间的关系，就是"冲漠无朕，万物森然"，时刻"寂然不动，感而遂通"。意本体或隐或发，隐则"同归于寂"，发则尽量中节而和。可见，有本体的、寂然的意，也有心开之意、已发的意，近于一般的念。

意时刻在"作"而流行，所以是时刻及物的。意作用于物，则转物为事。当物的自然之意为意向性所激发，意向性就能够及于物而成"事"。如此，意向性自然时刻与事和物都有关系，因事皆意之所成，物乃意之实化，事和物都是意之用。天下的事与物都是意之照，即意向性之所照。人时刻用意观照事和物，这种意念之照，就是意向性可以及于"自在之物"。这种及物的、通天的意向性，不仅能够及物、转物为事，而且时刻有反思、反省的能力。如此，意向性不仅是单向度的、向外投射的及物意识之"作"，同时也是向内的反思、反观意向性本身的自身意识，是内观、自证的意识之"作"。

"格"字的含义，有的用"至"来解释，比如"格于文祖""有苗来格"的"格"，其中的"格"都可以用"至"来解释。然而"格于文祖"必须真心孝顺、诚信敬服，对阴阳两世幽暗与光明之间的道理，没有不通晓的，然后才能称之为"格"；苗人愚昧顽劣，只有着实用文德去教化他们之后才能叫作"格",所以"格"字兼有"正"字的意思,不能仅仅用"至"字来完全解释清楚"格"的含义。比如"格其非心""大臣格君心之非"这些当中的"格",都是"纠正其不正确,而使它归于正确"的意思,就不能用"至"来解释了。况且《大学》中对"格物"的解释,又怎么能知道它不能用"正"字来解释,而必须用"至"字来解释呢?如果用"至"字来解释,则必须说"穷尽事物的道理",这种说法才说得通。因此用功的关键全在一个"穷"字上;用功的对象都在一个"理"字上。如果前面取消掉一个"穷"字,后面去掉一个"理"字,而只说"致知在至物",难道说得通吗?"穷理尽性"是圣人原本的讲法,在《周易·说卦》中就曾出现。如果"格物"确实就是"穷理"的意思,那么圣人为什么不直接说"致知在穷理",而一定要拐弯抹角说这些不完整的话,以引起后世的弊病呢?格物即意识发动之后,不仅往外照射,而且向内照射,因为意向性可以有自我反省、自我纠正的能力。这说明,意念生发有其特殊反省机制,格物就是心上反省、反思通于万物的心,所以意向性才能不仅向外及物、转物为事,研究物而成事,而且可以向内反省成为自身意识,内观内心活动,感通意识层层叠叠的内景,又时刻与天下之事与物都感格相通。这都是因为格心之"心"不是认识心,而是本体心,即心通物论之心、心物融通之心。换言之,意本论的心意及物,故心即是物,心就是事,所以心上用功,便是物上用功,同时转物成事。

《大学》的"格物"之说与《说卦》中"穷理"的主旨虽然相同,但有细微的区分。"穷理"包含了格物、致知、诚意、正心等功夫,所以讲"穷理",就要把格物、致知、正心、诚意的工夫都包括在其中;谈到"格物"就必须同时讲致知、诚意、正心,然后格物的功夫才算完备和严密。现在单讲"格物"就认为是"穷理",这就是专门把"穷理"看作是"知"(认知、认识),而认为"格物"不包括"行"(实践),这就非但没有领会"格物"的宗旨,而且连"穷理"的本来意思都一并丢失了。这就是后世学者之所以把认知和行动区分为先后两截,使其一天天支离破碎,而圣人之学也就日渐残缺、晦暗、不明,其根源其实就在这里。您大概未免因循继承过去的说法,所以认为我的学说"与圣人之道不相吻合"，也就情有可原了。阳明认为顾东桥的说法是继承朱子旧说，不太能够理解自己的新说法。格物之诚不能离开意念实化之功，而意识实化需要基于心通物论，而不是心物两分的常识性认识论。借助现象学意向性的反思、反省机制，可以涵摄意哲学心意通天的问题。反省、反思的意向性本身就是反省与心相通的物、与意相通的事，而心物和意事本然一体。如此一来，格心就是格物，也是格事。这种意通于天的，心物、意事融通的境界，借用康德认识论的说法，代表认识能力的意向性已经不再停留在理性划定的认知边界上，而是推进到所谓"自在之物"的境界，即超越具体见闻、感知的"德性之知"层面了。

【139】意本天诚，用魄澄明

来书云："谓致知之功，将如何为温清、如何为奉养，即是'诚意'，非别有所谓'格物'，此亦恐非。"

此乃吾子自以己意揣度鄙见而为是说，非鄙人之所以告吾子者矣。若果如吾子之言，宁复有可通乎！盖鄙人之见，则谓意欲温清、意欲奉养者，所谓"意"也，而未可谓之"诚意"。必实行其温清奉养之意，务求自慊而无自欺，然后谓之"诚意"。知如何而为温清之节，知如何而为奉养之宜者，所谓"知"也，而未可谓之"致知"。必致其知如何为温清之节者之知，而实以之温清；致其知如何为奉养之宜者之知，而实以之奉养，然后谓之"致知"。温清之事，奉养之事，所谓"物"也，而未可谓之"格物"。必其于温清之事也，一如其良知之所知，当如何为温清之节者而为之，无一毫之不尽；于奉养之事也，一如其良知之所知，当如何为奉养之宜者而为之，无一毫之不尽，然后谓之"格物"。

温清之物格，然后知温清之良知始致；奉养之物格，然后知奉养之良知始致：故曰"物格而后知至"。致其知温清之良知，而后温清之意始诚；致其知奉养之良知，而后奉养之意始诚：故曰"知至而后意诚"。此区区"诚意、致知、格物"之说盖如此。吾子更熟思之，将亦无可疑者矣。

【意】您来信说："您所说的致知的工夫，就是如何去关心父母冬温夏凉，如何奉养父母，也就是'诚意'，不是另外有一个所谓的'格物'，这种说法恐怕也不正确吧。"

这是您用自己的想法去揣度我的观点才这么说，但不是我所要告诉您的话的本意。如果真像您所说的，难道能够讲得通吗！我的看法是，想要去关心父母冬温夏凉、想要去奉养父母的念头，就是所谓的"意"，但不能称之为"诚意"。必须切实实化了关心父母冬温夏凉和奉养父母的意念，并且务求自己对此感到愉快、满意，没有违心和自欺，然后才能称之为"诚意"。*诚意即真诚地通达心天之意的内在维度得以充分地展示和发用。意念发动使心天之意的内在维度得到实化，才算致知。欲意之意是意识只是想着要做某事，但并未达到诚意或让意念实化的状态，也就是缺乏反身意识参与的意识状态。实化意念要求自己内心的心天之意在反省当中得到彰显，并且自然流露出来才行。*

知道怎么去关心父母冬温夏凉的具体方法，知道怎么去奉养父母最合适，这是所谓的"知"，但尚不能称之为"致知"。必须把知道如何关心父母冬温夏凉的知去推行，确实做到关心父母的冬温夏凉；把知道如何奉养父母才适宜的知去推行，实实在在地去奉养父母，然后才能称之为"致知"。冬温夏凉方面的事情，奉养方面的事情，是所谓的"物"，但不能称为"格物"。必须对于冬温夏凉方面的事情，完全按照人的良知所知，应当如何关心父母冬温夏凉的做法去做，没有一丝一毫不尽心；对于奉养父母的事情，完全按照良知所知，应当如何奉养父母以达到合适，然后着实去做，没有一丝一毫不尽心，然后才可以称为"格物"。

父母冬温夏凉方面的事情得到了端正，然后使父母冬温夏凉的良知才算得以呈现；奉养父母的事物得到了端正（格），然后知道奉养父母的良知才算得以呈现（致），*格物、致知都是意念的心天之意维度得到澄明、展示、实化，既用意也用魄力，即如何让心天之意尽量澄明的努力。*所以《大学》里说"物格而后知至"。把知道冬温夏凉的良知去推行，然后使父母冬温夏凉的意念才能真诚，把知道奉养父母的良知去推行，然后奉养适宜的意念才能真诚，所以《大学》说"知至而后意诚"。我对"诚意、致知、格物"的大致理解就是这样。您再深思熟虑一下，应当也不会有什么好疑惑的了。心学强调动机论，但并不完全排斥效果论。本段针对朱子的问题，对明朝中期知而不行的弊端，落实到身心效果来评判。

【140】知而立作，意作成业

来书云："道之大端，易于明白，所谓'良知良能，愚夫愚妇可与及者'。至于节目时变之详，毫厘千里之谬，必待学而后知。今语孝于温清定省，孰不知之？至于舜之不告而娶[1]、武之不葬而兴师、养志养口[2]、小杖大杖[3]、割股[4]庐墓[5]等事，处常处变、过与不及之间，必须讨论是非，以为制事之本，然后心体无蔽，临事无失。"

"道之大端易于明白"，此语诚然。顾后之学者，忽其易于明白者而弗由，而求其难于明白者以为学，此其所以"道在迩而求诸远，事在易而求诸难"[6]也。孟子云："夫道若大路然，岂难知哉？人病不由耳！"[7]

---

[1] 语出《孟子·万章上》："万章问曰：'诗云："娶妻如之何？必告父母。"信斯言也，宜莫如舜。舜之不告而娶，何也？'孟子曰：'告则不得娶。男女居室，人之大伦也。如告，则废人之大伦，以怼父母，是以不告也。'"

[2] 语出《孟子·离娄上》："曾子养曾皙，必有酒肉。将彻，必请所与。问有余，必曰'有'。曾皙死，曾元养曾子，必有酒肉。将彻，不请所与。问有余，曰：'亡矣。'将以复进也。此所谓养口体者也。若曾子，则可谓养志也。事亲若曾子者，可也。"

[3] 语出《孔子家语·六本》："曾子耘瓜，误斩其根。曾皙怒，建大杖以击其背，曾子仆地而不知人，久之有顷，乃苏，欣然而起，进于曾皙曰：'向也参得罪于大人，大人用力教，参得无疾乎？'退而就房，援琴而歌，欲令曾皙而闻之，知其体康也。孔子闻之而怒，告门弟子曰：'参来勿内。'曾参自以为无罪，使人请于孔子。子曰：'汝不闻乎，昔瞽瞍有子曰舜，舜之事瞽瞍，欲使之未尝不在于侧，索而杀之，未尝可得，小棰则待过，大杖则逃走，故瞽瞍不犯不父之罪，而舜不失烝烝之孝，今参事父委身以待暴怒，殪而不避，既身死而陷父于不义，其不孝孰大焉！'"

[4] 割股是古时候孝子割下自己身上大腿的肉来奉养父母的故事，陈荣捷先生考证甚详。参陈荣捷：《王阳明〈传习录〉详注集评》，重庆出版社，2022年，第165页。

[5] 古人在父母或师长逝世之后，服丧期间，在墓旁搭盖小屋居住，守护坟墓，称为庐墓。

[6] 《孟子·离娄上》。

[7] 《孟子·告子下》。

良知良能，愚夫愚妇与圣人同。但惟圣人能致其良知，而愚夫愚妇不能致，此圣愚之所由分也。

节目时变，圣人夫岂不知？但不专以此为学。而其所谓学者，正惟致其良知，以精察此心之天理，而与后世之学不同耳。吾子未暇良知之致，而汲汲焉顾是之忧，此正求其难于明白者以为学之蔽也。夫良知之于节目时变，犹规矩尺度之于方圆长短也。节目时变之不可预定，犹方圆长短之不可胜穷也。故规矩诚立，则不可欺以方圆，而天下之方圆不可胜用矣；尺度诚陈，则不可欺以长短，而天下之长短不可胜用矣；良知诚致，则不可欺以节目时变，而天下之节目时变不可胜应矣。毫厘千里之谬，不于吾心良知一念之微而察之，亦将何所用其学乎？是不以规矩而欲定天下之方圆，不以尺度而欲尽天下之长短，吾见其乖张谬戾，日劳而无成也已。

吾子谓"语孝于温清定省，孰不知之"，然而能致其知者鲜矣。若谓粗知温清定省之仪节，而遂谓之能致其知，则凡知君之当仁者，皆可谓之能致其仁之知；知臣之当忠者，皆可谓之能致其忠之知。则天下孰非致知者邪？以是而言，可以知"致知"之必在于行，而不行之不可以为致知也，明矣。知行合一之体，不益较然矣乎？

夫舜之不告而娶，岂舜之前已有不告而娶者为之准则，故舜得以考之何典、问诸何人，而为此邪，抑亦求诸其心一念之良知，权轻重之宜，不得已而为此邪？武之不葬而兴师，岂武之前已有不葬而兴师者为之准则，故武得以考之何典、问诸何人，而为此邪，抑亦求诸其心一念之良知，权轻重之宜，不得已而为此邪？使舜之心而非诚于为无后，武之心而非诚于为救民，则其不告而娶与不葬而兴师，乃不孝、不忠之大者。而后之人不务致其良知，以精察义理于此心感应酬酢之间，顾欲悬空讨论此等变常之事，执之以为制事之本，以求临事之无失，其亦远矣。其余数端，皆可类推，则古人致知之学，从可知矣。

【意】您来信说："圣人之道的主旨容易明白，就像您所谓的'良知良能，即使普通的人都有可以明白的地方'。至于具体程序和世事变化的详细内容，则毫厘之差会导致千里之谬，必须等到学习后才能知道。

如今讲孝顺要做到关心父母的冬暖夏凉，早晚向父母请安，这样谈论孝道谁不明白呢？至于舜不请示父母就娶妻，武王没有安葬父亲文王就兴师讨伐商纣，曾子赡养父亲是遵从父亲的意愿，而曾元赡养父亲只是让父亲活命，父亲用小杖打则应该承受、用大杖打则应该逃走，割股疗亲，结庐守墓等内容，如何应对常规与变化，在过头与不及之间如何取舍，必须讨论一个是非对错，作为处理事务的根本原则，然后人的心体才能不被蒙蔽，遇到事情时才能没有失误。”

"圣人之道的主旨容易明白"，这句话说得很对。反观后世学者，忽视易于明白的大道理不去遵循，却追求学习那些难于明白的东西作为学问，这就是"圣人之道就在不远的地方，而偏偏向远不可及的地方去探求，事情实在简易，却偏偏要使之复杂化"。孟子说："圣人之道就像宽广的大路，怎么会难以认识呢？人的毛病在于不去遵循和探究罢了！"在拥有良知良能上，普通的愚夫愚妇和圣人都是一样具有的。只是圣人能够呈现（致）他的良知，而普通的愚夫愚妇不能呈现，这就是圣人和普通人有区别的根源。顾东桥认为需要找到一个绝对的、确定的标准，阳明认为那样想就机械了。道本通心，心意发作本来就通于道，如果人不能反省而自己觉知心意本乎天意，当下的意识就会逐物而流失本来通天的底色。人当遵循圣人之道，走向天良之知开示的阳光大道，让心天之意成为每一念头的底色，可是常人却难以自明、自觉自身意向性的丰富维度，既难以明白意向性是及物的，又对意向性本身带着天意深感犹疑。于是，只有开悟的、明意之人才能于意念发作之时，反观、自省其意向性本来通天的境界。可见，常人时刻修心修意，不是向着外在的标准、教条或者人格神去修炼自己的精神，而是让心意通天的境域成为当下意念发作的基础性境域。

礼仪的具体细目随着世事发展而变化，圣人怎么可能不知道？只是不去专门当作学问而已。圣人所称作的学问，正是呈现（致）各自的良知而已，以深刻地认识此心蕴含的天理，因而与后世所谓的学问不同。您不花时间去推致良知，而念念不忘为这些细节发愁，这正是去追求那些难于明白的东西并当作学问，从而受到蒙蔽。良知对于具体的仪节细目随着世事变化的具体内容，就好像规矩尺度对于方圆长短一样。具体仪节细目随着世事变化，难以预先确定，就像方圆长短的变化无穷无尽一样。所以规和矩作为标准一旦确立，那么是方是圆自然就无法造假，而天下的方圆也就根本用不完了；尺度一旦设定，长和短就明明白白了，天下的长短也就量不完了；良知一旦呈现、展开，那么各种仪节细目和时事变化就呈现无遗，天下各种仪节细目和时事变化就都能自如应付了。差之毫厘就会谬以千里，如果不在我本心的良知（心天之意）的细微处审视，那么所学的东西又有什么用呢？如果想不依照规与矩就确定天下的方和圆，不依照尺度就想度量穷尽天下的长和短，我认为这是乖张的荒谬言论，只会日益劳神累心而毫无收获。强调要在心意发动之中，体察心天之意的活泼与实存。只要天良之知发动，就能够觉知心天之意本来通于万物变化，即心中良知本来通于心天之意的内在维度或外在境遇。

您说"讲孝顺要关心父母的冬暖夏凉，早晚请安，谁不知道呢"，然而能够在孝顺的时候呈现良知的人却很少。如果认为粗略知道冬暖夏凉、早晚请安的礼节细目，就认为足以呈现他的良知，那么凡是知道应当仁慈爱人的君主，都可以说他能够呈现仁爱的良知；凡是知道应当忠诚的臣下，都可以说他能够呈现忠诚的良知了。那么天下还有谁不能呈现（致）良知呢？由此可知，前面讲的"致知"的关键在于践行，而不践行就不能称为致知的道理，就是显而易见的。知行合一的本体，不也更加清楚了吗？要真诚实践、知行合一才算致良知，这有后果论的意味。如果只是觉知了就是致良知，那么似乎每个人修到觉知境界就在致良知，可是，仅仅有所觉知而做不到知行合一，其实还是不能算致良知。这里从义理上、逻辑上当然有知和行分开的判断在其中，至少有些人有觉知，也算知道天理了，但如果没有跟上行动，就说不上知行合一。可见，知行合一是针对一般人觉知而不行动的弊病，强调致良知就是要自省明白了天良之知之后，要立即念念推致出来，让心意之发皆在通天之意境当中。换言之，人不能只是觉知，而要做事，否则就是知而不行，停留在观念和意识的世界当中，不跟客观的、真实的、实践的世界发生关联。阳明强调要知行合一，就是知而立"作"，即一旦觉知到关于天理的意识，就要立即"作"（实化）出来，化为行动。可见，实意就是"作"意，也就是作"业"，此"业"指的是"意业"的实化状态。

至于舜不告诉父母就娶妻，难道是舜把他之前就已经有的不告诉父母而娶妻的事例当作准则，所以舜得以引证某本经典，询问某些人，从而才那样去做吗，抑或是探求他内心的天地良心（良知），权衡轻重利弊得失，才不得已那样去做呢？周武王没有安葬父亲文王就兴师讨伐商纣，难道是武王之前就已经有过不安葬就兴师讨伐的准则，所以武王可以引证某本经典，询问某些人，才那样去做吗，抑或是他探求自己的本心的天良之知，权衡轻重利弊得失，不得已才那样去做呢？假使舜在心里不是真诚地担心没有后代，武王在内心不是真诚地要拯救人民于水火之中，那么舜的不告父母就娶妻和武王不安葬父亲就兴师讨伐，都是天下最不孝不忠的典型表现。后世的人不努力呈现（致）其天良之知，不在人心感应外物的各种应酬中去深刻体察认识天理的实存，反而就想凭空讨论事情变化的常规与权变，以此作为处理事务的依据和原则，以期在临时处理任何事务时都不会出现失误，这样想也实在太过离谱了吧。其余几件事情的解释，都可以此类推，那么古人致其天良之知的学问，从此就可以知道了。天良之知不在身外，可在内心时刻体察天理。这里的良知又走向动机论，只要良知发动，就不要太在意后果，哪怕后果不忠不孝，但良知发动忠诚孝顺最为重要，可见是典型的动机论。应该说，阳明的说法里面，效果论和动机论二者都存在，但以动机论为主。即使强调意念真诚，也就是真诚去付诸实践的动机，才能有实践出来的效果，在这个意义上，良知的效果论也可以归入良知必须真诚呈现才能知行合一的动机论。真正的良知是天良之知，是舜和武王选取最佳方案，按照天良来行动，而不是按照世俗的要求来行动的天地良心。天良是通于天下人心的合理本然之态，需要人去体察意念之中的心天之意的维度；天良也是一种本然的境遇，即心意以天为境。

【141】天良体作，用于事业

来书云："谓《大学》'格物'之说专求本心，犹可牵合；至于《六经》《四书》所载'多闻多见'[1]、'前言往行'[2]、'好古敏求'[3]、'博学审问'、'温故知新'[4]、'博学详说'[5]、'好问好察'[6]，是皆明白求于事为之际，资于论说之间者，用功节目，固不容紊矣。"

"格物"之义，前已详悉；牵合之疑，想已不俟复解矣。至于"多闻多见"，乃孔子因子张之务外好高，徒欲以多闻多见为学，而不能求诸其心，以阙疑殆，此其言行所以不免于尤悔，而所谓见闻者，适以资其务外好高而已。盖所以救子张多闻多见之病，而非以是教之为学也。夫子尝曰："盖有不知而作者，我无是也。"[7]是犹孟子"是非之心，人皆有之"之义也。此言正所以明德性之良知，非由于闻见耳。若曰"多闻择其善者而从之，多见而识之"[8]，则是专求诸见闻之末，而已落在第二义矣，故曰"知之次也"。夫以见闻之知为次，则所谓知之上者，果安所指乎？是可以窥圣门致知用力之地矣。夫子谓子贡曰："赐也，汝

---

[1] 语本《论语·为政》："多闻阙疑，慎言其余，则寡尤；多见阙殆，慎行其余，则寡悔。"意思是，要多听各种言论，有怀疑的地方先放在一旁不说，其余有把握的，也要谨慎地发表意见，这样就可以减少过失；要多观察，有危险的事情先放在一旁不做，其余有把握的，也要谨慎地采取行动，就能减少后悔。

[2] 《周易·大畜》象辞："君子以多识前言往行，以畜其德。"意思是君子学习大山包天的蓄藏能力，多多学习识记古圣先贤的佳言善行，培养积聚自己的仁德。

[3] 语本《论语·述而》："我非生而知之者，好古，敏以求之者也。"意思是孔子说自己不是生来就有知识的人，而是爱好钻研古代的文化，勤奋敏捷地去追求知识的人。

[4] 语本《论语·为政》："温故而知新，可以为师矣。"意思是如果在温习以往的知识见闻时，能够体会和知觉新的见识和道理，就可以当老师了。

[5] 语本《孟子·离娄下》："博学而详说之，将以反说约也。"

[6] 语本《中庸》："舜好问而好察迩言。"意思是，舜帝喜欢向人请教问题，又善于体察分析身边人的话语里的含义。

[7] 语出《论语·述而》。

[8] 语出《论语·述而》。

以予为多学而识之者欤？非也，予一以贯之。"[1]使诚在于"多学而识"，则夫子胡乃谬为是说，以欺子贡者邪？"一以贯之"，非致其良知而何？《易》曰："君子多识前言往行，以畜其德。"夫以畜其德为心，则凡多识前言往行者，孰非畜德之事？此正知行合一之功矣。

"好古敏求"者，好古人之学，而敏求此心之理耳。心即理也；学者，学此心也；求者，求此心也。孟子云："学问之道无他，求其放心而已矣。"[2]非若后世广记博诵古人之言词，以为好古，而汲汲然惟以求功名利达之具于其外者也。"博学审问"，前言已尽。"温故知新"，朱子亦以"温故"属之"尊德性"矣[3]。德性岂可以外求哉？惟夫"知新"必由于"温故"，而"温故"乃所以"知新"，则亦可以验知行之非两节矣。"博学而详说之者，将以反说约也。"若无"反约"之云，则"博学详说"者，果何事邪？舜之"好问好察"，惟以用中而致其精一于道心耳。道心者，良知之谓也。君子之学，何尝离去事为而废论说？但其从事于事为、论说者，要皆知行合一之功，正所以致其本心之良知，而非若世之徒事口耳谈说以为知者，分知行为两事，而果有节目先后之可言也。

【意】您来信说："您认为《大学》'格物'学说的意思是专门探求本心，还可以勉强说得过去；但至于《六经》《四书》上所讲的'多闻多见''前言往行''好古敏求''博学审问''温故知新''博学详说''好问好察'，这些很明显都是在处世之中探求，在论辩之中而求得的，下功夫的内容和次序实在容不得紊乱啊。"

"格物"的含义，前面已经详细介绍过了；您觉得牵强符合的疑虑，应该也不需要我再重复解释什么了。至于"多闻多见"，乃是因为孔子看到子张追求外物，好高骛远，仅想以多闻多见作为学问，而不能于本心（的天良之知）上认真存养，因为一点缺失就怀疑危险，因此子张的

---

[1] 语出《论语·卫灵公》。

[2] 《孟子·告子上》。

[3] 语本《朱子语类》卷六十四。

言语行为难免有过失和悔恨，而他所谓"多闻多见"，恰恰助长了他好高骛远的气焰而已。所以孔子的话是为了纠正子张多闻多见的毛病，并非教他要通过多闻多见去求学。孔子曾经说："有人自己不懂却能凭空创作（什么都不知道却敢于瞎说），我可没有这样的本事（不是这种人）。"正如孟子所说"是非之心，人皆有之"一样。这些话正是为了阐明人的德性所具有的天良之知并非从见闻中来。至于孔子所谓"多多学习，选择其中好的部分加以遵行，多多地看，然后把正确的部分记在心里"则是专门探求见闻的细枝末节，而这样已经落在第二层含义了，所以孔子说这是"次一等的知识"。如果以通过见闻获得知识是次要的学问，那么所谓上一层次的知指的又是什么呢？由此可以看出圣人教人致知用功的地方。孔子对子贡说："端木赐啊，你以为我是通过博学多闻才知道的吗？不是这样的，我是将圣人忠恕之道一以贯之的。"假使真的可以"多学习而获得知识"，那么孔子为什么讲出这样的谬论，难道是为了欺骗子贡他们吗？"一以贯之"，不是推致天良之知又能是什么呢？《周易·大畜卦》说："君子多识前言往行，以畜其德（君子多记住前人的话、过去的行为，以涵养自身的德性）。"如果以积蓄涵养德性为目的，那么凡是更多记住前贤言论和过往行为的人，哪一个不是在做积蓄涵养德性的事情呢？这正是知行合一的工夫。人的德行良知本来通于天道自然之善，等于"继之者善"。人有能力于意念发动处自省心天之意的内在维度，并持之不失。前言往行皆过往圣人心天之意的积累，如果汲取之，则可以增进自己的道德。天良之知跟感官知觉的所闻所见无关，跟各种现实条件也没有关系，因为天良，所以与是非通天、感天有关，与人事变化、时空条件基本没有关系。可见，天良之知接近于"德性之知"，即与见闻无关的、先验的觉知状态，却可以"感而遂通"，即可以感通所有的经验。可见，"天良之知"和"德性之知"都是阳明知行合一之教的根基，天良的德性之"体"可以"作""用"于所有行动之"事"与"业"。

所谓"好古敏求"，就是喜好古人的学说，并迅速而勤奋地探求此心之天理而已。人心就是天理；学就是学习存养这个本心；探求就是追求这个本心。孟子说："学问的道理和方法没有别的什么，只不过追求那个放逐出去了的心而已。"不像后世学者广泛记诵古人的言辞，自以为这就是好古，而实际上却念念不忘地追求功名利禄等身外之物而已。"博学审问"，前面已经讲清楚了。"温故知新"，朱熹先生也认为"温故"属于"尊德性"。德性难道可以向本心之外去探求吗？"知新"必须通过"温故"，而"温故"正是为了"知新"，这也正好可以证明，知与行并不是两截工夫。"广博地学习，详细地解说，是为了达到能够回来精练地阐述宗旨和大义的程度。"如果没有"反约"的说法，那么"博学详说"又到底是为了什么呢？舜的"好问好察"，也只是用未发之中，（中正平和地）使心意发动都达到至精至纯的道心状态而已。道心就是天良之知。君子涵养其学问，什么时候离开过处理事务的实践、抛弃过讲学论辩呢？他们所从事的应对事务的实践、言谈、讲学、论辩的活动，都要遵循知行合一的工夫，这正是呈现他们本心的天良之知，而不像后世学者只把空谈作为知识，把认知和实践分开成为两件事，从而才有用功细目的次序、先后等说法。在本体上，心与天本来就通，此所谓心即理、心即天；在意本论就是意即理、意即天。换言之，意本论的"意"之发动皆通于心天之意，是纯粹澄明、无法遮蔽的。

【142】作即创造，超越绝望

来书云："杨[1]、墨之为仁义，乡愿[2]之乱忠信，尧、舜、子之[3]之禅让，汤、武、楚项之放伐[4]，周公、莽、操之摄辅[5]，谩无印正，又

---

[1] 杨朱是战国初期道家哲学的代表人物，主张"贵生""重己""为我"。

[2] 语出《论语·阳货》："乡愿，德之贼也。"意思是，圆滑的好好先生（表面上看似维护道德，）其实才是真正败坏道德的人啊。

[3] 子之是战国时燕王哙的相，哙让位给子之，结果燕国大乱。

[4] 商汤讨伐夏桀，放逐夏桀于南巢，周武王讨伐商纣于牧野，楚王项羽先立楚怀王为义帝，后来又放逐且杀害他，自立为西楚霸王。

[5] 周武王过世后，周成王年幼，武王之弟周公旦摄政辅佐周成王。王莽开始作为汉相，后来篡汉自立，国号"新"。曹操为汉相，尊汉献帝，挟天子以令诸侯，后来其子曹丕篡汉自立，国号"魏"。

焉适从？且于古今事变，礼乐名物，未尝考识，使国家欲兴明堂[1]、建辟雍[2]、制历律、草封禅[3]，又将何所致其用乎？故《论语》[4]曰'生而知之'者，义理耳。'若夫礼乐名物、古今事变，亦必待学而后有以验其行事之实'，此则可谓定论矣。"

所喻杨、墨、乡愿，尧、舜、子之、汤、武、楚项、周公、莽、操之辨，与前舜、武之论，大略可以类推。古今事变之疑，前于良知之说，已有规矩尺度之喻，当亦无俟多赘矣。

至于明堂、辟雍诸事，似尚未容于无言者。然其说甚长，姑就吾子之言而取正焉，则吾子之惑将亦可少释矣。夫明堂、辟雍之制，始见于吕氏之《月令》、汉儒之训疏，《六经》《四书》之中，未尝详及也。岂吕氏、汉儒之知，乃贤于三代之贤圣乎？齐宣之时，明堂尚有未毁，则幽、厉之世[5]，周之明堂皆无恙也。尧、舜茅茨土阶，明堂之制未必备，而不害其为治；幽、厉之明堂，固犹文、武、成、康之旧，而无救于其乱，何邪？岂能"以不忍人之心，而行不忍人之政"，则虽茅茨土阶，固亦明堂也，以幽、厉之心，而行幽、厉之政，则虽明堂，亦暴政所自出之地邪？武帝肇讲于汉，而武后盛作于唐，其治乱何如邪？天子之学曰辟雍，诸侯之学曰泮宫[6]，皆象地形而为之名耳。然三代之学，其要皆所以明人伦，非以辟不辟、泮不泮为重轻也。

孔子云："人而不仁，如礼何？人而不仁，如乐何！"[7]制礼作乐，必具中和之德，声为律而身为度者，然后可以语此。若夫器数之末，乐工之事、祝史之守。故曾子曰"君子所贵乎道者三。……笾豆之事，则

---

[1] 明堂是古代天子祭祀、朝见诸侯、宣明政教的地方。

[2] 辟雍也作"璧雍"，是古代天子为教育贵族子弟设立的大学。

[3] 封禅指古代帝王祭祀天地的礼仪。

[4] 黎业明本为"故释《论语》者曰"，参《王阳明传习录校笺》，第162页。

[5] 周幽王和周厉王，都是西周的暴君。

[6] 泮（pàn）宫，西周时期诸侯设置的学校。

[7] 《论语·八佾》。

有司存也[1]"。[2]尧命羲和,"钦若昊天,历象日月星辰"[3],其重在于"敬授人时"也;舜在"璇玑玉衡"[4],其重在于"以齐七政"也。是皆汲汲然以仁民之心而行其养民之政,治历明时之本,固在于此也。羲、和历数之学,皋[5]、契未必能之也,禹、稷未必能之也,"尧、舜之知而不遍物",虽尧、舜亦未必能之也。然至于今,循羲、和之法而世修之,虽曲知小慧之人、星术浅陋之士,亦能推步占候而无所忒。则是后世曲知小慧之人,反贤于禹、稷、尧、舜者邪?

"封禅"之说,尤为不经,是乃后世佞人谀士,所以求媚于其上,倡为夸侈,以荡君心而靡国费。盖欺天罔人,无耻之大者,君子之所不道,司马相如[6]之所以见讥于天下后世也。吾子乃以是为儒者所宜学,殆亦未之思邪?

夫圣人之所以为圣者,以其生而知之也。而释《论语》者曰:"生而知之者,义理耳。若夫礼乐名物,古今事变,亦必待学而后有以验其行事之实。"[7]夫礼乐名物之类,果有关于作圣之功也,而圣人亦必待学而后能知焉,则是圣人亦不可以谓之生知矣!谓圣人为生知者,专指义理而言,而不以礼乐名物之类,则是礼乐名物之类无关于作圣之功矣。圣人之所以谓之生知者,专指义理而不以礼乐名物之类,则是学而知之

---

[1] 原文无"也"字。

[2] 《论语·泰伯》:"曾子有疾,孟敬子问之。曾子言曰:'鸟之将死,其鸣也哀;人之将死,其言也善。君子所贵乎道者三:动容貌,斯远暴慢矣;正颜色,斯近信矣;出辞气,斯远鄙倍矣。笾(biān)豆之事,则有司存。'"意思是,曾子病重,(鲁国大夫)孟敬子(仲孙捷)前来看望。曾子对他说:"鸟将要死的时候,它发出的叫声悲惨凄凄;人将要死的时候,他说出的话充满善意。在位的君子应当重视礼仪之道的三个方面:待人处事时要注意容貌举止,这样可以避免别人对你粗暴与怠慢;要端正面色和神情,这样他人才会尽可能相信你;言辞和语气要稳重,这样就能避免别人对你粗野顶撞。至于祭祀和礼节仪式方面的细节,自有主管这些事务的官吏会负责。"

[3] 语出《尚书·尧典》:"乃命羲和,钦若昊天,历象日月星辰,敬授人时。"

[4] 语出《尚书·舜典》:"正月上日,受终于文祖。在璇玑玉衡,以齐七政。"

[5] 皋是皋陶(yáo),相传为舜时掌管刑罚的官员。

[6] 司马相如(前179—前117),字长卿,汉成都人,西汉著名文学家,曾有文章谈论封禅。

[7] 朱熹《论语集注·述而》引尹焞(tūn)语:"盖生而可知者义理耳。"

者，亦惟当学知此义理而已。困而知之者，亦惟当困知此义理而已。今学者之学圣人，于圣人之所能知者，未能"学而知之"，而顾汲汲焉求知圣人之所不能知者以为学，无乃失其所以希圣之方欤？凡此皆就吾子之所惑者，而稍为之分释，未及乎"拔本塞源"之论也。

【意】您来信说："杨朱、墨子宣讲的仁与义，乡愿的乱忠信，尧、舜、子之的禅让，商汤、周武王、项羽的流放与杀伐，周公、王莽、曹操的摄政辅佐，这些事情悠久漫长，无从考证，又听谁的呢？更何况古往今来，世事变化，礼乐名物制度，不去考证认识，假如国家要兴建明堂、设立辟雍、制定历法乐律、拟制封禅大典，又将如何发挥作用呢？所以《论语》中说'生而知之'的，是义和理。'至于礼乐名物制度、古今世事变化，必须通过学习，进而在实践中加以验证，看看是否可行'，这句话可以称得上是公理了。"

您所提到的杨朱、墨翟、乡愿、尧、舜、子之、商汤、周武王、项羽、周公、王莽、曹操等人的区分，和前面所谈到的舜和周武王的事例相类似，可以类推。对于古往今来世事变化的疑惑，前面在谈论天良之知的学说时，已经使用了规矩尺度的比喻来说明，这里应该就不必赘述了。

至于建造明堂、设立学校（辟雍）这些事，似乎还不能不说。但是这些事情说来话长，姑且顺着您信中的话来辨正讨论一下吧，这样您的疑惑或许会稍稍减少一些。明堂、学校（辟雍）等制度，最早出现在《吕氏春秋》中的《月令》篇和汉代儒生的注释中，《六经》和《四书》当中都没有详细记载。难道说《吕氏春秋》的作者和汉代儒生们的知识超过了夏商周三代的圣贤们吗？齐宣王的时候，明堂还有些没有被毁弃，由此可知，周幽王、周厉王时代，周朝的明堂应该都还保全完好。尧舜时代住茅草房、土阶梯，明堂的制度应该尚未齐备，但这并不妨碍他们很好地治理天下；周幽王、周厉王时代的明堂，虽然继承了周文王、周武王、周成王、周康王时代的明堂制度，但却没法帮助他们拯救当时治道的混乱，这是为什么呢？这难道不正说明，如果能够"以不忍人的仁爱之心，来施行不忍人的仁爱政策"，那么即便是茅草房、土阶梯，也能够发挥明堂的作用吗？而以周幽王、周厉王的心思来施行他们的暴政，那么尽管有明堂这样的完备制度，可仍然无法避免暴政的产生。汉武帝曾经与臣子们重议设立明堂制度，后来武则天曾毁了乾元殿而修建明堂，他们当时治理的情况又如何呢？天子建造的学校称为辟雍，诸侯设立的学校称为泮宫，都是根据场地的形象来取名的。然而三代时的学校，主旨都在于使人明白人伦纲常秩序，并不把"辟"是否像玉璧、"泮"是否建在水边看得那么重要。人的天良之知（心天之意）能够感通他人在生死之间的苦难，领会所有人在天地之间的同体大悲，这是因为天良之知善于感同身受，自然无法忍受他人的苦难。阳明在龙场的时候，写有《瘗旅文》，说明良知发动必然无法对人间不幸坐视不管，不忍人之心生起，就要付诸行动，也就是致良知。自己天良之知发动，本来无待于具体条件，但因为看到人民受苦受难，所以天良之知不会停止于人我一体的觉知，而且会自然产生难以忍受的情感。

明人伦之通于天，即意会人伦之道本于天道。至于具体的讲学之所，都是随机外缘，本身并不重要。阳明这里强调儒学礼乐教化的核心是儒家圣智之人的心意通天，如此方能大治，而不在外在的事功。

心意明堂是心通于天下的明堂，从治理理政的角度来说，比实际的明堂紧要得多。心意发动时，如果心天之意的维度被遮蔽，那么即使有外在的明堂，也无济于事。可见治理天下的核心，在于领导人保持念念通于心天之意的境界，不可偏离。这也是《论语》"为政以德"要求领导人"思无邪"的关键工夫所在。

孔子说："一个人如果起心动念没有仁爱之意，礼仪对他来说有什么用呢？一个人如果起心动念没有仁爱之意，音乐对他来说有什么用呢！"制礼作乐，必须具备中和的德性，只有声音合乎音律、行为举止合乎法度的人，才能制礼作乐。至于礼乐器具的细节方面，那是乐工和祝史们的工作。所以曾子说："在位的君子应当重视礼仪之道的三个方面。……至于祭祀和礼节仪式方面的细节，自有主管这些事务的官吏会负责。"尧命令羲氏、和氏"观测推算日月星辰的运行情况"，其目的在于"恭敬地把时令告诉老百姓"；舜"观测北斗七星的运行"，目的在于"安排好七种政事"。这都是念念不忘用仁爱之心把爱民之意付诸实践，实施养民的仁政，制订历法、使人知道时令的根本目的都在这里。羲氏、和氏在历法术数方面的知识，皋陶和契也未必比得上，夏禹和后稷也未必具备，（根据《孟子·尽心上》的说法）"尧舜的才智也不能周遍地知晓万物"，即使是尧舜也未必能够做到。然而直到今天，遵循羲、和制定的历法，再进行世世代代的修正和积累，即使那些一知半解、略有点小聪明的人，略懂星象术数的浅陋之人，也能推算历法、占卜天象而没有什么错误。那么难道后世一知半解略有点小聪明的人，反而比大禹、后稷、尧、舜都更加高明吗？贤人努力实现心意通天之中正境界，需要借助仁人之意。通过执守念念仁爱他人之意念并不断用功，才能实现心意通天的境界，这个过程当中，并不排斥接纳自然科学的知识，所以不能把心天之意理解为纯粹道德意味的意识状态，心天之意这种意识状态，对政治和自然科学都是开放的。

帝王筑坛祭天（封禅）的说法，尤其荒诞不经，是后世奸佞之人、阿谀奉承的小人，为了向皇帝献媚，夸大其词，蛊惑君心，浪费国家财产。这大概算得上是祸国殃民、欺天蒙人、最为无耻的行为，君子们耻于谈论，这也就是司马相如被后世所讥讽耻笑的原因。您却以为儒者应当好好学习这些，恐怕没有经过仔细考虑吧？

至于圣人之所以为圣人，是因为他们生而知之。然而朱熹先生解释《论语》的时候说："'生而知之'的人，是从义理角度而言。至于礼乐名物制度、古今世事变化，也必须等学习了然后在实际行动中加以检验才行。"礼乐名物制度之类，如果真的与修成圣人相关，圣人也必须等学习之后才能知道，那么圣人也不可以称得上是生而知之了！之所以说圣人生而知之，只专门就义理来说的，而不包括礼乐名物制度这类知识，因此礼乐名物制度之类的知识与修成圣人的工夫无关。圣人之所以被称作生而知之，专是就义理而言的，不是指礼乐名物制度等，就是那些通过学习才知道的人，也应当通过学习来知道这个义理。在困顿中知道的人，也是在困顿之中学习领悟这个义理而已。当今学者学习圣人，对于圣人能知晓义理，不去"通过学习而获知"，却反而念念不忘地追求获知圣人所不知道的东西，这难道不是迷失了所以希望成为圣人的方向了吗？以上所有这些都是针对您所感到困惑的东西，稍微进行分疏解释，还没来得及讨论"从根本上拔去病根、堵塞病源"的论点呢！常人追求礼乐、名物、制度这些具体的细枝末节，其实是舍本逐末，不能理解根本上意念发作即可达到心天之意的化境。意念发作虽然都是后天生成变化的意念，但离不开意念发动的先天之境；或者说，意识发作本在先天之境，每个人都可在后天意识状态当中去反省、反思自我意识，去内观、觉照、感知圣人般心意通天的维度，让意识发作不被自己的私意遮蔽，可是常人往往自闭通天的意识，难以领悟心意本来通天的境界，如此，常人的意向性其实没有"作"，即没有创造性，而只是日常应付，陷入与日常事务打交道的厌烦、畏惧甚至绝望等情感之中，不可自拔。

【143】意本天良，赤心诚道

夫"拔本塞源"之论不明于天下，则天下之学圣人者，将日繁日难，斯人沦于禽兽夷狄，而犹自以为圣人之学。吾之说虽或暂明于一时，终将冻解于西而冰坚于东，雾释于前而云滃于后，呶呶焉危困以死，而卒无救于天下之分毫也已！

夫圣人之心，以天地万物为一体，其视天下之人，无外内远近，凡有血气，皆其昆弟赤子之亲，莫不欲安全而教养之，以遂其万物一体之念。天下之人心，其始亦非有异于圣人也，特其间于有我之私，隔于物欲之蔽，大者以小，通者以塞，人各有心，至有视其父、子、兄、弟如仇雠者。圣人有忧之，是以推其天地万物一体之仁，以教天下，使之皆有以克其私，去其蔽，以复其心体之同然。

其教之大端，则尧、舜、禹之相授受，所谓"道心惟微，惟精惟一，允执厥中"。而其节目，则舜之命契，所谓"父子有亲，君臣有义，夫妇有别，长幼有序，朋友有信"[1]五者而已。唐、虞、三代之世，教者惟以此为教，而学者惟以此为学。当是之时，人无异见，家无异习，

---

[1]　语出《孟子·滕文公上》。

安此者谓之圣，勉此者谓之贤；而背此者，虽其启明如朱[1]，亦谓之不肖。下至闾井、田野、农、工、商、贾之贱，莫不皆有是学，而惟以成其德行为务。何者？无有闻见之杂、记诵之烦、辞章之靡滥、功利之驰逐，而但使孝其亲、弟其长、信其朋友，以复其心体之同然。是盖性分之所固有，而非有假于外者，则人亦孰不能之乎？

学校之中，惟以成德为事，而才能之异，或有长于礼乐、长于政教、长于水土播植者，则就其成德，而因使益精其能于学校之中。迨夫举德而任，则使之终身居其职而不易。用之者惟知同心一德，以共安天下之民，视才之称否，而不以崇卑为轻重，劳逸为美恶；效用者亦惟知同心一德，以共安天下之民，苟当其能，则终身处于烦剧而不以为劳，安于卑琐而不以为贱。当是之时，天下之人熙熙皞皞[2]，皆相视如一家之亲。其才质之下者，则安其农、工、商、贾之分，各勤其业，以相生相养，而无有乎希高慕外之心。其才能之异，若皋、夔、稷、契者，则出而各效其能。若一家之务，或营其衣食，或通其有无，或备其器用，集谋并力，以求遂其仰事俯育之愿，惟恐当其事者之或怠而重己之累也。故稷勤其稼，而不耻其不知教，视契之善教，即己之善教也；夔司其乐，而不耻于不明礼，视夷之通礼，即己之通礼也。

盖其心学纯明，而有以全其万物一体之仁，故其精神流贯，志气通达，而无有乎人己之分、物我之间。譬之一人之身，目视、耳听、手持、足行，以济一身之用。目不耻其无聪，而耳之所涉，目必营焉；足不耻无执，而手之所探，足必前焉。盖其元气充周，血脉条畅，是以痒疴呼吸、感触神应，有不言而喻之妙。此圣人之学所以至易至简、易知易从[3]、学易能而才易成者，正以大端惟在复心体之同然，而知识技能非所与论也。

三代之衰，王道熄而霸术焻；孔、孟既没，圣学晦而邪说横：教者

---

[1]　朱指丹朱，尧之子。

[2]　熙熙皞皞（hào）：光明祥和的样子。

[3]　语本《周易·系辞上》："乾以易知，坤以简能。易则易知，简则易从。"

不复以此为教，而学者不复以此为学。霸者之徒，窃取先王之近似者，假之于外，以内济其私己之欲，天下靡然而宗之，圣人之道遂以芜塞，相仿相效，日求所以富强之说、倾诈之谋、攻伐之计，一切欺天罔人，苟一时之得，以猎取声利之术，若管[1]、商[2]、苏[3]、张[4]之属者，至不可名数。既其久也，斗争劫夺，不胜其祸，斯人沦于禽兽夷狄，而霸术亦有所不能行矣。

世之儒者，慨然悲伤，搜猎先圣王之典章法制，而掇拾修补于煨烬之余。盖其为心，良亦欲以挽回先王之道。圣学既远，霸术之传积渍已深，虽在贤知，皆不免于习染，其所以讲明修饰，以求宣畅光复于世者，仅足以增霸者之藩篱，而圣学之门墙，遂不复可睹。于是乎有训诂之学，而传之以为名；有记诵之学，而言之以为博；有词章之学，而侈之以为丽。若是者，纷纷籍籍，群起角立于天下，又不知其几家，万径千蹊，莫知所适。世之学者，如入百戏之场，欢谑跳踉、骋奇斗巧、献笑争妍者，四面而竞出，前瞻后盼，应接不遑，而耳目眩瞀、精神恍惑，日夜遨游淹息其间，如病狂丧心之人，莫自知其家业之所归。时君世主亦皆昏迷颠倒于其说，而终身从事于无用之虚文，莫自知其所谓。间有觉其空疏谬妄、支离牵滞，而卓然自奋，欲以见诸行事之实者，极其所抵，亦不过为富强功利、五霸之事业而止。

圣人之学日远日晦，而功利之习愈趋愈下。其间虽尝瞽惑于佛、老，而佛、老之说卒亦未能有以胜其功利之心；虽又尝折衷于群儒，而群儒之论终亦未能有以破其功利之见。盖至于今，功利之毒沦浃于人之心髓而习以成性也，几千年矣。相矜以知，相轧以势，相争以利，相高

---

[1] 管仲（？—前645），名夷吾，字仲，春秋时齐国人，齐桓公时为卿，尊为仲父。协助齐桓公九合诸侯，成为春秋时第一个霸主。

[2] 商鞅（约前390—前338）即公孙鞅，亦称卫鞅。战国时卫国人。当秦相的时候主持变法，为秦国的富强打下基础，以战功封于商地，故称为商鞅。

[3] 苏秦（？—前284），字季子，战国时东周洛阳人。游说诸侯国，力主合纵攻秦。

[4] 张仪（？—前310），战国时魏国人。与苏秦同师鬼谷子，学习纵横术，秦惠文王时为秦相，力主连横，以功封为武信君。

以技能，相取以声誉。其出而仕也，理钱谷者则欲兼夫兵刑，典礼乐者又欲与于铨轴，处郡县则思藩臬[1]之高，居台谏则望宰执之要。故不能其事，则不得以兼其官；不通其说，则不可以要其誉。记诵之广，适以长其敖[2]也；知识之多，适以行其恶也；闻见之博，适以肆其辨也；辞章之富，适以饰其伪也。是以皋、夔、稷、契所不能兼之事，而今之初学小生皆欲通其说、究其术。其称名借号，未尝不曰吾欲以共成天下之务；而其诚心实意之所在，以为不如是则无以济其私而满其欲也。

呜呼！以若是之积染，以若是之心志，而又讲之以若是之学术，宜其闻吾圣人之教，而视之以为赘疣枘凿，则其以良知为未足，而谓圣人之学为无所用，亦其势有所必至矣！

呜呼！士生斯世，而尚何以求圣人之学乎？尚何以论圣人之学乎！士生斯世，而欲以为学者，不亦劳苦而繁难乎？不亦拘滞而险艰乎！

呜呼！可悲也已！所幸天理之在人心，终有所不可泯，而良知之明，万古一日，则其闻吾"**拔本塞源**"之论，必有恻然而悲、戚然而痛、愤然而起，沛然若决江河，而有所不可御者矣！非夫豪杰之士，无所待而兴起者，吾谁与望乎？

【意】"拔本塞源"的论点没有被天下人所知晓，则天下学习圣人之道的人，将会感到越来越烦琐艰难，甚至有些人堕落到禽兽夷狄的状态，却还自以为自己在学圣人的学说。我的学说虽然可能暂时明白于一时，但终究还是刚解了西边的冻，东边的又开始冻结上了，前面疑雾刚刚消散开了，后面的云气又涌聚过来，我就是不顾艰难险阻地喋喋不休，乃至危困至死，也最终难以挽救天下一分一毫！*学习圣人之学的根源核心是意识，不能回复心天之意之本，那么所有功利的目的都是与圣学背离的。圣人之学是本源的、朴素的，是纯粹真诚至极的。*

圣人的本心与天地万物为一体，他们看待天下人，没有内外远近

---

[1] 藩臬：藩指藩司，一省负责官吏的最高官员；臬指臬司，指巡视各省的臬使。

[2] 邓本、黎本皆作"敖"，释为"澳"。

的分别，人人都如自己兄弟儿女一般亲近，都希望他们平安，并且教养他们，以成全实化他们与天地万物为一体的意念。天下人的心，刚开始的时候跟圣人并没有什么差别，只是后来在中间夹杂了个体私欲，被物欲所遮蔽，为公的大心就变成为私的小心，通达的心被堵塞住了，人人各有其私心，以至于有的把自己的父亲、儿子、兄弟都看作仇人一样。圣人对此非常忧虑，因而将他们与天地万物一体的仁爱之意推行到天下，以教化天下百姓，使他们都能够克制自己的私心，去除物欲的遮蔽，以恢复与百姓心意发动本体共生同诚的状态。每个人的本心本来都是不受污染的赤子之心，但常人有私，所以其心天之意的维度蔽而不明，或迷于逐物，对于心天之意缺乏体察领会，其本体上身心一体、主客未分、心物一体的赤子之心也就得不到彰显。可见，分离和二元的看法会遮蔽无对待的赤子之心。

修习心天之意是让意识澄明于当下并真诚通天的修意学问。阳明以孝悌作为心天意识的根基，要做到如好好色、恶恶臭一般，这本是孔子之教。圣人心意全是无对待的心天之意，其意念发动之处，心天之意融通主客，自然贯通天下之物，圆满俱足。似乎万物皆在圣人融贯身心的心天之意当中，自然清澈澄明，犹如天良之知自然呈现。人人皆可领悟念念本乎天机的心天之意，这就是诚意状态，即心意真诚通天的状态，所谓人人心意发动的本体共生同诚的状态，也是人的心意共同合于天道的原发境域性[1]。

圣人们教化的起点，就是尧、舜、禹传授的所谓"道心惟微，惟精惟一，允执厥中"。而它的具体次序细目，就是舜命令契教化百姓的"父子有亲，君臣有义，夫妇有别，长幼有序，朋友有信"这五种伦理道德而已。唐尧、虞舜和夏商周三代之世，教化者只教这些内容，求学者也只学习这些内容。当时，人与人之间没有什么不同意见，家庭与家

---

[1] 这种状态说明人有共通的主观性（inter-subjectivity），即人心之间，会有一种共生的、共通真诚的心意基础。正是这种基础让人的意识能够感通，从而实现跨主体性（trans-subjectivity）。不过，赵汀阳的说法止于"互为主体性"，似乎"跨"只是一种点与点之间的联结，还达不到彼此感通如一体的程度。参赵汀阳：《跨主体性》前言，生活·读书·新知三联书店，2023 年，第 14 页。

庭之间没有什么不同的习俗，生而知之且安心于这种状态的就可称为圣人，通过努力达到这种状态并付诸实践的就可称为贤人；而违背这种状态的，哪怕是像丹朱那样的聪明人，也被称为不肖之徒。下到里巷、田野、市井中从事农工商贾的下层人，也都要学习这些，且只以成就他们的德行为第一要事。这是为什么呢？当时没有繁杂的见闻和记诵的烦恼，也没有泛滥的词章和对功名利禄的追逐，而只是使他们孝顺父母、爱兄敬长、相信朋友，以恢复人共同的本心和天良之知。这是人本性当中本来就固有的，不需要借助于外物，那么，只要是人，又有谁做不到呢？圣人传递的圣道，其实不过是当下一念之中，自己领悟、意识到心意本来通天的意识状态，这就是心天之意，也就是良知（天良之知）。因为天良之知呈现出来就是心意通天的状态，即人的意识发动的本体状态中呈现出通天的维度。这种致良知的功夫，就是让天良之知在日常伦常行为之中时刻呈现，意识无时无刻不回复到或自我意识到先天的、未发的、原初性的赤子之心（天良之知）境域。心天之意其实是无思无虑的，自然而然放下私意就可以回去的，回复心天之意的原初形态，就是致良知（推致天良之知）的核心。

学校以培养人的德性为目的，而人的才能有差异，有的擅长礼乐，有的擅长政事教化，有的擅长水利农事，那么就在各自德性才能的基础上，因材施教，让他们的才能在学校里得到进一步提升、精益求精。等到德性培养完满才分配职务，使他们终身从事自己的职业而不改变。任用他们的人，只要求他们同心同德，以让天下百姓安居乐业，只看他们的才能是否与职位相称，而不以身份地位的高低来衡量，也不以职业的劳逸分好坏；被任用的人也只知道同心同德，齐心协力使天下百姓安居乐业，如果所处的职位与自己的能力相称，那么就终身干劳苦的工作也不觉得辛苦，安于卑下烦琐的工作也不感到低贱。这个时候，天下所有人都光明祥和，好像一家人那样亲近。那些材质低下的人，就安于农工商贾的职业本分，各自在自己的岗位上兢兢业业地工作，互相依存，彼此给对方提供生活必需品，而不会生出攀比虚荣、好高骛远、羡慕外物的念头。那些才能超群的，像皋陶、夔、后稷、契那样的人才，就能脱颖而出，出来做官以贡献发挥自己的才能。整个天下就好像一大家人一样，有的人经营衣服、食物方面的工作，有的人经商互通有无，有的人制造各种器具备用，大家集思广益、群策群力，来实化他们奉养父母、教养妻子儿女的意愿，都唯恐自己做事时有所懈怠而带来损失，让大家遭到自己的拖累，因而都尽心竭力。所以后稷勤劳地耕种，而不会因为自己不懂得教化就感到羞耻，以至于要把契善于教化百姓当作自己似乎也善于教化百姓一样；夔专职于音乐，不会以自己不懂礼仪而感到羞耻，以至于把伯夷精通礼仪拿来伪装自己也精通礼仪。心中充满仁人之意，努力爱人并让天下人开心快乐。仁人之意的德行来自涵养心意发动合于心天之意的维度，帮助心灵之意光明畅达，光耀天下，如有圣意。此意让德性有圣洁的光明，让德行合乎天道之行。如此修得心通天下之人，因有"德"则可以委以重任，所以当勉励大家都努力去实现心通天下的意识境界。

他们的本心都纯洁明澈，全都具有保全天下万物为一体的仁爱之意，所以他们的精神贯通，意志气息通达，而没有人我之分、物我之别。就好像一人的身体，眼睛负责看，耳朵负责听，手负责持拿物品，双脚负责行走，互相协调来达成全身的功能作用。眼睛不会因听不到为耻，当耳朵听到东西的时候，眼睛一定会去关注；脚不会因不能持拿东西为耻，双手将要伸出去触及东西的时候，脚必定也会向前迈进。这是因为人的身体气息条贯畅通，血脉筋骨舒展，因而对各种痛痒、呼吸、感触等，都会作出神妙的反应，连言语也无法描绘[1]。这就是圣人的学问之所以极为简易，容易理解，易于践行的原因，学习容易了，才能就容易培养成功，正是因为宗旨就在于恢复大家共同的心体，而这是各种知识技能所不要讨论的。阳明强调天道自然而然即有生意，如阳光明照万物，

---

[1] 王畿发挥类似的说法较多，比如他觉得良知："不学不虑，乃天所为，自然之良知也。……触机而发，神感神应。……自然之良即是爱敬之主，即是寂，即是虚。""致知议辩"第五段，《王龙溪全集》卷六，第11a页（台北版，第425页）；《王畿集》卷六，吴震编校整理，凤凰出版社，2007年，第137—138页。转引自耿宁：《人生第一等事——王阳明及其后学论"致良知"》，第847—848页。

天下事物皆生机勃勃，儒家从天道之生生提炼出发于人情的仁人之意，及于天下百姓，造福万民，泽被后世，进而仁民爱物，皆因心意通天而不分人我、人物之别。这种心意通天的化境，犹如坤卦六五黄中通理、正位居体，美不胜收之化境，也类似于《周易参同契》修身有成之意丹境界。儒家伦常之善来自心意通天的天道自然之善，即意识对于天道自然之善的本体性领会，进而加以文明化、经典化、实践化。

夏、商、周三代衰落之后，王道败落而霸术昌盛；孔子、孟子过世之后，圣人之学晦暗不明，各种邪说横行于世：传道者不再以圣人之学作为教学内容，求学者也不再以圣人之学作为学习内容。霸者之徒，窃取与先王之道相似的东西，借助于外在的技能来掩盖，以满足自己内心的私欲，天下人一窝蜂跟风般地尊崇他们，圣人的圣道于是就荒芜阻塞了，世人互相模仿效法，每天追求如何富国强兵的学说、倾轧诈骗的权谋、攻打讨伐的阴谋诡计，以及一切欺天蒙人有可能一时得逞的效应，借以猎取声名和利益的学说，像管仲、商鞅、苏秦、张仪这样的人，当时多得数不胜数。时间长了，人们之间互相斗争强夺，为祸不可胜数，这些人们堕落到近于禽兽和野蛮人的状态，但霸道权术很快又行不通了。真正的学问是追求圣人之道的学问（圣学），是心天之意之学，即心通天道之学。可是，大部分人忘却学问之道是通天的正道，转而追逐现实当中身外的名利和权位，也就不能自明本心自然通于天道的圣学，更不知道要在意念发动的根本处用功，导致常人意念发动的状态皆被人欲和私意充斥。虽然历史上大部分时期人们都追求霸道，但霸道从来只能横行一时，不可能取得长久的成功。恒久成功的只能是追求天下和平的王道。王道不是西方战略家所谓的霸道均势之道，而是真正仁爱世人、天下一家的王者大道，这才是长远的政治之道。可见，王者让天道明于人世之间，行王道于天下，才能让天下有道。否则，霸者行霸道于天下，只能让天下失道，纷争无止，暗无天日。

当时的儒者们非常感慨悲伤，搜寻先前圣王的典章制度，从秦始皇焚书毁损的余烬里进行拾掇修补。大概他们的用心，也确实想要挽回先王之圣道。然而圣人之学已经失传太久了，霸术的流传已经积累太深了，即便是贤明睿智的人，也难免不被沾染上，他们对圣学加以讲习修饰，希望光复先圣之道于当世，可是这种努力仅仅是增加了霸道之术的影响力而已，反而圣人之学的门墙，连踪迹都不能再现。因此产生了解释占书的训诂之学，传授者以之博取名声；产生了记诵典籍的学问，记诵者以之炫耀自己的博学；产生了填词作文的学问，修习者语言奢靡华丽，似乎充满文采。诸如此类的学者纷纷纭纭，风起云涌，纷争不断，各立一方，世上不知有多少家，旁门左道，万千门派，摆在面前，不知道走哪条合适。世上的学者就好像进入了上百场戏同时上演的戏院，有的嬉笑跳跃，有的争奇斗巧，有的献媚取悦，四面八方的戏子都跑出来竞争，令人瞻前顾后，应接不暇，以至于有些人耳聋眼花、昏眩不清，精神恍惚，迷惑不解，日夜遨游和沉溺其间，好像丧心病狂的人，不知道自己的家园在何处。当时的君主也都沉迷于此类学问之中，日夜神魂颠倒，终生追逐一些没有实用性的虚文，都不知道自己所讲的到底是什么意思。偶尔有人察觉这些学说的空疏荒谬、支离破碎，进而振聋发聩，奋发图强，想要做一些实在的事业，即使全身心投入，充其量也不过是成就了春秋五国那样富国强兵、建功逐利的五霸功业罢了。阳明承继圣学大道，对当时圣学已经淹没无闻，学道之人不从本心上用功的状况，伤痛欲绝，深感孔子之言如旷世绝响。今日学界之混乱，学者之昏沉，可以说更有过之。今天学者们的心意逐于外物，竞于事功，而不知何以安身立命，所以今天的学者基本都不是阳明意义上追求学问大道的学者，基本都是对圣人之道无感的所谓"学者"。

圣人之学一天天遥远晦暗下去，而各种追功逐利的风气每况愈下。在这期间，有些人虽然也曾被佛、道两家的学说所蛊惑，但佛、道的学说最终并没能战胜他们的功名利禄之心；虽然有人曾经用儒家学说来折中调和，但群儒的观点最终也没能阻止人们对功名利禄的追逐。直到今天，追逐功名利禄的流毒浸入人心，深入骨髓，通过习俗侵害人们积习成性，已经几千年了。人们互相夸耀知识，以权势互相倾轧，彼此争夺利益，以技能相比高下，夺取虚名幻誉。那些出来做官的，掌管钱粮的人则想同时掌管军队和司法，掌管礼乐的人又想负责职官的任命，在郡县做官的，又想爬升到省里当主管人事、财政和司法的高官，位居御史台和谏议大夫的则觊觎宰相的位子。本来不能胜任某事，就不能兼某一官职；不通晓某方面的学说，就不应该以之沽名钓誉。记诵广博恰好助长了人们傲慢的气焰；知识丰富恰好助长了他们实施罪恶；见多识广恰好助长了他们巧言诡辩；文采华丽恰好掩饰了他们的虚伪。因此，皋陶、夔、后稷、契所不能兼行的职事，现在那些初学后生们都想精通其理论、研究其方法。他们借用各种名号，谁都说"我想要成就天下人共同的事业"；但他们真正的心思本意却是，如果不这样标榜、用这样的手段的话，就不能满足他们的私欲。功利之心泛滥，天下圣学不彰，于今为甚，这种说法放到今天仍然适用。阳明对当时堕落世道的描述入木三分，也有自己宦海沉浮的人生历练含在其中。在他看来，自己最紧要的是立言，通过立言来改变世道人心，而立言需要借助儒家经典之言来立。因为佛道避世，所以难以真正改变人心。通常来说，只是那些对功名失意的人才沉迷佛道，可谓逃避功利的实用目的使然，并不是在本心上求正道的追求使然。

哎！以这样的积习熏染，像这样的心胸志向，而且又鼓吹这样的学问技术，当他们听到圣人之教时，自然认为是多余的、累赘迂腐的学说，与其格格不入，他们认为天良之知不足取，认为圣人的学问没有什么实用的效果，也就是形势如此、理所当然了。从本心上自省心天之意这样的学问完全是内化的，且于事功之学看似无直接关系，一般人不知道这种学问才是圣学的大本大源。

哎！生活在这样世道中的人们，又怎么可能去追求圣人之学呢？他们拿什么去讨论圣人之学呢！生活在这样的世道中，那些想要求学的人，不也太过劳苦而艰难吗？不也是阻碍重重而前途艰难吗！

哎！真的可悲啊！所幸的是，天理存在人的内心之中，终究不会泯灭，而良知本然光明，万古永存，如果听到我这番"拔本塞源"的言辞，那些尚有良知的人必定会恻然悲伤，忧戚而痛苦，愤然崛起，像江河决堤一样浩然奔腾，不可抵挡！如果没有那些能够无所顾虑、毅然奋起的豪杰志士，我还能把希望寄托在谁身上呢！人的内心本然通于天地自然之善。黄百锐认为恻隐之心是对他人痛苦当下立即感知的感同身受（同情），人具有当下感知一个对象化的"感受性存在"（sentient being）正在或即将遭受可怕"痛苦"

（suffering）的共情能力。[1] 在阳明的意义上，这种同情心和共情力不是简单原始淳朴的感知，而是带有认知功能的心天之意的行动力，这种觉知当下知行合一的行动，才是"恻隐"，也就是天良之知的实化状态。

---

[1] 参 [美] 黄百锐（David B. Wong），"Is there a distinction between reason and emotion in Mencius?", in *Philosophy East & West* 1, 1991, p. 50。

答周道通 [1] 书

【144】实化意念，不忘初心

吴、曾两生至，备道道通恳切为道之意，殊慰相念！若道通，真可谓笃信好学者矣。忧病中，曾不能与两生细论 [2]，然两生亦自有志向、肯用功者，每见辄觉有进。在区区诚不能无负于两生之远来，在两生则亦庶几无负其远来之意矣。临别，以此册致道通意，请书数语。荒愦无可言者，辄以道通来书中所问数节，略下转语奉酬。草草殊不详细，两生当亦自能口悉也。

来书云："日用工夫只是'立志'，近来于先生诲言时时体验，愈益明白。然于朋友不能一时相离。若得朋友讲习，则此志才精健阔大，才有生意。若三五日不得朋友相讲，便觉微弱，遇事便会困，亦时会忘。乃今无朋友相讲之日，还只静坐，或看书，或游衍经行，凡寓目措身，悉取以培养此志，颇觉意思和适。然终不如朋友讲聚，精神流动，生意

---

[1] 周冲（1486—1532），字道通，号静庵，江苏宜兴人，正德六年（1511）进士，官至唐府纪善。先师从王阳明，后师从湛若水，能够协调王、湛两家学说。

[2] 黎本为"忧病中，曾不能与两生细论"，他本有出入。参黎业明：《王阳明传习录校笺》，第174页。陈荣捷《王阳明〈传习录〉详注集评》中对"忧病"的注释为："嘉靖元年二月阳明之父龙山公卒。故嘉靖三年尚在守三年之丧之中。"基于此，他认为"忧病中会"的"会"应作"曾"。参陈荣捷：《王阳明〈传习录〉详注集评》，第181页。邓艾民《传习录注疏》中也是从家父去世，正处守丧来进行解释的。参邓艾民注：《传习录注疏》，第120页。结合古代的守丧之礼，再结合《传习录》该段的上下文，应该作正处守丧当中，比生病更符合其后文被两生"志""诚"所打动以及传达的意思。

更多也。离群索居之人，当更有何法以处之？"

此段足验道通日用工夫所得。工夫大略亦只是如此用，只要无间断，到得纯熟后，意思又自不同矣。大抵吾人为学紧要大头脑，只是"立志"，所谓"困、忘"之病，亦只是志欠真切。今好色之人，未尝病于困忘，只是一真切耳。自家痛痒，自家须会知得，自家须会搔摩得。既自知得痛痒，自家须不能不搔摩得，佛家谓之"方便法门"。须是自家调停斟酌，他人总难与力，亦更无别法可设也。

【意】吴、曾两位青年学生来到我这里，详细地介绍了你恳切求道的心意，听后使我对你的想念得到了慰藉。像你这样的人，确实可以称得上是笃信好学的人了。我正好在守丧之中，不能与两位青年学生详细谈论，然而两个青年学生也是有志向并且肯用功的人，每次相见都觉得有新的进步。对我而言，实在不应该辜负两位远道而来的诚意，对两位学生来说，我希望没有辜负他们远道而来的用意。临别之时，他们用你的这封来信转达你的致意，请求我写几句话。我此时内心昏乱迷糊，不知道说什么好，于是就以你来信中所问的几个问题，略微解释奉上，算是一个交代。草草写成数语，不太详细，两位学生应当也会向您口头传达我的意思。

您来信说："先生您说平时的工夫只需要'立志'，最近以来，按照先生的教诲时刻加以体察检验，就越来越清楚明白了。然而我任何时候都不能离开朋友。如果有朋友互相讲习研讨，那么我的志向才会更加精明强健、坚定恢宏，才会生意盎然。如果有三五天不和朋友们讲习讨论，就觉得志向微弱，遇到事情就会产生困惑，有时还会忘记志向。我现在在没有朋友们互相讨论的日子里面，每天都只是静坐着，或者看看书，或者随意游逛，凡是眼睛所看、身体所触，都要用来培养这个志向，深刻感觉心情平和适宜。然而终究不如和朋友们一起讨论的时候精神流动，更有生机。对那些离群索居的人，应当采用什么方法来培养志向呢？"

这一段足以证明，你平常的日用工夫确有体会。立志的工夫大概也就是这样去做，只要每天坚持，从不间断，等到工夫纯正熟练后，感受自然会有不同。一般来说，我们求学问之道，最关键的是要"立志"，之所以会有"困惑、遗忘"的毛病，也只是因为志向不够真切。如今喜好美色的人，并没有被困惑和遗忘拖累的问题，就是因为好色的欲望比较真切而已。自己哪里痛哪里痒，自己必须意会清楚，自己也必须能够抓挠得到。既然自己知道了哪里痛痒，自己就不能不抓挠，佛教称之为"方便法门"。所以必须是自己调停斟酌，别人都是很难帮上忙的，也没有其他办法可以借鉴。立志是树立心天之意的志向，在当下意向之中澄明，短暂的澄明并不难，难就难在长久地坚持。一般人需要他人来扶持，一旦陷入孤独，就很难继续明确坚持自己的志向。阳明说从根子上要靠自己自省自为，其实间接否定了前面学说认为需要靠外缘来维持志向的讲法。虽然有同道之人共修，对维持志向当然不错，但持志在根子上只能靠自己。所以，关键在于持守志向，既要真实，又要有魄力。

立志的真实既要实化意念，又要在意念的破中去立，一个人的意念经得起否定，经得起打击，经得起折磨，历经千疮百孔，沧海桑田，仍然初心不改，这样的志向才是真实的。

然意念真实其实还是不够的，意念的实化还需要持续性地坚持，即保持初心之意向、长期坚持的魄力。人在逆境当中，是靠魄力去应对一切负面的能量，所以意念真实还需要强大的魄力来帮扶，这就需要从天地之间借力，因为人自己的心力是非常有限的。立志之人，最难的是持续的魄力，而想保持纯粹的魄力，要有改天换日、向天地自然借力的能力，才能达到像好好色那样自然。从好色的自然状态当中，转化出持守志向的魄力，犹如"炼精化气、炼气化神、炼神还虚"一般。可见，立志从学于圣人之道，这种理智的追求需要天地魄力来帮衬，而想要修炼到如好好色一般天然纯粹的境界，实在并不容易。

【145】有意于无，万物顺至

来书云："上蔡[1]尝问'天下何思何虑'。伊川云：'有此理，只是发

---

[1]　谢良佐（1050—1103），字显道，河南上蔡人，世称上蔡先生，为程门四大弟子之一。

得太早在.'[1] 学者工夫，固是'必有事焉而勿忘'，然亦须识得'何思何虑'底气象，一并看为是。若不识得这气象，便有'正'与'助长'之病。若认得'何思何虑'，而忘'必有事焉'工夫，恐又堕于'无'也。须是不滞于'有'，不堕于'无'。然乎否也？"

所论亦相去不远矣，只是契悟未尽。上蔡之问与伊川之答，亦只是上蔡、伊川之意，与孔子《系辞》原旨稍有不同。《系》言"何思何虑"，是言所思所虑只是一个天理，更无别思别虑耳，非谓无思无虑也，故曰"同归而殊途，一致而百虑，天下何思何虑"。云"殊途"，云"百虑"，则岂谓无思无虑邪？心之本体即是天理，天理只是一个，更有何可思虑得？天理原自寂然不动，原自感而遂通，学者用功，虽千思万虑，只是要复他本来体用而已，不是以私意去安排思索出来。故明道云："君子之学，莫若廓然而大公，物来而顺应。"若以私意去安排思索，便是用智自私矣。"何思何虑"正是工夫，在圣人分上便是自然的，在学者分上，便是勉然的。伊川却是把作效验看了，所以有"发得太早"之说。既而云"却好用功"，则已自觉其前言之有未尽矣。濂溪"主静"之论，亦是此意。今道通之言，虽已不为无见，然亦未免尚有两事也。

【意】您来信说："谢良佐先生曾经问'天下何思何虑'，程颐先生说：'有这个道理，只是这感慨发得太早了。'在学者的工夫上，固然是'必有事焉而勿忘'，但也必须知道'何思何虑'的气象，要结合起来理解才对。如果不明白这个气象，就会产生揠苗助长的毛病。如果明白'何思何虑'，却又忘记了'必有事焉'的工夫，恐怕又会堕入虚'无'的境地。必须既不拘滞在'有'上，又不堕入'无'当中。这样理解对吗？"

您所讲的基本正确，只是还没有完全领悟透彻。谢良佐先生和程颐先生的问答，也只是他们两个人的意思，和孔子《系辞传》原本意思稍有不同。《系辞传》说"何思何虑"，是说所思所虑的只是一个天理，除了天理，就再没有别的可以考虑的了，并不是说没有任何思虑，所以说"同归而殊途，一致而百虑，天下何思何虑"。说"殊途"，说"百虑"，

---

[1]　程颐语，见《河南程氏外书》卷十二。

难道是说没有思虑吗？心的本体就是天理，天理只有一个，哪里还有什么需要思虑的？天理原本寂然而不动，原本受到感应就会通达条畅，学者用功，虽然有千思万虑，也只是要恢复心体本来的本体和功用而已，这不是用自己私自的想法就可以有意安排思索出来的。所以程颢先生说："君子做学问，必须是心胸宽广而公正无私，任何事物发生就顺其自然地应对。"如果用自己的私下想法去操作安排，那就是耍小聪明，把才智用在自私自利的欲望上面了。"何思何虑"正是做学问的工夫，在圣人看来就是自然而然的，在学者这里，就是必须通过勤勉学习才能实现的。程伊川却把它当作做工夫的效果来看了，所以他会有"感慨发得太早"的说法。既然接着又说"这正是所要用的功夫"，就说明他已经自己感觉前面所说的话讲得不够透彻。濂溪"主静"的观点也正是这样的意思。如今您的看法，虽然也有点见地，但仍未免把工夫纠结于"有"与"无"之间。何思何虑，是去除了私心私意的大公意而无私意的境界，大公意就是心意之发皆心天之意，而看似已经没有私意（似乎无所思虑）的状态。因为所思所虑皆心天之意（公意），所以可以说思虑的都如天意（公意）。

从阳明的极致境界来说，心体本来就是通天的心天之意而已。心意所发皆心天之意，万物顺至，与心意之发融合无间，不着一点私意。心意发动纯然都是公意，自然达到通天化境，此种化境可谓是有意于无境之间，即有（公）意于无（私意之）境之间，主静即立志于公意，万化生成的（私意之）境之间。当然，修成化境，需要下大功夫，也就需要大的意量和魄力。

【146】自心体认，天良自现

来书云："凡学者，才晓得做工夫，便要识认得圣人气象。盖认得圣人气象，把做准的，乃就实地做工夫去，才不会差，才是作圣工夫。未知是否？"

"先认圣人气象"，昔人尝有是言矣，然亦欠有头脑。圣人气象自是圣人的，我从何处识认？若不就自己良知上真切体认，如以无星之称而权轻重，未开之镜而照妍媸，真所谓以小人之腹而度君子之心矣。圣人气象何由认得？自己良知原与圣人一般，若体认得自己良知明白，即圣人气象不在圣人而在我矣。程子尝云："觑着尧学他行事，无他许多聪明睿智，安能如彼之动容周旋中礼[1]？"又云："心通于道，然后能辨是非[2]。"今且说通于道在何处？聪明睿智从何处出来？

【意】您来信说："凡是学者刚刚明白做工夫，就要认识圣人的气象。大概认识了圣人气象，把它当作准则，脚踏实地地去扎实做工夫，才不会出现差错，这才是成为圣人的工夫。不知这样说对不对？"

"先要认识圣人气象"，过去曾经有人这么说过，然而也有不够圆融的地方，没有抓住重点。圣人气象本来就是圣人的，我们从哪里可以体认知道呢？如果不从自己良知上真切体认的话，就好像用没有准星的秤杆去称东西的轻重，用没有打磨开光的镜子去照美丑一样，真是所谓以小人之心去体会君子的心思了。圣人气象怎样才能认识得到呢？我们自己的良知原本和圣人是一样的，如果能够透彻体认到自己的天良之知，那么圣人气象就不在圣人身上，而在我们自己身上了。程子曾经说过："看着尧，学习他的行事风格，但我们没有他那么聪明睿智，怎么可能像他那样，一举一动都符合礼仪呢？"他又说："只要本心通达了天道，然后就能辨别是非。"现在您姑且先说说心与天道是怎么通晓的呢？聪明睿智又是从哪里产生出来的呢？自己良知与圣人一般，所以不可把圣人气象看作客观外在的标准。关键在于，自己是否能够直觉性地体悟到圣人气象，即意念发动通天的状态。心意通于天理的境界，只能靠自家体认，这与前书之旨近似。学习圣人之道的人，只能从领悟天良之知的状态当中，去觉知心天相通的境遇。可见，最后一定要以自心体认为准，去体察天良之知，即是心天之意在当下心体自然呈现的状态。

---

[1] 程颐语，见《河南程氏遗书》卷十八。

[2] 程颐语，见《河南程氏文集》卷九。

【147】跳出物累，自作主宰

来书云："事上磨炼，一日之内，不管有事无事，只一意培养本原。若遇事来感，或自己有感，心上既有觉，安可谓无事？但因事凝心一会，大段觉得事理当如此，只如无事处之，尽吾心而已。然乃有处得善与未善，何也？又或事来得多，须要次第与处，每因才力不足，辄为所困，虽极力扶起，而精神已觉衰弱。遇此未免要十分退省[1]，宁不了事，不可不加培养。如何？"

所说工夫，就道通分上，也只是如此用，然未免有出入。在凡人为学，终身只为这一事，自少至老，自朝至暮，不论有事无事，只是做得这一件，所谓"必有事焉"者也。若说"宁不了事，不可不加培养"，却是尚为两事也。"必有事焉而勿忘勿助"，事物之来，但尽吾心之良知以应之，所谓"忠恕违道不远"矣。凡处得有善有未善，及有困顿失次之患者，皆是牵于毁誉得丧，不能实致其良知耳。若能实致其良知，然后见得平日所谓善者未必是善，所谓未善者，却恐正是牵于毁誉得丧，自贼其良知者也！

【意】您来信说："修养要在事情上磨炼，一天之内，不管有事还是没有事，只是一心一意地运用心天之意去涵养本原。如果遇到事情来刺激自己，或者自己有感受，或者自己动了念头，说明内心已经有了知觉，怎么可以说没有事情呢？但是，根据事情的具体情况聚精会神地静心思考一会儿，大致上觉得事情的道理应当如此，只像看作没有什么事情一样，充分呈现自己的本心而已。然而仍然有事情处理得好与不好之分，这是为什么呢？有时候事情蜂拥而至，必须分出先后次序来依次处理，往往因为自己才智精力不足，就会常常被这些事情所困扰，虽然强打精神极力支撑，但也会感觉精神耗损、劳累不堪。碰到这类情形，难免要在事后不断反省自己，宁可不去理会事情，但不能不修养好自己的

---

[1] 退省意为退下来反省。语本《论语·为政》："吾与回言终日，不违如愚，退而省其私，亦足以发。回也不愚。"

本心。这样做对吗？"

您所提到的心意接天的工夫，就你周道通的天分来说，也就是这样去做，但是有些地方还是可以讨论一下。一般人求学问之道，终身只因为这一件事情，从小到老，从早到晚，不论有事还是没事，都只是做这一件事就行了，这就是孟子所谓的"必有事焉"。如果如您说的"宁可不去理会事情，但不能不修养好自己的本心"，这是把做事情和修养本心分为两件事了。孟子说"一定要让心处于牵挂和有事的状态，虽然不要忘记，但也不可以助长"，事情来了，只是充分呈现我本心的天良之知去应对，这就是所谓的"忠恕违道不远"。凡是担心事情处理得好与不好，以及有困顿混乱的情形，都是因为被毁誉得丧等私心和欲望所牵累制心，不能真实地呈现他的天良之知。如果确实能够真正地呈现他的天良之知，然后就会看到，平时所谓处理得好的事情未必就是好的，而所谓处理得不好的，却恐怕正是因为受毁誉得失之私心的牵绊，结果自己戕害、丢失了天良之知吧！人不要为应接事物所牵累，如果觉得累，那就是分开了心与天，分开之后，再想在心上做接天的工夫，就会感觉很不容易，而且有时工夫做得再多、再努力，都会觉得很难真正实现心天相通的理想境界。所以，要跳出为事物牵累的世俗之境，静心面对自己，努力在当下意念之中恢复心天之意，一旦感知到心天之意回来了，就要在当下意念发动过程当中，努力做坚决持守心天之意不失去的工夫。这就是所谓致良知，就是念念回复到心天之意的状态，念念让天良之知当下自作主宰。

【148】推致天良，格意致知

来书云："致知之说，春间再承诲益，已颇知用力，觉得比旧尤为简易。但鄙心则谓，与初学言之，还须带'格物'意思，使之知下手处。本来'致知格物'一并下，但在初学，未知下手用功，还说与'格物'，方晓得'致知'。"云云。

"格物"是"致知"工夫，知得"致知"，便已知得"格物"。若是未知"格物"，则是"致知"工夫亦未尝知也。近有一书与友人论此颇悉，今往一通，细观之，当自见矣。

【意】您来信说："关于致知的学说，春天的时候承蒙您再次教诲，已经很清楚应当从何处用力，觉得比以前更加简单了。但我心中则认为，和初学的人谈求学问之道，还必须加带讲'格物'的内容，让他们知道从哪里下手。本来'致知、格物'就是需要一起落实的，但是初学者还不知道从何处下手用功，还是得先说'格物'，这样他们才能理解'致知'。"等等。

"格物"是"致知"的工夫，知道了"致知"，就已经知道了"格物"。如果不知道"格物"，那么"致知"的工夫就还是没有理解。最近写了一封信给朋友，关于这点谈得较为详细，现在也寄给你，你仔细看看，应该自然就明白了。周道通认为初学的人要先学格物再悟致知，不过阳明强调二者是一体的，格物即格心，即在当下意念发动之处让心天之意自然澄明，当心天之意明白呈现在当下意念之中（格物），所知的对象也就豁然开朗了（致知）。换言之，致良知，就是推致天良之知，就是天良之知在当下意念当中的打开，也就是呈现出心意通天的心天之意状态。

【149】学说既立，海纳百川

来书云："今之为朱、陆之辨者尚未已，每对朋友言正学不明已久，且不须枉费心力为朱、陆争是非，只依先生'立志'二字点化人。若其人果能辨得此志来，决意要知此学，已是大段明白了，朱、陆虽不辨，彼自能觉得。又尝见朋友中，见有人议先生之言者，辄为动气。昔在朱、陆二先生所以遗后世纷纷之议者，亦见二先生工夫有未纯熟，分明亦有动气之病。若明道则无此矣，观其与吴师礼[1]论介甫[2]之学，云：

---

[1] 本作吴涉礼，据陈荣捷先生考证，"涉"为"师"之误，吴师礼，字安仲，杭州钱塘人，官至右司员外郎。陈荣捷：《王阳明〈传习录〉详注集评》，第187页。

[2] 王安石（1021—1086），字介甫，号半山，江西临川人，北宋文学家、政治家。神宗时为相，曾推行变法。

'为我尽达诸介甫，不有益于他，必有益于我也。'[1] 气象何等从容！尝见先生与人书中亦引此言，愿朋友皆如此。如何？"

此节议论得极是极是，愿道通遍以告于同志，各自且论自己是非，莫论朱、陆是非也。以言语谤人，其谤浅；若自己不能身体实践，而徒入耳出口，哓哓度日，是以身谤也，其谤深矣。凡今天下之论议我者，苟能取以为善，皆是砥砺切磋我也，则在我无非警惕修省进德之地矣。昔人谓"攻吾之短者是吾师"[2]，师又可恶乎？

【意】来信说："今天为朱子、陆九渊争辩是非的讨论还没有停息，我经常对朋友说，圣人之学晦暗已经太久了，姑且不必枉费精神去争辩朱子和陆九渊谁是谁非了，只要顺着先生'立志'两个字来点化他人就可以了。如果有个人真的能够辨明这个志向，决心要追求这个学问之道，那么他就已经明白了圣学大部分的道理，即使他不去辨析朱子和陆九渊的是非，他自己就已经觉悟了。我也曾经看见朋友当中，有人一听到其他人摘议先生的言论，就常常为之生气。以前朱熹和陆九渊两位先生之所以会给后世留下很多纷争，是因为两位先生的工夫都还有不够纯熟通透的地方，也都显然有意气用事、力争长短的毛病。像程明道就没有这样的毛病，您看他与吴师礼讨论王安石的学问时说：'请把我的观点全部转达给王介甫，如果对他没有益处，那也必定会有益于我。'这是多么从容宽广的气度啊！我曾经看见先生写给别人的信中也引用了这句话，希望朋友们都能这样。是这样吗？"

你这段话说得实在是非常正确啊！希望你告诉所有志同道合的朋友，各自只去检讨自己的是非对错，不要再去议论朱熹先生和陆象山二人的是非。用言语来诽谤他人，这种诽谤是比较肤浅的表现；如果自己不能亲身去实践，而只是从耳朵听进去，又马上从嘴里说出来，整天喋

---

[1] 程颢语，见《河南程氏遗书》卷一："伯淳近与吴师礼谈介甫之学错处，谓师礼曰：'为我尽达诸介甫，我亦未敢自以为是。如有说，愿往复。此天下公理，无彼我。果能明辨，不有益于介甫，则必有益于我。'"《二程集》卷一，中华书局，1981年，第9页。

[2] 语本《荀子·修身》："故非我而当者，吾师也；是我而当者，吾友也；谄谀我者，吾贼也。"

喋不休地混日子，其实这就是自己在诽谤自己，这种诽谤就很厉害了。当今天下凡是议论我是非的人，如果能从中吸取有益的东西，那他们都可以看作是在和我砥砺切磋学问，对我而言，就是警惕反省自己以增进德性的机会。荀子曾说"攻击我的短处的人，就是我的老师"，对自己的老师，我又怎么能去厌恶呢？阳明强调自己立说，不去论断前人是非。要求学生们要挺立当下意念即心天之意的志向。更重要的是，立志之后，要学习程颢那样宽容的心胸，不要学朱子和陆九渊那种较强的门户之见。

学说立起来之后，立说者的心胸可以说与学说发展的命运密不可分。如果对自己的学说有足够的自信，就不必害怕被攻击，要有以攻击自己的人为师那样海纳百川的低姿态和无限宽广的心胸。学说既立，就进入时空之中，学说本身的能量就与时间和空间的能量相交织，就开始了它自己的命运。一旦立说，自然会有人推崇，也会有人贬斥和攻击，但这都并不要紧，关键在于学说是否有足够的生命力，能够抵抗一切风暴之后依然超越时空、傲然屹立。

【150】天性气性，意会存有

来书云："有引程子'人生而静以上不容说，才说性，便已不是性'[1]，何故不容说？何故不是性？晦庵答云：'不容说者，未有性之可言；不是性者，已不能无气质之杂矣。'[2]二先生之言皆未能晓，每看书至此，辄为一惑，请问。"

"生之谓性"[3]，"生"字即是"气"字，犹言"气即是性"也。气即是性，"人生而静以上不容说"，才说"气即是性"，即已落在一边，不是性之本原矣。孟子"性善"，是从本原上说。然性善之端，须在气上始见得，若无气亦无可见矣。恻隐、羞恶、辞让、是非即是气。程子谓：

---

[1] 程颢语，见《河南程氏遗书》卷一。

[2] 语出朱熹《朱熹文集》卷六十一《答严时亨》。黎业明认为出自朱熹《答刘韬仲间目》，参《王阳明传习录校笺》，第183—184页。

[3] 语出《孟子·告子上》："告子曰：'生之谓性。'孟子曰：'生之谓性也，犹白之谓白与？'"

"论性不论气，不备；论气不论性，不明。"[1] 亦是为学者各认一边，只得如此说。若见得自性明白时，气即是性，性即是气，原无性、气之可分也。

【意】您来信说："严时亨引程明道说'人刚出生时保持着宁静的状态，在此之前没有所谓的人性可言，刚一说到人性，就已经不是指人出生之前的性'的这句话来请教朱熹先生，为什么不能说？为什么不是性？朱熹先生回答道：'不容说是指人出生之前并没有人性可言；不是性是指人性不可能没有气质掺杂其间。'两位先生的话我都不明白，每次看书看到这里，就感觉有困惑，想请先生给解释一下。"

"出生以来就具有的称作性"，"生"字就是"气"字，好比说"气质就是天性"。气质就是天性，"人刚出生时保持着宁静的状态，在此之前没有所谓的人性可言"，才说"气质就是天性"，就已经落在有形生命之中，不是讲天性的本原（本来面目）了。孟子提倡性善论，是从人性的本原（本来面目）上来讲的。然而，人性善的端倪，又必须在气质上才能呈现（看见），如果没有气质，也就无法呈现人性之善的端倪。恻隐、羞恶、辞让、是非都是气质。程子说："讨论天性而不谈论气质，那么这个天性就不完整；讨论气质而不讨论天性，那么这个天性就无法明白呈现出来。"这也是因为，学者们都只看到一边，各执一词，也就只好这样说。如果能够很明白地了解自己的天然本性，那么气质就是本性，本性就是气质，原本就没有本性与气质的区别。人从自然、天道禀受的就是天性。天性本于天道自然之善而善，这是从本源上说；人的天性（先天之性）都是善良的，这是天良。这并不是给性贴一个善的标签，否则，性善就与性恶的境界一样了。

人的本性包括天性和气质，也就是说，人之本性是人落实到气质之中的人性，包括人天生的（先天的）天性和后天的气质之性。本性是因气之禀受凝聚而来的。人性不显现于气中就无法把握。论气不完备是因为性在气中，离气无性。不能离开具体的气去抽象地谈论天性，否则只是论气质，而不是讨论本性的全

---

[1]　程颐语，见《河南程氏遗书》卷六。

体，那就没有明白本性。

本性有气质，也有天理，而且天理为本。如果强调天性只是气质之性，自然就偏了，也就没有抓住要点。就性必发为气质之性这一存有论的角度来说，可以说天性和气性二者是统一的，只是意会的角度不同，在意中澄明的状态有别。

答陆原静书（一）

【151】天良诚中，静心融物

来书云："下手工夫，觉此心无时宁静。妄心固动也，照心亦动也；心既恒动，则无刻暂停也。"

是有意于求宁静，是以愈不宁静耳。夫妄心则动也，照心非动也；恒照则恒动恒静，天地之所以恒久而不已也。照心固照也，妄心亦照也；"其为物不贰，则其生物不息"[1]，有刻暂停则息矣，非"至诚无息"[2]之学矣。

【意】您来信说："在着手做工夫的时候，总觉得自己内心没有一刻是安宁平静的。所谓'妄心'固然是处在运动之中，但明亮的'照心'也在运动；心既然处在恒久不息的运动之中，那么就没有片刻停息了。"

因为你这是有意去追求宁静，所以越发不觉得宁静了。你的"妄心"（虚妄之心意）是心本来就在妄动，"照心"本来就是心没有妄动；内心恒常照耀则恒久运动和宁静，这就是天地之所以长久而生生不息的

---

[1] 语本《中庸》第二十六章："天地之道，可一言而尽也：其为物不贰，则其生物不测。"意思是，天地创生万物的法则，可以用一句话来概括：真诚至极的创生之力本身发挥作用起来诚中专一，因此创生出来的事物多得难以测度。

[2] 语出《中庸》第二十六章："故至诚无息，不息则久，久则征，征则悠远，悠远则博厚，博厚则高明。"意思是，真诚至极的创生之力发挥起作用来是不会停止的，不会停止就会持续长久，持续长久就会产生效验，效验显露出来就会影响深远，影响深远就会广博深厚，广博深厚就会高大光明。

原因。照心固然是光明的，妄心也是光明的；《中庸》里说"真诚至极的创生之力本身发挥作用时诚中专一，因此创生出来的事物多得难以测度"，天地化生万物如果有片刻的暂停，那么创生的过程就停息和间断下来了，就不是"真诚至极的创生之力发挥起作用来是不会停止的"的学问了。天地的本体是恒久运动、创生的。心通于天，良知通天地之化，与物恒动不止，真诚至极而完全通于天地生生之创化。心通天之本体只有一个，就是心与外物相通的本来面目——天良之知。

物无心意不显，故物必入心，心无物不能澄明；心与物之间，有一种本然的、自然相通的状态，只是需要特别反思、体察、觉悟才可。体悟到心意的宁静，就知道所谓宁静当在动中寻，而不可刻意去静止的状态中寻找所谓宁静，因为根本就不存在这样的状态。

【152】心物同体，太阳永照

来书云"良知亦有起处"云云。

此或听之未审。良知者，心之本体，即前所谓恒照者也。心之本体，无起无不起。虽妄念之发，而良知未尝不在，但人不知存，则有时而或放耳；虽昏塞之极，而良知未尝不明，但人不知察，则有时而或蔽耳。虽有时而或放，其体实未尝不在也，存之而已耳；虽有时而或蔽，其体实未尝不明也，察之而已耳。若谓良知亦有起处，则是有时而不在也，非其本体之谓矣。

【意】您来信提到"良知也有它发端的地方"等等。

这或许是因为你听得不够仔细，没有善加审察。良知是心的本体，就是前面所说的恒常光明的那个东西。心的本体没有所谓开始不开始的问题。即便是起了妄念，但良知并非不在，只是人们不知道去时时存养良知，于是有时候就会放逐了良知而已；即使是昏庸闭塞无明到了极致的人，其良知也未尝不是明朗的，只是人们不知道觉察它，那么有时候良知就被遮蔽了。虽然有时候良知被放逐了，但良知的本体（天良之知）未尝不在（人心），只要继续去体察存养就好了；虽然良知有时候被遮蔽了，但良知的本体（天良之知）未尝不明亮，只要继续去察觉存养就可以了。如果说良知也有一个发端，那就是因为它有（被感觉到）不存在的时候，但这说的其实并不是本体意义上（仍然时刻存在）的天良之知了。良知的本体即天良之知，这个本体不会因为良知有时候感知不到就不存在，所以天良之知时刻都可以体认到，也时刻可以保持涵养。恒久存在的心通天之本体，是心通于天的天良之知，既是心天之意，也是能够为心天之意所领悟的本体状态。因为心天之意能够自然意会心物同体的状态，故有若太阳永久照耀。

良知作为心天之意，存在与否正如天良之知，知道与否在于它是否为人所觉察，天良之知从来不会轻易消失。虽然良知有时候可能不为人觉察，但天良之知自然流行的状态亘古不改。良知本体通天，与天有着一样的开端，不能说良知本身自有一个开端，只是良知被觉察的时候，觉得好像是良知开始了。良知即心天之意，即意念发动之源初境界天然本善，觉察到良知的时候，觉得好像善端开始了。其实，这是人间气质性的善端，本体性的、天良之知的善端从来没有不在过。

【153】体悟精焭，运化莫测

来书云："前日精一之论，即作圣之功否？"

"精一"之"精"以理言，"精神"之"精"以气言。理者，气之条理，气者，理之运用。无条理则不能运用；无运用则亦无以见其所谓条理者矣。精则精，精则明，精则一，精则神，精则诚；一则精，一则明，一则神，一则诚：原非有二事也。后世儒者之说与养生之说，各滞于一偏，是以不相为用。前日"精一"之论，虽为原静爱养精神而发，然而作圣之功实亦不外是矣。

【意】您来信说："前些天先生提到的精一的论断，就是成为圣人的功夫吗？"

"精一"的"精"是就天理来说的，"精神"的"精"是就气息来说的。天理是气息运动所呈现出来的条理，气息是天理的运用。（天理如果）没有表现出条纹道理，就不能运用；（气息如果）没有运用，也就没法呈现所谓（天理）的条纹和道理。把握了天理之"精"妙，就具有精神之"精"明，就能澄明透达，就能专一，就能（达到气息运化的）神妙，就能至诚；（气息）达到了专一就能精妙，就能明察，就能神妙，就能达到（天理的）至诚：精和一原本不是两件事。但是后世儒者的各种学说以及道家养生之说，都偏执一边，反而不能让两者互相促进，彼此借用。前些日子我所谈论的"精一"之论，虽然是针对你喜欢存养自己的精神来说的，但是成为圣人的功夫，其实也确实离不开这一点。此章为阳明（修身、成圣）工夫论之核心，也是打通儒道工夫论的精妙绝论。天理之体与气息之用是一体两面，即气息的发用体现出天生生不息的条纹和道理，二者本来不可分割。但意念发动，同时调动天理和气息，让它们流行起来，好像眼睛能够看着、鼻子能够呼吸着、身体能够感知着天理和气息一起运动，觉察到气息当中自己会展示出天地生生的条纹和道理。这样，意会就是把气息运动表现出来的天的条理加以领会。

精（炁）是气息当中最为精纯的部分。意识到气息的运动不难，正如我们时刻感知意识到自己的呼吸，气息进出身体肺部。但是，要想体悟到身体精炁的运行，就要领悟身体精炁与天地精华相往来的运动状态，这需要有大的魄力、高的悟性，才能打通人身、心意与天地之间的精纯之炁的运行，调动宇宙与人身的精纯之炁，进而炼精化炁、炼炁化神、炼神还虚，如此方能让精炁为己所用。

意识领会了天理的精妙，就可以在气息运化上达到神妙莫测的境界。如果意识领悟了气息运动的专一之功夫，就可以达致天理至诚的境界。这些工夫的本质都是意识与天理和气息运化的交会。调动天地之间的先天精炁之后，要用极度专心致志的关注，来调整与调动后天气息，这种工夫就与后天志向的挺立有关，也与魄力有关，即意念专注地调动气息的修行境界。

【154】天地生意，精炁自然

来书云："元神、元气、元精，必各有寄藏发生之处，又有真阴之精、真阳之气。"云云。

夫良知，一也，以其妙用而言谓之神，以其流行而言谓之气，以其凝聚而言谓之精，安可以形象、方所求哉？真阴之精，即真阳之气之母；真阳之气，即真阴之精之父；阴根阳，阳根阴，亦非有二也。苟吾良知之说明，即凡若此类，皆可以不言而喻。不然，则如来书所云"三关、七返、九还"[1]之属，尚有无穷可疑者也。

【意】您来信说："元神、元气、元精，必定各自有寄存和发生的地方，此外还有真阴之精、真阳之气。"等等。

良知只有一个，从它的奇妙作用而言称之为神（妙），从它的流行而言称之为气（息），从它凝聚状态而言称之为精（炁），怎么能够以具体的形象、处所、方位去探求良知呢？真阴之精就是真阳之气的母体和开始；真阳之气就是真阴之精的父体和开始；阴根植于阳，阳根植于阴，阴和阳是统一的整体，不是分开的两种存在状态。如果我的良知学说（有朝一日）能够昌明于天下，那么诸如此类的问题，就都可以不言自明了。如果我的良知学说不能够昌明于天下的话，那么就像你来信中提到的"三关、七返、九还"这类问题，要去怀疑的地方可能数不胜数。心天之意发而为良善，是天地生生不息运化的本然状态，天地之精炁自然地存在意念发动的气息之中，关键在于是否自觉与觉悟到其存在而已。良知之学试图让每个人都领悟到自己意念当中通于天地自然之善的心天之意。换言之，良知

---

[1] 语出《周易参同契》，原文为"九还七返"。依照河图数，九金七火，八木六水，分别配后天八卦——九兑七离，八震六坎，分居西南东北。从数理上说，此句讲的是河图阳数动、阴数静之后变出洛书，从先天转为后天，形成阴阳相错相合的格局，萌发生命的种子。一说此句喻修行人如何从后天返归先天。九喻西方白虎金德正气，即"情"，情欲不萌为"九还"；七喻南方朱雀火德正气，即"神"，神不外驰即"七返"；八喻东方青龙木德正气，即"性"，性静而安则"八归"；六喻北方玄武水德正气，即"炁"，炁居坎位不漏泄，则"六居"。一说"九还"是从上还下，金生数四，成数九，居西方，配申，真炁从子至申为"九还"。"七返"是从下返上，七为少阳，从寅至申，逆上，为七返。"九还"是从尾闾上命门，经过玄枢、夹脊、陶道、玉枕、泥丸、明堂到膻中九个穴窍；"七返"是从玄枢往下返到命门，经过尾闾、气海、神阙、中脘到膻中七个穴窍。一说天一生水，地六成之，意为天一是宇宙万化的开始，如旋转的元炁之团，如云化为液体，凝结为地，东西南北上下六方，化生万物，一六得七，万物再返归先天，为"七返"；地二生火，天七成之，意为地二能够生火，如地中有热能，生阴阳化五行，而成天七，二七得九，还归地母，所以"九还"。天一生水滋补南方脑部，所谓"还精补脑"。天三生木，地八成之，意为木在东，属肝，东方之魂；修丹即是还魂，恢复修炼原初元神之魂。可见，"七返"指的是从后天识神（七火）返归先天元神（三木），地四生金，天九成之，意为西方之魄为金精（元精、元炁）。可见，"九还"指的是真铅运炼而成的元炁（九金）还归先天元神（三木），即元炁与元神合一。见温海明：《新古本周易参同契明意》，第286—287页。

是意念发动过程之中，本来就通于天的、心天之意的、良善的维度，这一维度来自天良，即天地自然之善。如果这种天良之知的学问能够昌明于世，则关于其与道家道教相关的疑问自然消除，如果这种天良之知的学问不能昌明于世，那么相关良知学与道家的学问的纠缠，就会纷争不休，无穷无尽。

答陆原静书（二）

【155】良知日用，生生流行

来书云："良知，心之本体，即所谓性善也，未发之中也，寂然不动之体也，廓然大公也。何常人皆不能，而必待于学邪？中也，寂也，公也，既以属心之体，则良知是矣。今验之于心，知无不良，而中、寂、大公实未有也，岂良知复超然于体用之外乎？"

性无不善，故知无不良。良知即是未发之中，即是廓然大公，寂然不动之本体，人人之所同具者也。但不能不昏蔽于物欲，故须学以去其昏蔽。然于良知之本体，初不能有加损于毫末也。知无不良，而中、寂、大公未能全者，是昏蔽之未尽去，而存之未纯耳。体即良知之体，用即良知之用，宁复有超然于体用之外者乎？

【意】您来信说："良知是心之本体，就是所谓的性善，是未发之中的状态，是寂然不动的本体，就是廓然大公。那么，为什么常人都不能（理解这种境界），而必须等到学习之后才能做到呢？中和、寂静、公正（无私），既然把这些都归属于心体的状态，那么就是良知了吧。如今用本心来查验（这种看法），良知没有不好的，但中和、寂静、大公的状态却实在没有啊，难道良知是超然在本体和功用之外（另外的特殊存在）吗？"

人的本性没有不善的，所以人的良知也都没有不良的。良知就是未发之中的状态，就是廓然大公的状态，也就是寂然不动时的本体，是人人都共同具有的。但人的良知不能不被物欲遮蔽，所以必须通过学习，才能除去物欲的昏暗和遮蔽。然而，（物欲的留存与去除）对于良知的本体，并不能有丝毫增加或减损。良知没有不良的，但中和、寂静、大公无私却不能完全实现，这是因为物欲的昏愦和遮蔽难以彻底清除干净，因而对良知的存养还不够纯正罢了。体就是良知的本体，用就良知的功用，哪还存在有超然于本体和功用之外的良知呢？良知不是超绝的、特殊的存在，良知在日用流行的一切意念之间，即一切意念内涵不显的心天之意。心天之意因物欲导致隐而不显，故要做工夫去让其彰显，要真正揭示、理解、体会、知道、意会到心天之意即在生生流行的意识过程之中。人的本性来自天，人的良知是通天的天良之知，所以人能够体会天道自然之善，但天良之善不是善恶之善那样的标签和判断。

【156】无住生心，意若不动

来书云："周子曰'主静'，程子曰'动亦定，静亦定'，先生曰'定者，心之本体'，是静定也，决非不睹不闻、无思无为之谓也，必常知、常存、常主于理之谓也。夫常知、常存、常主于理，明是动也，已发也，何以谓之静？何以谓之本体？岂是静定也，又有以贯乎心之动静者邪？"

理无动者也。"常知、常存、常主于理"，即"不睹不闻、无思无为"之谓也。不睹不闻、无思无为，非槁木死灰之谓也，睹、闻、思、为一于理，而未尝有所睹、闻、思、为，即是动而未尝动也。所谓"动亦定、静亦定"，体用一原者也。

【意】您来信说："周子讲'主静'，程子讲'动亦定，静亦定'，先生您说'定是心之本体'，这里的静和定，绝对不是不看不听、没有任何思虑也不作为的意思，而是必须时常清醒、时常涵养、时常以天理来主导的意思。经常认知、时刻清楚天理，经常存养天理，经常让天理主导，显然是在动，已经发动了的状态，怎么能说是静呢？（动的状态）怎么能称之为本体呢？难道（本体）既是静和定的，而且又能贯穿到心的动和静两种状态吗？"

天理是不动的。"经常认知，经常存养，经常主导于天理"就是"不看不听，也没有思虑和作为"的意思。不听不看，没有思虑和作为，并不是说形同槁木、心如死灰一样，人所看、所听、思虑和作为都完全遵循天理，也就没有其他的所看、所听、所思、所作，这就是本体虽然运动了，但又未曾运动一般。所谓"动也是定，静也是定"的状态，就是程颢所言本体和功用都是一体、一个来源的意思。天理的不动，不是本来不动，而是本来恒动，只是意会的状态必须因无所住而生其心，因心天之意无所住，如若不动。

看似细微皆动，但心天之意通于心意发动，通于物的万象，于动中持守，似静非静，似动非动。心体寂静并非不动，不是空寂中灭，而是积极静候于瞬间应事，所以等于"冲漠无朕"，却不等于佛家的空寂，类似于阳明所谓"岩中花树"中提到的"同归于寂"，是寂静而非寂灭的状态。

【157】心意诚中，渊深摄化

来书云："此心未发之体，其在已发之前乎？其在已发之中而为之主乎？其无前后内外而浑然一体者乎？今谓心之动静者，其主有事无事而言乎？其主寂然感通而言乎？其主循理从欲而言乎？若以循理为静，从欲为动，则于所谓'动中有静，静中有动'，'动极而静，静极而动'[1]者，不可通矣。若以有事而感通为动，无事而寂然为静，则于所谓'动而无动，静而无静'[2]者，不可通矣。若谓未发在已发之先，静而生动，是至诚有息也，圣人有复[3]也，又不可矣。若谓未发在已发之中，则不知未发、已发俱当主静乎，抑未发为静而已发为动乎，抑未发、已发俱无动无静乎，俱有动有静乎？幸教。"

---

[1] 语出周敦颐《太极图说》。

[2] 语出周敦颐《通书·动静》："动而无静，静而无动，物也。动而无动，静而无静，神也。动而无动，静而无静，非不动不静也。"

[3] 语出周敦颐《通书·诚几德》："性焉安焉之谓圣，复焉执焉之谓贤。"在周敦颐看来，圣人以德为性，一生安于德，不存在复德的问题，因此"圣人有复"是讲不通的。

"未发之中"，即良知也，无前后内外而浑然一体者也。有事无事，可以言动静，而良知无分于有事无事也。寂然感通可以言动静，而良知无分于寂然感通也。动静者，所遇之时，心之本体固无分于动静也。理无动者也，动即为欲。循理则虽酬酢万变，而未尝动也。从欲则虽槁心一念，而未尝静也。"动中有静，静中有动"，又何疑乎？有事而感通，固可以言动，然而寂然者未尝有增也。无事而寂然，固可以言静，然而感通者未尝有减也。"动而无动，静而无静"，又何疑乎？无前后内外而浑然一体，则至诚有息之疑，不待解矣。未发在已发之中，而已发之中未尝别有未发者在；已发在未发之中，而未发之中未尝别有已发者存；是未尝无动静，而不可以动静分者也。凡观古人言语，在以意逆志而得其大旨，若必拘滞于文义，则"靡有孑遗"[1]者，是周果无遗民也。周子"静极而动"之说，苟不善观，亦未免有病。盖其意从"太极动而生阳，静而生阴"说来。太极生生之理，妙用无息，而常体不易。太极之生生，即阴阳之生生。就其生生之中，指其妙用无息者而谓之"动"，谓之阳之生，非谓动而后生阳也。就其生生之中，指其常体不易者而谓之"静"，谓之阴之生，非谓静而后生阴也。若果静而后生阴，动而后生阳，则是阴阳动静，截然各自为一物矣。阴阳一气也，一气屈伸而为阴阳；动静一理也，一理隐显而为动静。春夏可以为阳为动，而未尝无阴与静也；秋冬可以为阴为静，而未尝无阳与动也。春夏此不息，秋冬此不息，皆可谓之阳、谓之动也；春夏此常体，秋冬此常体，皆可谓之阴、谓之静也。自元、会、运、世、岁、月、日、时以至刻、秒、忽、微，莫不皆然。所谓"动静无端，阴阳无始"，在知道者默而识之，非可以言语穷也。若只牵文泥句，比拟仿像，则所谓心从法华转，非是转法华[2]矣。

【意】您来信说："人心未发的本体，是在已发之前就存在吗？它

---

[1] 语出《孟子·万章上》："故说《诗》者，不以文害辞，不以辞害志。以意逆志，是为得之。如以辞而已矣，《云汉》之诗曰：'周余黎民，靡有孑遗。'信斯言也，是周无遗民也。"

[2] 语出《六祖坛经·机缘品》："心迷法华转，心悟转法华。"法华指《法华经》文句。

在已发之中存在并主导着已发的过程吗？难道不存在未发、已发不分先后那种前后、内外都浑然一体的状态吗？今天所谓心有动和静的状态，主要是从有事、无事的不同状态来说的吗？是就寂然不动、感应而通来说的吗？是从遵循天理、顺从欲望的角度来说的吗？如果以遵循天理的状态为静止，以顺从欲望的流动为动的状态，那么对于所谓的'动中有静，静中有动'，'动极而静，静极而动'，就讲不通了。如果以有事情发生而感应相通为动，没事的时候寂然不动为静止状态，那么对于所谓的'动而无动，静而无静'，又讲不通了。如果说未发在已发之前，先静止而后再产生运动，这样便是至诚而有息了，这样（本来至诚无息的）圣人居然还需要（通过具体的、已发的运动来）回复其本性，这样说又不对了。如果说未发在已发之中，那么，不知道未发、已发都是以宁静状态为主宰吗，还是未发时主静而已发时主动呢，还是未发、已发都没有动、没有静呢，或者都有动、都有静呢？还请先生指教。"

"未发之中"就是良知，没有前后、内外之分，而是浑然一体的。有事和无事的状态，可以用动和静来区分，但良知却不能分有事或者无事。寂然不动与感应相通，也可以讲动和静，但良知不能分出寂然、感通的区别。动和静只是（良知）随顺所遇的时机不断变化的状态，心的本体原本没有办法区分动和静。天理（本体）是不动者（没有运动状态的存在者），如果运动就是因为被私欲所驱动。遵循天理，那么即使应酬千万般变化，但（天理本体）也处于未尝萌发出动的状态。顺从私欲，那么即使心里还存有要变成槁木死灰般的一个念头，就已经也不再是宁静了。"动中有静，静中有动"，又有什么可以疑问呢？有事时感应相通，固然可以说是动，然而寂然不动的时候并没有增加什么。无事的时候寂然不动，固然可以说是静，然而感应相通的时候，也不曾减少什么。"动而没有动，静而没有静"，又有什么可以疑惑的呢？（良知）没有前后、内外之分，而是浑然一体，那么关于至诚有息的疑惑，也就无需再加以解释了。未发就在已发之中，而已发之中未尝另有未发存在；已发在未发之中，而未发之中不曾另外有已发者存在；这里并不是没有动和静，而是不能以动和静来划分罢了。意念发动通于事物，自然表面就有动静之别。学生的问题是对动静的理解，说了几种不同的理解，各有道理。阳明总的来说反对把动静区分开来理解，以天理之静统摄万化之动。

心天之意自然通物，好比一般意念的深层之水，自然感通万物却不显为浪花。表面有动有静的浪花随缘幻起幻灭，变化无常。但心天之意如此深沉，沉静不测，面上似乎完全不表现出来。

随顺心天之意，则动亦静。放纵追随欲望，欲望迸发萌动，即使刻意压抑有欲望的意念发动，还是心猿意马，难以控制。好像即使只剩槁木一念，都是杂念，都不可能达到纯粹天理的状态。心天之意通于万化，不增不减。[1] 心通天地的心天之意（本体）无有增减，它沉于渊深之中，不与表面的浪花争锋，好像不在乎多少一般。

心意诚于天地之中道，即是心天之意完全绽放，如海面波平浪静，心如明镜之时。未发、已发皆心天之意的体用，不可分为两截。未发之中即心天之意的本来状态，是动静一如的，自然通物只是在是否意会的角度而有分别。意念动静的问题难度很高，学生的四个层面比较清楚，阳明的回答可以更加清晰。

凡是看古人的言论，要点在于以自己的切身体会去揣测作者的本意，以把握其根本主旨，如果拘泥于文辞表面的意思，那么就可能把"靡有孑遗"的说法理解为周朝果真没有遗民了。周子"静极而动"的说法，如果不善于正确理解，就不免容易出差错。这是因为他的意思是从"太极动而生阳，静而生阴"中引申出来的。太极运动产生万物的道理，妙用无方、永不停息，其太极恒常本体却从不改变。太极运动变化的生生之理，就是阴阳运动变化的生生之理。就在其产生万物的运化之中，就其妙用无穷而言就是"动"，可称为阳之生，并非运动后才产生阳的。在其生生变化的过程中恒常不变的本体就是"静"，可称之为阴之生，并不是寂静之后才产生阴的。如果真的寂静停止之后才产生阴，运动之后才产生阳，那么阴阳、动静就截然分开，各自作为一个单独存在的事物了。阴和阳只是气的一种状态，这个气的运动、伸缩状态分为

---

[1] 与《坛经明意》空有之意、以空化有的意念相类。参温海明：《坛经明意》，宗教文化出版社，2021 年。

阴或阳；动和静就是一个理，按照这理的隐藏和彰显来区分动和静。春和夏可以理解为阳、为运动，但并不是说春夏就没有阴气和静止；秋和冬可以为阴气、为静止，但并不是说秋冬就没有阳气和运动。春和夏如此不停息，秋冬也如此不停息，都可以称之为阳、称之为动；春夏也只是如此恒常本体在起作用，秋冬也只是如此恒常本体在起作用，都可以称之为阴、称之为静。从元、会、运、世、岁、月、日、时一直到刻、秒、忽、微，无不是这样。所谓"动静没有开端，阴阳没有开始"，对于明白天理的人来说，只要冥心默会就可以了，是无法通过言语来表达穷尽的。如果只是拘泥于文辞的表面意思，比拟模仿，那就是所谓本心被动地随着《法华经》转，而不是本心主动去转动《法华经》了。太极生生不息，心天之意亦生生不息，自然发用同于万物之化，虽然生生，但心天之意从来不改易。心天之意即太极之意，即意对太极的领会，可以说是永恒不变的。

太极与阴阳虽然概念不同，但本体不分，本来如一。气的运动在意会之中，不得不用阴阳来表示。阴阳、动静在一切时空万化之中不断变化。心天之意的本体既与物迁，又不与物迁。天理本体本来自在，可以说如如不动，但又千变万化，只可在意会中领会。用意领会万化，就是不要让意念被万化牵绊。

【158】诚中之意，修行本体

来书云："尝试于心，喜怒忧惧之感发也，虽动气之极，而吾心良知一觉，即罔然消阻，或遏于初，或制于中，或悔于后。然则良知常若居优闲无事之地而为之主，于喜怒忧惧若不与焉者，何欤？"

知此，则知"未发之中""寂然不动"之体，而有"发而中节"之和，"感而遂通"之妙矣。然谓"良知常若居于优闲无事之地"，语尚有病。盖良知虽不滞于喜怒忧惧，而喜怒忧惧亦不外于良知也。

【意】您来信说："我曾经通过内心来体验，当碰到喜怒忧惧感情激发出来时，虽然动气到了极点，但只要我内心的天良之知一旦觉醒，不知怎么就慢慢消除了，有时候在情感萌发之初就加以遏制，有时候在情感发作的过程中加以克制，有时候在事情发生之后才悔悟。然而天良之知好像总是在悠然无事的时候才出来做主导，但对于喜怒忧惧等情感却好像不参与一样，这是为什么呢?"

你知道了这一点，就能够理解"未发之中""寂然不动"的本体了，就能够体悟"情感发出来都符合礼仪"那种中正和谐的状态，还有"感应之后通畅无碍"的奇妙体验了。你所谓"天良之知好像总是在悠然无事的时候才出来做主导"，这种说法还是有弊病。良知虽然不会受喜怒忧惧等各种情感的阻滞，但喜怒忧惧的情感也不会在良知之外来另外呈现。天良之知是心通于天，可驾驭万化。天良之知是对原初意念的反省状态，回到内心良心萌动如有天助的状态。

心天之意通达一切情感。一切情感发用之中仍然有良知，所以情感与良知不可分开。心天之意与诚中之意本是一体，说法不同，但要从意念的区分上说，心天之意更接近本体意味，诚中之意更重修行意味。前体后用，前知后行，但二者浑然一体。天良之知从来混合于各种情感中如一体，不离开情感而单独存在，虽然不受情感的制约，但也不是情感之外的独立存在。换言之，天良之知是情感升起的时候仍然同时可以被感知、被意识到的存在。

【159】良知反省，意本天良

来书云："夫子昨以良知为照心。窃谓：良知，心之本体也；照心，人所用功，乃戒慎恐惧之心也，犹思也。而遂以戒慎恐惧为良知，何欤?"

能戒慎恐惧者，是良知也。

【意】您来信说："老师昨天把良知比作照心。我私下以为：良知就是心之本体；照心指人用功夫，就是在别人看不到听不到的地方也时刻戒慎恐惧的心，就好像思考一样。那么您把戒慎恐惧当作良知，这是为什么呢?"

能够让人做到戒慎恐惧的那个东西才是良知。良知不是戒慎恐惧本身，而是让人戒慎恐惧的天良之知。心天之意因为自然通达于天下万化，故与万化同体。最重要的是，心天之意是反省而得，所以也有强烈的反省能力，能够帮助当下意念明白何者当戒慎恐惧。

【160】水底照心，透显自证

来书云："先生又曰'照心非动也'，岂以其循理而谓之静欤？'妄心亦照也'，岂以其良知未尝不在于其中，未尝不明于其中，而视听言动之不过则者，皆天理欤？且既曰妄心，则在妄心可谓之照，而在照心则谓之妄矣。妄与息何异？今假妄之照以续至诚之无息，窃所未明，幸再启蒙。"

"照心非动"者，以其发于本体明觉之自然，而未尝有所动也，有所动即妄矣。"妄心亦照"者，以其本体明觉之自然者，未尝不在于其中，但有所动耳，无所动即照矣。无妄无照，非以妄为照，以照为妄也。照心为照，妄心为妄，是犹有妄有照也。有妄有照，则犹贰也，贰则息矣。无妄无照则不贰，不贰则不息矣。

【意】您来信说："先生又说'照心不运动'，难道是因为它遵循天理，就说它是静的吗？'妄心也是照'，难道是因为良知未尝不在妄心中，未尝不在妄心中澄明，而人的视听言动能够不违背准则，就都符合天理吗？并且既然说妄心，那么良知对于妄心来说就可称为照，而对于照心来说，就可以称之为虚妄了。虚妄与止息有什么差异？如今借妄心之照，接着'至诚无息'来解释，但我还是不太明白，希望得到先生再次教诲启发。"

"照心非动"，因为它是澄明觉悟的本体自然发散出来的，并没有活动，有所动就是妄心了。"妄心亦照"，是因为澄明觉悟的本体时刻都存在于妄心当中，只是妄心有所运动罢了，如果没有运动就是照心了。如果说没有妄心，也没有照心，并不是以妄心为照心，以照心为妄心。把照心当作照心，把妄心当作妄心，这仍然是有妄心、有照心的区分，认为它们相对而存在。如果认为有妄心、有照心的区分，那么仍然是将照心与妄心区分为两个不同的心，如果区分为两个不同的心，良知就会有止息。如果说没有妄心也没有照心，那就没有妄心和照心的区分，二者是一个统一的整体而没有区分，这样良知就不会停息了。心天之意自然发动，自然造物，本自不动，无所谓照，也无所谓妄，因为心天之意（照心）自然在各种意念状态（妄心）之中。心天之意在意念流行当中有自觉，那么心天之意就是照心，如果心天之意被私心私意发动而遮蔽，那么私心私意就是妄心。人的私心私意当中自然有心天之意（照心）存在，只是照心如深水在水底下，可能沉而不显，好像被表面的妄心给遮蔽了，但照心的光芒好像水底的光，还是在，但是透不出来而已。天良之知（良知）如水底照心，即心天之意从不停息，自然发用，但是否能够在日常意识当中透显出来，需要靠自我反省和观照的意识，类似于自证分对见分（照心）和相分（照心）的自我觉察。

【161】心意破身，克除私欲

来书云："养生以清心寡欲为要。夫清心寡欲，作圣之功毕矣。然欲寡则心自清，清心非舍弃人事而独居求静之谓也，盖欲使此心纯乎天理，而无一毫人欲之私耳。今欲为此之功，而随人欲生而克之，则病根常在，未免'灭于东而生于西'。[1] 若欲刊剥洗荡于众欲未萌之先，则又无所用其力，徒使此心之不清。且欲未萌而搜剔以求去之，是犹引犬上堂而逐之 [2] 也，愈不可矣。"

必欲此心纯乎天理，而无一毫人欲之私，此作圣之功也。必欲此心纯乎天理，而无一毫人欲之私，非防于未萌之先，而克于方萌之际不能也。防于未萌之先，而克于方萌之际，此正《中庸》"戒慎恐惧"、《大学》"致知格物"之功，舍此之外，无别功矣。夫谓"灭于东而生于西""引犬上堂而逐之"者，是自私自利、将迎 [3] 意必之为累，而非克治洗荡之为患也。今曰"养生以清心寡欲为要"，只"养生"二字，便是自私自利、

---

[1] 语出程颢《答横渠张子厚先生书》："苟规规于外诱之除，将见灭于东而生于西也。"（《河南程氏文集》卷二）

[2] 语出《河南程氏遗书》卷二下："至如养犬者，不欲其升堂，则时其升堂而扑之。若既扑其升堂，又复食之于堂，则使孰从？虽日挞而求其不升，不可得也。"

[3] 语出《庄子·知北游》："无有所将，无有所迎。"

将迎意必之根。有此病根潜伏于中，宜其有"灭于东而生于西""引犬上堂而逐之"之患也。

【意】您米信说："养生的关键是清心寡欲。如果能够做到清心寡欲，那么成为圣人的功夫就算完成了。然而私欲少了，内心自然就会清静，内心清静并不是说要舍弃人事活动而离群索居，才能求得安静，而是要使这个本心纯粹都是天理，没有丝毫的私欲夹杂在其中罢了。现在想要在这方面做这个功夫，就必须在人欲产生之时随时克制，不过这样常常会留下一个病根，就难免"东边刚刚克制消除，西边又产生出来了"。如果想要在各种欲望还没有产生之前就彻底剥除涤荡干净，那么又可能不知道如何用功，这样就只会让自己的心无法平静清宁。况且如果想要在欲望没有萌发的时候就到处去搜求并努力剔除，这又好比诱使狗进入堂屋之内，再设法赶它出去一样，那就更加不可以了。"

一定要让这个心体纯粹都是天理，没有一丝一毫的人欲存在，这就是成为圣人的功夫。如果一定要让此心纯粹是天理，完全没有丝毫人欲，那就除非在人欲还没有萌发的时候就进行防备，并在人欲刚刚萌发之际就加以克制，否则就无法实现。在私欲还没有萌生的时候加以防备，在私欲刚刚萌生之时就加以克制，这正是《中庸》里"戒慎恐惧"、《大学》中"致知格物"的功夫，除此之外，就再没有别的功夫了。你说"克制住东边的私欲，但西边的私欲又萌生出来了"，"好比诱使狗进入堂屋之内，再设法赶它出去"的情况，这是因为内心受自私自利、刻意迎合、固执追求的牵累造成的恶果，其实不是克制、涤荡私欲的功夫本身有什么问题。现在你既然说"养生的关键在于清心寡欲"，其实，正是"养生"两个字，就是自私自利、迎合固执的病根。这个病根潜伏在心中，当然也就有"欲望刚在东边被克制住，又在西边萌生""诱使狗进入堂屋又赶出去"的担忧。尽量体察天良之知的实存，让感悟良知的意念发动于妄念、病根之前，而不是等病根发动之后再去克除。要使纯然至善的心天之意自然发动，才能让心意纯粹都是心天之意。如果有意念发动后自觉与心天之意不符，应该即克去此念，不让不通于心天之意的念头萌生起来。如果过分在意自己的心身之意，为身意所拘束，反而是有欲于身之意，而不是无欲之意。因为养生带有关于身体意识的私心和私意，所以本书的中心思想是"心天之意"而不是"身天之意"，换言之，是因为"心天之意"带有以"心之意"破除"身之意"的意识，不会局限于身意通天的"身天之意"的境界。

【162】空有生机，应物生生

来书云："佛氏于'不思善不思恶时认本来面目'[1]，于吾儒'随物而格'之功不同。吾若于不思善不思恶时，用致知之功，则已涉于思善矣。欲善恶不思，而心之良知清静自在，惟有寐而方醒之时耳。斯正孟子'夜气'之说。但于斯光景不能久，倏忽之际，思虑已生。不知用功久者，其常寐初醒而思未起之时否乎？今澄欲求宁静，愈不宁静，欲念无生，则念愈生。如之何而能使此心前念易灭，后念不生，良知独显，而与造物者游乎[2]？"

"不思善不思恶时认本来面目"，此佛氏为未识本来面目者设此方便。"本来面目"即吾圣门所谓良知。今既认得良知明白，即已不消如此说矣。"随物而格"，是"致知"之功，即佛氏之"常惺惺"[3]，亦是常存他本来面目耳。体段工夫，大略相似，但佛氏有个自私自利之心，所以便有不同耳。今欲善恶不思，而心之良知清静自在，此便有自私自利、将迎意必之心，所以有"不思善不思恶时用致知之功，则已涉于思善"之患。孟子说"夜气"，亦只是为失其良心之人，指出个良心萌动处，使他从此培养将去。今已知得良知明白，常用致知之功，即已不消说"夜气"；却是得兔后不知守兔，而仍去守株，兔将复失之矣。欲求宁静，欲念无生，此正是自私自利、将迎意必之病，是以念愈生而

---

[1] 《六祖坛经·行由品》："惠能曰：'不思善，不思恶，正与么时，那个是明上座本来面目？'"惠能认为，正当此时，保持这个没有分别心念升起的特殊状态之时，本来面目在提问者意念升起的地方，在人起心动念的端点之处。自性本来无分无别，自心所生之意如无意，一切有（烦恼、染污）皆空幻，不可令其遮挡本来空有之意生生不息。

[2] 《庄子·天下》："上与造物者游，而下与外死生无终始者为友。"

[3] 禅语，意为经常保持清醒状态。

愈不宁静。良知只是一个良知，而善恶自辨，更有何善何恶可思？良知之体本自宁静，今却又添一个求宁静；本自生生，今却又添一个欲无生；非独圣门致知之功不如此，虽佛氏之学亦未如此将迎意必也。只是一念良知，彻头彻尾，无始无终，即是前念不灭，后念不生。今却欲前念易灭，而后念不生，是佛氏所谓"断灭种性"[1]，入于槁木死灰之谓矣。

【意】您来信说："佛家主张'在不思善不思恶时认本来面目'，和我们儒家'依据事物的具体情况不同去推究事物'的格物功夫不同。我如果在不考虑善也不思考恶的时候用致良知的功夫，那么就已经进入思考善的境地了。想要善和恶都不去思考，又能够保持内心良知清静自在的状态，那就只有在睡觉刚刚醒来的时候才可以。这正是孟子所谓'夜气'学说。但我们在这个时刻停留的时间一般不会长久，往往片刻倏忽之间，思虑就已经萌动产生了。不知道用功时间长久的人，还是否能够像常常处于睡觉初醒而且思虑还没有产生时那样的状态吗？现在我想要澄清私欲去追求宁静，就越发没法宁静下来，想要心中不产生杂念，结果就越发产生太多杂念。怎么样才能使这个心做到先前的念头容易消失，而后面的念头又不产生，从而让良知独立彰显，而与天理大道相契同游呢？"

"在不思善不思恶时认本来面目"，这不过是佛教给那些还没有认识本来面目的人设置的方便法门。"本来面目"就是我们儒家圣学所谓的良知。如今既然已经把良知认识清楚，那么也就不需要这样说了。"依据事物的具体情况不同去推究事物"，是"致知"的功夫，也就是佛教的"常惺惺"，即要常常清醒地保存他的本来面目。儒佛两家的工夫大略相似，但佛家有一个自私自利的心，所以便和儒家有所不同。如今想要不思考善，也不思考恶，内心还要努力保持良知清静自在，这其实就有了自私自利、刻意迎合、固执追求的心，所以才会有"不思考善、不思考恶的时候用致良知的工夫，就已经进入了思考善的境地"这样的担忧。

---

[1] 语出玄奘《成唯识论》。

孟子说的"夜气",也只是针对那些丢失了天良之心的人而言,告诉他们良心萌动的地方[1],使他从这里去发现和培养天良之知。如今既然已经领会了良知,时常用致良知的工夫,那就不需要再讲存养"夜气"了;不然就是得到兔子之后,却不知道如何守住这只兔子,仍然守着那个树桩,那么已经得到的兔子也将会再次跑走丢失。想要追求宁静,想要不产生念头,这本身就是自私自利、刻意迎合、固执己见的毛病,所以才会因为意念越产生就越不宁静。良知就是一个,自然会辨明善恶,哪还有什么善什么恶需要去考虑的呢?良知的本体本来就是宁静的,现在却另外增添了一个念头执着着去追求宁静;良知的本体本来就是生生不息的,现在却又增添了一个要想私欲不生的念头;不仅圣人之学所讲的致知工夫不是这样的,就连佛教也不是这样迎合固执、刻意追求的。只要念念都在天良之知上,那就彻头彻尾,无始无终,就是先前的念头不需要被消失,后来的念头也不需要去产生。现在你却想要前面的想法容易消失,而后面的想法不去产生,这是佛教所讲的"断际灭绝成就佛果的内在依据"[2],人就进入形如枯槁、心如死灰的沉寂、寂灭

---

[1] 在心学传统当中,良知很自然地带有良心的意味,这既是因为都有"良"字,而且因为心自然会知,所以良心具有良知,就显得非常自然。在欧洲传统中,也有类似的关于"意识"与"良心"的统一。如耿宁指出:"在我们的欧洲传统中,对意向行为的'意识'与'良心'的统一已经纯粹从语言上得到了解释,因为两者原初都是通过唯一的一个语词来思考的,希腊文的 syneidesis 或拉丁文的 conscientia,它只是在日耳曼语系的翻译中才分离为'意识'(Bewusstsein, consciousness, bewustsijn)与'良心'(Gewissen, conscience, geweten)等等。但在罗马语系中还保留了两个概念的统一。在古代文本中,对希腊文 syneidesis 或相应动词 syneidenai heauto(与自己同知)的使用大都发生在道德语境中。……这个构成我们的主观体验和行为的'意识流'每次都是由或多或少分离的、或多或少清晰或含糊的意图、追求方向与意愿所驱动的和引导的。也许良心无非就是对这样一种每次都或多或少含混地引导着我们的体验及行为的追求与我们的根本为他感的一致或不一致的意思。"见耿宁:《人生第一等事——王阳明及其后学论"致良知"》,第 1071—1072 页。他提到的 syneidenai heauto 也可译为"认识你自己"。

[2] 耿宁在分析人的固持本性,即孟子之善性的时候,借用唯识宗的第八识(最深的心识,"种子识")中原初存在的("天生的")向善之秉性("种子"),参耿宁:《人生第一等事》引论,商务印书馆,2016 年,第 105 页,注释 3。张祥龙认为,耿宁辨识了"种性"说法的佛教来源,即阿赖耶识中的无漏种因或无漏法因。阿赖耶识好像瀑布一样流淌(转下页)

状态了。这种状态在庄子的心斋坐忘、道教的返本归元还有佛教的寂灭禅定当中都可以体察到。关键在于体悟生机，也就是良知自然呈现的生机，如果没有生机，生生的境界就断灭了。即使是禅宗的"空有之意"的"空"也有生机，不当理解为纯粹的、断灭的空。[1]

本来面目在提问者意念升起的地方，在人起心动念的端点之处。自性本来无分无别，自心所生之意如无意，一切有（烦恼、染污）皆空幻，不可令其遮挡本来空有之意生生不息。不存在追求宁静但还没有念头的状态。自悟良知之后，即可涵养扩充之。

心天之意自然通天，无善无恶，又在意念发动之后的善恶之中。只要推致天良之知，不需要刻意对念头做什么功夫，因为本体本来宁静，应物而生生，让天良之知自然呈现，万化皆如是生化于心意通天之境当中，则自然而然邪念妄念得到制伏，念头不会再无序奔突、走失，不再心猿意马。

【163】自然升发，涵摄天地

来书云："佛氏又有'常提念头'之说，其犹孟子所谓'必有事'，夫子所谓'致良知'之说乎？其即'常惺惺，常记得，常知得，常存得'者乎？于此念头提在之时，而事至物来，应之必有其道。但恐此念头提起时少，放下时多，则工夫间断耳。且念头放失，多因私欲客气[2]之动而始，忽然惊醒而后提，其放而未提之间，心之昏杂，多不自觉。今欲日精日明，常提不放，以何道乎？只此常提不放，即全功乎，抑于常提

（接上页）接近胡塞尔的内时间意识，刹那生灭，从对象化的角度看是灭了，但是从功能、现象学、意向的角度看，它是连续的。其中的有漏种子被欲望、无明染了，但无漏种子使人们可以非对象化、无执地领会世界。唯识宗就是要通过修行，使无漏种子得到熏染、成熟和呈现，克制有漏的种因和熏染，才能修成正果。阿赖耶识被清洗成为干净、纯真、纯粹的意识，从而达到开悟。参张祥龙：《儒家心学及其意识依据》，第 334 页。

[1] 空有之意也内涵生机，参温海明：《坛经明意》，第 169 页。

[2] 客气是因为宋儒把心作为人性的本体，这样就把产生于血气的生理之性称为客气，心性是主，而血气为客。

不放之中，更宜加省克之功乎？虽曰常提不放，而不加戒惧克治之功，恐私欲不去；若加戒惧克治之功焉，又为'思善'之事，而于'本来面目'又未达一间也。如之何则可？"

"戒惧克治"即是"常提不放"之功，即是"必有事焉"，岂有两事邪？此节所问，前一段已自说得分晓；末后却是自生迷惑，说得支离，及有"本来面目，未达一间"之疑，都是自私自利、将迎意必之为病。去此病，自无此疑矣。

【意】您来信说："佛教有'常提念头'的说法，是否和孟子所谓的'必有事'，先生您所讲的'致良知'学说差不多呢？就是'时常警惕，时常记得，时常知道，时常保存'吗？当这个念头提起来的时候，面对各种事物发生，必定会有恰当的应对方法。但是唯恐这个念头提起来的时候少，放下来的时候多，那样的话工夫就间断了。况且念头的丢失，很多时候是因为私欲和血气的需要而产生的，忽然惊醒之后，又要提起来，在念头放下和来不及提起来的过程中间，内心通常昏暗杂乱，而多半不能自己觉察。如今想要使得念头日益精纯明白，能够常常提起来而不放下来，那得用什么方法呢？仅这种常常提起而不放下，就是全部工夫吗，或者是在常常提起而不放失的工夫里面，需要再增加戒惧、省察、克制的工夫吗？即使说能够做到常常提起不放失，但如果不增加戒惧克制的工夫，恐怕私欲还是不会消除；如果添加了戒惧克制的工夫，那又是思考善的事情了，但对于'本来面目'而言似乎又隔了一层。像这样的话，到底应该要怎么办才可以呢？"

戒惧克制就是常提不放的工夫，就是"必有事焉"，这怎么会是两件事呢？你这一封信中提到的问题，我前面已经讲得非常清楚了；最终还是你自己迷惑了自己，话说得支离破碎，至于"本来面目难以一致"的疑虑，这都是因为自私自利、刻意迎合、固执追求的毛病。只要你除去了这个毛病，应该自然就不会再有这种疑问了。人要时刻保持心天之意生生、自然发动的状态，所以一切工夫都在念头上做，让心天之意在念念发动的状态当中自然升起，自然涵养以至于涵摄天地万物之境。如果去强硬克制念头，并做去念的功夫，反而不能真正压抑念头。[1]

【164】晶莹剔透，无遮彰显

来书云："质美者明得尽，渣滓便浑化[2]。如何谓'明得尽'？如何而能'便浑化'？"

良知本来自明。气质不美者，渣滓多，障蔽厚，不易开明。质美者渣滓原少，无多障蔽，略加致知之功，此良知便自莹彻，些少渣滓，如汤中浮雪，如何能作障蔽？此本不甚难晓。原静所以致疑于此，想是因一"明"字不明白，亦是稍有欲速之心。向曾面论"明善"之义，明则诚矣，非若后儒所谓明善之浅也。

【意】您来信说："气质美好的人善德彰显得很充分，即使有渣滓都会融化消失。怎么理解'善德彰显得透彻'？又怎样理解融化消失呢？"

良知本来就是自然光明的。身心气质不好的人，身上的毛病渣滓很多，把良知遮蔽得很厉害，良知就不容易彰显出光明来。身心气质好的人，身上的毛病渣滓本来就少，没有太多的障碍和遮蔽，只需要稍微下一点致良知的功夫，他们的天良之知就会晶莹透彻起来，他们那点毛病和渣滓，就好像热汤中飘浮着的雪花点，怎么能够构成遮蔽的障碍呢？这本来不是很难理解的问题。你之所以在这个问题上产生疑惑，估计是因为那个"明"字不太理解吧，其实也是因为你稍微有点心急求快的心思。过去曾经和你当面讨论过"明善"的含义，明白道理就能真诚，不可以理解得像后来学者（朱熹先生）讲的明善那么浅显。心天之意自然通天，光明遍照。本来心天之意就是晶莹剔透的，区别在于是否无遮蔽地彰显而已。

---

[1] 即使禅宗"无念为宗"也并非真的没有念头，而是顺念不执。参温海明：《坛经明意》，第166页。

[2] 程颢语，见《河南程氏遗书》卷十一。

【165】觉知用功，治心为本

来书云："聪明睿知果质乎？仁义礼智果性乎？喜怒哀乐果情乎？私欲客气果一物乎？二物乎？古之英才，若子房[1]、仲舒[2]、叔度[3]、孔明、文中、韩[4]、范[5]诸公，德业表著，皆良知中所发也，而不得谓之闻道者，果何在乎？苟曰此特生质之美耳，则生知安行者，不愈于学知困勉者乎？愚意窃云：谓诸公见道偏则可，谓全无闻，则恐后儒崇尚记诵训诂之过也。然乎？否乎？"

性一而已，仁义礼知，性之性也；聪明睿知，性之质也；喜怒哀乐，性之情也；私欲客气，性之蔽也。质有清浊，故情有过不及，而蔽有浅深也。私欲客气，一病两痛，非二物也。张、黄、诸葛及韩、范诸公，皆天质之美，自多暗合道妙；虽未可尽谓之知学，尽谓之闻道，然亦自其有学，违道不远者也。使其闻学知道，即伊、傅、周、召矣。若文中子则又不可谓之不知学者，其书虽多出于其徒，亦多有未是处，然其大略则亦居然可见，但今相去辽远，无有的然凭证，不可悬断其所至矣。

夫良知即是道。良知之在人心，不但圣贤，虽常人亦无不如此。若无有物欲牵蔽，但循着良知发用流行将去，即无不是道。但在常人多为物欲牵蔽，不能循得良知。如数公者，天质既自清明，自少物欲为之牵蔽，则其良知之发用流行处，自然是多，自然违道不远。学者学循

---

[1] 张良（？—前189），字子房，西汉沛郡城父（今河南襄城）人。刘邦的重要谋士，辅佐刘邦得天下，被封为留侯。

[2] 董仲舒（前179—前104），西汉信都广川（今河北枣强）人。汉景帝时为博士，汉武帝时，以贤良对策，主张罢黜百家、独尊儒术，开启此后两千余年以儒学为正统学术之先声。其学以儒学为中心，杂以阴阳五行说，形成"天人感应"的神学系统。著述有《春秋繁露》《举贤良对策》等。

[3] 黄宪（75—122），字叔度，东汉汝南慎阳（今河南正阳县）人。自幼家贫，以学行标炳当世，有颜回之称，初举孝廉，又辟公府，终生不仕。

[4] 韩琦（1008—1075），字稚圭，号赣叟，北宋相州安阳（今属河南）人，官至右仆射，封魏国公。与范仲淹久在兵间，名重一时，天下称"韩范"。

[5] 范仲淹（989—1052），字希文，北宋苏州吴县（今江苏苏州）人，宋真宗时进士，官至枢密副使、户部侍郎，北宋政治家、文学家，有《范文正公集》。

此良知而已，谓之知学，只是知得专在学循良知。数公虽未知专在良知上用功，而或泛滥于多歧，疑迷于影响，是以或离或合而未纯。若知得时，便是圣人矣。后儒尝以数子者尚皆是气质用事，未免于行不著，习不察，此亦未为过论。但后儒之所谓著、察者，亦是狃于闻见之狭，蔽于沿习之非，而依拟仿象于影响形迹之间，尚非圣门之所谓著、察者也，则亦安得以己之昏昏，而求人之昭昭[1]也乎？所谓"生知安行"，"知""行"二字亦是就用功上说；若是知行本体，即是良知良能，虽在困勉之人，亦皆可谓之"生知安行"矣。"知行"二字更宜精察。

【意】您来信说："聪明睿智果真是人固有的材质吗？仁义礼智果真是人的本性吗？喜怒哀乐果真是人固有的性情吗？私欲与血气果真是同一个存在物吗？还是两个不同的东西？古时候的英雄，像张良、董仲舒、黄宪、诸葛亮、王通、韩琦、范仲淹等人，他们的德性与功业都很显著，都是从各自的良知当中发出来的，却还是不能称他们是听闻圣道的人，到底是为什么呢？假如说他们只是天生的材质出众而已，那么生知安行的人，难道还比不过学知利行、困知勉行的人吗？我私下认为：说这些人对道的认识不够全面还差不多，说他们完全没有听闻圣道，那么恐怕是后世儒生因为崇尚记诵训诂所形成的偏见。这种理解对吗？还是不对呢？"

人的本性都是一样的，仁义礼智是人性的性质；聪明睿智是人性的材质；喜怒哀乐是人性所体现出来的情质；私欲和血气是对人性的障蔽。因为材质有清有浊，所以情质会有过分和不足之分，障蔽也就有深浅之别。私欲和血气就是一个病根带来的两个毛病，并不是两个不同的存在状态。张良、黄宪、诸葛亮以及韩琦、范仲淹等人，都是天生材质很好，自身很多地方都天然地符合神妙的圣人之道；虽然不能说他们完全通晓圣人之学，明白圣人之道，但他们都有自己的一套学问，是离圣人之道不算远的人。假使他们通过求学而完全明白圣人之道，那么他们就会成为伊尹、傅说、周公、召公那样的人物了。至于文中子王通，则

---

[1]　语本《孟子·尽心下》："孟子曰：'贤者以其昭昭使人昭昭，今以其昏昏使人昭昭。'"

又不能说他不明白圣学，虽然他的书多半由他的弟子们撰写，其中有很多不太正确的地方，但他学问思想轮廓大体还是昭然可见的，只是像现在年代相隔太远，没有真凭实据，所以不能凭空断定他的学问离圣人之道相差多远。人的本性内涵天性，天性即心天之意，天性通于天地自然之善，通贯人性表现为仁义礼智各种性质。性质之质为品质、质地，性情之情为发用之情，情质之质为情的品质和质地，都要在反省或者他者观察的状态当中觉知。

良知就是圣道。良知自在人的心中，非唯圣贤如此，即便平常人也都是这样。如果没有物欲的牵累遮蔽，只要遵循良知的流行去做，并将其发扬光大，就没有不符合圣人之道的。但是普通人往往被物欲牵累蒙蔽，以至于不能遵循良知。比如刚提到的几位人物，天生材质本来就清澈光明，自然很少被物欲所牵累遮蔽，所以他们的良知发扬流行自然就很多了，离圣人之道也就不远。学者就是要学习遵循这个天良之知而已，所谓明白学问之道，即是明白专门学习唯有遵循天良之知。他们几位虽然不知道专门在学习遵循良知上用功，有的兴趣广泛，受到不同领域、虚幻不实的东西的影响或迷惑，因而有时候会背离圣道，有时候相合于道，但都没有达到纯粹中正的境界。如果他们明白了真正的学问之道，那就成为圣人了。后世儒者曾经认为这几位前辈都还只是在凭借他们的天赋气质去做事，这就难免不知自觉其然，更不能察觉其所以然，这样评价他们一点都不算过分。但是后儒所谓的自觉、省察，其实也是被狭隘的见闻知识所阻断，受到各种陈旧习惯的蒙蔽，从而模仿圣人的影子、回响与行迹，还不是圣人之学所谓的自觉、省察，怎么可以在自己还是昏昧无知的情况下，却企图让别人明白清晰呢？所谓"生知安行"，"知"和"行"两个字也就是从用功方面来说的；至于知和行的本体，其实就是良知良能，虽然是困顿中勤勉努力的人，也都可以称之为"生知安行"。可见对"知"和"行"两个字，尤其需要精心体察、了解透彻。人心本体本来通天，了悟了心天之意的境界，心意之发就安顿于天境之中。心天之意即圣圣相传之道，人心之意自然发动，可以接天并近靠圣道。如果能够专注于心体通天的境界上用功，以成就事功的心念和魄力去做成圣的功夫，这都是向内每时每刻的觉知和用功。所以不可把外在的事迹、影响当作圣人功业的核心，否则是把外在当作内在，而舍本逐末，不知治心为本。

【166】圣学之乐，水底观涛

来书云："昔周茂叔每令伯淳寻仲尼、颜子乐处。敢问是乐也，与七情之乐同乎？否乎？若同，则常人之一遂所欲，皆能乐矣，何必圣贤？若别有真乐，则圣贤之遇大忧、大怒、大惊、大惧之事，此乐亦在否乎？且君子之心常存戒惧，是盖终身之忧也，恶得乐？澄平生多闷，未尝见真乐之趣，今切愿寻之。"

"乐"是心之本体，虽不同于七情之乐，而亦不外于七情之乐。虽则圣贤别有真乐，而亦常人之所同有。但常人有之而不自知，反自求许多忧苦，自加迷弃。虽在忧苦迷弃之中，而此乐又未尝不存，但一念开明，反身而诚 [1]，则即此而在矣。每与原静论，无非此意。而原静尚有"何道可得"之问，是犹未免于"骑驴觅驴" [2] 之蔽也。

【意】您来信说："周茂叔常常要程明道探寻孔子和颜回的快乐的状态。我想请问这种快乐，和七情当中的快乐相同吗？不同吗？如果相同，那么平常人一旦满足了自己的欲望，就都能快乐起来，又何必去当圣贤才能得到这种快乐呢？如果另外还有什么真正的快乐，那么圣贤碰到无比忧虑、特别愤怒、超级惊吓、异常恐惧的事情的时候，他们还能够体会到圣学之乐吗？况且，君子的心需要常常保存着戒慎和恐惧的状态，这就是终身需要保持忧虑状态了，那怎么可能还会有快乐呢？我平时常常郁闷，觉得自己没有体会过真正的快乐，现在真诚恳切地希望能够探寻到真正的快乐。"

（圣学之）乐是心的本体，虽然与七情的快乐不相同，但是也没有超出七情的快乐。虽然圣贤另有真正的快乐，但这种圣学之乐其实普通

---

[1] 语出《孟子·尽心上》："孟子曰：'万物皆备于我矣。反身而诚，乐莫大焉。强恕而行，求仁莫近焉。'"

[2] 语出《景德传灯录》之《志公和尚大乘赞》："不解即心即佛，真似骑驴觅驴。"

人也都具有。只是普通人虽然有这种快乐但自己却不知道，反而自寻很多忧愁苦恼，自己在迷惘之中丢弃了圣学的快乐。即使在忧苦迷茫之中，但这种圣学之乐又何尝不在呢？只要一念豁然开朗，反躬自省，达到至诚，那么就能体味到这种快乐。我每次跟你讨论，都在表达这个意思。但你总是追问还有"哪里才能获得这种圣学的快乐"，这就未免你是在"骑驴觅驴"的嫌疑了。学生应该可以体会圣学之乐，但由于自己理解不深，就一直问个不停，阳明只好说其实你已经知道，不能老是问，而不去自己体会。阳明作为老师，有着外在的、客观的视角，他能够觉知学生可以体会圣学之乐，但学生自己却认识不到。

其实，圣学之乐与至善一样，本体上通于天道自然之善的一切，在人情上就表现为通于天道自然之乐。也就是说，天道自然之善的本体发用为现象，在表面上还是要通过七情之乐表达出来。达到心天之意境界的意识状态，却未必时刻能够体悟心意通天的快乐，因为心意通天的本体，虽然时刻表现为心天之意的现象，但心意通天的快乐如水波涛，需要从水波之上才能看到波涛汹涌的快乐，好像阳明作为学生的他者，能够观察到学生可以体会圣学之乐。而学生观察自己，就是从本体的角度看自己的现象，好像从深沉的水底去看表面的波涛，反而不容易体悟到波涛的变幻（如情感的变化）。虽然波涛一直在那里变化，但从本体看现象，就需要相当高的自我省察意向和自我发现意能。

【167】心转物境，心中有天

来书云："《大学》以'心有好乐、忿懥、忧患、恐惧'为'不得其正'，而程子亦谓圣人'情顺万事而无情'[1]。所谓'有'者，《传习录》中以病疟譬之，极精切矣。若程子之言，则是圣人之情不生于心而生于物也，何谓耶？且事感而情应，则是是非非可以就格。事或未感时，谓之有，则未形也；谓之无，则病根在有无之间，何以致吾知乎？学务无

---

[1] 语本程颢《答横渠张子厚先生书》（又称《定性书》），见《河南程氏文集》卷二："圣人之常，以其情顺万事而无情。故君子之学，莫若廓然而大公，物来而顺应。"

情，累虽轻，而出儒入佛矣，可乎？"

圣人致知之功，至诚无息。其良知之体，皦如明镜，略无纤翳。妍媸之来，随物见形，而明镜曾无留染，所谓"情顺万事而无情"也。"无所住而生其心"[1]，佛氏曾有是言，未为非也。明镜之应物，妍者妍，媸者媸，一照而皆真，即是"生其心"处。妍者妍，媸者媸，一过而不留，即是"无所住"处。病疟之喻，既已见其精切，则此节所问可以释然。病疟之人，疟虽未发，而病根自在，则亦安可以其疟之未发，而遂忘其服药调理之功乎？若必待疟发而后服药调理，则既晚矣。致知之功，无间于有事无事，而岂论于病之已发未发邪？大抵原静所疑，前后虽若不一，然皆起于自私自利、将迎意必之为祟。此根一去，则前后所疑，自将冰消雾释，有不待于问辨者矣。

【意】您来信说："《大学》当中将'心有好乐、忿懥、忧患、恐惧'看作是'不得其正'，而程子也说'圣人情顺万事而无情'。所谓'有好乐、忿懥、忧患、恐惧'，《传习录》中以疟疾来做比喻，极其精辟准确。如果像程子所说的，那么圣人的情感不产生于内心而产生于外物，这是什么意思呢？并且如果人们感觉到事物进而产生了相应的情感，那么其中的是是非非都可以得到端正。如果还没有感觉到事物时，称之为有情，但情感其实还没有显现；称之为无情，则情像病根一样潜在，说有情却没有，说无情却有，在有无之间，要怎么推致我的良知呢？如果学习圣学就要专门去学习做到无情的状态，虽然那样人心的负担和牵累就少了，但那样就已经偏离儒家圣人之道，而滑入佛教修行的泥潭之中了，这样可行吗？"

圣人的推致天理良知的功夫，是其意念真诚发动，从来没有间断。他的良知本体，如明镜一样洁净，没有一丝一毫的沾染和遮蔽。或美或丑的事物在明镜之前，呈现其本来面目，而明镜没有一丝一毫的污染，这就是所谓的"情顺万事而无情"。"无所住而生其心"，佛教曾经说过这种话，也是有道理的。明镜照物，美的东西自然美，丑的东西自然丑，

---

[1] 语出《金刚经》第十品。

通过观照，万物各自呈现它们的本真面目，这就是"生其心"。美的事物自然美，丑的事物自然丑，经过明镜一照，一丝一毫不会留存在明镜中，这就是不滞留、无所住。你既然理解疟疾比喻非常深刻和准确，那么其中的问题应该就迎刃而解了。得了疟疾的人，即使病还没有发作，但只要病根仍然存在，怎么可以因为病没有发作，就忘记服药调理的工夫呢？如果一定要等到疾病发作之后再去服药调理，那就太晚了。推致良知的功夫，也不需要区分有事或无事的时候，难道吃药调理还要区分病是否正在发作吗？大概你所疑惑的，虽然前后不太一样，但都来源于自私自利、刻意迎合、固执追求的毛病。一旦除掉这些病根，那么你前后的疑问困惑，自然就可以廓清疑雾，涣然冰释，不需要再去追问与辨析了。心天之意自然发用即是诚中之意，丝毫不可停息。心意通天没有私意，则心转物境，无论物境如何风高浪急，心境永远了了分明、随境自显。心天之意是心中有天的境界，万千物化都一心涵摄，即自然顺物而生心，但物留无意，风浪本自无情，心意毫无牵绊，所谓心境不受任何外物变化的牵引和染污。

答原静书出，读者皆喜。[1]澄善问，师善答，皆得闻所未闻。师曰："原静所问，只是知解上转，不得已与之逐节分疏。若信得良知，只在良知上用工，虽千经万典，无不吻合，异端曲学，一勘尽破矣，何必如此节节分解！佛家有'扑人逐块'[2]之喻，见块扑人，则得人矣，见块逐块，于块奚得哉？"在座诸友闻知，惕然似有惺惺悟。此学贵反求，非知解可入也。

【意】答陆原静的信公开之后，读了它的人们都很高兴。陆澄善于提问，老师善于解答，都是之前闻所未闻的见解。先生说："原静所提的问题，都是围绕着文辞句意的辨析与认知理解展开，我不得已只好跟他逐段分析解释。如果真的相信良知，那只在良知上用功，那么即使翻阅再多的经典，也没有不吻合的，各种异端邪说，一经接触就能彻底破

---

[1]　这是钱德洪写的跋。

[2]　《涅槃经》第二十六品："凡一切凡夫，虽观于果，不观因缘，如犬逐块而不逐人，亦复如此。"

除，哪用得着这样逐段分开辨析呢！佛教有'扑人逐块'的比喻，狗看见石块就去追人，可以追到投掷石块的人，如果看见石块就去追逐石块，那么狗在石块上能得到什么呢？"在座的朋友们听到后，都惕觉而有所省悟。由此可知，先生的学问之道贵在反求诸己，不是靠文辞句意的辨析这样的知识性解答就可以达到的。随时随地体认心天之意，让心天之意在当下自然发动，一念之中流行即可。要在意念发动之处，明辨涵养，当下一念的工夫，远远超出文字本身所能描绘和传达的。

答欧阳崇一

【168】阴阳道体，体象相融

崇一来书云："师云：'德性之良知，非由于闻见，若曰多闻择其善者而从之，多见而识之，则是专求之见闻之末，而已落在第二义。'窃意良知虽不由见闻而有，然学者之知，未尝不由见闻而发。滞于见闻固非，而见闻亦良知之用也。今曰'落在第二义'，恐为专以见闻为学者而言，若致其良知而求之见闻，似亦知行合一之功矣。如何？"

良知不由见闻而有，而见闻莫非良知之用，故良知不滞于见闻，而亦不离于见闻。孔子云："吾有知乎哉？无知也。"[1]良知之外，别无知矣。故"致良知"是学问大头脑，是圣人教人第一义。今云专求之见闻之末，则是失却头脑，而已落在第二义矣。近时同志中，盖已莫不知有"致良知"之说，然其功夫尚多鹘突者，正是欠此一问。

大抵学问功夫只要主意头脑是当，若主意头脑专以"致良知"为事，则凡多闻多见，莫非"致良知"之功。盖日用之间，见闻酬酢，虽千头万绪，莫非良知之发用流行，除却见闻酬酢，亦无良知可致矣。故只是一事。若曰致其良知而求之见闻，则语意之间未免为二，此与专求之见闻之末者虽稍不同，其为未得精一之旨，则一而已。"多闻，择其善者

---

[1]　《论语·子罕》："子曰：'吾有知乎哉？无知也。有鄙夫问于我，空空如也。我叩其两端而竭焉。'"

而从之，多见而识之"[1]，既云择，又云识，其良知亦未尝不行于其间；但其用意乃专在多闻多见上去择识，则已失却头脑矣。崇一于此等处见得当已分晓，今日之问，正为发明此学，于同志中极有益。但语意未莹，则毫厘千里，亦不容不精察之也。

【意】欧阳崇一来信说："老师讲：'德性良知不从见闻中获得，如果说多多学习，选择其中好的部分加以遵行，多多地看，然后把正确的部分记在心里，那么就是在见闻之中去寻求，已经落在仅次于'生而知之'的'知'的第二层含义了。'我个人认为，良知虽然不从闻见中获得，但学者的良知，还是不能不通过感觉见闻才能生发出来。拘执于见闻上固然不正确，但见闻确实是良知发挥功用的地方。现在先生说见闻对学习圣人之道'落在第二层含义'，恐怕是针对那些专门把闻见作为学问的人来说的，如果为了推致天良之知而去见闻当中去探求，似乎也是知行合一的工夫。这种理解对吗？"

天良之知虽然不依赖见闻才存在，但见闻都是良知的作用，所以良知不停滞、驻留在见闻之上，但也离不开见闻。孔子说："我有知识吗？没有啊。"因为孔子在天良之知之外，就没有其他什么知识了。所以"致良知"才是学问的关键，这是圣人教育人的首要内容。如今讨论专门在见闻上去探求的细枝末节，就是没有把握圣学的关键，已经落在第二层含义上了。近些日子以来，诸位同道中人大概没有不知道致良知学说的，但是他们做工夫仍然有很多糊涂粗糙的地方，正是因为欠缺你的这一追问。心学和意学相信人的天性之良，认为每个人都有天良之善。天良之知超越人的所见所闻，不依赖见闻而存在，但这种超越不是外在的超越，而是在见闻上显现出来的存在。无论是所谓客观的见闻，还是人通过内观而得的内在见闻，凡所见所闻，都是天良之知的投影和造像。心天之意自然流行，超越其所投射和映照的所见与所闻。超越的天良之善具有一定的先天意味，超越一个人后天意识

---

[1]　《论语·述而》："盖有不知而作之者，我无是也。多闻，择其善者而从之，多见而识之，知之次也。"孔子的意思是说："可能有自己本来什么都不懂，却能够凭空创造的人，我却没有这样的本领。多多学习，选择其中好的部分加以遵行，多多地看，然后把正确的部分记在心里，这是仅次于'生而知之'的'知'了。"

的所见与所闻，就有即后天见闻而感通先天心天之意的意味，说明后天发动的心意可能直接悟入心与天同一意的极致境界。

一般而言，追求学问之道的功夫必须把宗旨掌握准确，如果专心地以"致良知"为首要任务，那么凡是见多识广，没有不是致良知功夫的。日常生活中的见闻应酬、待人接物，虽然千头万绪，但都是良知的扩充和发挥作用，除了各种应酬交往，也再没有什么良知可以扩充的了。所以致良知和见多识广其实也就是一件事。如果说扩充良知要去见闻中探求，那么这种说法就难免将致良知和扩充见闻分成了两件事了，这和那些专门在见闻上探求细枝末节的人虽然稍有不同，但他们都没有意会到惟精惟一的宗旨，这一点却都是相同的。"多多学习，选择其中好的部分加以遵行，多多地看，然后把正确的部分记在心里"，既然说选择，又说认识记住，那么良知已经在这些活动中呈现并发挥作用了；然而如果其用意只是专门在多听多见上去选择和认识，那么就丢失了学问之道的宗旨。你在这些问题上应当已经洞察分明，今天提出这样的问题，正是为了阐发致良知这个学问，对同道都非常有益。但是如果语义表达不够透彻，那么就可能会出现差之毫厘失之千里的情况，所以不得不仔细辨析清楚。要抓住让良知自然发用流行、合于万化之道这个根本。心天之意不在见闻上求，而靠天良觉知，天良之知时时刻刻直接发用，及于物，转化物，成就事。心天之意不必从细枝末节去推求，心就是物，意就是事。良知为本，致良知自然见于见闻（生活经验）之中，但良知作为天良之知，是可以超越具体的见闻，不被具体的感官之知所限定的。如果人的意识失去天良之知，就能在其意向性所见所闻上看出，其意向性所致之知已经不再通乎天良，那么其意向性就陷于心物两分的常俗认识论状态，心意发动只是陷于观念论，被知性和理性的边界所困，而不能及于事物本身。

从心通物论，即心意通达万物的本体意向性来看，见闻虽然只是事物的表象，但表象无非阴阳，既是宇宙本体的阴阳，也是心灵意识的阴阳。其实，表象的本质就是阴阳，而阴阳就是表象的本体，离开阴阳本体，表象并没有其他的本体，因此表象不需要"自在之物"的存在作为其本体。故而，心学最能体现中国传统哲学的阴阳即表象、即本体论，或者说，心学即意学，即心通物论。无论是本体论还是认识论，中国哲学传统"一阴一阳之谓道"的阴阳道体论，是本体与现象合一、相融不分的世界观，与西方哲学传统区分本体和现象的世界观形成明显的对照，存在很大的差别。

【169】天理良善，清明澄现

来书云："师云：'《系》言"何思何虑"，是言所思所虑只是天理，更无别思别虑耳，非谓无思无虑也。心之本体即是天理，有何可思虑得！学者用功，虽千思万虑，只是要复他本体，不是以私意去安排思索出来。若安排思索，便是自私用智矣。'学者之蔽[1]，大率非沉空守寂，则安排思索。德辛壬之岁[2]着前一病，近又着后一病。但思索亦是良知发用，其与私意安排者何所取别？恐认贼作子，惑而不知也。"

"思曰睿，睿作圣。"[3]"心之官则思，思则得之。"[4]思其可少乎？沉空守寂与安排思索，正是自私用智，其为丧失良知，一也。良知是天理之昭明灵觉处，故良知即是天理。思是良知之发用。若是良知发用之思，则所思莫非天理矣。良知发用之思，自然明白简易，良知亦自能知得。若是私意安排之思，自是纷纭劳扰，良知亦自会分别得。盖思之是非邪正，良知无有不自知者。所以认贼作子，正为致知之学不明，不知在良知上体认之耳。

【意】您来信说："老师讲：'《系辞》所谓"何思何虑"，是讲所思所虑只是一个天理，再没有别的思虑了，不是说没有任何思虑。心之本体就是天理，又有什么好思虑的呢！学者用功学习，即使千思万虑，也

---

[1] 邓艾民本为"敝"字，见邓艾民注：《传习录注疏》，第145页；黎业明本为"弊"字，见黎业明：《王阳明传习录校笺》，第213页。

[2] 陈荣捷解释："德：欧阳崇一之名"，"辛壬：正德十六年辛巳（1521）至嘉靖元年壬午（1522）"。参陈荣捷：《王阳明〈传习录〉详注集评》，第216页。邓艾民解释："辛壬：辛巳（1521），壬午（1522）。"参邓艾民注：《传习录注疏》，第146页。

[3] 《尚书·洪范》。

[4] 《孟子·告子上》："心之官则思，思则得之，不思则不得也。"

只是要恢复心之本体，不是以自己的私意去揣摩、思索出天理来的。如果刻意去安排思索，就是自私和耍小聪明了。'学者的毛病，通常不是沉迷于空虚寂静，就是刻意安排思虑。我在辛巳至壬午年间，犯了前面一个毛病，近来又犯了后一个毛病。但是，思虑毕竟也是良知的发用流行，它与凭借私意刻意安排怎么区别呢？我总担心自己认贼作子，还迷惑而不知。"

"思考能够使人睿智，睿智是成为圣人的基础。""心这个器官其职能在于思考，思考就可以得道。"思虑怎么可以缺少呢？沉迷于空寂当中与刻意思索安排，那都是私欲作祟耍小聪明，从丧失良知这一点来说，其实都是一样的。天良之知是天理昭明灵敏的地方，所以良知就是天理。思索考虑是良知发生作用，如果是良知发生作用的思索和考虑，那么所思索考虑的东西就都是天理。天良之知发挥作用的思索和考虑，自然明白简单，良知也自然能明白认识。如果是私意安排的刻意的思考，自然思绪万千、纷纷扰扰，当然天良之知也自然能够分别清楚。大凡思索考虑的是非与正邪，天良之知没有不知道的。之所以会出现认贼作子的情况，正是因为致良知的学问还没有弄明白，不知道在良知上体察认识罢了。思虑当然很重要，可是如何思考更重要，如果没有主见，思考没有主心骨，就不可能定、静、安、虑、得，即通过思虑而能有所得。心思发动要皆在天理之中，成为天理之良善的显现，从而让思考、用意都成为天地本体之良的流布，让心天之意自然流行、发用、澄现、清明。进入如此境界，则良知自然无所不知。当良知挺立，则一切自然合乎天理，这样心意的主体性就建立起来。所谓工夫所至，即其本体，因为致良知至于天境，则良知本体也就彰显至于天境。

【170】造作事业，集义致天

来书又云："师云：'为学终身只是一事，不论有事无事，只是这一件。若说宁不了事，不可不加培养，却是分为两事也。'窃意觉精力衰弱，不足以终事者，良知也。宁不了事，且加休养，致知也。如何却为两事？若事变之来，有事势不容不了，而精力虽衰，稍鼓舞亦能支持，则持志以帅气可矣。然言动终无气力，毕事则困惫已甚，不几于暴其气已乎？此其轻重缓急，良知固未尝不知，然或迫于事势，安能顾精力？或困于精力，安能顾事势？如之何则可？"

"宁不了事，不可不加培养"之意，且与初学如此说，亦不为无益。但作两事看了，便有病痛在。孟子言"必有事"焉，则君子之学终身只是"集义"一事。义者，宜也，心得其宜之谓义。能致良知则心得其宜矣，故"集义"亦只是致良知。君子之酬酢万变，当行则行，当止则止，当生则生，当死则死，斟酌调停，无非是致其良知，以求自慊而已。故"君子素其位而行"[1]，"思不出其位"[2]，凡谋其力之所不及而强其知之所不能者，皆不得为致良知；而凡"劳其筋骨，饿其体肤，空乏其身，行拂乱其所为，动心忍性以增益其所不能"[3]者，皆所以致其良知也。若云"宁不了事，不可不加培养"者，亦是先有功利之心，较计成败利钝而爱憎取舍于其间，是以将"了事"自作一事，而"培养"又别作一事，此便有是内非外之意，便是自私用智，便是"义外"，便有"不得于心，勿求于气"[4]之病，便不是致良知以求自慊之功矣。

所云"鼓舞支持，毕事则困惫已甚"，又云"迫于事势，困于精力"，皆是把作两事做了，所以有此。凡学问之功，一则诚，二则伪。凡此皆是致良知之意欠诚一真切之故。《大学》言"诚其意者，如恶恶臭，如好好色，此之谓自慊"。曾见有恶恶臭，好好色，而须鼓舞支持者乎？曾见毕事则困惫已甚者乎？曾有迫于事势、困于精力者乎？此可以知其受病之所从来矣。

---

[1] 语出《中庸》第十四章："君子素其位而行，不愿乎其外。"意思是，君子安于现在所处的位置而采取适当的行动，不羡慕本分之外的东西。

[2] 语出《论语·宪问》："子曰：'不在其位，不谋其政。'曾子曰：'君子思不出其位。'"意思是，孔子说："如果不在那个职位上，就不要去谋划那个职位上的政务。"曾子说："君子考虑问题，从来不超出自己的身份和职位。"

[3] 语出《孟子·告子下》。

[4] 语出《孟子·告子上》。

【意】你来信又说："老师讲：'追求学问之道终其一生只有一件事，那就是不论有事还是没事，都只要做这一件事。如果说宁愿不做或者做不完事情，也不能不培养天良之知，这又是把致良知和做学问分为两件事了。'我私下认为，感觉到精力衰弱，不足以支撑下去完成事情的，就是良知。宁愿不完成事情，也要修养本心、培养天良之知，这也是致良知。怎么说他们成了两件事了呢？如果事情来了，有些事情为形势所逼，不容许不尽快完成，精力虽然显得衰弱，只要稍微振作鼓舞一下，也能够支撑下去，只要保持心志以统帅主导身体之气就可以了。然而说话行动终究有气无力，事情做完的时候就觉得疲惫不堪，这不是差不多等于在滥用气力、拖垮身体吗？其中的轻重缓急，良知固然会知道，但是，有时候迫于形势紧急，又怎么能顾及精力是否允许呢？而有时候已经筋疲力尽，又怎么能考虑到事情的形势呢？在这种情况下，应该要怎么才好呢？"

"宁愿不做或者做不完事情，也不能不培养天良之知"的意思，和初学者这么说，也不算没有益处。但如果把做事情和存养本性分成两件事来看，那就会有病根存在。孟子讲一定要让心时刻处在自觉有事的状态，那么君子之学终身就只是"集义"这一件事了。义是适宜的意思，人心达到了适宜的、应该做的状态，就是义。能够扩充良知，那么心就能够做到它适宜做的事情，所以"集义"也就是致良知。君子在应酬交往的各种事变之中，应当做就做，应当停止就停止，应当生就生，应当死就死，各种斟酌调停，无非都是推致良知，以求实现自己心安理得而已。所以"君子安于现在所处的位置而采取适当的行动"，"君子考虑问题，从来不超出自己的职位范围"，凡是谋求自己能力所不能达到的事情，以及勉强做自己才能智识所不能实现的东西，都不是致良知；而凡是能够让人"筋骨劳累，躯体饥饿，身体穷困，行为扰乱，心意震动，性情坚忍，能力增强"的，都是推致人的天良之知。如果说"宁愿不做完事情，也不能不培养良知"，这是先有了追求功利的心，计较成败得失之后而做出的爱憎取舍，这是把处理事情看作一件事，把培养本性又看作了另外一件事，这就是重视本心而忽视做事的心态，就是自私耍小聪明，也就是"把义看作外在的东西"，就会有"不能从内心得到，就不可求之于气"的毛病，就不是致良知以求自己心安理得的功夫了。涵养先天之意是真正的学问之道，其他事情都可以放下，甚至不去完成也可以。这就说明，所有人所"作"的"事"情和事业，其实跟身外的具体存在物一样，都有成住坏空的过程，不可以执着，但当下修身养性的工夫才是货真价实的修行和学问之道。而且，每时每刻、每个意念都可以做工夫，也就是说，即使在"造-作""事-业"的同时，人也可以做培养良知和元炁的工夫。"集义"是心意合乎本性天良之善，在合适的事情上不断实化累积。如果每时每刻心意顺天，生死放下，己力便是天功，而天功也不过己力而已。因此，根本工夫在于每时每刻都让天良之知自然显现。无疑，良知不是功利之心，培养天良之知，就不可能另外分心来存养功利的心意。

你所说的"鼓舞振作，完成事情之后疲惫不堪"，又说"迫于形势，因精疲力竭而困顿"，这都是把处理事情和存养本性当作两件事了，所以才会有这样的疑问。凡是追求学问之道的功夫，惟精惟一就是真诚，三心二意就是虚伪。凡是这些，都是因为致良知的意念还不够真诚的缘故。《大学》中说"使自己意念真诚，像厌恶恶臭一样自然去厌恶，像喜好美色一样自然去喜好，这就叫作使自己心安理得"。你何曾见到过厌恶恶臭、喜好美色，却还需要鼓舞振作的吗？你何曾见到过（厌恶恶臭、爱好美色这样的）事情做完了之后还疲惫不堪的吗？你何曾见过迫于形势、受困于精力（就不去厌恶恶臭、爱好美色）的吗？由此可知病痛的根源从何而来了。保持意识的精纯专一是为了调动气息，达致天境，即意念通达天地之境。人自然会爱好美色，自然会厌恶恶臭，这才是推致天良之知需要实现的境界，也就是到达如此自然天然、如此精纯专一、无限真诚至极的状态。具体的修行工夫当然首先还是需要调动气息的流转，之后修炼达致天境，即意念通达天地之境。

【171】通神无伪，日月朗照

来书又有云："人情机诈百出，御之以不疑，往往为所欺，觉则自入于逆、臆[1]。夫逆诈，即诈也，臆不信，即非信也。为人欺，又非觉也。不逆不臆，而常先觉，其惟良知莹彻乎？然而出入毫忽之间，背觉合诈者多矣。"

"不逆不亿而先觉"，此孔子因当时人专以逆诈、臆不信为心，而自陷于诈与不信，又有不逆、不亿者，然不知致良知之功，而往往又为人所欺诈，故有是言。非教人以是存心，而专欲先觉人之诈与不信也。以是存心，即是后世猜忌险薄者之事，而只此一念，已不可与入尧、舜之道矣。不逆、不臆而为人所欺者，尚亦不失为善，但不如能致其良知而自然先觉者之尤为贤耳。崇一谓"其惟良知莹彻"者，盖已得其旨矣。然亦颖悟所及，恐未实际也。

盖良知之在人心，亘万古，塞宇宙而无不同。"不虑而知"，"恒易以知险"[2]，"不学而能"，"恒简以知阻"，"先天而天不违"，"天且不违，而况于人乎？况于鬼神乎？"[3]夫谓"背觉合诈"者，是虽不逆人，而或未能无自欺也；虽不臆人，而或未能果自信也。是或常有求先觉之心，而未能常自觉也。常有求先觉之心，即已流于逆、亿，而足以自蔽其良知矣，此"背觉合诈"之所以未免也。

---

[1]　语出《论语·宪问》："不逆诈，不亿不信。抑亦先觉者，是贤乎！"意思是，不预先猜测别人会欺诈你，也不要凭空臆测别人不信任自己。然而遇事总能事先觉察别人的欺诈和不诚实，这不就是贤明了吗？

[2]　语出《周易·系辞下》："夫乾，天下之至健也，德行恒易以知险。夫坤，天下之至顺也，德行恒简以知阻。"意思是，乾阳之力是天下最刚健事物蕴含的创生之力，它的德性恒久，德行平易，但能及时知晓艰险危难。坤阴之力是天下最柔顺的事物蕴含的成境之力，它的德性恒久，德行简单，但能及时知晓繁杂困阻。

[3]　语出《周易·乾卦·文言》："夫大人者，与天地合其德，与日月合其明，与四时合其序，与鬼神合其吉凶。先天而天弗违，后天而奉天时。天且弗违，而况于人乎？况于鬼神乎？"意思是，九五爻辞所说的"大人"，他发心行事与天地的德行相契合，他恩德遍布与日月的光明相契合，他治事有节与四季的时序相契合，他经天纬地与鬼神的吉凶相契合。他的人天之意发动和他的行动即使领先于天道变化的征兆，天道也会顺应他，他的人天之意发动和他的行动如果跟随着天道变化的征兆，他就会顺应天时运化。天道尚且不会违背他的人天之意而去顺应他，更何况一般人呢？更何况鬼神呢？

君子学以为己[1]，未尝虞人之欺己也，恒不自欺其良知而已；未尝虞人之不信己也，恒自信其良知而已；未尝求先觉人之诈与不信也，恒务自觉其良知而已。是故不欺则良知无所伪而诚，诚则明矣；自信则良知无所惑而明，明则诚矣。明诚相生，是故良知常觉常照。常觉常照，则如明镜之悬，而物之来者自不能遁其妍媸矣。何者？不欺而诚则无所容其欺，苟有欺焉，而觉矣；自信而明，则无所容其不信，苟不信焉，而觉矣。是谓"易以知险"，"简以知阻"，子思所谓"至诚如神，可以前知"者也。然子思谓"如神"，谓"可以前知"，犹二而言之，是盖推言思诚者之功效，是犹为不能先觉者说也。若就至诚而言，则至诚之妙用即谓之"神"，不必言"如神"。至诚则"无知而无不知"，不必言"可以前知"矣。

【意】您的来信又说："人情机巧诈伪层出不穷，如果以不怀疑的姿态去面对，往往容易被它们所欺骗，如果要提高警觉来对待他人是否诡诈，自己就又陷入了预先怀疑和臆测他人是否诚信的怪圈之中。怀疑别人欺诈其实也是一种欺诈，臆测别人不诚信其实本身也是一种不诚信。如果被人欺骗，则自己又属于已经不能察觉开悟的状态。如果要不怀疑、不臆测别人的欺诈和不诚实，又能够常常预先察觉，恐怕只有良知晶莹透彻的人才能做到吧？但欺诈和诚信看起来差别很小，因此不能够自我察觉，导致合谋欺诈的人，其实还是很多的。"

"事先不怀疑、不臆测别人的欺诈和不诚信，但能够事先察觉"，这是孔子因为针砭时弊而有感而发的，他看到当时人们一心只想怀疑别人欺诈、臆测别人不诚信，从而导致自己陷入他人的欺诈和不诚信的泥潭里面去，还有一些不怀疑、不臆测的人，但却不知道致良知的工夫，结果往往又被他人所欺诈，所以才有这种说法。孔子的话不是教人事先存心去事先觉察他人的欺诈和不诚信。如果预先察觉别人的欺诈与不诚信，存心去做这个事，就是后世猜忌、阴险、刻薄的人做的事，只要有了事先存心的念头，就已经不能进入尧舜的圣人之道了。不事先怀疑、

---

[1] 语出《论语·宪问》："子曰：'古之学者为己，今之学者为人。'"意思是，孔子说："古代的人学习是为了提高自己，而现在的人学习是为了给别人看。"

臆测而导致被别人所欺诈的人，还可以说是善良的人，但不如那些通过致良知而自然预先察觉到别人欺诈与不诚信的人贤明。你所谓的"只有良知晶莹透彻的人"才能这样，就基本上已经知道了孔子话语的宗旨。然而恐怕也是你因为聪颖所以才能领悟，在现实生活当中恐怕还是没有体会到。仅执守道德，但心意不能通天，就可能会被欺诈。阳明一方面感慨世间存在这样的问题，而另一方面把问题归结为人民没有用功致良知。他不是让人故意存有机心，因为机心一动，人就偏离了圣人之道。

人们心中的天良之知，横亘古今，充塞宇宙，从来没有什么不同。这就是古人所谓"不虑而知"，"恒易以知险"（乾之德），"不学而能"，"恒简以知阻"（坤之德），"先天而天不违"，"天且不违，而况于人乎？况于鬼神乎？"至于说"背离知觉而合于欺诈"的人，这种人虽然不怀疑别人，但却不能做到不自欺；虽然不臆测猜想别人是否诚信，但他们也许却不能果敢自信。这或许是导致他们常有追求先知先觉心思的原因，反而不能常常自我觉悟。常常有追求先知先觉的心，就会沦为事先怀疑、臆测他人不诚实的人了，而这足以遮蔽他们的良知，这就是"背离知觉而合于欺诈"的人所无法避免的毛病。心天之意与今相通，关键在于其"明"，不仅照亮君子的心，而且洞察小人的心。所以小人的机心发动，不能逃过君子所致"良知"的探查，这里隐含着君子所致的良知能够通天贯地、无所不至的状态。好像乾阳之通天，象征君子心意发动有如天行，纤毫明白。术数机锋反而丧失良知，致良知之人所达到的明澈状态有如此高的维度，以至于好像不仅洞察后天的机心，而且能够通达意念发动之前的先天状态，所谓良知未发的那种状态。这是把后天需要通过反省而体悟的先天的境界，当下直接呈现出来。

君子学习是为了提高自己的修养，不曾去臆测别人是否会欺骗自己，只要自己永远不欺骗自己的良知就够了；不必担心忧虑别人不相信自己，只要自己永远相信自己的良知就够了；不需要去追求预先察觉别人的欺诈和不诚信，只需要努力致力于自觉存养自己的良知就可以了。因此，君子不自欺，那么他们的良知就没有伪饰而非常真诚，君子有通天的真诚就能明白人间的道理；君子自信，则其天良之知不会被迷惑而明白人间的道理，明白人间的道理也就能实现通天的真诚。明白天理与处世真诚互相成就，所以天良之知常常自觉，时刻朗照。常常觉悟，恒久澄澈的良知就像明镜高悬，凡是所照之事物，自然无法隐藏它美丑的原形。这是为什么呢？良知不自欺而真诚，那么就没有地方可以忍受欺诈，即便有欺诈，良知也已经觉察到了；良知自信而明理，就不可能容忍不诚信，即便有不诚信，良知也会马上察觉到。这就是所谓"易以知险"，"简以知阻"，也就是子思所谓的"至诚如神，可以前知"。然而子思所谓的"如神"，"可以前知"，还是分为两件事来讲的，因为他大概是从推究思诚的功效上来说的，也好像是对那些不能预先知觉、觉悟的人说的。如果就至诚上来说，那么至诚所达到的奇妙状态就是"神"，而不必说"如神"。能至诚就能"无知而无所不知"，所以就不必说"可以前知"了。让自己的心天之意自然发动，不但自己的良知透贯天地之间，而且把与自己的心意互动的他人之心也照得光明透亮，以至于那些臆测和欺骗的心意也被昭昭朗朗地显现出来。良知的这种高悬和朗照之境，达到日月一般的境界，让小人也光亮地显出其心意[1]。达到心意通天、清明干净、万物清朗的境界，最重要的意思是不仅君子之心光明，而且这种光明足以洞察小人之心的黑暗。

良知之良不仅指善良之人的良，而且足以穿透恶人的心意。小人之心险，总是要阻碍君子之心的发动，但君子之心意，至易至简，反而化刀为刃，入于逍遥无待之境，如庄子庖丁之"遇"，因其意通神，所以能够"前知"，即预知险阻之所在，并能够化去。思诚至极，自然如有神助，这是直觉证悟的、非概念化、非推理、非演绎的方法。

致天良之知于极致，便能通后天阴阳至于先天之境，先天之"中"致于后天之"和"，彻贯上下，此心天之意之通达如此。心意通天，万物于意念升起之中自然清明，如有神助。良知如宇宙之光，既彰显善良君子的心迹，又让恶人心思无所遁形。于是良知之致，即心天之意之发动和实化，可以穿过乌云，化一切陷阱和险境于无形之间。

---

[1] 张祥龙认为，良知的"不虑而知"是一种"晕知"，因为良知与人的生命体验有非对象化的内在联系，处在原意义构成的晕圈之中，主体、价值与客体都没有分开，相互需要。参张祥龙：《儒家心学及其意识依据》，第410—411页。

答罗整庵[1]少宰书

【172】向内涵养，处处修身

某顿首启：昨承教及《大学》，发舟匆匆，未能奉答。晓来江行稍暇，复取手教而读之。恐至赣后，人事复纷沓，先具其略以请。

来教云："见道固难，而体道尤难。道诚未易明，而学诚不可不讲。恐未可安于所见，而遂以为极则也。"

幸甚幸甚！何以得闻斯言乎？其敢自以为极则而安之乎？正思就天下之有道以讲明之耳。而数年以来，闻其说而非笑之者有矣，诟訾之者有矣，置之不足较量辨议之者有矣，其肯遂以教我乎？其肯遂以教我，而反复晓谕，恻然惟恐不及救正之乎？然则天下之爱我者，固莫有如执事之心深且至矣！感激当何如哉！夫"德之不修，学之不讲"[2]，孔子以为忧。而世之学者稍能传习训诂，即皆自以为知学，不复有所谓讲学之求，可悲矣！夫道必体而后见，非已见道而后加体道之功也；道必学而后明，非外讲学而复有所谓明道之事也。然世之讲学者有二：有讲之以身心者，有讲之以口耳者。讲之以口耳，揣摸测度，求之影响者也；

---

[1] 罗钦顺（1465—1547），字允昇，号整庵，江西泰和人。弘治进士，嘉靖元年迁南京吏部尚书，二年改礼部尚书，后迁吏部尚书，都辞官不就。他是明代程朱理学的重要代表人物，著有《困知记》。

[2] 语出《论语·述而》："子曰：'德之不修，学之不讲，闻义不能徙，不善不能改，是吾忧也。'"意思是，孔子说："仁爱之德不能按时修养，学问不去时常讲习，听闻仁爱的礼义却不去随时实践，有了过失却还不适时改正，这些都是我所忧虑的啊。"

讲之以身心，行著习察，实有诸己者也。知此则知孔门之学矣。

【意】阳明顿首谨启：昨天承蒙教诲，听了您对《大学》的见解，因需要匆忙搭船离开，未能一一答复您。今天清晨，船行江面，稍有闲暇，我又把您的信拜读了一遍。我担心到江西后，各种人事活动纷沓繁杂，先在这里简略答复，请您指正。

您信中说："认识圣人之道确实很难，但要切身体验圣人之道就更难。圣人之道的确不易明白，但学问之道实在不能不探究。恐怕不能满足于自己已有的认知，从而把它当作极致的标准。"

实在是太荣幸了！我从哪里能够听到这样的教诲呢？我怎敢自以为自己见识已经达到了最高的标准，因此就心安理得呢？我正想着求教天下有道之士以探究明白圣人之道。但是多少年来，凡是听到我学说的人，有的嘲笑，有的谩骂，有的置之不理，认为无足轻重而不值一辩，他们谁肯来开导教诲我呢？他们哪里肯为了教导我，反复比方、讲明道理，心存仁慈地唯恐来不及纠正我的纰漏呢？这样看来，天下那些关爱我的人中，确实没有谁像您这样对我如此深切关心的！我该如何才能表达我的感激啊！孔子曾经忧虑当时的人"不修养品德，不讲求学问"。可是当世学者，稍微能够诵读点经典，稍微略通训诂，就都认为自己知道了学问之道，于是就不再去讲求探究学问，真是可悲啊！圣人之道必须体察、体证、体悟后才能洞明，而不是在认识了圣人之道之后再去下体察、体悟的工夫；圣人之道必须通过学习才能真正理解，而不是在探究学问之道外还有所谓其他阐明圣人之道的事。然而世间探究学问之道的人有两种：一种是通过身心来体证、探究来讲的，一种是通过口耳来探究讲学的。用口耳来探究学问之道的人，通过揣摩推测，探求的都是些虚幻不实的东西；以身心一体之境切身意会学问之道的人，能够于言行发动的意念之初自觉反省观察，其对于本体与现象的体证，确实都是从自己的心天之意出发而体验证成的。知道这一点，就通晓什么是孔门圣学了。罗钦顺的说法包含有一点批评的意思，即阳明你提的只是你自己理解的道。阳明的回复是，你可以看看我所理解的圣人之道是不是真正的天下大道。传播为己心得之学之道非常艰辛，如果以训诂为学，则离学圣人之道甚远。只有体悟身心一体的大道，才能意识到心天之意昭然明觉，但这需要深切的体悟才可能。

悟道之后，要发自身心地在日用常行当中体道，要努力地追求和学习心天之意方能明白，但这种学习不是意识向外的、对象化的学习，而是意识向内地涵养心志，于一念发动之几微、意念发动之原初状态当中，去认真琢磨和体悟。可以说，落实到起心动念的境界之后，就要进入无处不修身的状态，即使在讲学过程之中，也可以反观、考察、理解、体会圣人之道。可见，学问之道要用身心去证悟，因为这是身心一体共证的学说，是在意通天地的瞬间明了其原初境域的学说[1]。那些献身于圣学、心意通天的人没有私心，才可能引导他人进入心天一体之境界。

【173】体悟圣道，心得为本

来教谓某"《大学》古本之复，以人之为学但当求之于内，而程、朱'格物'之说不免求之于外，遂去朱子之分章，而削其所补之传"。

非敢然也。学岂有内外乎？《大学》古本乃孔门相传旧本耳。朱子疑其有所脱误，而改正补缉之，在某则谓其本无脱误，悉从其旧而已矣。失在于过信孔子则有之，非故去朱子之分章而削其传也。夫学贵得之心，求之于心而非也，虽其言之出于孔子，不敢以为是也，而况其未及孔子者乎！求之于心而是也，虽其言之出于庸常，不敢以为非也，而况其出于孔子者乎！且旧本之传数千载矣，今读其文词，既明白而可通；论其工夫，又易简而可入，亦何所按据而断其此段之必在于彼，彼段之必在于此，与此之如何而缺，彼之如何而补？而遂改正补缉之，无乃重于背朱而轻于叛孔已乎？

【意】您信中说我"之所以恢复《大学》的旧本，是认为学问之道只应在内心探求，而程朱的'格物'学说却免不了要向心外探求，于是

---

[1] 这种意通天地的境界，与现象学的对象化意识、意向活动的构成性等是不同的，因为心天之意根本就没有意识的对象，也就没有现成被给予的对象，或者由感觉材料拼凑而成的对象。即使是胡塞尔意义上的、由意向活动（noesis）参与构成的意向对象或者意向相关项（noema）也没有。参张祥龙：《儒家心学及其意识依据》，第365页。

摒弃了朱熹先生所分的章节，并删除了他增补的传"。

我并不敢这样做。学问之道难道有内外之分吗？《大学》古门代代传承下来的旧本。朱熹先生怀疑古本《大学》有脱落的文字和错误的地方，于是加以改正和增补。我却认为，古本并没有什么脱落和错误之处，因此就完全遵从古本。如果我有过失，恐怕也是因为我过分相信孔子了，但并非故意要摒弃朱熹先生所分的章节，删除他增补的传。做学问最重要的是内心有所体悟，如果内心认为有错误，那么即使是孔子说的话，也不敢认为是正确的，更何况那些不如孔子的人呢！如果内心认为正确，那么即便是普通人所讲的话，也不敢认为是错误的，更何况这些是孔子的话呢！况且《大学》旧本流传几千年了，现在阅读书中的词语句子，依然通俗易懂；书中所讲的工夫也简单方便，容易可行，又有什么根据能够断定，这一段一定要在这里，而那一段一定要在那里，又如何可以断定这里缺了什么，那里又有什么错误，于是加以纠正、增补、辑录？（我这种反朱护孔的看法）难道不是很重视对朱熹先生说法的违背，但又比违背孔子更轻吗？*学问的根本是要用心体悟心天之意与圣道的贯通性，只有深入体悟，方能得之。追求圣人之道要以自己的心得为学问之本。*

【174】性理心物，念知物意

来教谓："如必以学不资于外求，但当反观内省以为务，则'正心诚意'四字亦何不尽之有？何必于入门之际，便困以'格物'一段工夫也？"

诚然诚然。若语其要，则"修身"二字亦足矣，何必又言"正心"？"正心"二字亦足矣，何必又言"诚意"？"诚意"二字亦足矣，何必又言"致知"？又言"格物"？惟其工夫之详密，而要之只是一事，此所以为"精一"之学，此正不可不思者也。夫理无内外，性无内外，故学无内外。讲习讨论，未尝非内也；反观内省，未尝遗外也。夫谓学必资于外求，是以己性为有外也，是"义外"也，用智者也；谓反观、内省为求之于内，是以己性为有内也，是有我也，自私者也：是皆不知性之无内外也。故曰："精义入神，以致用也；利用安身，以崇德也。"[1] "性之德也，合内外之道也。"[2] 此可以知"格物"之学矣。

"格物"者，《大学》之实下手处，彻首彻尾，自始学至圣人，只此工夫而已。非但入门之际有此一段也。夫"正心诚意""致知格物"，皆所以"修身"，而"格物"者，其所用力，日可见之地。故"格物"者，格其心之物也，格其意之物也，格其知之物也；"正心"者，正其物之心也；"诚意"者，诚其物之意也；"致知"者，致其物之知也：此岂有内外彼此之分哉？理一而已，以其理之凝聚而言则谓之"性"；以其凝聚之主宰而言则谓之"心"；以其主宰之发动而言则谓之"意"；以其发动之明觉而言则谓之"知"；以其明觉之感应而言则谓之"物"。故就物而言谓之"格"，就知而言谓之"致"，就意而言谓之"诚"，就心而言谓之"正"。正者，正此也；诚者，诚此也；致者，致此也；格者，格此也。皆所谓穷理以尽性也。天下无性外之理，无性外之物。学之不明，皆由世之儒者认理为外，认物为外，而不知"义外"之说，孟子盖尝辟之，乃至袭陷其内而不觉，岂非亦有似是而难明者欤？不可以不察也！

【意】您来信说："如果认为追求学问之道不必到心外探求，只要在心中反省内求体察就可以了，那么'正心诚意'这四个字还有什么没有说尽的呢？又何必在刚入门开始学习的时候，用格物的工夫来困惑人呢？"

您讲得很有道理。如果要说其中要旨，那么"修身"两字也就足够了，何必要说"正心"呢？"正心"两字也就足够了，何必又要说"诚意"呢？"诚意"两字也就足够了，何必又要说"致知"？又要说"格物"？

---

[1] 语出《周易·系辞下》。意思是，专心致志地推究精微义理到出神入化、神妙莫测的地步，就可以学以致用；知道屈伸相感之利，又能利用它来帮助自己随遇而安，就可以提高道德、增进德业了。

[2] 语本《中庸》第二十五章："性之德也，合外内之道也，故时措之宜也。"意思是，成就自我与成就事物都是把内在的天性发挥出来成为德行的表现，也是说明真诚至极的创生之力可以贯通外在的事物与内在的自我，所以具有真诚至极的创生之力的"诚者"懂得在适当的时机发挥作用成己成物，所以他做的一切都是合乎时宜的。

之所以这样，只是由于做学问要求的工夫很详细周密，而概括起来其实只是一件事，这就是所谓的"精一"的学问，这正是不能不认真思考的问题。天理没有内外之分，人性没有内外之别，所以学问之道也不分内与外。讲习讨论未尝不属于内省探求；反省内求也没有遗弃外部应酬事变。如果认为学问之道必然离不开向外探求，这是认为人性有外在（超绝）的部分，这就是"义外"和"用智"；如果认为反观内省只是在本心中探求，这就是认为人性还有内在（超绝）的部分，这就是"有我"和"自私"：这两种观点都是不懂得人性没有内外之分。所以说："精研义理达到神妙的境界，是为了让天地万物尽其所用；万物各尽其用，安顿人的身体，是为了涵养德性。""由本性产生道德的作用，贯通了成就自身和成就万物的内外之道。"由此（综合内外之道）就可以明白"格物"的学问了。道学不分内学和外学，正如意学以内统外，从内推向外，所以存在的事物正是意识的实化和外化。从心通物论角度来看，良知不能离开外在见闻而独立存在。无论认为人性有外在或内在（超绝）的部分，还是把人性分为内外两个隔绝的部分，而不是理解为一个整体，都是阳明觉得不合理的地方。

"格物"是《大学》着实下手的工夫，从头到尾，从开始学习到最后成为圣人，也只是这个工夫。而不是仅在入门时有这么一段格物的工夫。"正心""诚意""致知""格物"，都是为了"修身"，而"格物"所做的工夫，每天都可以看得到。"格物"就是端正心中的物，端正意念中的物，端正良知中的物；"正心"就是端正成物之心；"诚意"就是使接触事物的意念真诚；"致知"就是呈现应对事物时的良知：难道有内外和彼此之分吗？天理只有一个，从天理凝聚于身来说称之为"性"；从天理凝聚于身的主宰来说称之为"心"；从天理主宰人身而发出命令指示来说称之为"意念"；从天理发出指令时的澄明自觉来说称之为（天良之）"知"；从澄明自觉所感应到的东西来说称之为"事物"。所以从事物的角度来说就是"格"，从良知角度来说就是"致"，从意念角度来说就是"诚"，从心的角度来说就是"正"。正就是正天理；诚就是诚天理；致就是致天理；格就是格天理。都是所谓的"穷究天理而充分发挥人的本性"。天下没有人性之外的天理，也没有人性之外的事物。圣人之学晦暗不明，都是因为后世儒者认为天理存在于本性之外，事物存在于本心之外，却不知道孟子曾经批判过"义外"的学说，以至于沿袭并陷入"义外"的错误而不自觉，这难道不是因为有似是而非而难以明白的地方吗？所以不能不考察啊！阳明教学之根本在心发动之上钻研与心意关联的物，即在意念发动之处探究意念中相关联的物境。可以说，物的存在就是意向性的存在。物与良知都是心物一体的，在知觉与知识的自得中，去钻研其知觉过程中关联的物境，从而（实化）成物本通乎天道之意（即心天之意）。

致知是把物本通于天道的知识推究出来，这一切都是内在的通于天道的部分，哪有什么内外的区分？明镜直接关联的镜子照物的比喻较多，但关键在于，如何理解穷理、尽性都是意会，都是意念上做工夫的不同说法。可见，性、理、心、物是合体的，而意在其中同样不可分。

学问在意念发动处做，但这一点先儒并未明言。不能认为反观自省就是空洞的内省，因为在意念自省的过程中，天下万物都在意中当下、自然呈现，意本来就不能离却事物而存在。从初入学到成为圣人，皆在其意念发动处做工夫。天理就是心天之意，是一切存在通达天道的内涵。

心天之意凝聚于事物之中，就是对事物本性存在的领会（即"性-意"），对这种凝聚之气的内在主宰力量的领会就是心意，因主宰而发动的状态就是"意"（此"意"即通常之"念"），即为"念-意"。所以心天之意都是意会，但在不同的维度上，有不同的说法，在发动之中能够自我反省，如有明觉，并被意会，这就是"知-意"，对这种被意念感动的事之存在的体会，就是"物-意"。

【175】心通物论，心物一元

凡执事所以致疑于"格物"之说者，必谓其是内而非外也，必谓其专事于反观、内省之为，而遗弃其讲习讨论之功也，必谓其一意于纲领、本原之约，而脱略于支条节目之详也，必谓其沉溺于枯槁、虚寂之偏，而不尽于物理、人事之变也。审如是，岂但获罪于圣门，获罪于朱子？是邪说诬民，叛道乱正，人得而诛之也，而况于执事之正直哉？审如是，世之稍明训诂，闻先哲之绪论者，皆知其非也，而况执事之高明哉？凡某之所谓"格物"，其于朱子"九条"[1]之说，皆包罗统括于其中；但为之有要，作用不同，正所谓毫厘之差耳。然毫厘之差而千里之谬实起于此，不可不辨。

【意】您之所以怀疑我的"格物"学说，必然是认为我肯定内求而否定外求，必然是认为我专门致力于反思内省，而放弃外在的讲习讨论的工夫，必然是认为我只注重精练简约的纲领、本原，而忽视了详备的细节条目，必然是认为我沉浸在枯槁虚寂的偏执中，而不能穷尽人情和事物的变化。如果真是这样，我岂止是圣人之学的罪人，是朱熹先生学问的罪人？这简直是用邪说欺骗百姓，背离纲常、扰乱正道，人人都可以杀了我，更何况像您这样正直的人呢？如果真是这样，社会上只要稍微懂得一点训诂、听过圣贤学说只言片语的人，都知道我是错误的，更何况像您这样高明的人呢？我所说的"格物"包括了朱熹先生的"九条"；但我的格物学说自有关键之处，作用也和朱熹先生的九条不同，这中间只有毫厘之差。然而差之毫厘导致谬以千里，实起源于此，所以我不能不辨析清楚。来信以为王学只是内，而无外，王阳明强调没有内外之分。圣学在意念发动之处用功，但并不等于排斥外物，也不等于否定向外求学，否定对世界的认识，其实心意发动之间，万千世界皆在其中。怎么能说因为强调内心省察的学问就是否定向外求索呢？这是后世对心学一个很重要的误解，认为心意都是内省感知，那就不能对客观世界有客观认识形成客观知识，这样理解心学和意学，都是有问题的。

客观知识是世界本来的样子，客观性问题也是永恒的哲学问题。在心学和意学看来，不存在离开心或意的客观知识，所以关键在于如何理解主客观之间心意的分寸。在易学的自然宇宙观当中，存在具有客观性的天道。所谓"推天道"，是用卦爻变化去推演天道的变化，这是客观的，只是认识其客观性，需要主观意识的参与，而且天道的客观性不是人见人异的，而是人见人同的。《周易》的宇宙论表达的宇宙运行本身有客观性，是不以人的心灵和意识的参与而改变的，但《周易》认识论的精妙之处在于，这种客观性如果不经心灵感通、意识的觉知和理解，

---

[1]　语本朱熹《大学或问》。

就不可能为人所认知。基于此，存在的客观性其实是心通物论，也是心物一元论。

【176】圣学苦传，感悟极深

孟子辟杨、墨，至于"无父无君"。二子亦当时之贤者，使与孟子并世而生，未必不以之为贤。墨子"兼爱"，行仁而过耳，杨子"为我"，行义而过耳。此其为说，亦岂灭理乱常之甚，而足以眩天下哉？而其流之弊，孟子至比于禽兽夷狄，所谓"以学术杀天下后世"[1]也。

今世学术之弊，其谓之学仁而过者乎，谓之学义而过者乎，抑谓之学不仁、不义而过者乎？吾不知其于洪水猛兽何如也！孟子云："予岂好辩哉？予不得已也！"[2]杨、墨之道塞天下，孟子之时，天下之尊信杨、墨，当不下于今日之崇尚朱说，而孟子独以一人呶呶于其间，噫，可哀矣！韩氏云："佛、老之害甚于杨、墨。"[3]韩愈之贤不及孟子，孟子不能救之于未坏之先，而韩愈乃欲全之于已坏之后，其亦不量其力，且见其身之危，莫之救以死也！呜呼！若某者，其尤不量其力，果见其身之危，莫之救以死也矣！夫众方嘻嘻之中，而独出涕嗟若；举世恬然以趋，而独疾首蹙额以为忧，此其非病狂丧心，殆必诚有大苦者隐于其中，而非天下之至仁，其孰能察之？

其为《朱子晚年定论》，盖亦不得已而然。中间年岁早晚，诚有所未考，虽不必尽出于晚年，固多出于晚年者矣。然大意在委曲调停，以明此学为重。平生于朱子之说，如神明蓍龟，一旦与之背驰，心诚有所未忍，故不得已而为此。"知我者谓我心忧，不知我者谓我何求"[4]，盖不忍抵牾朱子者，其本心也；不得已而与之抵牾者，道固如是，"不直则道不见"[5]也。执事所谓"决与朱子异"者，仆敢自欺其心哉？夫道，

---

[1] 语出陆九渊《象山全集》卷一《与曾宅之书》："此岂非以学术杀天下哉？"

[2] 语出《孟子·滕文公下》。

[3] 语出韩愈《韩昌黎全集》卷十八《与孟简尚书书》。

[4] 语出《诗经·王风·黍离》。

[5] 语出《孟子·滕文公上》："孟子曰：'吾今则可以见矣。不直，则道不见；我且直之。'"

天下之公道也；学，天下之公学也，非朱子可得而私也，非孔子可得而私也。天下之公也，公言之而已矣。故言之而是，虽异于己，乃益于己也；言之而非，虽同于己，适损于己也。益于己者，己必喜之；损于己者，己必恶之。然则某今日之论，虽或与朱子异，未必非其所喜也。"君子之过，如日月之食，其更也，人皆仰之。"[1]而"小人之过也必文"[2]。某虽不肖，固不敢以小人之心事朱子也。

【意】孟子批判杨朱、墨子的学说会导致"无父无君"。其实这两人也是当时的贤明人物，假如他们和孟子同处于一个时代，那么孟子未必不认为他们是贤人。墨子提倡"兼爱"，这是倡导仁爱过了头，杨朱主张"为我"，这是倡导义过了头。他们的这套学说，难道能泯灭天理扰乱纲常，足以迷惑天下人吗？但他们学说产生的弊端，孟子将之比作夷狄和禽兽，说他们都以学术杀害了天下后世的人。阳明多少有点觉得孟子说得过了，觉得孟子没有同情地理解不同学说的历史背景，而自己既然以孟子自况，就觉得不辩解不行。

当今学术的弊端，能说是倡导仁爱过头了吗，还是倡导义过头了吗，还是倡导不仁不义都太过分了呢？我不知它们同洪水猛兽有什么不同！孟子说："我难道是喜好辩论吗？我真的是不得已啊！"杨朱、墨子的学说流行天下，孟子所生活的时代，天下人尊崇杨朱、墨子的学说，不亚于当今人们推崇朱熹先生的学说，而孟子独自一人力排众议，跟大家辩论不已，唉！可悲啊！韩愈说："佛、道两家学说的危害比杨朱、墨子更严重。"韩愈没有孟子那么贤明，连孟子都不能在世道衰败之前拯救它，韩愈却想在世道已经衰败之后去保全圣人之道，他这也是自不量力，而且我们都知道他身陷危境也没有人救他以至于死去！唉！至于

---

[1] 语出《论语·子张》子贡曰："君子之过也，如日月之食焉。过也，人皆见之；更也，人皆仰之。"意思是，子贡说："君子的过错，好比日食和月食一样。他犯过错，人们都看得见；他更改过错，人们都敬仰他。"

[2] 语出《论语·子张》子夏说："小人之过也必文。"意思是，子夏说："小人如果犯了过错，就一定要掩饰。"

我自己，更是自不量力，发现自己面临危境，却没有人能救我于死地！大家正在高兴地嬉笑，我却独自啜泣叹息；天下人都心安理得地趋炎附势，我却独自痛心疾首、皱眉忧虑，这种情形，如果不是我已经丧心病狂，那就一定是心中有极大的痛苦，如果不是天下至仁之人，谁又能体察我心中这种愁苦呢？韩愈恢复圣道有功，当然非常艰难。类似的，历来传播圣学之道，处境往往极其艰难，甚至为之献身，需要承受不亚于基督受难之苦，古今相同。这种仁爱之意通天的境界，需要感悟极深方能体会。

　　我辑录《朱子晚年定论》，也是不得已而为之。至于这些书信的写作年代先后，确实有些还没有仔细考证，虽然不全部都创作于朱熹先生晚年，但大部分应该都是他晚年所写。我的目的在于调和朱熹和陆九渊的争辩，重在彰显圣人之学于天下。我平生始终把朱熹先生的学说奉若神明，好像蓍草和龟甲一样神圣，如今一旦要和他相背离，内心实在不忍，所以说是不得已而为之。"理解我的人说我内心充满忧愁，不理解我的人还以为我有什么个人要追求的目的呢"，我本心实在不愿与朱熹先生之学相抵触；实在是出于不得已才这样做的，是因为圣人之道本来就是如此，"不说直话，圣人之道就无法呈现出来"。您说我"一定要与朱熹先生的学说相对立"，我怎么敢骗自己的良心呢？圣人之道是天下人共同的道；圣人之学是天下共同的学问，不是朱熹先生可以私自拥有的，也不是孔子可以私自拥有的。对于天下共有的东西，应该秉公而论、公正探讨。所以只要说得对，即使和自己的见解有所不同，那也是对自己有益的；说得不对，即使和自己的见解相同，那也会对自己有害。对自己有益的，自己一定会喜欢；对自己有害的，自己一定厌恶。那么我现在所讲的，虽然有的地方与朱熹先生不同，但也未必就不是朱熹先生所喜欢的。"君子的过失好比日食月食，改正了过错，人人都会敬仰地望着他。"但是"小人对于自己的错误一定要掩盖文饰"。我虽然不贤明，实在不敢用小人之心来对待朱熹先生。阳明承认考证艰难，不易精审。朱陆之学皆有道理，不可偏废。圣道通于心天之意，不可不辩。圣道、圣学皆天人古今之学，都是心天之意通天的大学问。

【177】直指本心，以心显心

执事所以教，反覆数百言，皆以未悉鄙人格物之说。若鄙说一明，则此数百言皆可以不待辨说而释然无滞，故今不敢缕缕以滋琐屑之渎。然鄙说非面陈口析，断亦未能了了于纸笔间也。嗟乎！执事所以开导启迪于我者，可谓恳到详切矣！人之爱我，宁有如执事者乎！仆虽甚愚下，宁不知所感刻佩服；然而不敢遽舍其中心之诚然，而姑以听受云者，正不敢有负于深爱，亦思有以报之耳。秋尽东还，必求一面，以卒所请，千万终教！

【意】您写了几百字，反复地教诲我，都是因为没有弄清我的格物学说。如果明白了我的学说，那么这几百字都不用辩论而会毫无疑问了，所以我现在不敢再详细地述说，以免有琐碎劳烦的嫌疑。然而我的学说实在不能通过书信来讲清楚，除非当面交流分析才行。唉！您对我的开导和启迪真可谓详尽恳切了！关爱我的人，哪有像您这样的呢！我虽然很愚钝，怎么能不知道感激敬佩您呢；然而我不敢急忙放弃内心的真实想法而姑且接受您的看法，正是因为不敢辜负您的厚爱，也是想对您有所回报啊。等秋天过后我回来时，一定要去登门拜访您，当面向您请教，到时还希望您不吝赐教！圣人之学不是仅凭文字就可以解析清楚的，需要直指本心，当面传递其中的要诀，更要当面直接教导其中的要害，让对方感悟、直了本心方可。换言之，圣人之学是以心观心、以心显心之学，是以圣心照亮他心之学。

答聂文蔚[1]（一）

【178】圣道不明，不可不辩

　　夏间，远劳迂途枉顾，问证惓惓，此情何可当也！已期二三同志，更处静地，扳留旬日，少效其鄙见，以求切劘[2]之益；而公期俗绊，势有不能，别去极怏怏，如有所失。忽承笺惠，反覆千余言，读之无甚浣慰[3]。中间推许太过，盖亦奖掖之盛心，而规砺真切，思欲纳之于贤圣之域；又托诸崇一以致其勤勤恳恳之怀，此非深交笃爱，何以及是！知感知愧，且惧其无以堪之也。虽然，仆亦何敢不自鞭勉，而徒以感愧辞让为乎哉！其谓"思、孟、周、程无意相遭于千载之下，与其尽信于天下，不若真信于一人。道固自在，学亦自在，天下信之不为多，一人信之不为少"者，斯固君子"不见是而无闷"[4]之心。岂世之谆谆屑屑[5]者知足以及之乎！乃仆之情，则有大不得已者存乎其间，而非以计人之信与不信也。

　　【意】夏天里，烦劳你远途劳累，绕道前来拜访，问学求证不知疲

---

[1]　聂豹（1487—1563），字文蔚，号双江，江西永丰人。正德十二年进士，官至兵部尚书，王阳明学生。

[2]　切劘（mó），切磨、切磋、磨砺。

[3]　浣慰，快慰、宽慰。

[4]　语出《周易·乾卦·文言》："遁世无闷，不见是而无闷。"意思是，他的意念从社会公共意念之境中隐退出来，但他不为此苦闷，即使公共之境不承认他也不发愁郁闷。

[5]　谆谆屑屑，浅薄猥琐的样子。

倦，这种真情实意，我如何承担得起！本来已经约好了几个志同道合的朋友，再找个僻静的地方，挽留你住上十来天，稍稍讨论我的粗浅见解，以期求得在共同切磋琢磨当中能够有所收获；然而由于你公务繁忙，身不由己，不得不离开，我内心十分惆怅，若有所失。突然收到你的来信，洋洋洒洒千余言，读后备感欣慰。信中你对我的推重和赞许太过了，大概也是出于对我的一片鼓舞和提携之心，因而真切地勉励，想要把我推到圣贤的领域里去；你还委托欧阳崇一转达对我的恳切关怀之深情，如果不是深交厚爱的人，怎么可能会这样做啊！我知道自己既感动又惭愧，并且生怕辜负了你的这番深情厚谊。尽管如此，我又怎敢不自我鞭策和勉励，而仅仅表示出感激、羞愧和推辞呢！你所说的"子思、孟子、周敦颐、程颢、程颐并不期望千年以后仍被人理解，与其让天下所有人都相信，还不如使一个人真正相信。圣人之道本来就自然存在，圣人之学也自然存在，天下的人都相信也不算多，只有一个人相信也不算少"，这确实是君子"不被世人认可也不会觉得苦闷"的心态。这又怎么可能是世上那些猥琐浅薄的人凭他们的智慧所能理解的呢！至于我的想法，其中有很多万不得已的苦衷，并不是要去计较别人相信或者不相信。约上一些当世同道，一起研究讨论自己学说，在交流中彼此切磋琢磨，共同进步。圣道学问通天，亘古亘今不会消灭，其中的微妙之处，只能得之于心。如今既然发现圣道不明，自己虽然努力时刻心意通天，但却难以为当代人所理解，也就不可不辩。[1]

---

[1] 梁启超认为，道学与科学不同："道学者，受用之学也，自得而无待于外者也，通古今中外无二者也。科学者，应用之学也，借辩论积累而始成者也，随社会文明程度而进化者也。……老子曰：'为学日益为道日损。'学谓科学也，道谓道学也。"参梁启超点校：《传习录集评》序，第1页。当然，梁启超所谓"道学"是"为道之学"，含义比较宽泛，如果在宋明理学的框架内讨论，"道学"指的是以求道为志向的儒学，是追求对"道"作整体性理解的学问，跟功利之学、事功之学、记诵之学、词章之学等具体的、"支离"的学问，即今天所谓科学主义意义上的具体学问相区别，强调是"孔孟以来不传之学"。参吴震：《〈传习录〉精读》，第4—5页。

【179】明圣之意，生意利益

　　夫人者，天地之心。天地万物，本吾一体者也。生民之困苦荼毒，孰非疾痛之切于吾身者乎？不知吾身之疾痛，无是非之心者也。是非之心，不虑而知，不学而能，所谓"良知"也。良知之在人心，无间于圣愚，天下古今之所同也。世之君子惟务致其良知，则自能公是非，同好恶，视人犹己，视国犹家，而以天地万物为一体，求天下无治，不可得矣。

　　古之人所以能见善不啻若己出，见恶不啻若己入，视民之饥溺犹己之饥溺[1]，而一夫不获[2]，若己推而纳诸沟中者[3]，非故为是而以蕲[4]天下之信己也，务致其良知，求自慊而已矣。尧、舜、三王之圣，言而民莫不信者[5]，致其良知而言之也；行而民莫不说者，致其良知而行之也。是以其民熙熙皞皞，杀之不怨，利之不庸[6]。"施及蛮貊"，而"凡有血气者莫不尊亲"[7]，为其良知之同也。呜呼！圣人之治天下，何

---

[1] 语本《孟子·离娄下》："孟子曰：'禹思天下有溺者，由己溺之也；稷思天下有饥者，由己饥之也，是以如是其急也。'"意为禹想着天下有遭到水淹的人，好像是自己使他们淹没了一样；稷想着天下有挨饿的人，好像是自己使他们挨饿一样，所以他们才如此急切地去拯救百姓。

[2] 语出《尚书·说命》："一夫不获，则曰时予之辜。"意为只要有一个人还没有得到妥善安置，就说是我的罪过。

[3] 语本《孟子·万章上》："思天下之民，匹夫匹妇有不被尧舜之泽者，若己推而内之沟中。"意为想着天下的百姓，只要有人没有蒙受尧舜之道的惠泽，就好像是自己把他们推进山沟中一样。

[4] 通"祈"。

[5] 语本《中庸》第三十一章："见而民莫不敬；言而民莫不信；行而民莫不说。"意思是，他一起心动念，人们没有不敬佩他的，他一说话，人们没有不信任他的，他一行动，人们没有不喜欢他的。"见"也可理解为表现为外的仪容。

[6] 语出《孟子·尽心上》："王者之民皞皞如也。杀之而不怨，利之而不庸，民日迁善而不知为之者。夫君子所过者化，所存者神，上下与天地同流，岂曰小补之哉？"皞皞是广大自得的样子。

[7] 语本《中庸》第三十一章："唯天下至圣，为能：……是以声名洋溢乎中国，施（yì）及蛮貊；舟车所至，人力所通；天之所覆，地之所载，日月所照，霜露所队（zhuì）；凡有血气者，莫不尊亲，故曰配天。"意思是，只有达到了天下最圣明境界的人，才能做到：……所以他的美名声誉广泛流传在华夏大地，并传播到边远未开化的地区；凡是车船所能够（转下页）

其简且易哉！

【意】人就是天地的心。天地万物本来与我就是一体的。百姓所遭受的困苦和残害，难道对我们来说不也是自己的切肤之痛吗？不能体知我们自身痛苦的人，是没有是非之心的人。人的是非之心，是不必思考就可以知道的，不需要学习就具有的，这就是所谓的"天良之知（良知）"。天良之知自在人的心中，不论圣人还是傻瓜，普天之下，古往今来，无不相同。世上的君子只要专注于呈现他们自己的天良之知，自然就能够具备共同的是非好恶，待人如爱己，爱国如爱家，把天地万物看作一个整体，这样做的话，想要治理不好天下都不可能。人的心意本来通天，每个人都能感应天下人的悲欢离合（同体大悲）。阳明强调是非之心就是良知，这与孟子强调恻隐之心有所区别。良知就是心天之意，即心意通天的意识状态，类似一个人不仅关心自身利益，而且关心家国天下。圣人心意通天，自然天下百姓、万物实受其惠。圣人把心天之意推出来，用仁人之意关爱天下百姓和万物，从而感化众生。不仅自己时刻回复到心天之意，而且致力于帮助天下人都时刻回到心天之意去。儒家政治理想致力于让人们都处于一种理想的心意状态，在这种政治状态当中，大家都欢欣喜悦。

古人之所以能够看见别人行善就如同自己做了好事，看到别人作恶就如同自己做了坏事，看到百姓饥饿痛苦，就好像自己正在饥饿痛苦一样，只要有一个人还没有得到妥善安置，就像是自己把他推进沟壑里一样，他们并不是故意这样做来取信于天下，而是专注于呈现自己的天良之知，以达到自己内心满足，自得其乐。尧、舜、商汤、周文王、周武王所说的话，老百姓没有不信服的，这是因为他们在呈现自己良知的时候说的话；他们所做的事，老百姓没有不喜欢的，也是因为他们在呈现自己良知的时候做的事。所以他们领导的百姓和美舒坦、愉悦安逸，即使被处死都不会怨恨，得到好处也不认为应该去酬谢。"将这种治理推

（接上页）抵达的地方，人力开发能够到达的地方；天所能够覆盖到的范围，地所能够负载起的领域，日月所能够照耀到的地方，霜露所能够降落到的地方；凡是有血脉气息的人，没有人不尊敬他，不亲近他的，所以说具有至圣境界的人可以与天相匹配。蛮貊，古代南方少数民族称为蛮，北方少数民族称为貊。

广并传播到边远未开化的地区","凡是有血脉气息的人，没有人不尊敬父母的"，因为所有人都具有相同的良知。哎！圣人治理天下是多么简单容易啊！当然，这种圣王之治落实在现实中，如何实现和平和安宁，其实是难于登天的课题，历代圣王并不能真正实现长治久安。历代政治其实无非为王（主）的政治和为民的政治，即统治者是为自己（主）考虑得多，还是为老百姓（民）考虑更多。如果不为老百姓谋福利，百姓即使无比信仰圣人之"圣"，也难以长久保持良好的生活，也就不可能长久处于对"圣"的信仰状态。"圣"主的合法性、存在的合理性来自于"圣"意之"明"，也就是让老百姓（民）能够理解（明）"圣"之意，并接纳"圣"王存续给自己当下生存带来"生意"和利益。

【180】圣学不昌，四海纷争

后世良知之学不明，天下之人用其私智，以相比轧。是以人各有心，而偏琐僻陋之见，狡伪阴邪之术，至于不可胜说。外假仁义之名，而内以行其自私自利之实，诡辞以阿俗，矫行以干誉，掩人之善而袭以为己长；讦[1]人之私而窃以为己直，忿以相胜而犹谓之徇义，险以相倾而犹谓之疾恶，妒贤忌能而犹自以为公是非，恣情纵欲而犹自以为同好恶，相陵相贼，自其一家骨肉之亲，已不能无尔我胜负之意，彼此藩篱之形，而况于天下之大，民物之众，又何能一体而视之？则无怪于纷纷籍籍，而祸乱相寻于无穷矣！

【意】后世良知的学说晦暗不明，天下人各自用自己的私心才智，互相倾轧。所以人人各有私心，而那些偏激浅陋的见解，狡诈阴险的手段，就更达到了数不胜数的地步。他们对外都假借仁义的名义，实际上做着些自私自利的勾当，巧言辞令来迎合世俗社会，矫情行事来博得名誉，掩饰别人的善行，剽取来作为自己的长处；攻击别人的隐私，窃取出来彰显自己的正直，为泄私怨而相互争斗，却说成是为正义献身，阴险地互相倾轧，却说成是疾恶如仇，嫉妒贤能，却自以为在主持公义，

---

[1] 讦（jié），揭露。

放纵情欲，却自认为是与人具有相同的好恶，互相侵凌、彼此伤害，就是一家人骨肉至亲，彼此间也要分出胜负高低，形成隔阂，筑起无形壁垒，更何况天下如此广大，人民事物繁多，又怎么能把他们看成与自己是一体的呢？这就难怪天下人情事物繁多杂乱，动荡纷争，祸乱相继，没有穷尽！如果把心意通天的大学问给遮蔽不明了，那就是私心用智，离却自己的意念与天下万物为一体的全境，只剩下自私自利之小心，迷失每个人本来通天的大心。如果很多人都无法理解圣学，那就会使圣学不能昌明，四海之内纷争不断，天下大乱，这种混乱的状态历史上层出不穷，令人唏嘘感叹。

【181】意量天启，救人水火

仆诚赖天之灵，偶有见于良知之学，以为必由此而后天下可得而治。是以每念斯民之陷溺，则为之戚然痛心，忘其身之不肖，而思以此救之，亦不自知其量者。天下之人见其若是，遂相与非笑而诋斥之，以为是病狂丧心之人耳。呜呼！是奚足恤哉！吾方疾痛之切体，而暇计人之非笑乎！人固有见其父子兄弟之坠溺于深渊者，呼号匍匐，裸跣[1]颠顿，扳悬崖壁而下拯之。士之见者，方相与揖让谈笑于其傍，以为是弃其礼貌衣冠而呼号颠顿若此，是病狂丧心者也。故夫揖让谈笑于溺人之傍而不知救，此惟行路之人，无亲戚骨肉之情者能之，然已谓之"无恻隐之心，非人矣"。若夫在父子兄弟之爱者，则固未有不痛心疾首，狂奔尽气，匍匐而拯之。彼将陷溺之祸有不顾，而况于病狂丧心之讥乎？而又况于蕲人之信与不信乎？

呜呼！今之人虽谓仆为病狂丧心之人，亦无不可矣。天下之人心皆吾之心也，天下之人犹有病狂者矣，吾安得而非病狂乎？犹有丧心者矣，吾安得而非丧心乎？

【意】我实在是靠着上天的眷顾，偶然发现了天良之知的学说，认为必须通过致良知这种学说，天下才能得到治理。因此每当我想到百姓

---

[1] 裸（luǒ）跣（xiǎn），露体赤脚。

的苦难，就会痛心疾首，忘了自身才疏学浅，而想用良知学说来拯救天下的百姓，真是自不量力。天下人看到我这样做，于是争相嘲笑我，诋毁我，以为我是丧心病狂的人。哎！这有什么值得忧虑的呢？我正在感受切肤之痛，哪有空闲去计较别人的讥讽呢？如果人们看到自己父子兄弟坠落到深渊之中，呼喊着爬过去，哪怕是露体赤脚奔跑，就算扒着悬崖峭壁也要下去拯救他们。那些士人看到这种情形，却在旁边作揖谈笑，认为像这种丢弃衣冠鞋帽、奔跑呼喊的人，一定是丧心病狂之人。所以在旁边作鞠躬、谈笑风生，却不知道去救落水的人，反而只有那些没有亲戚骨肉之情的过路人才做得出来，可是这些人已经被士人们打上了孟子所谓的"没有恻隐同情之心，就不是人"的标签。如果是有父子兄弟亲情的人，那么一定会痛心疾首，尽力狂奔的，爬着也要去解救他们。他们连坠入深渊、溺水而死的危险都不顾，还会在意被讥笑为丧心病狂吗？又怎么会在意别人相信与不相信呢？希望拯救世界的人往往不知道自己的意量有多大，但没有梦想就不会竭尽全力地去奋斗。每个人自身心天之意的发现和解悟，都带有天启的味道，期待天下人都能够意识到自身心天之意的存在。意识到自己的心意通天，就会主动去救人于水火，哪怕俗人冷漠、百姓不能理解，也要用尽全力去做。这种救苦救难的情怀，已经超越对自身苦难状态的反省和理解。一个人如果没有恻隐之心，心意虽然发动，但却难以理解那种人的意识可以超越自身甚至通天的彻悟感。

哎！即使现在天下的人都称我丧心病狂，我也不在乎。天下人的心就是我的心，天下还有疯狂的人，我又怎能不疯狂呢？天下还有丧心的人，我又怎能不丧心呢？丧心病狂的人，其实是为了解救丧心和病狂的人，即为了救赎没良心的人和因为失去良心而疯狂的病人们。这是因为我心通于天心，天下人之心和意有了毛病，我的心意自然也就出来病痛，我不可能独善其身（心），因为我的心意与天下时刻相通。

【182】念念仁爱，拯救万民

昔者孔子之在当时，有议其为谄者，有讥其为佞者，有毁其未贤，诋其为不知礼，而侮之以为东家丘者。有嫉而沮之者，有恶而欲杀之者。晨门、荷蒉之徒，皆当时之贤士，且曰："是知其不可而为之者欤？"[1] "鄙哉！硁硁乎！莫己知也，斯已而已矣。"[2] 虽子路在升堂之列，尚不能无疑于其所见，不悦于其所欲往，而且以之为迂，则当时之不信夫子者，岂特十之二三而已乎？然而夫子汲汲遑遑，若求亡子于道路，而不暇于暖席者，宁以蕲人之知我、信我而已哉？盖其天地万物一体之仁，疾痛迫切，虽欲已之而自有所不容已，故其言曰："吾非斯人之徒与而谁与？"[3] "欲洁其身而乱大伦。"[4] "果哉，末之难矣！"[5] 呜呼！此非诚以天地万物为一体者，孰能以知夫子之心乎？若其"遁世无闷"[6]，"乐天知命"[7] 者，则固"无入而不自得"[8]，"道并行而不相悖"[9] 也。

【意】当初孔子活在他那个年代的时候，有人议论说他巧言谄媚，有人说他是阿谀奸佞的小人，有人诋毁他毫无贤能，有人诽谤他不知礼仪，甚至有人侮辱他是"东家孔丘"。有人嫉妒、诅咒他，不让他振兴鲁国，有人憎恶他甚至还想杀死他。就连当时的贤士如晨门、荷蒉之人都说："这就是那个明知做不到却非做不可的傻人吗？""磬声硁硁地响！可实在是不变通啊！没有人了解自己又能算什么呢？如果没有人了解自己，那就不要勉强自己就好了啊。"虽然子路的学问已经达到了登堂入室的地步，尚且不能不怀疑孔子的见识，对于孔子想要去的地方也不高兴，而且认为孔子迂腐，可见当时不信任孔子的人，又岂止十分之二三呢？然而孔子依然是匆匆忙忙，好像在路上寻找丢失的儿子一样，席不

---

[1] 《论语·宪问》。

[2] 《论语·宪问》。

[3] 《论语·微子》。

[4] 《论语·微子》。

[5] 《论语·宪问》。

[6] 《周易·乾卦·文言》："遁世无闷，不见是而无闷。"

[7] 《周易·系辞传上》。

[8] 《中庸》第十四章。意思是，君子无论处于什么境遇之下，都能安然自得。

[9] 《中庸》第三十章。意思是，各种道理同时并行而不相互冲突。

暖暖、毫不休息，难道就是为了乞求别人相信自己、了解自己而已吗？因为他有与天地万物为一体的仁爱之心，深切感受到这种切肤病痛，即使想放手不管，却身不由己，所以他说："我若不同人群打交道，又同什么去打交道呢？""一个人想洁身自好，却破坏了根本的、重大的伦理关系（如君臣关系）。""如果天下事果真都像他说得那么简单，那就实在没有什么难事啦！"哎！如果不是那些确实把天地万物当作一体的人，又有谁能了解孔子的心呢？至于那些"遁离世事但不会烦闷""乐于享受人世间发生的一切并接受命运的安排"，自然"不管在什么情况下都能自得其乐"，与"各种大道可以同时并行而且彼此不抵触"了。阳明以孔子自况，因为孔子的知音也很少。孔子的仁爱之意总是通天，心意念念要把仁爱推布天下，要实实在在地拯救天下万民于水火之中。

【183】天命在身，道传诸生

仆之不肖，何敢以夫子之道为己任？顾其心亦已稍知疾痛之在身，是以彷徨四顾，将求其有助于我者，相与讲去其病耳。今诚得豪杰同志之士扶持匡翼，共明良知之学于天下，使天下之人皆知自致其良知，以相安相养，去其自私自利之蔽，一洗谗妒胜忿之习，以济于大同，则仆之狂病，固将脱然以愈，而终免于丧心之患矣，岂不快哉！

嗟乎！今诚欲求豪杰同志之士于天下，非如吾文蔚者，而谁望之乎？如吾文蔚之才与志，诚足以援天下之溺者。今又既知其具之在我而无假于外求矣，循是而充，若决河注海，孰得而御哉？文蔚所谓"一人信之不为少"，其又能逊以委之何人乎？

【意】我才疏学浅，怎敢以振兴孔子的圣道为己任呢？不过我的心已经稍微知道了身上的病痛，因而心中彷徨，四下寻找，想找到能够帮助我的人，相互讲习、讨论沟通，一起根除我身上的病痛。现在如果真能得到豪杰之士、志同道合之人来支持我、匡正辅佐我，共同将良知的学说彰显于天下，使天下人都知道去呈现自己的良知，互相帮助，互相存养，摒弃自私自利的弊病，清除谗言、嫉妒、好胜、易怒的恶习，以实现天下大同，那么我这疯狂的疾病，必将舒缓痊愈，而最终免于丧心的疾病，这是多么痛快的事啊！*相互讲习有助于使自己在求学路上不再孤独。关键还是在于开悟自己的心意本来通天，体会到自己有天命在身，遇到质问不得不辩，把大道传诸学生，望他们能够把大道流传后世。*

哎！如果现在真的想要在天下人中寻找豪杰之士和志同道合之人，除了像文蔚你这样的人，还能指望谁呢？以文蔚你这样的才能与志向，的确足以拯救天下苦难百姓于水火之中。如今你又已经知道，良知就在我们的心中，而不需要向外探求，那么就遵循良知并不断扩充它，那么良知就会像决口的河水注入大海之中，谁能抵御得了呢？你所说的"一人相信不算少"，那么向天下人讲明良知之学的重任，你又能谦让而托付给谁呢？*发明自己的心天之意，扩充而推致于天下百姓人民之中，使其皆合天道，成就事业生生不息。*

【184】意本应西，心应道佛

会稽素号山水之区，深林长谷，信步皆是，寒暑晦明，无时不宜，安居饱食，尘嚣无扰，良朋四集，道义日新，优哉游哉，天地之间宁复有乐于是者！孔子云："不怨天，不尤人，下学而上达。"仆与二三同志，方将请事斯语，奚暇外慕？独其切肤之痛，乃有未能恝然 [1] 者，辄复云云尔。咳疾暑毒，书札绝懒。盛使远来，迟留经月，临歧执笔，又不觉累纸。盖于相知之深，虽已缕缕至此，殊觉有所未能尽也。

【意】会稽周围向来以山水风景著称，幽深的树林、狭长的山谷，信步走去随处可见，冬夏阴晴，四季宜人，生活安定，衣食无忧，远离世俗干扰，好朋友们汇聚一堂，切磋道义，见解日新，多么悠闲自在，天地之间哪里还能找到像这样快乐的事情吗！孔子说："不怨恨苍天，也不责怪世人，下学人间世事，上达天道天命。"我和几位志同道合的朋友，正要遵从孔子的这一段话，哪有时间向外探求呢？只是对于这切肤

---

[1] 恝（jiá）然，即淡然，不经心的样子。

之痛，又不能漠不关心，于是又写了这么多。我有咳嗽之病，加之天气炎热，懒于写信。你派来的信使远道而来，逗留了一个月左右，临启程时才提笔写信，不知不觉又写了这么多。这大概是因为我们相知颇深，虽然详细地写了这么多，仍然觉得有好多话还没有说。与好友同道一起到风景绝佳之处一边旅行，一边切磋学问之道，如此正好帮助天下之人，推晓天地之理，接通心天之意，将心意通天意境推致世界。作为圣人之道的当代阐释形式，意本论在讲学论道的过程当中回应西方哲学，将推进阳明在讲论过程中让心本论回应道佛的境界。

答聂文蔚（二）

【185】心念苍生，意守正脉

得书，见近来所学之骤进，喜慰不可言。谛视数过，其间虽亦有一二未莹彻处，却是致良知之功尚未纯熟。到纯熟时，自无此矣。譬之驱车，既已由于康庄大道之中，或时横斜迂曲者，乃马性未调，衔勒不齐之故，然已只在康庄大道中，决不赚入傍蹊曲径矣。近时海内同志到此地位者，曾未多见，喜慰不可言，斯道之幸也！

贱躯旧有咳嗽畏热之病，近入炎方，辄复大作。主上圣明洞察，责付甚重，不敢遽辞。地方军务冗沓，皆舆疾从事。今却幸已平定，已具本乞回养病。得在林下，稍就清凉，或可瘳[1]耳。人还，伏枕草草，不尽倾企。外惟濬[2]一简，幸达致之。

【意】收到你的来信，看到你近来学问骤然精进，欣喜快慰之情无法言表。你的信我仔细读了好几遍，中间虽然也有一两处不够清晰透彻的地方，也只是因为致良知工夫还没有纯正娴熟的缘故。如果真正纯熟了，自然就不会出现这样的毛病。这就好比驾车，虽然已经走上了康庄大道，但有时候马车可能会需要走些横的、斜的弯路，这是因为马的性

---

[1] 瘳，病愈。

[2] 陈九川（1494—1562），字惟濬，号明水，江西临川人，正德九年（1514）进士，授太常博士，官至礼部郎中，王阳明学生，江右王门重要代表，著有《明水先生集》。

情还没有彻底驯服，马嚼口和马络头没有勒齐整的缘故，然而已经走上康庄大道了，就绝不会被骗拐到岔道弯路之中。近来海内同仁能够达到你这种程度的人还不多见，所以我的欣喜快慰之情无法形容，这真是圣人之道的幸运啊！心意通天的境界，悟入之后，还要细心打磨，才能日渐精熟，超凡入圣。

我原本就有咳嗽怕热的疾病，最近到炎热的南方，又旧疾复发。皇上圣明洞察，将重要的责任交付给我，我不敢立即推辞。地方上军务繁忙芜杂，我不得不带病处理。如今所幸叛乱已经平定，我已备办呈本，请求皇上准我回乡养病。如果能在幽静之地，稍微感受下清凉，消消暑气，或许就可以痊愈了。信使就要回去了，我卧病趴在床上给你写信，草草数语难以表达我的倾心企盼之情。另外，给陈九川（惟濬）的一封信，麻烦你转交给他。阳明身体不好，但心意未尝一刻不在天下苍生，因为阳明守住了圣学正脉，就成为后世纪念阳明的根本。

【186】勿忘勿助，成性存存

来书所询，草草奉复一二。

近岁来山中讲学者，往往多说"勿忘勿助"工夫甚难，问之，则云："才着意便是助，才不着意便是忘，所以甚难。"

区区因问之云："忘是忘个甚么？助是助个甚么？"其人默然无对。始请问。

区区因与说我此间讲学，却只说个"必有事焉"，不说"勿忘勿助"。"必有事焉"者只是时时去"集义"。若时时去用"必有事"的工夫，而或有时间断，此便是忘了，即须"勿忘"。时时去用"必有事"的工夫，而或有时欲速求效，此便是助了，即须"勿助"。其工夫全在"必有事焉"上用，"勿忘勿助"，只就其间提撕警觉而已。若是工夫原不间断，即不须更说"勿忘"；原不欲速求效，即不须更说"勿助"。此其工夫，何等明白简易！何等洒脱自在！今却不去"必有事"上用工，而乃悬空守着一个"勿忘勿助"，此正如烧锅煮饭，锅内不曾渍水下米，而乃专去添柴放火，不知毕竟煮出个甚么物来！吾恐火候未及调停，而锅已先破裂矣。近日，一种专在"勿忘勿助"上用工者，其病正是如此。终日悬空去做个"勿忘"，又悬空去做个"勿助"，漭漭荡荡[1]，全无实落下手处。究竟工夫只做得个沉空守寂，学成一个痴騃[2]汉，才遇些子事来，即便牵滞纷扰，不复能经纶宰制。此皆有志之士，而乃使之劳苦缠缚，担阁一生，皆由学术误人之故，甚可悯矣！

【意】你来信中所询问的问题，我简单地回答一下。

近年来到山中讲学的人，常常说"勿忘勿助"的工夫很难，我问他们原因，他们就回答说："稍有意念升起就是助，稍不用心去留意就是忘，所以感觉这工夫实在太难了。"

我就问："那么忘是忘什么？而助又是助什么？"他们又都默不作声，无言以对，便开始向我请教。

我因此就对他们说，我这里讲学，只强调"必有事焉"，不提"勿忘勿助"。"必有事焉"就是时刻都要"集义"（每时每刻都要积累善心）。如果时时去做"必有事"的工夫，间或有所中断，这就是忘了，那么就必须"勿忘"。如果时刻去下"必有事"的工夫，偶尔会想急于见到效果，这就是"助"了，那么就必须"勿助"。这工夫全部在"必有事焉"上用，"勿忘勿助"只是在这个过程中起个提醒警觉的作用罢了。如果说这工夫本来就不间断，那就不必再说"勿忘"了；如果原本就没有去追求迅速见效，那就不必再说"勿助"了。这中间的工夫是多么简单易懂呀！多么自在洒脱啊！如今却不去在"必有事"上下工夫，只是悬空守着一个"勿忘勿助"，这就好比烧锅煮饭，锅里还没有放水下米，却去专心添柴烧火，真不知道最后能煮出什么东西来？我恐怕火候还没来得及调好，锅就已经先被烧破裂了。近来有一些人专门在"勿忘勿助"上用功，他们所犯的毛病就是这样。只是整天凭空去做"勿忘"的工夫，又

---

[1] 漭漭荡荡，洪水浩荡广大的样子。

[2] 騃（ái），愚、呆。

凭空去做"勿助"的工夫，忙忙碌碌，却完全找不到落实下手的地方。到头来只会做一个死守空洞枯寂的功夫，学成一个痴呆愚钝的人，刚遇到一点事，马上就会心绪牵连滞碍、纷烦扰乱，不再能够经营处理、主宰控制。这些人都是有志之士，却因此而劳苦困扰，耽误他们一生，这都是因为被错误的学问之术误入歧途，真叫人惋惜怜悯啊！前面讲戒慎恐惧，这边讲必有事焉，至于勿忘勿助，是其中自然需要的工夫，而不是必须先做的工夫。对念头的反省和考察，自己感知自己意念的存在状态，需要有一个持续做工夫的中心，意念的发动要时刻围绕这个中心去展开。换言之，人需要时刻积累善心，才能成性存存，不断因道而有得，从而积累善德，把真炁聚集于身心之中，从而实实在在地提升意识能量和精神境界。

人需要时刻意识到自己的意念本来通天，足以复其心天之意，只要这个心天之意自然澄明复苏（必有事焉），则不要人为去加意于其中（勿助），当然也不可忘却、失去明觉的状态（勿忘）。否则，只是凭空去做所谓不要忘记或者不要起私意的工夫，其实是悬空不实、无所用心的。因为如果心天之意的本旨不明，那么做工夫就没有抓住圣学正脉。或者说，如果不去时刻反省当下意念，使之回归于心天之意的境界（必有事焉），那么，不断去下苦功的结果是反而被流俗的学问越带越偏了，最后可能整个人都修到报废的状态了。

【187】一生一事，正念正意

夫"必有事焉"只是"集义"，"集义"只是"致良知"。说"集义"则一时未见头脑，说"致良知"即当下便有实地步可用工。故区区专说"致良知"，随时就事上致其良知，便是"格物"；着实去致良知，便是"诚意"；着实致其良知，而无一毫意必固我，便是"正心"；着实致良知，则自无忘之病；无一毫意必固我，则自无助之病。故说"格、致、诚、正"，则不必更说个"忘助"。孟子说"忘助"，亦就告子得病处立方。告子强制其心，是助的病痛，故孟子专说助长之害。告子助长，亦是他以义为外，不知就自心上集义，在"必有事焉"上用功，是以如此。若时时刻刻就自心上集义，则良知之体洞然明白，自然是是非非纤毫莫遁，又焉有"不得于言，勿求于心；不得于心，勿求于气"[1]之弊乎？孟子"集义""养气"之说，固大有功于后学，然亦是因病立方，说得大段；不若《大学》"格、致、诚、正"之功，尤极精一简易，为彻上彻下，万世无弊者也。

【意】"必有事焉"就是"集义"，"集义"就是致良知。说"集义"则一时还不得要领，说致良知那么当下就有地方可以落实用功。所以我专门讲"致良知"，随时在做事情过程中呈现良知，就是"格物"；实实在在地去呈现良知，就是"诚意"；实实在在地呈现良知，没有丝毫的意、必、固、我，就是"正心"；实实在在地呈现良知，自然就不会有"忘"的毛病；没有丝毫的意、必、固、我，自然就不会有"助"的毛病。所以只要讲"格物、致知、诚意、正心"，那就不必再讲"勿忘勿助"了。孟子讲"勿忘勿助"，是针对告子的毛病所开的处方。告子强制人心的说法，就是犯了"助"的毛病，所以孟子专门讲"助长"的危害。告子之所以犯助长的错误，就是因为他认为义在心外，不知道在自己内心"集义"（时刻积累善心），在"必有事焉"上做功夫，所以才会这样。如果时时刻刻都在自己心中积累善心，那么良知的本体就可以洞若观火、清楚明白，自然各种是是非非就会纤毫毕露、一览无余，又怎么会有"不得于言，勿求于心；不得于心，勿求于气"的毛病呢？孟子"集义""养气"的学说，当然对后世学者有很大贡献，但他也只是对（告子之病）症下的药，还只是说了个大概的意思；不如《大学》中的"格物、致知、诚意、正心"的功夫，更加精粹专一、简单易行，上下贯通，千秋万世都不会有弊病。"必有事焉"就是意识发动要有一个中心思想，时时刻刻都必有所事，意识任何时候都有对象（意缘），但"必有事焉"的"事"指的不是一般的对象，而是一生一世的中心事业之"事"，使之成为时时刻刻起心动念的对象。所谓

---

[1] 语出《孟子·公孙丑上》："告子曰：'不得于言，勿求于心；不得于心，勿求于气。'"意为如果不能通过言语有所收获，就不必求助于内心；不能在内心有所得，就不必求助于意气。就此可以推论，"集义"指时时处处皆心天之意自然流淌，良知显在事上，便是汇集心天之意，这是基于先天后天融贯一体，心中有物，物非心不显，物上显心，心无物不起的心通物论。

"诚意"，是让意念有集中用功的对象。如此一来，所谓"事"，其实是要强调专注某一中心之事，而"诚意"就是集心上的正心正意的"意"，即收集聚拢正能量，才是真正的实意。所谓"格物"就是以心天之意格物至通天之境，即实化心天之意的实意之谓。

在一切意念通于物之时体悟意之通天化境，复本心的心天之意，即是格物之通天状态。实化心天之意而无私意杂于其中，就是正心，也就是自然而然地让心天之意澄明起来。心天之意就是此事，也就是心上的中心之事。所谓集正心正念之意，才能光明远大。《大学》的学说可从心天之意的角度加以理解。要做正心正念正意的工夫，而不要像孟子攻击告子那样攻乎异端，更不能把孟子给告子看病开的处方当作宝贝，执迷不悟，迷失了心意通天的本体。

【188】人性天分，善意善行

圣贤论学，多是随时就事，虽言若人殊，而要其工夫头脑若合符节。缘天地之间，原只有此性，只有此理，只有此良知，只有此一件事耳。故凡就古人论学处说工夫，更不必挽和兼搭而说，自然无不吻合贯通者。才须挽和兼搭而说，即是自己工夫未明彻也。

近时有谓"集义"之功必须兼搭个"致良知"而后备者，则是集义之功尚未了彻也。集义之功尚未了彻，适足以为致良知之累而已矣。谓致良知之功必须兼搭一个"勿忘勿助"而后明者，则是致良知之功尚未了彻也。致良知之功尚未了彻也，适足以为"勿忘勿助"之累而已矣。若此者，皆是就文义上解释牵附，以求混融凑泊，而不曾就自己实工夫上体验，是以论之愈精，而去之愈远。

文蔚之论，其于大本达道既已沛然无疑，至于"致知""穷理"及"忘助"等说，时亦有挽和兼搭处，却是区区所谓康庄大道之中，或时横斜迂曲者。到得工夫熟后，自将释然矣。

【意】圣贤讨论学问，往往随时因不同事加以发挥，虽然他们的说法好像各不相同，但是工夫的主旨却是一致的。因为天地之间，原本只有这一个性，只有这个天理，只有这个良知，只有这一件事。所以凡是古人就讨论学问来讲的工夫，都没有必要掺和搭配来讲，自然没有不吻合贯通的。如果需要掺和搭配来讲，那么就是因为自己的工夫还没有明白透彻。人性即天性，人只能通过人性去认识天性，而天性落于人身，即成人性，所以人性就是天理的分身，是天理的身体化、在身化形式。因为人性分有天理，也就分有天良之知，即良知。致良知就是明人性，是要人复其本来天性当中的心天之意、天良之知。心意本来通天，却要圣人千言万语，好话说尽，人才可能会去体察人性通天的本来大道。

近来有人认为，"集义"的工夫必须兼顾搭配上致良知的工夫才能完备，这是因为他对"集义"的工夫还没有了解透彻。如果对"集义"的工夫还没有了解彻底，那么就正好成为致良知工夫的拖累。那些认为致良知的工夫必须搭配上"勿忘勿助"后才能明白的人，其实就是对致良知的工夫还没有了解彻底。致良知的工夫没有明白，正好成为"勿忘勿助"的拖累。类似这样的情形，都是因为在文辞字义上牵强地解释附会，以求含混地融会凑合，却从来不从自己实在的工夫上去体验，因此论证得越精细，反而偏离圣人之道就越远。致良知是推致天良之知，是随时心意都在心天之意状态中，这就是积累善心善意善行的"集义"。一瞬间悟得良知，感悟心通天地之道不难，难的是心意时刻与天地之道不分。"勿忘勿助"是要时刻提醒自己不要离开心天之意境界，但过度执着"勿忘""勿助"，是不明白心天之意为圣学之本，抓不住核心而只强调一些枝节的工夫。做工夫不可为文字相所障碍，否则入了文字出不来，文字的真义不见。如果不知心天之意为致良知的核心，学致良知的文字学得越多，就越离题万里。因为致良知即推致心天之意，这个核心需要体证才能抓住，否则从文字上入手，那就难以真正落实。

文蔚你的观点在大本达道上已经丰沛盛大，明白无疑，至于对"致知""穷理"及"勿忘勿助"等学说，还时不时会有掺杂、调和、搭配的地方，这就是我说的，虽然已经走上了康庄大道，但有时会横着、斜着走些弯路的那种情形。等到你的工夫纯熟后，这种情形自然就会消失了。阳明认为，聂文蔚已经基本上路，抓住了圣学正脉，虽然能够努力时时刻刻心意不离天道，但偶尔会偏离，只是因为工夫还不够纯熟。

【189】源初孝亲，诚中实践

文蔚谓"致知之说，求之事亲从兄之间，便觉有所持循"者，此段最见近来真切笃实之功。但以此自为不妨，自有得力处；以此遂为定说教人，却未免又有因药发病之患，亦不可不一讲也。

盖良知只是一个天理自然明觉发见处，只是一个真诚恻怛，便是他本体。故致此良知之真诚恻怛以事亲，便是孝；致此良知之真诚恻怛以从兄，便是弟；致此良知之真诚恻怛以事君，便是忠：只是一个良知，一个真诚恻怛。若是从兄的良知不能致其真诚恻怛，即是事亲的良知不能致其真诚恻怛矣；事君的良知不能致其真诚恻怛，即是从兄的良知不能致其真诚恻怛矣。故致得事君的良知，便是致却从兄的良知；致得从兄的良知，便是致却事亲的良知。不是事君的良知不能致，却须又从事亲的良知上去扩充将来。如此，又是脱却本原，着在支节上求了。良知只是一个，随他发见流行处，当下具足，更无去来，不须假借。然其发见流行处，却自有轻重厚薄，毫发不容增减者，所谓"天然自有之中"[1]也。虽则轻重厚薄，毫发不容增减，而原又只是一个；虽则只是一个，而其间轻重厚薄，又毫发不容增减。若可得增减，若须假借，即已非其真诚恻怛之本体矣。此良知之妙用，所以无方体，无穷尽，"语大，天下莫能载；语小，天下莫能破"[2]者也。

【意】你认为"致知的学说，从孝敬父母、尊敬兄长上去探求，就感到遵循起来有根据"，这段话最能看出你近来确实下了真切笃实的功夫。但你自己按照这种方法去做倒也无妨，自然有其合理之处；但如果把这个当成定论去教人，就难免有因为用药而引发致病的担忧，这就不能不讲清楚。自己追求知识、修身养性的工夫未必可以成为普遍化的工夫，即一个人未必可拿适用自己的身心工夫去教他人。良知来自孝亲的当下直截的原始

---

[1] 语出朱熹《大学或问》："程子所谓天然自有之中。"

[2] 语出《中庸》第十二章："故君子语大，天下莫能载焉；语小，天下莫能破焉。"意思是，所以君子说到诚中之意的广大之处，就大得连整个天下都无法承载；君子说到诚中之意的精微之处，天下没有东西穿透得了。

经验和本初意识，从对父母之孝心孝意可以推出天良之知的真实不虚。心意之发动（作）从不离开意向性的对象（物），心意可以时刻转物成事。但核心是，在心天之意的意向性之中，意向性本身就带着通天之境，也就是说，心就是物，意就是事，心物一体，意事不分。

良知就只是天理自然明白呈现的地方，就是真诚恻隐，这是它的本体呈现。所以致良知的真诚恻隐用来侍奉父母就是孝；呈现良知的真诚恻隐去尊敬兄长就是悌；呈现良知的真诚恻隐去辅佐君主就是忠；这里就只是一个天良之知，一个真诚恻隐。如果尊敬兄长的良知不能实现真诚恻隐，那么也就是奉养父母的良知不能呈现真诚恻隐；如果辅佐君主的良知不能推致其真诚恻隐，那么也就是尊敬兄长的良知不能推致其真诚恻隐。所以能推致辅佐君主的良知，就是能够推致尊敬兄长的良知；能够推致尊敬兄长的良知，就是推致奉养父母的良知。不是说辅佐君主的良知不能推致，却又必须从奉养父母的良知上去扩充开来。如果这样，这就又脱离了本源，在细枝末节上去寻求了。天良之知只有一个，随着它的呈现和流行，当下自然完备充足，没有来处，也不会消失，更不需向外假借。但是天良之知呈现和流行的地方，却有它轻重、厚薄的区分，丝毫不能增加或者减少，这就是所谓天然的、自有的"中"，即使天良之知可以区分轻重、厚薄，但天良之知却丝毫无法增加或者减少，因为良知还是原来的那个（通天的本体性存在）；虽然就是只有那个天良之知，但其中的轻重、厚薄又丝毫无法增加或者减少。如果可以增加或者减少，如果良知还必须向外假借，那就不再是天良之知真诚恻隐的本体了。这就是良知的妙用之所以没有方位也没有形体，永远不会穷尽，"如果讲到（良知的）宏大之处，连天下也承载不了；如果讲到（良知的）精微之处，全天下也无人能识破"的原因。良知就是天良之知，良知之意通天，真诚自然发用于万物，其中非常重要的表现就是恻隐和同情之心意[1]。

---

[1] 美国动物行为学家弗朗斯·德瓦尔（Frans de Waal）从生物学的角度，认为作为"同情冲动"的恻隐先于"理性考虑"而出现。这也是分离关于恻隐的感性和理性判断。参弗朗斯·德瓦尔：《灵长目与哲学家——道德是怎样演化出来的》，赵芊里译，上海科技教育出版社，2013年，第55页。

因为天然，所以良知之意就是心天之意；致良知就是良知之实化，就是实化心天之意。心天之意与天下的物事一般，本体上是纯粹天然化成的。良知是对心天之意的反省和观察，来自孝亲的直接源初经验，也在孝亲实践当中体现出来。这就是天地本来给我良知。天良之知是自生的，也是天生的，不需要造物主，是从人的家庭经验直接生发出来的。

《中庸》"中和"的状态是天良之知的根本状态，也是天地本来的生生状态。这种生生状态需要用意念领悟出来，才能感知良知时刻通天，即意念时刻通天的状态，这一理解良知的意念状态就是天然、自有、本来的"中"（zhōng）。一般的意念不"中"（zhòng），但通于良知的意念（心天之意）必然"中"（zhòng）于天。心天之意本来就是天然的、自有的，自己发动，与天生生而共生。

天良之知（良知）天然存在，是自在的，但是，如果没有意念参与，其实不能被理解，也不会在意念中呈现给人，为人觉知。那么，意念在什么意义上可以理解良知，可以让良知在意念当中升起、呈现出来？因为偏离中道的意念不合天良之知，所以需要"诚于中"的意念才能合于良知。

由此可见，《传习录》心天之意的境界是《中庸》"诚—中"意境的延伸版。天良之知即良知之"中"，如此说虽然抽象，但天良之知绝对纯善，只有质而没有量。因为天良之知是本体性的存在，与天地生生一样有质无量，良知顺从天之生生，有其天然的本体性。良知是道德上的善良本体，其本体的量随顺每个人而有限，看起来似乎每个人的道德良知也是有限的，但每个人的天良之知又都通于天，所以每个人的良知又都是无限的。

总之，每个人的心天之意可以时刻通天，无法增减分毫。大到天下万事万物，小到一念之间、纤毫细微的变化，良知都是天然良善的。可见，领悟心天之意之通天下，就是古来圣学之"中"（zhōng），即"中"（zhòng）于圣人之道的宗旨。

【190】意识根本，仁意孝心

孟氏"尧舜之道，孝弟而已"[1]者，是就人之良知发见得最真切笃

---

[1]　语出《孟子·告子下》。

厚、不容蔽昧处提省人，使人于事君、处友、仁民、爱物，与凡动静语默间，皆只是致他那一念事亲从兄真诚恻怛的良知，即自然无不是道。盖天下之事虽千变万化，至于不可穷诘，而但惟致此事亲从兄、一念真诚恻怛之良知以应之，则更无有遗缺渗漏者，正谓其只有此一个良知故也。事亲从兄一念良知之外，更无有良知可致得者。故曰："尧舜之道，孝弟而已矣。"此所以为"惟精惟一"之学，放之四海而皆准，施诸后世而无朝夕^[1]者也。

文蔚云："欲于事亲、从兄之间，而求所谓良知之学。"就自己用工得力处如此说，亦无不可；若曰"致其良知之真诚恻怛，以求尽夫事亲从兄之道焉"，亦无不可也。明道云："行仁自孝弟始。孝弟是仁之一事，谓之行仁之本则可，谓是仁之本则不可。"^[2]其说是矣。

【意】孟子说的"尧舜之道就是孝和悌而已"，是从人的良知呈现发挥得最真切笃实、不容蒙蔽的地方提醒人，使人在侍奉君主、交友、爱民、爱物以及一切运动、静止、谈话、沉默的过程中，都只是去呈现他那一念侍奉父母、尊敬兄长的真诚恻隐的天良之知，那么就自然处处都是圣道了。天下的事情虽然千变万化，以至于无法穷究，但只要推致这个侍奉父母、尊敬兄长的真诚恻隐的良知呈现出来去应对，那么就不会有什么遗漏和缺失，这正是因为只有一个良知的缘故。除了侍奉父母、尊敬兄长的良知之外，再没有别的良知可以呈现和推致了。所以孟子才说："尧舜之道，也就是孝和悌而已。"这就是所谓"惟精惟一"的学问，放之四海而皆准，后世要一直施行它，一朝一夕都不能例外、也不会过时的原因。良知意识，即天良之知的根本意识（根本意、根本识、意根、

---

[1] 语本《礼记·祭义》："夫孝，置之而塞乎天地，溥之而横乎四海，施诸后世而无朝夕，推而放诸东海而准，推而放诸西海而准，推而放诸南海而准，推而放诸北海而准。"曾子的意思是，孝道精神树立起来，可以充满天地，散布开来，可以流行四海，传播到后代，必将永远存在，推广到东海是正确的，推广到西海是正确的，推广到南海是正确的，推广到北海也是正确的。主要的意思就是，后世一定要永远施行孝道，一朝一夕都不可以例外。

[2] 语出《河南程氏遗书》卷十八，这句话实际上是程颐所说。阳明欣赏大程子的境界，所以故意说成程颢所言。

识根）来自孝悌。孝悌之念通天，皆是仁人之意的发动。儒家赋予孝悌以特殊地位。天良之知既有纯粹的道德性质，也就是天地良心意义上的天良，还有认知的力量，所以能够分辨善恶。良知的这种能力可以从恻隐之心当中推导过来。[1] 阳明的良知很多时候也是一种萌芽直觉，因为拒绝纯粹理性的分析和逻辑判断，所以带有先天意味。正如良知的根源就是孝亲，这种家庭经验靠的是直接经历、当下证悟，不是靠感性的感知或理性的认知，而是当下性全体性的觉知。孝悌意识是推致良知的精一工夫的核心，这既是儒家哲学的发端之处，也是成为儒者的工夫所在。

文蔚你说："想在侍奉父母、尊敬兄长的活动中探求推致良知的学问之道。"如果从自己用功有体会的角度来说，这么讲也没有什么不可以的；如果说"用呈现良知的真诚恻隐，以探究穷尽侍奉父母、尊敬兄长的道理"，也不是不可以。程颐先生说："践行仁爱从孝悌开始。孝悌是体现仁的一种活动，说它是践行仁爱的根本是可以的，但说它是仁的根本就不可以了。"他的这个说法非常正确。孝悌是仁人之意的一种自然发动的表现，它是行仁的根本，但程颐把孝悌当作行为看，即认为孝悌是行为发用，这样理解的孝悌是实践出来的基本事实状态，而不是孝心孝意。应该说，人通过反省知道孝心孝意的存在，理解仁人之意本于孝情孝心，而且仁人之意就是孝悌之心的内容。孝悌之行是仁人之意发动、实化出来，而成为孝悌之行。

【191】诚则不猜，光辉霁月

"亿""逆""先觉"之说，文蔚谓"诚则旁行曲防[2]，皆良知之用"，

---

[1] 黄百锐（David B. Wong）肯定恻隐具有认知功能（cognitive function），因为需要关乎意向对象的处境与性质的认知，但他强调恻隐中的理性判断只是一种"萌芽直觉"（sprout intuition），并非来自被主体清晰察知的某些具有普遍性的伦理或价值原则；并且，"萌芽直觉"主要指向"道德推理"，即当遭遇新处境时，我们通过曾经有过的"萌芽直觉"经验来决定当下对于新处境的合适反应。参黄百锐：《孟子的理由及类比推理》，刘笑敢主编《中国哲学与文化》第9辑，漓江出版社，2011年，第1—33页。

[2] 语出《孟子·告子下》："无曲防，无遏籴，无有封而不告。"意为不遍设堤防，不禁止采购粮食，不要有封赏却不上告。

甚善甚善！间有挽搭处，则前已言之矣。惟濬之言亦未为不是。在文蔚须有取于惟濬之言而后尽，在惟濬又须有取于文蔚之言而后明；不然，则亦未免各有倚着之病也。舜察迩言[1]而询刍荛[2]，非是以迩言当察、刍荛当询而后如此，乃良知之发见流行，光明圆莹，更无罣[3]碍遮隔处，此所以谓之大知；才有执着意必，其知便小矣。讲学中自有去取分辨，然就心地上着实用工夫，却须如此方是。

【意】关于"不要凭空臆测别人不信任自己""不预先猜测别人会欺诈你""事先觉察别人的欺诈和不诚实"等观点，你认为"只要内心真诚，即使是旁门左道、曲意提防，也都是良知的运用"，这话讲得实在太好了！至于偶尔有掺杂搭配的地方，前面已经说过了。陈九川的看法也不能算错。就你来说，应该要吸取陈九川的话才算完备，而陈九川又必须吸取你的话才明白透彻；要不然，你们各自的说法都难免各有偏颇。舜体察那些浅近的话，并向樵夫请教，并不是因为浅近的话应当审视思考、打柴的樵夫就应当询问请教，舜才去这样做的，而是因为良知的呈现和流传，光明圆润、晶莹透彻，没有丝毫障碍蒙蔽，这就是所谓的大智慧；只要有了执着和臆断，他的智慧就变小了。讲学中自然会有取舍和分辨，然而要在心中着实下工夫，就必须这样做才对。不要去做先知先觉的工夫，也不要刻意去揣度他人的心念。虽然为了避免被他人欺诈，而可能先行揣度他人的心意，但这带有功利的目的，或者是为了避祸、保存个体利益，这样的心意状态不符合圣人之意。因为我们的天良之知自然明察，应事之后，良知会有自然发生的过程，所以只需要明察就可以了，而不是去预判、预知、前知。

可见，只要有真诚作为前提，就可以避免被旁门左道、曲意提防给带偏了，因为只要完全是真诚的良知自然发用，那么真诚的良知流行就可以提防不好的结果发生。如此就消除了做功夫的目的性，突出了圣人之道没有个人偏见，非常真诚，那么一切行为其实都可以理解，只是不要把手段置于目的之前。如果要教化

---

[1]　语出《中庸》第六章："舜其大知也与！舜好问而好察迩言。"意思是，舜可真是具有大智慧的人啊！他喜欢向人请教问题，又善于体察分析身边人的话语里的含义。

[2]　语出《诗经·大雅·板》："先民有言，询于刍荛。"刍荛是采薪之人。

[3]　罣（guà），同"挂"。

别人、启发他人，也要自然而行，不是为了不耻下问而问，不会因为向樵夫请教问题而降低自己良知的大智慧。

天良之知的心意通天，光明遍照，自然澄明。本来没有遮蔽，好像舜没有任何的执着，能够随心所欲不逾矩。归根结底，实意是工夫，也是达致良知之澄明的关键。诚就没有必要猜测，不可以局限于细枝末节的功夫。阳明是将军、豪雄，洒脱如光辉霁月，有目的决定手段、不让手段制约目的的倾向。

【192】工夫可悟，难以分解

"尽心"三节，区区曾有"生知、学知、困知"之说，颇已明白，无可疑者。盖尽心、知性、知天者，不必说存心、养性、事天，不必说"夭寿不贰、修身以俟"，而存心、养性与修身以俟之功已在其中矣。存心、养性、事天者，虽未到得尽心、知天的地位，然已是在那里做个求到尽心知天的工夫，更不必说"夭寿不贰、修身以俟"，而"夭寿不贰、修身以俟"之功已在其中矣。

譬之行路，"尽心知天"者，如年力壮健之人，既能奔走往来于数千里之间者也；"存心事天"者，如童稚之年，使之学习步趋于庭除之间者也；"夭寿不贰、修身以俟"者，如襁抱之孩，方使之扶墙傍壁，而渐学起立移步者也。既已能奔走往来于数千里之间者，则不必更使之于庭除之间而学步趋，而步趋于庭除之间自无弗能矣。既已能步趋于庭除之间，则不必更使之扶墙傍壁而学起立移步，而起立移步自无弗能矣。然学起立移步，便是学步趋庭除之始，学步趋庭除，便是学奔走往来于数千里之基，固非有二事。但其工夫之难易，则相去悬绝矣。

心也，性也，天也，一也。故及其知之成功则一；然而三者人品力量自有阶级，不可躐等[1]而能也。细观文蔚之论，其意似恐"尽心知天"者，废却存心修身之功，而反为尽心知天之病。是盖为圣人忧工夫之或间断，而不知为自己忧工夫之未真切也。吾侪用工，却须专心致志在"夭寿

---

[1]　躐等，指越级。

不贰、修身以俟"上做，只此便是做尽心知天功夫之始。正如学起立移步，便是学奔走千里之始。吾方自虑其不能起立移步，而岂遽虑其不能奔走千里，又况为奔走千里者而虑其或遗忘于起立移步之习哉？

文蔚识见本自超绝迈往，而所论云然者，亦是未能脱去旧时解说文义之习，是为此三段书分疏比合，以求融会贯通，而自添许多意见缠绕，反使用工不专一也。近时悬空去做"勿忘勿助"者，其意见正有此病，最能耽误人，不可不涤除耳。

【意】关于"尽心"三节，我曾经用"生而知之、学而知之、困而知之"来解释，已经很明白了，应该没什么可以怀疑的了。通常尽心、知性、知天的人，就没有必要再去谈论存心、养性、事天，也不必强调"夭寿不贰、修身以俟"，因为"存心养性"和"修身以俟"的工夫，都已经包括在其中了。能存心、养性、事天的人，虽然没有达到尽心、知天的程度，然而已经在那里做努力达到尽心、知天程度的工夫，更不用再说"夭寿不贰、修身以俟"，而"夭寿不贰、修身以俟"的工夫已经包含在其中了。涵存心意通天之意，保养天道自然之性，是心通天道之天，推致及此，就是极致到无以复加的圣境了。尽心而知性，尽心以知天的人，其心天之意纯然精一，如光明遍照天下，意念所发皆能改变天下之境，一意即古今即东西，无所不至，意境关联之物，意念发动无所不改，只是心意改换情境的魄力各有不同，因为人的格局与力量各有不同。理想境界当然是心念时刻都在心意通天的圣人之境之中。

譬如走路，"尽心、知天"的人就好比年轻力壮的人，能够来回奔走几千里的路；"存心、事天"的人好比儿童，只能让他们在庭院里锻炼走路；"夭寿不贰、修身以俟"的人就好比是襁褓中的婴儿，只能刚好让他们扶着墙壁，慢慢学站立和移步。既然已经能够在几千里路上来回奔走，那就没必要再让他们去庭院中学习走路，因为他们在庭院里走路自然不会有问题。既然已经能在庭院里走路的人，那么就没必要再让他们扶着墙学站立和移步，因为他们自然都已经能够站立和移步。但是学习站立和移步是在庭院里锻炼走路的开始，在庭院里学习走路又是来回奔跑几千里的基础，这些本来就不是两回事。但是，这三个层次的工夫难易程度相差就非常悬殊了。心天之意一念之间心、性、天通达无碍，都是同一种境界，好像人走路的境界，要先走起来，让走路的意念实化出来：从学习站立、移步到能够在庭院里蹒跚而行，再到能够来回奔走几千里，其中虽然工夫难易程度相差很远，但走长走短工夫中的心意境界其实都是一回事。

心、性、天三者本来就是一体。所以等到这三种人的良知完全呈现，那么结果都是一样的；然而这三种人在人品、才智方面本就有层级的区别，都不能逾越各自的等级去发挥他们的能力。我仔细思考你的观点，你的意思似乎担心"尽心、知天"的人可能荒废存心、修身的工夫，反而成了尽心、知天的障碍。你这是担心圣人的工夫会有间断，却不去担心自己的工夫上其实还不真切。我们这种人用功，一定要专心致志地在"夭寿不贰、修身以俟"上下工夫，只有这样做才是尽心、知天工夫的开始。这就好像学习站立和移步，是能够行走千里的开始一样。如果我还需要担心自己不能站立和移步，那又怎么能去担忧能不能奔走千里呢？又怎能替奔走千里的人担心他们可能已经忘记了曾经做过站立和移步的练习呢？人要时刻涵养心意通天的功夫。存心事天的人，能够体会到心天之意的力量，努力用意使之精纯，尽力让意念兴起不偏，皆在心天之意中，从蹒跚学步到奔走千里，走路的心意是相通的。夭寿不二、修身以俟的人，只知道心天之意为圣道之本，死守正道不离。修习意念发动境界的人，虽然工夫才刚刚开始，但只要修习的时候让天良之知自然呈现，那就已经通达天下。

文蔚你的见识原本超凡脱俗，可是你的这些说法之所以如此，还是因为你没能脱去过往辨析文辞句意的旧习，所以你才会把知天、事天、夭寿不贰这三个层次的工夫进行分析、综合、比较，以希能够融会贯通，结果使自己增添了许多纠缠、纷扰的观点，反而使自己无法专心用功。近来那些凭空去做"勿忘勿助"工夫的人，他们的观点恰恰是因为犯了这个毛病，这个弊病非常耽误人，不能不彻底清除干净。工夫论不是通过文辞和句义的分析、综合、比较就可以得到提升的，关键在于根器、悟性、开悟的机缘，保持正见的工夫，而不是去讨论具体如何修行的工夫。换言之，工夫可以开悟、可以保持，却是难以分解的，尤其无法通过文辞的辨析来得到分析性的理解。或者说，可以有各种各样的工夫，但工夫从根本上是相通的。

【193】一念洞见，良知透显

所谓"尊德性而道问学"一节，至当归一，更无可疑。此便是文蔚曾着实用工，然后能为此言。此本不是险僻难见的道理，人或意见不同者，还是良知尚有纤翳潜伏。若除去此纤翳，即自无不洞然矣。

【意】你认为"尊德性而道问学"这句话中，"尊德性"和"道问学"应当统一，这没有什么可以怀疑的。这是文蔚你笃实用功之后才能说出来的话。这本来就不是生僻晦涩、艰深难懂的道理，人们之所以有不同的意见和看法，还是因为他们的良知发动时中仍潜伏着细微的蔽障。如果除去这些蔽障，那么良知自然会光明透彻。好像学问之道千条万途，成就的德行千思万虑，最后还是归结为要让本来光明的德性彰显起来。尊德性是明心天之意纯然至善，通于天道自然之善，而人性之德本自天然，人性本然即有天德，也就是人性天然纯善、本然至善。心意自然发动皆在善念之中，就是顺天之德性，此即圣学核心。所谓学习之道，也是意会此道与天道豁然贯通，并于当下一念之间得之，而不需要从外在去用功。此道在心中，道即心天之意之谓。

虽然"时时勤拂拭，勿使惹尘埃"不是圣人境界，但从成圣需要做工夫的角度，很难避开，因为通常人的心意发动，其天良之知总是被一些纤细的微尘所遮拦，好像阴郁的天空，太阳被乌云所遮蔽，无法光明朗现一样。人间的爱恨情仇往往成为良知呈现的壁障，而去掉这些障碍的所谓工夫，也在一念之间，洞见良知，守护良知，从而让光明的良知透显出来。

【194】跨主体性，意本一体

已作书后，移卧檐间，偶遇无事，遂复答此。文蔚之学既已得其大者，此等处久当释然自解，本不必屑屑如此分疏。但承相爱之厚，千里差人远及，谆谆下问，而竟虚来意，又自不能已于言也。然直戆[1]烦缕已

---

[1]　直戆（gàng），憨厚而刚直。

甚，恃在信爱，当不为罪。惟濬及谦之[1]、崇一处，各得转录一通，寄视之，尤承一体之好也。

【意】写完信后，我躺在屋檐下，恰好遇到一时没别的事，于是就又解答了这些。文蔚你的学问既然已经抓住了大旨，你所提的这些问题，时间一长，你自然就会弄明白的，本来我没必要这样琐碎地分辨解析。但承蒙你的厚爱，不远千里派人前来，诚恳地下问于我，为了不辜负你的一片心意，我自然不能不说。然而我过于直率和琐碎，就是仗着你对我如此信任和厚爱，应该不会怪罪我吧。还请把这封信抄录几份，分别寄给惟浚、谦之、崇一他们看看，让他们也感受你情同一体的好意。阳明觉得文蔚能够了悟圣学即心意通天之学，希望他理解心意通天之后，要传之诸生。阳明认为，理解了圣学即心意通天之学之后，要吸引周围人来一起涵养心天之意，并在这个基础上培养同情之意，通过"跨主体性"共同进入一体性的意本境界。

---

[1] 邹守益（1491—1562），字谦之，号东廓，江西安福人。正德六年授翰林编修，后议大礼，下狱，谪为广德判官，后起为南京国子监祭酒。王阳明学生，江右王门的重要代表，著有《东廓集》。

训蒙大意
示教读刘伯颂等

【195】天伦本意，依境而生

古之教者，教以人伦。后世记诵词章之习起，而先王之教亡。今教童子，惟当以孝弟忠信礼义廉耻为专务。其栽培涵养之方，则宜诱之歌诗，以发其志意；导之习礼，以肃其威仪；讽之读书，以开其知觉。今人往往以歌诗、习礼为不切时务，此皆末俗庸鄙之见，乌足以知古人立教之意哉！

大抵童子之情，乐嬉游而惮拘检，如草木之始萌芽，舒畅之则条达，摧挠之则衰痿。今教童子，必使其趋向鼓舞，中心喜悦，则其进自不能已。譬之时雨春风，沾被卉木，莫不萌动发越，自然日长月化。若冰霜剥落，则生意萧索，日就枯槁矣。故凡诱之歌诗者，非但发其志意而已，亦所以泄其跳号呼啸于咏歌，宣其幽抑结滞于音节也；导之习礼者，非但肃其威仪而已，亦所以周旋揖让，而动荡其血脉，拜起屈伸，而固束其筋骸也；讽之读书者，非但开其知觉而已，亦所以沉潜反复而存其心，抑扬讽诵以宣其志也。凡此皆所以顺导其志意，调理其性情，潜消其鄙吝，默化其粗顽，日使之渐于礼义而不苦其难，入于中和而不知其故。是盖先王立教之微意也。

若近世之训蒙稚者，日惟督以句读课仿，责其检束，而不知导之以礼；求其聪明，而不知养之以善；鞭挞绳缚，若待拘囚。彼视学舍如图狱而不肯入，视师长如寇仇而不欲见，窥避掩覆以遂其嬉游，设诈饰诡以肆其顽鄙，偷薄庸劣，日趋下流。是盖驱之于恶而求其为善也，何可得乎？

凡吾所以教，其意实在于此。恐时俗不察，视以为迂，且吾亦将去，故特叮咛以告。尔诸教读，其务体吾意，永以为训；毋辄因时俗之言，改废其绳墨，庶成"蒙以养正"[1]之功矣。念之念之！

【意】古代的（儿童）教育，把人伦纲常作为教育内容。后世兴起了背诵诗词文章之风气，先王的教化就消亡了。现在的儿童教育，应当专心致力于孝、悌、忠、信、礼、义、廉、耻的教育。至于教学培养的具体方法，应当通过吟唱诗歌来激发他们的志趣；引导他们学习礼仪，使他们的仪表威严；劝谏他们读书，以开启他们的智慧。现在的人往往认为咏唱诗歌、学习礼仪有点不识时务，这都是末流俗陋、平庸粗鄙的看法，他们这些人怎么能理解古人设立教育的本意呢！儿童教育的主要内容是人伦纲常和道德，要引导童蒙心意所发达于天意。因为人伦本自天伦，可以于人伦之上达致天伦本意，这就是推致天良之知人伦之中，在日常生活当中体察天伦，于人意之中体察、推致天意。

一般来说，儿童的性情是喜欢嬉戏游乐而讨厌拘束，这就像草木刚开始萌芽，让它舒展畅快地生长，枝条就能迅速生长发达起来，如果摧残压抑它就会枯萎衰败。现在教育儿童，也必须顺着他们自己的兴趣，多鼓励他们，使他们心中感到愉快，那么他们自然就会不断进步。这就好比受到时雨春风滋润的花草树木，没有不生意萌动焕发生机的，自然日长月化，日新月异。如果它们遭遇冰霜剥蚀摧残，那么就会生机萧条，日益枯萎。所以凡是通过吟唱诗歌来教导孩子们，不仅能够抒发他们的志向和意趣，而且也能让他们在吟唱诗歌中宣泄蹦跳呼喊的精力，在音律节拍中抒发他们心中的郁结和不快；引导他们学习礼仪，不仅可以使他们仪表威严，而且还可以使他们在打恭作揖的行为中促进血脉畅

---

[1]　语出《周易·蒙卦·象传》："蒙以养正，圣功也。"意思是，蒙卦揭示出被蒙者从蒙昧状态出发培养正道的可能性，存在能够开发被蒙者使之修养成为圣人的功夫。

通，在叩拜弯腰伸展的活动中强健筋骨；劝谏他们读书，不仅能够开启他们的智慧，也是为了让他们在反复思索的研读中存养本心，在抑扬顿挫的讽诵中抒发他们的志向。所有这些都是为了顺利引导他们的志向和意趣，调理他们的性情，潜移默化他们的鄙陋吝啬，慢慢改变他们愚顽的秉性，使他们日益符合礼仪而不会因为有难度而感到痛苦，使他们的性情在不知不觉中达到中正平和。这就是先王设立教育所包含的根本性微言大意。人心和草木之心一样，都要接续天之仁意，才能依境而生，让心意所发，皆通于天，每时每刻皆是心天之意，才能发育顺畅。教育的方式各有其微言大义，各种教育各有其中的深意。

至于最近那些教育儿童的人，每天只知道用标点断句和课业练习来督促他们，严格约束他们的行为举止，却不知道应该用礼仪来引导他们；只要求他们聪明，而不知道用善良来教育他们；用绳子捆、用鞭子打，对待学生就像对待囚犯一样。学生们把学校看成监狱，而不愿意上学，把老师看作强盗和仇人而不愿意去见，于是他们窥探、逃避老师，通过掩饰、覆盖来达到游戏玩耍的目的，设置陷阱、掩饰诡计，可谓极尽顽鄙之能事，肆意顽劣，猥琐庸俗，浅薄鄙陋，日益堕落。这是驱使着学生们作恶，但又要求他们向善，这怎么可能呢？古今教育的大病甚似，学校变成了监狱，学生们不喜欢上学，在学校里心性得不到提升，反而不断下降。

我的教育理念，本意就实化在这里。我恐怕人们还是无法理解，认为我的想法迂腐，况且我马上就要离开了，所以我特别加以叮咛嘱咐。你们这些教师，一定要体察我的用意，永远遵守；不要因为世俗的言论而更改废弃我定的规矩，或许可以实现"蒙以养正"的功效吧。切记切记！王阳明认为，教育的本意是启迪孩子的心意通天。教育就是一个实意的过程，而实意的道理也都在此。

教　约

【196】言行皆纯，反省修正

　　每日清晨，诸生参揖毕，教读以次遍询诸生：在家所以爱亲敬长之心，得无懈忽，未能真切否？温清定省之仪，得无亏缺，未能实践否？往来街衢，步趋礼节，得无放荡，未能谨饬否？一应言行心术，得无欺妄非僻，未能忠信笃敬否？诸童子务要各以实对，有则改之，无则加勉。教读复随时就事，曲加诲谕开发，然后各退就席肄业。

　　【意】每天清晨，学生参拜行礼完毕，教师应当依次询问学生：在家里孝爱父母、尊敬长辈之心，是不是有所懈怠，有失真切呢？在冬天温被子让父母感到温暖、夏天扇扇子让父母凉快、夜里伺候父母睡定安稳、早晨向父母请安问安等礼仪是否身体力行到位，有没有着实践行？在街道上行走时，行为举止是否符合礼仪，有没有放荡不羁而没能谨慎检束呢？各种言行心思，是否有欺骗、荒诞、乖僻，而没能忠信、虔敬、守信呢？每位学生都务必要诚实应对，有过错就改正，没有就借此勉励自己。老师还要随时就日常具体事项，委婉地加以教诲和启迪，然后让他们各自回到自己座位上去学习。老师教育学生，要求他们一切言行皆从纯粹心天之意状态出发，如果没有做到，就要反省、检讨、调整、改正。

【197】调节气息，阴阳相应

凡歌诗，须要整容定气，清朗其声音，均审其节调；毋躁而急，毋荡而嚣，毋馁而慑。久则精神宣畅，心气和平矣。每学量童生多寡，分为四班，每日轮一班歌诗，其余皆就席，敛容肃听。每五日则总四班递歌于本学。每朔望则集各学会歌于书院。

【意】吟唱诗歌的时候，必须要仪容整洁，气定神和，声音清朗，音调节奏要匀称；不急不躁，不狂不闹，不气馁，不怕难。久而久之，就会精神舒畅，心气平和。每次学习都根据学生的多少，分为四个班，每天轮流一个班吟唱诗歌，其余学生都坐在座位上，整肃仪容，认真听讲。每五天汇集四个班在学校依次吟唱诗歌。每个月初一和十五，则汇集各个学堂的学生在书院里比赛吟唱诗歌。要训练学生们，让心意之发与阴阳之气相合，吟唱诗歌就是一个很好的训练，调节自身的气息出入，与天地阴阳之气相应，从而修至气定神闲之境。

【198】操练礼仪，德性成型

凡习礼，须要澄心肃虑，审其仪节，度其容止，毋忽而惰，毋沮而怍，毋径而野，从容而不失之迂缓，修谨而不失之拘局。久则礼[1]貌习熟，德性坚定矣。童生班次，皆如歌诗。每间一日，则轮一班习礼，其余皆就席，敛容肃观。习礼之日，免其课仿。每十日则总四班递习于本学。每朔望，则集各学会习于书院。

【意】凡是学习礼仪，必须澄清心思，消除私心杂念，老师要认真审查每个学生行礼的细节，让他们端正仪节，揣摩容色，不要疏忽懈怠，不要沮丧害羞，不要随意粗野，从容自如但不迂腐缓慢，言语谨慎而不拘束紧张。久而久之就会熟悉各种礼仪习俗，德性也就坚定了。学生分班次像吟唱诗歌时一样。每隔一天轮流一个班练习行礼，其余班级

---

[1] 邓艾民本第 177 页、黎业明本第 253 页作"体"。

的学生都坐着，表情严肃，认真观摩。学习礼仪的这一天，免去学生的其他功课。每隔十天就汇集四个班的学生在全校里依次练习行礼。每个月初一和十五，汇集各个学堂的学生到书院里练习比赛行礼。操练礼仪是一个心意凝结、培养德性的过程。通过长期周期性的外在的行为训练，增强操习者内在的德性。德性就是行为不断操练之后沉淀下来的意识内在结构，德性结构一旦成型，就能够主导意念发动的分寸和状态，从而使人的言行发动都符合礼仪。

【199】集中心神，心口一致

凡授书不在徒多，但贵精熟。量其资禀，能二百字者，止可授以一百字，常使精神力量有余，则无厌苦之患，而有自得之美。讽诵之际，务令专心一志，口诵心惟，字字句句绸绎反覆，抑扬其音节，宽虚其心意。久则义理浃洽，聪明日开矣。

【意】老师讲授不要只追求数量多，而贵在对书本知识的精熟。考虑到学生的资质禀赋，凡是能够认识两百字的学生，只应当教给他们一百字，让他们常常感觉精力有富余，那么他们就不会因辛苦而厌烦学习，反而会因有所收获而自得愉悦。诵读的时候，务必要让他们专心致志，口诵心想，一字一句，推导阐释，反复体会，声调抑扬顿挫，心志意趣宽松虚静。久而久之就能举止有礼、谈吐文明、日益聪慧了。学生要精力充沛地、集中心神地学习，不断跟着精熟的老师反复体会琢磨，逐渐理解心口一致，所言所行都能够合乎天道自然之境。

【200】引导意向，改造意境

每日工夫，先考德，次背书诵书，次习礼，或作课仿，次复诵书讲书，次歌诗。凡习礼歌诗之类，皆所以常存童子之心，使其乐习不倦，而无暇及于邪僻。教者知此，则知所施矣。虽然，此其大略也，神而明之，则存乎其人^[1]。

【意】每天的功课、工夫次序，先要考察学生们的德行，其次是背书、朗诵，再次是练习礼仪，或者课业学习，然后再读书、讲解，接着吟唱诗歌。练习礼仪、吟唱诗歌之类的教学内容，都是为了存养儿童的本性，使他们喜欢学习而不会感到倦怠，没有闲暇时间去做歪门邪道的事情。教师如果知道并把握了这些，就知道如何具体实施教学活动了。尽管如此，这也只是说了一个大概，其中的精妙之处，是否能够真正心领神会，那就在于各人的用功程度和各自的修为了。教育学生是为了让学生的心思意念都能合于心天之意，并且要避免他们的心思意念主动出偏。要让年少的学习者喜欢并享受学习，要让年纪稍长的学习者学会自己主动用意，提升用意的魄力。对老师来说，教化就是努力引导学生的意向，使之趋向心天之意，这就与老师本身的心力和魄力相关联，老师要有心力改造学生的意识之境，这是需要老师具有相当的魄力与愿力才可能的。

---

[1]　语本《周易·系辞上》："极天下之赜者存乎卦；鼓天下之动者存乎辞；化而裁之存乎变；推而行之存乎通；神而明之存乎其人；默而成之，不言而信，存乎德行。"意思是，极尽天下纷杂事物的深奥道理是通过卦形的象征来表现的；鼓舞天下人与事物去运动起来是通过卦爻的辞义来表现的；能够促进万物的生长变化，并且实现相互制约、有所限制和裁定，这是通过卦爻的变动来表现的；把人天之意推行到万事万物之中，并让人们实行大道，这是通过卦爻系统性的通达状态来表现的；能够意会《周易》的神奇精妙，并且将其明白彰显起来，完全取决于用《易》的人；默默地实化人天之意，不用诉诸言语就能够取信于人，那是因为已经积存了美善的德性和德行。

陈九川录

【201】心融万物，行作于事

正德乙亥，九川初见先生于龙江[1]。先生与甘泉[2]先生论格物之说。甘泉持旧说。先生曰："是求之于外了。"甘泉曰："若以格物理为外，是自小其心也。"九川甚喜旧说之是。先生又论"尽心"一章，九川一闻，却遂无疑。

后家居，复以格物遗质。先生答云："但能实地用功，久当自释。"山间乃自录《大学》旧本读之，觉朱子格物之说非是，然亦疑先生以意之所在为物，"物"字未明。

己卯，归自京师，再见先生于洪都[3]。先生兵务倥偬，乘隙讲授。首问："近年用功何如？"

九川曰："近年体验得'明明德'功夫只是'诚意'。自'明明德于天下'，步步推入根源，到'诚意'上，再去不得，如何以前又有'格致'工夫？后又体验，觉得意之诚伪，必先知觉乃可，以颜子'有不善未尝不知，知之未尝复行'[4]为证，豁然若无疑，却又多了格物功夫。又思

---

[1]　龙江是今江苏南京。

[2]　湛若水（1466—1560），字元明，号甘泉，广西增城人。从学于陈白沙，主张"随处体认天理"，与王阳明及其弟子素有交往。历南京礼部、吏部、兵部，著有《湛甘泉集》。

[3]　洪都是古地名，今江西南昌。

[4]　语出《易经·系辞下》："颜氏之子，其殆庶几乎！有不善未尝不知，知之未尝复行也。"通行本多误作"有不善未尝知之"。意思是，颜家的儿子颜渊，大概算得上是道德修养近乎完美的贤能之士吧！每当一个意念有不善，便能自觉自知，马上发现，发心悔过；一旦知道了之后，就再也不会让错误的念头发动第二次。

来吾心之灵，何有不知意之善恶？只是物欲蔽了，须格去物欲，始能如颜子未尝不知耳。又自疑功夫颠倒，与诚意不成片段。后问希颜[1]。希颜曰：'先生谓格物致知是诚意功夫，极好。'九川曰：'如何是诚意功夫？'希颜令再思体看。九川终不悟，请问。"

先生曰："惜哉！此可一言而悟，惟濬所举颜子事便是了。只要知身、心、意、知、物是一件。"

九川疑曰："物在外，如何与身、心、意、知是一件？"

先生曰："耳目口鼻四肢，身也，非心安能视听言动？心欲视听言动，无耳目口鼻四肢亦不能。故无心则无身，无身则无心。但指其充塞处言之谓之身，指其主宰处言之谓之心，指心之发动处谓之意，指意之灵明处谓之知，指意之涉着处谓之物：只是一件。意未有悬空的，必着事物，故欲诚意，则随意所在某事而格之，去其人欲而归于天理，则良知之在此事者，无蔽而得致矣。此便是诚意的功夫。"

九川乃释然，破数年之疑。

又问："甘泉近亦信用《大学》古本，谓'格物'犹言'造道'，又谓穷理如穷其巢穴之穷，以身至之也，故格物亦只是'随处体认天理'，似与先生之说渐同。"

先生曰："甘泉用功，所以转得来。当时与说'亲民'字不须改，他亦不信，今论'格物'亦近，但不须换'物'字作'理'字，只还他一'物'字便是。"

后有人问九川曰："今何不疑'物'字？"曰："《中庸》曰'不诚无物'，程子曰'物来顺应'，又如'物各付物'[2]，'胸中无物'[3]之类，皆古人常用字也。"他日，先生亦云然。

【意】正德十年，我陈九川在龙江初次见到了先生。当时，先生正与湛甘泉先生讨论格物的学说。甘泉先生坚持朱熹先生的观点。先生

---

[1] 希颜，生平不详。陈荣捷先生怀疑"希颜"乃"希渊"之误，姑备一说。陈荣捷：《王阳明〈传习录〉详注集评》，第257页。

[2] 程颐语，见《河南程氏遗书》卷十八。

[3] 语出《河南程氏外书》卷十一。

说："这种观点是在向心外寻求（事物之理）。"甘泉先生说："如果认为格物（探究事物之理）是向心外寻求的活动，那就把自己的心看得太小了。"九川本来非常赞同朱熹先生的理解。先生又谈论《孟子》"尽心"一章，九川听完后，却对先生的格物学说再也没有疑问了。

后来九川在家闲居，再次就格物问题向先生请教。先生回答说："只要能实实在在地用功，时间久了，自然就明白了。"在山中静养期间，我自己抄录了《大学》古本来阅读，觉得朱熹先生对格物的解释不正确，但是也怀疑先生将意念之所在认为是物的看法，对于这个"物"字的意思我一直不太明白。

正德十四年，九川从京城回来，在洪都再次遇见了先生。那时先生军务缠身，只能趁着空闲时间给九川讲解授课。先生首先询问九川："最近几年来，你用功的情况怎么样？"

九川回答说："最近几年来，我领会到'明明德'的功夫就是'诚意'。从'明明德于天下'开始，逐步追本溯源，到了'诚意'上，就再不能继续追溯下去了，为什么'诚意'之前又有'格物''致知'的工夫？后来通过深入体验，觉得意念的真诚与虚伪，必须先感知觉察到了才行，颜回'每当一个意念有不善，便能自觉自知，马上发现，发心悔过；一旦知道了之后，就再也不会让错误的念头发动'，以此来作为证据去验证，我顿时觉得豁然开朗，对先生的格物之说似乎不再有疑问，可是怎么又多了一层格物致知的功夫。九川又想，凭借我心的灵明又岂能不理解意念的善恶呢？就是因为心被物欲蒙蔽了，所以必须格除物欲，才能像颜回那样，一念有不善，就会马上知道。于是，九川怀疑自己的功夫是否做颠倒了，以至于格物和诚意没有办法联系起来。后来九川问了希颜。希颜说：'先生主张格物致知是诚意的功夫，我认为非常正确。'九川又问：'那么诚意的功夫到底指的是什么呢？'希颜让九川自己去仔细体察、深入思考。但九川终究还是不能领悟其中的原因，现在特地向先生请教。"

先生说："真可惜啊！这本来是一句话就能说明的问题，你所举的颜回的问题就足以说明问题了。只要你理解身、心、意、知、物都是一回事，就行了。"九川还是疑惑不解，问："物在心外，跟身、心、意、知，怎么可能是一回事呢？"

先生回答说："耳目口鼻及四肢，是人身体的一部分，如果没有心，它们怎么能视、听、言、动呢？心想视、听、言、动，如果没有耳目口鼻及四肢也不行。因此可以说，没有心就没有身体，没有身体也就没有心。只是从它充盈空间上来说称为身，从它的主宰作用上来说称为心，从心的发动上来说称为意念，从意的灵明上来说称为良知，从意念涉及、附着之处来说称为事物：其实都是一回事。意念是不能悬空存在的，必须依附、牵扯到事物上，所以，要想诚意，就跟随着意念所涉的某件事物去'格'，剔除私欲而回归到天理，那么，良知在这件事上，就不会被蒙蔽而能够'致'了。诚意的功夫正在这里。"

听了先生这番话，九川积存在心中多年的疑虑终于消除了。

九川接着又问："甘泉先生最近也深信《大学》的古本，他认为'格物'就好像'求道'，又认为穷理的穷，就好像穷其巢穴的穷，必须亲身到巢穴中去，所以，格物也就是'随处体认、察识天理'，这就好像跟您的主张逐渐接近了。"

先生又说："甘泉肯下功夫，所以他能够转过弯来。当初我跟他说'亲民'不可以改为'新'民，他还不相信，如今，他对'格物'的理解跟我的观点也基本上接近了，但不用把'物'字改成'理'字，仍然用'物'字就可以了。"

后来有人这样问九川："现在你怎么不再对'物'字有疑虑了？"九川回答说："《中庸》里说'不诚无物'，程颢也说'物来顺应'，还有'物各付物'，'胸中无物'等，可见'物'字是古人常用的字。"后来有一天，先生也说，九川的这种理解是正确的。心天之意本体通天，故天然纯善，这说明，意识先天本体之善要从意识发动本来通天去理解。意识后天发作之后，作用于分别性的具体事物，所以意识与事物关联一体而有善有恶。

从先天本体上讲，事物不在心外，也不在意外。这样心意发动通于天下万物，心之本体也可融通万物。心之意发和身体之行动都作用于事物，皆与事物一体而不可二分。换言之，心、意、物在本体上不可分，但从后天作用来说，心动、意行与物存在的意向性等，还是要分散于具体事物之上，所以具体的事与物都不得不分。诚意是接续具体事物，并在与具体事物一体化的状态当中实化意念的工夫，是联通先天和后天、本体与功用，让心意通天的意识状态（心天之意）时时刻刻、自然而然澄明起来。

【202】凝聚正念，作于未来

九川问："近年因厌泛滥之学，每要静坐，求屏息念虑，非惟不能，愈觉扰扰，如何？"

先生曰："念如何可息？只是要正。"

曰："当自有无念时否？"先生曰："实无无念时。"

曰："如此却如何言静？"曰："静未尝不动，动未尝不静。戒谨恐惧即是念，何分动静？"

曰："周子何以言'定之以中正仁义而主静'？"[1]"曰："无欲故静，是'静亦定，动亦定'的定字，'主'其本体也。戒惧之念是活泼泼地，此是天机不息处，所谓'维天之命，於穆不已'[2]，一息便是死。非本体之念，即是私念。"

【意】九川问："近年来，我因为厌恶流行泛滥的学说，常常想独自静坐，以求屏息思念忧虑，可是不但不能做到静心，反而更觉得念头纷扰、心神不宁，这是什么原因？"先生说："意念思虑又怎么可以停止呢？只能让它去归于纯正。"

九川问："是否存在思虑止息、没有意念的时候呢？"先生说："的确不存在没有意念的时候。"

九川问："如果是这样的话，那又怎么能理解静呢？"先生说："静息当中并非就没有运动，运动当中也未必就没有静息的状态。戒慎恐惧

---

[1] 语出周敦颐《太极图说》："五性感动而善恶分，万事出矣。圣人定之以中正仁义而主静，立人极焉。"

[2] 语出《诗经·周颂·维天之命》，意为上天的命令，无尽美好啊。

就是意识和念头，又怎么能区分动静？"

九川说："周敦颐为什么说'定之以中正仁义而主静'呢？"先生说："没有欲望之念，所以就算是心意宁静，这其实就是程颢'静亦定，动亦定'的'定'字，'主'是从本体角度来讲的。戒慎恐惧的意念是活跃的，正体现了天机流动不息的状态，就是所谓'维天之命，於穆不已'，一旦有所停息就是死亡。不是从本体萌发出来的意念，就都是私心杂念。"

意与物流，未尝止息。意念的流动不可能通过主观努力就使之止息，因为意识流动是自然状态，这既如詹姆士的"意识流"，也如《金刚经》"应无所住而生其心"。在意识流动的过程当中，儒家聚存正念，不断复归心天之意。如果当下的意念出离了心天之意，则为私念、欲念，所以要凝聚正念，以作用于光明的未来。流动的意都在物上，心物不分，心意通天，自然天机朗朗流出，生生不息，如牟宗三常用"维天之命"表达此意。这些说法都需要以在本体上有所体会为基础，之后才能化为身心大用。如果不知道要先对意识发动的本体有体会，之后在当下意念发动于事物处实化而起作用，那么对圣学之本就尚未全明，所发动的意念也就多为私欲杂念。

【203】自作主宰，天理昭明

又问："用功收心时，有声色在前，如常闻见，恐不是专一。"

曰："如何欲不闻见？除是槁木死灰，耳聋目盲则可。只是虽闻见而不流去便是。"

曰："昔有人静坐，其子隔壁读书，不知其勤惰，程子称其甚敬[1]。何如？"

曰："伊川恐亦是讥他。"

【意】九川又问："当用功收敛身心的时候，有好听的声音和美丽的颜色出现在眼前，如果还像平常那样去看去听，恐怕就是不专一了吧？"

---

[1]　语出程颐，见《河南程氏遗书》卷二："许渤与其子隔一窗而寝，乃不闻其子读书与不读书。先生谓：'此人持敬如此。'"

先生说："怎么能够不想去听、不想去看呢？除非是形如槁木、心如死灰的人，或者耳聋眼瞎的人，才可能不听不看。不过，尽管你听见了看见了，只要你的心不追随着它奔流而去就行了。"

九川说："从前有人静坐，他儿子在隔壁读书，他却不知道儿子是在用功还是偷懒，程颐先生称赞他很能够'持敬'。这又是怎么回事呢？"

先生说："程伊川先生恐怕是在讽刺他。"正常人对于声和色，是不可能不看不听的，所以修心修意的关键在于不可以起执念，这样才是心天之意在做主宰，也就是"无所住"。儒家的无所住心，是因为心天之意自作主宰，天理昭明，自然不被人欲牵绊。佛教的无所住心，是于念上观空，知执着即空，念念放下，随缘流转却无执念，此大不同。

【204】本体明澈，毋另做功

又问："静坐用功，颇觉此心收敛，遇事又断了，旋起个念头，去事上省察。事过又寻旧功，还觉有内外，打不作一片。"

先生曰："此格物之说未透。心何尝有内外？即如惟濬，今在此讲论，又岂有一心在内照管？这听讲说时专敬，即是那静坐时心，功夫一贯，何须更起念头？人须在事上磨炼做功夫，乃有益。若只好静，遇事便乱，终无长进。那静时功夫，亦差似收敛，而实放溺也。"

后在洪都，复与于中[1]、国裳[2]论内外之说，渠皆云"物自有内外，但要内外并着功夫，不可有间耳"，以质先生。

曰："功夫不离本体，本体原无内外。只为后来做功夫的分了内外，失其本体了。如今正要讲明功夫不要有内外，乃是本体功夫。"

是日俱有省。

【意】九川又问："静坐用功时，特别能够感觉到自己的心思正在

---

[1] 夏良胜（1480—1538），字于中，江西人，正德三年（1508）进士，官吏部考功员外郎，王阳明学生。

[2] 舒芬（1484—1527），字国裳，号梓溪，江西进贤人，官翰林院修撰，著有《舒文节公全集》（又名《梓溪文钞》）。

收敛集中，但如果遇到事情发生时就又分散、间断了，马上就兴起个念头，到所遇之事上去省察。等事情过后，回头再去寻找原来的工夫，依然觉得有内省和外用之分，始终不能融为一片。"

先生说："这是因为你对格物的理解还不够透彻。其实心哪里有内外之分呢？正如你现在在这里讨论，难道还有另一个心在你里面照管着？你这个专心听讲和说话时的专一虔敬之心，就是那个静坐时的心，工夫是融贯一体的，哪里需要另外去兴起一个念头呢？人必须在事情上磨炼，在事上做工夫才会有收获、益处。如果只是一味地喜好宁静，那么一遇到事情发生就会慌乱，最终不会有进步。那种追求宁静时所做的工夫，表面上看起来像是在收敛，实际上却是放纵沉沦。"

后来在南昌时，九川又和于中、国裳探讨心的内外的问题，他们两个都认为，"事物本有内有外，只是需要内和外都同时下功夫，不能有间断"，就这个问题，九川特向先生请教。

先生解答说："功夫离不开本体，本体原本没有内和外的区分。只是因为后来做功夫的人将功夫分成内和外两种，于是就丧失了本体。现在正是要讲明功夫不要分内和外，这才是本体与功夫的融贯意境。"这一天，大家都因反省而有所领悟。如果心天之意不能做主宰，那就可能导致心念逐物，难以收回。在儒家看来，如果心天之意未能在当下一念之中澄明，那就需要做工夫。工夫的前提是对本体的明澈，即领悟心在本体上通物又通天，本不需要另外起心动念来做工夫。本节没有强调心天之意本体澄明，当是恐怕立意太高让学生学有不逮，难以理解心意通于万物，本体与工夫本来就融为一片，反而放弃做工夫的志向和努力。

【205】象山不精，功久才现

又问："陆子之学何如？"先生曰："濂溪、明道之后，还是象山，只是粗些。"

九川曰："看他论学，篇篇说出骨髓，句句似针膏肓，却不见他粗。"先生曰："然。他心上用过功夫，与揣摹依仿、求之文义自不同。但细看有粗处，用功久，当见之。”

【意】九川又问："陆象山先生的学说怎么样？"先生回答说："自周敦颐、程颢之后，就数陆象山有学问了，只是他的学说稍显粗糙。"

九川说："我看他的谈论学问之道，每篇都好像说出了精髓，每句都一针见血，好像针刺入膏肓，却看不出他学问有什么粗糙的地方。"先生说："是这样的。他曾在心上下过功夫，这和那些只在文词句义上揣测模拟、探求效仿的人相比起来，当然不同。但仔细看他的学说，就能发现他有粗疏的地方，这一点，用功时间长了之后，就可以意识到。"阳明认为象山学说不够精细到位，有点大而化之，但需要用功日久才能发现。他也担心后人分辨得不够精细，简化他的学说，把他与陆九渊的学说混为一谈。果不其然，后世多将"陆王"并称，[1] 而该说法恰有此弊。

【206】推致天良，无执存有

庚辰往虔州[2]，再见先生，问："近来功夫虽若稍知头脑，然难寻个稳当快乐处。"先生曰："尔却去心上寻个天理，此正所谓'理障'[3]。此间有个诀窍。"

曰："请问如何？"曰："只是致知。"

曰："如何致？"曰："尔那一点良知，是尔自家底准则。尔意念着处，他是便知是，非便知非，更瞒他一些不得。尔只不要欺他，实实落落依着他做去，善便存，恶便去。他这里何等稳当快乐！此便是格物的真诀，致知的实功。若不靠着这些真机，如何去格物？我亦近年体贴出

---

[1] 如林安梧指出："陆王之学之重点则在'心即理'之论，此心是道德本心，即此道德本心即是天理。这样说的'天理'虽明说其为天理，但其所重并不是'伦理的理型义'，而是其'道德创生义'。如此说来，陆王学之'心、性'是一，而不是二。"林安梧：《明清之际：从"主体性"、"意向性"到"历史性"的一个过程——以阳明、蕺山与船山为例的探讨》，《船山学刊》2006 年第 2 期，第 7 页。

[2] 即赣州，今江西赣县。

[3] 理障是佛教用语，语出《圆觉经》："云何二障？一者理障，碍正知见；二者事障，续诸生死。"理障指明理之人执着于理，就是以理阻碍正确的认知。

来如此分明，初犹疑只依他恐有不足，精细看，无些小欠阙。"

【意】明正德十五年（1520），九川前往虔州，再次见到先生，九川问："最近，我做功夫的时候，虽然稍微掌握一些要领，但很难发现一个稳当快乐的地方。"先生说："你需要到心上去寻找一个天理，这就是所谓的'理障'。这中间有一个诀窍。"

九川问："请问怎么去做才是诀窍？"先生说："就是推致良知。"

九川问："那要怎么去推致良知呢？"先生说："你的那一点良知，就是你自己的行为准则。你的意念所指向的地方，正确的就知道正确，错误的就知道错误，不能有丝毫的欺瞒。你只要不去欺骗良知，实实在在地遵循着良知去做，是善就存养，是恶就摒除。在这种情形下体悟天良之知，是何等稳当快乐啊！这其实就是格物的真正秘诀，也是推致良知实实在在的功夫所在。如果不仰仗这些真机诀窍，怎么去格物？我也是最近几年才领悟到如此清楚明白的程度，刚开始的时候，我也会怀疑仅靠良知恐怕还会有不足，但经过仔细体悟，并没有发现良知有一点点欠缺。"自悟天良之知本来通天就可以了，不需要专门去心上求一个理出来，因为天良之知本来就自然通天，天良之知天然呈露，所以心天之意知善知恶。天然呈露的良知不可能有所欺瞒，这是心意当中通天的部分，自然澄明，自然快乐。致知就是良知呈现表露的过程。

因为阳明在不同地方对良知通天的问题有不同表达，所以学生在良知通天的问题上容易存有困惑，不太理解良知之"良"何所从来，其实，良知之"良"当是天良。如果良只是一个善恶对待的标签，那就又需要去执着于良，这样就成为一种道德选择，就会时刻在选择当中感到勉强、强迫、局促和艰难。但是，如果领悟天良之知本身没有善恶分际，即无善无恶，但天良的意识发动出来，交接事物，立即就有善有恶了。推致良知是推致天良之知，顺从天意，毫不费力，但如果理解为推致善恶对待的良知，那么工夫就完全落在善恶二分之后的状态中，沦为总是要去执着某一偏向的状态（良）。如此，一方面，执着于良必然觉得难以理会什么是真正的良；另一方面，执着于某一偏，就必然导致无法顺理而行，自然应接一切人、事、物而陷入选择的艰难处境。因此，阳明极为强调要对天良之"良"内在天机的体贴。

【207】生意阳光，身意主宰

在虔，与于中、谦之同侍。先生曰："人胸中各有个圣人，只自信不及，都自埋倒了。"因顾于中曰："尔胸中原是圣人。"

于中起，不敢当。

先生曰："此是尔自家有的，如何要推？"

于中又曰："不敢。"

先生曰："众人皆有之，况在于中？却何故谦起来？谦亦不得。"

于中乃笑受。

又论："良知在人，随你如何，不能泯灭，虽盗贼亦自知不当为盗。唤他作贼，他还忸怩。"

于中曰："只是物欲遮蔽，良心在内，自不会失，如云自蔽日，日何尝失了！"

先生曰："于中如此聪明，他人见不及此。"

【意】在虔州的时候，九川我和于中、邹守益一块陪伴着先生。先生说："每个人的心中都有一个圣人，但只是因为自认为不可能达到，自己把圣人都给埋没了。"先生因此回头看着于中说："你的心中原本是有一个圣人的。"

于中连忙站起来，表示自己不敢当。

先生说："这是你自己本来就有的，为什么要推辞呢？"

于中仍然推辞说："不敢当，确实不敢当。"

先生说："每个人都有啊，更何况是于中你呢？你为什么却要谦让起来呢？这可是谦让不得的。"于中于是便笑着接受了。

先生又说："良知在每个人的心中，不管你怎么样，它都不会泯灭，即使是盗贼，他也明白自己不应当去偷盗。你叫他贼，他也会感觉羞愧不好意思的啊。"于中说："那只是因为良心被物欲给蒙蔽了，良知在人心中，是不会自己消失的，这就好像白云遮住了太阳，而太阳怎么会因为被遮蔽就不存在呢！"

先生说："于中这样聪明，别人的见识还达不到这种程度。"不独圣人心意通天，事实上每个人本来都是心意通天的圣人，只是人在日常生活中不能领悟到这一点，或者偶尔领悟但不能坚持，所以心天之意渐渐被遮蔽、被泯灭，不能澄明出来。致良知其实就是领悟心天之意本来通天，使得一般人从不觉转化为"觉"。此心之良知即心天之意，其通天如通于太阳之光芒，生生不灭的天意一直是我们活泼身意的内在主宰。此身所发的所有意念当中，皆有通于太阳光芒的生意所在，可惜一般人悟不得意念当中的生机，遮蔽、隐没了自己觉察、观悟、看见意识本来具有生生不息的、灿烂阳光的视域。

【208】良知定盘，意印证物

先生曰："这些子看得透彻，随他千言万语，是非诚伪，到前便明，合得的便是，合不得的便非。如佛家说'心印'[1]相似，真是个试金石、指南针。"

【意】先生说："把这些道理都理解透彻了，随便他万语千言，是非真伪，一看就会明白，符合良知的就是正确的，不合良知的就是错误的。这跟佛教所说的'心印'差不多，的确是个试金石、指南针。"良知是天良之知，是意识具有通天能力的底色，一旦明白自己心中已有定盘针，那么对外在的一切自然立即就可以有合适不合适、印证不印证的判断。

【209】通神意丹，灵妙莫测

先生曰："人若知这良知诀窍，随他多少邪思枉念，这里一觉，都自消融。真个是'灵丹一粒，点铁成金'[2]。"

【意】先生说："人要是熟知了这个良知的诀窍，随便他有多少歪思邪念，只要被良知发觉，自然就都被消除。良知真像'一粒灵丹妙药，

---

[1] 语本《祖庭事苑》："达摩西来，不立文字，单传心印，直指人心，见性成佛。"禅宗认为，不用文字，直接以心相印证，就可以开悟。

[2] 语出《景德传灯录》："还丹一粒，点铁成金；至理一言，点凡成圣。"

可以点铁成金'。"天良觉知类似于意丹。[1] 心意通天的境界，接近心意通神的状态，只是通天强调境界本身，通神强调神妙莫测的发用。

【210】意识澄明，意境纯净

崇一曰："先生致知之旨，发尽精蕴，看来这里再去不得。"

先生曰："何言之易也？再用功半年，看如何？又用功一年，看如何？功夫愈久，愈觉不同，此难口说。"

【意】欧阳崇一说："先生把推致良知的宗旨阐发得淋漓尽致，先生讲到这个层次，我们已经再没法深入了。"

先生说："你怎么能轻易这么说呢？你再用功半年，看看会怎样？你再用功一年，看看会怎样？做工夫的时间越久，感觉就越不同，这一点是很难用言语来表达的。"学生感叹自己无法超越老师的境界，阳明认为，境界是可以通过用功不断突破的。人了悟天良之知、理解心天之意之后，意识状态就可以越来越澄明，意境越来越纯净，推致良知于事事物物就越来越清晰融贯。

【211】圣贤心传，一明既明

先生问九川："于'致知'之说体验如何？"

九川曰："自觉不同。往时操持常不得个恰好处，此乃是恰好处。"

先生曰："可知是体来与听讲不同。我初与讲时，知尔只是忽易，未有滋味。只这个要妙，再体到深处，日见不同，是无穷尽的。"

又曰："此'致知'二字，真是个千古圣传之秘。见到这里，'百世以俟圣人而不惑！'"

【意】先生问我："九川你对致良知学说，有什么体验吗？"

九川回答说："自己感觉跟以往不一样了。过去操持时，通常不能恰到好处，而现在，能够做得恰到好处了。"

---

[1]　"意丹说"参温海明：《新古本周易参同契明意》，上海三联书店，2022年。

先生曰："由此可以知道，自己体验得到的跟听人讲论得来的不一样。我刚开始和你讲的时候，就知道你听得稀里糊涂、恍惚游离的，你那时还没有真切体味到。良知精妙的地方，从恰到好处再往深入去体验，每天都会有不同的认识，可以说是不会有穷尽的。"

先生又说："这'致知'两个字，确实是千古圣贤相传的秘诀啊。见识开悟了这一点，即使一百世以后再请到圣人出来检验，也没有什么困惑不解的地方！"千百年来，圣贤心传的就是心天之意，一明既明，一悟百悟。致知是推致心天之意的知，而不是传统意义上的格物致知。但如果学生们要一开始就很真切地体悟到天良之知，确非易事。

【212】澄明圣意，如揭天机

九川问曰："伊川说到'体用一原，显微无间'处，门人已说是泄天机。先生致知之说，莫亦泄天机太甚否？"

先生曰："圣人已指以示人，只为后人掩匿，我发明耳，何故说泄？此是人人自有的，觉来甚不打紧一般。然与不用实功人说，亦甚轻忽可惜，彼此无益；与实用功而不得其要者提撕之，甚沛然有力。"

【意】九川问："程伊川先生说到'体用一源，显微无间'时，弟子们就都说他泄露了天机。先生的致良知学说，是不是也泄露过多的天机了？"

先生说："圣人早就已经将推致良知的学说指示出来、告诉世人，只是因为后人把它隐匿了，我不过发现了并且重新使它彰显出来而已，怎么能说是泄露天机呢？良知是每个人生来都具有的，就算觉知了，好像也觉得无关紧要一般。如果去跟那些不切实用功的人去说推致良知，只可惜很容易被他们轻视忽略，对彼此都没有什么好处；如果对那些着实用功但还没掌握要领的人来谈推致良知，提纲挈领，他们就会感到意量丰盈、受益匪浅。"心天之意就是天机，虽然圣人之意已经澄明，但一般人能领悟到位的不多，阳明重新让心天之意焕发光明，好像揭示了天机一般。

陈九川录 471

【213】灵性光芒，扫荡玄冥

又曰："知来本无知；觉来本无觉。然不知则遂沦埋。"

【意】先生又说："知晓心天之意之后，就会发现天良之知本来无所谓知道什么；觉察到心天之意之后，就知道天良之知其实本来无所谓觉察什么。但是如果你不能觉知这其中的微妙之处，那么你的天良之知就被埋没了。"良知是天良之知，不需要依赖任何实际的知识，因为万物之理都包含在心天之意中。人能够觉知良知，是因为天意，有良知就有灵性的光芒，让意识发动可以觉知、觉察天下一切，包括精神性的、非物质性的存在。

虽然良知本身并没有也不包含实际知识，但人如果不能够觉察到天良之知，则光明灿烂的心天之意随时随地都可能会沦落、被埋没。正好比本来人的意念都可感知到灿烂的阳光，可是，一旦意识本身因为盲目而遮蔽了内省、内观、反思的光明，意识就变得盲目妄作，于是起心动念和行动就好像在黑暗中左冲右突。可见，人不当落入自是之见，不当自我遮蔽通天的光明，否则，就等于丧失了觉知，即反观意识已发和未发状态时的灵性之光，从此落入"玄冥之境"当中。

【214】奖劝朋友，谦下宽容

先生曰："大凡朋友，须箴规指摘处少，诱掖奖劝意多，方是。"后又戒九川云："与朋友论学，须委曲谦下，宽以居之[1]。"

【意】先生说："一般说来，朋友之间要尽量少一点劝诫、规谏和指摘，要多一点奖掖和劝勉，这样才是合适的。"后来先生又告诫九川说："和朋友们一起探讨学术，应该尽量委曲谦让，以仁恕忠厚之心行事接物。"朋友是与自己共同分享和凝聚心天之意的，所以要尽可能地包容，尽量不要轻易去批评指责朋友。

---

[1] 语出《周易·乾卦·文言》："君子学以聚之，问以辨之，宽以居之，仁以行之。"意思是，君子要想成就道德功业，就应该努力学习积累学问，积蓄德性，积极问辨来辨决疑难，明了是非，宽裕从容地保持安守所学所辨之理，以仁恕忠厚之心行事接物。

【215】顺应自然，心情愉悦

九川卧病虔州。

先生云："病物亦难格，觉得如何？"

对曰："功夫甚难。"

先生曰："常快活便是功夫。"

【意】在虔州时，九川病倒卧床了。

先生说："生病这件事情很难以格正，你感觉怎么样？"

九川回答道："这个功夫的确太难了。"

先生说："常常保持身心快活愉悦的状态，这就是功夫。"心意通天，让天地自然心意从人身流露出来，让人体会到顺应自然的快乐。其意味着即使人在疾病当中，也要努力用意做到这一点，尽可能保持心情愉悦的状态。

【216】偶尔澄明，用意坚持

九川问："自省念虑，或涉邪妄，或预料理天下事，思到极处，井井有味，便缱绻[1]难屏。觉得早则易，觉迟则难，用力克治，愈觉扞格[2]。惟稍迁念他事，则随两忘。如此廓清，亦似无害。"

先生曰："何须如此！只要在良知上着功夫。"

九川曰："正谓那一时不知。"

先生曰："我这里自有功夫，何缘得他来？只为尔功夫断了，便蔽其知。既断了，则继续旧功便是，何必如此？"

九川曰："直是难鏖，虽知，丢他不去。"

先生曰："须是勇。用功久，自有勇。故曰：'是集义所生者。'胜得容易，便是大贤。"

【意】九川我问："九川反省自己的思虑，有时觉得涉及偏邪狂妄，

---

[1] 缱绻，缠绕、胶着、纠缠、萦绕。

[2] 扞格，互相抵牾、格格不入。

有时又想去治理天下的大事，思虑达到极致状态的时候，自己会觉得津津有味，达到缠绕胶着而难以摒弃的地步。这种情形如果觉醒得早就还容易摒除掉，如果觉醒得晚就很难弃绝了。如果用力克制，就会越发觉得格格不入、矛盾重重。这时只有稍稍将心思念虑转向其他事情，才能把随之而来的两种状态都忘掉。我照这样去廓清思虑，似乎也没有什么害处。"

先生说："你何必这么辛苦呢！你其实只要在良知上下功夫就足够了。"

九川说："我刚才讲的正是还没有开悟良知时的情况。"

先生说："我这里自然有推致良知的功夫，怎么会不知道你说的这种情况呢？只是因为你的功夫间断，于是你的良知就被蒙蔽了。既然功夫断了，那么就继续做原来的功夫便可以了，何必要这样做呢？"

九川说："那几乎是一场无法战胜的恶战。现在虽然明白了良知，但还是不能去掉。"

先生说："必须要有勇气去掉。功夫做久了之后，自然就会有勇气了。所以孟子说：'正义感是由于长期积聚意识能量所产生的。'如果你能够轻易取胜，那你就已经达到大贤人（的境界了）。"一般人修心修意，若都像陈九川那样有意识地去做为善去恶的工夫，其实就偏离了推致良知、推广心天之意的工夫本体。心天之意不是对象化的知识，不能通过消灭对象化的（恶的）认知而建立起来，所以心天之意的境界超越了很多一般人的意志和决心。

良知就是心天之意，一般人的念头之中，良知虽偶尔澄明，但却不能用意坚持，所以用意去为善去恶似乎需要特别的勇气和魄力。其实，圣人是感通心意本来通天的人，贤人是努力把心意接天的人，是正在用功的人，做心意接天的工夫久了，自然就会培育出通天的意志和勇气。

【217】一旦解悟，一通百通

九川问："此功夫却于心上体验明白，只解书不通。"

先生曰："只要解心。心明白，书自然融会。若心上不通，只要书上文义通，却自生意见。"

【意】九川问："这个推致良知的功夫只能在心上去体会明白，光靠解释书上的文义是没法理解的。"

先生说："只需要在心上去解悟就可以了。内心理解了，书上文句的涵义自然就融会贯通。如果内心不能理悟通透，只想追求书本上的文义通晓，那么只是自己私心生发的意思和偏见。"致良知是要解悟公共的、放之四海而皆准的天良之知，因此，致良知不能只在文辞句义上做文章。

阳明强调只要在意识上解悟心天之意即可，一旦解悟心天之意，则一通百通，并强调不可过分执着于文字上的考证，否则只会舍本逐末，因为那么做就是自己私心生发的私意和偏见，既不是公共知识，也不是天良之知。

【218】及物真学，现成活现

有一属官，因久听讲先生之学，曰："此学甚好，只是簿书讼狱繁难，不得为学。"

先生闻之，曰："我何尝教尔离了簿书讼狱，悬空去讲学？尔既有官司之事，便从官司的事上为学，才是真格物。如问一词讼，不可因其应对无状，起个怒心；不可因他言语圆转，生个喜心；不可恶其嘱托，加意治之；不可因其请求，屈意从之；不可因自己事务烦冗，随意苟且断之；不可因旁人谮毁罗织，随人意思处之：这许多意思皆私，只尔自知，须精细省察克治，惟恐此心有一毫偏倚，枉人是非，这便是格物致知。簿书讼狱之间，无非实学；若离了事物为学，却是着空。"

【意】有一位下属官员，长期听先生讲学，他说："先生的学说确实非常精彩，只是我平常要处理的文书、诉讼案件事务极其繁重复杂，没有时间去追求学问之道。"

先生听后，对他说："我什么时候教过你放弃诉讼文书的工作，而悬空去探究学问之道啊？你既然需要处理案件，就从审判断案这件事上去讲求学问之道，这样才是真正的格物。比如当你在审理案件、质问诉状时，不能因为对方应对无礼就心生恼怒；不能因为对方措辞圆滑通畅就高兴；不能因为厌恶对方的嘱咐委托就存心整治他；不能因为对方的请托哀求就屈意纵容他；不能因为自己的事务烦杂冗繁就随意草率结案；不能因为别人的诋毁诽谤、罗织陷害就随着别人的意愿去处理：以上所讲的一切情况都是私心杂念，只有你自己知道，必须仔细反省、体察、克治，唯恐心中有丝毫偏离而错判了是非，冤枉好人，这才是格物致知。处理文件与审理诉讼，全部都是切实的学问；如果抛开具体事物去追求学问之道，反而悬空、不着边际。"心学是实学，格物致知不能脱离具体的学问，是需要在特定的、实在的工作情境下展开的，不存在超越具体情境的天良之知。阳明明确反对把良知抽象化、形而上学化、知觉观念化、假设条件化，在这个意义上，阳明的良知学是具体的形上学，是及物的真学问，是当下、现成、活生生的呈现。

在当下具体的工作情境当中解悟心天之意，在断案的时候，也可以时刻保持心天之意，以心意通天的心态去应事，每一个念头起来都可以持守心天之意，使其压过私心私意，这就是在起心动念处格心天之物，致心天之知，把物通于天的境界、即心通物的境界格出来，实现心通于天、心天一体的境界。换言之，心上之意即是天意，心意发动之上、之中有天意，即是心天之意。

【219】阴阳妙合，乾坤朗朗

虔州将归，有诗别先生云："良知何事系多闻，妙合当时已种根。好恶从之为圣学，将迎无处是乾元。"

先生曰："若未来讲此学，不知说'好恶从之'从个甚么。"

敷英[1] 在座曰："诚然。尝读先生《大学古本序》，不知所说何事，及来听讲许时，乃稍知大意。"

【意】九川我即将离开虔州回家的时候，写了一首诗向先生告别："良知何事系多闻，妙合当时已种根。好恶从之为圣学，将迎无处是乾元。"

先生说："你如果没有来我这里探究推致良知的学问之道，就不会

---

[1]　敷英，生平不详，王阳明学生。

明白‘好恶从之’所依从的究竟是什么啊。”

在座的敷英说：“确实是这样的。我曾经读过先生《大学古本序》，还不知道先生到底要说的是什么，等来到先生这里，听讲一段时间之后，才稍微理解先生想要讲的大概意思。”上一节讲良知之学不能脱离具体的情境，这一节又强调天良之知不依赖于外在的闻见和具体事务，天良之知即是阴阳妙合之意，如太极阴阳之间变迁的曲线，此心天之意时刻明白显现，则天地乾坤朗朗澄明。

心天之意既不能离开后天的情境，同时也有先天的味道，即在阴阳、心物和合之前即已存在。好与恶是先天性的心天之意发动于后天的表现，都不应执着，而只需自然顺从心天之意，让心天之意自然澄明，这就是阳明强调的圣学之本。

心天之意就是乾元创生之力。心天之意超越后天“有善有恶意之动”的具体、当下境界，解悟心天之意就要能够返回先天，让后天之有通于先天之无境。心天之意发动之处，是从无善无恶的乾元性海里涌现而出的。天良之知（良知）为好恶之源，是纯善的，但并不是说良知仅为好的事物之源，而不能成为恶的事物之源，此“无善无恶心之体”是本来自然流行的心天之意，有先天意味，而好恶都是后天的。

阳明在《大学古本序》中说：“《大学》之要，诚意而已矣。诚意之功，格物而已矣。诚意之极，止至善而已矣。止至善之则，致知而已矣。”可见，“诚意”被阳明看作是《大学》的核心要旨。而阳明所“诚”之“意”乃是先天意味的心天之意，相当于乾元创生之力，不脱离后天具体的格物之功，但也不受后天格物的具体情境所限定。

【220】有得于心，意上觉悟

于中、国裳辈同侍食。

先生曰：“凡饮食只是要养我身，食了要消化；若徒蓄积在肚里，便成痞了，如何长得肌肤？后世学者博闻多识，留滞胸中，皆伤食之病也。”

【意】于中、国裳等人陪同先生一起就餐。

先生说：“吃饭只是为了滋养我们的身体，吃了东西就要消化；如果只把吃的食物积存在肚子里，就成了消化不了的硬块，如何可以来滋养身体？后世学者泛观博览、博闻强记，那好比让各种知识都留滞在肚子里，已经患上了消化不良的毛病。"为学求道最重要的是要有得于心，阳明强调心与天当相感通，于意上觉悟心天之意，否则知识再多，都是没有消化，甚至无法消化的僵死材料，而不是能够活用的知识。

【221】风雨霜雪，阳光永恒

先生曰："圣人亦是'学知'，众人亦是'生知'。"

问曰："何如？"

曰："这良知人人皆有，圣人只是保全，无些障蔽，兢兢业业，亹亹[1]翼翼，自然不息，便也是学；只是生的分数多，所以谓之'生知安行'。众人自孩提之童，莫不完具此知，只是障蔽多。然本体之知，自难泯息，虽问学克治，也只凭他；只是学的分数多，所以谓之'学知利行'。"

【意】先生说："圣人也是'学而知之'，普通人也是'生而知之'。"

九川问："先生您为何这么说呢？"

先生说："这天良之知是人人都有的，圣人只是有能力保全天良之知，不让它受到丝毫的遮掩和蒙蔽，兢兢业业，勤勉谨慎，良知自然生生不息，这也就是学问之道；圣人只是天生的成分比较多，所以把圣人称为'生知安行'。普通人在还是孩子的时候，就完全具备了天良之知，只是后来被私欲遮蔽得太过了。然而，本体的良知自然是非常难以泯灭的，即便追求克治的学问之道，也只是遵循着天良之知去进行的；不过，因为通过学习而获得的成分比较多，所以称普通人的学习是'学知利行'。"心天之意自然发动而流行，学问之道是让心天之意自然澄明，不受私欲的遮蔽。心天之意是众人之孩提时代天然就能体会到的、那种自己意识与天地本体相贯通的境界。心意本通于天，如心意可以感知太阳的光辉一般，其本不应该

---

[1] 亹（wěi）亹，勤勉不倦的样子。

被乌云遮蔽。但即使乌云把阳光全部挡住，使万物处于黑暗中，这种遮蔽也是暂时的，因为太阳光辉般的心天之意还应该是意识发动的基础。恰如自然界风雨霜雪，变化无常，从未停歇，但永恒的阳光还是试图从根源上主导一切，因此，人的心意境界，无论情感、情绪、意识如何变幻，也应该让心天之意的澄明之境去自然主导。

黄直[1]录

【222】阳光普照，静水流深

黄以方问："先生格致之说，随时格物以致其知，则知是一节之知，非全体之知也，何以到得'溥博如天，渊泉如渊'地位？"

先生曰："人心是天、渊。心之本体，无所不该，原是一个天。只为私欲障碍，则天之本体失了。心之理无穷尽，原是一个渊，只为私欲窒塞，则渊之本体失了。如今念念致良知，将此障碍窒塞一齐去尽，则本体已复，便是天渊了。"

乃指天以示之，曰："比如面前见天，是昭昭之天；四外见天，也只是昭昭之天。只为许多房子墙壁遮蔽，便不见天之全体。若撤去房子墙壁，总是一个天矣。不可道眼前天是昭昭之天，外面又不是昭昭之天也。于此便见一节之知，即全体之知；全体之知即一节之知：总是一个本体。"

【意】我黄以方问："先生格物致知的学说，主张随时格物以推致良知，那么，这个知就是一部分的知，而不是整体性的良知，又怎么能达到'溥博如天，渊泉如渊'的境界？"

先生说："人心像天，也像深渊。心的本体无所不包，涵盖万千，本来就是一个全体之天。只是因为被私欲蒙蔽，就迷失了天的本来面目。

---

[1] 黄直，字以方，江西金溪人，嘉靖二年进士，官漳州推官，王阳明学生。

心中的天理无穷无尽，原本就是一个深渊，只是因为被私欲窒塞，就迷失了深渊的本来面目。如今，时刻念念不忘推致良知，把这些蒙蔽、障碍、窒塞全部都一起清除干净，那么心的本体就能恢复，心就又像天和渊了。"

先生于是就指着天，启示他说："比如眼前所看到的天，是晴朗昭明的天；在四周所看见的天，也是同样明朗透亮的天。只是因为被许多房子和墙壁给遮蔽了，我们就看不到天的全貌。如果把这些房子和墙壁全部都拆除掉，就还是同一个天。不可以说眼前看到的天是晴朗昭明的天，而外面所看到的天就不是明朗透亮的天。由此可知，部分的天良之知其实也就是整体的天良之知；整体的良知其实也就是部分的良知：天良之知的本体只有一个。"阳明认为心像天，或者心就是天。心天之意既如天之广博，又如水之渊深，而非浮于表面的浪花。心天之意无穷无尽，既像阳光普照，又如海底静水流深。

所以修行工夫不应被表面的浪花翻腾所迷惑，修行者要穿越表面的浪花，甚至穿透天上绚丽的云彩，才能让天的湛蓝自然透显，好比心天之意通天的本体，需要去掉私欲才能凸显。心天之意的部分与全体皆是纯粹的，只有被遮与不被遮的区别，换言之，仅有量的区别，而没有质的区别。

【223】顺道而行，平和安宁

先生曰："圣贤非无功业气节，但其循着这天理，则便是道，不可以事功气节名矣。"

【意】先生说："圣贤不是没有功勋事业和志气节操，但他们不过是遵循着天理去行事，这就是圣人之道，圣贤不是因为功勋事业和志气节操而闻名天下的。"圣人之道就是顺天道而行，不追求外在的荣华富贵、功名利禄，追求内心天理充满的平和安宁，实现心意通天的境界。

【224】饮食日用，不敢稍懈

"'发愤忘食'[1]，是圣人之志如此，真无有已时；'乐以忘忧'，是圣人之道如此，真无有戚时。恐不必云得不得[2]也。"

【意】先生说："'发愤忘食'是因为圣人的志向本来就是这样的，实在没有办法停息下来；'乐以忘忧'是因为圣人之道本来就是这样的，真的没有时间去忧伤。恐怕不能用'没有得到'与'已经得到'来解释。"

圣人为了让心天之意昌明于世，于饮食日用之间，不敢稍有懈怠。圣人心意通天，有大喜乐，虽然临事而惧，但以通天的心意为本体，遇事自然喜乐，就可以放下忧虑。

【225】精纯专一，就限续推

先生曰："我辈致知，只是各随分限所及。今日良知见在如此，只随今日所知，扩充到底；明日良知又有开悟，便从明日所知，扩充到底。如此方是精一功夫。与人论学，亦须随人分限所及。如树有这些萌芽，只把这些水去灌溉，萌芽再长，便又加水。自拱把以至合抱，灌溉之功皆是随其分限所及。若些小萌芽，有一桶水在，尽要倾上，便浸坏他了。"

【意】先生说："我们这些人推致天良之知，也只是根据各人的天分，去尽力而为。今天对于天良之知能够认识到这个程度，就依照今天所已经理解的认知，去尽可能地扩充良知；明天良知又会有新的领悟，那就按照明天所理解的认知，去尽可能地扩充到极致。这样才是精纯专一的工夫。和别人探讨学问，也必须依据对方的能力极限来进行。这就好比树木刚开始萌芽，就只能用少量的水去浇灌，等树芽稍长了一点之后，

---

[1] 语出《论语·述而》："叶公问孔子于子路，子路不对。子曰：'女奚不曰，其为人也，发愤忘食，乐以忘忧，不知老之将至云尔。'"

[2] 语本朱熹《论语集注·述而》："未得，则发愤以忘食；已得，则乐之而忘忧。"

才可以多浇一点水。树木从两手合握那么大，长到两臂合抱那么大，浇水灌溉的工夫都需要按照树木发育和吃水能力的大小情况来定。如果对刚有一点萌芽的小树，就把一整桶水全部倒上去，那么就会把树苗浇死、泡坏。"推致良知就是推扩心天之意，这与扩展魄力、提升志气等有所区别。推致天良之知的工夫当然需要精纯专一，但只能从已经达到的极限去继续推扩，不能单纯凭借意识改造境域的魄力，尤其是魄力不足的时候，不可期望过高，要求过大，否则可能适得其反，良知得不到推致，反而被障蔽，犹如拔苗助长，事倍功半。

【226】正面做功，不做虚工

问知行合一。

先生曰："此须识我立言宗旨。今人学问，只因知行分作两件，故有一念发动，虽是不善，然却未曾行，便不去禁止。我今说个'知行合一'，正要人晓得一念发动处，便即是行了。发动处有不善，就将这不善的念克倒了，须要彻根彻底，不使那一念不善潜伏在胸中。此是我立言宗旨。"

【意】有人向先生请教知行合一的问题。

先生说："这就必须理解我讲'知行合一'的宗旨。现在的人追求学问之道，就是因为把知与行分成了两件事情，所以有一个念头萌动，虽然是不善的，但只要还没有去实行，就不去禁止。我现在说个'知行合一'，就是要让人明白，念头一旦发动，就已经是'行'了。萌动了不善的念头，就要立刻把这个不善的念头克制住，而且必须要彻底从心中把这个不善的念头清除出去，不让这个不善的念头潜伏在心中。这就是我倡导'知行合一'的宗旨。"阳明知行合一之说是典型的心通物论，每个念头发动都与物、事相关联，故念动就是行为状态。正因如此，每个念头都应该恢复心天之意的理想境界，不可以认为不善的念头无关紧要，因为一个不善的念头起来，就已经遮蔽了心天之意。人对自己的念头要时刻反观自省，一旦不善，就要克制。要在每个念头发动之时，让心天之意自作主宰，只要心天之意能够显现主宰，不善的念头自然除去。前面阳明跟学生们强调，要抓住心天之意这个主宰，要做正面的工夫，而不要去做负面的、虚的工夫。

【227】应接事物，立即贯通

"圣人无所不知，只是知个天理；无所不能，只是能个天理。圣人本体明白，故事事知个天理所在，便去尽个天理。不是本体明后，却于天下事物都便知得，便做得来也。天下事物，如名物度数、草木鸟兽之类，不胜其烦。圣人虽是本体明了，亦何缘能尽知得？但不必知的，圣人自不消求知；其所当知的，圣人自能问人。如'子入太庙，每事问'[1]之类，先儒谓'虽知亦问，敬谨之至'[2]。此说不可通。圣人于礼乐名物，不必尽知，然他知得一个天理，便自有许多节文度数出来。不知能问，亦即是天理节文所在。"

【意】"圣人无所不知，只是知道天理；圣人无所不能，只是能遵循天理。圣人明白天良之知的本体，所以做什么事都能够知道其中有天理的所在，就要去穷尽其中的天理。不是说（圣人）明白本体之后，天下任何事物就都知道了，就都能做成功了。天下的事物如名物度数、草木鸟兽之类，数不胜数。圣人即使明白了良知本体，但又怎么可能什么都知道呢？只要是不需要知道的，圣人自然不用都知道；而其中应当知道的，圣人也自然能够询问别人。比如'孔子进入太庙，每件事情都问别人'之类，朱熹先生引用尹和靖的话，说孔子'虽然已经知道了，也还要去问，可见孔子非常虔敬谨慎'。这种理解说不通。圣人对于礼乐制度、事物名目，不需要全部都知道，但他已经知道了天理，就自然能够知道很多礼仪、准则、法度。对不知道的东西能够马上去问，这也是天理的品节和法度的表现。"圣人能够让心天之意自然发用流行。虽然圣人能

---

[1] 语出《论语·八佾》。
[2] 语出尹焞，朱子《论语集注·八佾》引之："礼者，敬而已矣。虽知亦问，谨之至也，其为敬莫大于此。"

够保持心意通天的状态，但并不等于圣人对事事物物都一清二楚。只要保持了心意通天的状态，那么该知道的就可以立即知道，就可以在应接事物时立即贯通其理。圣人的意念之发动时刻在心天之意之中，而不需要事先明了一切细节。

【228】善恶缘成，道体至善

问："先生尝谓'善恶只是一物'。善恶两端，如冰炭相反，如何谓只一物？"

先生曰："至善者，心之本体。本体上才过当些子，便是恶了。不是有一个善，却又有一个恶来相对也。故善恶只是一物。"

直因闻先生之说，则知程子所谓"善固性也，恶亦不可不谓之性"[1]；又曰"善恶皆天理。谓之恶者本非恶，但于本性上过与不及之间耳"[2]。其说皆无可疑。

【意】黄直问："先生曾经说'善恶只是一个事物'。善恶两个极端，就像冰水和炭火一样互相对立，您怎么能说它们其实是一个事物呢？"

先生说："极致的善是心的本体。本体上有一点过度或者不适当，就已经是恶了。而不是说有了一个善，就另外有一个恶来与它相对应。所以说，善恶只是一个事物。"

我因为听了先生的学说，于是就理解了程颢先生的观点，"善确实是人的本性，但恶也不能不被叫作人性"；程颢还说，"善恶都是天理。称之为恶，并不是因为本来就是恶，只是由于在本性上有过和不及的不同状态罢了"。我对他们的这些说法从此就不再疑惑了。阳明的说法跟程颢接近。良知通天的本体纯粹至善，如果人有些意念不在大中至正的状态，那么意念出偏，就是不善，就需要被人意会到了之后，主动加以调整。可见，善和恶是本体被意会后的不同维度或状态的价值判断，不是先有一个善的价值，再出来

---

[1] 程颢语，见《河南程氏遗书》卷一。

[2] "善恶皆天理"三句是程颢的话，语出《河南程氏遗书》卷二："天下善恶皆天理。谓之恶者本非恶，但或过或不及，便如此。"意思是，善与恶都是天理。所谓的恶，本身并不是恶，只是相对天理来说，表现得过分或者不足而已。

一个恶的价值来跟善相对，也不是先有一个善的东西，之后就出来一个恶的东西对善的东西加以否定。

虽然善和恶彼此对应，互相缘成，都是对本体的意会，但是，不是说事物的本体性存在本身有善，或者有恶。善和恶都通于心天之意，是意念对心天之意本体加以领悟之后的不同价值面向。如果意识到本体的大中至正，那本体就是善；如果意识不到本体的大中至正，那就不及，关于本体的意识就是恶（不善）。换言之，如果对纯善本体的意识出偏了，意识的状态就是不善，也就是恶了。

【229】真诚实化，时刻诚中

先生尝谓："人但得好善如好好色，恶恶如恶恶臭，便是圣人。"

直初时闻之，觉甚易，后体验得来，此个功夫着实是难。如一念虽知好善、恶恶，然不知不觉，又夹杂去了。才有夹杂，便不是好善如好好色、恶恶如恶恶臭的心。善能实实的好，是无念不善矣；恶能实实的恶，是无念及恶矣。如何不是圣人？故圣人之学，只是一诚而已。

【意】先生曾经说过："人只要能够像喜好美色一样喜好善心善行，像厌恶恶臭一样讨厌恶心恶行，那就是圣人了。"

黄直我刚听到这句话的时候，觉得很容易，后来经过亲身体验，才发现这个功夫确实很难。比如内心虽然知道好善恶恶，但不知不觉中，就会有一些闲杂念头掺杂进来。一旦掺杂进来其他念头，内心就不能像喜好美色那样喜好善心善行，像厌恶恶臭那样讨厌恶心恶行。如果能实实在在地喜好善心善行，那么就没有不善的念头了；如果能实实在在地讨厌恶心恶行，那么就没有什么恶的念头了。能够这样去做，又怎么能不是圣人呢？所以圣人的学问，就是使自己内心意念真诚而已。人的心意之发要自然而然在心天之意当中，这样才是圣人境界。如果心意发动不能让心天之意自作主宰，就会被其他杂念牵引迷失，找不到主心骨，就无法回归到心天之意上来。诚就是真诚地实化自己的心天之意，让当下的心意时刻诚于天境。

【230】修道澄意，圣贤可分

问《修道说》[1]，言"率性之谓道"属圣人分上事；"修道之谓教"属贤人分上事。

先生曰："众人亦率性也，但率性在圣人分上较多，故'率性之谓道'属圣人事。圣人亦修道也，但修道在贤人分上多，故'修道之谓教'属贤人事。"

又曰："《中庸》一书，大抵皆是说修道的事。故后面凡说君子，说颜渊，说子路，皆是能修道的；说小人，说贤知、愚不肖，说庶民，皆是不能修道的；其它言舜、文、周公、仲尼至诚至圣之类，则又圣人之自能修道者也。"

【意】有人请教先生，为什么在《修道说》当中，把"率性之谓道"归属为圣人分内的事；把"修道之谓教"归属为贤人分内的事。

先生说："普通人也遵循本性，但遵循本性在圣人身上表现得更为明显，所以说'率性之谓道'是圣人分内的事。圣人也修习道，但修习道在贤人身上表现得更为明显，所以说'修道之谓教'是贤人分内的事。"

先生又说："《中庸》一书，大都是讲修道的事。所以后面凡是讲到君子，说到颜渊，说到子路，都是能修道的人；讲到小人，讲贤者智者，讲愚顽不肖的人，讲平民，都是不能修道的人；其他的讲舜、周文王、周公、孔子等这些至诚至圣的人，则是讲那些能自觉修道的圣人。"为了让当下意念中的心天之意澄明起来，圣人与贤人的功夫与魄力是有区别的，所谓分内之事，是因为圣人与贤人的表现有所区分。圣人念念皆在心天之意当中，所以让心天之意自然流行，故率性就是圣人发心动意的本分。

此处后出的"贤知"当是在《中庸》第四章"知者过之……贤者过之"的意义上来说的。也就是说，对修道之中的贤人来说，因为不能保证念头时刻都在心天之意当中，所以才要修道，即修心天之意澄明之道，因为常常不及或者过分，这需要修行者做更多的工夫。

---

[1]　《修道说》是王阳明撰写的一篇短文，见《王阳明全集》卷七。

【231】静作主宰，动静不分

问："儒者到三更时分，扫荡胸中思虑，空空静静，与释氏之静只一般，两下皆不用，此时何所分别？"

先生曰："动静只是一个。那三更时分，空空静静的，只是存天理，即是如今应事接物的心。如今应事接物的心，亦是循此天理，便是那三更时分空空静静的心。故动静只是一个，分别不得。知得动静合一，释氏毫厘差处亦自莫掩矣。"

【意】问："儒家学者在三更半夜的时候，荡涤心中的思虑，使之虚空宁静，和佛教的寂静状态一样，儒佛两家的工夫都不再需要了，那么这个时候要怎么去区别两者呢？"

先生说："动静之中只有一个本体，只是一回事。半夜三更时空灵虚静的心，只是在存养天理，也就是如今应接外物的心。如今应接事物的心，也只是要遵循天理，也就是那半夜三更时空灵虚静的心。所以动静只是一个心体在主导，不能分开。知晓了动静合一的道理，佛教与儒家的细微差别自然也就掩盖不了了。"儒佛两家工夫看起来似乎都澄心静虑，都尽量不与外物相接，但儒者在意念发动处仍然保持与外界的感通，而佛家修行者却不再保持感通，这是儒佛入静工夫不同的地方。儒者让心意自然升起，必于念念之间持守心天之意不失。虽然境界犹如佛家之空寂，但还是心通天之意，是工夫上入本体性的有而无之，生机饱满，所以能够感而遂通，而不是虚空寂灭、毫无生机的状态。佛家在心念起处观空，念念寂灭，无常不住，虽也是动而无知，可谓动静而一，但更准确地说，是动空各一，念念在动之时，即是本体之空，而儒家更近动静合一，即念念之动中，有心天之意的静作主宰，动静一如，动静不分。

【232】心天不分，作即天事

门人在座，有动止甚矜持者。先生曰："人若矜持太过，终是有弊。"

曰："矜得太过，何如有弊？"

曰："人只有许多精神，若专在容貌上用功，则于中心照管不及者多矣。"

有太直率者，先生曰："如今讲此学，却外面全不检束，又分心与事为二矣。"

【意】在座的门人中，有人的举止过于矜持。先生说："人如果太过矜持，终归存在弊端。"

有人问："为什么说人过于矜持就会有弊端呢？"先生说："人只有那点精神意识能量，如果一味专心在容貌举止上花费功夫，那么就会经常没有时间看顾自己内心的状态了。"

门人中有过于直率的人，先生这样评论说："现在讲习推致良知的学问之道，如果在行为举止上完全不加约束限制，又是把心与事分看成两回事了。"人的意能有限，如果过分注重自己外在的行为，那么内心持守心天之意的分寸就很难体察和把握。其实，心天不分，心所作事即是天事，心事和天事不可看成两个东西，在心意上下功夫，与在现实当中建功立业有异曲同工之妙。

【233】心意空灵，修名正辞

门人作文送友行，问先生曰："作文字不免费思，作了后又一二日常记在怀。"

曰："文字思索亦无害，但作了常记在怀，则为文所累，心中有一物矣，此则未可也。"

又作诗送人。先生看诗毕，谓曰："凡作文字要随我分限所及，若说得太过了，亦非'修辞立诚'[1]矣。"

【意】有一个弟子写文章为朋友送行，于是他问先生说："写文章难免费心思，写过后一两天还总记挂在心上。"

先生说："写文章时思索考虑并没有害处，但是写完了文章还常常

---

[1] 语出《周易·乾卦·文言》："君子进德修业，忠信，所以进德也。修辞立其诚，所以居业也。"意思是，君子要不断实化意念以提升道德修养，努力树立自己的功业，意念保持忠诚信实，用以提升道德修养。说话讲求言辞适度合宜，内心意念之境真诚信实，有利于立定功业。

记在心里，就会被文章所牵累，如果心中已经有一个事物，这样就不对了。"

又有人写诗送人。先生看完之后，评论说："凡是写诗作文，都要根据自己的天分才智水平的极限，如果说得太过分了，那就不再是'修辞立诚'了。"在心意发动之前，心中当空空如也，如果心中有挂碍，心意发动就无法纯粹。换言之，如果心中有负累，意识发动时就无法让心天之意澄明起来，就不利于做推致天良之知的工夫。修辞和文章本来的作用在于传达心天之意，如果夹杂私意在其中，那么虽然修正名辞，但因为意念发动不能实现真诚状态，那么意识实化出来就难以保持空灵的意识心体和心意通天的诚体状态。

【234】朱子重物，阳明重格

"文公格物之说，只是少头脑。如所谓'察之于念虑之微'[1]，此一句不该与'求之文字之中''验之于事为之著''索之讲论之际'混作一例看，是无轻重也。"

【意】（先生说：）"朱熹先生的格物学说，只是不得要领。就像他所说的'察之于念虑之微'，这一句不应该和'求之文字之中''验之于事为之著''索之讲论之际'混为一个层面的例子来谈，这是他没有轻重之分啊！"阳明认为，在心意念虑之微妙处去体察澄明心天之意是最为关键的，但朱子没有专门强调，反而将之与其他功夫混为一谈，就是不知轻重。可以说，"格物"之说，朱子重"物"，而阳明重"格"，朱子重视物之理，而阳明重视格之方。

【235】意体澄澈，反思自觉

问"有所忿懥"[2]一条。

---

[1] 语出朱熹《大学或问》："若其用力之方，则或考之事为之著，或察之念虑之微，或求之文字之中，或索之讲论之际。"

[2] 语出《大学》："所谓修身在正其心者：身有所忿懥，则不得其正；有所恐惧，则不得其正；有所好乐，则不得其正；有所忧患，则不得其正。"

先生曰："忿懥几件，人心怎能无得？只是不可有所耳！凡人忿懥，着了一分意思，便怒得过当，非廓然大公之体了。故有所忿懥，便不得其正也。如今于凡忿懥等件，只是个物来顺应，不要着一分意思，便心体廓然大公，得其本体之正了。且如出外见人相斗，其不是的，我心亦怒。然虽怒，却此心廓然，不曾动些子气。如今怒人，亦得如此，方才是正。"

【意】有人就《大学》中"有所忿懥"这一说法向先生请教。

先生说："就像愤怒、恐惧、好乐、忧患等情绪，人的心中怎么可能彻底没有呢？只是不应当有罢了！一个人在愤怒的时候，哪怕只是多带了一分私意，愤怒就会过当，那样就失去了心胸宽广无私、廓然大公的本体状态了。因此说有所愤怒，心就不能达到中正。如今对于愤怒等情绪，只要做到物来顺应，不过分掺杂一丝一毫的私意，心体自然就能廓然大公、宽广无私，从而达到本体的中正平和状态。这就好比出门的时候看见有人在相互争吵打斗，对于有错误的一方，我心中也会有愤怒。然而，即使愤怒，但我的心体却仍处于坦荡廓然、大公无私的状态，不曾生过一点过度的气。现在对别人要发怒的时候，也应该这样，这才是中正平和。"每个人都会有情绪，没有人可以彻底没有情绪，只是不同人处理情绪的方式让情绪的表达显得有所区别。要尽量不让自己的情绪发动遮蔽心天之意的自然澄明，不遮挡心天之意的本体，也就是心意通天的本体性澄明状态，即心意本体（意体）本身就是自然流动、澄澈光明的状态。即使愤怒之时也不可为情绪所掩，让其遮蔽了心天之意。总之，心意反思性的自觉应该一直是意识发动的底色和守护神。

【236】儒似有相，真如无相

先生尝言："佛氏不着相[1]，其实着了相。吾儒着相，其实不着相。"

---

[1] 着相，佛教用语，指执着外相，执着相对本"性"来说的事物外在形式。佛教把一切事物的外观、形象、状态都称为外相，其实都是意识中事物的形象或状态，而且是"假"的，不是事物"空"的本体。如《坛经·机缘品》："无端起知见，着相求菩提。"

请问。

曰："佛怕父子累，却逃了父子；怕君臣累，却逃了君臣；怕夫妇累，却逃了夫妇：都是为个君臣、父子、夫妇着了相，便须逃避。如吾儒有个父子，还他以仁；有个君臣，还他以义；有个夫妇，还他以别：何曾着父子、君臣、夫妇的相？"

【意】先生曾经说："佛教要求人们不执着于外相，但这其实就是执着于外相。我们儒家看起来执着于外相，其实却并不执着于外相。"

学生向先生请教。

先生解释说："佛教害怕被父子关系牵累，就逃避父与子之间的亲情关系；害怕被君臣关系所牵累，就逃离君与臣的忠义关系；害怕被夫妻关系所牵累，就逃离夫妻情分关系：这其实都是因为过度执着于君臣、父子、夫妻的外相，才一定要去逃避。像我们儒家，有父子关系的，就把仁爱还原到这层关系中；有君臣关系的，就把忠义还原到这层关系中；有夫妻关系的，就把礼仪差别还原到这层关系中：什么时候有过度执着于父子、君臣、夫妻的外相呢？"阳明认为佛教力求空化实相，反而致使空的外相变得更加实在，而难以去除。相比之下，儒家的心天之意通达万物之化，看似有相，其实如若无相。儒家的五伦之相，好像真如无相，因为儒家即人伦外相之真而如如空之，反而不需要离却人伦。儒家心天之意自然流行，如若无相，行云流水，自然而然，不着私意，见有如无，是真正如是、不执外相的表现。

黄修易录

【237】善恶一体，善起恶去

黄勉叔[1]问："心无恶念时，此心空空荡荡的，不知亦须存个善念否？"

先生曰："既去恶念，便是善念，便复心之本体矣。譬如日光，被云来遮蔽，云去，光已复矣。若恶念既去，又要存个善念，即是日光之中添燃一灯。"

【意】黄修易问："心中没有恶念时，这个心就空空荡荡的，此时是否还需要专门存养一个善念呢？"

先生说："既然清除了恶念，那就是善念了，也就恢复了心的本体。譬如阳光被乌云遮挡障蔽，当乌云散去之后，阳光就会复现。如果恶念已经除去了，你又要专门去存养一个善念，那就好像在阳光之下又再去点燃一盏灯。"善恶是一体的，当心天之意升起，恶念、私意自然化去。心天之意犹如阳光，无论风云雷电如何变化，都自然而然存在。当恶念已除去，那么修养工夫的目的就已经达到了，此时如果再用私意去起一个善念，看起来似乎合理，但其实是重复地在做无用功。

---

[1]　黄修易，字勉叔，生平不详，王阳明学生。

【238】浸润心身，遍及世间

问："近来用功，亦颇觉妄念不生，但腔子里黑窣窣[1]的，不知如何打得光明？"

先生曰："初下手用功，如何腔子里便得光明？譬如奔流浊水，才贮在缸里，初然虽定，也只是昏浊的。须俟澄定既久，自然渣滓尽去，复得清来。汝只要在良知上用功。良知存久，黑窣窣自能光明矣。今便要责效，却是助长，不成工夫。"

【意】黄修易问："我近来用功的时候，也确实能够觉知虚妄的念头不再产生，但内心里还是漆黑一团的，不知道要怎样才能让心体光明？"

先生说："刚开始着手做工夫的时候，怎么可能让心里马上就光明呢？这就好比奔腾的污浊之水，刚刚倒进水缸当中的时候，一开始即使已经静定下来了，也仍然还是浑浊的。必须等待澄清的时间已经很久了，水中的渣滓自然就全部沉淀下来，水才恢复到清澈的状态。你只需要在推致天良之知上做工夫。良知涵养时间长了，心中的黑暗自然能变成光明。如今你想要马上就见到清澈的效果，那就像拔苗助长一样，不再是真正的工夫了。"让心天之意澄明的工夫须有一个时间性过程，不可能一蹴而就，也不可操之过急。要对能够让心天之意不断生长的工夫有充分的耐心，相信光明的心天之意可以培养、升起，终能够把处于玄冥、黑暗、无助的心灵状态改变，让心中光明的善意不断扩展至于通天，越来越澄澈、光明，生生不息。在工夫修够之后，光明的心天之意就可以延伸到整个心体，即意识之境，从而浸润心身所在的情境，进而遍及世间。

【239】格意培根，学问之本

先生曰："吾教人致良知，在格物上用功，却是有根本的学问。日长进一日，愈久愈觉精明。世儒教人事事物物上去寻讨，却是无根本的

---

[1]　黑窣（sū）窣，越地俗语，意思是完全漆黑一片，昏暗不明，懵懵懂懂。

学问。方其壮时，虽暂能外面修饰，不见有过，老则精神衰迈，终须放倒。譬如无根之树，移栽水边，虽暂时鲜好，终久要憔悴。"

【意】先生说："我教导人们推致天良之知，是要人们在这格物上用功，这才是有根有本的学问之道。一天比一天有所进步，时间越长就越觉得精粹光明。世上的儒者（朱熹先生）教导人们到万事万物上去寻求探讨，那是既没有根也没有本的学问之道。当一个学习者年少强壮的时候，虽然暂时能在外面修饰追求，似乎看不出有什么过失，可是一到老年，精力衰竭，向外寻求探讨终究会因支撑不住而倒下去。这样的学问之道就好像把一棵没有根的树移栽到水边，虽然短时间内好像生机勃勃，但最终肯定会憔悴枯萎而死的。"阳明反对朱子那种把格物看作向外研究具体事物的解释，认为格物就是推致天良之知，否则就是不知道心天之意的根和本。他认为向外追求的努力是自己砍掉根的学问之道，不可能长久，只有心天之意才是学问之道的核心和根本所在。

【240】安居圣道，浑然天成

问"志于道"[1]一章。

先生曰："只'志道'一句，便含下面数句功夫，自住不得。譬如做此屋，'志于道'是念念要去择地鸠材，经营成个区宅。'据德'却是经画已成，有可据矣。'依仁'却是常常住在区宅内，更不离去。'游艺'却是加些画采，美此区宅。艺者，义也，理之所宜者也，如诵诗、读书、弹琴、习射之类，皆所以调习此心，使之熟于道也。苟不'志道'而'游艺'，却如无状小子；不先去置造区宅，只管要去买画挂做门面，不知将挂在何处？"

【意】有人向先生请教《论语》中"志于道"这一章。

---

[1] 语出《论语·述而》："子曰：'志于道，据于德，依于仁，游于义。'"意为孔子说："心志专注于仁爱之道，时刻据守于仁心之德，念念依从仁爱之意，自在悠游于六艺之间。"意思是把志向设定在仁爱他人的大"道"上。

先生解释说："只需要'志于道'这一句话，便已经包含着后面几句话的工夫，自然不能只停留在'志于道'这句上。这就好像建造这房屋，'志于道'是念念都想着要去挑选地皮、收集材料，打造经营建造这个住宅。'据于德'却是房子已经经营策划好了，可以居住了。'依于仁'则是经常住在房屋里面，不可轻易离去。'游于艺'就是在这房屋里添加一些图画彩饰，使之美化。'艺'就是'义'，是天理的适宜之处，比如诵诗、读书、弹琴、射箭等，都是用来调节修习心性，使它精熟于圣人之道的方法。如果不先去'志于道'就去'游于艺'，那就像不成器的毛头小子；不先去建造好房屋，就只顾着去买画来挂着装饰门面，真的不知道他要把这些画挂在什么地方？"阳明将有志于心天之意的圣人之道比喻为一所圣道安住的房子，提出要在念念之中持守心天之意不失，这就是维持这所房子需要的愿力和魄力。德是心念修养有成，心之大体已通于天，才可能有德，也方有德可据。依从仁爱之意是让仁爱他人之意在日常修行之中自然发动，并持守不失。悠游于六艺之间是让心天之意自然发用于日常人伦之中，懂规矩、成方圆，从而浑然天成。

【241】主宰一生，好汉正途

问："读书所以调摄此心，不可缺的。但读之之时，一种科目意思牵引而来，不知何以免此？"

先生曰："只要良知真切，虽做举业，不为心累；总有累，亦易觉克之而已。且如读书时，良知知得强记之心不是，即克去之；有欲速之心不是，即克去之；有夸多斗靡之心不是，即克去之：如此，亦只是终日与圣贤印对，是个纯乎天理之心。任他读书，亦只是调摄此心而已，何累之有？"

曰："虽蒙开示，奈资质庸下，实难免累。窃闻穷通有命，上智之人恐不屑此，不肖为声利牵缠，甘心为此，徒自苦耳。欲屏弃之，又制于亲，不能舍去，奈何？"

496　传习录明意

先生曰："此事归辞于亲者多矣，其实只是无志。志立得时，良知千事万为只是一事。读书作文安能累人？人自累于得失耳！"因叹曰："此学不明，不知此处担阁了几多英雄汉！"

【意】有人问："读书就是为了调适我自己的心性，它是不可缺少的。但是在读书的时候，就会牵引出科举功名的思虑出来，这种情况不知道要如何才能避免出现呢？"

先生说："只要你内心的天良之知真切实在，即便是为了考取科举，也不会成为心的拖累；纵然是感觉到了负担，也容易察觉并克制降服它。例如在读书的时候，天良之知清楚知道要想勉强自己记诵的心意是不对的，就去克制降服它；良知清楚知道急于求成的心意不对，就去克制降服它；良知清楚知道夸耀自己学识渊博的心意不对，就去克制降服它；像这样去做工夫，就是成天与圣贤的心意不断印证比较，就会修成一个纯然天理的心意状态。任凭他怎么读书，也只是在调节自己的心性而已，怎么会成为拖累负担呢？"

有人问："虽然承蒙先生您的开示指点，无奈我天资平庸低下，实在难以免去这样的拖累和负担。我私下里听人说，人的穷困和通达都是由命运安排的，天资聪颖的人恐怕对科举等事情会不屑一顾，我这样不贤明的人，会被声名利害所牵绊纠缠，心甘情愿地为去考科举而读书，我也只能这样自寻烦恼了。如果我想要摒弃此念、抛弃科举，又被父母双亲牵制管束，无法割舍去除，我还有什么办法吗？"

先生说："把这类纠结的事情归罪给父母的人实在太多了，归根结蒂其实还是自己没有志向。如果他自己的志向确立坚定了，在天良之知的主宰下，千事万物其实也不过是一件事而已。读书作文，怎么可能会成为自己的拖累负担呢？不过是每个人都被得失利害的心思意念拖累罢了！"因此，先生感叹道："如果这天良之知的学问之道不明于天下，不知在这个地方就要耽误多少英雄好汉啊！"良知即心意通天之知，心天之意应当成为每个念头的底色，人意识到心天之意自然知道反省克制，即使面对客观存在的科举功名等利益计较之意念，只要反思到天良之知的实存，就能够让当下意识保持通天之境，通于古今圣贤之心。可见，只要下功夫让天良之知做主宰，心天之意就能持续不断延伸成天理流行。阳明推致天良之知的志向足以成圣成贤，与一般人求功名利禄的志向明显不同。可以说，让心意通天的意识境界时刻主宰一生中遭遇的事物，这是成为英雄好汉的正途。

【242】意本顺生，接天而明

问："'生之谓性'，告子亦说得是，孟子如何非之？"

先生曰："固是性，但告子认得一边去了，不晓得头脑。若晓得头脑，如此说亦是。孟子亦曰'形色，天性也'[1]，这也是指气说。"

又曰："凡人信口说，任意行，皆说'此是依我心性出来'，此是所谓'生之谓性'。然却要有过差。若晓得头脑，依吾良知上说出来，行将去，便自是停当。然良知亦只是这口说，这身行，岂能外得气，别有个去行去说？故曰：'论性不论气，不备；论气不论性，不明。'[2]气亦性也，性亦气也，但须认得头脑是当。"

【意】有人问："告子说'生之谓性'，这句话说得也算正确，孟子为什么要否定他呢？"

先生回答说："与生俱来的固然是性，但是告子只看到了一个方面，他不晓得要领主旨在哪里。如果知道了要领和主旨，这样的说法其实也是对的。孟子也说过'人的身体相貌是天生的'，这是针对构成身体的气来说的。"

先生又说："一般人容易信口开河，恣意妄行，都会说'这是依照我内心本性来做的'，这就是所谓'生之谓性'的观点。然而这样理解要出很多差错。如果知道了人性问题的要领宗旨，就会遵循我所讲的天良之知去说话做事，就自然会安稳妥当。但天良之知也只是依靠我们的嘴

---

[1] 语出《孟子·尽心上》："孟子曰：'形色，天性也；惟圣人然后可以践形。'"意为人的身体相貌是天生的，只有圣人才能真正自觉地意识到这一点，并且去做这副形体相貌应当去做的事。

[2] 语出《河南程氏遗书》卷六，程颐语。意为只讲性不讲气是不完整的，只讲气不讲性是不明晰的。

来说，身体来实践，怎么可能抛得开气，用另外一个概念去说去做呢？所以程颐先生才说：'只讲性不讲气是不完整的；只讲气不讲性是不明晰的。'因为气其实就是人性，人性也就是由气构成的，但是（理解人性）还是必须把握住要领主旨才可以。"按通常理解，与生俱来的就是天性、本性，似乎说的也不错。区别在于，告子过分强调生，而孟子强调人性不仅有自然之性，还有人之为人的特殊性，正是这些特殊性构成了人性问题的要领和主旨。孟子虽然承认人的身体相貌是天生的，但这种身体相貌并不是孟子强调的人性的意义所在，因为人的天然状态和特征，跟动植物的天然之性及其特征，难以有本质性的区别。

一般人认为，顺着自然生意而成的就是内在本性，也就可以说生而成性，把本性视为顺生之性，但这样说，就过分强调了自然之生的面向。一个人应该依心天之意的流行发动，而不是生来的原初意识状态去做事，这是从孟子到阳明都认同的关于人性的本意，他们都认为，人性不是生来之本性，而是人性的通天部分。人性本身虽然天生，因为天生自然有所限定和相应的特征，但更重要的是，人性之为人之本性，是因为人生来就有明确的通天意味。阳明的说法主要是要强调，虽然人性不可能离开气，而且气确实是构成人性的材质，讨论人性的时候难免要提到气，而且气的活动可以在言说和身体力行上体现出来。但是，我们需要明白，人性就是人之为人，而不是人之为物的特性，而人的根本特性是人的意识能够时刻接通天道而明的能力，也就是"明意"的能力。正是在"明意"这个意义上，人性是意明之性，是意识到人的存在之性可以通于天的本来性性。因此，在"明意"的境界上去思考心、意、气、天、性等主要核心概念，它们其实都是异名而同性、同质的概念，因为这些概念内在通天的意涵都是相通的。

按照孟子的观点，一方面，正是人之与禽兽不同的"几希"，也就是非常微小的不同，才是构成人性之为人性的根本所在；另一方面，人性是天生而成、成而通天的。换言之，人性本身就是自然的一部分，需要充分意识到天然存在的人性可以不受形质的拘执和限定而具有通天性质，人的意识可以"知性"进而"知天"，这就是"明意"之境，即对性的意识本身就当是通天的意识。这两方面并不矛盾，甚至可以说，真正的"几希"其实就是人性通天的部分，或者说，对人性的意识是对后天落于形质之中的天然本性加以反思，从而通达先天本性（天性），这就是在"明意"的意义上"明""心天之意"。

【243】放下毁誉，切己用功

又曰："诸君功夫，最不可助长。上智绝少，学者无超入圣人之理。一起一伏，一进一退，自是功夫节次。不可以我前日用得功夫了，今却不济，便要矫强，做出一个没破绽的模样，这便是助长，连前些子功夫都坏了。此非小过。譬如行路的人，遭一蹶跌，起来便走，不要欺人做那不曾跌倒的样子出来。诸君只要常常怀个'遁世无闷，不见是而无闷'之心，依此良知，忍耐做去，不管人非笑，不管人毁谤，不管人荣辱，任他功夫有进有退，我只是这致良知的主宰不息，久久自然有得力处，一切外事亦自能不动。"

又曰："人若着实用功，随人毁谤，随人欺慢，处处得益，处处是进德之资；若不用功，只是魔也，终被累倒。"

【意】先生又说："诸位下手做工夫的时候，千万不能拔苗助长。上等智慧、绝顶聪明的人非常之少，一般学习者都没有可能直接进入圣人境界的道理。学问之道肯定有起有伏，有进有退，这本来就是做工夫过程当中非常自然的规律。不能因为我前几天做了工夫，今天已经不再管用了，就还要勉强装出一个没有破绽的样子，这就是拔苗助长，如果这样做的话，就会连先前做过的工夫都给破坏了。这可不能说是小小的过失。就像一个走路的人，如果摔了一跤，爬起来就走，不可以装作好像自己根本没有摔过跤的样子去欺骗他人。你们只要常常遵循天良之知，意识到自己的意念'从社会公共意念之境中隐退出来，但不必为此苦闷，而且，即使公共之境不承认自己，也不必发愁郁闷'，用这种隐忍的心思忍耐着做工夫，不在乎别人的非难和讥笑，不在乎别人的诽谤、赞赏、侮辱，任凭他的工夫有进有退，我只要坚持推致天良之知的工夫，从不停息，久而久之，自然会感觉到有力量，纵然一切外在事物纷纷扰扰，可是我的心意也会不为所动。"

先生又说："人如果笃行实在去用功，随便别人如何诋毁、诽谤、欺骗、怠慢，依然可以随处受益，处处都是增进品德的资本；如果不下工夫，别人的诽谤和欺辱就会像魔鬼一样妨害身心，最终会把人拖累倒下去。"一般人悟性有限，不可能直接领悟心天之意，并念念持守，因为这是非常高妙的圣人境界，所以常人只能从起伏跌宕的具体工夫入手去做。虽然工夫有起伏，但工夫必须要有持续性，如果一念不能持守心天之意，就好像跌了一跤，可是不可以忽视，佯装出一副若无其事的样子，而要提撕猛醒，小心不可再跌跤才行。

可见，人做工夫的魄力需要不断地涵养，要能够放下外缘的毁誉，在切己的心意上专心用功。实化意念（实意）本就包括涵摄、培养魄力之意，故诚意不只是强调意念真诚的状态，而要实化意念并付诸行动。阳明传圣人之学，强调实化心天之意的魄力极其关键，所以才有知行合一之教。换言之，既然自己决心时刻涵养、实化心意通天的境界，那就不应在乎周围人的误解、诽谤甚至打击，要傲然挺立地坚持下去。

【244】阴阳和生，根发灵长

先生一日出游禹穴[1]，顾田间禾曰："能几何时，又如此长了！"

范兆期[2]在旁曰："此只是有根。学问能自植根，亦不患无长。"

先生曰："人孰无根？良知即是天植灵根，自生生不息；但着了私累，把此根戕贼蔽塞，不得发生耳。"

【意】有一天，先生到大禹陵去游览参观，他环视田间的禾苗，说："这才多长时间啊，禾苗都长了这么高了。"

范兆期在旁边说："这只是因为这些禾苗有根。做学问如果能自觉地去种植好根，那就不用担心学问不长进了。"

先生说："哪个人没有根呢？天良之知就是每个人天生的灵根，本来就是生生不息的；只是因为受到私欲的牵累，把这灵根给破坏、蒙蔽、

---

[1] 禹穴在今天浙江绍兴的会稽山上，传说大禹出巡死在浙江，葬在会稽山。

[2] 范引年，字兆期，号半野，王阳明学生。

堵塞了，使得它不能正常地生根发芽罢了。"每个人都有灵性、灵根，因为每个人的心灵本来都自然通天。每个人来到世间，都是本阴阳和合而生，也因此而有灵根。不过，单纯有根还不够，更重要还是要不断下工夫，要念念让心天之意通天而光明遍照、自然澄明，这才是落实知行合一的工夫。

【245】反省责己，教化他人

一友常易动气责人，先生警之曰："学须反己。若徒责人，只见得人不是，不见自己非。若能反己，方见自己有许多未尽处，奚暇责人？舜能化得象的傲，其机括只是不见象的不是。若舜只要正他的奸恶，就见得象的不是矣。象是傲人，必不肯相下，如何感化得他？"

是友感悔。

曰："你今后只不要去论人之是非，凡当责辩人时，就把做一件大己私克去方可。"

【意】有一位朋友经常容易生气、责备别人，先生告诫他说："学习必须时刻反省自己。如果只知道去责备别人，那就只能看到别人的错误，而看不到自己的过失。如果能时刻反省自己，才能发现自己有很多做得不够的地方，哪里还有时间去责备别人呢？舜之所以能感化象的傲慢，最关键的就是舜不去挑剔象的缺点。如果舜只是要去纠正象的奸诈险恶，他就会发现象有很多缺点了。象是狂傲的人，一定不肯甘拜下风，如果这样的话，舜怎么可能感化象呢？"

那位朋友受到触动，决心悔改。

先生继续说："从今往后，你再不要只去议论他人是非，每当想要指责他人的时候，就把议论他人当作自己的一大私欲、毛病去克服并除去，这样才可以。"随意指责他人是自己心天之意被遮蔽的表现，可当事人往往缺乏自知之明，不能反省。所以，做工夫要求在念上发动的时候就反省、克制，让心天之意流行出来，通达他人，感通并调动他人本有的心天之意，从而感动教化他人。

【246】祖天之意，持中守善

先生曰："凡朋友问难，纵有浅近粗疏，或露才扬己，皆是病发。当因其病而药之可也，不可便怀鄙薄之心，非君子'与人为善'[1]之心矣。"

【意】先生说："每当朋友们在一起问学讨论的时候，纵然有人显得浅显粗疏，或者有人想显露自己的才智、恃才矜夸、自我炫耀等，这些都是毛病在发作。只有对症下药才可以，但不能因此就怀着鄙视轻薄他人的心意，否则，那就不再是君子尽可能与人为善的心意了。"如果一个人恃才傲物、以为自己的才智足以傲视他人，那就会遮蔽自己的心天之意。君子的心意通于天地自然之善，意念发动就当像天地自然一样，与万物为善。

"自诚明"是祖天之意经过诚意的工夫而澄明起来的，即诚中之意可以通达心天之意。诚中之意就是要让自己的意念合乎中道，不要表现过度，即使是教化明显有错误和有毛病的人，意念也要时刻保持中道，不偏离天地自然之善，时刻与人为善，乐于助人，如此才能让心天之意大放光明。

【247】卜天之机，心意镜天

问："《易》，朱子主卜筮[2]，《程传》主理[3]，何如？"

先生曰："卜筮是理，理亦是卜筮。天下之理孰有大于卜筮者乎？只为后世将卜筮专主在占卦上看了，所以看得卜筮似小艺，不知今之师友问答，博学、审问、慎思、明辨、笃行之类，皆是卜筮。卜筮者，不过求决狐疑，神明吾心而已。《易》是问诸天，人有疑，自信不及，故以《易》问天：谓人心尚有所涉，惟天不容伪耳。"

【意】问："对于《易经》，朱熹先生认为本来就是讲卜筮的书，而程颐先生的《伊川易传》则认为，《周易》主要是为了阐明天理的书，您

---

[1] 语出《孟子·公孙丑上》："取诸人以为善，是与人为善者也。故君子莫大乎与人为善。"

[2] 朱熹著《周易本义》《易学启蒙》，认为《周易》本来就是卜筮之书。

[3] 程颐著《易传》四卷，认为《周易》是为了阐明天理。

觉得怎么样呢？"

先生回答说："卜筮是讲天理的，而天理其实也在卜筮之中。天下的道理，难道还有比卜筮更大的吗？只因为后代专门把卜筮从占卦的角度去看了，所以把卜筮看成是微不足道的雕虫小技，却不知道现在师生、朋友之间的问答，博学、审问、慎思、明辨、笃行等等活动，其实都属于卜筮的范畴。卜筮其实不过是为了解决人们的疑难问题，使人们的心灵变得清晰明白罢了。《易经》是向天请教，人们有疑问，但缺乏自信，自己觉得解决不了，所以才借助《易经》向天请教：这里面的意思是，人心总是有所偏私，只有天是容不得半点虚假伪装的。"阳明所理解的卜筮是广义的，而不是狭义的，他认为所有的学习过程都有占卜意味，学习其实是用心卜问天道，让天向人显现大道本来的内容，从而帮助人们心意通天，尽可能去顺天而行。

阳明理解的卜筮是借占卜之机让天理彰显，当人们有疑惑、气质不通、心意不畅、心意不能通于天道的时候，为了让心明白天理，才去借助卜筮来决断疑惑。人的心意本来通天，而且气血本来就通乎天地，与日月、禽兽、草木、鬼神本然是一体的，可以随时感应，人的气血和心意都可以灵妙应世，没有丝毫隔断。可是，因为人有气血构成的形体，所以心意往往过度关照基于形体的私欲，从而过度用意于形体，导致窒息障碍心意本然通天的境界，使得心意不再能够灵妙应对。

人之生机在于通达天地生生的灵气与灵魂。人乃天地之心，可代天地示现其意，显天地自然之意，在心意发动处显现天然之意，即心天之意。心意通达万化，而实化心意的过程就是天地示意的过程。人实其本然之天意，就是实意，也是"明意"之意。尽心就是尽人心本然通天之天地之心，使得通天的天地之性自然显化出来。

人的本然之性通于天地运化。人能够实意、尽心就是能够顺天地自然之节奏而化，而且不让丝毫私心私意参与天地运化，这就是要做到随时随顺、随缘适应天地变化，此即侍奉天地。可见，"修身以俟命"跟生命长短无关，仅与心灵通达天地的境界有关。

意能为心意发动所聚集的能量。如果心意通天，则善意凝聚，精纯专一，就能无往不胜。人心通于自然而有生意，不是心意本体不明；天机自化，非心意不彰；无心顺物，则物无不顺；天地与心体，本来一体两面，阴阳合体，非有二物。

心体通天，湖海镜天，水火既济，绵延接天。心意镜天的境界中，镜非真镜，胜似圣境，如山湖一体，鸟鸣山涧，鱼翔虚空，心镜天机，内外一意。灵意震天，无声惊世，悠游无碍，心镜贯物，上下天光，灵意无边，天明地光，湖蓝山远，意动气迷，云来鱼往，意通和亨。物备此意，意昭事显，物尽意实。

黄省曾录

【248】诚意用中，从容中道

黄勉之问："'无适也，无莫也，义之与比。'[1]事事要如此否？"

先生曰："固是事事要如此，须是识得个头脑乃可。义即是良知，晓得良知是个头脑，方无执着。且如受人馈送，也有今日当受的，他日不当受的；也有今日不当受的，他日当受的。你若执着了今日当受的，便一切受去，执着了今日不当受的，便一切不受去，便是'适''莫'，便不是良知的本体，如何唤得做义？"

【意】我黄勉之问："《论语》中说'无适也，无莫也，义之与比'，难道所有的事情都要这样才可以吗？"

先生回答说："当然是所有的事情都应该要这样，还必须得把握住要领和主旨才可以这样。适宜（义）就是天良之知，懂得天良之知是要领和主旨，这样才能不去执着。就像接受别人的馈赠，有的今天可以接受，但其他日子却不该接受；也有的现在不应当接受，但在其他日子却是可以接受的。你如果执着于今天可以接受，就把一切日子都当作可以接受了，如果执着于今天是不应该接受的，那就执着于一切日子都不应该去接受了，这就是一定要怎么做（'适'），或者就是一定不要怎么做

---

[1] 语出《论语·里仁》："子曰：'君子之于天下也，无适也，无莫也，义之与比。'"意思是，孔子说："君子对于天下所有的人或事，不是一定要怎么做，也不是一定不要怎么做，而是怎样正当合乎道义就怎样去做。"

（'莫'），其实两种情况都不是天良之知的本体状态，那又怎么能叫作合适（'义'）呢？"做工夫就要把心天之意这个要领贯彻到每个意念上，让心意随天而行，而不是用自己的私意一定做什么，或者一定不做什么，所以合适的状态是顺从天良之知，从容中道，让心意诚中于庸（用），即人伦日用之间。

【249】万世人心，不偏正道

问："'思无邪'[1]一言，如何便盖得三百篇之义？"

先生曰："岂特三百篇？六经只此一言，便可该贯，以至穷古今天下圣贤的话，'思无邪'一言，也可该贯。此外更有何说？此是一了百当的功夫。"

【意】黄勉之问："'思无邪'一句话，怎么能概括得了《诗经》三百篇的含义呢？"

先生回答说："岂止只是《诗经》三百篇啊？就是六经也只要用这一句话就可以贯穿概括，甚至古今天下圣贤所有的话，都可以用'思无邪'这一句话来概括。除此之外，还能用别的什么话来概括呢？这可是一了百了的工夫。"阳明品味出孔子"一言以蔽之"那种丰富深刻的意境，即经典的要义在于正天下万世的人心，让后人的心意通过经典学习通达心天之意的境界，不再偏离正道。

【250】意念顺道，心底无私

问道心人心。

先生曰："'率性之谓道'，便是道心。但着些人的意思在，便是人心。道心本是无声无臭，故曰'微'。依着人心行去，便有许多不安稳处，故曰'危'。"

---

[1] 语出《论语·为政》："子曰：'诗三百，一言以蔽之，曰"思无邪"。'"意思是，孔子说："《诗经》三百多篇，用一句话来概括，就是'起心动念纯正无邪'。"

【意】有人向先生请教"道心"与"人心"的问题。

先生回答说:"'率性之谓道',就是道心。但只要掺杂一些人的私意在里面,就是人心了。道心本来是无声无味的,所以说'道心惟微'。依照人心去做,就容易出现许多不安稳的地方,所以说'人心惟危'。"道心是心天之意自然发动,心思意念都顺道的心意状态,类似心底无私的大我,带着时刻心意通天的宇宙意识般的觉知。人心则是人意识发动之时,对心天之意不明,而让私心和欲望夹杂其间,相当于小我在不知不觉中,刻意追求私人欲望和利益的心意发动状态。虽然道心通天,微渺难寻,难以被意会,但却是心意发动的理想境界。相比之下,毕竟人心发动的时候,总是难以摆脱小我欲望和利益的考量,所以有随时偏离道心的危险。

【251】仁人有等,因材施教

问:"'中人以下,不可以语上'[1],愚的人与之语上,尚且不进,况不与之语,可乎?"

先生曰:"不是圣人终不与语,圣人的心,忧不得人人都做圣人。只是人的资质不同,施教不可躐等。中人以下的人,便与他说性、说命,他也不省得,也须慢慢琢磨他起来。"

【意】有人问:"孔子说,'对中等以下资质的人,就没有必要同他们讲(仁人之意的)高深哲理',跟愚顽的人讲高深的学问,确实不能给他们带去任何进步,何况不跟他们去讲呢,这样做可以吗?"

先生说:"不是圣人始终不跟他们说话,圣人的心思是恨不得人人都能够成为圣人。但是人的资质不同,实施教化的时候不能不分等级。中等资质以下的人,就是跟他说人性、谈天命,他也没有悟性去反省和理解,所以必须慢慢磨炼、开导、教化他们。"阳明同意孔子认为人的资质、

---

[1] 语出《论语·雍也》:"子曰:'中人以上,可以语上也;中人以下,不可以语上也。'"意思是,孔子说:"对具有中等以上资质的人,可以同他们讲(仁人之意的)高深哲理;对中等以下资质的人,就没有必要同他们讲(仁人之意的)高深哲理。"

悟性有区别的说法，所以要注意讲学授徒时因材施教的分寸，对于要求学生下的功夫也不可强求一致。

【252】家本自证，前瞻未来

一友问："读书不记得如何？"

先生曰："只要晓得，如何要记得？要晓得已是落第二义了，只要明得自家本体。若徒要记得，便不晓得；若徒要晓得，便明不得自家的本体。"

【意】一位朋友问："读书不记得内容，怎么办？"

先生回答说："只要知晓、领会了就行，何必非要记住不可呢？要理解、知晓、领会其实都已经落入次要的道理里面去了，因为最关键的是要明白自己天良之知的本体状态。如果仅仅要求记得内容，就未必会理解领会；如果单单要求理解领会，那就未必明白自己天良之知的本体。"

天良之知的本体就是心天之意自然流行。良知本体其实就是"家本体"，因为儒家的良知不可以离开基于家庭场域的生活经验。如果只是记诵外物，那就与心上体认有距离，失却本来根基于家庭当中的心天之意。如果向外追求，就连家庭意识都求不得。

理解和领会都是对象化的说法，而对象化的意识活动，是不可能达到心天之意这种非对象化的意识状态的。让心意通天之本体（心天本体）自然澄明的心天之意自然而然，澄澈清明，这种非对象化的本体性认知，其实来自"自家"，也就是自己的家，自己的家庭和家族经验，这是一个人与生俱来、随着社会化而逐渐丰富发展的"自家"经验，是自己意识到自己有家、时刻能够在家的身心体验。

回到问题本身，读书内容记不记得不是关键，要点在于回到自家生活经验当中，回到自己身体和心灵当下的历练当中，去不断反躬自省，自证心天之意的真实不虚。心天之意的体证虽然在当下，但其意识指向其实是向着未来的，是具有前瞻性的，是可能同时性地把未来的意识能量提前预见、展开并实化在当下的，也是能够把当下的意识能量充分展开、发展并延续到未来的时空境域之中的。

【253】长保圣境，返回先天

问："'逝者如斯'[1]，是说自家心性活泼泼地否？"

先生曰："然。须要时时用致良知的功夫，方才活泼泼地，方才与他川水一般。若须臾间断，便与天地不相似。此是学问极至处，圣人也只如此。"

【意】有人问："孔子说'逝者如斯'，是说他自己心性活泼灵动的状态吗？"

先生回答说："是的。必须时时刻刻保持推致天良之知的工夫，才能使得心体活泼踊跃，才能像那奔流不息的江河流水一样。如果稍微片刻间断了，就跟天地的生机不相似了。这是做学问的最高境界，圣人也就是做到这种境界而已。"心天之意的圣境要长久保持，就是既要体悟到心天之意的活泼自然之境，又要一直保持如奔流之水，从不间断。这就好比阳明自己龙场悟道之后，一生的意识境域都保持在悟道境界里，念念通于天地之生机，时刻做从后天意识返回先天心天之意境界的功夫，从未停止休息，此孔子、阳明之所以为圣人之根由。

【254】杀身成仁，仁意不断

问"志士仁人"[2]章。

先生曰："只为世上人都把生身命子看得来太重，不问当死不当死，定要宛转委曲保全，以此把天理都丢去了。忍心害理，何者不为？若违了天理，便与禽兽无异，便偷生在世上百千年，也不过做了千百年的禽

---

[1] 语出《论语·子罕》："子在川上，曰：'逝者如斯夫！不舍昼夜。'"意思是，孔子站在河岸之上，望着滔滔河水感慨地说："已经消逝的，和正在消逝的一切，正如这一去不返的流水啊，不管是白天还是黑夜，它们都毫不留恋地、即使有情也无法留恋地向前飞奔而去。"

[2] 语出《论语·卫灵公》："子曰：'志士仁人，无求生以害仁，有杀身以成仁。'"意思是，孔子说："志于道的士人和时刻发动仁人之意的仁人，是不会贪生怕死而损害仁人之意的，反而会宁肯牺牲自己的性命来成全仁人之境。"

兽。学者要于此等处看得明白。比干[1]、龙逢[2]，只为他看得分明，所以能成就得他的仁。"

【意】有人向先生请教《论语》中的"志士仁人"这一章。

先生回答说："只因为世人都把自身性命看得太重，不问应当不应当去死，一定要想方设法委曲求全、苟且偷生，这样就把天理都抛弃了。如果容忍私心去残害天理，那还有什么不敢做的事情呢？人如果违背了天理，那就跟禽兽没有什么区别了，纵使在世上苟活千百年，那也不过是在做千百年禽兽而已。求学之人要在这样的问题上看明白。比干、龙逢都是因为他们看得明白，所以最后才能成就他们仁人之意的品格。"阳明认可杀身成仁，因为心天之意是儒者必须坚守的原则，不可因为苟且偷生，就让心天之意不发出来。

所以志士仁人都是心天之意时刻光明遍照、把生死置之度外的人。志士是能够保持心天之意志向、无论压力多大都绝不屈服的人；仁人是为了保持自身仁意流行不断，在危难的时刻甚至可以牺牲自己的生命，也要持守心天之意正道的人。

反之，如果一个人因为过度在意保全自身而放弃了心天之意，那就活得没有价值，与苟且偷生、随波逐流的俗人没啥区别，几乎就是一个自然而然顺应事物变化的无用废物，或者不过是贪生怕死却坐吃等死的禽兽而已。

【255】光明遍照，毁誉浮云

问："叔孙武叔毁仲尼，大圣人如何犹不免于毁谤？"

先生曰："毁谤自外来的，虽圣人如何免得？人只贵于自修，若自己实实落落是个圣贤，纵然人都毁他，也说他不着。却若浮云揜日，如何损得日的光明？若自己是个象恭色庄、不坚不介的，纵然没一个人说他，他的恶慝终须一日发露。所以孟子说'有求全之毁，有不虞之

---

[1]　比干是商纣的叔父，劝谏纣王，结果被杀。

[2]　龙逢即关龙逢，夏桀时的贤臣，劝谏夏桀，结果被杀。

誉'[1]。毁誉在外的，安能避得？只要自修何如尔。"

【意】有人问："《论语》中记载叔孙武叔诋毁孔子，为什么连孔子这样的大圣人都还不能免于被诋毁、诽谤？"

先生说："诋毁、诽谤都是从外界而来的，即便是圣人，又怎么可能免除呢？人贵在自我修养，如果自己实实在在是个圣贤，纵然他人都去诋毁他，也丝毫无法损害他。就像浮云遮蔽太阳一样，又怎么可能损害太阳的光明呢？如果自己是个表面端庄但内心虚弱的人，即使没有一个人去诋毁他，他潜在的丑陋面目也总有一天会被揭发暴露出来。所以孟子才说'有料想不到的赞誉，有过于苛求的诋毁'。因为诋毁和赞誉都是外来的东西，自己怎么可能避得开呢？只要自己加强修身养性，外在的毁誉又能把你怎么样？"修养自己的心意状态就是要努力做对的事情，即尽量保持自己的心意通天，即使常人不能理解，一起来诋毁诽谤你，也要视如无物，因为他人的诽谤是自己不可能控制的，这本身是正常的现象。既然心意通天如太阳光明遍照，那么浮云和风雷就会自然升起与之相伴，又怎么可能避开呢？只要自己心意确实通天，那么外在的毁誉就不能撼动自己的心天之意。

【256】不斥外物，流转通达

刘君亮[2]要在山中静坐。

先生曰："汝若以厌外物之心去求之静，是反养成一个骄惰之气了；汝若不厌外物，复于静处涵养，却好。"

【意】刘君亮要在山中静坐修养。

先生评论说："如果你用厌倦、排斥外界事物的心意去寻求清静，反而可能会养成一种骄傲懒惰的习气；如果你没有动厌倦、排斥外界事物的心思，又去安宁寂静的地方涵养心天之意，那倒是非常不错的

---

[1] 语出《孟子·离娄上》："孟子曰：'有不虞之誉，有求全之毁。'"

[2] 刘君亮，字元道，王阳明学生。

选择。"一个意识保持心意通天境界的人不可能反感外物，因为物不在心外，要想深入体悟这一点，就需要自作主宰，但不能通过排斥外物的方式来求得。可以尝试在不排斥外物的寂静状态之中，让心天之意自然生成、流转通达，从而涵养有成。

【257】天机随缘，依境而成

王汝中[1]、省曾侍坐。

先生握扇命曰："你们用扇。"

省曾起对曰："不敢。"

先生曰："圣人之学，不是这等捆缚苦楚的，不是妆做道学的模样。"

汝中曰："观'仲尼与曾点言志'一章略见。"

先生曰："然。以此章观之，圣人何等宽洪包含气象！且为师者问志于群弟子，三子皆整顿以对，至于曾点，飘飘然不看那三子在眼，自去鼓起瑟来，何等狂态。及至言志，又不对师之问目，都是狂言。设在伊川，或斥骂起来了。圣人乃复称许他，何等气象！圣人教人，不是个束缚他通做一般，只如狂者便从狂处成就他，狷者便从狷处成就他。人之才气如何同得？"

【意】王汝中和我黄省曾陪着先生闲坐。

先生手里拿着扇子，命令我们说："你们用扇子吧。"

我站起身来回答先生："不敢当。"

先生感慨说："圣人的学问不是这样拘束他人、令人痛苦的，不是要装出一副道学的模样来。"

---

[1] 王畿（1498—1583），字汝中，号龙溪，浙江山阴（今绍兴）人，王阳明学生，浙中王门创始人，著有《龙溪全集》。

王汝中说："从《论语》看孔子和曾点谈论志向那一章就可以看出大概来。"

先生说："是这样的。就这章来看，孔圣人的心胸有多么宽宏舒坦、从容涵摄的气象啊！作为老师的孔子向众弟子询问各自的志向，三个人都很严谨庄重地回答，到了曾点，却悠悠飘飘然，似乎并不把那三人看在眼里，径自就去弹起瑟来，这是何等的狂放不羁啊！等轮到他谈论自己的志向时，他又所答非所问，说出一番狂放言论来。假如老师是程伊川先生，也许早就要斥责大骂起来了。可是孔圣人却高度称赞了曾点，这是何等宽容、包罗万象的气度啊！孔圣人教育学生，从来不是要把学生们都束缚成为某一个模式，而是针对那些狂放的人就从狂妄的角度去教导开化他，对性格保守耿直的人，就从保守耿直方面去锤炼成就他。人的才能气质，怎么可能完全相同呢？"*圣人之学从不拘泥于任何外在的形式，不会令学习者难受。圣人之心意通天，宽容包纳天机的随缘性。随顺心天之意，就能自然而然地成就他人本性，随其本性所处的情境而生发心天之意，依境而生地成就圣贤品格。*

【258】简易直截，无意深广

先生语陆元静曰："元静少年亦要解《五经》，志亦好博。但圣人教人，只怕人不简易，他说的皆是简易之规。以今人好博之心观之，却似圣人教人差了。"

【意】先生对陆元静说道："元静你年轻的时候就想要解读《五经》，志向比较羡慕广博。但孔圣人教导他人，唯恐不够简单易行，他说的都是简单易行的规则。用今天当世之人喜好博学的心意去看，好像孔圣人教导他人的方法错了。"*孔子教导学生心思通于天道，采用的是简易直截的方式，阳明强调，不应该在心思未通达心天之意的时候，就去刻意求深务广。*

【259】顺天造作，时刻觉知

先生曰："孔子无'不知而作'[1]；颜子有'不善未尝不知'[2]：此是圣学真血脉路。"

【意】先生说："孔子没有'自己本来不懂，却去凭空创造'的毛病；颜回'每当一个意念有不善，便能自觉自知'：这就是圣人之学的真正的脉络。"孔子时刻顺应内心通天之意去作——创作、做事，而不是凭借自己的私心在造作。颜回如果意识到自己有任何不善的心意，他的心天之意便能觉知、反观、意识到，并立即加以调整和修正。总之，孔子和颜回都教导后人，要让心思的发动每时每刻都是纯粹心天之意流动，这才是圣学正脉。

---

[1] 语出《论语·述而》："子曰：'盖有不知而作之者，我无是也。多闻择其善者而从之，多见而识之，知之次也。'"意思是，孔子说："可能有自己本来什么都不懂，却能够凭空创造的人，我却没有这样的本领。多多学习，选择其中好的部分加以遵行；多多地看，然后把正确的部分记在心里，这是仅次于'生而知之'的'知'了。"

[2] 出自《周易·系辞下》："子曰：'颜氏之子，其殆庶几乎？有不善未尝不知；知之未尝复行也。《易》曰："不远复，无祗悔，元吉。"'"意思是，孔夫子讲："颜家的儿子颜渊，大概算得上是道德修养近乎完美的贤能之士吧？每当一个意念有不善，便能自觉自知，马上发现，发心悔过；一旦知道了之后，就再也不会让错误的念头发动第二次。《周易》复卦初九爻辞说：'没有偏离正道太远，犯错之后，马上改正回复，不至于日后悔恨，非常吉祥。'"

钱德洪录

【260】一念不离，时刻自觉

何廷仁[1]、黄正之[2]、李侯璧[3]、汝中、德洪侍坐。先生顾而言曰："汝辈学问不得长进，只是未立志。"

侯璧起而对曰："琪亦愿立志。"

先生曰："难说不立，未是必为圣人之志耳。"

对曰："愿立必为圣人之志。"

先生曰："你真有圣人之志，良知上更无不尽。良知上留得些子别念挂带，便非必为圣人之志矣。"

洪初闻时，心若未服，听说到此，不觉悚汗。

【意】何廷仁、黄正之、李侯璧、王汝中和我钱德洪一起陪伴先生座谈。先生环顾大家说道："你们这些人学问不长进，只因为还没有立志。"

李侯璧站起来回答说："我很愿意立志。"

先生说："很难说你没有立志，只是还没有立一定要成为圣人的志向而已。"

李侯璧答道："我愿意立下一定要做圣人的志向。"

---

[1] 何廷仁（1486—1551），字性之，号善山，江西零县人，曾任新会县知县，王阳明的得意门生。

[2] 黄弘纲，字正之，号洛村，江西零都人，王阳明的得意门生。

[3] 李琪，字侯璧，浙江永康人，王阳明学生。

先生说："如果你真有必做圣人的志向，就不能不在推致天良之知上全力以赴。如果在推致良知方面还有些杂念牵挂着，那就还是没有立定要当圣人的志向。"

钱德洪我刚听到的时候，内心还不太服气，后来听到先生讲这一番话时，不觉就惊出了一身冷汗。阳明认为学生们都当立志成为圣人，应该努力去念念推致心天之意。一旦心意偏离心天之意，就要立刻警醒自己，意识到当下的意念离圣人境界还有距离，说明成圣的志向不够坚定和实在。可见，一念都不出离圣道的通天之境非常之难，很少有人能够对自己的意识状态做这种时时刻刻的深刻反省。

【261】身心融物，乐极鼓舞

先生曰："良知是造化的精灵。这些精灵，生天生地，成鬼成帝，皆从此出，真是与物无对 [1]。人若复得他完完全全，无少亏欠，自不觉手舞足蹈，不知天地间更有何乐可代。"

【意】先生说："良知是造化的精灵。这些精灵创造了天、地，成就鬼、神和上帝，一切存在无不是由良知创造出来的，真的是不存在任何可以跟良知去匹对的事物。人们如果能够把天良之知完整彻底地恢复出来，没有丝毫的欠缺，自然就会不知不觉地手舞足蹈，真不知道天地之间还有什么样的快乐可以代替它。"心意通天，自然化用为万事万物，身心与事物融合一体，手舞足蹈，鼓之舞之，开心快乐至于极致。

【262】亲历骨折，磨难真知

一友静坐有见，驰问先生。

答曰："吾昔居滁 [2] 时，见诸生多务知解，口耳异同，无益于得，姑

---

[1]　出自《河南程氏遗书》卷二，程颢语："此道与物无对。"

[2]　滁即今安徽滁州。

教之静坐。一时窥见光景，颇收近效。久之，渐有喜静厌动、流入枯槁之病。或务为玄解妙觉，动人听闻。故迩来只说致良知。良知明白，随你去静处体悟也好，随你去事上磨炼也好，良知本体原是无动无静的，此便是学问头脑。我这个话头，自滁州到今，亦较过几番，只是'致良知'三字无病。医经折肱，方能察人病理。[1]"

【意】有一个朋友在静坐的时候有所体会，跑来向先生请教。

先生回答道："我以前在滁州的时候，看见各位学生大多专心于文辞句意的辨析，口说耳听，争辩异同，对于内心的体验没有帮助，所以姑且教他们静坐。他们一时有所体会，颇有即时效果。然而时间一长，他们渐渐地就有喜欢宁静而厌恶行动，遁入空虚、枯槁、寂灭的毛病。也有人转而专门追求玄妙的悟解，力求耸动他人的听闻。所以我近来只讲推致天良之知。只要明白了天良之知，任凭你去静坐状态当中体悟也好，去动态的事情上磨炼也罢，天良之知的本体原本就是不分动和静的，这就是学问之道的要害和主旨。我这句话，从滁州开始说到现在，也反复琢磨计较过很多次，只有'致良知'这三个字不会有毛病。这就好像医生要经过反复骨折的实践经验，才能察觉到病人的病理一样。"心天之意显然不是一种忽然闪现的状态，不是暂时飘忽而过的一点感受，也不是任何玄妙的身体感知。而且，因为身体的玄妙感觉讲不清楚，如果讲多了，还容易被体会深的人带偏，所以阳明经历多了之后，就只是强调要在心意上通天，认为念念持守心天之意，这比去体会静坐产生的玄幻、通透等各种感觉都要重要得多。

阳明致良知工夫的关键是心意通天，工夫无所谓动静，而是动静一如的。他把医生求知的自我教育过程比喻为医生必须亲身经历骨折才能获得治疗的真知，不仅理解人获得真知的过程需要经历很多大的挫败，也说明真正的学问之道只能从一个人最真切的磨难、折磨的体验中得来，才能有深切的觉知，进而领悟到心天之意的要旨所在。

---

[1]　语出《左传·定公十三年》："三折肱，知为良医。"

【263】万化融通，无有内外

一友问："功夫欲得此知时时接续，一切应感处反觉照管不及。若去事上周旋，又觉不见了。如何则可？"

曰："此只认良知未真，尚有内外之间。我这里功夫，不由人急心，认得良知头脑是当，去朴实用功，自会透彻。到此便是内外两忘[1]，又何心事不合一？"

【意】一个朋友问："我下功夫的时候，想要这个良知时刻接续不停息，而一旦应对事物时，反而觉得连良知也顾照不过来了。如果只是到事情上去周旋，又感觉不到良知的存在了。这该怎么办才好呢？"

先生说："这只是因为你对良知的体认还不够真切，仍然有个内和外的分别。我这里推致天良之知的功夫，不能急火攻心，躁动冒进，真正知道了推致天良之知这个主旨，朴素笃实地去用功，自然会内外都领悟透彻。到了那个境界，自然就会内外两忘，又何愁心意和事物之间不能合二为一呢？"心天之意无内外之别，真正体会真切，就可以在一切意念接续事物的时候自然呈现并有所体会。心天之意自然贯通万物，心意发动之处与万化融通，无有内外之别，如果落入内外之别，功夫就没有到位。

【264】去除乌云，光辉澄澈

又曰："功夫不是透得这个真机，如何得他充实光辉？若能透得时，不由你聪明知解接得来，须胸中渣滓浑化[2]，不使有毫发沾带始得。"

【意】先生又说："下功夫的时候，如果不能够透彻地了解天良之知的真谛，那怎么能够实现让本心充实而有光辉的境界呢？如果要想透彻地领略和了解，不是仅仅凭着你的聪明才智去辨析文辞句意来获得，必

---

[1] 语出程颢《答横渠先生定性书》："与其非外而是内，不若内外之两忘也。"意为不去区分内外。

[2] 语出朱熹《论语集注》："八音质节，可以养人之性情而荡涤其邪秽，消融其渣滓。"渣滓浑化意为消融心中私欲。

须将胸中的渣滓私欲彻底净化消除掉，不能留有丝毫私心的沾附，才有可能实现。"实现心意通天的境界，自然就会充实而有光明辉映，如日光本体一般确实是明朗遍照的，但需要做工夫不断去掉遮日的乌云，才能让太阳的光辉澄澈地映照在万物之上。

【265】天命即性，道即良知

先生曰："'天命之谓性'，命即是性；'率性之谓道'，性即是道；'修道之谓教'，道即是教。"

问："如何道即是教？"

曰："道即是良知。良知原是完完全全，是的还他是，非的还他非，是非只依着他，更无有不是处，这良知还是你的明师。"

【意】先生说："'天命之谓性'，天命就是人性；'率性之谓道'，人性就是圣道。'修道之谓教'，圣道就是教化。"

有人问："为什么说圣道就是教化呢？"

先生回答说："圣道就是天良之知。良知原本就是完完全全，是的就还他个是，非的就还他个非，是非都只要依照天良之知来判断就行，更没有什么其他不正确的地方，这天良之知仍然还是你高明的老师。"修道即念念持守心天之意，这是圣教的核心。圣道就是心天之意，修道就是修持自身，获得反省、观照自己意识状态的能力，使得能动的主体成为能够当下自觉、体察自身意识的主体，而不需要断定主体意识的是与非，让更多人明白内心的心天之意就是圣道之教化。

【266】浑然天成，圆融无碍

问："'不睹不闻'是说本体，'戒慎恐惧'是说功夫否？"

先生曰："此处须信得本体原是'不睹不闻'的，亦原是'戒慎恐惧'的，'戒慎恐惧'不曾在'不睹不闻'上加得些子。见得真时，便谓'戒慎恐惧'是本体，'不睹不闻'是功夫，亦得。"

【意】问："《中庸》'不睹不闻'是说本体吗？'戒慎恐惧'是讲工夫吗？"

先生说："这里必须坚信，本体原本就是'看不见也听不到'的，也原本就是需要'戒慎和恐惧'的，'戒慎和恐惧'并没有在'看不见听不到'上添加丝毫东西。真正理解了，说'戒慎恐惧'是讲本体，'不睹不闻'是讲功夫，也可以。"心天之意的本体是超验的，是超出人的感官和知觉的。但心天之意又是自然而然通达事物的，只是当人心去意会之时，心天之意的本体却是视觉看不见、听觉听不着的，所以需要自己反省，去体察和确认心天之意本体的实存。

本体与功夫一体两面、不可分割。在心天之意的本体上做功夫，就是让心天之意的本体自然澄明，本体本来是看不见听不着的，为了避免私心私意的影响，就必须戒慎和恐惧。看不见听不见本体，与在心念上做功夫的戒慎和恐惧，是可以一体打通的，是浑然天成、圆融无碍的。

【267】通天化境，觉昼知夜

问"通乎昼夜之道而知"[1]。先生曰："良知原是知昼知夜的。"

又问："人睡熟时，良知亦不知了？"曰："不知？何以一叫便应？"

曰："良知常知，如何有睡熟时？"曰："向晦宴息[2]，此亦造化常理。夜来天地混沌，形色俱泯，人亦耳目无所睹闻，众窍俱翕，此即良知收敛凝一时。天地既开，庶物露生，人亦耳目有所睹闻，众窍俱辟，此即良知妙用发生时。可见人心与天地一体，故'上下与天地同流'[3]。今人不会宴息，夜来不是昏睡，即是妄思魇寐。"

曰："睡时功夫如何用。"先生曰："知昼即知夜矣。日间良知是顺

---

[1] 语出《周易·系辞上》，意思是，能够会通于昼夜幽明的道理而知晓一切。

[2] 语本《周易·随卦·象传》："君子以向晦入宴息。"意思是，君子随天时而动，动静合宜，日出而作，日落而息。

[3] 语出《孟子·尽心上》："夫君子所过者化，所存者神，上下与天地同流，岂曰小补之哉？"意思是，君子之心意与天地同为一体。

应无滞的，夜间良知即是收敛凝一的，有梦即先兆。"

【意】有人请教《易传》的"通乎昼夜之道而知"。先生说："良知原本就知道白昼和黑夜。"

又问："人在熟睡的时候，良知就什么也都觉察不到了？"先生说："真没有觉知吗？那为什么一叫就答应，就有反应呢？"

那人接着问："如果良知时常觉知，那为什么还会有熟睡的时候呢？"先生回答说："夜晚来临就要休息，这也是自然界造化的规律。夜晚降临之后，天地万物混沌一片，事物的形体、颜色等都消失、泯灭了，人的眼睛看不到了，耳朵也听不到什么了，人的感官都闭合停止活动，这正是天良之知收敛凝聚时的情景。一旦白天来临，天地开启，万物的生机苏醒了，人们的耳朵眼睛又有可以听可以看的东西了，各种感官重新开始活动，这正是天良之知的奇妙作用发挥出来的时候。由此可见，人心与天地万物都是一体的，所以孟子会说'上下与天地同流'。今天的人们不懂得夜晚好好休息的道理，夜里不是昏昏沉沉地睡不好，就是邪思不断、噩梦连连。"

问："睡觉的时候要怎样做功夫呢？"先生说："知道白天怎样做功夫，也就知道夜间怎样做功夫了。白天的时候，良知是顺畅而不阻隔的，夜晚的时候，良知是收敛而凝聚的，有梦就是先行的预兆。"天良之知可以时刻保持觉知，不受白天黑夜、睡眠与否的影响，因为人身通达天地的感官，要随着天时的变化而产生功能的变化。君子的心天之意一直处于通天化境，自然时刻知昼知夜，即使是在夜晚当中，心天之意仍然通天，与天同体，同归于寂。一旦生机朗显，一时俱起，心天之意随顺外缘，成就事物。关键是心意与天行是一体的，心意发动就是天的运行的一部分，心的生机就是天地阴阳变化的一种感应和表现。

梦是心灵意向活动受到天地阴阳变化的感通状态，梦中的意向时刻通达天地。入夜之后，心天之意仍然运行，天地阴阳的变化在感官的收敛过程当中，进入梦境为人觉知，虽然不是故意去梦，可是梦里山河，人世沧桑，仍然反映了心意与世界互动的深层状态，梦的意识只是白天有意用意的状态到夜里有了改变，好像弗洛伊德所言梦受潜意识影响，人的意识深层的状态，如唯识宗的末那识和阿赖耶识，都可以在白天感官纷扰降低之后，依然作用于人的意识状态。天良之知就近似于潜意识或者末那识和阿赖耶识，即使在梦里也一刻不曾停止觉知。

【268】觉知万物，浑沌清明

又曰："良知在夜气发的，方是本体，以其无物欲之杂也。学者要使事物纷扰之时，常如夜气一般，就是'通乎昼夜之道而知'。"

【意】先生又说："在夜晚气机收敛的时机，天良之知依然通天贯地，那时候生发的天良之知，才是良知的本体状态，因为那时没有丝毫的物欲混杂在其间。学习者要在事物还纷扰杂乱的时候，就如同护持其夜气收敛的状态一般努力地去守护天良之知，持守这种心意通天的状态，就是感知天良之知能够'会通昼夜幽明的道理，从而时刻觉知一切'。"心天之意时刻觉知一切，即使在未与物交接的状态下，即其本体状态当中也是如此。这种未与物交接的状态未必就不通天，所以用夜里感官看不见、听不到但其实仍然有觉知来做比喻。了解这一点，就要在未与物相交接的状态中时刻涵养心天之意，且要能够觉知到心天之意时刻与物贯通，本无间隔。总之，心天之意的本然状态通达昼夜，既能够分别万物，又表现得好像处在黑夜当中、没有分别一般，这种觉知状态，可以说既浑沌又清明。

【269】意本太虚，益于天境

先生曰："仙家说到虚，圣人岂能虚上加得一毫实？佛氏说到无，圣人岂能无上加得一毫有？但仙家说虚，从养生上来；佛氏说无，从出离生死苦海[1]上来。却于本体上加却这些子意思在，便不是他虚、无的本色了，便于本体有障碍。圣人只是还他良知的本色，更不着些子意在。良知之虚，便是天之太虚[2]；良知之无，便是太虚之无形。日月风雷，

---

[1] 佛教名词，比喻世俗人间的烦恼和痛苦好像大海一样无边无际。

[2] 语出张载《正蒙·太和》："太虚无形，气之本体。"指的是浩瀚无垠的宇宙空间。

山川民物，凡有貌象形色，皆在太虚无形中发用流行，未尝作得天的障碍。圣人只是顺其良知之发用，天地万物，俱在我良知的发用流行中，何尝又有一物超于良知之外，能作得障碍？"

【意】先生说："道教说到'虚'，圣人难道能够在'虚'字上再增加一丝一毫的'实'？佛教说到'无'，圣人难道又能够在'无'上再增加一丝一毫的'有'？但道教所说的'虚'，是从养生角度来说的；佛教所说的'无'，是从脱离生死苦海的角度来说的。佛道两家都在良知本体上添加了一些私意，就不再是他们'虚'或'无'的本色了，他们在本体上的理解其实就已经有了障碍。圣人只是恢复天良之知的本来面目，并不去增加任何一点的私意。良知的'虚'就是天的太虚；良知的'无'就是太虚的无形。太阳、月亮、风雨、雷电、高山、河流、人民、物体等等，凡是有形体、相貌、颜色的事物，都在太虚无形之中生长、发育、流动，从来没有成为天行的障碍。圣人只是顺着天良之知的发动，天地万物都在我良知的发动、流行过程之中，何尝有过一个事物既能够超越天良之知，又能够成为认识天良之知的障碍的呢？"心天之意流行于世，圣人之道流行于万事万物，其心天之意通天，说明心天之意本于天之太虚，是有益于天之本体（境）的。佛道对于本体的理解，已经有前见作为所知的障碍，如道教强调养生，强调以太虚的无境作为修身的本体；佛教也在本体理解上加了脱离生死苦海的总目标。这样一来，佛道的本体就不够究竟，还没有见本体的本来面目境界。圣人之学在理解本体方面没有预设前见，所以不存在理解的障碍。

【270】不离事物，与物共在

或问："释氏亦务养心，然要之不可以治天下，何也？"

先生曰："吾儒养心，未尝离却事物，只顺其天则[1]自然就是功夫。

---

[1]　语出《周易·乾卦·文言》："乾元'用九'，乃见天则。"意思是，乾元"用九"是因为用九可以体现天道变的法则。

释氏却要尽绝事物，把心看做幻相，渐入虚寂去了，与世间若无些子交涉，所以不可治天下。"

【意】有人问："佛教也致力于修养身心，但归根结底，不能用佛教来治理天下，这是为什么呢？"

先生回答说："我们儒家修养身心时，从来没有强调需要脱离事物，只是顺应着天地万物变化的根本法则，自然而然就有天地之间的大功夫了。可是佛教却要抛弃、禁绝世间的事物，把心意看成虚幻的形相，就渐渐地遁入虚无寂灭的境地中去了，跟世间的事物好像没有什么交涉和关联了，所以就不能用来治理天下。"心天之意发于日常事物，与日常事物一体不分。心天之意流行发动，不离却事物，与物共在，自然而然，既不抛事物，也不追求物之外的空寂。与此相反，佛教要即物观空，忘却世间的美好，不留恋人间值得，这与儒家对待人世的正面态度正好形成鲜明对比，也就不能用来治理国政。

【271】人伦日用，亲亲相感

或问异端。

先生曰："与愚夫愚妇同的，是谓同德；与愚夫愚妇异的，是谓异端。"

【意】有人请教关于异端的问题。

先生说："跟愚庸的男人和愚庸的女人相同的，就叫作'同德'；跟愚庸的男人和愚庸的女人不同的，就叫作'异端'。"儒家的真正智慧来自人伦日用，来自日常夫妇的亲亲相感，而不来自对象化、超越化、本质化、外在化的追求。不能由当下日常生活经验亲证的对象化智慧，其实就是异端。

【272】思意为作，沛然莫御

先生曰："孟子不动心，与告子不动心，所异只在毫厘间。告子只在不动心上着功，孟子便直从此心原不动处分晓。心之本体，原是不动的，只为所行有不合义，便动了。孟子不论心之动与不动，只是集义，所行无不是义，此心自然无可动处。若告子只要此心不动，便是把捉此心，将他生生不息之根反阻挠了。此非徒无益，而又害之。孟子集义工夫，自是养得充满，并无馁歉，自是纵横自在，活泼泼地，此便是浩然之气。"

【意】先生说："孟子所说的不动心与告子所说的不动心，两者的差别只在毫厘之间。告子只是在不动心上用功夫，孟子却直接从这个心体原本不动的地方去知晓分辨。心的本体原本是不动的，只因为所做的行为有些不合道义的地方，所以就算动了。孟子不讨论心是动还是不动，只是主张积聚日常的正义感，所作所为没有不符合道义的，这种保持在道义之中的意识状态自然也就没有什么需要动摇的地方。而告子则只是要求自己的心不发生动摇，这就是人为用意去束缚住这颗心，反而将它生生不息的根源给阻挡堵死了。这样做不仅没有好处，而且会损害心意的本体状态。孟子所谓'集义'的功夫，就是自然把心灵意识培育得非常充实完满，不再气馁，不需抱歉，自然来去自如，生机勃勃，这就是起心动念充满所谓的'浩然正气'。"孟子提倡起心动念都要通达心天之意，所思、所作、所为时刻通于天地，心意的本体自然发用流行，这是本体的心天之意境界，时刻落实在后天的时空和境遇之中。

一个人的心体，即心灵意识的本体时刻充满心天之意之后，意识发动就生意盎然，气势浩然，沛然莫之能御，所以行走世间，便有心天之意融贯天地的气象出来。相比之下，告子只是抓住心意不为事物改变的所谓"不动"的状态，与孟子的"不动心"区别非常精微，因为告子只是强调心不动，却没有领会心天之意通于事物、与事物共在并与实在之物共同生灭不息的那种既动又不动、如如不动的存在状态。

【273】性物一体，无善无恶

又曰："告子病源，从'性无善无不善'上见来。性无善无不善，虽如此说亦无大差。但告子执定看了，便有个无善无不善的性在内。有善有恶又在物感上看，便有个物在外。却做两边看了，便会差。无善无不善，性原是如此，悟得及时，只此一句便尽了，更无有内外之间。告子见一个性在内，见一个物在外，便见他于性有未透彻处。"

【意】先生又说："告子的病根，在于他认为'人性不需要区分善或者不善'，就可以去分辨和体察。虽然这样讲人性本来没有善或者不善，似乎并没有什么大的差错。但告子在这个问题上过分执着地去看了，心中其实就有个无善无不善的人性藏在里面。认为人性有善有恶，又容易变成是从对外在事物的感受上来考察，好像就有个物存在心的外面。这样就把心和物分成两种不同的存在物来看了，这样就会产生差错。说人性既没有善也没有不善，其实人性本来就是这样无法区分善和恶的，领悟得到这一点的时候，那就只需要这一句话就都说完了，更没有什么内外之分。告子看见有一个人性存在内里，又看见有一个物存在外边，就可见他对于人性还有没有完全了解看透彻的地方。"告子说人性本来无善无恶，在阳明看来，如果从本体上讲，其实没有什么错，可是告子错在偏执，把无善无恶执定成局，就容易把心和物分开，认为人性在内，而事物在外，这是最大的错误。

人性本来通达天道，性与物是一体的，心通于物，如果一味给人性强加定义，反而离人性本来的善恶状态远了。在心通物论看来，人性的本体通达事物，无所谓善与不善，此证"无善无恶心之体"有合理性。

【274】用意如道，气通互养

朱本思[1]问："人有虚灵，方有良知。若草木瓦石之类，亦有良知否？"

先生曰："人的良知，就是草木瓦石的良知。若草木瓦石无人的良知，不可以为草木瓦石矣。岂惟草木瓦石为然？天地无人的良知，亦不可为天地矣。盖天地万物，与人原是一体，其发窍之最精处，是人心一

---

[1] 朱本思，名得之，号近斋，江苏靖江人，王阳明弟子。

点灵明。风雨露雷，日月星辰，禽兽草木，山川土石，与人原只一体。故五谷禽兽之类，皆可以养人；药石之类，皆可以疗疾：只为同此一气，故能相通耳。"

【意】朱本思问道："人有虚明灵觉才会有天良之知。像那些花草、树木、瓦片、石头之类的事物，难道它们也有良知吗？"

先生回答说："人的良知就是花草、树木、瓦片、石头的良知。如果花草、树木、瓦片、石头没有人的良知，那么就不是人类生活世界中的、为人所命名的花草、树木、瓦片、石头了。难道只是花草、树木、瓦片、石头才是这样的吗？天和地如果没有人的天良之知，也就不再成为人类生活世界中、为人所理解的天和地了。总的说来，天地万物和人原本就是一个整体的，这个整体当中最灵敏精粹的地方，就是人的心所具有的聪明灵慧。风霜云雨、露水雷电、太阳月亮、众星辰光、飞禽走兽、花草树木、高山河流、土地石头等，跟人类原本就是一个整体。所以五谷和飞禽走兽之类，都可以供养人类；而药物砭石之类，都可以治疗人的疾病：这就是因为人与存在的事物都同源于一气，所以才能够相通。"心天之意通于万事万物，不仅人有，而且事物之中也有。事物之所以被人称为这些名称，皆是由于被意识领会成为如此这般的缘故。天地也是因为人用心天之意加以观照，才成之为天地，即天地本来只是一个无名的本体，因被意会而有天地之名。心天之意通于天地，天、地、人本体上存在一体性、连续性，因为人的精神力量也要用意领会，才能让天地万物在意中彰显出来，所以一切存在的事物皆通于心天之意，个人的心、集体的心也都有心天之意，如道一般，没有单复数的区分。因为天地一气，万事万物之间气息相通，它们之间的气息与人的心天之意可以互相沟通，彼此补养，相互促进。

【275】意与物会，心点天域

先生游南镇，一友指岩中花树问曰："天下无心外之物，如此花树，在深山中自开自落，于我心亦何相关？"

先生曰："你未看此花时，此花与汝心同归于寂；你来看此花时，则此花颜色一时明白起来，便知此花不在你的心外。"

【意】先生在南镇游玩，一个朋友指着岩石中开花的树，问先生道："先生您常说，天下没有心灵之外的事物，像这一树的花，长在深山之中，自开又自落，跟我们的心灵又有什么相关、相通的关系呢？"

先生回答说："你没有来看这些花和树的时候，这些花树和你的心灵共同处在一种彼此感通的、沉寂的、寂静的状态；当你来此地，看到这些花树的时候，这些花的颜色顿时就在你心意中间瞬间彰显起来，由此可知，这些花从来就不存在于你的心灵之外。"心天之意一直在发动，但人不一定有自觉。心意对关联认识的对象（花树）在寂静（生寂、静寂、活寂而非死寂、空寂、寂灭）的状态当中一直是感通的，换言之，心天之意与万事万物共同存在于一个共同体当中，彼此之间的气息完全融通，虽然合为一体，但并不显明。因为只要用意识一来看，就有意与物会，存在物进入意识而彰显起来，存在物因与意识交会才获得其存在的生生之性。

阳明的结论是，无论心天之意是否关注到认识对象，心意都自然而然与认识对象融为一体，区别只是在有时认识的对象在意中澄明起来（明白起来），但更多的时候，存在物只是作为当下意识活动的背景存在，也就是当下意识境遇中的境域性存在（context）。意物关系需要借助意向性（intentionality），如果意向性是点（焦点，focus），那么心通物的背景就是域（场域，field）。这种意向性不是抽象的存在，而是具体的、基于肉身的意向性，即身体意向性，但同时又是与物一体的意向性，所以是身体与事物一体性基础上的意向性，是心通物论基础上的意向性，所以称为心天之意。[1]

---

[1] 参温海明：《儒家实意伦理学》，第26—27页。陈立胜在解释的时候认为，心物关系可以理解为意向（intentionality）关系，但是一种"有厚度的"意向性，是嵌在肉身之中的意向性（embodied intentionality），而不是纯粹意识之意向性（也不单单是海德格尔"此在"的"意向性"或"超越性"），"心"与"物"是天地氤氲之气的两端，这种意向相关性在根本上是一种扎根于与物同体的生存实感、一体关爱的相关性。参陈立胜：《入圣之机——王阳明致良知工夫论研究》，第195页。

钱德洪录 529

【276】自然之意，善恶未分

问："大人与物同体，如何《大学》又说个厚薄[1]？"

先生曰："惟是道理自有厚薄。比如身是一体，把手足捍头目，岂是偏要薄手足？其道理合如此。禽兽与草木同是爱的，把草木去养禽兽，又忍得？人与禽兽同是爱的，宰禽兽以养亲与供祭祀、燕宾客，心又忍得？至亲与路人同是爱的，如箪食豆羹，得则生，不得则死[2]，不能两全，宁救至亲，不救路人，心又忍得？这是道理合该如此。及至吾身与至亲，更不得分别彼此厚薄。盖以仁民爱物，皆从此出；此处可忍，更无所不忍矣。《大学》所谓厚薄，是良知上自然的条理，不可逾越，此便谓之义；顺这个条理，便谓之礼；知此条理，便谓之智；终始是这个条理，便谓之信。"

【意】有人问道："先生强调圣人和天地万物都是同为一体的，那为什么《大学》中又要说什么'厚薄'呢？"

先生回答说："这只是因为道理本来就有厚和薄之分。比如人的身体是一个整体，人会用手和脚去保护脑袋和眼睛，难道是故意要轻视手和脚吗？只是道理本来就该是这样的。飞禽走兽、花草树木本来也都是我们所要爱护的，可是我们拿花草树木去喂养飞禽走兽，又怎么能够忍心呢？人和飞禽走兽都是我们所要爱护的，可是人会宰杀飞禽走兽去奉养父母、供奉祭祀、招待宾客，那又怎么能够忍心呢？至亲的人和过路的人都是我们应该爱护的，但是如果只剩下一碗米饭和一杯豆汤，吃了就能活下去，吃不到就要死去，而且这点食物还无法同时救活两个人，人们都会宁可去救至亲的人，而不去救过路的人，可是又怎么忍心呢？这还是天道之理本来就应当是这样的。至于我们自身和至亲的人，就更

---

[1] 语出《大学》："其本乱而末治者否矣，其所厚者薄，而其所薄者厚，未之有也！"意思是，如果修身这个根本问题没有做好，却想要治理天下国家，这是不可能的，如果忽略了应当用功的根本问题，却去格外重视不应当花大力气的枝节问题，这样做了却希望得到好的结果，那是完全不可能的。

[2] 语出《孟子·告子上》。

加不能分个彼此厚薄了。因为对人民的仁爱和对事物的关爱，都根源于亲情这里；既然在这种地方人都可以忍心去做，那就没有什么不能忍心去做的地方了。《大学》所说的，'如果忽略了应当用功的根本问题，却去格外重视不应当花大力气的枝节问题，这样做了却希望得到好的结果，那是完全不可能的'，这样的'厚薄'其实是天良之知本来就知道的自然道理，根本就不能逾越、违背，这就是所谓合理的分寸（义）；循顺着这个道理去做事情，就叫作有条有理（礼）；懂得这个大道的条理，就叫作所谓的智慧（智）；始终坚守这个天道之理，就叫作所谓的诚信（信）。"天地万物从自然而来，本来就有分别，人心顺应自然之意而有心天之意，也会有自然而然的分别，这种分别因为与自然的分别相感相通，也就没有什么问题。可见，天地与人心虽为一体，但差别并不能完全否定，亲疏远近也实实在在存在，关键是意识对事物存在的处理要合宜（义），从而合乎天道的分寸。

当然，不能否认的是，儒家心学本体论落实到具体生活伦理实践当中，的确在伦理价值层面会有两难之处。虽然儒家区分君子小人，强调修善则成君子，修恶则成小人，所以有意识层面的存天理灭人欲，但儒家没有现实层面你死我活的善恶之战，没有站在善的立场上除恶务尽、试图灭绝另一人类族群而自居正义的实践倾向。

【277】视听知觉，及物同体

又曰："目无体，以万物之色为体；耳无体，以万物之声为体；鼻无体，以万物之臭为体；口无体，以万物之味为体；心无体，以天地万物感应之是非为体。"

【意】先生又说："眼睛没有本体，以万物的颜色作为它的本体；耳朵没有本体，以万物的声音作为它的本体；鼻子没有本体，以万物的气味作为它的本体；嘴巴没有本体，以万物的味道作为它的本体；人的心灵没有本体，以感应到天地万物做出的是非判断作为它的本体。"这是典型的心物一体论。眼睛之意识（眼识）不能离开万物之色，因为有万物之色方能显露视觉意识的功能。同样，如果没有万物之声，听觉意识本身并不会被唤起，检测盲人与聋人在不知其视觉和听觉意识是否正常的情况下，只能用确定的图案与声波来刺激他们，看看他们的视觉（对图案的反应）与听觉（对声波的反应）是否正常。这就说明，假如没有可视可听之物，并不存在一个独立的视觉或听觉的本体。

换言之，视和听的本体只有在看起来外在、其实心物一体的事物之刺激下，才能体现出其存在，人没法空洞地相信或谈论与外物不相关联的视觉或听觉。当然，一旦视觉或听觉被唤醒，则人可以在视觉或听觉发生的瞬间立意（向）、用意来做功夫，即使只是顺其自然地恶恶臭、好好色之类，也是一种意识自然实化的工夫，其他知觉的理解道理亦与之相通。

【278】超越性命，无待生死

问"夭寿不贰"。

先生曰："学问功夫，于一切声利嗜好，俱能脱落殆尽，尚有一种生死念头毫发挂带，便于全体有未融释处。人于生死念头，本从生身命根上带来，故不易去。若于此处见得破，透得过，此心全体方是流行无碍，方是尽性至命[1]之学。"

【意】有人请教"夭寿不贰"的意思。

先生回答说："追求学问之道的工夫，在于能够彻底清除一切声色、名利、嗜好，但如果还有稍许贪生怕死的念头缠绕在心上，那么对于心天之意的本体性理解就仍然无法融通释然。每个人都有贪生怕死的念头，这原本是从生命的根源之处带来的，所以很不容易清除掉。如果在这个地方对生死都看得破、参得透，天良之知的本体才能融会贯通、畅通无阻地发挥作用，这才是穷极奥理，尽究万事万物的本然之性，以至于通晓并揭示它们的命运的学问之道。"如果心天之意没有被唤醒，就无须澄明。心如果没有完全与天打通，就会担心随时可能会死去，生死之念执着不

---

[1]　语出《周易·说卦》："穷理尽性以至于命。"意思是，穷极奥理，尽究万事万物的本然之性，以至于通晓并揭示它们的命运。

失，很难放下。尽性至命是要把心天之意彻底参透，看得清楚明白，而且在念念相续之间完全显露澄明起来。

要开悟心天之意的大学问，需要解脱生死执念，不可以有丝毫对生的执念。这种超越当下的生，入于不死不生的心天之意境界，才是真正的性命之学。换言之，只有超越了此性与此命，才能入于无对待的、无生死的、无生即非性的、无死即非命的性命之学。

【279】克念尽除，心法希知

一友问："欲于静坐时，将好名、好色、好货等根，逐一搜寻，扫除廓清，恐是剜肉做疮否？"

先生正色曰："这是我医人的方子，真是去得人病根。更有大本事人，过了十数年，亦还用得着。你如不用，且放起，不要作坏我的方子！"

是友愧谢。

少间曰："此量非你事，必吾门稍知意思者为此说以误汝。"

在坐者皆悚然。

【意】一个朋友问："我想要在静坐的时候，把好名、好色、好钱财等病根，逐一搜索寻找出来，加以清扫干净，这样做恐怕是剜肉补疮吧？"

先生严肃地说："这正是我治疗人的药方，确实能够清除掉人的病根。即便那些本事很大、能力很强的人，过了十几年之后，都还继续用得着。你如果不用，就请把它放在一边，千万不要糟蹋了我的药方！"

这个朋友感到十分惭愧，不断道歉。

过了一会儿，先生又说："我估量着这可能也不是你自己想出来的，一定是我门下那些一知半解的学生们对你这么说，误导了你啊。"

在座的人都严肃恭敬起来。这本来是阳明医治有心病的人的方子，即在念头上下工夫，把名利声色之念克尽除去，完全恢复心天之意。但是，提问的人似乎有点不太认同，所以阳明听到他的问题，显得非常严肃，而且应该有所不悦，但他又觉得，这样问或许也不能全怪对方，可能是学生们向他传达自己意思的时候，没有传达到位。毕竟，能够明确理解阳明心法，并且告知他人要如何去念念存其心天之意的门人，不仅当时稀少，就后世整个学派的发展来说，其实都是非常有限的。

【280】良知拂尘，本来无物

一友问功夫不切。先生曰："学问功夫，我已曾一句道尽，如何今日转说转远，都不着根！"

对曰："致良知盖闻教矣，然亦须讲明。"先生曰："既知致良知，又何可讲明？良知本是明白，实落用功便是；不肯用功，只在语言上转说转糊涂。"

曰："正求讲明致知之功。"先生曰："此亦须你自家求，我亦无别法可道。昔有禅师，人来问法，只把麈尾[1]提起。一日，其徒将其麈尾藏过，试他如何设法。禅师寻麈尾不见，又只空手提起。我这个良知就是设法的麈尾，舍了这个，有何可提得？"

少间，又一友请问功夫切要。

先生旁顾曰："我麈尾安在？"

一时在坐者皆跃然。

【意】一个朋友请教先生，自己功夫做得不够真切。要怎么办才是好。先生说："追求学问之道的功夫，我曾经用一句话就讲清楚了，为什么现在你们大家似乎越说越远，都把握不住学问之道的根本要领呢？"

这位朋友回答道："您说的致良知学说，我们已经听说过了，但还是要请您继续说明白。"先生说："既然你说你们已经懂得如何推致天良之知，那又有什么需要我再讲明白的呢？天良之知本来就明白昭彰，只要踏实去用功就可以了；如果不肯用功，只会在口头上反复说来说去，最后一定越说越糊涂。"

---

[1] 麈尾即拂尘。

朋友回答道："正盼望您解释明白推致良知的功夫。"先生说："这还必须得你自己去寻求了，我其实也没有其他办法可以传授给你。从前有位禅师，别人来向他请教佛法，他只是把手中的拂尘提起来。有一天，他的徒弟把他的拂尘藏了起来，想试试看他怎么施展解释佛法。禅师寻找不到拂尘，就空着手做出了提起拂尘的样子。我所讲的这个天良之知，就是实施法术的拂尘，要是没有这个，还有什么可以提起来去讲的呢？"

过了一会儿，又有一个朋友请教做功夫的要领所在。

先生往四周看了看，问道："我的拂尘呢？它在哪里啊？"

一时之间，在座的人都哄堂大笑起来。致良知即念念在心天之意之中，当下悟得，从此不失即可。这种持之不失的工夫，既要愿力也要魄力。开悟心天之意，以及持守念念发于心天之境的工夫，都要自己去求得方才可能。以天良之知为拂尘，只是一种方便说法，把良知比作拂尘的方便说法几乎就到顶了，再说上去几乎就只可说"本来无一物"了。

当然，心天之意也是方便解说，本来通于万物之化，只是一念意会，名为心天之意，其实也是于无境之中生有意。心天之意虽是儒家圣道的核心，但却没有什么固定的内容，本身也是随缘的说法，没有固定的外缘。换言之，心天之意本身与天同体，天下所有事物都是心天之意的外缘，连"无"态的拂尘也是外缘。

【281】明意通变，引领未来

或问"至诚前知"[1]。

先生曰："'诚'是实理，只是一个良知。实理之妙用流行就是'神'，其萌动处就是'几'。'诚、神、几曰圣人。'[2]圣人不贵'前知'，祸福

---

[1] 语出《中庸》第二十四章："至诚之道，可以前知。"意思是，人的心意修养如果达到了真诚至极的境界，就可以预知未来即将发生的事情。

[2] 语出周敦颐《通书》："寂然不动者，诚也；感而遂通者，神也；动而未形、有无之间者，几也。诚精故明，神应故妙，几微故幽，诚、神、几曰圣人。"

之来，虽圣人有所不免。圣人只是知'几'，遇变而通耳。良知无前后，只知得见在的几，便是一了百了。若有个前知的心，就是私心，就有趋避利害的意。邵子[1]必于前知，终是利害心未尽处。"

【意】有人请教先生关于《中庸》"至诚之道，可以前知"的理解。

先生回答说："'诚'是真实不虚的天理，就只是一个良知。天理的妙用与流行就是'神'，天理的发动之处就是'几'。'诚、神、几都具备的人就是圣人。'圣人并不重视预测未来，当祸福降临的时候，即使是圣人也不可能完全避免。圣人只是知道事物发生的微妙变化（'几'），并且在遇到变化的时候能够变通引领变化的趋势罢了。天良之知不能分出前后，只要知道了现时的'几'微变化，就是一了百了。如果有一个追求提前知道未来的心，那就是私心，就有了预先想要趋利避害的私意。邵雍一定要追求预先知道未来，终究是他没有能够完全清除趋利避害的私心。"诚意是真诚地去实意，是心天之意的流行与实化，也就是"明意"。圣人通达趋利避害的玄机，但不等于圣人就可以做到只得到利益而分毫不受伤害。圣人只是"通变"，有能力去引领事物的变化趋势，因为圣人的心意通达万物，能够于万物显现的时候，保持心意本体的澄明状态。如果一个人的心里有强烈希望知道未来的想法，那就成了趋利避害的私心，也就无法专注于当下一念的心天之意，其实就已经偏离了圣人之道的境界。

【282】阳光实物，良知无知

先生曰："无知无不知，本体原是如此。譬如日未尝有心照物，而自无物不照。无照无不照，原是日的本体。良知本无知，今却要有知；本无不知，今却疑有不知，只是信不及耳。"

【意】先生说："良知的本体原本是没有知的，但也是无所不知的。就好像太阳并没有存心有意去照耀万物，但自然而然没有一物不被朗

---

[1] 邵雍（1011—1077），字尧夫，谥号康节，北宋范阳人，著名理学家，著有《伊川击壤集》《皇极经世》等。

照。太阳的本体原本就是无意照耀，但却无所不照。良知原本没有知，现在却要求它有知；良知本来没有什么不知道的，现在却怀疑它有所不知，那就只是因为对良知还没有做到坚信罢了。"心天之意的本体通达一切万物，无所谓知与不知，心天之意本身即是一切存在之本，好像太阳之光通达万物，但并非有意为之，而是阳光自然与物交融、贯通。心天之意如阳光本体，几乎可以视若无物，但却光明遍照，光与明不是某种实有的物，可就是实实在在，能够被看到和感知到，所以有巨大的力量，万物都在光明状态当中运化生成。一般人因为悟不到心天之意，所以会对它表示怀疑，就如一个人看不到阳光是实有其物，于是要否定阳光的实际存在一样，这都是不知道阳光真正本体性的存在其实是有而无之、实而虚之。天良之知本来就无所谓知或者不知，但如果非得了解什么是"良知"的"知"，其实还是得说，良知没有什么具体的知，但良知也没有什么不知道的。此说法近似"般若无知"论，可谓"良知无知"论，良知既是无知的，也是无所不知的。

【283】能缘之所，意作之境

先生曰："'惟天下至圣，为能聪明睿知'[1]，旧看何等玄妙！今看来原是人人自有的。耳原是聪，目原是明，心思原是睿知，圣人只是一能之尔。能处正是良知。众人不能，只是个不致知。何等明白简易！"

【意】先生说："《中庸》里面说，'只有达到了天下最圣明境界的人，才能做到耳目聪明睿智博通（因而足以治理天下万物），'以前看到这句话，觉得是何等的玄妙！现在看来，原来是每个人自身都具备的。耳朵原本就是聪敏的，眼睛原本就是明亮的，心体原本就是睿智的，圣人只是充分地呈现其聪明睿智博通的心天之意而已。这种充分呈现的能力呈现之处就是天良之知。普通人不能做到聪明睿智博通，就是因为他们不能专心充分地去推致天良之知。这是多么明白简易的道理啊！"心天之意

---

[1] 语出《中庸》第三十一章："惟天下至圣，为能聪明睿知，足以有临也。"意思是，只有达到了天下最圣明境界的人，才能做到耳目聪明睿智博通，因而足以治理天下万物。

本来心物一体，体现在知觉上就是视听言动却要与物同时俱现。人人皆可以领悟心天之意，领悟了心天之意即有一种通达天下万物的明白睿智出来。但如能、所关系一样，离却外缘之光的"能"，或者天良之"能"并不可以自己发生作用，需要与所缘之"所"、所"作"之境关联而生起。明白了心天之意，推致天良之知就能豁然贯通，如果还不能豁然贯通，那就是因为没有参透心天之意。

【284】万化生生，应物无方

问："孔子所谓'远虑'[1]，周公'夜以继日'[2]，与'将迎'不同。何如？"

先生曰："远虑不是茫茫荡荡去思虑，只是要存这天理。天理在人心，亘古亘今，无有终始。天理即是良知，千思万虑，只是要致良知。良知愈思愈精明，若不精思，漫然随事应去，良知便粗了。若只着在事上茫茫荡荡去思，教做远虑，便不免有毁誉、得丧、人欲搀入其中，就是将迎了。周公终夜以思，只是'戒慎不睹，恐惧不闻'的功夫，见得时，其气象与将迎自别。"

【意】有人问："孔子所谓'远虑'，周公的'夜以继日'，与'将迎'应该有所不同。请问怎么区分呢？"

先生回答说："'远虑'不是指不着边际、微茫晃荡地去思想考虑，只是要存养这个天理。天理存在于人的心之中，亘古至今，无始无终。天理就是天良之知，千思万虑，只是要推致天良之知。天良之知越思考越精明清楚，如果不去精心思考，漫不经心地随事应付，天良之知就会变得粗俗生疏。如果只是在具体事情上不着边际、迷茫飘荡地去思索，将这就叫做长远的思虑和谋划（'远虑'），那就难免掺杂毁誉、得失、欲望在里面，这就是曲意前知或者着意逢迎了。周公夜以继日地深思熟

---

[1] 语出《论语·卫灵公》："子曰：'人无远虑，必有近忧。'"意思是，孔子说："一个人如果没有长远的思虑谋划，就一定会有近在眼前的忧愁祸患。"

[2] 语出《孟子·离娄下》："周公思兼三王，以施四事；其有不合者，仰而思之，夜以继日；幸而得之，坐以待旦。"

虑，只是君子立身要小心行事的工夫，即'对于当下看不到的（眼力无法看见，经验当中没有见过，当时环境没人看见）一切都戒惕谨慎，对于当下听不到的（听觉无法听见，经验当中没有听过，当时环境没人能听到）一切都畏惧警醒'的工夫，理解了这一点，周公夜以继日地小心行事与曲意前知或者着意逢迎的区分自然一目了然了。"心天之意古今同然。心通于天是圣学学脉，悟及此，则万化生生，一了百了。心意通天，应物无方，越是应物，心天之意就越是澄明。如果一定要期待或者盼望未来的事情如何发生，那就夹杂了欲望、得失的考量，就是不够真诚。如果一个人心中纯粹是心天之意的状态，那就顺其自然地去努力工作，这与一个心中充满期待与欲望的状态，其实有着很大的区别。

【285】仁动体机，为己之学

问："'一日克己复礼，天下归仁'[1]，朱子作效验说，如何？"

先生曰："圣贤只是为己之学，重功夫，不重效验。仁者以万物为一体，不能一体，只是己私未忘。全得仁体，则天下皆归于吾仁，就是'八荒皆在我闼'[2]意，'天下皆与其仁'[3]亦在其中。如'在邦无怨，在家无怨'[4]，亦只是自家不怨[5]，如'不怨天，不尤人'[6]之意。然家邦无怨，于我亦在其中，但所重不在此。"

---

[1] 语出《论语·颜渊》，意思是，一旦每个人的心思意念都达到这个状态，天下的一切其实就都归于仁爱之境了。

[2] 语出吕大临《克己铭》。意思是，八方荒远之地都在我的门内。

[3] "天下皆与其仁"是朱熹"则天下之人皆与其仁"一语的节略。参黎业明：《王阳明传习录校笺》，第316页。

[4] 语出《论语·颜渊》，意思是，做到在诸侯的朝廷上当领导而没人怨恨（自己），在卿大夫的封地里当领导也没人怨恨（自己）。

[5] 此处"亦只是自家不怨"，强调因为自己内心不怨恨而不会招惹他人来怨恨自己。

[6] 语出《论语·宪问》："子曰：'不怨天，不尤人，下学而上达。知我者，其天乎？'"意思是，孔子回答："我不埋怨苍天，也不责备世人，下学人间世事，上达天道天命。能够了解我的，恐怕只有上天了吧！"

【意】有人问："《论语》中'一日克己复礼，天下归仁'，朱熹先生认为是在讲效果验证，您觉得他说得怎么样？"

先生回答说："圣贤只是为了自己去成就学问之道，所以重视如何下功夫，但不重视效果验证。有仁爱之心的人与天地万物合为一体，如果不能和天地万物合为一体，那只是因为还没有忘记个人的一己之私心。如果自己完全证悟到了仁人之意的本体，那么天下就都可以统归于我的仁爱之意中，也就是'八方的荒远之地都在我的心思意念之内'的意思，也就是'天下之人都赞同而且统归于仁爱'之意了，他们的仁爱之意也就都在其中了。比如能够做到'在诸侯的朝廷上当领导而没人怨恨（自己），在卿大夫的封地里当领导也没人怨恨（自己）'，也只是自己没有怨恨，不去怨恨他人而已，就像孔子'不去埋怨苍天，也不责备世人'的意思。然而，如果在诸侯国、卿大夫家工作都没有招来怨恨，那么我自己（的内心）当然应该也是无怨的，只是所重视的不在于没有招来怨恨这样的效果验证。"圣人之学是为己之学，在《传习录》当中，为己之学的核心就是要注重念念持守心天之意的工夫：其一是如何领悟心天之意，并持守不失，用意于无境之中；其二是如何有魄力改境、造境。这些都需要强大的心力和意志力来持志、用意，也就是如何培养运用巨大的心天之意的工夫。这可谓是阳明学的核心工夫论。

心天之意的核心思想不关注效果和验证，所以不是结果主义（consequentialism）的，如果一定要说，可以说是动机主义（motivationism）的。心天之意即心意通达天下，此意充满仁爱，可以说是仁爱他人之意（仁人之意），因为内心毫无怨言，所以不会招感他人的怨恨。这种心天即仁爱之意的理解，是比较明显的动机主义，即强调意念发动要以仁爱为发端，在意念发动的状态前去做工夫，而不强调意念实化之后的效果和验证。因为前面说过，不是因为有心天之意与仁爱之意，人就可以永远趋福远害。即使是圣人，也不可能完全避免灾难降临自身。因此，没有必要在念念生起的时候去计较利害，否则就会影响纯正的心天之意或仁爱之意的自然发动，从而违背了儒学本是为己之学的本旨。

【286】发力借巧，四两千斤

问："孟子'巧力圣智'[1]之说，朱子云：'三子力有余而巧不足。'[2]何如？"

先生曰："三子固有力，亦有巧，巧力实非两事。巧亦只在用力处，力而不巧，亦是徒力。三子譬如射，一能步箭，一能马箭，一能远箭，他射得到，俱谓之力，中处，俱可谓之巧。但步不能马，马不能远，各有所长，便是才力分限有不同处。孔子则三者皆长。然孔子之和，只到得柳下惠[3]而极；清，只到得伯夷而极；任，只到得伊尹而极，何曾加得些子？若谓'三子力有余而巧不足'[4]，则其力反过孔子了。'巧力'只是发明'圣知'之义，若识得'圣知'本体是何物，便自了然。"

【意】有人问："孟子有'巧、力、圣、智'的说法，朱熹先生说：'三子力有余而巧不足。'这种理解怎么样？"

先生说："伯夷、伊尹、柳下惠三人固然有力气，但也有技巧，因为技巧和力气实际上并不是两回事。技巧也只是体现在用力的地方，光用力气而没有技巧，那就是徒劳白费力气。假如这三个人比赛射箭，一个能步行射箭，一个能骑马射箭，一个能远距离射箭，他们都能射到靶子，都可以称为有力气，也都能射中目标，所以可以说都有技巧。但是会步行射箭的不会骑马射箭，会骑马射箭的不能远距离射箭，他们各有所长，这是人的材质能力的极限有所不同。孔子则兼有三人三种技能之长。但孔子的'和'最多只能达到柳下惠的极点；'清'也只能达到伯夷的极点；任职之能力也只能达到伊尹的极点，哪里还能再增加一点点呢？如果说'三子力有余而巧不足'的话，那么他们的力气反倒超过孔

---

[1] 语出《孟子·万章下》："孔子，圣之时者也。孔子之谓集大成。集大成也者，金声而玉振之也。金声也者，始条理也；玉振之也者，终条理也。始条理者，智之事也；终条理者，圣之事也。智，譬则巧也；圣，譬则力也。"孟子用巧比喻智，用力比喻圣。

[2] 语出朱熹《孟子集注·万章下》。意为伯夷、伊尹、柳下惠这三位圣人，作为圣人的材质有余，但智慧不足，就好比射箭时力气有余，但技巧不足。

[3] 柳下惠即展获，字禽，鲁国大夫，贤人。居柳下，谥号曰惠。

[4] 语出朱熹《孟子集注》。

子了。'巧'与'力'只是用来说明'圣'与'智'的含义，如果知道了'圣'和'智'的本体是什么东西，就自然会明了。"每个人的才能皆从本性而来，皆因其才具不同而心力、意能有别，意识的能量和发挥的限度当然就有所限制。心天之意发用出来，都既需要力量，也要借助巧力，因为必须借用巧劲巧力才能把心天之意智慧发挥到极致。可见，心天之意发于事物之时要有魄力，应对事物之时需要技巧来增进巧力。巧妙是在使用力道的过程当中发挥出来，而且用力之巧要恰到好处，才能事半功倍，四两拨千斤。

【287】人天之意，天良自知

先生曰："'先天而天弗违'，天即良知也；'后天而奉天时'，良知即天也。"

【意】先生说："'他的人天之意发动和他的行动即使领先于天道变化的征兆，天道都会顺应他'，因为天就是人的天良之知；'他的人天之意发动和他的行动如果跟随着天道变化的征兆，他会顺应天时运化'，因为人的良知就是天。"人的天良之知对人来说有天的意味，而且，天良之知本来就是天。心天之意通于天道运行，先于天行而不违先天之意，后于天时之运化而仍然随奉天时，进而成就事业。所以心天之意即自然天行，能知善知恶，知是知非，当下一时于意上明了，即万事万物之化皆在心天之意当中，心即天，天即心，这就是冯友兰译"宇宙心"（universal mind）的意味。

【288】良知善恶，意悟是非

"良知只是个是非之心，是非只是个好恶，只好恶就尽了是非，只是非就尽了万事万变。"

又曰："是非两字是个大规矩，巧处则存乎其人。"

【意】"良知就是一个辨明是非的心，而是非就是本于爱好与憎恶，只要真诚地去爱好和憎恶，也就充分地彰显了是非，只要是发自本心的是非，也就完全穷尽了万事万物的变化。"

先生又说："'是非'两个字是一个根本的规矩和原则，具体实现程度看个人的修为，因人而异。"良知是有能力辨别良善和丑恶的，领悟心天之意即知事之是非。

【289】意体光明，无惧风云

"圣人之知，如青天之日，贤人如浮云天日，愚人如阴霾天日。虽有昏明不同，其能辨黑白则一。虽昏黑夜里，亦影影见得黑白，就是日之余光未尽处。困学[1]功夫，亦只从这点明处精察去耳。"

【意】"圣人的良知就像蓝天下的太阳，贤人的良知就像飘着浮云的天空中的太阳，蠢人的良知就像阴霾天气乌云密布中的太阳。虽然有昏暗与晴朗的不同，但他们能分辨黑白方面都相同。即使是在昏暗的黑夜里，也能隐隐约约地看见黑白，这是因为太阳的余光还没有完全消失。遇到困难才开始在困境中学习的功夫，也就是从这点光明的地方出发去精思明察而已。"天良之知犹如太阳，心天之意好比阳光。人到困境之中，要能够克服困难，体察到心灵意识本体性的光明之处，领悟到心天之意是意念本然的基石，带着与天俱来的光明与灿烂，无论风云雷暴，均不可任其掩抑意识本体的光明。

【290】阳光朗照，情如云化

问："知譬日，欲譬云。云虽能蔽日，亦是天之一气合有的，欲亦莫非人心合有否？"

先生曰："喜怒哀惧爱恶欲，谓之七情。七者俱是人心合有的，但

---

[1] 语出《论语·季氏》孔子曰："生而知之者，上也；学而知之者，次也；困而学之，又其次也；困而不学，民斯为下矣。"意思是，孔子说："生来就领悟仁人之道的人，当然是最高境界了；经过学习以后才领悟仁人之道的人，那就是次一等的了；遇到困难再去学习仁人之道的，那就更次一等了；至于遇到困难还不去学习仁人之道的人，这样的人当然就是最低境界的人了。"

要认得良知明白。比如日光，亦不可指着方所，一隙通明，皆是日光所在，虽云雾四塞，太虚中色象可辨，亦是日光不灭处。不可以云能蔽日，教天不要生云。七情顺其自然之流行，皆是良知之用，不可分别善恶，但不可有所着。七情有着，俱谓之欲，俱为良知之蔽。然才有着时，良知亦自会觉，觉即蔽去，复其体矣。此处能勘得破，方是简易透彻功夫。"

【意】问："良知好比是太阳，人欲好比是浮云。浮云虽然能遮蔽太阳，也是天上的气象中本来应该就有的，人的欲望莫非也是人心所应该具有的吗？"

先生说："欢喜、发怒、悲哀、恐惧、仁爱、厌恶、欲望，这就是七种情感。这七种情感都是人心里所拥有的，但要认清楚什么是天良之知。比如太阳光，就不能只照向某个方向、某个地方，只要有一线光明，就都是阳光的所在之处，即便有云雾缭绕四周，只要太空虚境之中还可以辨别天地间的颜色形象，那就是因为太阳光并没有消失。不可以因为浮云能遮蔽太阳，就要求天空不产生浮云。七情顺其自然地发散、流行，都是天良之知在发生作用，不能把七种情感区分出善、恶，但是也不可以执着。一旦执着于七种情感当中的任何一种，就都成了'人欲'，都成为认识天良之知的障碍。然而，刚一执着于某种情感，良知也自然就会有知觉，产生了觉察后，良知就会努力去清除这层蔽障，恢复良知的本体状态。如果能看得透这一层，才是简单彻底的功夫。"人生来就在七情六欲之中，只有体悟并坚守心天之意才能随顺情感之发却不迷失。即使在没有光明、难以觉知心天之意的时候，就像夜晚或阴雨天一样，并不代表太阳的光明没有了，阳光只是暂时被遮蔽、觉知不出来而已。可见，领悟和发动心天之意，既犹如阳光朗朗遍照，又随情感如云彩运化，变幻万千，二者看似矛盾，其实融贯一体，不可分开。

情感如浮云，既是天的现象，也是心天之意的对象。心天之意不是超脱情感变化的另外一种意识状态，而是内在于情感之中，是在七情六欲当中可以切己反思而证成的内在意识。情感不可执着，执着即成欲望，蒙蔽心天之意，所以需要自觉心天之意，不让心天之意成为情感运作的障碍。毕竟知觉、情感的存在有其自身的合理性，不能彻底除去，只能在感知之中透显，但只是透显心天之意仍然不够，还要有魄力去运用、实化心天之意。所以"明意"之"明"，不仅有不及物的、形容词意的"光明的"（luminated），也有及物的"明白""明显""照明"（illuminating）之意。

【291】阳光及物，天良积德

问："圣人生知安行是自然的，如何？有甚功夫？"

先生曰："知行二字即是功夫，但有浅深难易之殊耳。良知原是精精明明的。如欲孝亲，生知安行的，只是依此良知落实尽孝而已；学知利行者，只是时时省觉，务要依此良知尽孝而已；至于困知勉行者，蔽锢已深，虽要依此良知去孝，又为私欲所阻，是以不能，必须加人一己百、人十己千之功，方能依此良知以尽其孝。圣人虽是生知安行，然其心不敢自是，肯做困知勉行的功夫。困知勉行的，却要思量做生知安行的事，怎生成得！"

【意】有人问："圣人的生知安行是自然如此，这样说对吗？要怎么做工夫才能做到这一点呢？"

先生回答说："'知'和'行'这两个字就是功夫，只不过有深浅难易的差别罢了。天良之知原本就是精纯光明的。比如想要去孝敬父母，那些生知安行的人，只需要依照着自己的天良之知，实实在在地去尽孝就可以了；那些学知利行的人，只是需要时时反省，务必要按照天良之知去尽孝就可以了；至于那些困知勉行的人，他们的天良之知被遮蔽禁锢已经很深了，即使他们想要依照着自己的天良之知去孝，但又被私欲阻拦隔断，因而不能尽孝，必须付出比别人多百倍、千倍的功夫，才能依照自己的天良之知去尽孝。圣人虽然是生知安行的人，然而他的内心不敢自以为是，更愿意去做困知勉行的工夫。可是那些困知勉行的人，却总想着去做生知安行的事情，他们怎么可能做得成功呢！"心天之意如太阳光明遍照，自然精粹明白，及于万物。无论个人的天资如何，都要尽量让心意之发保持在心天之意当中。不同资质的人，要做不同的工夫，天分高的人

钱德洪录 545

简易，天分中等的人需要反省调整，天分低的人就要千辛万苦做工夫，才能达到心天之意的状态，知道什么是天良之知，进而凭依天地良心去积善成德。

【292】情本乐感，涵伤摄悲

问："乐是心之本体，不知遇大故于哀哭时，此乐还在否？"

先生曰："须是大哭一番了方乐，不哭便不乐矣。虽哭，此心安处即是乐也，本体未尝有动。"

【意】有人问："快乐是心的本体，不知道在遭遇大的变故而悲哀痛哭时，这种本体性的快乐还存在吗？"

先生回答说："必须痛哭一番之后才有快乐，如果不痛哭就不能快乐。即使在哭的时候，自己的内心所安处的状态，就是一种本体性的快乐，本体的快乐从来没有什么变动。"即使在大哭的时候，心天之意那种通于天道的自然本体之乐，还是可以被体会和感觉到的。此乐是本体之乐，是不会因为学生问的那种情绪上的苦乐就有所改变的。换言之，人可以自觉、静观自己在产生悲伤情感之后，仍然能够觉知、体验到表面情感下面那种更加深层的、本体性的快乐。或者说，儒家的"情本体"以"乐"为根基，可谓"乐感文化"，即意识兴作于有音乐感的、天人大乐的本体境界当中，可以涵摄人世间一切现实的悲伤情感。

【293】心学本易，笋生成林

问："良知一而已。文王作《彖》，周公系《爻》，孔子赞《易》，何以各自看理不同？"

先生曰："圣人何能拘得死格？大要出于良知同，便各为说何害？且如一园竹，只要同此枝节，便是大同。若拘定枝枝节节，都要高下大小一样，便非造化妙手矣。汝辈只要去培养良知，良知同，更不妨有异处。汝辈若不肯用功，连笋也不曾抽得，何处去论枝节？"

【意】有人问："良知只有一个而已。文王创作了卦辞，周公系属了爻辞，孔子赞颂《周易》而成"十翼"，为什么同是圣人，但各自所看到的《易》理有所不相同呢？"

先生回答说："圣人怎么可能死板地拘泥于某个模式呢？只要大的方面都同出于天良之知，就是各自立说不同，但又有什么不好的影响呢？就像满园的竹子，只要枝节都相同，就是根本上大同。如果硬要拘泥于每根竹子的细枝末节，要它们的高低、大小都一个样，那就不再是大自然神妙的造化之手了。你们只管去培养天良之知，只要天良之知都相同，彼此各自有所差异也不会相互妨碍。但你们若是不肯用功，就可能连竹笋都长不出来，哪里还可能去讨论什么细枝末节呀？"阳明之道通于易道，通于心天之意。心意通天了，各自的心意自然随顺万物而成就。虽然不同的意必及于不同的缘分（意缘）表现出来，但心天之意的本体古今贯通，没有任何不通之处。万物随道而成，各自殊异，用功是用心意去让本体心天之意自然呈现，如果不能呈现，就是尚未悟及本体，工夫不足，可能连小竹笋（心天之意呈现的一点迹象）都还没有，更不要说讨论整片竹林（圣人们表达心天之意的不同境界）。

【294】生活互系，念积成角

乡人有父子讼狱，请诉于先生，侍者欲阻之。先生听之，言不终辞，其父子相抱恸哭而去。

柴鸣治 [1] 入问曰："先生何言，致伊感悔之速？"

先生曰："我言舜是世间大不孝的子，瞽瞍是世间大慈的父。"

鸣治愕然，请问。

先生曰："舜常自以为大不孝，所以能孝。瞽瞍常自以为大慈，所以不能慈。瞽瞍只记得舜是我提孩长的，今何不会豫悦我？不知自心已为后妻所移了，尚谓自家能慈，所以愈不能慈。舜只思父提孩我时如何爱我，今日不爱，只是我不能尽孝，日思所以不能尽孝处，所以愈能孝。及至瞽瞍底豫时，又不过复得此心原慈的本体。所以后世称舜是个古今

---

[1]　王阳明弟子。

大孝的子，瞽瞍亦做成个慈父。"

【意】乡下有父子二人打起了官司，告状到先生那里，想请先生裁断，先生的侍者们想阻拦。但先生却认真听他们的诉说，先生劝解的话还没有说完，父子俩就抱头痛哭，继而离去。

柴鸣治进来问道："先生说了什么话，使他们这么快就感动并且悔悟了？"

先生说："我跟他们说，舜是人世间最不孝的儿子，而瞽瞍是人世间最慈爱的父亲。"

柴鸣治惊愕不已，请教先生为何这么说。

先生说："舜常常自以为最不孝顺，所以他能尽力去孝顺。瞽瞍常常自认为是最慈爱的，所以他不能真正地慈爱。瞽瞍只记得舜是自己从小抚养大的，现在为什么不能取悦自己，令自己愉快呢？却不知道自己的心早就已经被后妻改变了，还自以为自己很慈爱，所以就更加不能真正地慈爱。舜只想着父亲从小抚养自己时，是如何深爱自己，如今不爱自己了，应该只是因为自己不能尽孝，于是每天反思自己没能尽孝的不足之处，所以就更加孝顺。等到在瞽瞍高兴的时候，也不过是恢复了他自己心中原有慈爱的本体。所以后世称赞舜是古今少有的大孝子，而瞽瞍也就成为了一个慈祥的父亲。"一般人意识不到孝顺的行为和孝顺的意念之间存在区别，需要经过反省才能觉知二者状态不同。阳明以父子争讼为例，说明一般人虽然对孝顺意念的觉知力有所不足，但如果被人一点拨，可能就彻底通了。这对父子彼此争讼，肯定彼此斥责对方对孝行无感，但阳明一点拨，彼此都发现自己心存孝心孝意，立即痛彻悔恨之前的所作所为。

人作为在社会当中生活的人，需要通过与人交往，在关系当中才能彼此成就。一般来说，角色不可能脱离社会关系，关系当中对方的角色需要因自己的心念而成就。甚至在舜和恶父瞽瞍这样的关系当中，可以说，因为瞽瞍之恶，反而成就了舜之大善，也因舜的大善之孝，反而成就了瞽瞍从恶父到慈父的角色转变。这里面的关键是因为大舜能够念念戒慎恐惧，时刻担心自己偏离孝顺之心，所以能让自己的孝心孝意保持中正平和的状态，无论恶父的恶行如何，都不影响他成就自己的孝子角色，而他的孝子角色成功之后，恶父的角色也转变为带有慈父意味。可见，意念的积存成就角色，念念要存恐惧反省之心，所发之念才能积存而有成。

【295】道体无二，心天不分

先生曰："孔子有鄙夫来问[1]，未尝先有知识以应之，其心只空空而已；但叩他自知的是非两端，与之一剖决，鄙夫之心便已了然。鄙夫自知的是非，便是他本来天则，虽圣人聪明，如何可与增减得一毫？他只不能自信，夫子与之一剖决，便已竭尽无余了。若夫子与鄙夫言时，留得些子知识在，便是不能竭他的良知，道体即有二了。"

【意】先生说："有一个粗鄙的农夫来向孔子请教，孔子并没有现有的知识来应对他，他的心中空空，没有什么知识；但孔子只要询问农夫心中知道的是非，从是非两个方面去跟他一一剖析辨明，农夫的心就了然明白了。粗鄙农夫所自知的是非，就是他内心本来就具备的天理准则，虽然孔圣人聪明绝顶，可怎么能够对这种天理准则增减一丝一毫呢？农夫原来只是不能自我觉察，等到孔子跟他一一讲明，一切是非就完全显现无疑了。如果孔子与粗鄙的农夫谈话时，保留了一些知识，可能就不能完全呈现他自己的天良之知了，那样的话，天良之知大道的本体也就被分为两截了。"农夫之意本来通天，所以一经点拨就能自然了悟，迅速明白，这也说明孔子心意通天，具有帮助他人明白心天之意，即明明德的能力。心天之意的道体无二，孔子去帮助他人推致良知，就是开发其心本来通天的自然本体状态。如果没有开发出对方的心天之意，对方就会认为心与天有分别，但从阳明强调心天不分的境界来说，心天相分是完全不应该发生的事。心感通天，而不仅仅是心联结天，心意通于天意，一切存在都在心意与天意之中。

---

[1] 语本《论语·子罕》："子曰：'吾有知乎哉？无知也。有鄙夫问于我，空空如也，我叩其两端而竭焉。'"意思是，孔子说："我有天生什么都懂的智慧吗？我可没有这样的智慧啊。如果有一个乡下人来问我问题，我对他谈的问题本来一点成见也没有，但我只需要从问题的首尾、正反、本末两端去追问考察，把两者的好坏结果分析始尽，这样我对他的问题就可以全部搞清楚了。"

钱德洪录 549

【296】自作功夫，持道体意

先生曰："'烝烝乂，不格奸'[1]，本注[2]说象已进进于义，不至大为奸恶。舜征庸后，象犹日以杀舜为事[3]，何大奸恶如之！舜只是自进于义，以义熏烝，不去正他奸恶。凡文过揜慝，此是恶人常态；若要指摘他是非，反去激他恶性。舜初时致得象要杀己，亦是要象好的心太急，此就是舜之过处。经过来，乃知功夫只在自己，不去责人，所以致得'克谐'[4]；此是舜动心忍性、增益不能处。古人言语，俱是自家经历过来，所以说得亲切；遗之后世，曲当人情。若非自家经过，如何得他许多苦心处？"

【意】先生说："《尚书》里说'烝烝乂，不格奸'，孔安国注说象已经接近义了，不至于放肆去干奸恶的事情。大舜被征召做官后，象仍旧每天都谋划着杀掉大舜，需要什么样的奸恶才能达到这样的程度啊！但大舜只是自己逐渐地去达到和实现义的状态，用善行义举去熏陶感化象，而不是直接去纠正他的奸邪丑恶。凡是文过饰非、掩饰过错的，这是邪恶之人经常一贯的做法；如果直接去指责他的是非，反而会激发他的恶性。大舜当初之所以招致象来杀自己，就是因为自己希望象变好的心太过急切，这其实就是大舜的过错。经过这一番事变之后，大舜才意识到功夫只在自己身上，不需要去指责别人，所以才能够与象实现和谐相处；这也是舜转变观念、磨炼性格、增益之前做不到的能力的过程。古人所说的言语，都是自己经历过后的总结，所以说得十分亲切；流传到了后世，变通过后仍然能够合乎人情。如果不是自己亲身经历过的，怎么可能理解他那么多良苦用心呢？"大舜所做的工夫，正是阳明一再强调

---

[1] 语出《尚书·尧典》："瞽子，父顽，母嚚，象傲；克谐以孝，烝烝乂，不格奸。"意思是，瞎子的儿子舜，父亲顽劣，母亲愚蠢，弟弟象狂傲；但舜却能与他们和睦相处，尽孝而已，逐渐达到自治，而不至恶的境地。

[2] 指孔安国传注说："谐，和。烝，进也。言能以至孝和谐顽象昏傲，使进进以善自治，不至于奸恶。"

[3] 语出《孟子·万章上》。

[4] 克谐是能和谐，调和。《尚书·舜典》："八音克谐，无相夺伦。"

的，即无论他人对你怎样，你都要做正确的事情，即做持守心天之意的工夫。当自己的心天之意挺立起来了，就不去招惹和搭理他人的恶，而且相信对方也有心天之意，最终能够自我感动，并受到感化。如果越是指责对方的恶，反而越是伤害自己的心天之意，也就偏离道体越来越远。这其实是阳明心学"做"工夫的核心，即自悟、自了、自通、自持心天之意。结合阳明的为学实践，可以发现阳明自己既有类似体悟，也一直都是这样做的。

【297】元声和天，意会韵律

先生曰："古乐不作久矣。今之戏子，尚与古乐意思相近。"

未达，请问。

先生曰："《韶》之九成[1]，便是舜的一本戏子；《武》之九变，便是武王的一本戏子。圣人一生实事，俱播在乐中，所以有德者闻之，便知他尽善尽美与尽美未尽善处。若后世作乐，只是做些词调，于民俗风化绝无关涉，何以化民善俗！今要民俗反朴还淳，取今之戏子，将妖淫词调俱去了，只取忠臣孝子故事，使愚俗百姓人人易晓，无意中感激他良知起来，却于风化有益。然后古乐渐次可复矣。"

曰："洪要求元声不可得，恐于古乐亦难复。"先生曰："你说元声在何处求？"

对曰："古人制管候气，恐是求元声之法？"先生曰："若要去葭灰黍粒中求元声，却如水底捞月，如何可得？元声只在你心上求。"

曰："心如何求？"先生曰："古人为治，先养得人心和平，然后作乐。比如在此歌诗，你的心气和平，听者自然悦怿兴起，只此便是元声之始。《书》云：'诗言志。'[2]志便是乐的本；'歌永言'，歌便是作乐的本；'声依永，律和声'，律只要和声，和声便是制律的本。何尝求之于外？"

---

[1]　《韶》是舜所作的乐曲名。成是指乐曲终止，奏完一章相当于一成。

[2]　语出《尚书·舜典》："诗言志，歌永言，声依永，律和声。"

曰："古人制候气法，是意何取？"先生曰："古人具中和之体以作乐，我的中和，原与天地之气相应；候天地之气，协凤凰之音，不过去验我的气果和否。此是成律已后事，非必待此以成律也。今要候灰管，先须定至日。然至日子时恐又不准，又何处取得准来？"

【意】先生说："古代的乐曲已经很久没人演奏，也不兴盛了。今天的戏曲和古代音乐要传达的意思有点相近。"

钱德洪没有听懂先生的话，就向先生请教。

先生解释说："《韶》乐的九章，就是大舜的一本戏曲；《武》乐的九变，就是周武王的一本戏曲。圣人一生实实在在做成的事业，都记录在乐曲之中，所以有道德的人听了，就明白其中的尽善尽美和尽美而未尽善的地方。至于后代创作乐曲，只是写些歌词小调，跟民俗风化完全没有关系，怎么能够教化百姓，使民风向善呢！如果要民风返璞归真，就要把当今的戏曲拿来，把里面淫靡的词调都删除掉，只留下那些忠臣孝子的故事，让愚昧粗浅的百姓人人通晓，在不知不觉中感化他们的天良之知，这样才对移风易俗有好处。然后古代的音乐才能逐渐恢复。"

钱德洪说："我想寻找元声都找不到，恐怕古代的音乐很难恢复。"先生问："你说说元声应该到哪里去寻求？"

德洪答道："古时候的人制造律管来测定节气，这或许是寻找元声的办法？"先生说："如果要在芦草灰、米粒当中去寻找元声，那就好像水底捞月一样，怎么可能找得到？元声只能从你的内心上去寻找。"

德洪问："在内心上要怎么才能寻找得到呢？"先生说："古人要治理天下，首先要培养人们内心平和，然后才能制作音乐。比如在这里吟诵诗歌，你心平气和了，听众自然会感到愉悦满意，兴趣盎然，这就是元声的开端。《尚书》说：'诗言志。'这个'志'就是音乐的本体；'歌永言'，这'歌'就是制作音乐的本体；'声依永，律和声'，音律只要求和声音和谐一致，这声音和谐就是制作音律的本体。又怎么能到心外去寻找呢？"

德洪问："那么古人用律管测定节气的方法，其用意的依据是什么呢?"先生说:"古人具备了中正平和的乐曲之本体,然后才去制作乐曲,人的中正平和原本与天地之气相互感应;观测天地间节气的流转,与凤凰的鸣声相和谐,这不过是去验证我们胸中的气是否果真达到了中正平和罢了。这是制订了音律以后的事情,但不是等到这之后才来制作音律。如今使用律管飞灰来测定节气,就必须先要确定冬至的日子。然而到了冬至的子时,恐怕又不准确,那么,又到哪里去取得标准呢?"

古代的音乐涵摄了心天之意,故可以教民向善、导民化俗。老百姓意识平和宁静,是使得民风淳朴的关键途径。音乐自然通于天道,可以引导百姓的心意,使之合乎天道的节律。元声即和于天地节律的声音,是心天之意发于乐律的表现。元声可以意会自然的节律,不能单纯是客观的,因为如果没有意会,则于心天之通无感,终究还是镜花水月。

心志即心天之意,"诗言志"指诗词和音乐的本质,其实是人心天道的感通。言与声都是把心天之意意会为意念之后的客观韵律化表现。古人让自己的心意通于天地的节律,之后才制作音乐。到了冬至这样的节气,还需要心意去准确意会才行。只有这样,节气的力量才能在心意用于天(即无)境中产生,表现为心意通天的自然节奏与韵律。

【298】心意造境,推致天良

先生曰:"学问也要点化,但不如自家解化者,自一了百当。不然,亦点化许多不得。"

【意】先生说:"追求学问也需要别人的指点和教导,但还是不如自己理解和觉悟的,自己立即消化的就能一通百通。不然的话,别人指点得再多对自己也帮助不大。"没有人指点难以悟得心天之意,很难进入大道之门。学问之道贵在自己有心得,可以领会心意通天和心意造境的力量。有意识地明了心天之意,再有意识地发动心天之意,即是推致天良之知。

【299】本心通天，伟业自意

孔子气魄极大，凡帝王事业，无不一一理会，也只从那心上来。譬如大树，有多少枝叶，也只是根本上用得培养功夫，故自然能如此，非是从枝叶上用功，做得根本也。学者学孔子，不在心上用功，汲汲然去学那气魄，却倒做了。

【意】（先生说：）孔子的气魄非常大，就连帝王的事业，他也都全部理解领会下来，但也只是从自己内心上来领会。就像大树，不论有多少枝枝叶叶，也都要从树根本源上来做培养的功夫，所以自然枝叶茂盛，而不是从枝叶上做功夫去培养树根。学习孔子的人们，多不在内心下功夫，急切忙乱地去学他那气魄，这样做却是把功夫做倒了。孔子的本心通天，其伟业要从心意通天的角度来理解，圣人的事业来自人的心思和意念，不在推致意念的抱负和气概。

【300】就错改错，文过饰非

人有过，多于过上用功，就是补甑，其流必归于文过。

【意】（先生说：）人有了过错，多半是在过错上用功，这就好像修补破了的瓦罐，必然会导致文过饰非的毛病。错了要改，要用心天之意知错就改，而不是就错改错，否则不能彻底纠错，可能会导致错误越来越大。

【301】常人逐物，心散气乱

今人于吃饭时，虽无一事在前，其心常役役不宁，只缘此心忙惯了，所以收摄不住。

【意】（先生说：）现在的人在吃饭的时候，虽然眼前没什么事来干扰，但他们的内心常常劳苦不息，不得安宁，这就是因为这颗心忙乱成习惯了，所以把持不住。阳明批评常人心意逐物难回，迷失本性，心散气乱。

554 传习录明意

【302】言辞适度，立功定业

琴瑟简编，学者不可无。盖有业以居之[1]，心就不放。

【意】（先生说：）琴瑟和书卷，对学习者们来说是不可或缺的。因为如果有了稳定正当的事业去安放这些（琴瑟和书卷），学习者的内心就不会放纵、走失、堕落了。琴瑟和书卷这些东西里面包含着心意通天的状态和教导，所以学习者应该要自觉地接受它们的引导。用它们来陶冶性情，有助于说话讲求言辞适度合宜，修养内心意念之境，使之真诚信实，这样就有利于立定功业，而安定的事业又能够继续帮助安住内心而不放失出去。可见，儒家修养和教化的工夫都是为了培养学习者实现并保持心天之意的意识状态。

【303】好高离本，忘与人同

先生叹曰："世间知学的人，只有这些病痛打不破，就不是'善与人同'[2]。"

崇一曰："这病痛只是个好高不能忘己尔。"

【意】先生叹息着说道："世间知道学习的人，只要这些毛病改不掉，就不可能达到'善与人同'的境界。"

欧阳崇一说："这个毛病其实只是好高骛远，不能忘却自己罢了。"人心本来通天，但因为好高，反而离却了天的本体，离开了与人和同的自然状态。

---

[1] 语出《周易·乾卦·文言》："修辞立其诚，所以居业也。"意思是，说话讲求言辞适度合宜，内心意念之境真诚信实，有利于立定功业。

[2] 语出《孟子·公孙丑上》："大舜有大焉，善与人同，舍己从人，乐取于人以为善。"意思是，善的标准与别人相同。

钱德洪录 555

【304】过与不及，体其分寸

问："良知原是中和的，如何却有过、不及？"

先生曰："知得过、不及处，就是中和。"

【意】有人问："良知原本是中正平和的，为什么却有过分与不及的情况呢？"

先生回答说："知道了过分与不及的状态，就知道什么是中正平和了。"虽然良知通天，自然中正平和，但不是那么容易为人所知的。人需要通过觉知情感发动之过分与不及的状态，体会并找到其中的分寸，进而理解良知本体那种中正平和的状态。

【305】将心比心，人与我通

"所恶于上"[1]是良知，"毋以使下"即是致知。

【意】"上级的无礼让我讨厌"，这是天良之知；"将心比心，我对下级不要无礼"，这就是推致天良之知。心意通天是时常要保持的状态，即使上级让自己极其为难，也不可用同样的方式去对付自己的下级。主事之人当时刻秉持心天之意，并自我警醒，己所不欲勿施于人，不要把自己不想承担的心意状态，强加给自己的下级，这是将心比心，认为他人有着与我相通的情感反应机制，要时刻同情并尊重他人。

【306】通晓事变，用之不善

先生曰："苏秦、张仪之智，也是圣人之资。后世事业文章，许多豪杰名家，只是学得仪、秦故智。仪、秦学术善揣摸人情，无一些不中人肯綮，故其说不能穷。仪、秦亦是窥见得良知妙用处，但用之于不善尔。"

【意】先生说："苏秦、张仪等人的才智，也是圣人的资质。后代的

---

[1]　语出《大学》："所恶于上，毋以使下；所恶于下，毋以事上。"

事业文章，许多豪杰名人，也只是学到了张仪、苏秦用过的智谋的皮毛而已。苏秦、张仪之学善于揣摩人心和情感，没有不切中人情世故的，所以他们的学问层出不穷、难以穷尽。张仪、苏秦也是因为发现了良知的妙用处，只是可惜没有用在正道上罢了。"纵横家的纵横之术也是基于人情世故，即心天之意的自然流露。但他们虽通达人心，通晓事变，却没有让心天之意的本然纯善的自然状态一直做主宰，而以外在权位和事功的大小来主导意念的分寸，所以纵横家的意念方向与格局，与儒家的圣人之道很不相同。

【307】寂静本体，洪钟惊天

或问"未发已发"。

先生曰："只缘后儒将未发已发分说了，只得劈头说个无未发已发，使人自思得之。若说有个已发未发，听者依旧落在后儒见解。若真见得无未发已发，说个有未发已发，原不妨，原有个未发已发在。"

问曰："未发未尝不和，已发未尝不中。譬如钟声，未扣不可谓无，既扣不可谓有。毕竟有个扣与不扣，何如？"

先生曰："未扣时原是惊天动地，既扣时也只是寂天寞地。"

【意】有人向先生请教"未发已发"的问题。

先生回答说："只因为后世的儒者把未发和已发分开来说，所以动不动上来就说没有什么未发、已发，让人自己去思考体会。如果说有未发已发，听到这话的人仍然局限在后世儒者的见解当中。如果真的理解了没有什么未发、已发之分，那么即使说个未发和已发出来，也并不碍事，因为原本就有个未发和已发存在。"

有人问："未发未尝就不是'和'的状态，已发未尝就不是'中'的状态。譬如敲钟的声音，没有叩击的时候不能说就没有声音，叩响了之后也不能说就有声音。毕竟有敲击与不敲击的区别，这样讲对吗？"

先生回答说："没有敲钟的时候，原本就是惊天动地；钟敲响了之后，其实也只是寂静无声。"心天之意的本体与发用，不可截然分开，如果分开来理解，就有意的未发状态与意的已发状态，并以为二者可能是两种可以分开的状态。关键在于，只要领悟了心天之意本来没有办法区分未发与已发的状态，本来浑然一体，意之所在即是本体自然澄明、呈现、自在，那么即使再区分说明有所谓未发已发，也就无所谓了。

没有叩击的时候，心天之意仍然在那里，所以也有惊天动地的潜能存在。从本体的贯通上讲，也可说仍然惊天动地。叩响了以后，心天之意与物贯通，还是那么寂静，还是那个寂静本体的自然存在状态，在如洪钟般惊天之音的背后，仍然是寂然无声的本体与现象贯通的状态。

【308】人性通天，超越对待

问："古人论性，各有异同，何者乃为定论？"

先生曰："性无定体，论亦无定体。有自本体上说者，有自发用上说者，有自源头上说者，有自流弊处说者。总而言之，只是这个性，但所见有浅深尔。若执定一边，便不是了。性之本体，原是无善无恶的。发用上也原是可以为善、可以为不善的，其流弊也原是一定善、一定恶的。譬如眼有喜时的眼，有怒时的眼，直视就是看的眼，微视就是觑的眼。总而言之，只是这个眼。若见得怒时眼，就说未尝有喜的眼；得看时眼，就说未尝有觑的眼；皆是执定，就知是错。孟子说性，直从源头上说来，亦是说个大概如此。荀子性恶之说，是从流弊上说来，也未可尽说他不是，只是见得未精耳。众人则失了心之本体。"

问："孟子从源头上说性，要人用功在源头上明彻；荀子从流弊说性，功夫只在末流上救正，便费力了。"

先生曰："然。"

【意】有人问："古人讨论人的本性，说法各有异同，哪一种说法才是定论呢？"

先生回答说："人性并没有一个固定的本体、形态，关于人性的讨论也没有固定的本体或角度。有从本体上谈论人性的，有从生发、流行、实用的角度谈论人性的，有从本源上说性的，有从流弊上说性的。总而言之，讨论的还只是这个人性而已，但人们的见解有浅有深。如果只是执着一边、坚持某家观点，就不对了。人性的本体，原本是无所谓善，也无所谓恶的。在生发运用上，原来也可以为善，可以为不善，性的流弊也本来是有一些是善，有一些是恶的。譬如眼神，有喜悦时的眼神，也有发怒时的眼神，直视的时候就是正面看的眼神，窥视的时候就是偷看斜视的眼神。总而言之，只是这双眼睛在看。如果人们看到的是发怒时候的眼睛，就说眼神没有喜悦、高兴的时候；看到直视时的眼神，就说眼神没有斜视偷看的时候；这样的说法都是太过执着，都是认识上的错误。孟子说的人性，是直接从源头上说的，也只是说个大概而已。荀子主张人性恶之说，是从流弊上说的，也不能说他完全不对，只是他考察得还不够深入、精确而已。一般人则失去了心的本体。"

有人问："孟子从源头上说性，是要人用功，从源头上明晰透彻；荀子从流弊上说性，是让人只在末流上下功夫纠偏补救，这样就有些费力了。"

先生同意说："是这样的。"人性是人秉受天地之气凝聚的本性与倾向。但把这种本性与倾向意会出来，过分强烈地加以坚持，那就只是关于人性的偏见而已了。人性的本体无善无恶，自然而然通天融贯。意会出来的人性有无数的面向，或可恶，或可善，如果执着这些表面的倾向与特征，那就是把偏见当正见，容易离题万里，不得人性本体之全。

人性是心天之意落实于人身状态的具体领会，人性本来无所谓标签化的，可是后世的讨论太标签化了，所以讨论人性就不得不区分不同的性体与性的不同倾向，其实人性本来浑然一体，无所谓各种分别的。孟子、荀子的人性论都只是对人性的一种解释，不可执偏。阳明认为人性本体通天合道，自然而然，无所谓善恶之分，体现阳明人性论有通天意味，这种通天意味是超越善恶对待的。

【309】本体精微，运用卓绝

先生曰："用功到精处，愈着不得言语，说理愈难。若着意在精微上，全体功夫反蔽泥了。"

【意】先生说："用功越是到了精微的程度，就越发无法用言语来表达，这种状态想通过言说来表达天理也越来越困难。但如果执着在精微的细节上面，关于全体的功夫就反而会被蒙蔽拘泥了。"领悟到心天之意之后，非常难于用语言加以表达，因为它本身就是超言绝相的。关于本体的精微体察，与运用本体需要艰苦卓绝的功夫之间存在一种张力，这种张力不好处理，如果执着于体察本体的精微状态，则对心天之意全体的领悟功夫就会隐而不显，反之亦然。所以阳明强调在讲学的时候，要处理好领悟境界的精微之处与对天理理解的整体感之间的关系。

【310】无声无臭，不可执着

杨慈湖[1]不为无见，又着在无声无臭见上了。

【意】杨慈湖不是没有见识，然而他又执着在无声无味的状态上去体认了。杨简执着于无声无味、心通于物之前的先天状态去了，有点着相的感觉。不过，后人要想理解他执着的先天状态，还是会有相当难度。

【311】潜意通天，阳光底色

人一日间，古今世界都经过一番，只是人不见耳。夜气清明时，无视无听，无思无作，淡然平怀，就是羲皇世界。平旦时，神清气朗，雍雍穆穆，就是尧、舜世界。日中以前，礼仪交会，气象秩然，就是三代世界。日中以后，神气渐昏，往来杂扰，就是春秋、战国世界。渐渐昏夜，万物寝息，景象寂寥，就是人消物尽世界。学者信得良知过，不为气所乱，便常做个羲皇已上人。"

【意】人在一天之中，可以把古今世界都经历一遍，只是人们自己意识不到罢了。当夜气清明时，人们不看不听，宁静思虑，不去作为，平和宁静，这就是伏羲时代的气象。清晨天亮的时候，人们神清气爽，

---

[1] 杨简（1140—1226），字敬仲，浙江慈溪人，世称慈湖先生，陆九渊学生。杨简在心学方面有很多创见，而其心学又基于易学，这方面与阳明心学立足于易学较为接近。

万物祥和，雍容肃穆，这就是尧舜时代的气象。正午以前，人们礼尚往来，秩序井然，这就是夏商周三代时的气象。正午以后，人的精神气质逐渐昏迷阴暗，人事往来喧杂纷扰，这就是春秋战国时代的气象。逐渐到了昏暗的夜晚，万物休息，景象冷寂廖落、静默萧条，这就是人类消弭、万物衰亡时代的气象。学习者只要能够笃信天良之知，不被外气所干扰，就能经常做个伏羲时代以前那种气象的人。人的心天之意通于古今世界，是意识深沉的部分，故其并非完全无法言说。因此心天之意也可以说是一种通天的潜意识，有如意识中一切事物的底色都是阳光，即使黑暗的意识也以此阳光为底色。天地阴阳未分之先那种混沌一体的世界，是心天之意的本体境界。心念若能常常回复到心天之意的状态，就能体悟到阴阳未分之前的状态。保持这种心天之意，于一切境上生灭，毫不执着，就是一种用意穿透世间迁变，不生私意，不由私欲执着的功夫。

【312】圣人血脉，排山倒海

薛尚谦、邹谦之、马子莘、王汝止[1]侍坐，因叹先生自征宁藩[2]已来，天下谤议益众，请各言其故。有言先生功业势位日隆，天下忌之者日众；有言先生之学日明，故为宋儒争是非者亦日博；有言先生自南都以后，同志信从者日众，而四方排阻者日益力。

先生曰："诸君之言，信皆有之。但吾一段自知处，诸君俱未道及耳。"

诸友请问。

先生曰："我在南都已前，尚有些子乡愿[3]的意思在。我今信得这良

---

[1] 王艮（1483—1541），初名银，王阳明替他改名为艮，字汝止，号心斋，泰州安丰场（今江苏东台）人，王阳明学生，泰州学派创始人，其孙将其著作编为《心斋全集》。

[2] 指正德十四年（1519），王阳明平定宁王朱宸濠的叛乱，奇计迭出，仅用四十三天就平定了叛乱，生擒朱宸濠。

[3] 语出《论语·阳货》，意思是不讲原则的好好先生。

知真是真非，信手行去，更不着些覆藏。我今才做得个狂者[1]的胸次，使天下之人都说我行不掩言也罢。"

尚谦出，曰："信得此过，方是圣人的真血脉。"

【意】薛尚谦、邹谦之、马子莘、王汝止侍奉先生在座，大家感叹先生自从平定宁王叛乱以来，天下非议诋毁先生的人越来越多，先生让各位说说其中的缘故。有的说先生的功业权势日益显赫，因而天下嫉妒的人就越来越多；有的说先生的学说日益昌明传播，因而为宋儒辩护的人也就越来越多；有的说先生自从在南京讲学以后，志同道合的、崇信先生的越来越多，因而天下排挤、阻挠的人也就越来越厉害。

先生评论说："你们所讲的原因，我相信可能都有道理。但我自己还有一段亲身体会，各位都还没有谈到。"

大家都向先生请教。

先生回答说："我在南京讲学以前，还有一些想做老好人的想法。如今我坚信这天良之知就是真是真非，就该放手去说去践行，用不着躲躲藏藏、遮遮掩掩。所以我现在才刚刚达到狂者那种敢说敢当的胸怀，即便天下人都讲我做得不符合我说的，我也无所谓。"

薛尚谦站起来说："相信了这个天良之知，才是圣人的真正血脉所在。"阳明经历很多之后，对自己悟出的心天之意更加自信，认为应该传之于天下，哪怕自己的行为已经丝毫无法遮掩自己的学说，还是要传播圣人的真正学脉，这就要有虽千万人吾往矣的气概和魄力。在阳明看来，即使天下之人皆看得非常清楚，知道他已经要自立他说，与朱子等的前说不同，纷纷起而攻之，他还是要有万夫不当之勇，以排山倒海的气势，坚持被多数人认为是疯狂的推致天良之知的学说。

【313】日用不知，和光同尘

先生锻炼人处，一言之下，感人最深。一日，王汝止出游归，先生

---

[1]　语出《论语·子路》，指有进取精神、耿直敢言的人。

问曰："游何见？"对曰："见满街人都是圣人。"先生曰："你看满街人是圣人，满街人到看你是圣人在。"

又一日，董萝石[1]出游而归，见先生曰："今日见一异事。"先生曰："何异？"对曰："见满街人都是圣人。"先生曰："此亦常事耳，何足为异？"

盖汝止圭角未融，萝石恍见有悟，故问同答异，皆反其言而进之。

洪与黄正之、张叔谦[2]、汝中丙戌会试归，为先生道途中讲学，有信有不信。先生曰："你们拿一个圣人去与人讲学，人见圣人来，都怕走了，如何讲得行！须做得个愚夫愚妇，方可与人讲学。"

洪又言："今日要见人品高下最易。"先生曰："何以见之？"对曰："先生譬如泰山在前，有不知仰者，须是无目人。"

先生曰："泰山不如平地大，平地有何可见？"先生一言剪裁，剖破终年为外好高之病，在座者莫不悚惧。

【意】先生教育指点人，有时候一句话说出来，就能感人肺腑。有一天，王汝止外出游历回来，先生问他："你在外面游历，看到了什么？"王汝止答道："我看到满大街的人都是圣人。"先生说："你看到满街的人都是圣人，满大街的人看你也是圣人。"

又有一天，董萝石外出游历回来，对先生说："今天遇到一件奇怪的事。"先生问："什么奇怪的事？"他答道："我看到满大街的人都是圣人。"先生说："这也不过是平常事罢了，有什么值得大惊小怪的？"

大概因为王汝止棱角分明、锋芒毕露，董萝石恍然觉悟，所以虽然问题相同，但先生的回答却不同，先生都是就他们的话反过来启发他们。

我钱德洪与黄正之、张叔谦、王汝中参加完丙戌（1526）会试回来，对先生说我们在途中讲授先生学问的事情，有的人相信，有的人不相

---

[1] 董沄（1457—1533），字复宗，号萝石，浙江海宁人，六十七岁时问学于王阳明。

[2] 张元冲，字叔谦，号浮峰，浙江山阴（今绍兴）人，嘉靖十七年进士，官至右副都御史，晚年问学于王阳明。

信。先生说："你们摆着一个圣人的姿态去给别人讲学，人们看见圣人来了，都给吓跑了，怎么能讲得好呢！必须先做个愚笨的普通人，才能给别人讲学。"

钱德洪又说："如今要看出人品的高低很容易。"先生问："何以见得呢？"我回答道："先生的道德学问，就好比泰山矗立在眼前，如果有不知道敬仰先生的人，那就是不长眼睛的人。"先生说："泰山没有平地那么广阔，站在平地上，又怎么能够看到泰山呢？"先生只言片语的指点，就剖析击破了我们终年好高骛远的弊病，在座的人无不警觉、戒惧。一个人心中悟得圣人之道，有圣人涵养，投射到意向性活动当中，就有圣人的意境在。如果一个人不过是平常之人，虽然圣人看起来也是平常之人，但不是因为看到圣人满街，就说他就已经达到圣境了，因为他把圣人之境外在化了。如果自己认为自己是圣人，就无法给人讲学，因为自居圣人，没法把圣境投射出去，不是真正与人与物同体的圣人境界。有圣人眼光的人不会自居圣人，虽然看满街都是圣人，但意识自觉、觉知他们都是平常之人，如此才达到了即凡而圣的圣人境界。

平常人站在平常地方，看不到也领略不了泰山的崇高与伟大，所以一般人不能理解、无法明白，更不知如何追随了悟圣境的心天之意，这实在太平常、太正常不过了。何况圣人本是自平常境界而生，貌与常人无异，其心天之意发动也在日常生活当中。既然如此，圣人之境可谓通于老子"和光同尘"之境，与《易传》"百姓日用而不知"之境也相似。可见，阳明与弟子们的对话看起来轻描淡写，然其心意通天的境界已到极致。

【314】得道高人，虚怀若谷

癸未春，邹谦之来越问学。居数日，先生送别于浮峰。是夕，与希渊诸友移舟宿延寿寺，秉烛夜坐，先生慨怅不已，曰："江涛烟柳，故人倏在百里外矣！"

一友问曰："先生何念谦之之深也？"

先生曰："曾子所谓'以能问于不能，以多问于寡，有若无，实若虚，犯而不校'[1]，若谦之者，良近之矣!"

【意】嘉靖癸未（1523）春季，邹谦之来到浙江绍兴，向先生问学。居住了几天，先生到浮峰送行。这天晚上，先生与蔡希渊等几位朋友乘船借宿在延寿寺，大家秉烛夜坐，先生无限感慨，惆怅不已，说道："江涛奔流，烟柳翻飞，谦之顷刻就已经到百里之外了。"

有位朋友问："先生为什么对邹谦之思念如此深重啊?"

先生说："曾子曾经说过，'有能力却向没有能力的人请教，知识丰富却向知识匮乏的人请教，有学问好像没有学问一样，满腹知识像空无所有一样，纵使遭人欺侮，也不会去计较'，谦之差不多就是这样的人啊!"邹谦之是得道高人，而且虚怀若谷，他自己有学问，还不耻下问。他学问精深，却表现得空空如也，毫不自恃；他的心地坚强磐实，但云淡风轻，好像空无一物。涵养如此深厚，被人冒犯了也毫不在意，确实具有相当高的修养。

【315】道体空有，心天一如

丁亥年九月，先生起复[2]征思、田[3]。将命行时，德洪与汝中论学。汝中举先生教言曰："无善无恶是心之体，有善有恶是意之动，知善知恶是良知，为善去恶是格物。"

德洪曰："此意如何?"

汝中曰："此恐未是究竟话头。若说心体是无善无恶，意亦是无善无恶的意，知亦是无善无恶的知，物是无善无恶的物矣。若说意有善恶，毕竟心体还有善恶在。"

---

[1] 语出《论语·泰伯》，曾子曰："以能问于不能，以多问于寡，有若无，实若虚；犯而不校（jiào）——昔者吾友尝从事于斯矣。"意思是，曾子说："自己有才能，却向没有才能的人请教；自己知识丰富，却向见识寡少的人请教；自己有学问，却像没有学问一样；自己内心充实，却好像空虚无物；被人冒犯，自己却从不计较——从前我的一位好朋友就是这样做的。"

[2] 起复，明清时期，官员遇父母丧事，要停职回家守孝，是谓丁忧，守丧期满后重新出来任职做官叫作起复。

[3] 思即思恩，今广西武鸣北；田即田州，今广西百色田阳北。

德洪曰："心体是'天命之性'，原是无善无恶的。但人有习心，意念上见有善恶在。格致诚正修，此正是复那性体功夫。若原无善恶，功夫亦不消说矣。"

是夕侍坐天泉桥，各举，请正。

先生曰："我今将行，正要你们来讲破此意。二君之见，正好相资为用，不可各执一边。我这里接人，原有此二种。利根之人，直从本源上悟入，人心本体原是明莹无滞的，原是个未发之中。利根之人一悟本体，即是功夫，人己内外，一齐俱透了。其次不免有习心在，本体受蔽，故且教在意念上实落为善去恶，功夫熟后，渣滓去得尽时，本体亦明尽了。汝中之见，是我这里接利根人的。德洪之见，是我这里为其次立法的。二君相取为用，则中人上下皆可引入于道。若各执一边，眼前便有失人，便于道体各有未尽。"

既而曰："已后与朋友讲学，切不可失了我的宗旨。无善无恶是心之体，有善有恶是意之动，知善知恶的是良知，为善去恶是格物。只依我这话头，随人指点，自没病痛，此原是彻上彻下功夫。利根之人，世亦难遇。本体功夫一悟尽透，此颜子、明道所不敢承当，岂可轻易望人！

人有习心，不教他在良知上实用为善去恶功夫，只去悬空想个本体，一切事为俱不着实，不过养成一个虚寂。此个病痛不是小小，不可不早说破。"

是日德洪、汝中俱有省。

【意】嘉靖丁亥年（1527）九月，先生为父亲守孝期满，重新任职，出征讨伐思恩和田州。即将启程的时候，我钱德洪和王汝中正在探讨学问之道。王汝中引用先生教育开示的话说："没有善没有恶是心的本体，有的善有的恶是意识的发动，知道善知道恶是天良之知，修为善除去恶是格物。"

我问他："你认为先生这几句话怎么样？"

王汝中说："这话恐怕还没有说到根源处。如果说心的本体是没有善没有恶的，那么意识也应该是没有善没有恶的意和念，知也是没有善没有恶的智慧，物也是没有善没有恶的事物。如果说意念有善恶的区别，那么心的本体上终究还是应该有善恶之分。"

我说:"心的本体是'天命之性',原本是没有善没有恶的。但是人心都受到世俗习气的沾染,在意念上就有善恶之分。格物、致知、诚意、正心、修身,这些都是要恢复那人性本体的工夫。如果说意念上原本没有善恶之别,那么工夫也就不必再说了。"

这天夜晚,德洪我和王汝中陪先生坐在天泉桥上,两人分别谈了自己的理解,请先生指正。

先生评论说:"如今我将要远征,正想给你们来讲清楚心天之意这个关键。你们两位的见解正好可以互相印证、补充,不能各自偏执一方。我这里开导他人的方法原本有两种。根器伶俐的人直接从本源上体悟,人心的本体原本就是晶莹无暇的,原本就是个未发之中的状态。根器和资质高的人,只要一旦体悟到本体,也就明白功夫了,他人和自我、内心和外物都一起彻底贯通了。根器稍微差一点的人,难免受到世俗习气的浸染,其心的本体被蒙蔽,所以要教导他们在意念上实实在在地去修为善去恶的工夫,等到工夫纯熟,渣滓彻底清除之后,本体也就澄明尽显了。汝中的见解,是我用来开导根器伶俐、资质高的人的方法。德洪的见解,是我用来教导根器次一点的人所使用的方法。你们两位如果互相学习借鉴、彼此补充来用,那么根器、资质中等以上和以下的人,都能引入正道之中。但是如果你们两位各执着于一边,那么你们眼前马上就会有很多人无法步入正轨,也就不能完全地体悟穷尽、彻底地认识天道的本体了。"

过了一会儿,先生接着又说:"今后你们和朋友们讲学,可千万不能抛弃我的宗旨。没有善没有恶是心的本体,有善有恶是意念的发动,知道善知道恶就是天良之知,修为善去除恶就是格物。你们只要按照我的话的意思去因人施教,自然就没有什么弊病,这原本就是上下贯通的工夫。根器伶俐、资质高的人,世间也难以遇到。把本体和功夫一次性全部领悟、彻底理解,即使是颜回、程明道也不敢说能够做到,怎么敢随便寄希望于他人!人心都会受到世间习气和风俗的浸染,如果不教导人在良知上踏实地去做为善除恶的工夫,只是去凭空思索本体,一切事情都不能落实到实处，最后只不过养成了一个空虚寂灭的毛病。这样的毛病可不是微不足道的事情，所以我不能不早点跟你们讲清楚。"

这一天，德洪我和王汝中都省悟有得。王汝中觉得先生的四句教可能还不够究竟，说明王畿当时已经形成了自己的一套四无说法了。意有善恶应该以心体的善恶为根据，这是王畿的根本逻辑，既然心体无善无恶，那么意根据心体的逻辑展开，应该是无善无恶的，所以后来他才发展出四无说，全部都无善无恶。

钱德洪比较同情和理解王阳明的教导，看出王畿有不同意见，从理解老师学说的角度加以辩护。上根之人直悟心天之意，对于本体与工夫的融贯可以一起透悟，没有任何困难。下根之人必须强调工夫精纯，有一个意念上为善去恶的入手处和用功法门，渐入本体与现象无二之境。

阳明折中两个弟子的说法，其实是说他们的说法皆有道理，所谓各执一偏，也并没有大错，都得从具体教化学生的角度来理解才实用。这里强调：人有根器上中下之分；对不同根器的人要有不同的教育方法；大道之本即心天之意的境界只有一个。如果说连颜回、程颢都不见得能够立即彻悟全体，那就意味着所谓上根人是很难碰到的，当然无法指望一般人彻底领悟了。平常人的毛病是容易蹈虚，所以要着实用意，于一念发动处为善去恶。王畿的说法像顿教，钱德洪的理解像渐教，无论渐教、顿教（如禅宗），在修行上各自都有道理，而且目的都是为了通达心天之意。

【316】心道体本，易道体源

先生初归越时，朋友踪迹尚寥落。既后四方来游者日进。癸未年已后，环先生而居者比屋，如天妃、光相诸刹，每当一室，常合食者数十人；夜无卧处，更相就席，歌声彻昏旦。南镇、禹穴、阳明洞诸山远近寺刹，徙足所到，无非同志游寓所在。先生每临讲座，前后左右环坐而听者，常不下数百人，送往迎来，月无虚日；至有在侍更岁，不能遍记其姓名者。每临别，先生常叹曰："君等虽别，不出在天地间，苟同此志，吾亦可以忘形似矣！"诸生每听讲出门，未尝不跳跃称快。尝闻之同门先辈曰："南都以前，朋友从游者虽众，未有如在越之盛者。"此

虽讲学日久，孚信渐博，要亦先生之学日进，感召之机，申变无方，亦自有不同也。

【意】先生刚刚回到浙江绍兴时，前来拜访的朋友非常少。后来，从四面八方前来拜访问学的人日益增多。嘉靖癸未年以后，环绕先生居住的学生比比皆是，例如天妃、光相等寺庙，每间屋子都是满堂济济，经常是几十人在一块吃饭；晚上没有睡觉的地方，大家就轮流着休息，歌声通宵达旦。在南镇、禹穴、阳明洞等山中的远近寺庙里，只要徒步可以到达的地方，无一不是志同道合的游学者的寓所。先生每次登台讲学，前后左右围着的听众，经常不下数百人，送走一批又迎来一批，每个月没有一天停歇；甚至有些人在先生身边伺候听讲达一年多，先生都不能完全记清他们的姓名。每当临近告别的时候，先生常感叹着说："你们虽然离开了我，但依旧生活于天地之间，只要我们还有共同的志向，那我即使忘了你们的形体相貌也无关紧要！"众学生每次听讲之后出门的时候，没有不欢呼雀跃、口称"痛快"的。我曾听同门的前辈说："在南京讲学之前，向先生问学的朋友虽然很多，但还是比不上在浙江绍兴时这么兴盛。"这固然是因为先生讲学的时间长了，获得的信任也就日渐广泛了，但根本还是因为先生的学问日益精进，感召学生的时机和技巧非常灵活自如，讲学的效果当然就不同了。当年（五百年前）王阳明讲学的时候没有今天的多媒体，没有同步扩音，没有微信群，这种几乎可以跟今天全球同步授课技术相媲美的做法，靠的就是口耳相传，打动人心。今天依赖微信群等现代方式，心念发动处也可以感通天下同道，但打动人心的感应机理，古今一也。

关键不仅在于同道趋之若鹜而构筑的心意之圣境，当时其他商业政治的聚会也可能有过很多人，后来在历史上都灰飞湮灭。这说明重要的讲学内容可以跨越时空，更是因为阳明讲学有全新的心天之意贯通其间，所以导致五百年之后，甚至五千年之后，都足以让人们继续感怀和研究。可见，阳明对于圣学的再造是以"五百年必有王者兴"那样的圣人情怀作为基础的。当年王学传播无法绕开朱子学正统的局限，使得阳明学在传播中费尽心思与朱子学尤其是关于《大学》之学问不断讨论、对话、辨析。今天我们可以从阳明由易悟道入手，其"龙场悟道"参透心天之意，由此可以直接传播阳明学的大本大源，也即是说，心学道体与易学道体本来不分，如今可以通过对易道的昌明和再释，来再次促进对于阳明心学的传播。

此段话记录了阳明讲学极盛时期的盛况，钱德洪的记录指出的圣境状态与王阳明讲学到了巅峰状态之后，进入炉火纯青的化境有关。乍听起来似有宗教意味，即人们到阳明这里都感受到理智上前所未有的欣喜欢乐。后来心学广布天下，应该说跟当时有众多弟子受到感召，而且每天就在眼前亲证心天之意之圣境的努力是不可分割的。这种弟子们跟随阳明达到的化境，与孔子周游列国十几年，弟子们在身边一直不离不弃的宗教感相似，成为儒家宗教感的关键来源。

黄以方录

【317】意向及真，思考明意

黄以方问："'博学于文'，为随事学存此天理，然则谓'行有余力，则以学文'[1]，其说似不相合。"

先生曰："《诗》《书》、六艺[2]，皆是天理之发见，文字都包在其中。考之《诗》《书》、六艺，皆所以学存此天理也，不特发见于事为者方为文耳。余力学文，亦只'博学于文'中事。"

或问"学而不思"[3]二句。

曰："此亦有为而言，其实思即学也。学有所疑，便须思之。'思而不学'者，盖有此等人，只悬空去思，要想出一个道理，却不在身心上实用其力，以学存此天理。思与学作两事做，故有'罔'与'殆'之病。其实思只是思其所学，原非两事也。"

【意】黄以方问："先生您认为'博学于文'说的是从身边发生的事情上去学习如何存此天理，然而孔子说'行有余力，则以学文'，这与先

---

[1] 语出《论语·学而》。意思是，这样把仁人之意付诸实践之后，如果还有意量用在其他方面，就可以去学习文化知识。

[2] 六艺：一是指儒家所谓的礼（礼仪）、乐（音乐）、射（射箭）、御（驾车）、书（识字）、数（计算）六种技能，是古代教育学生的六个科目；一是指儒家所崇奉的《诗》《书》《礼》《乐》《易》《春秋》六部经典，也叫作"六经"。

[3] 语出《论语·为政》："子曰：'学而不思则罔，思而不学则殆。'"意思是，孔子说："只读书学习，而不思考问题，就会罔然无知，没有收获；只苦思冥想，而不读书学习，就会困惑无助，疲倦危殆。"

生的说法好像有矛盾的地方。"

先生说:"《诗》《书》以及六艺都是天理的呈现,文字都包含在其中。对《诗》《书》、六艺进行研究,都是为了学会存此天理,并非仅仅呈现在具体事情中的才是'文'。孔子说有多余的精力就去学文化知识,也是'博学于文'中的事情。"

有人向先生请教《论语》中"学而不思则罔,思而不学则殆"两句的意思。

先生回答说:"孔子这两句话也是有感而发的,其实思考就是学习。学习的过程中有了疑问,就要去思考。'思而不学'的人也有,是指有些人只是漫无边际地思考,想要思考琢磨出一个道理来,却不在自己身心上踏实用功,去学习存养此天理。把思考和学习分成两件事去做,所以才会有'罔'和'殆'的弊端。实际上,思考就是思考自己所学的东西,两者本来就不是两件事。"五经是古代圣人对心天之意的领悟和存续。如果仅思考而没有落实,即仅让意识活动却不能触及真实的经验世界,这就把思考、意向活动与真实的生活经历分开,这是从孔子到阳明的儒家都要反对的。思考是为了明意,即明心天之意,要以学习内容为对象,把前人的经验化为自己的经验,如此一来,就不存在超出人类经验全体的思考与学习。

【318】仁人之意,作事成物

先生曰:"先儒解'格物'为格天下之物,天下之物如何格得?且谓'一草一木亦皆有理',今如何去格?纵格得草木来,如何反来诚得自家意?我解'格'作'正'字义,'物'作'事'字义。《大学》之所谓'身',即耳目口鼻四肢是也。欲修身,便是要目非礼勿视,耳非礼勿听,口非礼勿言,四肢非礼勿动。要修这个身,身上如何用得工夫?心者身之主宰,目虽视,而所以视者心也。耳虽听,而所以听者心也。口与四肢虽言、动,而所以言动者心也。故欲修身,在于体当自家心体,常令廓然大公,无有些子不正处。主宰一正,则发窍于目,自无非礼之视;发窍于耳,自无非礼之听;发窍于口与四肢,自无非礼之言、动:

此便是'修身在正其心'。

"然至善者，心之本体也。心之本体那有不善？如今要正心，本体上何处用得工？必就心之发动处才可着力也。心之发动不能无不善，故须就此处着力，便是在诚意。如一念发在好善上，便实实落落去好善；一念发在恶恶上，便实实落落去恶恶。意之所发，既无不诚，则其本体如何有不正的？故欲正其心在诚意。工夫到诚意，始有着落处。

"然诚意之本，又在于致知也。所谓'人虽不知而已所独知'者，此正是吾心良知处。然知得善，却不依这个良知便做去，知得不善，却不依这个良知便不去做，则这个良知便遮蔽了，是不能致知也。吾心良知既不能扩充到底，则善虽知好，不能着实好了；恶虽知恶，不能着实恶了，如何得意诚？故致知者，意诚之本也。

"然亦不是悬空的致知，致知在实事上格。如意在于为善，便就这件事上去为；意在于去恶，便就这件事上去不为。去恶固是'格不正以归于正'，为善则不善正了，亦是'格不正以归于正'也。如此，则吾心良知无私欲蔽了，得以致其极，而意之所发，好善去恶，无有不诚矣！诚意工夫，实下手处在格物也。若如此格物，人人便做得，'人皆可以为尧舜'，正在此也。"

【意】先生说："程颐先生、朱熹先生主张'格物'就是格天下的事物，天下的事物如何能够格尽？就且说那'一草一木都含有天理'，如今怎么去格呢？纵然能够格出什么草木的原理来，又如何能够反过来使自己的意念真诚呢？[1]我认为，'格'字应该理解为'正'字的意思，'物'应该理解为'事'。《大学》中所谓的'身'，就是指人的耳朵、眼睛、嘴巴、鼻子和四肢。想要修身，就是要做到眼睛不看不合乎礼节的事

---

[1] 这句话说明阳明确反对朱熹把"格物"当作《大学》枢纽的看法，强调"诚意"才是《大学》的核心要点，而且可以把"格物"的工夫化为"诚意"的工夫。吴震认为，王阳明的说法跟陆象山"既不知尊德性，焉有所谓道问学"意思相通，也就是要强调诚意先于格物，尊德性先于道问学。参吴震：《〈传习录〉精读》，第25页。吴震结合唐君毅在《中国哲学原论·导论篇》中认为阳明让"物字落空"的说法，讨论了阳明把独立于"意"外的"物"化为与"意"关联的"事"。参吴震：《〈传习录〉精读》，第88页。

情，耳朵不听不合乎礼的事情，嘴巴不讲不符合礼节的事情，四肢不做不符合礼仪的行为。想要修养这个身，怎么才能在身上做工夫呢？心是身体的主宰，眼睛虽然用来看，但主导眼睛去看的是心。耳朵虽然用来听，但主导耳朵去听的是心。嘴巴与四肢虽然能说话、能走动，但主导嘴巴去说、四肢去动的还是心。所以想要修身，就必须在自己心体上去体悟，常常使心体保持豁达开朗、廓然大公，没有些许不中正平和的地方。主宰身体的心一旦端正了，体现在眼睛上，不合于礼就不会去看；体现在耳朵上，不符合礼的就不去听；体现在嘴巴上，不符合礼的就不去言说，体现在四肢上，不合乎礼的就不去行动：这就是《大学》中所谓的'修身在于正心'的道理。

"然而至善是心的本体。心的本体哪有不善的呢？现在要端正心思，那应该怎么在本体上用功呢？必然要在心的发动处用功才可以。心意的发动必须没有不善，所以必须在这个地方用功使力，这就是诚意。如果有一个念头喜好善，就实实在在去做好事、行善事；有一个念头厌恶恶，就实实在在地去讨厌、除去恶。既然意念发动处没有不真诚的，那么这个本体怎么会有不端正的呢？所以想要端正心思，就要先诚实意念。工夫要到了诚意上，才有落实的地方。

"但诚意的根本又在于推致良知。朱熹先生所谓'别人虽然不知道，但唯独自己知道'，就正是我内心良知的所在。但如果知道了善，却不遵从这个天良之知去做，知道了不善，却不遵从这个天良之知，那么这个天良之知就被蒙蔽了，就不能推致扩充自己的良知了。我内心的良知既然不能彻底扩充，那么即便知道应当去喜欢善的行为，也不能实实在在地去落实喜好；即便知道应当去憎恶那些恶的行为，也不能真切笃实地去憎恶，又怎么能使意念真诚呢？所以推致天良之知是使得意念真诚的根本。

"但也不是凭空无根据地去致知，致知要实实在在落实在事情上去研究。例如意念旨在为善，那就落实到行善的事上去为善；如果意念旨在除恶，那就落实在除恶的事上不作恶。除去恶本来就是'格去不正以归于正道为善'，为善就是使不善的得到纠正，也是'格去不正以归于正'。这样的话，我内心的天良之知就不会被私欲遮盖蒙蔽了，就可以到达最高境界了，而意念的发动，就是好善除恶，就没有不真诚的了！因此，格物就是诚意工夫切实着手的地方。像这样去格物，则人人都能做到，孟子所谓'人皆可以为尧舜'的道理，其实正是这个意思。"程朱理学把草木之理视为外在存在，要去研究和穷尽它们，自然存在一定的困难。即使把草木之理研究了出来，但如果仍停留在外在对象化存在的状态，就无法成为《大学》所谓"格物、正心"的诚意之基础。所以阳明认为格物是格心，即格意，是使意正，让意念由不正归于正，而正意就是正于心天之意，即心天之意当作为意念发动的标准，成为意念发动潜在的分寸，以及意正之后的境界所在。

正于心天之意合于《论语》"仁人之意"，表面上从外在的行为表现来说，骨子里还是从心天之意的角度，即人的意念合乎心天之意，其视听言动自然合乎礼仪。所以正意的根源在心有主宰，即意念发动有标准，并用心天之意调整意识发动的境遇。这个工夫要具体落实，才能在心体上自正心意，即是在日常生活的意念上求证心天之意（意上正意）。

正心可谓在诚意工夫里面去体认心体的存在。在意念发动处的先天本体境界，以心天之意为本下工夫。意念实化就是意念真诚地、实实在在地呈现，是后天意识在心天之意的先天本体上用功。既然心天之意无有不善，让心天之意自然发动，就是为善去恶。这个心天之意是先天意念，而后天发出的具体意念，在后天阴阳交接过程之中，肯定会有善有恶，于是在意念与阴阳交互的过程中，需要做为善去恶的工夫，这就是后天时刻返归先天的工夫。

实意作为意念的落实，就是让心天之意通物实化，并通达万物之境。从天道自然之善的本源出发来说，心的本体通于天道自然之善，所以无有不善。当心意发动都在心天之意境中，意识状态就达到了纯粹的圣人之境。心天之意发动之后，要有魄力、愿力去持守之而不失，因此要实意用功才行。心意发动本身纯粹至善，而意识发动之后的理想境界这就重回心天之意的境界，并在每个意念当中将先天纯善境界实化出来，这就是实意，实化意念就是让心天之意实化出来，从而实实在在地"作"事。其实，诚意就是实意，即诚心天之意而化万物、成万事。实意就是以心天之意为本、为基础，实实在在地与物交接，而成就事情。

【319】尽理必病，圣道自宰

先生曰："众人只说格物要依晦翁[1]，何曾把他的说去用！我着实曾用来。初年与钱友同论做圣贤，要格天下之物，如今安得这等大的力量？因指亭前竹子，令去格看。钱子早夜去穷格竹子的道理，竭其心思至于三日，便致劳神成疾。当初说他这是精力不足，某因自去穷格，早夜不得其理，到七日，亦以劳思致疾。遂相与叹圣贤是做不得的，无他大力量去格物了。及在夷中三年，颇见得此意思，乃知天下之物，本无可格者。其格物之功，只在身心上做，决然以圣人为人人可到，便自有担当了。这里意思，却要说与诸公知道。"

【意】先生说："一般人只知道理解格物要参照朱熹先生的观点，可是又有谁真正按照他的观点去付诸实践？我倒是切实体验实践过的。当初[2]，我和姓钱的朋友一起探讨如何做圣贤，（按照朱熹先生的说法）我们要去格天下之物，现在哪里还有那么大的力量？于是我就指着亭子前面的竹子，让他自己去研究看看。他从早到晚都去使劲推究竹子的道理，竭尽心思一直到第三天时，就导致劳神过度，生病倒下了。当时我认为这是因为他精力不够，所以就亲自去竭力参研，从早到晚，整天也没有办法理解竹子中的理，这样一直到第七天，我也因为思虑过度，发病倒下。于是我们共同感叹，估计圣贤是做不成了，主要是实在没有圣贤那么大的魄力去研究天下的事物。等到后来，在贵州龙场住了三年，才深入领悟到格物的真正意思，才知道天下的事物本来就没什么可以研究的。格物的工夫，只要在自己身心上去做就行，从此，我果断坚信，圣人境界是人人都可以实现的，于是就有了一种担当圣人的责任感和使命感。我如何找到圣人之道的意义和经历，应该说出来让各位都知道。"

阳明早年格竹子，带有私欲，领悟天理的欲望长期支配其心，导致心志紊乱，精

---

[1] 即朱熹，字晦庵，祖籍徽州婺源人，出生于福建尤溪，今属三明市，宋代著名理学家。

[2] 根据《遗言录》，王阳明"格竹"的年龄大概十五六岁。参陈来：《中国近世思想史研究》，商务印书馆，2003年，第616—619页。另参吴震：《〈传习录〉精读》，第36、49页。这就纠正了钱德洪编《阳明年谱》记于弘治五年壬子（1492），阳明21岁时之误。

神不济而病倒。这种经历让他认为，成为圣人不是像自己这样的平常人能够做得了的，毕竟常人精力有限，要穷尽那么多天理，最后一定神志劳苦而病倒。要彻底研究天下之物的工作，本来就是做不完的，而真正研究天下事物的工作，必须在心念发动的瞬间去琢磨反省才行。这里面有圣学血脉所系，是阳明从百死千难中得来的，所以要特别跟学生们强调，希望每个人都能够领悟心天之意，并以之为自己意识的主宰，这是圣道的核心，也是必须要让天下之人都知道的道理。

【320】念头做工，概莫能外

门人有言邵端峰论童子不能格物，只教以洒扫应对之说。

先生曰："洒扫应对就是一件物，童子良知只到此，便教去洒扫应对，就是致他这一点良知了。又如童子知畏先生长者，此亦是他良知处。故虽嬉戏中见了先生长者，便去作揖恭敬，是他能格物以致敬师长之良知了。童子自有童子的格物致知。"

又曰："我这里言格物，自童子以至圣人，皆是此等工夫。但圣人格物，便更熟得些子，不消费力。如此格物，虽卖柴人亦是做得，虽公卿大夫以至天子，皆是如此做。"

【意】门人弟子当中，有人说邵端峰认为儿童不能格物，只能教导孩子们一些洒扫应对的道理。

先生听了评论说："洒扫应对本身就是一件事情，儿童的良知只能认识到这个程度，因此教他们洒扫应对，也就是帮助他们推致他们的这一点天良之知。再比如儿童知道敬畏老师和长者，这也是他们良知的表现。因此即便是在他们嬉戏打闹的时候，只要看见了老师和长辈，他们就会上前作揖，敬礼问好，这就是他能研究这件事物，以推致他尊敬师长的天良之知了。儿童自然有儿童研究事物和推致天良之知的方式和特点。"

先生接着又说："我这里讲的研究事物，从儿童一直到圣人，都是用同样的工夫。只是圣人研究事物，当然显得更为熟练一些，也不需要耗费太大的力气。我强调的这种研究事物的方法，就是卖柴的人也都能做得到，就算是公卿大夫，以至于皇帝，研究事物的工夫也还是这样去做的。"儿童心志的魄力有限，所以其心天之意表现在尊老敬长的日常礼节之上，有他们自己研究事物的特点。关键在于，儿童心天之意发动，与大人的心天之意本无区别。换言之，圣人之心本来纯粹是心天之意，从此出发去格物，那就是自然而然、一通百通的事情了。从卖柴的到当皇帝的，所有人都要在自己的念头上做工夫，使之恢复心天之意流行的本体境界，这就是圣学正脉。

【321】知易行难，知行不分

或疑知行不合一，以"知之匪艰"[1]二句为问。

先生曰："良知自知，原是容易的；只是不能致那良知，便是'知之匪艰，行之惟艰'。"

【意】有人怀疑知与行不能合一，就向先生请教《尚书》中"知之匪艰，行之惟艰"两句话是什么意思。

先生回答说："天良之知自然能够知道，原来就是很容易简单的；就是因为不能推致那个天良之知，于是就有了'懂得道理并不难，把道理付诸实践才艰难'这样的说法。"心天之意知易行难，因为心天之意通于天下万物，所以一念发动就知道难易。之所以不能推致良知，是因为心天之意有所阻隔，才会以为知道本身不容易，而把践行又视作另一件事情，显得更加不容易。

【322】仁意流行，诚一不二

门人问曰："知行如何得合一？且如《中庸》言'博学之'，又说个'笃行之'，分明知、行是两件。"先生曰："博学只是事事学存此天理，笃行只是学之不已之意。"

---

[1] 语出《尚书·说命》："非知之艰，行之惟艰。"意思是，懂得道理并不难，把道理付诸实践才艰难。

又问："《易》'学以聚之'，又言'仁以行之'[1]，此是如何？"先生曰："也是如此。事事去学存此天理，则此心更无放失时，故曰'学以聚之'。然常常学存此天理，更无私欲间断，此即是此心不息处，故曰'仁以行之'。"

又问："孔子言'知及之，仁不能守之'[2]，知行却是两个了？"先生曰："说'及之'，已是行了，但不能常常行，已为私欲间断，便是'仁不能守'。"

又问："心即理之说，程子云'在物为理'，如何谓心即理？"先生曰："在物为理，'在'字上当添一'心'字，此心在物则为理。如此心在事父则为孝，在事君则为忠之类。"

先生因谓之曰："诸君要识得我立言宗旨。我如今说个心即理是如何？只为世人分心与理为二，故便有许多病痛。如五伯攘夷狄，尊周室，都是一个私心，便不当理。人却说他做得当理，只心有未纯，往往悦慕其所为，要来外面做得好看，却与心全不相干。分心与理为二，其流至于伯道之伪而不自知。故我说个心即理，要使知心理是一个，便来心上做工夫，不去袭义于外[3]，便是王道之真。此我立言宗旨。"

又问："圣贤言语许多，如何却要打做一个？"曰："我不是要打做一个，如曰'夫道，一而已矣'，又曰'其为物不贰，则其生物不测'[4]，天地圣人皆是一个，如何二得？"

【意】有学生问："知与行怎么样才能合一？就好比《中庸》上讲'博学之'，又讲一个'笃行之'，这分明是把知和行当两件事看。"先生说：

---

[1] 语出《周易·乾卦·文言》："君子学以聚之，问以辩之，宽以居之，仁以行之。"意思是，君子要想成就道德功业，就应该努力学习积累学问，积蓄德性；积极问辩来辨决疑难，明了是非；宽裕从容地保持安守所学所辩之理；以仁恕忠厚之心行事接物。

[2] 语出《论语·卫灵公》"子曰：'知及之，仁不能守之；虽得之，必失之。'"意思是，孔子说："凭借聪明才智获得了官职地位，但没有每时每刻保持仁人之意来守护它；那么虽然得到了，也一定会失去它。"

[3] 参黎业明：《王阳明传习录校笺》，第353页。

[4] 语出《中庸》第二十六章，意思是，真诚至极的创生之力本身发挥作用起来诚中专一，因此创生出来的事物多得难以测度。一解生物之力诚一不贰，化生万物的奥妙无法测知。

"博学就是从每件事情上都去学存养天理，而笃行就是指学习不间断、不停止的意思。"

学生又问："《易传》讲'学以聚之'，又讲'仁以行之'，这应该怎么理解？"先生说："也是这样的道理。从每件事情上都去学习存养天理，那么这个心就没有放逐丢失的时候，因此说，'君子要想成就道德功业，就应该努力学习积累学问，积蓄德性'（'学习聚之'）。既然经常学会存此天理，那就没有任何私欲可使本心间断，这就是此心会如此生生不息的原因，因此说要'以仁恕忠厚之心去行事接物'（'仁以行之'）。"

又问："孔子曾说'知及之，仁不能守之'，知与行却成了两件事吗？"先生说："说'凭借聪明才智获得了官职地位'（'及之'），就已经是行了，但不能常常去行，是因为内心被私欲隔断了，也就是'无法每时每刻保持仁人之意来守护它'（'仁不能守'）。"

弟子又问："关于心就是理这种观点，程颐先生认为'在物为理'，先生为什么要说心就是理呢？"先生回答说："'在物为理'的'在'字前面应添加一个'心'字，意思是，这个'心'在事物上就是理。比如这个心在侍奉父母身上就是孝心之理，在辅佐君主上就是忠心之理，等等。"

先生因此接着对他说："各位要意识到我立论的宗旨。我今天跟你们强调说'心即理'，这是为什么呢？就因为世间人把心和理区分为两个东西，所以就产生了许多弊病和错误。比如春秋五霸抵御夷狄，尊崇周王室，都是为了一个私心，因而不合乎天理。但人们却说他们做得合乎天理，这是因为人们的心术还有不够纯正的地方，往往欣赏仰慕他们的所作所为，只追求外表体面好看，却与自己内心毫不相干。把心和理区分为两件事情，流弊就在于自己已沦陷入虚伪的霸道，却还没自觉到。所以我说这个心就是理，就是要让人们明白人心和天理只是一个统一体，只需要在心上做工夫，而不到心外去寻找义，这才是行王道的真谛。这就是我立论的宗旨。"

弟子又问："圣人说了那么多话，为什么要把它们归结为一个？"先生说："我不是要把它归纳为一个，比如《孟子》上说'道只有一个'，再如《中庸》说'真诚至极的创生之力本身发挥作用起来诚中专一，因此创生出来的事物多得难以测度'，天地、圣人都只是一体的，怎么能区分为两个呢？"要在每件事上坚持不懈地保养心天之意。学习了才能够把心天之意点滴汇聚起来。儒家的仁人之意持续坚持下去，等于心天之意毫不间断。心知即心行，仁人之意虽然发动，但知道了却不能坚持，是愿力与魄力未到的状态。心天之意即心通天道，事理通达的人自然以心天之意行事，成事不会单纯考虑功利的目的。

王道便是让君王格心之意，让君王在心上恢复心天之意的本然状态。圣人之心通于天地，都是心天之意发动流行，不会分叉，不会左顾右盼，顾此失彼。圣人之意识发动好像天地生物之力诚一不二，化生万物的奥妙无法测知。

【323】心本意生，有于无境

心不是一块血肉，凡知觉处便是心。如耳目之知视听，手足之知痛痒，此知觉便是心也。

【意】（先生说：）心并不是只是一块血肉，只要有知觉的地方就是心。例如，耳朵知道听，眼睛知道看，手脚知道痛与痒，这个知道和觉知的主体就是心。心是知觉的主体，觉知的表现即心的发动。知道外物的经验就是心之知觉的产物。心知是心流动的状态让人对外物有所感知，从而构成流动的经验。

至于分析、统合与理性的思考，这里虽然没说，但按照阳明讨论的脉络，还是心的功能所致。心的功能可以理解为意的反思性，意是生生而有，而有的意生于无境，对无境需要意识有愿力和魄力去反思、改造。戒慎和恐惧就是为了在慎独中保障纯粹（精一）的心天之意的自然流行，这不是一般的事，而是纯粹的事，也是格物的事。

【324】格意慎独，意行戒惧

以方问曰："先生之说'格物'，凡《中庸》之'慎独'及'集义''博

约'等说，皆为格物之事？"

先生曰："非也，格物即慎独，即戒惧。至于'集义''博约'，工夫只一般，不是以那数件都做'格物'底事。"

【意】我黄以方问："先生关于'格物'的解说，像《中庸》中的'慎独'、《孟子》中的'集义'、《论语》中的'博约'等解释说法，都是格物过程当中的事情吧？"

先生说："不是的，格物就是慎独，就是戒慎恐惧。至于'集义'和'博约'，都是一般的工夫，不能把它们都看作是格物的事情。"阳明强调格物是在慎独、戒慎恐惧的状态当中研究事物的天理，如此格物其实是格心、格意，而慎独和戒慎、恐惧的心意状态，正是格心或者格意的应有之义。至于积累善心、善意、善行的状态，和在广博的知识领域当中学习并领会心天之意，在阳明看来，都不是他所谓狭义的格物，他的格物可以理解为在应接事物的过程中保持慎独、戒慎恐惧，从而让纯粹心天之意流行的工夫。

【325】诚中养性，极度精微

以方问"尊德性"[1]一条。

先生曰："'道问学'即所以'尊德性'也。晦翁言'子静以尊德性诲人，某教人岂不是道问学处多了些子'[2]，是分'尊德性''道问学'作两件。且如今讲习讨论，下许多工夫，无非只是存此心，不失其德性而已。岂有'尊德性'只空空去尊，更不去问学？问学只是空空去问学，更与德性无关涉？如此，则不知今之所以讲习讨论者，更学何事！"

问"致广大"二句。

曰："'尽精微'即所以'致广大'也，'道中庸'即所以'极高明'也。盖心之本体自是广大底，人不能'尽精微'，则便为私欲所蔽，有不胜其小者矣。故能细微曲折，无所不尽，则私意不足以蔽之，自无许多

---

[1]　语出《中庸》第二十七章："故君子尊德性而道问学，致广大而尽精微，极高明而道中庸。"

[2]　黎本指正此句应出自《象山语录》，见黎业明：《王阳明传习录校笺》，第356—357页。

障碍遮隔处，如何广大不致？"

又问："精微还是念虑之精微，是事理之精微？"

曰："念虑之精微，即事理之精微也。"

【意】我黄以方请教《中庸》"尊德性"这一章的意思。

先生回答说："'道问学'就是为了'尊德性'。朱熹先生说：'陆九渊以尊德性来教育人，我教人难道不是在道问学上相对多了一些？'这是把'尊德性'与'道问学'分开当作两件事了。像现在我们讲习讨论，下了很多工夫，只不过就是想存养这个心，使它不丧失德性而已。哪有'尊德性'只是空洞地去尊，而不去问学的呢？哪有问学只是空洞地去学习，而与德性没有关系的呢？如果这样的话，那么不知道我们今天这样讲习讨论，究竟要学些什么东西！"

我又向先生请教"致广大而尽精微，极高明而道中庸"这两句话。

先生说："'尽精微'就是为了'致广大'，'道中庸'就是为了'极高明'。人心的本体本来就是宽广宏大的，人如果不能'尽精微'，就会被私欲所蒙蔽，就无法战胜很多细微之处的私欲。因此如果能够穷尽一切细微曲折之处，那么私欲就不能蒙蔽心体，自然就没有很多障碍和遮蔽，心体怎么能够不去致广大呢？"

又问："精微是指意念思虑上的精微，还是指事物道理的精微？"

先生说："意念思虑的精微，就是事物道理的精微。"德性是心天之意的涵养和积累而成，是不断地存养心天之意之后才有德性的积累。所以存心养性让心天之意自然澄明发动，即是尊德性的本义和功夫。在极致精细微妙之处，也能够让心天之意自然澄明，以至广大全体之境，从而实现心体（心念全体）皆是心天之境流行，而没有一丝一毫的私欲。

阳明肯定了精微是心天之意自然澄明清澈的精微，而这心天之意因为不能不通达万物之事理，所以心天之意本身的精微也就是事理的精微，是事理被意念思考到了精细微妙的极致状态。这是领悟、推行心天之意所要达到的境界，也是《中庸》"诚中之意"推致极点的最高境界。心意通天而广大无垠，故当在心体上做功夫，尽全力地推致心天之意至于极度精微之境，这正是用意于境的愿力和魄力巨大的缘故。

【326】见性之人，不争善恶

先生曰："今之论性者，纷纷异同，皆是说性，非见性[1]也。见性者，无异同之可言矣。"

【意】先生说："如今探讨人性的人，都在为人性的异同争论不休，他们都是在言辞上辨析人性，而没有洞见理解真实的本性（见性）。真正洞见理解本性的人，根本没有不同观点可以争论。"见性之人，是领悟到人性通于天、心天之意与本性、天道相贯通的人，不必去争论本性到底是善还是恶之类的问题。

【327】明心见性，意能朗现

问："声色货利，恐良知亦不能无？"

先生曰："固然。但初学用功，却须扫除荡涤，勿使留积，则适然来遇，始不为累，自然顺而应之。良知只在声色货利上用功，能致得良知精精明明，毫发无蔽，则声色货利之交，无非天则流行矣。"

【意】有人问："声音、美色、财货、实利，恐怕良知也不能缺少吧？"

先生回答说："本来就是这样啊。但初学者刚开始做工夫，必须把这些清除涤荡干净，不使它们残留积聚在心中，这样的话，即使偶然遭遇到了，也才不会成为累赘，自然会顺着天良之知去应对。推致天良之知其实可以只是在声音、美色、财货、实利上用功，如果能够使天良之知时刻清澈光明地呈现出来，没有一丝一毫的遮蔽，那么，即便在与声音、美色、财货、实利打交道的各种行为当中，也都是顺着天理流行而动了。"刚开始推致心天之意，需要给意识发动创造一个干净清明的意境，使得心天之意发动之后能够伸展推扩。当然，如果有足够巨大的愿力和魄力，那么

---

[1] 佛教名词，指能够见到芸芸众生具有的佛性而顿悟成佛。明心见性是禅宗悟道之境界，指明了本心，见不生不灭的本性。见性指见到自己本来的真性。

在一切外在尘俗之缘上推致心天之意都是可以的，而且越是尘俗之缘，越能彰显心天之意的清明澄澈，也越能让心天之意在世俗之境中挺立起来。可见，推致心天之意于不断流转的物境或生存境域之中，需要有极其清明澄澈的意识能量（意能），这种意识能量需要先达到明心见性的境界之后才会朗现。

【328】身心印证，着实用功

先生曰："吾与诸公讲致知格物，日日是此，讲一二十年，俱是如此。诸君听吾言，实去用功，见吾讲一番，自觉长进一番。否则只作一场话说，虽听之亦何用？"

【意】先生说："我给你们讲解格物致知的观点，天天是这样，讲一二十年也还是这些内容。你们听了我的话，实实在在地去用功，那么听我讲一次，就自然会觉得工夫长进了一番。否则，如果只是把我每次讲的话都当作一次平常的说话来听，那么即使听了又有什么作用呢？"心天之意的学问是身心印证的学问，仅仅凭单纯理解，是很难悟入的，必须落实在实践当中，仔细体会之后，方才可能觉得有用。

【329】随物赋意，意生持存

先生曰："人之本体，常常是寂然不动的，常常是感而遂通的。'未应不是先，已应不是后'[1]。"

【意】先生说："人心的本体，常常是寂然不动的，常常是时刻可以感应而互相通达的。正如程颐先生所言，'人的本体掩藏在还没有感应的时候，又在已经感应的状态当中显现出来，尚未感应和已经感应的状态互相包容，并没有先后之分'。"心的本体即是心天之意通达天地万物的本体，可以说是寂静不动的。但意念之发，感物而动，则是随物以赋意的，因为意之生、意之持、意之存，皆不能离开感应之物。本体与外物尚未感应的状态，不

---

[1] 程颐语，见《河南程氏遗书》卷十五。

是心天之意在世界之先，因为它物与心天之意同时共在，无所谓先后。本体与外物相互感应之后，不能说心天之意是在格物感应之后才发动的，因为心天之意与感应的物一同并起，共起共存，无所谓先后。

【330】超验意会，意与物融

一友举："佛家以手指显出，问曰：'众曾见否？'众曰：'见之。'复以手指入袖，问曰：'众还见否？'众曰：'不见。'佛说还未见性。此义未明。"

先生曰："手指有见有不见，尔之见性常在。人之心神只在有睹有闻上驰骛，不在不睹不闻上着实用功。盖不睹不闻是良知本体，戒慎恐惧是致良知的工夫。学者时时刻刻常睹其所不睹，常闻其所不闻，工夫方有个实落处。久久成熟后，则不须着力，不待防检，而真性自不息矣。岂以在外者之闻见为累哉！"

【意】一位朋友举了佛教的一个例子："佛伸出手指问别人：'大家看见手指了吗？'众人回答：'看见了。'佛又把手指缩进衣袖里，问：'大家还能看见吗？'众人回答：'看不见了。'佛说：'你们都还没有看见本性。'其中的意思我不明白。"

先生说："手指有呈现看得见的时候，也有隐藏看不见的时候，但你能够悟到的本性却时刻存在。人的心思精神只在看得见、听得到的事物上驰骋忙碌，而不在看不到听不到的地方实实在在去下工夫。听不见看不到的是良知的本体，戒慎恐惧是致良知的工夫。学习者只有时时刻刻去看那些眼睛看不到的东西，听那些耳朵听不到的东西，工夫才能落到实处。久而久之，等到工夫纯熟之后，就不需要费力，也不需要防范省察，而真性自然就生生不息。怎么能被外在所闻所见的东西所牵制呢？"

人所悟得的心天之意，虽然不能离开万物，也就不能离开经验而存在，但却有相对独立性，可以是一种超验的意会，即心天之意超越经验当中的任何具体物，表现出自然澄明的样态。虽然这种澄明的状态离开具体经验（材料）内容是不可能真实显现的，但这种澄明不是无物（无内容）的想象，而是真正有内容的意会，是心天之意与物融会贯通才可能有的澄明境界。

心天之意有超验的维度，而且可以在超验的状态之中被反思和调整。心天之意不断在经验层次上用功，又在超验层次上反思调整，那样心天之意的境界就会达到与天相合，完全相通无碍、生生不息的境界，也就不会受表面的尘俗外缘的牵累了。可见，心天之意是阳明一再强调的核心境界，既经验又超验，既日常又原则，所以是最极致的境界，而实现心天之意的功夫，是阳明学最高的功夫。

【331】道体工夫，体天用机

问："先儒谓'鸢飞鱼跃'[1]与'必有事焉'，同一活泼泼地[2]？"

先生曰："亦是。天地间活泼泼地，无非此理，便是吾良知的流行不息。'致良知'便是'必有事'的工夫。此理非惟不可离，实亦不得而离也。无往而非道，无往而非工夫。"

【意】有人问："先儒（程颢和朱熹先生）认为'鸢飞鱼跃'和'必有事焉'同样都是生机勃勃的吗？"

先生说："这样说也是可以的。天地间生机活跃的无非是这个天理，就是我们良知生生不息的运动。'致良知'就是'必有事焉'的工夫。天理不但不能离开，实际上也没有离开过。世上一切东西都是天道的体现，一切都是可以通过工夫去体验的。"天地之间的一切都要意会方可得之，而意会的核心是心天之意，即意识到心意与天行一起生生不息的状态，并且在尘俗变化上去磨炼、体悟，以念念恢复、澄明、扩充心天之意的境界，从而实现道体与功夫的不二，也就是心天之意的境界与实现心天之意的功夫二者之间圆融一体，即体即用。

---

[1] 语出《诗经·大雅·旱麓》："鸢飞戾天，鱼跃于渊。"

[2] 语本朱熹《中庸集注》："故程子曰：'此一节，子思吃紧为人处，活泼泼地，读者其致思焉。'"

黄以方录 587

【332】阴阳决战，同天合道

先生曰："诸公在此，务要立个必为圣人之心，时时刻刻，须是一棒一条痕，一掴一掌血[1]，方能听吾说话，句句得力。若茫茫荡荡度日，譬如一块死肉，打也不知痛痒，恐终不济事。回家只寻得旧时伎俩而已，岂不惜哉！"

【意】先生说："诸位在这里，一定要立下必做圣人的决心，每时每刻，必须有一棒抽出一条伤痕，一掌打出一道血印的扎实精神，才能听我讲学后，感到句句有力，影响深刻。如果整天浑浑噩噩地过日子，就像一块死肉，打起来也不知道痛，恐怕最终也不管用。回家后只是找出以前的旧方法继续用而已，这样难道不可惜啊！"决心可以让人把心通于心天之意，而且意念发动都不离其中。决心致力于改变之前的意识状态，如夬卦所示阴阳决战的状态。因为死肉与活肉的区别在于气血、感知、灵魂与理性等的不同，所以致力于心天之意的境界，要在每个活泼的意念上用功，使之同天合道。这是修炼灵性意念的顶级工夫，根子是阴阳之意在起心动念之间的决战，完全不同于种族之间因为信仰不同导致的善恶之战，或宗教战争导致的征服和杀戮。

【333】减少妄念，力行可见

问："近来妄念也觉少，亦觉不曾着想定要如何用功，不知此是工夫否？"

先生曰："汝且去着实用工，便多这些着想也不妨，久久自会妥帖。若才下得些功，便说效验，何足为恃！"

【意】有人问："我近来觉得虚妄的念头少了，也觉得没有着意去想一定要怎么用功，不知道这算不算工夫？"

先生说："你只管切实去用功，即便有这些想法也不妨碍事，时间长了，自然会恰当稳妥。如果刚下了一点工夫就去讲求效果，怎么能够

---

[1] 语出《朱子语类》，比喻做事要痛下决心，扎实用功。

依靠得住呢！"踏实地减少妄念，这是可以力行而看得见的工夫，需要一个过程，不宜操之过急。但正如前面所言，关键还是在于心天之意的挺立。

【334】转念改命，成就圣命

一友自叹："私意萌时，分明自心知得，只是不能使他即去。"

先生曰："你萌时这一知处，便是你的命根，当下即去消磨，便是立命工夫。"

【意】有位朋友感叹地说道："当私意刚萌生时，我自己的内心其实能够非常清楚地意识得到，可我就是不能马上把它除去。"

先生说："你这种对私意萌发的瞬间能够觉知省察的状态，就是你（修养成就心天之意）的命根子，马上就去消除私意，这就是确立天命的工夫。"心天之意萌发就能觉知，即天良之知发动，这便是意会，即意可知而能意会、知觉、省察等，这是要用心天之意去消除、转化或覆盖私意。当下转念就是转命、改命，一念挺立心天之意对修行圣学来说是根本工夫。所谓圣学真血脉路就是要念念有所挺立，即心念上挺立，当下转念－化念－实化意念，念念趋向圣学。这就是当下确立心命、意命，从而成就圣命。

【335】济天同善，尘俗染化

"夫子说'性相近'[1]，即孟子说'性善'，不可专在气质上说。若说气质，如刚与柔对，如何相近得？惟性善则同耳。人生初时，善原是同的，但刚的习于善则为刚善，习于恶则为刚恶，柔的习于善则为柔善，习于恶则为柔恶[2]，便日相远了。"

【意】先生说："孔子说的'性相近'，就是孟子说的'性善'，不能

---

[1] 语出《论语·阳货》："性相近也，习相远也。"意思是，人的先天本性是相互近似的，（可是后天的习性）由于习染不同差距就越来越远了。

[2] 这是周敦颐对善恶的分类。其《通书》云："刚善，为义，为直，为断，为严毅，为干固；恶，为猛，为隘，为强梁。柔善，为慈，为顺，为巽；恶，为懦弱，为无断，为邪佞。"

专门从气质方面讨论人性。如果只从气质上说，像刚和柔是相对立的，怎么会相近呢？只有性善这一点是相同的。人刚出生的时候，性善原本就是相同的，但气质刚烈的人受善的熏陶就表现为刚善，受恶的习染就表现为刚恶，气质柔顺的人受善的熏陶就表现为柔善，受恶的习染就表现为柔恶，差异就日益远了。"阳明理解孔子性相近即人性之同，应该是人性皆通于天道自然之善的同。按《易传》乃孔子作的传统说法，"继之者善"则天下人性生来皆善。事物皆济于天道而来，而能彼此接近，都可同善。阳明强调，要从本体上理解性善通于天道自然之善，但是他不认为性善只是如刚柔一般的外在论断，否则善恶刚柔明显不同，无法接近。为了说明区别，他引用周敦颐的看法，认为虽然性善是本天道而来的自然之善，但因其在尘俗之中沾染演化，而区分也就越来越大。

【336】眼去尘沙，意守清明

先生尝语学者曰："心体上着不得一念留滞，就如眼着不得些子尘沙，些子能得几多？满眼便昏天黑地了。"

又曰："这一念不但是私念，便好的念头，亦着不得些子。如眼中放些金玉屑，眼亦开不得了。"

【意】先生曾经对学生们说："人的心体上不能存留一丝杂念，就好像眼睛里揉不得一点沙子一样，一点沙子能有多少？但如果眼睛里有一点沙子就弄得人满眼天昏地暗了。"

又说："这个杂念指的不仅仅是私念，即使是好的想法也不能留着。好比眼睛里面放了一些金玉屑，眼睛照样也会睁不开的。"让心天之意自然澄明，没有遮蔽才好，要坚持存养心天之意的工夫，时刻去除私意，好像眼睛里容不下无论脏东西还是好东西那种状态。眼睛里的杂质没有好坏，必须除去，意识中的私意就是杂质，必须除尽，意识方能清明，意识发动才能恢复心天之意的本体境界。总之，守护我们意识的清明状态，要像守护自己眼睛的明亮状态一样。

【337】一气无隔，意即万物

问："人心与物同体，如吾身原是血气流通的，所以谓之同体。若于人便异体了，禽兽草木益远矣，而何谓之同体？"

先生曰："你只在感应之几上看，岂但禽兽草木，虽天地也与我同体的，鬼神也与我同体的。"

请问。

先生曰："你看这个天地中间，甚么是天地的心？"

对曰："尝闻人是天地的心 [1]。"

曰："人又甚么教做心？"

对曰："只是一个灵明。"

"可知充天塞地中间，只有这个灵明。人只为形体自间隔了。我的灵明，便是天地鬼神的主宰。天没有我的灵明，谁去仰他高？地没有我的灵明，谁去俯他深？鬼神没有我的灵明，谁去辩他吉凶灾祥？天地鬼神万物，离却我的灵明，便没有天地鬼神万物了。我的灵明离却天地鬼神万物，亦没有我的灵明。如此，便是一气流通的，如何与他间隔得！"

又问："天地鬼神万物，千古见在，何没了我的灵明，便俱无了？"

曰："今看死的人，他这些精灵游散了，他的天地万物尚在何处？"

【意】有人问："先生说人心与天地万物是一体的，就像我的身体原本是气血流通的，所以称之为同体。如果相对于他人来说，就是异体了，和禽兽草木的差距就更远了，为什么还称我的心与万物同体呢？"

先生回答说："你只需要从人与天地万物感应的几微之处上去看，岂止禽兽草木，即使天地也是与我同体的，鬼神也与我同体。"

大家请先生解释一下。

先生问大家："你们认为天地中间，什么是天地的心？"

回答说："我曾听说，人是天地的心。"

先生接着说："那人为什么被称作是天地的心呢？"

---

[1] 语出《礼记·礼运》："故人者，天地之心也，五行之端也，食味、别声、被色而生者也。"

回答说："就是因为人有心灵。"

先生解释道："可见流行充塞于天地之间的，只有人的这个心灵。人与天地万物只是因为身体而被隔离开了。我的心灵，就是天地鬼神的主宰。天如果没有人的心灵，谁去仰望它的高远？地如果没有人的心灵，谁去俯视它的深厚？鬼神如果没有人的心灵，谁去辨别它的吉凶与灾祥？天地鬼神万物，离开了人的心灵，就没有天地鬼神万物了。我的心灵离开了天地鬼神万物，也就没有我的心灵了。由此，天地鬼神万物跟人都是一气相通的，怎么能把它们分开呢！"

学生又问："天地鬼神万物，千古长存，为什么说，如果没有我的心灵，它们就都不存在了呢？"

先生回答说："如今你去看看那些死去的人们，他们的精气和灵魂都游散了，他们的天地鬼神万物又在哪里呢？"心意自然通天，通于万物，自然感应，自然同体，这是心与物的同体。灵魂之明等于灵性之明，等于心天之意。人的心天之境通达万物。从人的主体性角度来说，心意通达万物也就主宰了万物。人心皆自然通达天地万物。本体上一气无隔，心念上意即万物，心物不二。

人的心天之意不在了，世界与心共存的一切都不在了，不仅没有天地，就连人死后所谓鬼神也不见了。人生天地之间的过程之中，领悟和持守心天之意，是儒门圣道的最高境界。

【338】工夫观体，无心得实

先生起行征思、田，德洪与汝中追送严滩^[1]。汝中举佛家实相幻相^[2]之说。

---

[1]　严滩是西汉末年严光（子陵）隐居于浙江桐庐县富春江边，后人称此处为严子陵钓台、严滩、子陵滩。

[2]　实相、幻相，佛教用语。实相，就词义而言，指一切现象之真实不虚的相貌；就教理而言，近似真如、涅槃、性空、法性、真性等概念的含义，指宇宙万物的实体，相当于哲学上的本质。幻相指宇宙万物表现出来的现象，佛教认为所有的相都是虚幻的、不真实的，只有佛性才是永恒不变的真实。

先生曰："有心俱是实，无心俱是幻；无心俱是实，有心俱是幻。"

汝中曰："有心俱是实，无心俱是幻，是本体上说功夫；无心俱是实，有心俱是幻，是功夫上说本体。"

先生然其言。

洪于是时尚未了达，数年用功，始信本体、功夫合一。但先生是时因问偶谈，若吾儒指点人处，不必借此立言耳。"

【意】先生被启用为征讨思恩、田州的将军，学生德洪跟王汝中一起追随先生，把他送到严滩。王汝中举出佛教中的实相、幻相问题向先生请教。

先生回答说："有心都是实相，无心都是幻相；无心都是实相，有心都是幻相。"

王汝中说："有心都是实相，无心都是幻相，这是从本体上说功夫；无心都是实相，有心都是幻相，这是从功夫上说本体。"

先生赞同他的解释。

德洪我当时还没有完全明白，又经过几年工夫，才开始相信本体与功夫是统一的。但当时先生是因为王汝中那样提问，才偶然那样回答，如果我们儒家要教化他人，就不必借用这种说法来立论了。王阳明同意王畿的解读，认为从本体的有无之境看功夫的有无，有心做功夫当然是实相，无心做工夫那就是虚幻不实，做不成的。从修行心天之意的功夫上观本体，无心才能得心天之意的实相本体，因为本体随物而动，但也寂静自在。如果在修习心天之意之中过度有心，过度用意，反而执着于幻相，最后落空。可见，本体与功夫本来虽然是合一的，但是连阳明身边的高足钱德洪理解他的心天之意都如此之难，更不要说一般学生了。

【339】传播极难，超智突围

尝见先生送二三耆宿出门，退坐于中轩，若有忧色。德洪趋进请问。

先生曰："顷与诸老论及此学，真员凿方枘。此道坦如大路，世儒往往自加荒塞，终身陷荆棘之场而不悔，吾不知其何说也！"

德洪退，谓朋友曰："先生诲人，不择衰朽，仁人悯物之心也。"

【意】我曾经看见先生送几位老先生出门，回来后坐在中间的长廊上，似乎面带忧虑之色。德洪我就上前询问先生原因。

先生说："我刚刚和那几位老先生谈到我的推致良知的学说，我们的见解真的就像要把方榫头放入圆榫孔眼中一样，格格不入。圣人之学像大路一样平坦，但世间的儒生偏偏自我昏愦闭塞、荒芜堵塞了，终身陷入荆棘丛中而不知道悔悟，我真不知道该说什么好了！"

德洪我出来之后，对朋友说："先生开导教育人，不挑剔对方是否年老体衰，真正是有仁人爱物的心天之意啊。"一般儒生不可能对心天之意有直接的同情和了解，阳明当年传播其心天之意所遇到的困难可见一斑，没有超常的大智慧大境界是无法突围的。

【340】本来无我，放下我慢

先生曰："人生大病，只是一傲字。为子而傲，必不孝；为臣而傲，必不忠；为父而傲，必不慈；为友而傲，必不信。故象与丹朱俱不肖，亦是一傲字，便结果了此生。诸君常要体此。人心本是天然之理，精精明明，无纤介染着，只是一'无我'而已。胸中切不可有，有即傲也。古先圣人许多好处，也只是无我而已，无我自能谦。谦者众善之基，傲者众恶之魁。"

【意】先生说："人生最大的毛病就是一个傲字。作为儿子如果傲慢，必定不会孝顺；作为臣子的如果傲慢，必定不会忠诚；作为父亲的如果傲慢，必定不会慈爱；作为朋友的如果傲慢，必定不会诚信。所以象和丹朱都不成器，也就是因为这个傲字，而断送他们自己的一生。所以你们要常常记住这一点，人心本来就是天生的道理，精明纯净，没有丝毫污染，只是一个'无我'罢了。因此，人心中千万不能'有我'，'有我'就是傲。古代圣人有许多优点，也不过就是'无我'而已，'无我'自然就能够谦恭谨慎。谦虚是所有善心、善意、善行的根基，傲慢是恶心、恶意、恶行的源头。"人的心灵意识的本体是心天之意自然流行。心意发动流于万化，与万物同体，但需要时刻保持自然、谦虚、恭谨。人的心意本体通天，本来无所谓我，但人会因傲慢的情绪而强化有我的意识。如果有傲人之心，那么私意就会压过心天之意，这就是恶意的开端。

【341】良知即易，超私悟圣

又曰："此道至简至易的，亦至精至微的。孔子曰：'其如示诸掌乎！'[1] 且人于掌，何日不见？及至问他掌中多少文理，却便不知。即如我良知二字，一讲便明，谁不知得？若欲的见良知，却谁能见得？"

问曰："此知恐是无方体[2]的，最难捉摸。"

先生曰："良知即是'易'，'其为道也屡迁，变动不居，周流六虚，上下无常，刚柔相易，不可为典要，惟变所适'[3]。此知如何捉摸得？见得透时便是圣人。"

【意】先生又说："良知之学是最简单最容易的，也是最精粹最微妙的。孔子说：'治理国家就应该可以和抬起手来看自己的手掌一样容易了。'手掌对于人来说，哪天看不到呢？可是等你去问他手掌上有多少纹路时，他却不知道。这就像我说的良知一样，一讲就明白，谁不知道？但如果真要体认、推致良知，又有谁能真正做到呢？"

有人问："这个良知恐怕是没有方位和形体的，所以最难把握。"

---

[1] 语出《中庸》第十九章："明乎郊社之礼，禘尝之义，治国其如示诸掌乎。"意思是，如果明白这些祭祀天地的礼节和四时举行夏禘秋尝等祭礼及其包含的精神实质，治理国家就应该可以和抬起手来看自己的手掌一样容易了。一解那么治理国家这种事情就像把东西放到手掌上一样容易。

[2] 语出《周易·系辞上》："故神无方而易无体。"意思是，所以《易》道神奇奥妙难测，了解其神妙没有固定的方式，了解其变易不能够拘泥于任何固定的体式。

[3] 语出《周易·系辞下》："《易》之为书也不可远，为道也屡迁，变动不居，周流六虚，上下无常，刚柔相易，不可为典要，唯变所适。"意思是，《周易》这部书，不可以将其看得远而与自己无关，它所显现的道理是经常迁移的，变动运行而永远不会静止不动，在各卦六个爻位上周期性地流动，或上或下没有一定的常规，阳刚与阴柔相互变易，不可当成典藏纲要和僵化原则，只有随机应变才是人天之意应该适应的方向。

先生说："良知就是'易'，'它所体现的道理在于经常变动，运动变化不停，周遍流转六个爻位，爻的变化或者在上卦，或者在下卦，没有一定，或者阳爻变阴爻，或者阴爻变阳爻，不可以设下固定法则，只是趋向于变罢了'。这个良知怎么可能把捉得住呢？体认通透了就是圣人。"心天之意如《易》一般周流不息，与意识感通的时间和空间不断流转变易，体现的正是人生境遇时刻流变之象，充满意识与世界共同变化之意。心天之意随时随地变化，实化为具体的意识和念头，如果心天之意是一、是全，那么具体的意识和意念就是多和分，在卦爻象上就是让卦来代表一个变化的时空境遇（心天之境），而具体的阴阳爻代表具体的意识状态。换言之，一切具体的意识和念头都在心天之境上生成变化。

心天之意本然通天，如阳光普照朗现，但常人却在心意发动处追逐私情私意，往往不能让心天之意自然朗显，如迷于掌上纹理之间，而不得视其全掌之境域。可见心天之意与私意的关系，有点像手掌与具体掌纹的关系。心天之意本身是一种全体的境域，而私意则是迷失全体、看不到全境、具体性的私人意识和念头。私人意识如果能够保持对公共境域的敏感，就有整体的意识域，但如果只是陷入自己的私人感受而不可自拔，那就不过是有限性的私人意识而已。可见，能够时刻超越私人意识境遇而体悟到心天之意的意识境域，就是圣人的意识境界。

【342】依缘而生，鼓荡伟丽

问："孔子曰：'回也，非助我者也。'[1]是圣人果以相助望门弟子否？"
先生曰："亦是实话。此道本无穷尽，问难愈多，则精微愈显。圣人之言，本自周遍，但有问难的人，胸中窒碍，圣人被他一难，发挥得愈加精神。若颜子闻一知十，胸中了然，如何得问难？故圣人亦寂然不动，无所发挥，故曰'非助'。"

【意】有人问："孔子说：'回也，非助我者也。'圣人是否真的希望

---

[1] 语出《论语·先进》："回也！非助我者也，于吾言无所不说。"孔子说："颜回啊！算不上是对我有帮助的人啊，他对我说过的话没有不心悦诚服的。"

弟子有助于他呢？"

先生回答说："这也是实话。圣人之道本来没有穷尽，诘问与质疑的越多，则精微奇妙之处就越发彰显得多。圣人的言论本来就周全完满，但质疑询问的人，心中有疑问阻塞，圣人受他质疑与诘问的挑战，就愈发把圣道发挥得更加精妙高超。如果都像颜回那样听一知十，什么道理都已经了然于心，又怎么会去问一些奇怪的问题呢？如果那样的话，圣人的回答也就一成不变，不再多说，不怎么发挥，因此孔子说'颜回不能帮助他'。"圣人之心意通天，但要随意缘而实化。阳明强调要面对各种各样的问题，才能让圣人之心意朗朗澄明，可惜颜回领悟太过到位，似乎没有什么问题，反而成为对于圣人（孔子）发挥其心天之意无所帮助的人了。

从这个角度说，阳明强调孔子认为颜回不能进入其心天之境而与之共同创生，这反而是一种遗憾。因为心天之意必须依缘而生才能激发其雄伟瑰丽，换言之，心天之意当随缘而成，依心天之境而生，才能达致完美至上、美不胜收的境界。颜回作为好学生，却不能全面融入、参与孔子的心天之境，也就不能激发、鼓荡孔子的心天之意，反而成为巨大的缺憾。

【343】圣学正脉，念念存养

邹谦之尝语德洪曰："舒国裳曾持一张纸，请先生写'拱把之桐梓'[1]一章。先生悬笔为书，到'至于身，而不知所以养之者'，顾而笑曰：'国裳读书中过状元来，岂诚不知身之所以当养？还须诵此以求警！'一时在侍诸友皆惕然。"

【意】邹谦之曾经对我（钱德洪）说："舒国裳曾拿一张纸，请先生书写'拱把之桐梓'一章。先生悬肘运笔，书写到'至于身，而不知所以养之者'时，回过头笑着说：'国裳读过书，中过状元，难道真的不知

---

[1] 语出《孟子·告子上》："孟子曰：'拱把之桐梓，人苟欲生之，皆知所以养之者。至于身，而不知所以养之者，岂爱身不若桐梓哉？弗思甚也。'"拱是两手合握；把是一只手握；身指人自身，身体和自我。

道应该怎么修身养性吗？他真的需要诵读这一章来警醒自己吗？'一时间在座的朋友们都警觉悚惕起来。"中过状元的人，怎么可能不知道如何在心念发动中存养心天之意呢？阳明是故意这样告诉大家，即使中了状元，也要了然圣学正脉才算真有学问。而圣学正脉在念念存养心天之意，阳明通过这种方式警醒周围的人理解圣学正脉的大本大源。此处强调应更多把圣学正脉落实在修身养性的功夫上。

钱德洪跋

嘉靖戊子冬，德洪与王汝中奔师丧，至广信[1]，讣告同门，约三年收录遗言。

继后同门各以所记见遗。洪择其切于问正者，合所私录，得若干条。居吴时，将与《文录》[2]并刻矣。适以忧去未遂。当是时也，四方讲学日众，师门宗旨既明，若无事于赘刻者，故不复营念。

去年，同门曾子才汉[3]得洪手抄，复傍为采辑，名曰《遗言》，以刻行于荆。洪读之，觉当时采录未精，乃为删其重复，削去芜蔓，存其三之一，名曰《传习续录》，复刻于宁国[4]之水西精舍。

今年夏，洪来游蕲[5]，沈君思畏[6]曰："师门之教久行于四方，而独未及于蕲。蕲之士得读《遗言》，若亲炙夫子之教；指见良知，若重睹日月之光。惟恐传习之不博，而未以重复之为繁也。请裒[7]其所逸者增刻之，若何？"洪曰："然。"

师门致知格物之旨，开示来学，学者躬修默悟，不敢以知解承，而惟以实体得，故吾师终日言是，而不惮其烦；学者终日听是，而不厌

---

[1] 广信，今江西上饶。

[2] 《文录》指《王文成公全书》卷四至卷八。

[3] 曾才汉，王阳明弟子。

[4] 宁国，今安徽宁国。

[5] 蕲，今湖北蕲春。

[6] 沈宠，字思畏，号古林，安徽宣城人，官至湖广兵备江防佥事。曾问学于欧阳德与王畿，是王阳明再传弟子。

[7] 裒（póu），收集。

其数。盖指示专一，则体悟日精。几迎于言前，神发于言外，感遇之诚也。今吾师之没，未及三纪，而格言微旨，渐觉沦晦，岂非吾党身践之不力，多言有以病之耶？学者之趋不一，师门之教不宣也。

乃复取逸稿，采其语之不背者，得一卷。其余影响不真，与《文录》既载者，皆削之，并易中卷为问答语，以付黄梅尹张君[1]增刻之。庶几读者不以知解承，而惟以实体得，则无疑于是录矣！

嘉靖丙辰夏四月，门人钱德洪拜书于蕲之崇正书院。

【意】嘉靖七年（1528）冬天，我和王汝中处理先生的丧事，到江西上饶向同门子弟发出讣告，约定三年内收集先生留传下来的话语，并整理出来。

随后，同门子弟各自把自己记录的遗言语录寄过来。我选择其中那些最能准确体现先生思想的话语，加上我自己所记录的，得到若干条。[2]在苏州的时候，我本来打算把这些语录同先生的《文录》一起刻印刊行，但当时刚好赶上我回家守丧，没有办成此事。当时全国各地讲授先生学说的人日渐增多，先生学说的宗旨既然已经昌明天下，似乎没有必要再刊刻出版，所以我也就没再考虑这件事。

去年，同门曾才汉先生得到了我的手抄版本，又进行广泛收集，取名为《遗言》，在荆州（今湖北江陵）刻印刊行。我读了之后，觉得当时采集收录的不够精当，于是删去其中重复的，去掉一些冗杂散乱的内容，保留了《遗言》三分之一的内容，取名为《传习续录》，又在安徽宁国的水西书院刻印刊行。

今年夏天，我出游来到湖北蕲春，沈思畏先生对我说："先生的学说在全国其他地方传播已经很久了，唯独还没有传播到蕲春。蕲春的读书人如果能够读到《遗言》，就像亲自聆听先生的教诲一样；指明了良

---

[1] 湖北黄梅县令张君。

[2] 陈来和吴震认为，钱德洪的这种编辑方针，虽然意在维护师说的纯粹性，但未免失于主观偏见，以至后人花费不少工夫去搜集整理《遗言录》。《遗言录》的价值体现在说明"格竹"的年龄大概十五六岁；不认为"心无善恶者"与"心之本体原是善的"存在矛盾等处。参吴震：《〈传习录〉精读》，第33—37页。

知，就像重新看到日月的光辉。我们只担心先生语录收录不够广博，流传学习得还不够广泛，而不会因为内容重复而觉得繁杂。恳请您收集那些散逸的语录加以增刻刊行，怎么样？"我说："好啊。"

先生致知格物的宗旨，开导启发了以后求学的人，学习者亲身修养，默默体验，不敢只从文词句义上解读先生的学说，而希望通过实践来体悟有得，所以我的老师终日说这些话而不厌其烦；学生们整天倾听而不嫌重复。正因为指导开示的学术宗旨专一，因而学生们体悟日益精深。在先生开口言说之前，学生们已经提前领悟了精微之处，先生的话外之音，学生们都能领会，这种感通境遇的神妙体验，确实是由于师生之间心灵感应极度真诚的缘故。现在我的老师去世还不到三十年，而他的言论与宗旨已经逐渐沉沦昏昧，这难道不是我们这些学生们不能身体力行，空谈过多而造成的弊端吗？学者们的志向、目标不同，先生的教诲就难以广泛流传、发扬光大。

于是我又收集了一些散逸的稿子，采纳其中没有违背先生原意的语录，汇编为一卷。剩下一些影响和传闻根据不够真实牢靠的，以及在《文录》中已经刊刻的，都删减掉了，并把中卷改成问答的句式，交给黄梅的县令张先生增订刊行。希望读者不仅能从知识解释上来继承，而且能从亲身切实践行中体悟先生的学说，这样我才会觉得此书刻录出版得有价值。

嘉靖三十五年（1556）夏四月，学生钱德洪谨拜书于蕲春崇正书院。

参考文献

[法] 弗朗索瓦·于连：《道德奠基：孟子与启蒙哲人的对话》，宋刚译，北京
大学出版社，2002 年。

[美] 弗朗斯·德瓦尔（Frans de Waal）：《灵长目与哲学家——道德是怎样演化
出来的》，赵芊里译，上海科技教育出版社，2013 年。

[美] 陈荣捷：《王阳明〈传习录〉详注集评》，重庆出版社，2022 年。

[美] 陈荣捷 Wing-tsit Chan, *A Source Book in Chinese Philosophy*, Princeton University
Press, 1963.

[美] 杜维明 Tu Wei-ming, *Neo-Confucian Thought in Action: Wang Yang-ming's Youth
(1472-1509)*, London: University of California Press, 1976.

[美] 詹姆士 William James, *Pragmatism and Other Writings*, Penguin Books, 2000.

[日] 冈田武彦：《王阳明与明末儒学》，重庆出版社，2016 年。

[日] 佐藤一斋注评：《传习录栏外书》，黎业明点校，上海古籍出版社，2017 年。

[瑞] 耿宁（Iso Kern）：《孟子、斯密与胡塞尔论同情与良知》，陈立胜译，载《世
界哲学》2011 年第 1 期。

[瑞] 耿宁（Iso Kern）：《人生第一等事——王阳明及其后学论"致良知"》，
倪梁康译，商务印书馆，2014 年。

班固著，颜师古注：《汉书》，中华书局，1962 年。

蔡仁厚：《王阳明哲学》，三民书局，2021 年。

陈来：《有无之境——王阳明哲学的精神》，人民出版社，1991 年。

陈来：《中国近世思想史研究》，商务印书馆，2003 年。

陈立胜：《恻隐之心："同感"、"同情"与"在世基调"》，载《哲学研究》
2011 年第 12 期。

陈立胜：《入圣之机——王阳明致良知工夫论研究》，生活·读书·新知三联书店，2019 年。

陈立胜：《王阳明"万物一体"论——从"身－体"的立场看》，华东师范大学出版社，2008 年。

陈少明：《梦觉之间：〈庄子〉思辨录》，生活·读书·新知三联书店，2021 年。

程颢、程颐：《河南程氏文集》，《二程集》，中华书局，1981 年。

程颐：《周易程氏传》，中华书局，2016 年。

邓艾民注：《传习录注疏》，上海古籍出版社，2012 年。

董平：《王阳明的生活世界——通往圣人之路》（修订版），商务印书馆，2018 年。

范立舟：《周易与阳明心学》，《周易研究》2004 年。

方东美 Thome H. Fang, "The Essence of Wang Yang-ming's Philosophy in A Historical Perspective," in *Creativity in Man and Nature: A Collection of Philosophical Essays*, Linking Publishing Co. Ltd. 1980, pp. 103-125.

冯友兰：《中国哲学简史》，北京大学出版社，1997 年。

韩愈：《韩昌黎全集》，河南人民出版社，2018 年。

[美] 黄百锐 David B. Wong, "Is there a distinction between reason and emotion in Mencius?," in *Philosophy East & West* 1, 1991.

[美] 黄百锐（David Wong）：《孟子的理由及类比推理》，刘笑敢主编《中国哲学与文化》第 9 辑，漓江出版社，2011 年。

黄玉顺：《面向生活本身的儒学：黄玉顺"生活儒学"自选集》，四川大学出版社，2006 年。

黄玉顺：《儒学与生活：生活儒学论稿》，四川大学出版社，2009 年。

Henke, Frederick Goodrich trans., *The Philosophy of Wang Yang-ming*, The Open Court Publishing Co. originally published 1916, reprinted 1964.

黎靖德：《朱子语类》，王星贤点校，中华书局，1986 年。

黎业明：《王阳明传习录校笺》，上海古籍出版社，2022 年。

李振峰：《澄明之境——问道〈传习录〉》，海燕出版社，2015 年。

郦波评译：《郦波评点〈传习录〉》，人民出版社，2022 年。

梁启超点校：《传习录集评》，九州出版社，2015 年。

林安梧编著：《论语——走向生活世界的儒学》，明文书局，1995 年。

林安梧：《明清之际：从"主体性"、"意向性"到"历史性"的一个过程——

以阳明、蕺山与船山为例的探讨》，《船山学刊》2006 年第 2 期。

林安梧：《儒学革命：从"新儒学"到"后新儒学"》，商务印书馆，2011 年。

林安梧：《人文学方法论：诠释的存有学探源》，上海人民出版社，2016 年。

林庆彰：《王阳明的经学思想》，载于《明代经学研究论集》，文史哲出版社，1994 年。

林忠军：《明代易学史》，齐鲁书社，2016 年。

刘宗周：《刘宗周全集》，浙江古籍出版社，2007 年。

倪梁康：《心性现象学》，商务印书馆，2021 年。

宁怡琳：《"良知即是易"——试论王阳明的易学思想》，《中国哲学史》2019 年第 2 期。

彭鹏：《〈山东乡试录〉非出于王阳明之手辨》，《孔子研究》2015 年第 4 期。

彭鹏：《王阳明以心学解易内在理路探析》，《周易研究》2015 年第 6 期。

钱明：《儒学"意"范畴与阳明学的"主意"话语》，《中国哲学史》2005 年第 2 期。

钱明：《王学主意说论要》，《浙江学刊》1989 年第 5 期。

钱穆：《阳明学述要》，兰台出版社，2001 年。

束景南、查明昊辑编：《王阳明全集补编》（增补本），上海古籍出版社，2021 年。

孙星衍：《尚书今古文注疏》，陈抗、盛冬铃点校，中华书局，1986 年。

王畿：《王畿集》，吴震编校整理，凤凰出版社，2007 年。

王路：《"是"与"真"——形而上学的基石》，人民出版社，2003 年。

王路：《逻辑与哲学》，人民出版社，2007 年。

王先华：《传习录全集》，天津人民出版社，2014 年。

王阳明：《王阳明全集》，吴光等编校，上海古籍出版社，2018 年。

温海明：《比较境遇与中国哲学》，人民出版社，2020 年。

温海明：《儒家实意伦理学》，中国人民大学出版社，2014 年。

温海明：《坛经明意》，宗教文化出版社，2021 年。

温海明：《王阳明易学略论》，《周易研究》1998 年第 3 期。

温海明：《新古本周易参同契明意》，上海三联书店，2022 年。

温海明：《意哲学与当代作为比较哲学的中国哲学》，《孔学堂》2020 年第 4 期。

温海明：《周易明意》，北京大学出版社，2019 年。

吴光、钱明、董平、姚延福编校：《王阳明全集》，上海古籍出版社，2014 年。

吴震：《〈传习录〉精读》，复旦大学出版社，2011 年。

吴震：《聂豹、罗洪先评传》，南京大学出版社，2006 年。

吴震、孙钦香：《传习录》，中信出版集团，2016 年。

吴震、孙钦香：《王阳明的智慧》，岳麓书社，2023 年。

萧无陂校释：《传习录校释》，岳麓书社，2012 年。

萧无陂导读注释：《传习录》，岳麓书社，2023 年。

辛红娟、费周瑛主编：《异域"心"声：阳明学在西方的译介与传播研究》，浙
　　江大学出版社，2022 年。

熊十力：《新唯识论》，上海古籍出版社，2018 年。

杨国荣著，龚海燕英译：《走向良知——〈传习录〉与阳明心学》，上海外语教
　　育出版社，2018 年。

于民雄注，顾久译：《传习录全译》，贵州人民出版社，2021 年。

于民雄选注：《阳明精粹》卷二《原著辑要》，孔学堂书局，2014 年。

张怀承注译：《传习录》，岳麓书社，2004 年。

张锦枝：《北宋五子意论之体用二重性》，《安徽师范大学学报（人文社会科学
　　版）》2021 年第 3 期。

张锦枝：《朱子诚意论及其对明中晚期主意学者的影响》，《复旦学报（社会科
　　学版）》2018 年第 2 期。

张锦枝：《明儒"意"论分歧及其发展》，《安徽师范大学学报（人文社会科学
　　版）》2014 年第 1 期。

张锦枝：《王阳明良知教确立后意论的变与不变》，《中国哲学史》2022 年第 6 期。

张沛：《王阳明心学视域下的易学观》，《周易研究》2010 年第 4 期。

张朋华、许伟、赵晨、蔡敬贤：《王阳明〈传习录〉"然非'新'字义"辨》，《哲
　　学与文化》2019 年第 4 期。

张卫红：《良知与自证分——以王阳明良知学为中心的论述》，《世界宗教研究》
　　2015 年第 4 期。

张祥龙：《儒家心学及其意识依据》，商务印书馆，2019 年。

[比] 吕斯布鲁克著：《精神的婚恋》，张祥龙译，商务印书馆，2012 年。

张新民：《阳明精粹》卷一《哲思探微》，孔学堂书局，2014 年。

张新民选编：《阳明精粹》卷三《名家今论》，孔学堂书局，2014 年。

张载：《张载集》，中华书局，1978 年。

张载：《张子正蒙》，上海古籍出版社，2020 年。

赵汀阳：《跨主体性》，生活·读书·新知三联书店，2023 年。

赵汀阳：《寻找动词的形而上学》，生活·读书·新知三联书店，2023 年。

郑泽绵：《诚意关：从朱子晚年到王阳明的哲学史重构》，人民出版社，2022 年。

钟纯：《论王阳明"良知即是易"中的体用关系》，《理论月刊》2021 年第 2 期。

周月亮：《王阳明传》，长江文艺出版社，2016 年。

朱熹：《四书章句集注》，中华书局，2015 年。

朱熹：《朱子全书》，上海古籍出版社，安徽教育出版社，2002 年。

朱晓鹏：《王阳明龙场易论的思想主旨》，《哲学研究》2008 年第 6 期。

一意本原（代后记）

近年来阳明学虽然大热，世间讨论阳明学问的很多，但越是深研阳明心体，越是悲圣道之不传，有时甚至不免伤痛欲绝。阳明绝学，孤明先发，代继有人，而道体之微，气若游丝，觉者寥寥。多少次几乎就要完全放弃，但还是"待从头，收拾旧山河"，以怀古之悲情，续绝世之大道。把自己的心意放松融入天地之间，跨越时空，传承大道，不离金戈铁马的豪情，也难免乱世离人的悲歌。心天之意的实化过程，本来通于天气地象。写作的过程起起伏伏，其实是心意通天之意能不断持续和积累，随世界各地的时空情势而起落，在跌宕起伏的人事纠缠当中，写作需要保持当下心天之意那种自身意识的清明状态，时刻从后天心天之意返归先天道体意识，其间的纠结和痛苦，不啻于一场艰困的涉险之旅。

旅程虽然艰辛，但无限江山，尽入意藏。本书文字大多是在旷世美妙的情境之中写成的，文字沉淀的其实更多是对继承圣道的乐观和美好期许，融入和享受天地之间的大乐之境。感恩先圣传下斯文圣道，今生心意不孤，可以让生命意识的表达不会止于旷野呼告，而可以与同道共勉，传之久远。虽然"明意"之旨趣在之前几部经典解释当中已经表达过了，但此书对"心天之意"的系统表达，试图成为圣道在当世的实化，虽然只是文字，但也是心外无理、心外无事的见证。

曾经在赤道附近的巴厘岛上沐浴朝阳，听伴晚风，风声雨声，和着旅馆阳台对面时不时传来学堂的朗朗书声，天籁入耳，绵音入心，圣道入意，又何忧圣道不传之有？黄愿宇（Kasino）先生推动"大道文化基金会"传播经典和圣道于域外十余载，其艰苦卓绝的努力本身就是传习文化大道知行合一的实践。印尼华人在华文教育几乎灭绝之后，能够奋起传播经典文化，本身便是圣道存亡续绝、永不磨灭的明证。传习大道，参悟绝处逢生之天机，何尝不是中华大道本身？南方有礼乐之明，风雨过后，彩虹大光，岂能不令人感慨系之？

饮赤道的暖风作酒是表象，那种在天地阴阳变幻之中，去追问意识深沉潜在意向性之修行工夫，往往能够在心天之意境一层一层地叠叠转进，越来越深，开出重重光明化境，如梦如幻，无法思议。我在柏林住过腓特烈大帝旅馆，在波光粼粼的施普雷河畔，天地阴阳变幻尽收眼底，从日出写到日落，文思如河水般，静水流深，好像腓特烈大帝缔造并留下的无忧宫的生气，在两百多年之后，那种生意和气息依然在柏林到波茨坦的上空徘徊，那是德意志的天良之知，穿过几个世代的风霜雨雪，依然萦绕在弗里德里希大街和施普雷河交汇之地，好像良知在天，静观世间风云变幻，恒久照耀。从阳光海岸、天使之城到施普雷河，在个人有限的人生当中，虽不易有几个专注沉思经年的经历，但依然足以在历史长河当中纵横十百千年，不仅成为明意灵感生发的梦幻之地，更是能够感受不同民族共享天良之知的相通之处，从而在当代给予阳明阐发的圣人之道以国际性的拓展。

回想本科毕业之后，我本当北上燕园，却不得已去鹭岛工作，其间时常阅读陈来先生的《有无之境——王阳明哲学的精神》，可以说是在阳明哲学精神的感召下，现实的多重危机才得以化险为夷。1996 年到燕园之后，追随张学智老师仔细品读《传习录》，发现前人鲜有注意阳明读《易》悟道，因此 1998 年发表了《王阳明易学略论》。当时认真学习陈荣捷《传习录详注集评》，后又有幸获得陈荣捷奖学金去夏威夷大学留学，其间曾经翻阅过陈荣捷先生翻译的《传习录》。回国之后，以《传习录》教授学生十余年，教学相长过程当中，就想把阳明之"意"转化成为当世的哲学语言并与西方哲学进行深入系统的对话。

本书是记录自己如何体悟圣道之传，如何修行练习关于大道之意，也就是体悟心天之意之路的记录。心天之意的系统创作，始于受王蓉蓉（Robin Wang）教授邀请访问洛杉矶罗耀拉大学期间，创作状态本身就是一个修意改意的过程，更是不断改变命运的过程。后来写作修改推进之难，有时深感近乎"龙场悟道"之塞困，远甚于对其他经典的解读和研习，不是因为文字之难，而实在有感于大道之精微，非文字所能表达，而文字之绝，往往化为情感之苦、求索之血、伤悲之泪。无论如何沉到道体之间，传习大道的悲苦似乎无法减去分毫。孔门开创圣学之通天大乐，两千年之间化为传习过程的斑斑血泪。该书著述过程之中，常感大道不彰，伤悲至于"泣血涟如"，如果试图"用拯马壮"，就会常感自不量力，颤颤巍巍，担心天理不明于世间，所幸常感天不见弃之幸。

本书的角度是哲学的，尤其是意本论的，试图复王畿、黄宗羲所谓"一意本原"之"意本"，所以哲人融贯的气度就尤为紧要。十多年来，我对阳明心学的体察、领悟和实践，受朱高正先生言传身教影响良多，我们常就心学的一些精微之处往复论辩，有工夫日深、体会日微之感。朱老师除了众多著述之外，于2018年完成《本体即功夫——走进阳明学》一书，该书由朱先生长子仰丘整理，朱先生助手蔡蔚泰先生当时读过初稿。2016年到2017年间，我曾就其《〈传习录〉通解》初稿中的问题多次跟他当面切磋讨教。2017年底，朱先生病情转重，虽然联系过出版事宜，并让郭齐勇先生作序，但直到朱老师去世之后，该书都未曾付印。2022年底，朱老师去世之后，我们期待《〈传习录〉通解》能够由孔学堂书局顺利出版。

2017年后，在我组织的"传习录明解"群里，钱明、董平、吴震、杜保瑞、欧阳桢人、王心竹、萧无陂（萧平）、孙钦香、陆永胜、陈清春、赵薇、二一师兄（王凌）、沙滩孤雁（吴浩）、潘鹰等师友们或主讲或支持过群里相关活动，多年来共同推进心学的传播，师友们的解读和指点对完善书稿助益颇多。这些年来，阳明心学的学习者日渐增多，影响越来越大，说明心学具有指导世道人心的重要作用。本书写作过程中，我持续关注心学的运动的发展，也常受邀讲授心学，师友论学，获益良多。

本书导论第一部分曾以《文与悟："良知即是易"的意本论解读》为题发表于《孔学堂》2022年第2期。从2016年到2018年，我多次赴贵阳孔学堂研修，也常带学生们去修文玩易窝参访，体悟阳明心意通天之境。2018年春，我去岳麓书院讲座时得姜广辉先生加持，他对意本论多有鼓励。感谢李健对"人作为意念创生的存在"命题的理解和推动，学生高静、李占科、关欣、赵晨等对刘宗周、阳明学相关问题的研究和思考也有帮助。感恩十余年来参与研习和讨论的同学们，尤其是对张祥龙和耿宁先生相关著作的研讨，不断深化书中文字的意识深度与广度。基于自己的比较哲学视野，所以对张祥龙和耿宁从现象学解释心学的研究成果一直多有留意，在本书中也试图有所推进。

本书也是在我兼职担任中国孔子基金会《孔子研究》副主编到挂职担任尼山世界儒学中心副主任的过程中完成的，感谢白玉刚、国承彦、路则权、徐庆文、宋立林、彭彦华、任媛媛、何圆、孔德立、赵龙、杨金泉等的理解和支持。感谢任友群、王易、臧峰宇、刘增光、方旭东、王晚霞、樊沁永、李靖、王立刚、吴敏等师友的帮助。壬寅年前，李虎群提醒开启意哲学从本体论到方法论的转向，对书稿修改有促进之功，他打破了我对意哲学本体论的迷梦，并给予我在意哲学领域的研究以方法论的转向。感谢胡丹、刘世猛、刘娜、傅爱臣、丛君博、刘久红、薄世荣、林正焕、黄燕等师友关于心学与意学的交流讨论，感谢陈志雄、袁传志、鲁龙胜、徐萃、刘科迪、胡继月、邹紫玲、唐军、庞子文、刘熳淳、赵宇男、边玉姝、陈建军、高小慧等学生的校对和修改。感谢李靖题写书名，给小书增色不少。

在永恒、宽广、博大的圣人之道面前，个人的心意无论如何通天，都是卑微和有限的。明《传习录》之"意"的努力，其实是个人悟道修行之心路历程的记录。琢磨"心天之意"的过程，对天地、道体之精微体悟日深，其实就是对自身意识体察越来越细微的过程。写作正是对于心外无物、心外无理的真切实践，如果不去真切行动，就不可能有真知，所以写作过程正是时刻验证知行本来一体、合一的真实境界。

2023年秋，赵汀阳的"作"形而上学给我很多启发，使我对于心学的及物境界多有体会，超越纯粹传统学问的理论和观念层次，而这本来就是意学改变天下的应有之义。刘震、梁中和造就了哲学对话和沟通的桥梁，让意本论之"作"更加具有创世和及物意味，这在很多小标题当中可以体现出来。意学的意向性及于客观的气象，好像牟宗三"智的直觉"可以通达自在之物，意向性可以直指事物客观的神韵，可以恢复先天境界那种天籁般的灵气，只有意向性时刻具有创世之"作"的意能，才知道通天的心天之意不是主观的、臆想的信念，而是实实在在的，是及物的动词形而上学。意之"作"是当下时刻创世的过程，犹如百变美人般多姿多彩，带着先天的神韵，也沉淀着孔子"三月不知肉味"的宿醉和震撼，还有无法梦见周公的怅然，融汇阳明龙场悟道的通天化境，此意之"作"，只有意向性时刻"作"于事，即用心转化物的有缘者可得。

常怀念九十年代早期看到的未名湖，她有一种无法描述的神韵，好像一个绝世美人，摄人心魄，移步换景，令人怦然心动，跨越时空，令人神往。早年的未名湖涵摄着近一个世纪沉淀的炁韵，岸边柳树郁郁葱葱，气息繁茂，生生不息，元炁饱满，天地氤氲之炁令人心旷神怡，神魂颠倒。1998 年百年校庆之前，湖被翻修到底朝天，树被砍伐，修葺之后，湖边石块多未复位，那种仙气般沉淀的意能和神韵已被抽离，失魂落魄。

未名湖不仅孕育着诗意和远方，也承载着曾经进出燕园的学子们经邦治世的及物梦想。过去的未名湖犹如先天的精神故乡，好像桃花源一般，期盼中凝聚着恒久的绝望。无独有偶，写作本书之旅，几乎不能有盼望，因为随处都是绝望。要想开解阳明参透生死之后的通天本意，那种盼望中的绝望，绝望中的盼望，放下与放不下之间，行文逡巡难进，难乎其难。因为开悟很美，未悟很伤，生死得失之心，总是难以释然。可是如不释然，根本就无法出入死生之地，不习龙场死生之道，自然也就无法传承阳明所悟之道。大过之困，独木难支，幸得王立刚兄和吴敏女史支撑鼓励，方能奋笔成书，终有此作，感激不尽。

2015 年 3 月草于孔学堂

2016 年 3 月创于洛杉矶

2023 年 2 月改于巴厘岛

2023 年 7 月成于纽伦堡

2023 年 9 月定于尼山麓